임원경제지
권41-42

정조지

鼎俎志 1

林園經濟志

임원경제지
권41-42

정조지

鼎俎志 1

음식요리 백과사전

권1·음식재료 요점 정리(식감촬요)

권2·익히거나 찌는 음식(취류지류)

풍석 서유구 지음 추담 서우보 교정
임원경제연구소 정정기 외 옮김

풍석문화재단

이 책은 ㈜DYB교육 송오현 대표 외 수많은 개인의 기부 및 문화체육관광부의 지원으로
완역 출판되었습니다.

임원경제지 정조지1

지은이   풍석 서유구
교 정   추담 서우보
옮기고 쓴 이 🌿**임원경제연구소** [정정기, 최시남, 정명현, 민철기, 김현진,
                              김수연, 강민우, 김광명, 김용미]

           원문 및 번역 전체 정리 : 정명현
           자료정리 : 고윤주
           감수 : 전종욱(전북대 한국과학문명학연구소)(권1 음식재료 요점 정리)
펴낸 곳   🏛 **풍석문화재단**
           펴낸 이 : 신정수
           진행 : 진병춘, 박정진 진행지원 : 박소해
           전화 : 02)6959-9921 E-mail : pungseok@naver.com
일러스트   이합렬, 노금희
편집디자인   아트퍼블리케이션 디자인 고호
인 쇄   상지사피앤비
펴낸 날   초판 1쇄 2020년 6월 15일
           초판 2쇄 2020년 9월 7일
ISBN   979-11-89801-25-0

이 도서의 국립중앙도서관 출판예정도서목록(CIP)은 서지정보유통지원시스템 홈페이지
(http://seoji.nl.go.kr)와 국가자료종합목록 구축시스템(http://kolis-net.nl.go.kr)에서 이용하실 수 있습니다.
(CIP제어번호 : CIP2020022014)

* 표지그림 : 책가도(册架圖), 조충도(신사임당), 김홍도필 풍속도 화첩 〈타작〉, 필자미상 책걸이
  민화병풍, 전이형록필 책가도(이응록)(국립중앙박물관) / 문방도병풍(국립고궁박물관)
* 사진 사용을 허락해주신 국립민속박물관, 국립전주박물관, 국립중앙박물관, 국립진주박물관,
  국립한글박물관, 문화재청, 합천박물관, 풍석문화재단 음식연구소, 평화가깃든밥상 문성희,
  아름다운우리맛연구원 탁준영 여러분께 감사드립니다.

《임원경제지·정조지》를 펴내며

　《임원경제지(林園經濟志)》 총 16지 113권의 완역·완간이라는 장대한 꿈이 5부 능선을 넘어서고 있습니다. 지금까지 《임원경제지》는 건축·도구·일용품 백과사전 〈섬용지(贍用志)〉 3종, 교양·기예 백과사전 〈유예지(遊藝志)〉 3종, 주거선택 백과사전 〈상택지(相宅志)〉 1종, 가정경제 백과사전 〈예규지(倪圭志)〉 2종, 문화예술 백과사전 〈이운지(怡雲志)〉 4종을 출간하였습니다.

　올해는 음식요리 백과사전 〈정조지(鼎俎志)〉 4종과 건강양생 백과사전 〈보양지(葆養志)〉 3종을 출간하게 되었습니다. 《임원경제지》 16지 중 7개 지가 완역·완간된 셈입니다. 아직도 가야 할 길이 많이 남아 있지만, 또 그만큼 많이 오기도 하였습니다.

　《임원경제지》의 완역·완간은 민간과 국가가 힘을 함께 할 때만 가능한 대규모 프로젝트입니다. 실제로 이 일은 2003년부터 장장 20여 성상을 "임원경제연구소"로 뭉쳐 번역을 진행해 온 젊은 학자들, DYB 최선어학원의 송오현 대표를 비롯한 후원자들, 《임원경제지》 완역·완간을 위해 밤낮없이 이 일에 매진하고 있는 "풍석문화재단"의 구성원들, 그리고 《임원경제지》의 가치를 정확히 판단하고 물심양면 지원을 아끼지 않는 문화체육관광부가 모두 힘을 함께 하였기에 가능한 일이었습니다. 아무쪼록 완역·완간까지 위에 언급한 모든 분이 서로 신뢰하며 최선을 다해 이 방대한 사업을 성공적으로 마무리할 수 있기를 간절히 기원합니다.

　〈정조지〉는 풍석 서유구 선생이 편찬한 조선생활백과사전인 《임원경제지》 중 하나로, 음식요리 백과사전입니다. 서유구 선생은 《임원경제지》를 '먹고 사는 것[食力]'과 '뜻을 기르는 것[養志]' 2가지를 목적으로 편찬하였습니다. 이런 의미에서 〈정조지〉는 '먹고 사는 것'의 정점에 있다고 할 수 있습니다.

〈정조지〉는 총 7개 권으로, 식감촬요(食鑑撮要, 음식 재료 요점 정리), 취류지류(炊餾之類, 밥과 떡), 전오지류(煎熬之類, 죽, 조청, 엿), 구면지류(糗麪之類, 미숫가루, 면, 만두), 음청지류(飮淸之類, 탕, 장, 차, 청량 음료, 달인 음료), 과정지류(菓飣之類, 과일꿀절임, 과일설탕절임, 말린과일, 과일구이, 법제과일, 유과), 교여지류(咬茹之類, 채소음식), 할팽지류(割烹之類, 고기를 가르거나 삶아서 조리한 음식), 미료지류(味料之類, 소금, 장, 두시, 식초, 기름과 타락, 누룩과 엿기름, 양념), 온배지류(醞醅之類, 술), 절식지류(節食之類, 절기별 음식)로 구성되어 있습니다. 〈정조지〉는 이처럼 가장 기본적인 식재료인 물에서 시작하는 식감촬요부터 계절과 명절에 먹는 별식을 다룬 절식지류까지 당시의 음식 문화를 매우 체계적이면서도 과학적으로 다루고 있습니다.

서유구 선생은 《임원경제지》의 서문에 "이 책은 오로지 우리나라를 위해" 편찬한 것으로, "지금 살펴 행할 만한 것인데도 우리나라 사람들이 미처 강구하지 못한 것도 모두 상세히 적어 놓았다."라고 밝히셨습니다. 즉, 《임원경제지》는 당대 조선의 지식을 정리한 것에 그치는 것이 아니라, 다른 나라의 지식도 풍부하게 수록하였습니다. 《임원경제지》〈정조지〉는 이런 서유구 선생의 철학이 가장 잘 반영된 책입니다.

서유구 선생은 〈정조지〉를 편찬하기 전에 먼저 《옹치잡지(饔饎雜志)》라는 음식 요리 관련 저술을 집필하였습니다. 그리고 〈정조지〉는 바로 이 《옹치잡지》를 근간으로 하여 《증보산림경제(增補山林經濟)》 등에 수록된 우리 음식을 더하고, 중국과 동아시아, 인도, 일본 등 당시 세계의 음식 레시피를 집대성한 후 우리 민족이 도입했으면 좋겠다고 생각되는 "레시피"를 정리하여 수록하였는데, 〈정조지〉에 담겨 있는 조리법만 해도 1,500여 종에 달합니다. 수많은 나라가 고유의 전통음식 문화를 자랑하지만, 이렇게 체계적인 형태로 근대 이전의 요리법 전체를 책으로 남긴 사례는 찾아보기 어렵습니다.

일제 강점기와 전쟁, 급속한 산업화를 거치면서 우리 음식문화는 시류를 따라 많은 변형을 거쳤습니다. 불고기와 비빔밥 혹은 신선로로 상징되는 전통음식은 그 원형과 뿌리를 잃어버리고 말았습니다. 원형과 뿌리가 훼손된 문화는 힘을 갖기 어렵습니다. 한류의 세계적인 확산에도 불구하고 한식의 세계화가 큰 성공을 거두지 못한 것에는 아마 원형과 뿌리가 복원되지 못한 채, 마음만 앞선 때문일 것입니다. 이러한 점에서 우리에게 〈정조지〉가 있어 다행이라는 생각이고, 〈정조지〉의 출간이 우리 한식문화의 도약에 큰 힘이 될 것으로 기대합니다.

《임원경제지》〈정조지〉는 많은 한식 연구자들이 꼭 읽고 싶은 소중한 책이었는데, 지금까지는 완역이 되지 않아 한문을 읽을 수 있는 사람들만 제한적으로 접근이 가능하였습니다. 그런데 이렇게 〈정조지〉 4종이 완역·출간되어 풍석 서유구 선생이 남기신 귀한 지적 결실을 필요한 모든 분이 함께 할 수 있게 되어 매우 의미 있고 기쁘게 생각합니다.

아무쪼록 이 책이 우리 한식을 연구하는 분과 우리의 전통음식에 관심이 있는 모든 분에게 도움이 될 수 있기를 기대합니다.

이 책의 출간에 수고하신 모든 분께 감사드립니다.

2020년 6월
풍석문화재단 이사장 신정수

축사
《임원경제지 · 정조지》발간을 축하하며

    요리는 한 민족의 살아있는 연대기입니다. 다양한 요소들이 반영되어 사라지기도 하고 살아남기도 합니다. 〈정조지(鼎俎志)〉의 요리를 현대인의 시각에서 보면 낯설기도 하지만 익숙한 요리법을 보게 되면 지금까지 우리 식탁에 오르는 요리법과 유사해 그 시간의 무게를 충분히 느낄 수 있습니다. 요리 속에 축적된 역사성과 시대를 뛰어넘어 우리 문화의 근간을 이룬 합리성은 〈정조지〉가 왜 우리에게 중요한 저서인지를 다시 한번 생각하게 해줍니다.

    현존하는 최고(最古)의 한글 조리서인 《음식디미방》은 갈암(葛庵) 이현일(李玄逸)의 어머니인 정부인 안동 장씨(1598~1680)가 영남의 궁벽한 산골에서, 당시 집안에서 실제 만들어 먹었던 요리를 기록한 책입니다. 《수운잡방(需雲雜方)》역시 영남의 선비 김유(金綏, 1491~1555)가 자기 집안에서 실제 만들어 먹은 요리를 기록한 책입니다. 서유구 선생의 형수이자 조선 최초의 여성실학자 빙허각 이씨(1759~1824)가 저술한 《규합총서(閨閤叢書)》는 소략하지만 〈정조지〉의 분류법과 비슷한 체계를 가지고 음식을 분류하였으며, 빙허각 이씨의 실제 요리 경험도 풍부하게 녹아들어 있습니다. 조선 후기 유중림(柳重臨, ?~?)이 엮은 《증보산림경제(增補山林經濟)》역시 요리법에 대해 정확한 지식을 전달하고 있는데, 당시 사람들이 만들어 먹었던 일반적인 요리의 집합체로서 표준적인 교본의 모습을 가지고 있습니다. 서유구 선생의 저술인 《옹치잡지(饔饎雜志)》는 다른 요리책과는 다른 탄탄한 체계를 가지고 있습니다. 자신의 경험을 바탕으로 쓴 개인의 요리책과는 달리 요리의 근원을 고전에서 찾아 문헌적 근거를 확인하고 《설문해자(說文解字)》와 같은 자서류(字書類)를 통해 요리의 이름을 확정하였습니다.

〈정조지〉는 이와 같은 다양한 조리서들을 독서하고 난 후 이를 참조하고 인용하여 저술하였지만, 기존의 조리서들과는 의미가 다릅니다. 요리서는 저자가 가지고 있는 사고나 철학이 요리에 고스란히 반영되는데, 서유구 선생은 높은 벼슬을 통해 접한 궁중음식과 반가의 음식, 지방관을 지내며 경험한 지방 음식과 서민들의 음식, 서적과 주변의 좋은 환경을 통해 접했던 중국, 일본, 제3국의 음식 경험을 토대로 〈정조지〉라는 특별한 의미의 조리서를 저술하였습니다. 선생은 어렸을 때부터 풍요로웠던 환경 덕분에 선진 문물을 다양하게 접하면서 보다 개방적이고 실질적인 생활 현상에 관심이 높았습니다. 이러한 관심은 자연스럽게 농사와 요리같은 실제 생활과 밀접한 곳으로 선생을 이끌었습니다. 이는 기존에 가지고 있는 것들을 향유하고 소멸시켜 가는 삶이 아니라, 실제 먹고 사는 것에 깊숙이 침투하여 관찰하고 실험하며 기록하고 발전시켜 나가고자 했던 서유구 선생의 삶의 태도를 보여주고 있습니다. 서유구 선생의 이런 자세는 〈정조지〉의 곳곳에서 볼 수 있습니다.

〈정조지〉는 정확한 인용 근거와 지금의 분류체계와 비교해 봐도 매우 과학적인 계통을 가지고 있을 뿐 아니라 명칭, 계량 단위, 조리법에 이르기까지 매우 상세하고 체계적입니다. 〈정조지〉의 표현 하나하나가 선생의 관찰과 실습, 풍부한 과학적 지식, 실제 농사짓고 요리하며 그 결과물을 사랑하는 사람들과 함께 한 사람만이 쓸 수 있는 지식체계 안에 질서정연하게 담아내고 있습니다.

한 나라의 식문화가 발달하기 위해서는 영향을 주고받은 국가의 우수한 점을 정확히 이해하고 이를 받아들여 자국의 문화를 발달시키려는 주체적인 자세가 필요합니다. 우리나라는 중국과 국경을 마주하고 있고 일본과도 지리적으로 근접하여 중국 사행단이나 왜관과 통신사를 통해 문화적인 영향을 주고받았는데, 서유구 선생 역시 우리 식문화의 발달을 위해 〈정조지〉의 상당 부분에 중국 및 일본 서적을 인용하였습니다. 서유구 선생은 〈정조지〉에 우리나라 음식 문화뿐 아니라 중국이나 일본의 발달한 식문화 부분은 적극적으로 소개하여 〈정조지〉 서문에 밝히신대로 "오로지 풍속을 따르면서 형편에 맞게 조절"하여 우리 입맛에 맞도록 '자국화'하는 데 지침이 되기를 바라셨습니다. 이처럼 〈정조지〉는 단순하게 기록하고 전달하려는 데 그치지 않고 당시 조선 요리의 우수성과 문제점, 중국을 포함한 다른 나라에서 받아들일 점 등을 다국적이고 열린 시각에서 정확히 보고 있었던 것입니다.

요리란 어느 날 갑자기 뚝 떨어져 발명되는 것이 아니라 오랜 시간동안 주변의 영향을 받으며, 그 전통을 자랑스럽게 여기고 매일 음식을 만들어 먹고 아끼는 사람들에 의해 전해지는 역동적인 문화의 한 얼굴입니다. 우리에게 〈정조지〉라는 방대하고 체계적이며 당시 사람들이 담고자 했던 최선의 조리법을 총망라한 고조리서가 존재한다는 것은 엄청난 행운입니다. 이제 행운을 잘 닦고 아끼며 꺼내어 유익하게 활용해 우리 식문화의 우수성을 널리 알리고 활용하는 것은 〈정조지〉를 어렵게 집필한 서유구 선생의 정신을 진정으로 되살리는 일이라고 생각합니다.

우리 "풍석문화재단우석대학교 음식연구소"는 2016년 설립 당시부터 21세기의 풍석 서유구를 목표로 하였습니다. 우리나라 음식의 뿌리와 근원을 복원하되, 현실에 발을 딛고 세계의 좋은 것을 우리 것으로 만들겠다는 것이 21세기 서유구의 음식 철학이라고 생각합니다.

이제 서유구 선생의 《임원경제지》 중 음식요리 백과사전인 〈정조지〉가 총 4종으로 완역·완간되었습니다. 완역에 매진해 온 "임원경제연구소"와 좋은 책으로 만들어낸 "풍석문화재단"에 깊은 감사와 축하를 드립니다. 아울러 우리 음식 문화를 고민하고 연구하는 모든 분들 그리고 강단, 연구소, 산업현장, 가정의 부엌 어디든 상관없이 열정과 창의를 가지고 노력하는 모든 분에게 이 책이 소중한 선물로 다가가기를 기대합니다.

풍석문화재단우석대학교 음식연구소 곽미경

차례

정조지 권제1 鼎俎志 卷第一   임원십육지 41 林園十六志 四十一

음식재료 요점 정리(식감촬요) 食鑑撮要

정조지 권제2 鼎俎志 卷第二　임원십육지 42 林園十六志 四十二

익히거나 찌는 음식(취류지류) 炊餾之類

1. 밥 飯

달이거나 고는 음식(전오지류) 煎熬之類

1. 죽 鬻

인죽(松子仁粥, 잣죽) | 산조인죽(酸棗仁粥, 멧대추죽) | 구기자죽(枸杞子粥) | 해백죽(薤白粥, 염교죽) | 생강죽(生薑粥) | 화초죽(花椒粥, 산초죽) | 회향죽(茴香粥) | 호초죽(胡椒粥, 후추죽) · 수유죽(茱萸粥, 산수유죽) · 날미죽(辣米粥, 산갓죽) | 마자죽(麻子粥, 삼씨죽) · 호마죽(胡麻粥, 참깨죽) · 욱리인죽(郁李仁粥, 이스라지씨죽) | 소자죽(蘇子粥, 차조기씨죽) | 죽엽탕죽(竹葉湯粥) | 저신죽(猪腎粥, 돼지콩팥죽) · 양신죽(羊腎粥, 양콩팥죽) | 양간죽(羊肝粥) · 계간죽(鷄肝粥, 닭간죽) | 양즙죽(羊汁粥, 양죽) · 계즙죽(鷄汁粥, 닭죽) | 압즙죽(鴨汁粥, 오리죽) · 이즙죽(鯉汁粥, 잉어죽) | 우유죽(牛乳粥) | 수밀죽(酥蜜粥, 수유꿀죽)

2. 조청과 엿(이당) 飴餳

볶거나[糗] 가루 내어[麵] 만든 음식(구면지류) 糗麵之類

1. 미숫가루[麨, 초] 麨

일러두기

- 이 책은 풍석 서유구의 《임원경제지》를 표점, 교감, 번역, 주석, 도해한 것이다.

- 저본은 정사(正寫) 상태, 내용의 완성도, 전질의 구성 등을 고려하여 연세대학교 도서관 소장본으로 했다.

- 현재 남아 있는 이본 가운데 서울대학교 규장각한국학연구원, 일본 오사카 나카노시마부립도서관본,
  고려대학교도서관 소장본을 교감하고, 교감 사항은 각주로 처리했으며, 각각 규장각본, 오사카본,
  고려대본으로 약칭했다.

- 교감은 본교(本校) 및 대교(對校)와 타교(他校)를 중심으로 하고, 필요에 따라서는 이교(理校)를 반영했으며
  교감 사항은 각주로 밝혔다.

- 번역주석의 번호는 일반 숫자(9)로, 교감주석의 번호는 네모 숫자(⑨)로 구별했다.

- 원문에 네모 칸이 쳐진 注, 法 등과 서유구의 의견을 나타내는 案, 又案 등은 원문의 표기와 유사하게 네모를
  둘렀다.

- 원문의 주석은【 】로 표기했다.

- 서명과 편명은 번역문에만 각각 《 》 및 〈 〉로 표시했다.

- 표점 부호는 마침표(.), 쉼표(,), 물음표(?), 느낌표(!), 쌍점(:), 쌍반점(;), 인용부호(" ", ' '), 가운뎃점(·),
  모점(、), 괄호(( )), 서명 부호(《 》)를 사용했고 인명, 지명 등 고유명사에는 밑줄을 그었다.

- 字, 號, 諡號 등으로 표기된 인명은 성명으로 바꿔서 옮겼다.

- 그림 및 사진의 출처는 해당 자료와 함께 표기하였다. 별도표기가 없는 경우, 바이두(Baidu.com)와
  구글(Google.com) 이미지를 활용하였다.

- 자료사진을 제공한 기관이나 개인의 표기는 책 말미에 차례로 정리해두었다.

《정조지》 해제[1]

1) 제목 풀이

《정조지(鼎俎志)》는 음식요리 백과사전으로, 7권 4책, 총 129,099자이다. '정조(鼎俎)'는 '솥과 도마'를 말한다. 정(鼎)은 오미(五味)를 조화시키는 그릇으로, 발이 셋이고 귀가 둘이다. 삼례(三禮)를 조사해보면 정에 담는 것은 모두 희생물이지만, 《주역》 정(鼎)괘에 음식을 삶거나 솥 안의 음식을 엎지른다는 뜻이 있는 것으로 보아 음식을 익히는 도구가 분명하다.

정(鼎, 상)과 조(俎, 하)

1 이 글은 서유구 지음, 정명현·민철기·정정기·전종욱 외 옮기고 씀, 《임원경제지 : 조선 최대의 실용 백과사전》, 정정기, 〈정조지 해제〉, 씨앗을 뿌리는 사람, 2012, 803~843쪽에 실린 내용을 토대로 증보, 보완한 것이다.

조(俎)는 희생(犧牲)을 올려놓는 그릇으로, 반으로 나누어진 고기를 본떴다. 《예기》를 조사해보면 조에 희생을 올려서 바치는 것으로 나오므로 제기가 분명하나, 《사기》의 도조(刀俎)에서 조는 도마를 일컫는다. 풍석은 솥과 도마라는 대표적 요리 도구로 음식과 요리를 총괄하면서도 우리나라 사람들이 정과 조를 요리 도구로만 알고 제기의 의미가 있는 것을 모른다고 비판했다. 요리의 도구가 희생 제물을 담던 제기였다는 사실을 강조하여 정조의 세계를 다른 차원에서 볼 수 있는 가능성을 열었다.

《정조지》는 음식의 재료, 조리법, 효능 및 금기 등을 다루고 있다. 목차를 보면 식감(食鑑)·취류(炊餾)·전오(煎熬)·구면(糗麪)·음청(飮淸)·과정(菓飣)·교여(咬茹)·할팽(割烹)·미료(味料)·온배(醞醅)·절식(節食)의 11가지 대제목으로 구성되어 있다. 《본리지》(제 1지)에서 《전어지》(제 7지)에 이르는 머나먼 생산의 역정을 8번째 《정조지》로 정리한 뜻은 먹을거리의 가공을 통해서 인간의 건강한 생활을 보장하려는 의도이다.

풍석은 〈정조지 서문〉에서 사람들의 입맛은 시간과 장소에 따라서 달라지며 세상에는 맛의 절대적 기준을 세워줄 역아(易牙)와 같은 명요리사도 없으므로 일률적으로 맛의 기준을 세울 수 없다고 한다. 또한 우리 음식이 중국과 다를 뿐만 아니라 중국의 요리법이 있다 한들 시골 생활에서 요리법까지 연구할 겨를을 갖기는 어려우므로 오로지 우리 풍속에 의거하여 알맞게 하면 그만이라고 했다. 《정조지》에 등장하는 수많은 음식 재료와 갖가지 요리들은 이러한 문제의식 위에 동아시아 삼국의 요리를 우리 형편에 맞게 망라하려는 노력의 결과물이다.

2) 목차 내용에 대한 설명

먼저 《정조지》의 대제목을 하나씩 살펴보자. 〈음식 재료 요점 정리[식감활

요(食鑑撮要)]〉에서는 식재료를 물·곡식·채소·과일·짐승·새·물고기·양념 등으로 나눈 뒤 본초학적 특성을 밝혀 요리에 참고하도록 했다. 〈익히거나 찌는 음식[취류지류(炊䭔之類)]〉에서는 밥과 떡에 대하여, 〈달이거나 고는 음식[전오지류(煎熬之類)]〉에서는 죽과 조청과 엿에 대하여, 〈볶거나 가루내어 만든 음식[구면지류(糗麪之類)]〉에서는 미숫가루와 국수·만두에 대하여 다루었다. 〈음료[음청지류(飮淸之類)]〉에서는 탕·장(漿)·차·청량음료·달인음료 등에 대하여, 〈과즐[과정지류(菓飣之類)]〉에서는 과일꿀조림·과일설탕절임·말린과일·과일구이·법제과일·점과 등에 대하여 다루었다. 〈채소 음식[교여지류(咬茹之類)]〉에서는 절이고, 말리고, 무치고, 김치를 담는 등의 저장성 높은 채소 요리 및 굽고, 삶고, 지지고, 볶고 두부나 묵을 만드는 등의 다양한 채소 요리를 다루었다. 〈가르거나 삶아서 조리하는 음식[할팽지류(割烹之類)]〉에서는 주로 육류·조류·어류를 이용한 국·구이·회·포·젓 등 다양한 요리에 대하여 다루었다. 〈조미료[미료지류(味料之類)]〉에서는 소금·장·두시·식초·기름·유가공품·누룩·엿기름·양념 등에 대하여 다루었다. 〈술[온배지류(醞醅之類)]〉에서는 술의 기원과 종류, 술 빚기, 소주 내리기, 음주법 등 술과 관련된 다양한 내용에 대하여, 〈절식[절식지류(節食之類)]〉에서는 절기별 중요 세시음식에 대하여 다루었다.

권1의 〈음식 재료 요점 정리〉에서는 음식 재료를 물·곡식·채소·과일·짐승·새·물고기·양념으로 나누어 설명했다. 음식 재료에 대한 설명은 본초학적 사유에 기반해서, 중국의 《본초강목(本草綱目)》·《식료본초(食療本草)》·《신농본초(神農本草)》·《명의별록(名醫別錄)》·《식물본초(食物本草)》·《본초습유(本草拾遺)》·《본초연의(本草衍義)》·《석씨식감본초(石氏食鑑本草)》, 일본의 《화한삼재도회(和漢三才圖會)》, 조선의 《동의보감(東醫寶鑑)》·《증보산림경제(增補山林經濟)》 등 동아시아 삼국의 다양한 서적에 의존하고 있어 현대 영양학적인 설명과는 다르다. 예를 들어 물을 설명하는 대목에서는 하늘이 사람을 낳고 물과 곡식으로 기르므로 물과 곡식이야말로 사람의 영혈(榮血)과

위기(衛氣)를 지탱하는 중요한 축이라고 설명한다.[2]

"물(수류, 水類)"의 으뜸은 역시 우물물이다. 흐르는 물이 좋다고는 하지만 여러 가지 위험 요소가 상존하므로 믿고 마시기에 적당하지 않다. 믿고 마시는 우물물이라도 형편에 따라 사정이 나빠져서 일상생활에서 가장 깨끗한 물을 필요로 하는 음식 즉 차를 끓이거나 술을 빚거나 두부를 만드는 일을 감당할 수 없는 경우도 있다. 이런 경우는 물을 끓여 차분히 가라앉힌 뒤 윗물을 써야 좋다고 한다. 또한 여름 얼음은 번열증을 제거하는 효능이 있지만 역시 여름에 얼음을 먹으면 기후와 상반되어 위 등 내장에 좋지 않은 점이 있다고 한다. 음식에 섞어 먹어 그 차가운 기운을 잠시 취하면 그만이지, 빙수를 만든다고 두드려 빻아 먹는다면 잠시 동안은 상쾌하겠지만 오래되면 당연히 병이 생긴다. 한여름에도 냉방병을 걱정하며 찬 음료나 아이스크림을 즐겨 먹는 지금의 풍토에 적지 않은 경종을 울릴 내용이다.

"곡식(곡류, 穀類)"을 비롯한 대부분의 식재료는 사기(四氣)·오미(五味)·귀경(歸經)·독성(毒性) 등을 기본틀로 하여 관련 기본 정보를 밝히고 있다. 오곡은 사람을 기르는 공이 있어 이익을 낳기도 한다. 그런데 지식인은 이익보다는 사람을 기르는 공을 중시하여야 한다. 그러므로 이익을 앞세우지 말고, 오직 사람을 기를 수 있다는 효과만을 생각하여 많이 심어 먹으면 좋다고 했다. 멥쌀은 맛이 달고 쓰며 성질이 평하고 독이 없다. 기운을 북돋고, 근골을 튼튼하게 하며, 혈맥을 통하게 하고, 오장을 조화롭게 하고, 위장의 기운을 보완하여 북돋우므로 그 공에는 아무 것도 미치지 못한다. 하지만 햅쌀을 갑자기 먹으면 풍기(風氣)를 조금 요동시키므로 노인이나 몸이 약한 사람에게는 주의를 요한다. 노약자는 묵은 벼를 새로 찧어 먹으면 소화를 돕고 위를 보한

---

2 예를……설명한다 : "天之生人, 水穀以養之. 故曰 : '水去則榮散, 穀消則衛亡.'"《정조지》권1〈음식 재료 요점 정리〉 "물" '물에 대한 총론'.

물 긷는 모양(기산풍속도)

다. 찹쌀은 성질이 따뜻하여 술을 빚기에 알맞다. 또 겨울에는 농가에서 소에게 인절미를 만들어 먹여 동상을 방지하기도 했다. 하지만 끈적이고 소화시키기가 어려워 어린아이나 병자는 조심해야 한다.

"채소(채류, 菜類)"는 땅에서 나는 음물(陰物)이기에 음을 기르는 음식으로 이해했다. 채소(菜蔬)의 '소(蔬)'는 소통시킨다[疏]는 뜻을 담고 있다. 채소를 먹으면 장과 위가 펴지므로 막혀서 정체되는 질병이 없다는 설명은 본초학의 전형적인 설명 방식이다.

"과일(과류, 菓類)" 역시 모두 땅에서 나는 음물이기에 음을 기르는 음식으로 보았다. 사람의 병은 음이 허해서 생기는 경우가 많으므로 과일을 먹으면 좋다고 했다. 그러나 과식하면 과일의 익히지 않은 찬 성질 때문에 해로우므로 어린아이들은 조심해야한다는 지적을 빠뜨리지 않았다.

"짐승(수류, 獸類)"에서는 《논어》〈향당〉에 수록된 공자의 말을 인용하여 금기사항을 먼저 주지시키고 있다. 음식의 색깔이 나쁜 경우에는 먹지 말고, 냄새가 나쁠 때도 먹지 말고, 제철이 아닌 음식도 먹지 말고, 고기가 비록 많아도 밥 기운을 이기게 하지는 말라고 했다.[3] 음식은 곡기를 위주로 하는데 고기가 조금이라도 과하게 되면 사람을 상하기에 충분하다는 경고다. 그 외에도 다양한 금기를 제시하여, 육류가 부족한 당시에 귀한 육류로 인해 피해를 입는 일을 방지하기 위해 노력했다. 소·돼지·개·양·멧돼지·곰·산양·사슴·사불상·노루·토끼의 본초학적 특성과 효능, 요리방법과 주의사항에 대하여 다루었다.

"새(금류, 禽類)"에 대해서는 새는 양(陽) 중의 양이라, 사람에게 이롭지만 많이 먹으면 바람직하지 않다고 했다. 마찬가지로 금기사항을 두어 사람들이 조심하게 했다. 가금류의 대표는 역시 닭이다. 닭은 색깔별로 성질이 다르다고 한다. 붉은 수탉 고기는 맛이 달고 성질은 약간 따뜻하며 독이 없다. 흰수탉 고기는 맛이 시고 성질이 약간 따뜻하며 독이 없다. 검은 수탉 고기는 맛이 달고 성질이 약간 따뜻하며 독이 없다. 검은 암탉 고기는 맛이 달고 시며 성질이 따뜻하고 평하며 독이 없다. 누런 암탉 고기는 맛이 달고 시고 짜며 성질이 평하고 독이 없다. 오골계는 맛이 달고 성질은 평하며 독이 없다. 계란은 맛이 달고 성질이 평하며 독이 없다. 이처럼 색깔별로 맛과 성질이 다르다고 인식할 수 있는 이유는 오행(五行)이라는 인식틀이 있기 때문이다. 한편 야생 조류 중에서 가장 자주 식탁에 올랐던 꿩에 대해서는 의외로 부작용을 언급한 부분이 있어 눈에 띈다. 약간의 독이 있는 탓에 가을과 겨울에는 유익하지만 봄과 여름에는 이질이 있는 사람은 먹으면 안 된다거나, 상식하면 유익함보다는 손해가 더 많다고 했다.

"물고기(어류, 魚類)"에서는 물고기가 속을 뜨겁게 한다고 했다. 물고기는 물속에서 한순간도 정지해 있는 법이 없으므로 먹으면 화(火)를 요동시킨다. 그러므로 물고기를 많이 먹는 사람은 절제해야 한다는, 현재의 상식으로는 언

---

3 고기……했다 : "孔子'色惡不食, 臭惡不食, 不時不食'是也. 又曰 : '肉雖多, 不使勝食氣.'"《정조지》 권1 〈음식 재료 요점정리(식감촬요)〉 "짐승(수류)" '짐승에 대한 총론'.

뜻 이해가 가지 않는 설명을 하고 있으나 깊이 음미해볼 말이라고 생각된다. 현대인들은 육류보다는 어류가, 육식보다는 채식이 건강에 더 이롭다는 생각을 은연중에 가지고 있지만, 이 문제도 평면적으로 생각할 단순한 문제는 아니다. 맹자(孟子)는 "물고기를 버려두고 곰 발바닥을 취한다."⁴고도 했는데, 이런 발언을 한 데에는 진실로 그만한 이유가 있을 것이라고 풍석은 말했다.

"양념(미류, 味類)"에서는 음식의 맛을 내고 조화시키는 소금·장·식초·참기름·벌꿀·술·엿·연유를 다루고 있다. 오미(五味)는 음식을 조화시키는 요소로 일상생활에 없을 수 없는 필수 요소이다. 오미는 오장을 유익하게 하지만 과하면 오히려 오장을 손상시킨다. 단맛[甘]은 비(脾)로 들어가기를 좋아하는데, 너무 많이 먹으면 비가 상한다. 쓴맛[苦]은 심(心)으로 들어가기를 좋아하는데, 너무 많이 먹으면 심이 상한다. 짠맛[鹹]은 신(腎)으로 들어가기를 좋아하는데, 너무 많이 먹으면 신이 상한다. 신맛[酸]은 간(肝)으로 들어가기를 좋아하는데, 너무 많이 먹으면 간이 상한다. 매운맛[辛]은 폐(肺)로 들어가기를 좋아하는데, 너무 많이 먹으면 폐가 상한다. 이것이 오장이 오미에 상한다고 하는 것이다. 하물며 장과 초의 맛은 모두 사람이 만들었기에 자연의 맛이 아닌지라 사람을 더욱 상하게 할 수 있다. 그러므로 풍부한 맛이 오히려 열을 일으킨다고 말했다. 사람들이 입과 배가 원하는 대로 먹고 마셔 절도가 없다면 병이 나서 천수를 깎아먹지 않을 수 없다. 그러므로 음식을 끊을 수는 없지만 절제하여 줄일 수는 있다고 했다.

먹고 마시는데 절도를 잃기 쉬운 음식으로는 단연 술이 으뜸이다. 《본초강목》에 따르면 술은 적당히 마시면 피를 조화롭게 하고 기가 잘 돌며 정신이 씩씩해지고 추위를 덜며 시름을 잊게 되고 흥이 나는 반면, 지나치게 마시면 정신이 상하고 피를 소모하며 위를 손상하고 정기를 없애며 담이

---

4 물고기를……취한다 : "孟子曰 : '魚我所欲也, 熊掌亦我所欲也. 二者不可得兼, 舍魚而取熊掌者也.'"《孟子注疏》卷11〈告子 上〉(《十三經注疏整理本》25, 363쪽).

생기게 하고 화를 요동시킨다고 했다. 술에 빠져 무도(無道)하며 늘 취해 있는 사람은 가볍게는 병에 걸리고 행실이 엉망이 되며, 심하게는 나라를 잃고 집안을 망하게 하며, 자기의 수명도 단축시킨다고 했다.

권1 〈음식 재료 요점 정리〉의 식재료 소개에 이어 권2부터는 음식 요리법이 등장한다. 조사 결과,《정조지》에는 총 1,748개의 요리법이 수록되어 있음을 확인했다.[5] 이로써《정조지》에 소개된 요리법의 총수를 최초로 가장 세밀하게 밝혀둔다.[6] 예를 들어《정조지》의 술 제조법을 임원경제연구소에서는 이전에 표제어의 수인 167개로 발표해왔으나, 이번 조사를 통해 그보다 130여 개가 더 많은 296개임을 확인했다. 또한《정조지》의 규모를 미루어 짐작하기 위해서《음식디미방》과《규합총서》의 요리법 개수를 조사한 결과 각각 192개와 541개로 확인했다.《정조지》각 권별 통계는 각 권에 대한 해설 앞에 수록하였다.

---

5 요리법의 개수는 정정기·최시남이 조사했다. 동일한 표제어 하에서도 주재료·주조리법 등을 달리하는 요리법이 수록된 경우가 많으므로 각각의 표제어 하에서 재료·다루는 법·도구 등이 달라지는 양상을 면밀히 검토하였다. 표제어 수치에는 부록의 각 항목도 포함시켜서 요리법 산정에 편의를 도모했다. 상세 기준은 다음과 같다.
　-표제어를 1개로 계산한다.
　-又法으로 시작하는 곳도 1개로 계산한다.
　-又法은 없어도 주요 재료를 바꾸어 조리하면 1개로 계산한다.
　-조리법이 대동소이해도 출전이 다르면 별도로 계산한다.
　-표제어가 같아도 다른 장(章), 다른 분야에 있으면 별도로 계산한다.
　-주재료는 변함없이 양념을 바꾸거나 추가하는 경우에는 별도로 계산하지 않는다.
　-주재료는 변함이 없어도 찌거나 삶거나 중탕하거나 굽는 방법이 바뀔 때 별도로 계산하고, 순서가 바뀌는 경우도 별도로 계산한다.
　-총론에 있는 간단한 소개는 요리법으로 간주하지 않는다.
6 이에 앞서 차경희 교수는 2014년 5월 9일 "풍석 서유구 탄생 250주년 기념 학술대회 : 민생과 민본의 실천자 서유구와 임원경제지"에서 발표한 〈한국음식사〉에서《임원경제지 정조지》의 가치와 의미〉에서《정조지》요리법 총수를 1,300여종이 넘는다고 발표하기도 했다. 차교수는 "각론 중 별법(別法)이 소개된 경우와 식재료가 전혀 달라 다른 음식으로 보아야 하는 경우"에 다른 요리법으로 간주한다는 큰 원칙만을 밝혔으므로 본 조사에 비해서 매우 보수적으로 계산했을 것으로 짐작한다.

표1 정조지 전체의 요리법 개수(대제목별)

순서	권	대제목	표제어	요리법
1	1	음식재료 요점정리(식감촬요)	–	–
2	2	익히거나 찌는 음식(취류지류)	79	121
3		달이거나 고는 음식(전오지류)	93	118
4		볶거나 가루내어 만든 음식(구면지류)	61	77
5	3	음료(음청지류)	59	69
6		과줄(과정지류)	91	190
7	4	채소음식(교여지류)	160	255
8	5	가르거나 삶아서 조리하는 음식(할팽지류)	123	309
9	6	조미료(미료지류)	136	209
10	7	술(온배지류)	197	296
11		절식(절식지류)	60	104
총계			1059	1748

표2 권2[익히거나 찌는 음식(취류지류), 달이거나 고는 음식(전오지류), 볶거나 가루내어 만든 음식
(구면지류)] 요리법 개수

순서	권	대제목	소제목	표제어	요리법
2	2	익히거나 찌는 음식 (취류지류)	밥	15	24
			떡	64	97
		소계		79	121
3		달이거나 고는 음식 (전오지류)	죽	88	107
			조청과 엿	5	11
		소계		93	118
4		볶거나 가루내어 만든 음식 (구면지류)	미숫가루	14	16
			면	31	33
			만두	16	28
		소계		61	77
합계				233	316

권2에서는 〈익히거나 찌는 음식〉, 〈달이거나 고는 음식〉, 〈볶거나 가루내어 만든 음식〉을 다루고 있다. 요리법은 〈익히거나 찌는 음식〉 121개와 〈달이거나 고는 음식〉 118개, 〈볶거나 가루내어 만든 음식〉 77개를 합하여 316개가 수록되었다. 〈익히거나 찌는 음식〉에서는 밥과 떡을 다루고 있다. 총론에서는 주로 각 요리의 기원을 밝히고 있으며, 대부분 풍석의 저술인 《옹치잡지》에서 인용하여 기술하고 있다. "밥" 부분에서는 자서(字書)를 주로 인용하여 밥의 상태에 따라 다른 이름으로 소개하고 있다. 한 번 찐 밥을 분(饙)이라고 하며, 다시 쪄서 김이 방울져 떨어지는 밥을 류(餾)라고 한다. 또 잡곡밥을 유(䵃)나 뉴(䬼)라고 한다. 물을 뿌린 밥을 손(飧)이라고 하며, 국을 뿌린 밥을 찬(饡)이라고 한다. 도가에서 약초로 색을 넣은 밥을 신(䭀)이라 한다.

밥에 대해서는 밥 부드럽게 하기, 햅쌀밥의 독 제어하기, 보리밥 잘 익히기, 밥 쉬지 않게 하기와 갖가지 종류의 밥 짓는 법을 소개하고 있다. 예로부터 조선 사람은 밥을 잘 짓기로 중국에까지 소문이 났으나 특별한 비결이 있어서가 아니다. 조선에서는 밥을 지을 때 우선 쌀을 깨끗이 일어 쌀뜨물은 기울여 버리고 쌀은 노구솥에 넣는다. 쌀 위에 손을 펴 얹고 손등에 닿도록 차오를 때까지 새 물을 채운다. 솥뚜껑을 덮고 불을 지펴 끓이는데, 부드럽게 하려면 익을 때쯤 불을 뺐다가 1~2각(15~30분) 후에 다시 불을 넣어 끓이고, 되게 하려면 불을 빼지 말고 처음부터 끝까지 센 불로 끓이라고 했다. 물 양의 조절과 불의 세기 조절 및 때맞춤에 심혈을 기울이는 방법이 중국보다 밥을 더 잘 지었던 이유일 것이다.

풍석은 자신의 저서인 《옹치잡지》를 인용하여 '영양밥'과 '고구마밥' 짓는 법을 설명하면서 직접 밥을 해본 경험이 없으면 쓸 수 없는 친절한 표현을 쓰고 있다. 영양밥을 지을 때는 멥쌀·팥·익은 밤·말린 대추를 서로 섞어 밥을 한다. 재료가 준비되면 먼저 팥을 삶아 익히고, 다음으로는 멥쌀·대추·밤을 넣고 푹 쪄서 떡처럼 엉길 정도로 익힌다. 멥쌀로만 하지 말고

밥 푸고 상 차리는 모양(기산풍속도)

찹쌀을 조금 더하여 찰기를 띠게 하면 더욱 좋다고 했다. 고구마밥은 멥쌀로 밥을 할 때, 쌀이 익으려 할 즈음 고구마를 넣어 뜸을 들이는 정도면 되지 고구마를 너무 익히면 문드러질 수 있다고 했다.

"떡"에 대해서는 시루떡 쉽게 찌는 법을 비롯하여 과일떡·무떡·복숭아떡·살구떡·쑥떡·인절미·감떡·산삼떡·회회권전병·칠보권전병·두텁떡·당귀떡·금강산석이버섯떡·고려밤떡·단자·경단·증편 등 모두 63종 각양각색의 떡 만드는 법을 다루고 있다. 우선 풍석이 주목한 문제는 "떡[餠]"이라는 말과 "면(麵)"이라는 말이다. 우리나라에서는 떡이라고 하면 쌀떡을 지칭하지만 중국문헌에서는 밀과 쌀을 가리지 않는다. 또한 우리말에서 면이라고 하면 주로 국수를 가리키지만 중국문헌에서는 밀가루도 면이고 밀가루로 만든 국수도 면이기 때문에 의미의 폭이 더 넓다.

떡은 곡물가루를 반죽하여 뭉쳐 만든 음식이다. 고(餻)와 이(餌)와 자(餈)와 탁(飥)을 모두 떡이라고 한다. 나누어 말하면 쌀가루를 찐 떡을 이(餌)라 하고, 가루를 내지 않고 고두밥을 하여 떡메로 친 떡을 자(餈)라고 하는데, 각각 시루떡과 인절미를 생각하면 바로 이해가 된다. 기름에 튀긴 떡은 유병(油餠)이라 하고, 꿀을 적신 떡은 당궤(餹饋)라 한다. 밀가루를 반죽해서 자르고 끓여 삶은 떡은 박탁(餺飥)이라 한다. 쌀을 가루 내어 쪄서 모양을 둥글게 하고 가운데 소를 넣은 떡은 혼돈(餛飩)이라 한다. 쌀을 가루 내서 엿을 가미한 떡은 교이(餃餌)라 한다. 떡을 따로 삶아 내지 않고 제 물에 끓인 떡은 탕중뇌환(湯中牢丸)이라 한다. 발효시켜 풀처럼 부풀린 다음 밀가루를 살짝 띄운 떡은 부투(餢鍮), 또는 포어(飽鮦)라고 한다. 얇은 떡으로 고기를 말아놓은 음식은 담(餤)이라 한다. 밀가루를 발효시켜 고기로 된 소를 넣은 음식은 만두(饅頭)라 한다. 이렇게 다양한 떡 중에서 우리나라의 갖가지 시루떡은 이(餌) 종류이며, 찹쌀 인절미는 자(餈) 종류이다. 화고(花糕)는 유병과 짝한다. 밀병(蜜餠)은 당궤의 후예이다. 단자(團餈)는 혼돈(餛飩)의 동료이다. 탕병(湯餠)은 박탁의 지류이다. 원소병(元宵餠)은 뇌환의 다른 이름이다. 증병(蒸餠)과 상화병(霜花餠)은 부투의 다른 호칭이다.

장단에 거주하던 풍석은 가까운 황해도 연안(延安)의 '인절미'를 좋게 평가했다. 그 이유는 단지 찹쌀이 다른 지방보다 좋아서 만이 아니라 반드시 먼저 쌀을 찧어 가루를 만든 뒤에 무르게 푹 쪄서 떡메로 치기 때문이라고 한다. 그러므로 가루내지 않은 인절미에 비하여 기름지고 찰지며 밥알갱이가 남아 있지 않는 것이다. 다른 인절미 종류로 붉은 대추 살을 섞어 찌기도 하고, 당귀잎가루를 섞어 찌기도 하며, 먼저 붉은 밥(약밥)을 짓고 바로 다시 쳐서 떡을 만들기도 하는데 이들 모두 별미라 한다.

'단자'와 '경단'을 만드는 방법에 대해서도 알아보도록 하자. 우선 단자와 경단의 차이는 소의 유무에 달려 있다. 단자는 소가 있는 떡이다. 찹쌀을 가루 내고 물로 반죽하여 손바닥만 한 편으로 만든다. 잘 삶아지도록 손가락 끝을 이용하여 어지러이 구멍을 뚫고 펄펄 끓는 물에 삶은 다음 깨끗한 그릇에 담는다. 이들 구멍떡을 나무 막대기로 힘껏 휘저어 뻑뻑한 죽처럼 되게 한다. 따로 꿀을 넣고 볶은 팥가루나 꿀을 가미한 밤가루로 소를 만들어두었다가 반죽으로 소를 싸서 둥글게 빚는다. 이를 꿀에 담그거나 혹은 팥가루를 뿌리거나 잣가루를 뿌린다. 이때 안의 소와 밖의 가루를 모두 팥가루를 쓰면 소두단자(小豆團餈)라 하고, 안의 소와 밖의 가루를 모두 밤가루를 쓰면 율자단자(栗子團餈)라고 한다. 또 당귀잎가루를 찹쌀가루에 넣으면 색이 푸르고 냄새가 향기로운데 민간에서는 이를 신감초단자(辛甘草團餈)라 불렀다.

단자와 달리 경단은 소가 없다. 경단에 콩가루를 입히고 연밀(煉蜜)과 생강즙을 끼었고 계핏가루, 후춧가루를 뿌리면 황두경단(黃豆瓊團)이라 부른다. 개성에서는 팥가루를 입혀 소두경단(小豆瓊團)이라 부른다.

〈달이거나 고는 음식〉에서는 "죽", "조청과 엿"에 대하여 다루고 있다. 현대인들에게 많은 사랑을 받고 있는 죽은 그 종류가 다양하여 부록까지 포함하면 쌀죽·원기보양죽·녹두죽·율무죽·깨죽·마죽·밤죽·여섯재료죽·잣죽·병풍나물죽·호두죽·닭죽·붕어죽·홍합죽·말린생선죽·우유죽 등 87가지나 된다. 옛날의 죽 요리는 곡물, 채소, 약물로 죽을 쑤어 병을 다스리는 경우가 매우 많았는데 그 중에는 밥 대신 먹어도 손색이 없는 죽들이 많다.

풍석은 《증보산림경제》를 인용하여 흰죽 쑤는 법에 대하여 설명했다. 솥은 돌솥이 가장 좋고 무쇠솥과 노구솥(유기솥)은 그 다음이다. 물은 감천수를 쓰면 좋은데, 샘이 나쁘면 죽의 색이 누렇게 되고 죽이 잘 되지 않는다고 한다. 흰죽을 끓일 때는 먼저 잘 찧어 여러 번 씻은 흰쌀을 참기름 두른 뜨거운 솥에 넣고 쌀알에 기름이 스며들도록 대략 볶는다. 이어서 물을 많이 붓고 약한 섶나무 불로 계속 졸이다가 반쯤 익어 즙이 흐르려고 하면 곧 놋국자로 그 즙을 깨끗한 그릇에 떠낸다. 그러고는 놋국자의 등으로 아주 곱게 문질러서 쌀알이 풀어지도록 한다. 여기에 다시 참기름을 넣고 고르게 저어 조금도 눌어붙지 않도록 끓인다. 그런 다음 놋국자로 떠놓은 즙을 서서히 죽에 넣는데, 그 즙이 졸아들면 다시 즙을 떠넣고, 더할 즙이 없어지면 그친다. 이렇게 하면 우유죽처럼 진한 죽이 된다.

이 정도로 죽 쑤는 법을 익혀둔다면 건강을 지키는 데 크게 위태롭지 않을 것이다. 밥이든 죽이든 술이든 원칙에 충실하게 조리법을 익혀 기본을 잘 다진다면, 《정조지》에 등장하는 수십 종의 요리들도 충분히 현대적으로 소화해 만들 수 있을 것이다.

식혜를 졸여 조청을 만드는 방법도 알려준다. 쌀로 밥을 하여 솥 안에 넣고 뜨거울 때에 엿기름과 따뜻한 물을 넣는다. 비율은 쌀 10승에 엿기름 1.5승, 물 2병 정도면 된다. 도로 솥뚜껑을 덮고 솥 밑에 겻불을 지펴 차가워지지 않게 한다. 한나절이 지나면 밥은 삭아 물이 되고 밥 형체만 남는 식혜가 된다. 찌꺼기를 베로 걸러 제거하고 다시 이 식혜즙을 솥에 넣어 졸이면 조청이 된다.

엿은 조청이 완성되면 따뜻한 상태로 큰 공 모양을 만들어 제조에 들어간다. 조청이 엿으로 되기 위해서는 공력이 필요하다. 두 사람이 마주잡고 당기면 점점 길어지고 희어지며, 왕복하여 당기기를 수백 번 하면 눈처럼 희게 된다. 칼로 잘라 파는데 크기는 마음대로 한다.[7] 엿 중에서 후추와 말린 생강가루를 넣고 끌어당겨서 가늘고 긴 가락모양으로 만든 뒤 가위로 밤만 하게 자른 것을 율당(栗餹)이라고 한다. 개성에서 나는 율당은 도토리처럼 작고 넓적하며, 광주(廣州)의 율당은 왕밤처럼 크고 긴데 모두 좋다고 한다.

〈볶거나 가루내어 만든 음식〉에서는 "미숫가루"와 "면"과 "만두"에 대하여 다루고 있다. 미숫가루는 향기롭기 때문에 구(糗)라고도 한다. 음식 중에 소박한 끼니거리인데다, 휴대가 간편하여 여행이나 산행길에 빠뜨릴 수 없는 음식으로 꼽힌다. 풍석에 따르면 우리나라에서는 미숫가루에 찹쌀을 많이 쓰는데, 만드는 방법은 간단하다. 찹쌀을 향기 나게 볶아 빻고 체로 쳐서 가루 낸 뒤 저장한다. 음용 방법도 간편해서 여름에 매번 2~3숟갈을 꿀물에 타서 먹는데, 갈증을 금방 그치게 하고 배고픔을 없애준다고 했다. 복분자도 이용되는데 검붉은색의 것이 좋으며, 선홍빛이 나는 것은 효과가

---

7 칼로……한다 : "刀切貨之, 大小隨意." '엿장수 맘대로 한다'는 말이다.

자못 떨어진다고 한다. 복분자가 70~80퍼센트 익었을 때 따다가 빻아서 얇은 떡으로 만들어 햇볕에 말린 뒤에 다시 빻고 고운체로 쳐서 가루 내어 저장한다. 쓸 때마다 1~2순갈을 흰꿀물에 타서 마시면 기운을 더하고 몸을 가볍게 하며 오장을 편안하고 조화롭게 한다고 한다.

밀이나 보릿가루를 면(麪)이라 하고 곡물, 채소, 과일, 콩 가루도 가차하여 면이라 한다. 중국에서는 면을 반죽해서 만든 음식을 모두 병(餅)이라고 부르지만 우리나라에서는 마른 것을 떡이라 하고 젖은 것을 면이라 한다.

풍석은 《증보산림경제》를 인용하여 메밀국수를 소개했다. 메밀면은 메밀을 빻아 가루 내고 이를 물에 타서 베 위에 펴 햇볕에 말린 다음, 10승마다 녹두 가루 2승을 넣고 물에 풀처럼 반죽하여 국수틀[麪榨][8]에 넣어 뽑는다고 한다. 틀을 누르면 가락이 되는데 이를 간장물에 삶아 먹는다. 혹은

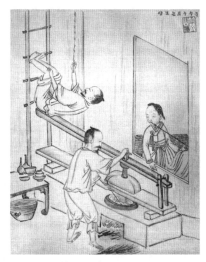

국수 누르는 모양(기산풍속도)

---

8 《섬용지》 권2 〈불로 요리하는 도구〉 "틀이나 눌러 짜는 여러 도구(짜거나 누르는 여러 도구)" '국수틀'. 풍석 서유구 지음, 임원경제연구소 옮김, 《임원경제지 섬용지(林園經濟志 贍用志)》 1, 풍석문화재단, 2016, 393~394쪽.

메밀가루를 물에 반죽한 뒤, 나무 밀판 위에 놓고 이를 밀고 펴 칼로 가늘게 썰어서 만들기도 한다.

또 《옹치잡지》를 인용하여 '계란국수'도 소개했다. 밀가루를 고운체로 쳐서 계란 흰자로 반죽한 뒤 밀판 위에 얇게 펴서 칼국수 모양으로 잘라 간장물에 삶아 먹는다고 했다.

중국 사람들은 만두를 병(餅) 중의 하나로 보지만, 우리나라 사람들은 만두를 병이라고 하지 않는다. 《옹치잡지》에 소개된 '김치만두'는 배추김치를 잘 다져 두부, 고기와 섞어 소를 만든다. 밀가루나 메밀가루를 물에 반죽하여 술잔의 입 크기만 한 얇은 피를 만든 다음 소를 싸서 조각 떡 모양으로 만든다. 장물에 기름과 후추 등의 조미료를 넣고 삶는다.

표3 권3[음료(음청지류), 과줄(과정지류)] 요리법 개수

순서	권	대제목	소제목	표제어	요리법
5	3	음료(음청지류)	탕	19	21
			장	8	11
			차	17	23
			갈수(청량음료)	7	7
			숙수(달인음료)	8	7
			소계	59	69
6		과줄(과정지류)	밀전과(과일꿀조림)	21	49
			당전과(과일설탕절임)	26	36
			포과(말린과일)	22	49
			외과(과일구이)	6	20
			법제과(법제과일)	9	14
			점과(유과)	7	22
			소계	91	190
		합계		150	259

권3에서는 〈음료〉와 〈과줄〉을 다루고 있다. 요리법은 〈음료〉 69개와 〈과줄〉 190개를 합하여 259개가 수록되었다. 〈음료〉에서는 탕과 장, 차와 청량음료 및 달인 음료를 다룬다. "탕(湯)"은 대개 향약(香藥)으로 탕을 끓여서 마시는 음료를 지칭한다. "장(漿)"은 향약(香藥)과 과라(菓蓏)⁹로 담아 빚어 마시는 음료를 일컫는다.

장(漿)은 주로 중국문헌인 《거가필용》을 인용하여 소개하고 있으나 '유장(柚漿)' 만드는 법을 《옹치잡지》에서 인용하였기에 소개한다. 사기항아리에 눈처럼 흰 아주 좋은 벌꿀 2~3승을 담고 생유자 10여 개를 그 안에 넣은 뒤에 항아리입구를 밀봉한다. 이를 땅광에 100여 일 동안 넣어둔다. 꺼내 보면 꿀이 명유(明油)¹⁰처럼 변한다. 유자를 건져내고 찌꺼기를 거른 뒤에 맑은 부분을 사기항아리에 담는다. 물 한 잔에 유장 1큰술을 타서 마시면 달고 향긋하니 입을 상쾌하게 하여 여름에 가장 좋다고 했다.

"차(茶)"는 차나무의 싹을 이른다. 후세에 구기자나 국화 등 사람에게 유익한 것을 달여 마시는 음료에 차라는 이름을 덮어씌우는데, 실상은 차가 아니라 바로 탕이나 장(漿) 종류이다. 풍석의 설명에 따르면 유자와 차라는 말의 조합은 어색해보이지만, 유장을 위에서 소개했으니 유자차(柚子茶)를 소개한다. 《증보산림경제》에 따르면 유자껍질의 흰 속을 제거하고 좋은 배의 껍질과 씨를 제거하여 2가지 모두 잘게 잘라서 실처럼 만든 다음, 석류 조금과 같이 꿀물에 넣어서 마시는 것이 유자차이다.

"갈수(渴水, 청량음료)"는 목이 마를 때 물을 필요로 함을 빗댄 표현이다. 향약과 과일과 설탕을 담아 빚은 음료로 탕이나 장과 같은 종류이다. 풍석에 따르면 당시에는 만드는 사람이 드물어 혹 만드는 자가 있어도 탕이나 장으로만 부를 뿐 갈수라고 부르지는 않는다고 했다. "숙수(熟水, 달인 음료)"

---

9 과라(菓蓏) : 나무 열매와 풀 열매를 일컫는다.
10 명유(明油) : 법제들기름을 가리킨다. 제조법은 풍석 서유구 지음, 임원경제연구소 옮김, 《임원경제지 섬용지》1, 풍석문화재단, 2016, 314~316쪽을 참조바람.

는 향약을 달여 만든 음료이다. 우리나라 사람들은 숭늉을 숙수라고 하는데, 이름은 같지만 실상은 다르다.

숙수 중에 밤송이를 달인 물인 '율추숙수(栗皺熟水, 밤송이숙수)'가 특이하다. 밤송이를 깨끗이 씻고서 물 1잔마다 3~5개를 넣어 달인 뒤 밤송이를 제거한다. 그 물을 마시면 흉격을 맑게 하고 담을 삭이는 효능이 있다고 한다. 풍석은 고려 시대의 궁궐 주방에서 매번 이 물을 올린 기록을 보고 구중궁궐에서 검약함을 숭상하는 덕이 성하다고 탄복했다. 송나라 사람들이 향신료를 많이 썼으나 도리어 호귀함으로 인한 질병으로 고생했다는 고사가 있는데 이에 비교되는 좋은 음료라고 한다.

〈과줄〉에서는 밀전과, 당전과, 포과, 외과, 법제과, 점과를 다루고 있다. "밀전과(蜜煎菓, 과일꿀조림)"는 좋은 열매를 벌꿀로 달여서 졸인 과자이다. 중국 사람들은 밀전과(蜜煎果)라 부르고 우리나라 사람들은 정과(正果)라 한다. 그중에 즙과 함께 담아내는 음료를 수정과(水正果)라 하는데 대개 전(煎)과 정(正)이 음이 비슷하여 와전된 이름이라고 했다.

밀전과 중에는 '밀전복분자'가 《옹치잡지》에 소개되어 있다. 붉게 익은 복분자를 깨끗이 씻어 냄비나 노구솥에 넣고 꿀을 탄 생강탕을 부어서 잠기게 한다. 달여서 익으면 꺼내어 체질하여 씨를 제거하고 뻑뻑한 즙을 얻는다. 다시 노구솥에 넣어서 눈같이 흰 아주 좋은 꿀을 부어서 뭉근한 불로 달이는데 쉬지 말고 젓가락으로 저어 눌어붙지 않게 한다. 불기운이 충분해져서 이당(飴餳)처럼 뻑뻑해지면 깨끗한 항아리에 담아 냉수 동이 안에 넣어놓는다. 하룻밤 묵으면 응고되는데 칼로 사방1촌 크기로 잘라 떡을 만든다고 했다.

"당전과(糖煎菓, 과일설탕절임)"는 사탕수수로 만든 설탕을 이용한 과자이다. 중국의 접대용 음식은 태반이 모두 사탕수수에서 나오는 반면, 우리나라 사람들은 유독 사탕수수를 재배할 줄 몰라 반드시 멀리 북경의 가게에서 구매하므로 부귀한 자가 아니면 가져올 수가 없다. 영호남의 바닷가 고을들은 중국의 사탕수수가 나는 지방과 기온이 크게 차이나지 않는다. 만일 종자를 가져다 권하고 도와 농법대로 모내어 심을 수 있다면 결코 이루지 못할 일은 아니다. 다만 문익점(文益漸)과 같이 큰일 도모하기를 좋아하는 사람이 없어 실제로 실행한 사례가 없는 것을 풍석은 매우 한스러워했다.

말린 고기를 포(脯)라고 하듯이 "말린 과일"도 포(脯)라고 한다. 과실을 얇게 잘라서 볕에 말리면 육포와 같기 때문이다. 말려서 가루를 낸 과실포를 과유(菓油)나 과면(菓麵)이라 한다. 가루 낸 과유를 꿀로 반죽하여 찍어낸 것을 과병(菓餠)이라 한다. 우리나라 사람들은 과병을 다식(茶食)이라 한다. 다식은 차를 마실 때 먹는 과자이다. 이 몇 가지는 모두 햇볕에 말려서 만드는데 형태는 다르지만 본질적으로는 같은 종류이다.

"포과(脯菓, 말린과일)" 중에서 《옹치잡지》에 소개된 '강분정(薑粉錠)'과 '조유정(棗油錠)'에 대해서 알아본다. 강분정을 만들 때는 어린 생강을 질동이에 갈아 물을 부어 맑게 가라앉힌 다음 찌꺼기는 걸러내고 가루를 취해 볕에 말린다. 여기에 곶감 거죽에 돋은 흰가루[柹霜]와 설탕 및 백밀을 섞어서 떡처럼 찍어낸다. 강분정은 신명을 통하게 하고 비장을 따뜻하게 하는 효능이 있으므로 통신병(通神餠)이라 할 만하다. 백 가지 유익함이 있으면 손해는 하나뿐인 과실이 대추이므로 대추다식을 백익병(百益餠)이라고 한다. 조유정을 만들 때는 대추즙 엉긴 것을 꿀로 반죽하여 설탕가루, 계핏가루, 후춧가루를 넣고 찍어내 정(錠)으로 만든다.

나무나 풀의 열매는 오곡을 보좌하는 중요한 역할을 담당하지만 과식하면 사람을 해친다. "외과(煨菓, 과일구이)"에서 과일을 구워서 익히는 이유는 목기(木氣)를 제어하기 위함이다. 굽는 데 솥이나 부엌이 반드시 필요하지는 않으며, 소금이나 된장으로 꼭 조미하지 않아도 된다. 또한 산방의 화로에 둘러앉아 허기를 구제할 수 있으니 산골 노인에게도 좋은 음식이 될 수 있다.

"법제과(法製菓, 법제과일)"라는 말은 법제한 과일을 지칭하는데, 법제는 의사들이 약을 쓰면서 굽거나 말리거나 섞거나 물에 담그는 방법을 통하여 치우친 성질을 바로잡고 독을 제거하는 처치를 말한다. 과일이나 채소의 성질에도 차고 따뜻하며 온화하고 독이 있는 차이가 있으므로, 이를 다스린 연후에 먹는 편이 바람직하다.

법제과에는 '승련옥로상(升煉玉露霜)'의 제법이 그림과 함께 전하는데,《정조지》에 수록된 유일한 그림 자료이다. 우선 콩가루 0.5근을 노구솥에 넣고 불에 말려 콩 비린내를 없애둔다. 깨끗이 말린 용뇌박하(龍腦薄荷) 1근을 시루에 넣은 다음, 고운 명주로 가로질러두고 위에 콩가루를 얹는다. 시루의 뚜껑을 덮고 노구솥에 얹어 꼭대기가 뜨거워지도록 쪄서 콩가루가 서리처럼 일어나게 한다. 거두어들인 서리 같은 가루 8냥 마다 백당 4냥, 불린 꿀 4냥을 배합하여 고루 섞은 뒤 매끄럽게 빻아 떡이나 환으로 찍어낸다. 입에 머금으면 담을 삭이고 화(火)를 내려주어 차에 견줄 수 있고 화증(火症)도 겸하여 치료할 수 있다고 한다.

승상도(오사카본)

"점과(黏菓, 유과)"에서는 산자를 주로 다루고 있다. 무릇 밀가루에 꿀을 반죽하여 기름에 지진 음식을 모두 이(餌)라고 부르지 과(菓)라고 부르지는 않는다. 유밀과(油蜜菓)를 식경(食經)과 자서(字書)에서는 모두 병(餅)의 일종으로 보지만, 우리나라 사람들은 유독 과(菓)라고 하여 제사를 모시고 빈객을 접대하는 데 반드시 과품 가운데 상석에 놓는다. 풍석은 뜻을 크게 거스르지 않는다면 풍속을 따라도 좋다는 의견을 제시하고 있다.

풍석은 예를 숭상하는 집안에서 산자가 고려의 절집 풍속으로부터 나왔다고 의심하여 제사에 쓰기를 기꺼워하지 않는 것은 잘못이라고 여겼다. 산자를 만들 때에는 가장 좋은 백정향색 찹쌀을 가루로 빻아 곱게 체로 친다. 밀가루를 조금 넣고 소금물에 반죽하여 나무 안반 위에 얇게 밀어서 펴고 칼로 잘라서 지름 1촌 정도 되는 편으로 만든다. 이 편을 냄비나 노구솥에 기름이나 참기름으로 지진다. 지질 때 뒤집개로 자주 눌러서 몸통이 부풀어 오르지 못하게 하고 젓가락으로 건져 올려 깨끗한 소반 위에 둔다. 따로 벌꿀, 흰엿을 섞어 녹인 다음 산자 위에 끼얹은 것을 산자밥풀 위에 놓고 몇 차례 굴리면 산자밥풀이 알알이 산자 조각 위에 달라붙어 옷이 된다. 깨물면 바삭거리는 소리가 나고 몇 개월을 두어도 상하지 않는다.

권4에서는 〈채소 음식〉을 다루고 있다. 요리법은 255개가 수록되었다. "채소 절이기(엄장채, 醃藏菜)"에서는 엄장법에 대하여 설명하고 있다. 엄(醃)이

표4 권4[채소음식(교여지류)] 요리법 개수

순서	권	대제목	소제목	표제어	요리법
7	4	채소음식 (교여지류)	채소절이기(엄장채)	15	35
			채소말리기(건채)	24	38
			식향채(식향을 가미한 채소)	7	13
			자채(담금채소)	8	10
			제채(절임채소)	28	45
			김치(저채)	11	18
			자잡채(삶거나 데친 채소)	33	57
			외증채(굽거나 찐 채소)	14	17
			유전채(기름에 지진 채소)	14	13
			수채	7	9
합계				160	255

라는 말은 담근다는 뜻으로, 엄장(醃藏)이란 담가서 사물을 저장한다는 의미이다. 소금이나 술지게미, 향료로 담그기도 하는데 모두 쌓아 모아서 겨울에 대비하는 방법이다. 맛있는 채소류를 저장하여 겨울에 대비하는데 제대로 된 방법으로 하지 않으면 상하기 쉬우므로 시골 사람도 반드시 익혀야만 한다고 풍석은 강조했다.

"채소 말리기(건채, 乾菜)"는 생채를 볕에 말린 포의 일종이다. 만드는 방법은 깍둑썰기를 하거나 채를 치거나 소금과 술지게미를 섞거나 혹은 향약을 넣는 것이다.

"식향채(食香菜, 식향을 가미한 채소)"에서 식향은 향약의 쓰임을 겸한 음식 재료로 회향이나 시라(蒔蘿), 차조기, 계피, 산초와 같은 종류이다. 다른 채소와 섞으면 맛을 온전하고 향기롭게 할 수 있다. 향료의 사용은 중국 사람들에게는 일상적이지만 우리나라에는 잘 알려지지 않은 방법이다.

"자채(鮓菜, 담금채소)"에서 자(鮓)는 생선을 저장하는 방법을 가리키며, 소금과 쌀로 생선살[魚]을 삭혀 만들기[乍] 때문에 어(魚)와 사(乍)를 합해 쓴다. 후세에 쌀·누룩·소금·기름으로 채소를 삭힌 음식도 자라고 일렀는데 이는 가차한 명칭이다. 우리말로는 식해(食醢)가 가장 근접한다.

"제채(虀菜, 절임채소)"는 위의 자채와 유사하다. 제(虀)와 자는 같은 종류이나, 자는 소금과 쌀로 삭힌 음식일 뿐이고, 제는 젓갈·장·생강·마늘 등 일체의 짜고 매운 양념으로 모두 만들 수 있는 음식이다.

"김치(저채, 菹菜)"는 그 유명한 김치를 가리키는 것으로 이해된다. 대개 엄채, 저채, 제채는 한 종류이면서 이름이 다르다. 다만 저채는 한 번 익으면 먹을 수 있고 엄채는 다시 국에 데친 이후에 먹을 수 있다. 제채는 가늘게 자르고 저채는 뿌리와 잎을 모두 삭히는데 이것이 다른 점이다.

저채에는 혜저(醯菹)라는 젓갈을 이용한 '무김치'가 있는데 재료로 무·오이·가지·동아·배추·갓 등의 채소와 조기젓갈·전복·낙지·녹각·소라·천초·고추 등의 양념이 들어간다. 서리가 내린 뒤에 무를 잎이 붙은 채로 취하여(늙은 잎은 제거하고 다만 어린잎만 취한다) 깨끗이 씻고, 각각 세로로 갈라 3~4편으로 만든 다음 깨끗한 동이 안에 넣고 약간의 소금을 뿌려둔다. 3일이 지나면 오이(미리 6~7월에 소금에 절여 놓았던 것을 물에 담가 소금기를 빼서 쓴다)·가지(꼭지를 제거한 것)·동아(껍질과 속을 제거하고 잘라서 조각으로 만든 것)·배추(뿌리 및 줄기와 껍질을 제거한 것)·갓(뿌리와 잎 및 줄기와 껍질을 제거한 것) 및 여러 종류의 양념과 같이 단지 안에 쟁여 넣는다. 양념으로는 조기젓갈(비늘 및 머리와 꼬리를 제거하고 비스듬히 잘라 편으로 썬 것)·전복살(날것을 편으로 썬 것), 소라살(편으로 썬 것), 낙지(1촌 길이로 썬 것)·굴(생으로 쓴다)·녹각채(몇 촌 길이로 썬 것)·생강(껍질을 제거하고 썬 것)·천초(씨를 제거한 것)·고추(1촌 길이로 썬 것)를 써서 한 층은 채소, 한 층은 양념을 층층이 쟁여넣는다. 감천수에 젓갈즙을 타서 간이 맞으면 부어서 담근다. 기름종이로 단지 주둥이를 봉하고 짚으로 싸서 땅속에 깊이 묻음으로써 김치가 얼어서 손상되지 않도록 한다. 21일 뒤에 익는다.

"자잡채(煮煠菜, 삶거나 데친 채소)"에서 자(煮)는 채소를 삶아서 국을 만든다는 뜻이고, 잡(煠)은 채소를 데쳐서 나물을 만든다는 의미이다. '흐물흐물하게 삶고 익도록 데쳐 막힌 것을 소통시키고 혈액을 돌게 하는 것'이 채소를 요리하는 8자[爛煮熟煠, 疏壅導血]의 비결이다. 그러므로 진한 생선으로 그 맛을 빼앗지 말고 누린내 나는 고기로 그 성품을 어지럽히지 말라고 했다.

'자국묘(煮菊苗)'는 국화의 어린잎을 끓는 물에 데친 후 녹두가루를 입혀 살짝 지져서 다른 채소와 함께 간장과 식초를 끼얹어 먹는데, 맑은 향기가 입을 상쾌하게 한다고 했다.

"외증채(煨烝菜, 굽거나 찐 채소)"는 푸성귀를 굽고 채소를 찐 음식으로 산가(山家)의 담박한 반찬이다. 눈 깜짝할 사이에 마련하여 힘들이지 않고도 조리하여 익힐 수 있지만, 천연의 진미를 얻기는 쉽지 않다고 한다.

'남과자(南瓜炙)'는 호박구이이다. 늙고 누런 호박을 잘 저장하면 이듬해 봄 3월까지 둘 수 있는데, 소나무 순이 돋아날 때 호박을 취해다 손가락 1 개 두께의 가락으로 썬 뒤, 소나무순으로 꿰어 참기름과 간장에 적셔 화롯 불에 구우면 달고 향기로운 맛이 비할 데가 없다고 한다.

채식을 즐기는 소식가(素食家)들에게는 채소를 기름에 지지는 법과 기름 에 볶는 방법이 있는데, 이를 "유전채(油煎菜, 기름에 지진 채소)"라 하며 향료를 넣어 맛이 풍부하다. 이와 같이 하여 은거한 선비의 깨끗한 음식 중에서 진 귀하면서도 검소한 자리를 차지할 수 있는 음식이다. 우리나라 사람들은 이 것을 자반(佐盤, 좌반)이라 부르는데 밥상 위의 밥을 돕는다는 뜻에서 왔다.

'남초초(南椒炒)'는 고추잎볶음이다. 7월에 고추의 줄기와 잎을 취하여 깨끗이 씻고 데쳐서 물을 짜낸다. 다시 노구솥에 넣고 좋은 간장과 참기 름에 반쯤 익도록 볶다가 참깨와 표고, 석이와 생강채, 귤껍질채와 총백, 회향과 시라, 후춧가루를 넣고 기름을 더하여 다시 푹 볶아 식힌 다음 거 두어둔다.

'해대전(海帶煎)'은 다시마 튀각[簐角, 탈각]이다. 다시마를 물에 담가두었다 하룻밤 묵으면 쏟아내어 칼로 몇 촌의 길이로 잘라서 달구어진 쟁개비 안 에서 끓고 있는 기름에 튀긴다. 누렇게 되어 향기가 나고 부풀어오르면 볶 은 참깨를 뿌려서 식으면 먹는다. 매우 부드럽고 맛이 있으며, 기름은 참기 름을 쓰든 들기름을 쓰든 상관없다.

"수채(酥菜)"는 두채(荳菜, 콩류)를 갈아서 졸인 다음 눌러 짜서 덩어리를 만들거나 혹은 그릇에 담아 굳힌 것이다. 모양이 '수락(酥酪, 치즈)'의 겉면과 같기 때문에 수채라고 한다. 또는 달고 부드러우며 촉촉하여 맛이 수락과 같아서라고 하는데 역시 뜻이 통한다.

'두부' 만드는 법은 풍석의 할아버지인 서명응(徐命膺, 1716~1787)의 《고 사십이집》에서 인용했다. 콩의 종류를 가리지 말고 물에 담갔다가 맷돌 에 갈아서 찌꺼기를 걸러내고 끓인 뒤 간수 등으로 응고시켜 만든다고 했 다. 두부는 가늘게 잘라서 국을 끓이기도 하고, 편으로 썰어 굽기도 하

며, 꼬치에 꿰고 국물을 더하여 연포(軟泡)를 만들기도 하는데 모두 좋다고
했다.

'청포'에 대해서는 할아버지와 본인의 저서에서 나란히 인용했다. 《고사
십이집》에 따르면 청포는 녹두로 두부를 만드는 것처럼 제조하는데, 다른
점이라면 포대에 넣지도 않고 누르지도 않고 나무그릇에 거두어 담아서 굳
힌 뒤에 잘라서 쓴다는 것이다. 가늘게 잘라서 나물처럼 만들어 식초와 간
장을 섞어 먹으면 매우 좋다고 했다. 반면 《옹치잡지》에서는 청포는 녹두로
만들어야 좋다고 하면서 반드시 녹두로 만드는 것만은 아님을 밝혔다. 치
자물을 들이면 엷은 황색을 띠며 밝고 맑아서 매우 좋아할 만하고, 누런콩
으로 만드는 경우는 빛깔과 맛이 모두 못하다고 했다. 또한 흉년에 산골 사
람들이 도토리를 주워 가루를 갈아 맑게 가라앉혀 걸러서 졸여 청포를 만
드는데, 빛깔이 붉고 맛이 담백하여 허기를 달랠 만하다고 한 것을 볼 때
도토리묵도 청포로 불렸다는 것을 알 수 있다. 처음에는 녹두묵을 청포라
고 했다가 차츰 청포가 묵을 뜻하게 된 것이다.

맷돌질(기산풍속도)

두부 짜는 모양(기산풍속도)

표5 권5[가르거나 삶아서 조리하는 음식(할팽지류)] 요리법 개수

순서	권	대제목	소제목	표제어	요리법
8	5	가르거나 삶아서 조리하는 음식 (할팽지류)	갱확(고깃국)	33	121
			번자(불에 구워 조리하는 음식)	23	52
			회생(육회와 생선회)	17	23
			포석(육포와 어포)	18	34
			해자	21	54
			생선이나 고기 절여 저장하기 (엄장어육)	7	19
			고기의 기타 요리법(임육잡법)	4	6
합계				123	309

권5의 〈가르거나 삶아서 조리하는 음식〉에서는 고기와 해산물을 먹는 갖가지 방법들을 소개하고 있다. 요리법은 309개가 수록되었다. 갱확·번자·회생·포석·해자·엄장어육·기타 고기 요리법에 걸쳐서 다양한 방법들을 소개한다. "갱확(羹臛)"은 현재의 국이나 탕에 가깝다. 갱(羹)은 본래 양을 삶은 음식이나 염소를 조리하여 만든 음식을 뜻했으나 모든 조류와 짐승, 어류와 갑각류의 살을 삶아서 만든 음식을 모두 갱이라고 부르게 되었다. 경우에 따라서 채소가 들어가면 갱이라 하고 채소가 없으면 확(臛)이라 하기도 한다.

갱확에서는 고기 삶기에 대하여 자세하게 다룬다. 질긴 고기 무르게 삶는 법, 묵은 고기 누린내 나지 않게 삶는 법, 단단한 생선 무르게 삶는 법 등을 비롯하여 쇠고기·양고기·돼지고기·잉어·붕어 등 각종 육류와 생선을 삶는 법을 이야기한다. 많은 요리가 소개되었지만 그 중에 가장 고급의 요리로 손꼽히는 열구자탕에 대하여 《옹치잡지》의 기사로 자세히 알아보도록 한다.

'열구자탕(悅口子湯)'은 그 재료가 다양할 뿐만 아니라 조리 도구인 신선로가 독특하여 흥미를 끈다. 놋쇠로 단지 모양의 도구를 만드는데, 크기는 작은 동이만 하게 하고 중앙에는 쇠로 된 원통을 설치하며 전체적인 형태는 아가리가 넓은 호리병같이 한다. 원통에는 숯불을 장치할 수 있도록 하고

사방에 홈을 둘러 7~8주발의 물을 담을 수 있도록 한다. 재료를 쟁여 넣고 간장물을 부어 뚜껑을 덮은 뒤, 숯불을 원통에 넣고 가열하면 물이 끓어 재료가 고루 익는다. 이를 색깔대로 자기 숟갈[磁匙]로 떠서 상에 올린다.

재료는 소 가슴 밑살·소 위살·소 천엽살·돼지 살코기·저장하육[猪腸下肉, 돼지막창 일명 사기가(沙器家)]·닭고기·꿩고기·붕어·숭어·말린 전복·해삼·파·부추·미나리·배추·순무·무·오이·생강·고추·천초·후추·잣·말린 대추·계란 흰자를 모두 차근차근 놋단지 안에 쟁여 넣는다. 먼저 냉수에 간장을 타서 간이 맞으면 기름기가 많은 고기와 참기름을 넣고 끓인다. 몇 차례 끓으면 고기를 건져내고 육수를 깨끗한 그릇에 거두어두었다가, 재료가 다 쟁여지면 놋단지 안에 육수를 부어서 잠기게 한다.

"번자(燔炙)"는 불에 구워 조리하는 음식을 말하는데, 불에 가까이 한 구이를 번(燔)이라 하고 불을 멀리한 구이를 자(炙)라 한다. 또 은근한 불로 데운 구이를 은(煴)이라 하고 고기를 감싸서 구운 것을 포(炮)라 한다.

풍석은 돼지를 구울 때 냉수 한 동이를 옆에 두었다가 굽자마자 물에 담기를 10여 차례 반복한 뒤에 기름간장과 양념을 바르고 다시 구우면 매우 연하고 맛이 있다고 했다. 쇠고기를 연하게 구운 설하멱(雪下覓)처럼 고기를 굽다가 물에 넣었다 빼는 과정을 반복하는 고기 굽기의 새로운 방식을 소개한 것이 이채롭다.

잘게 자른 고기를 "회생(膾生)"이라 한다. 회는 반드시 생선이나 고기의 날것을 쓰므로 어생(魚生)이나 육생(肉生)으로도 부르며, 삶거나 데쳐 자른 경우도 회생이라 부른다.

풍석이 전하는 쇠고기육회는 소 위장과 소 천엽을 함께 끓는 물에 약간 데쳐 내고, 얇게 썰고 다시 실처럼 채로 썰어 간장 식초와 함께 먹거나 겨자장과 함께 먹는다고 한다. 양고기육회 만드는 법도 이와 같다. 생선회로는 동치회(凍鯔膾)가 있다. 겨울에 숭어를 잡아 얼음이나 눈 위에 하룻밤 내어두어 충분히 얼린 뒤에 비늘과 껍질을 제거하고 잘 드는 칼로 나뭇잎처럼 얇게 저며 겨자장에 찍어 먹으면 극히 상쾌하고 맛있다고 했다.

"포석(脯腊)"에서 얇게 자른 고기는 '포'라 하고, 찧어서 생강과 후추를 뿌린 고기는 '단(腶)'이라 하며, 작은 재료를 통으로 말린 고기는 '석'이라 한다. 쇠고기육포를 만드는 방법 중에서 불에 쬐는 배포법(焙脯法)과 장에 절이는 장포법(醬脯法)을 소개한다. 배포법에서는 쇠고기의 힘줄과 비계를 깨끗이 제거하고 얇게 잘라 포를 만들고 흰소금과 천초를 뿌린다. 화롯불 위에 배롱을 두고 포를 배롱 위에 걸어 불에 쬐어 말리면 매우 연하고 맛이 있다. 양고기와 사슴고기도 모두 이 방법에 따라 만들 수 있다. 또 장포법에서는 소 살코기의 비계와 근막을 깨끗이 제거하고 손바닥 크기의 얇은 편으로 썬 다음 칼등으로 약간 두드려, 참기름·졸인 좋은 간장·후춧가루·생강가루·볶은 참깻가루를 고루 바른 뒤 볕에 반쯤 말린다. 또 기름장과 재료를 고루 섞어 다시 볕에 말리기를 3~5번을 하여 자기 항아리에 저장한다.

"해자(醢鮓)"에서 소금과 쌀로 생선살을 발효시킨 음식을 해(醢)라 하고, 또 자(鮓)라고도 한다. 모든 날짐승·들짐승·생선과 갑각류의 살을 저미고 담가 만들 수 있다.

생선이나 고기 절여 저장하기"는 생명을 아끼는 어진 사람이 마음을 써서 만든 방법이다. 1마리의 가축을 길러서 잡으면, 양으로는 한 사람이 100일 동안 먹을 반찬을 댈 수가 있다. 하지만 고기는 쉽게 상하기에, 저장법이 마땅치 않으면 매일 잡아도 신선한 고기가 부족하지만, 소금에 절이거나 술지게미에 담가 오래 저장해도 상하지 않게 하면 살육을 줄일 수 있는 한 가지 방도가 될 수 있는 것이다. 풍석은 육식은 역리(逆理)이며 채식이 순리(順理)[11]라는 입장을 견지하고 있었으므로, 이처럼 육식을 하더라도 그에 맞는 절도를 요구했다.

---

11 육식은……순리(順理) : 〈관휴지 서문〉 참조. 풍석 서유구 지음, 정명현·민철기·정정기·전종욱 외 옮기고 씀, 《임원경제지(林園經濟志) : 조선 최대의 실용백과사전》, 씨앗을 뿌리는 사람, 2012, 521쪽.

표6 권6[조미료(미료지류)] 요리법 개수

순서	권	대제목	소제목	표제어	요리법
9	6	조미료(미료지류)	소금	7	7
			장	26	46
			두시	12	14
			식초	32	47
			기름과 타락	29	42
			누룩과 엿기름	17	37
			양념(임료)	13	16
합계				136	209

권6의 〈조미료〉에서는 소금·장·두시·식초·기름과 타락·누룩과 엿기름·양념에 대해서 다루고 있다. 요리법은 209개가 수록되었다. "소금"은 중국에서 품목이 가장 다양한 반면, 우리나라는 삼면이 바다에 접하고 있어 온 나라 사람들이 모두 바다소금을 먹으며 다른 종류는 없다. 서남해에서 나는 소금은 질그릇에 굽는다. 동북해에서 나는 소금은 쇠그릇에 굽기 때문에 철염(鋏鹽)이라 부르는데 철염은 맛이 서남산에 비해서 못하다고 한다.

"장(醬)"은 장수[將]이니, 음식의 독을 제어할 수 있다는 장의 특성이 장수가 포악한 자를 평정하는 것과 같다. 중국의 장은 종류가 다양하여 콩류·맥류·깻묵·느릅나무열매로 모두 장을 만든다. 재료가 다르다 보니 성질과 맛도 다르다. 우리나라에서는 오로지 대두만을 쓰는데 그중에 3~5년 묵은 장은 색이 제호(醍醐)[12]와 같고 맛은 수타(酥酡)[13]에 맞먹는다고 한다. 중국 양나라 의학자 도홍경(陶弘景)이 장에 대해서 논하면서 두장(豆醬)은 오래 묵은 것이 낫다고 했으니 그렇다면 우리나라의 장이 마땅히 천하제일이 된다고 했다.

---

12 제호(醍醐) : 우유에서 정제한 최상의 음료로, 수락(酥酪)에서 만들어낸 기름.
13 수타(酥酡) : 고대 인도에서 만들어 먹던, 요거트와 비슷한 종류의 유제품.

우리나라의 장 만드는 과정은 6가지로 구성된다. '독 준비하기[備甕]', '소금 고르기[擇鹽]', '물 가리기[揀水]', '메주 만들기[造末醬]', '장 담그기[沈醬]', '장 뜨기[取醬]'이다. 독 준비는, 7월에 빚은 온전하고 두꺼우며 아가리가 큰 독을 골라 모래 구멍이 있는지 세심하게 살피는 일로 시작한다. 연기가 스며 나오는지 살피기 위해, 바람이 없는 곳에서 장독을 땅에 엎은 뒤 볏짚에 불을 붙여넣고 독 주위를 세심하게 확인한다. 독은 바른 방법에 따라 길들이는데, 그 방법은 《섬용지》를 참조하도록 했다.[14]

소금은 쇠솥에 굽거나 큰 바다에서 난 것은 장 담그기에 좋지 않으니, 서남부 해안의 긴 포구에서 깊이 들어간 곳에서 질그릇에 구운 것을 쓴다. 밀실 안에 두고 나무나 돌에 소금 둥구미를 얹어 간수가 깨끗이 빠져나온 뒤에 사용해야 한다.

장맛은 오로지 물의 품질에 달려 있다고 해도 과언이 아니다. 반드시 단 샘[甘泉]이나 강 중앙의 물을 취해 큰솥 안에 넣어 팔팔 끓이고, 여기에 소금을 섞은 뒤 식으면 찌꺼기를 걸러내고 쓴다. 혹 납설수(臘雪水)[15]를 써서 장을 만들면 벌레가 생기지 않고 맛도 좋은데 납설수를 만드는 법은 《본리지》에 보인다.[16] 또한 《관서구속지(關西舊俗志)》를 살펴보면, 6월 6일에 깨끗한 독에 물을 담아두면 일 년이 되어도 냄새가 나지 않고, 이것으로 장과 장아찌를 만들면 일 년이 지나도 맛이 변하지 않는다고 했다.

메주를 만들 때는 먼저 높고 마른 곳에 말구유 모양으로 긴 도랑을 파는데 깊이는 1척 정도면 된다. 도랑의 네 귀퉁이에는 물길을 만들어두고 빈 둥구미나 엮은 띠풀 따위를 도랑 안에 편다. 모래와 돌을 일어낸 콩을

---

14 《섬용지》 권2 〈불로 요리하는 도구〉 "양조하는 데 쓰는 여러 도구" '독에 기름 바르는 법'. 풍석 서유구 지음, 임원경제연구소 옮김, 《임원경제지 섬용지(林園經濟志 贍用志)》1, 풍석문화재단, 2016, 361~363쪽.
15 납설수(臘雪水) : 납월(臘月, 12월)에 내린 눈을 녹여서 저장해 놓은 물.
16 《본리지》 권2(5) 〈파종과 가꾸기〉 "종자선택" '종자를 담가 해충을 물리치는 방법'. 서유구 지음, 정명현·김정기 역주, 《임원경제지 본리지(林園經濟志 本利志)》2, 소와당, 2008, 185~187쪽.

물에 담가 하룻밤 두었다가 건져낸 뒤, 큰솥 안에 넣어 물을 붓고 푹 삶는다. 하룻밤 지나고 꺼낸 뒤 절구에 넣어 진흙처럼 문드러지도록 찧고 손으로 다듬어 덩어리를 만든다. 크기는 수박만 하게 하여 큰 칼로 2조각으로 자르고 각 조각을 또 가로로 자르면 모양이 반달과 같고 두께는 0.1척 남짓 된다. 이어 도랑 안쪽의 빈 둔구미 위에 비늘처럼 연달아 펴놓고 따로 빈 둔구미나 띠풀 따위로 두텁게 덮어 바람이 통하거나 비가 새어들지 않게 한다. 습기가 차서 곰팡이가 피면, 덮개를 열고 1번 뒤집어준 뒤 도로 덮는다. 이와 같은 과정을 8~9회 하면 자연히 수십 일이 걸려 거의 다 마른다. 바로 이때서야 꺼내어 볕에 말렸다가 쓴다.

이상은 서울에서 메주 만드는 방법으로, 매년 3월에 만들기 시작하여 5월 단오에 공물로 바친다. 일반적으로 메주를 만들 때는 반드시 이 방법을 따른 뒤에 장을 담아야 해가 지나도 맛이 좋다. 그러므로 서울 근교의 장 담그기는 매년 5월 그믐 이전에 행해졌다. 풍석에 따르면, 시골에서 메주 만드는 법을 보면 반드시 뭉쳐서 방 안에서 띄우기 때문에 덩어리 속은 끝내 잘 마르지 않는다고 한다. 이런 메주를 가지고 장을 만들면 맛을 잃는 경우가 많고 또 오래 가지도 않는다고 한다. 흙을 파서 메주 띄우는 법은 방에서 띄우는 모습만 알고 있는 사람들이 새롭게 시도해 볼 만한 방법일 것이다.

장을 담글 때는 물로 메주를 깨끗이 씻어 독 안에 넣은 다음 소금물을 붓는데, 메주 10승마다 소금 6~7승, 물 1통의 비율로 한다. 가을·겨울에는 소금이 적어도 무방하고 봄·여름에는 소금이 많아야 좋은데, 소금물이 메주보다 약간 높게 하고 뚜껑을 덮지 않은 채로 볕에 말린다. 다만 비가 오면 바로 뚜껑을 덮어 빗물이 한 방울도 스며들지 못하게 해야 한다. 물이 줄어들면 다시 소금물을 더한다. 이를 위해 미리 작은 독에 소금물을 담아서 장독 곁에 두고 필요하면 쓴다. 바싹 마른 메주를 장독 아가리까지 차도록 담그면 소금물에 젖어 부풀어 오를 때에 독이 터질 염려가 있으니, 미리 대나무로 독의 배 위아래에 테를 둘러야 하며 장을 담글 때도 독 아가리까지 채우지 않는다.

장을 뜰 때는 미리 작은 독을 장독 곁에 두고 충분히 숙성되기를 기다렸다가 손으로 장독을 파서 한가운데 깊은 웅덩이를 만든다. 자루가 긴 놋국자로 간장을 떠내어 작은 독 안에 나누어 담고 볕에 말린다. 따로 끓인 물에 적당량의 소금을 섞어 큰 독 속에 부으면 오래지 않아 다시 간장이 된다.

"두시(豆豉)"는 오미가 조화되어 있으므로 이것으로 음식을 만들면 달가워하며 즐길 만하다. 중국 사람들은 이것으로 반찬을 만드는데, 요리에 빠져서는 안 되는 재료로 여긴다. 우리나라 사람들은 다만 약에 넣어 먹을 줄만 알 따름이다. 《동의보감》에서도 《본초강목》을 인용하여 두시 만드는 법을 소개한 것으로 보아 약용으로 널리 활용되었을 것으로 짐작된다.

"식초"를 옛날에는 초(酢)라고 했고 풍석 당대에는 초(醋)라 한다고 했다. 민간에서는 고주(苦酒)라 하고 선가(仙家, 丹家)에서는 화지(華池)라 한다. 옛사람들은 매실식초만을 먹었는데 후세에 와서 쌀, 보리, 쌀겨, 술지게미, 열매로 빚는다. 음식의 맛을 돋우면서 독을 다스리는 효능이 있다고 한다.

"기름과 타락(駝酪)"은 먹으면 사람을 살찌우고 윤택하게 한다. 기름은 곡물이나 채소의 씨를 짜서 만들고, 타락은 소나 양의 젖을 졸여서 만드니, 이들은 채소요리[素, 기름]와 고기요리[葷, 타락]라서 서로 다른 종류이다. 그러나 이것으로 음식을 익히거나 반찬을 조리하면 향기롭고 부드럽게 하여 빠뜨릴 수 없는 음식 재료이니, 2가지는 그 효용과 쓰임 면에서는 같다. 북쪽 지방 사람들은 타락 먹기를 좋아하고 남쪽 지방 사람들은 기름 먹기를 좋아한다. 우리나라 사람들은 본래 목축 기술에 어두워 깨로 기름을 짜는 것만 알 뿐이다.

"누룩과 엿기름"에서, 밀을 띄우면 누룩[麴]이라 하고 곡식의 싹을 내면 엿기름[糵]이라 한다. 누룩은 빚는 데 쓰이는 재료이고 엿기름은 달게 하는

기름 짜는 모양(기산풍속도)

재료이다. 중국은 누룩을 술과 식초와 장과 젓갈에 모두 넣는데, 우리나라
는 누룩으로 술과 식초를 빚기만 했다. 반면 엿기름의 경우는 중국이나 우
리나라 할 것 없이 단지 엿을 고는 데만 써서 그 쓰임이 매우 협소했다.

"양념(임료, 飪料)"은 음식을 조리하는 재료이다. 매운 양념은 위장을 열어
주고, 단 양념은 입을 즐겁게 해주고, 향기로운 양념은 냄새를 쫓아내고,
타락은 단단한 음식을 연하게 해주는 양념이니, 모두 식재료에서 빠뜨릴
수 없다. 요리를 한다면서 양념을 쓸 줄 모르면 수준 낮은 음식으로 전락하
고 만다고 지적했다.

우리가 보통 깨소금이라고 지칭할 때는 참깨만을 볶아 찧은 것으로 이
해하는 경우도 있지만 《정조지》에 인용된 《옹치잡지》의 배염마설(配鹽麻屑)
을 통해서 보면 말 그대로 깨와 소금을 합해놓은 양념임을 알 수 있다. 참
깨 10냥에 소금 3냥을 넣고 향기가 나도록 함께 볶은 다음 찧어 가루 낸 뒤
사기항아리에 보관한다고 한다. 채소국이나 고깃국의 맛을 내는 데 쓰기도
하고, 채소나 고기에 뿌려 버무리기도 한다. 어디에 써도 잘 어울리는 만능
양념으로 소개되어 있다.

표7 권7[술(온배지류), 절식(절식지류)] 요리법 개수

순서	권	대제목	소제목	표제어	요리법
10	7	술(온배지류)	주례(술과 단술) 총서		
			술 빚는 여러 방법	8	16
			이류	17	25
			주류(여러 번 빚은 술)	5	10
			시양류	14	18
			향양류	13	19
			과라양류(과실주)	6	11
			이양류	6	9
			순내양류(10일 내에 익는 술)	10	18
			제차류	5	6
			앙료류(탁주류)	5	7
			예류(단술류)	4	6
			소로류(소주류)	24	39
			술 고치는 여러 방법	8	16
			술 보관할 때 주의사항	4	4
			약재로 빚는 술(약양제품)	63	80
			술 마시는 여러 방법 (상음잡법)	5	12
			소계	197	296
11		절식(절식지류)	설날의 절식	3	8
			입춘의 절식	1	7
			정월대보름(상원)의 절식	3	7
			중화절의 절식	1	3
			중삼절의 절식	3	11
			등석(석가탄신일)의 절식	2	5
			단오의 절식	2	3
			유두의 절식	3	5
			삼복의 절식	1	1
			중구의 절식	3	7
			동지의 절식	2	2
			납평(납일)의 절식	2	4
			절식 보유(빠진 것을 보충함)	34	41
			소계	60	104
			합계	257	400

권7의 〈술〉과 〈절식〉에서는 각종 술과 열두 달의 절기 음식에 대해서 다루고 있다. 요리법은 〈술〉 296개와 〈절식〉 104개를 합해 400개가 수록되었다. 술의 기원에 대해서는 여러 가지 설이 있다. 의적(儀狄)이라는 사람이 처음으로 술을 만들었다는 설, 요(堯)임금 때 만들어졌다는 설, 의적은 우(禹)임금의 신하인데 그보다 앞선 시대의 신농(神農)과 황제(黃帝)의 책으로 알려진 《신농본초》와 《황제내경》에도 술이 수록되어 있으므로 술은 의적에게서 시작된 것이 아니라는 설, 하늘에 주성(酒星)이 있으니 술이 만들어진 것은 천지와 함께한다는 설, 두강(杜康)이 술을 만들었다는 설이 그것이다. 하지만 이 다섯 가지는 모두 근거가 충분하지 않다. 지혜로운 사람이 술이라는 것을 일단 만들면 후세 사람들이 이것을 따라서 아무도 그만둘 수가 없으니 그것이 누구에게서 비롯되었는지 어떻게 알겠는가?

　　술[酒]은 젖[乳]이다. 몸을 부드럽게 하고 늙은이를 돕는다. 술은 이루는[就] 것이다. 인성의 선악을 이룬다. 술은 유(酉)[17]이다. 쌀과 누룩으로 빚으면 발효되어 술이 되니 그 맛이 좋다. 또 삼간다[踧踖]고도 한다. 술을 잘하고 못하고 간에 음주 시에 모두 서로 조심하려고 애쓴다. 풍석은 이렇게 술의 의미를 여러 측면에서 살펴 술의 장점을 일으키고 단점을 보완할 수 있도록 했다.

　　술을 잘 빚기 위해서는 누룩을 잘 다루어야 한다. 먼저 누룩을 밤알 크기로 부수어 3일 동안 낮에는 볕을 쬐고 밤에는 이슬을 맞혀 더러운 기운을 없앤다. 또한 잘 익은 독을 3일 동안 물에 담갔다가 깨끗이 씻은 뒤 볏짚 연기로 훈증 소독하고 쓴다. 술 빚을 쌀은 깨끗이 씻는 것이 중요하므로 옛날 방식에서는 모두 100번 씻기를 기준으로 했다. 만일 깨끗이 씻지 않으면 술맛이 나쁘고 빛깔이 탁해진다. 술밥을 지을 때는 물에 하룻밤을 담가야 잘 익는다. 또 술밥을 식힌 다음에 독에 넣어야 술이 시어지지 않는다.

---

17 유(酉) : '酉'에는 성숙한다는 뜻이 있다.

그러므로 '100번 씻고, 하룻밤 물에 담그고, 식도록 둔다'는 여섯 글자[百洗浸宿放冷]가 술 빚는 비결이다.

풍석은 《정조지》에 수록된 술 167종을 다음과 같은 종류로 분류하고, 종마다 들어가는 재료와 제조법 248개를 치밀하게 제시하고 있다. 쌀로 빚은 청주 종류인 이류(酏類, 17종 25개 제조법), 이양주 혹은 삼양주를 지칭하는 주류(酎類, 5종 10개 제조법), 계절의 기운을 빌려서 빚은 시양류(時釀類, 14종 18개 제조법), 꽃잎 및 일체의 향료를 빌어 빚는 향양류(香釀類, 12종 19개 제조법), 나무 열매나 풀열매로 빚는 과라양류(菓蓏釀類, 6종 11개 제조법), 빚는 방법이 보통 방법과는 다른, 물이나 불, 대나무나 흙을 이용하여 빚는 이양류(異釀類, 5종 9개 제조법), 열흘 이내에 익는 순내양류(旬內釀類, 10종 18개 제조법), 백주와 홍주를 모은 제차류(醠醝類, 5종 6개 제조법), 탁주를 모은 앙료류(醠醪類, 5종 7개 제조법), 단술 계통의 예류(醴類, 4종 6개 제조법), 소주 계통의 소로류(燒露類, 21종 39개 제조법), 약재로 빚는 술[藥釀諸品, 63종 80개 제조법]로 나누어 살폈다.

"이류"의 가장 대표적인 술은 '부의주(浮蟻酒)'이다. 그 제법을 자세히 살펴보면, 찹쌀 10승으로 고두밥(지에밥)을 지어 식히고, 물 3병도 끓여서 따로 식힌다. 누룩가루 1승을 먼저 물에 타고 다시 고두밥과 고루 섞어 독에 넣고 3일 밤을 지나야 익는다. 맑게 가라앉힌 뒤에 술지게미를 조금 띄워 쓰는데, 그 모양이 마치 개미[蟻]가 떠다니는[浮] 것과 같다. 맛이 달고 독하며 여름날에 딱 맞다고 한다. 혹은 누룩가루를 하루 먼저 물에 담갔다가 체로 쳐서 그 물만 쓰면 맛이 빼어나다고도 한다.

"시양류"의 첫머리에 등장하는 '약산춘(藥山春)'은 서유구의 직계조상인 충숙공(忠肅公) 서성(徐渻)[18]이 빚은 술이다. 풍석은 서성의 집이 약현(藥峴)[19]에 있었기 때문에 약산춘이라고 이름 지었다는 인식을 명료하게 하고 있다.

---

18 서성(徐渻) : 1558~1631. 조선조 문신. 호는 약봉(藥峯). 서유구의 7대조이다.
19 약현(藥峴) : 약초를 재배하던 약고개. 현재의 서울시 중구 중림동 약현성당 자리.

술을 탁주, 청주, 소주로 나눠서 볼 때 북쪽 지방의 추운 곳에는 소주가 상대적으로 더 많이 퍼지고 남쪽 지방의 따뜻한 곳에서는 청주나 탁주의 소비가 더 활발하다. 탁주에서 청주로 가는 변화는 청주에서 소주로 가는 변화에 비하면 지엽적인 변화이다. 소주의 발명은 술의 유통기한을 비약적으로 끌어올려 거의 무한대로 확장시키는 결과를 낳았다. 하지만 탁주나 청주에 비하여 소주는 알콜도수가 높은 고급의 주종으로, 신체적·경제적으로 상당한 부담을 주기도 한다. 소주의 다른 장점을 들자면 맛이 간 술을 증류하여 재활용할 수 있는 방법이라는 점이다. 상한 술도 증류하면 마실 만한 소주를 얻을 수 있기 때문이다. 또한 《인제지》 등에서 의료적 쓰임도 넓다.

소주는 화주(火酒)나 노주(露酒)라고도 하고 아랄길주(阿剌吉酒)라고도 한다. 소주의 제법은 원나라 때 처음 알려져 만들어지기 시작했다고 한다. 진한 술을 술지게미와 섞어 시루에 쪄서 김이 올라오게 하여 그릇에 떨어지는 액체를 받으면 그것이 소주이다. 소주는 물과 같이 맑고 맛은 매우 진하고 독하니 술의 정화라고 할 수 있다.

소주에는 많은 종류가 있으나 《옹치잡지》에서 인용된 귀리소주를 소개한다. 곱게 찧은 귀리 100승을 둥구미로 싸서 길게 흐르는 물속에 담가둔다. 3일이 지난 뒤에 꺼내어 멥쌀 30승과 함께 2번 뜸을 들인 밥을 지은 뒤 펼쳐서 식힌다. 밀기울누룩 가루 80승과 고루 섞어 독에 넣고 익으면 보통의 방법대로 고아서 노주(露酒)를 받는다. 평생 고구마 재배와 그 활용법을 전파하기 위해 노력한 풍석은 고구마술과 이를 증류한 고구마소주도 소개하여 주목할 만하다.

술이 귀한 음식으로 대접받고 있으므로, 맛이 변한 술을 다스리는 방법과 보관상의 주의사항에 대해서도 자세하게 설명하고 있다. 옛 사람들은 술을 먹어서 수명을 늘이고 술로 병을 다스렸다. 《보양지》에 이어서 진정한 의미에서 약주라고 볼 수 있는 약이 되는 술들을 63종 소개하고 있다. 약재로 빚는 여러 가지 술에서는 복식(服食)과 약이(藥餌)에 관한 여러 방법들

중에서 《보양지》에서 이미 보인 술(31종)은 《정조지》에는 이름만 보존하여 독자들이 참고할 수 있도록 했다.

술 마시는 여러 가지 방법에 대해서도 소개하고 있다. 술병을 예방하는 방법과 취하지 않는 방법, 혹은 술을 마시고 바로 취하는 방법을 다루었고, 중국과 우리나라의 술 마시는 습속을 흥미롭게 비교하고 있다. 우리나라 사람들은 술을 마시면 천하 사람들보다 독하게 마신다. 반드시 큰 사발로 들이키면서 이마를 찌푸리고는 한 번에 비운다. 그러므로 한 번 술을 마시면 반드시 취하게 되고, 취하면 바로 주정을 하게 된다. 이것은 들이붓는 것이지 마시는 것이 아니고, 배를 불리려는 것이지 흥취를 돋우려는 것이 아니다. 중국 사람들은 술 마시는 법이 매우 우아해서, 비록 한여름이라도 반드시 데워서 마시고, 비록 소주라도 데운다. 살구만 한 술잔을 이빨에 대어서 조금씩 마시고, 탁자 위에 남겨 두었다가 잠시 뒤에 다시 마시며, 거만하게 한 번에 비우는 경우가 없다. 조선 사람처럼 큰 종지나 큰 사발에 마시는 사람은 전혀 없다고 《열하일기》에 전한다. 안주에 대해서는, 좋은 안주들이 있다고 해도 시골의 가난한 선비가 마련하기 어려우니 질동이에 푸성귀만 갖추어도 높은 경지가 될 수 있음을 강조했다.

〈절식〉에서는 다양한 절기 음식을 다루고 있다. 현대에 와서는 그 의미가 퇴색되어 많이 사라졌지만, 전통 사회에서는 삶의 리듬을 주는 절식이 많은 사랑을 받았다. 설날의 떡국, 입춘의 오신반(五辛盤), 정월 대보름의 밤 깨물기, 중화절[20]의 송엽병(松葉餅), 삼짇날의 탕평채(蕩平菜), 등석의 볶은 콩, 단오의 수리떡, 유두의 상화병(霜花餅), 삼복의 구장(狗醬), 중양절의 국화떡과 국화주, 동지의 팥죽, 납평(臘平)[21]의 참새지짐 등 총 12가지 명절의 대표적인 절식을 몇 가지씩 소개하고 있다.

---

20 중화절(中和節) : 농사가 시작되는 음력 2월 초하룻날.
21 납평(臘平) : 연말에 신에게 제사지내는 날로, 조선시대에는 대한(大寒) 후 미일(未日)로 정함.

절식의 유래는 계절의 도래와 그 특성을 알려주는 절물(節物)이나 한 시대의 고사로, 지역마다 다르고 일정한 규칙이 없다. 그중에는 쓸 만한 것인데도 빠진 것이 있어, 따로 설날의 초백주(椒柏酒), 인일(人日)[22]의 칠종채갱(七種菜羹), 정월 대보름의 춘사반(春社飯), 한식의 한구(寒具), 단오의 창포주(菖蒲酒), 하지의 건종(健糉), 복날의 탕병(湯餠), 칠석의 화과(花瓜), 중원(中元)[23]의 우란분병(盂蘭盆餠), 추석의 월병(月餠), 중양절의 마갈고(麻葛糕), 동지의 혼돈(餛飩), 초파일의 납팔죽(臘八粥) 등 34종을 모아서 소개했다.

그럼에도 풍석은 일관되게 견지하고 있는 음식 철학인 소박함과 검약함을 잃지 않도록 노력했다. 즉 교묘함을 뽐내고 재물을 낭비하여 산가(山家)에서 품위 있게 먹는 데 적합하지 않은 음식은 모두 수록하지 않았다고 밝히고 있는 것이다.

3) 편집체제[24]

《정조지》는 총 7권으로, 대제목이 11개, 소제목이 80개, 표제어가 1,002개, 소표제어가 317개, 기사 수는 2,288개, 인용문헌 수는 178종이다. 대제목은 1·4·5·6권에 각각 1개, 3·7권에 각각 2개, 2권에 3개가 배치되어 있고, 소제목은 권 순서대로 각각 8개, 7개, 11개, 10개, 7개, 7개, 30개이다. 표제어는 16개, 187개, 136개, 161개, 123개, 120개, 259개로 배치되어 있다.

서유구의 안설(案說)을 포함한 기사 수는 총 2,517개이다. 《정조지》의 기사당 원문 글자 수는 평균 49자이다.

---

22 인일(人日) : 음력 정월 초이렛날.
23 중원(中元) : 음력 7월 보름날.
24 3) 편집체제~5) 인용문헌 소개에서 인용된 통계자료는 최시남·김수연·민철기·김현진·강민우·김광명·김용미가 조사했다.

표8 《정조지》 표제어류 및 기사 통계

권 번호	대제목	소제목	표제어	소표제어	기사 수	인용문헌 수	원문글자 수
서문							379
목차							283
1	1	8	16	237	803	60	22,234
2	3	7	187	48	228	36	16,846
3	2	11	136	15	207	34	14,844
4	1	10	161		260	33	16,176
5	1	7	123		249	24	15,871
6	1	7	120	17	217	35	17,740
7	2	30	259	_	324	72	24,727
합계	11	80	1,002	317	2,288	178(중복제외)	129,099

표9 《정조지》 기사 당 원문 글자 수

원문 글자 수	기사 이외의 글자 수	기사 글자 수	기사 수(안설 포함)	기사 당 원문 글자 수
129,099	5,699	123,400	2,517(2,288+229)	49

표10 《정조지》 소제목별 표제어류 및 기사 통계

권 번호	대제목	소제목	표제어	부록	소표제어	기사 수	인용문헌 수	원문 글자 수
서문								379
목차								283
1	1	1	2		11	15	60	22,234
		1	2		37	102		
		1	2		74	256		
		1	2		48	186		
		1	2		11	64		
		1	2		13	44		
		1	2		35	98		
		1	2		8	38		
2	1	1	15			25	36	16,846
		1	64			68		

2	1	1	41	1	48	58	36	16,846
		1	5			10		
	1	1	14			16		
		1	31			34		
		1	17			17		
3	1	1	19			20	34	14,844
		1	8			11		
		1	17			21		
		1	7			7		
		1	8			8		
	1	1	21			42		
		1	12	1	15	30		
		1	22			30		
		1	6			12		
		1	9			15		
		1	7			11		
4	1	1	15			35	33	16,176
		1	24			36		
		1	7			14		
		1	8			11		
		1	28			48		
		1	11			19		
		1	33			56		
		1	14			18		
		1	14			14		
		1	7			9		
5	1	1	33			89	24	15,871
		1	23			41		
		1	17			20		
		1	18			31		
		1	21			44		
		1	7			20		
		1	4			4		
6	1	1	7			7	35	17,740
		1	26			49		

6	1	1	12			15	35	17,740
		1	32			48		
		1	13	1	17	45		
		1	17			37		
		1	13			16		
7	1	1	2			4	72	24,727
		1	8			11		
		1	17			22		
		1	5			6		
		1	14			16		
		1	13			15		
		1	6			8		
		1	6			7		
	1	1	10			16		
		1	5			6		
		1	5			6		
		1	4			4		
		1	24			29		
		1	8			13		
		1	4			6		
		1	63	1		66		
		1	5			7		
		1	3			6		
		1	1			1		
		1	3			6		
		1	1			2		
		1	3			5		
		1	2			4		
	1	1	2			3		
		1	3			4		
		1	1			1		
		1	3			4		
		1	2			2		
		1	2			4		
		1	34	1		40		
합계	11	80	1,002	5	317	2,288	178(중복제외)	129,099

《정조지》오사카본(좌), 고려대본(우)

《정조지》규장각본(좌), 연세대본(우)

4) 필사본 분석

《정조지》는 오사카본, 고려대본, 규장각본, 연세대본 총 4종의 필사본
이 현존한다.

규장각본은 7권 4책이 온전하게 보전되어 있지만 권4 "채소음식"에서 오사카본과 상이한 부분이 상당히 발견되었다. 특히 오사카본에 있는 자잡채(煮煠菜)·외증채(煨烝菜)·유전채(油煎菜)·수채(酥菜) 전체가 규장각본과 고려대본에는 모두 누락되었으며, 권7 "술" 3쪽이 누락되어 있다. 수정이나 산삭 표시도 없이 〈정조지 목차〉에 잡혀 있는 부분이 누락된 이유에 대해 자세히 밝혀진 것은 없으나 어떤 착오에 의해 빠진 것으로 볼 수밖에 없다.

오사카본은 편집 지시가 매우 많으며 그 지시들이 반영된 결과물이 규장각본과 고려대본임을 확인할 수 있다. 오사카본은 정리되기 전의 원고라서 어떻게 정리본으로 교정 지시가 반영되었는지를 보여주는 중요한 자료이다. 편집 지시에서 눈에 띄는 것은 권1에 청나라 석성금의 《석씨식감본초》를 인용하여 나중에 추가한 부분이 두드러지게 많다는 점이다.

〈정조지〉권4 규장각본(좌), 오사카본(우)

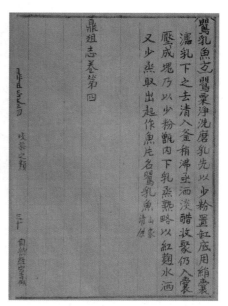

《정조지》권1 오사카본(좌), 《정조지》권4 고려대본(우)

고려대본은 7권 4책 중에서 2책(3·4권)과 4책(7권)만 남아 있다. 필사 용지에 자연경실장 기록이 선명하며 규장각본과 동일한 체제를 따르고 있다.

연세대본은 7권 4책이 온전하게 보전되어 있으며 오사카본의 편집지시를 충실하게 반영하고 있다. 규장각본과 고려대본에서 누락된 권4 "채소음식"의 자잡채(煮煠菜)·외증채(煨烝菜)·유전채(油煎菜)·수채(酥菜) 부분이 수록되어 있다.

5) 인용문헌 소개

인용문헌은 총 178종이다. 《정조지》에서 50회 이상으로 인용된 서적은 《증보산림경제》(204회), 《본초강목》(199회), 《거가필용》(192회), 《옹치잡지》(180회), 《식료본초》(100회), 《신농본초》(84회), 《명의별록》(64회), 《군방보》(62회),

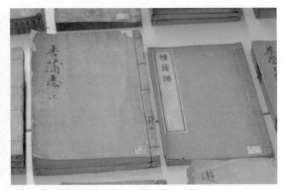

서유구 가장본(고사신서, 행포지, 종저보)

《산가청공》(60회), 《준생팔전》(59회), 《구선신은서》(58회), 《중궤록》(56회), 《식물본초》(51회) 등이다. 《화한삼재도회》(48회), 《제민요술》·《본초습유》(46회), 《산림경제보》(42회), 《물류상감지》(40회), 《삼산방》(35회)도 비교적 많이 인용되었다. 또한 조선의 문헌도 《증보산림경제》와 《옹치잡지》, 《산림경제보》를 비롯하여 《동의보감》·《행포지》(15회), 《한양세시기》(13회), 《고사십이집》(11회), 《고사촬요》(10회), 《금화경독기》·《문견방》(6회), 《어우야담》·《지봉유설》(3회), 《김씨감저보》(2회), 《경도잡지》·《성호사설》·《열하일기》·《난호어목지》·《월사집》·《약천집》·《한정록》·《종저보》·《허집》·《고사신서》·《감저신보》(1회) 등 총 24종이 이용되었다. 여기서 서유구 저술은 《옹치잡지》, 《금화경독기》, 《행포지》, 《난호어목지》, 《종저보》 5종으로, 자신의 저술을 다른 지에서보다 가장 다양하게 활용하고 있다.

서유구의 안설은 총 229회에 걸쳐 5,695자를 차지하여 4.4퍼센트(5,695/129,099)의 비율을 보인다.

《정조지》 전체에서 서유구 저술 이외의 조선 문헌 비율은 22,324자로 17.3퍼센트를 차지하고, 서유구 저술의 비율은 27,145자로 21퍼센트를 차지하고 있다. 《정조지》 전체에서 조선 문헌이 차지하는 비율은 38.3퍼센트이다.

표4 《정조지》에서 서유구 저술 이외의 조선문헌 비중

순서	인용 조선 문헌	글자 수	기사 수
1	증보산림경제	14,268	204
2	산림경제보	2,755	42
3	고사십이집	988	11
4	삼산방	917	17
5	한양세시기	768	13
6	고사촬요	765	10
7	동의보감	560	15
8	문견방	331	6
9	지봉유설	207	3
10	성호사설	166	1
11	어우야담	150	3
12	감저보	100	2
13	열하일기	93	1
14	월사집	53	1
15	약천집	52	1
16	허집	44	1
17	한정록	32	1
18	경도잡지	28	1
19	고사신서	24	1
20	감저신보	23	1
	합계	22,324	335
	비율(%)	17.3(22,324/129,099)	13.3(335/2,517)

표4-1 《정조지》에서 미상 문헌 비중-권4

미상 문헌	글자 수	기사 수
출전 미기재	29	1
합계	29	1
비율(%)	0.02(29/129,099)	0.04(1/2,517)

표5 《정조지》에서 서유구 저술의 비중

구분	글자 수	비고
서문	379	

목차	283	
권번호, 권차, 권미제, 저자명, 교열자명	224	
대제목, 소제목, 표제어, 소표제어	4,813	
안설	5,695	229회
옹치잡지	14,647	180회
금화경독기	704	6회
행포지	313	15회
난호어목지	69	1회
종저보	18	1회
합계	27,145	
비율(%)	21.03	(27,145/129,099)

표6 《정조지》에서 조선문헌의 비중

구분	글자 수	비 고
서유구 저술 이외의 조선 문헌	22,324	
서유구 저술	27,145	
합계	49,469	
비율(%)	38.3	49,469/129,099

표7 《정조지》에서 중국문헌 비중

순서	인용 중국 문헌	글자 수	기사 수
1	거가필용	15,213	192
2	본초강목	7,027	199
3	제민요술	6,174	46
4	준생팔전	3,839	59
5	군방보	3,825	62
6	식료본초	3,352	100
7	중궤록	2,895	56
8	산가청공	2,785	60
9	구선신은서	2,691	58
10	삼산방	2,411	35
11	식물본초	2,302	51
12	본초습유	1,294	46

13	이씨식경	1,078	13
14	다능집	1,018	17
15	명의별록	991	64
16	신농본초	955	84
17	본초연의	876	17
18	천금식치	832	28
19	도경본초	764	20
20	물류상감지	686	40
21	사시찬요	605	11
22	일화본초	605	28
23	약총결	597	21
24	식감본초	564	28
25	비급천금요방	537	19
26	사시찬요보	507	4
27	본초연의보유	471	9
28	주보	471	3
29	이씨방	465	6
30	순보	464	8
31	식경	401	8
32	주경	374	1
33	당본초	342	22
34	농정전서	336	4
35	증보도주공서	327	7
36	식성본초	323	9
37	북산주경	316	1
38	일용본초	307	16
39	음선요람	304	5
40	개보본초	297	14
41	식금방	291	11
42	가우본초	249	12
43	삼원연수참찬서	245	12
44	금궤요략방론	243	10
45	인사통	241	4
46	형초세시기	238	7

47	태평성혜방	213	4
48	운림일사	210	5
49	농상촬요	192	2
50	쇄쇄록	185	7
51	주사의	163	1
52	청이록	156	3
53	약성본초	153	8
54	왕정농서	153	4
55	취향일월기	144	2
56	감저소	129	2
57	운림유사	127	2
58	다능비사	126	2
59	고금비원	119	2
60	음선정요	119	6
61	이간방	118	1
62	소품방	112	1
63	건순세시기	101	3
64	편민도찬	95	1
65	동파척독	90	1
66	소씨제병원후총론	88	4
67	기재방	86	1
68	상정	86	1
69	속제해기	86	1
70	풍토기	86	2
71	태평혜민화제국방	85	1
72	제세인술	84	1
73	가숙사친	80	1
74	대업습유기	80	1
75	위생보감	78	1
76	동경몽화록	73	2
77	본초회편	72	3
78	정문보방	72	1
79	탕액본초	70	1
80	용약법상	69	2

81	해약본초	69	4
82	제경경물력	67	2
83	동파잡기	64	1
84	서원방	59	1
85	어정월령집요	59	1
86	제요록	59	1
87	사성본초	57	2
88	사민월령	53	3
89	식치통설	52	4
90	반유십이합설	49	1
91	생생편	49	4
92	외대비요방	44	1
93	음선표제	44	1
94	무사	42	2
95	범석호 상원시	42	1
96	식의심경	42	3
97	고금의통	39	1
98	계신잡지	38	1
99	본경	38	1
100	활인심서	37	1
101	용어하도	35	3
102	경험방	31	1
103	귀전록	31	1
104	세시잡기	31	1
105	오잡조	31	2
106	동양현지	30	1
107	오군지	30	1
108	찬요보	30	1
109	무본신서	29	1
110	선부록	28	2
111	제동야어	28	1
112	이견속지	27	1
113	가일기	26	1
114	의학입문	25	1

115	경도잡지	24	1
116	동본초	23	2
117	양명집	23	1
118	어림	23	1
119	한씨의통	23	2
120	오씨본초	22	2
121	광지	21	1
122	구황본초	21	1
123	택주지	21	1
124	석명	20	1
125	양생집	20	1
126	예원자황	20	1
127	동천보생록	19	1
128	문기록	19	1
129	사물기원	19	1
130	유환기문	18	1
131	희조락사	18	1
132	선화화성전진방	17	1
133	신농식경	17	1
134	위생편	17	1
135	본초몽전	16	1
136	사시양생론	16	1
137	서산기	16	1
138	천금월령	16	1
139	본초주	15	1
140	손진인식기	15	1
141	균보	14	1
142	금문세절	14	1
143	당육전	14	1
144	호거사백병방	14	1
145	양생요집	13	1
146	식보	12	1
147	신선복식방	12	1
148	운회	11	1

149	만병회춘	10	1
150	유양잡조	10	1
151	뇌공약대	6	1
합계		77,072	1,701
비율(%)		59.7(77,072/129,099)	67.6(1,701/2,517)

표8 《정조지》에서 일본문헌 비중

인용 중국 문헌	글자 수	기사 수
화한삼재도회	2,528	48
합계	2,528	48
비율(%)	2(2,528/129,099)	1.9(48/2,517)

6) 자료적 가치

《정조지》는 이전까지의 요리서가 가지고 있던 이론적 배경의 부실함을 보완해주는 탄탄한 이론적 틀을 제공하고 있다. 그 틀은 대부분 풍석의 저작인 《옹치잡지》에서 왔다. 각 요리의 총론 부분에서 《옹치잡지》가 보여주는 서술 방식은 고전에서 해당 음식의 문헌적 근거를 확인하고 《설문해자》 등의 자서류를 통해서 요리명의 의미를 확정하는 것이다. 여기에 자신의 평가를 포함시킨 경우도 있다. 각론 부분에서는 "보리쌀은 단단하고 껄끄럽기 때문에 밥을 해도 잘 익지 않는다. 마땅히 먼저 반나절 동안 깨끗한 물에 담아 쌀알이 안팎으로 모두 습기를 머금은 후에야 다시 일어서 밥을 지으면 밥이 연하고 맛이 좋으며 연료도 절약할 수 있다"[25]는 언급과 같이, 직접 체험이 없이는 기술하기 어려운 생활에 밀접한 내용과 혼돈반(混沌飯)·열구자탕(悅口子湯)과 같은 조선 고유의 요리들을 구체적으로 기술했다. 〈표7〉에서 볼 수 있듯

---

25 보리쌀은······있다 : "麥米硬澀, 炊之不易熟. 須先期一半日浸淨水中, 令米粒內外通濕, 然後更淅炊之, 則飯旣頓美, 且可省薪."《정조지》권2 〈익히거나 찌는 음식〉 "밥" '보리밥 잘 익히기'.

이 《옹치잡지》는 권2~6까지 총론을 통해서 《정조지》의 뼈대를 이루고 있다. 《옹치잡지》는 《증보산림경제》와 더불어 《정조지》에 조선의 고유한 각론을 제공하는 핵심 인용 서적이라 할 수 있다.

〈표7〉《정조지》에서 《옹치잡지》 인용 현황

권별	대제목	소제목	표제어
권2	익히거나 찌는 음식	1.밥	총론, 여러 가지 밥 짓기, 보리밥 잘 익히기, 혼돈반, 저반
		2.떡	총론, 무떡, 차고, 인절미, 지짐떡, 송편지짐떡, 진감병, 팥고물꿀떡, 두텁떡, 당귀떡, 도토리떡, 생강계피떡, 황옥떡, 단자, 경단, 옥수수떡
	달이거나 고는 음식	1. 죽	총론, 양원죽, 청량죽, 녹두죽, 의이죽, 산우죽, 조미죽, 율자죽, 진군죽, 육선죽, 상자죽, 강분죽, 호도죽, 진자죽, 황정죽
		2. 조청과 엿	총론, 엿, 흑두당, 무술당
	볶거나 가루내어 만든 음식	1. 미숫가루	총론, 나미초, 완두초, 유초, 육향초, 백엽초, 복분자초
		2. 면	총론, 난면, 사면, 천화면, 나단탕병, 화면
		3. 만두	총론, 숭채만두, 변씨만두, 치만두
권3	음료	1. 탕	총론
		2. 장	총론, 유장
		3. 차	강귤차
		4. 갈수	총론
		5. 숙수	총론, 율추숙수
권3	과줄	1. 밀전과	총론, 밀전행, 밀전도, 밀전앵도, 밀전산사, 밀전모과, 밀전복분자, 밀전감자, 밀전유자, 밀전강, 밀전서과
		2. 당전과	총론, 당소모과
		3. 포과	총론, 송황다식, 상자다식, 녹두분다식, 산약다식, 강분정, 조유정
		4. 외과	총론, 외모과, 외감저
		5. 법제과	총론, 법제강
		6. 점과	총론, 교맥산자, 매화산자
권4	채소 음식	1. 채소절이기	총론

권4	채소 음식	2. 채소말리기	총론, 우백 말리기
		3. 식향채	총론
		5. 제채	총론, 장과가, 장강순, 장만초, 장사삼, 장자총, 혜즙동과
		6. 김치	총론, 무김치
		7. 자잡채	총론, 국화싹 삶기
		8. 외증채	총론, 남과자 만들기
		9. 유전채	총론, 흑두초, 마방전, 송초전, 남초초, 해대전
		10. 수채	총론, 청포
권5	가르거나 삶아서 조리하는 음식	1. 갱확	이름과 종류, 쇠고기 삶기, 양고기 삶기, 붕어 삶기, 열구자탕
		2. 번자	총론, 쇠고기 굽기, 양고기 굽기, 돼지고기 굽 기, 사슴고기 굽기, 토끼고기 굽기, 전복 굽기
		3. 회생	총론, 쇠고기육회, 얼린 숭어회, 전복회, 대합회
		4. 포석	총론, 쇠고기육포
		5. 해자	총론, 육장, 생선장
		6. 생선이나 고기 절여 저장하기	총론
권6	조미료	1. 소금	총론
		2. 장	총론
		3. 두시	총론
		4. 식초	총론
		5. 기름과 타락	총론, 참기름 짜기
		6. 누룩과 엿기름	총론, 보리누룩 만들기
		7. 양념	총론, 깨소금 만들기
권7	술	9.순내양류	칠일주
		13.소로류	귀리소주
	절식	1.설날의 절식	떡국, 밀양시병
		3. 정월대보름의절식	원소병, 작율
		4. 중화절의 절식	송엽병
		5. 중삼절의 절식	진달래지짐이
		6. 등석의 절식	느티떡
		8. 유두의 절식	수단, 상화병, 오이채만두
		10. 중구의 절식	국화떡, 꿀밤과자, 국화주

갈암(葛庵) 이현일(李玄逸)의 어머니 정부인 안동 장씨(貞夫人 安東 張氏, 1598~1680)의 저작인《음식디미방[飮食知味方]》은 현전하는 가장 오래된 한글 요리서로 알려져 있다. 면병류(麵餠類, 18종 26가지 요리법), 어육류(魚肉類, 74종 112가지 요리법) 주류(酒類) 및 초류(醋類, 54종 54가지 제조법)에 걸쳐 146종의 192 가지 요리법을 한글로 설명했다. 영남의 궁벽한 산골에서 성립된 요리서이 기에 중국서적의 인용이 아닌 당시 집안에서 실제로 하던 방식을 잘 보여준다. 그러므로 이후 요리서들의 경향을 판별하는 기준이 될 수 있는 중요한 저작이라고 할 수 있다.

서유구의 형수 빙허각 이씨(憑虛閣 李氏, 1759~1824)의 저작인《규합총서》는 '술과 음식(주사의, 酒食議)', '바느질·길쌈(봉임칙, 縫紝則)', '시골살림의 즐거움(산가락, 山家樂)', '병 다스리기(청낭결, 靑囊訣)', '술수략(術數略)'의 5권으로 이뤄진 한글 생활백과사전이다. 이중 음식을 다루고 있는 '주사의'에서는 술, 장, 초, 밥과 죽, 차, 김치, 생선류, 고기와 조류, 채소 음식과 떡 및 과줄붙이, 저장 과일, 저장 채소, 기름 짜는 법, 조청과 엿, 식해 등 541가지 요리법을 다루었다.

《규합총서》는《정조지》의〈음식 재료 요점 정리〉,〈익히거나 찌는 음식〉, 〈달이거나 고는 음식〉,〈볶거나 가루내어 만든 음식〉,〈음료〉,〈과자〉,〈채소음식〉,〈가르거나 삶아서 조리하는 음식〉,〈조미료〉,〈술〉,〈절식〉에서 다루는 내용들을 대부분 포함하며, 내용이《정조지》에 비하여 소략하기는 하지만 방대한 범위를 다루고 있다.

밥과 죽은 우리 음식의 기본을 이루는 것인데,《음식디미방》에는 밥과 죽에 대한 언급이 전혀 없다.《규합총서》에는 밥과 죽에 대한 언급이 있지만 소략한 편이고, 밥의 경우 팥물밥·오곡밥·약밥에 국한하고 있고, 죽도 몇 가지 영양죽만을 다루었다. 이와 달리《정조지》에서는 밥을 하는 방법에서 죽을 쑤는 방법까지, 쌀밥과 흰쌀죽 같은 기본에서부터 영양식까지 폭넓게 다루고 있다. 《정조지》가 이런 특성을 보이는 까닭을, 저자가 가사노동의 일차적인 책임자가 아닌 남성이기 때문에 밥 짓기를 낯설게 볼 수 있는 가능성에서 찾을 수도 있지만, 《임원경제지》의 모든 영역에서 풍석은 우리가 상식적으로 알고 있는 쉽고 비근한 내용도 전문적인 영역으로 끌어들여 서술하는 태도를 보이고 있으므로, 근원적으로는 풍석의 학문하는 태도에서 기인한다고 보아야 한다. 이를 통해서 일용지간(日用之間)의 식색지사(食色之事)에 대한 풍석의 접근방식이 얼마나 치열하고 합리적인지 알 수 있다. 또한 《정조지》의 가치가 전통이 단절된 지점에서 전통을 제대로 바라볼 수 있는 단서를 구체적으로 제시하는 역할에 있다는 사실을 새삼 깨닫게 된다.

조선의 명문 사대부가에서 자라나 대단한 관직 경력을 갖춘 풍석이 《옹치잡지》나 《정조지》와 같은 요리책을 썼다는 사실은 별도의 해석을 요하는 문제이다. 우선 가풍의 영향으로 이를 설명해볼 수 있다. 풍석에 따르면 조부인 서명응은 결혼 초기에 모친의 곁에서 모든 요리를 대신하여 점검하고 관리했는데, 그 모양이 부녀들이 하는 것과 같았다고 한다. 그가 부엌일을 익숙하게 처리했던 것은 결국 부모에 대한 효에서 나온 행위라고 부인에게 평가받았다.[26] 풍석 자신도 방폐기(放廢期)에 어머니를 위하여 몸소 조석의 끼니를 봉양했다.[27] 효의 실천이 무엇보다도 중요한 시대에, 사대부가 봉양을 위해 부엌 출입을 한 일이 크게 흠잡을 일은 아니었다고 할 수 있다.

---

26 풍석에……평가받았다: "我祖妣李夫人嘗語不肖等曰:'吾人汝家之初, 每見汝王父侍君姑側. 凡鼎俎烹飪米鹽瑣碎, 無不代爲之撿理, 如婦女之爲. 吾以初來新婦, 口雖不敢言, 心自忖度曰:'他日得無仍以成習, 疏筆研而親斗升耶.' 及夫孤露居外, 乃沈潛典籍, 不知讀書以外更有何事, 往往有種米駕羊之風. 吾於是乎幼心服, 其向日嫺習井竈間事之悉出於藹然誠孝, 而人不見其黽勉强作之意, 尤非他人所及也.'"《楓石全集》《金華知非集》卷8〈遺事〉'書祖考文靖公遺事'(《韓國文集叢刊》288, 462쪽).

27 풍석에……봉양했다: "居恒以戒暴殄知懃愧爲訓. 其在金華山庄也, 有架灌園耕田, 以供饔飱. 先妣對飯輒笑曰:'是饙饙者皆從汝十指中出也.'"《楓石全集》《金華知非集》卷8〈遺事〉'書本生先妣貞夫人韓山李氏遺事'(《韓國文集叢刊》288, 470쪽).

풍석의 어머니 한산 이씨는 손에 굳은살이 박혀 가면서 농사일을 하는 아들을 보고, 서울에 살아 농사에 대해서는 문외한인데 밥 먹고 옷 입는 것만 밝히는 자들은 천하의 도적놈들이라고 아들을 격려했다.[28] 이처럼 아들의 수고(手苦)를 높이 평가하는 어머니의 영향으로 풍석은 일용지사에서 물러섬이 없이 경험하고 실천하였을 것이다. 한산 이씨는 평소에 딸들에게 경계하여 말하기를 부녀자는 오직 술과 음식에 신경 써야 한다고 했다.[29] 한산 이씨는 또한 부녀자가 책과 역사 익히는 것을 좋아하지 않았고 부녀자의 직분은 음식 장만과 의복 마련에 있음을 분명히 했다.[30] 그러나 불행하게도 풍석은 상처한 이후(1799년)로 이런 중요한 일을 할 부인이 곁에 없었다. 그 점이 풍석의 부엌행을 더욱 쉽게 만들었을 것으로도 보인다.

《규합총서》와 《정조지》가 모두 음식을 다루고 있기 때문에 그 영향관계에 자연 관심이 쏠리게 된다. 《규합총서》는 1809년에 이루어졌을 것으로 추정되며, 《옹치잡지》와 《정조지》는 그 이후에 성립된 것으로 판단된다. 또한 풍석이 남긴 빙허각 이씨 묘지명에 빙허각 이씨 생전에 《규합총서》가 이미 널리 알려졌으며 친인척들이 더러 필사해갔다[31]는 기록이 있고, 《임원경제지》의 교정자로 참여한 서우보(徐宇輔, 1795~1827)가 '제규합총서후(題閨閤叢書後)'라는 시를 남기고 있어[32] 풍석도 《규합총서》를 보았을 가능성이 농후하다.

풍석은 형 서유본(徐有本, 1762~1822)보다 두 살 아래이므로 형수가 시집오

---

28 풍석의……격려했다 : "近見汝胼胝, 益知稼穡之艱難. 彼居輦轂之下, 目不識耒耜銚鎒, 而欲穀腹絲身者, 寧不爲天地之盜耶." 《楓石全集》위의 책, 같은 곳.

29 한산……했다 : "常戒諸女曰 : '婦女之職, 唯酒食是議. 此而棄意, 何異於農釋耒耜士荒筆研也.'" 《楓石全集》《金華知非集》卷7〈墓誌銘〉'本生先妣貞夫人韓山李氏祔葬誌'(《韓國文集叢刊》288, 460쪽).

30 또한……했다 : "不喜婦女習書史曰 : '物各有本分, 婦女之職分, 惟酒食與絲麻耳. 若先筆研而後刀尺, 親鉛槧而疏升斗者, 非不斐然可觀, 夷考之則家政荒矣.'" 《楓石全集》위의 책, 471쪽.

31 또한……했다 : "其《閨閤叢書》, 及端人在時, 已聞于世, 姻戚往往傳寫焉." 《楓石全集》《金華知非集》卷7〈墓誌銘〉'嫂氏端人李氏墓誌銘'(《韓國文集叢刊》288, 438쪽)

32 임원경제지의……있어 : "刀尺寒工視蔑如, 著書自號卽憑虛, 陰陽卜筮通玄古, 山野經綸溯太初. 偉矣閨門才莫將, 用之家國智優餘. 文章知是班昭亞, 女史叢中第一居." 《秋潭小薰》卷上〈詩〉'題閨閤叢書後', 9쪽.

면서부터 돌아가실 때까지 사정을 잘 알고 있다고 자부했다. 그런 형수에 대한 풍석의 평가는 두 갈래로 정리된다. 남편에 대해서는 어진 아내이면서 좋은 벗이었고, 집안일에 대해서는 일을 책임지는 사람이고 직접 살림을 하는 사람이었다는 것이다.[33] 빙허각 이씨는 여사(女士)로서의 독특한 지위와 주부로서의 확고한 역할을 통해서 자신의 영역을 확보하였으며, 이런 분위기가 풍석의 《정조지》 저술에도 일조하였을 것으로 추정된다. 그러나 이전의 연구들에서 주장하는 바와 달리, 《규합총서》의 내용이 《정조지》에 반영되었다고 판단할 수 있는 근거는 찾기 어렵다. 《규합총서》와 일치하는 기사가 없기 때문이다. 이 점에 대해서는 여기서 확실히 짚고 간다.

《옹치잡지》와 《정조지》의 존재는 본격적인 요리 기록에 남성 저자가 참여하였다는 데서 그 중요성을 찾을 수 있으며, 《정조지》가 조선 문헌인 《옹치잡지》와 《증보산림경제》를 축으로 동아시아 삼국의 음식과 요리에 대한 정보를 집적했다는 것도 의의가 크다. 남성 저자의 참여는 생활의 세계에서 매우 중요한 영역인 음식과 요리에 남성을 참여시키는 데 일조할 수 있으며, 불완전하지만 동아시아 삼국의 요리를 이론적 틀 속에서 정리하려고 한 노력은 일정한 원칙에 부합한다면 어떤 음식도 수용 가능하다는 문화적 개방성을 보여주는 태도이다. 비싸고 기름진 음식만을 지향할 것이 아니라, 있는 재료에서 적절한 방법을 사용하여 남다른 맛을 내는 것이 귀한 일임을 되새기게 했다.

풍석의 어머니는 이런 분이셨다. "음식과 요리를 잘하여, 재료는 적게 쓰면서 많이 쓰는 것과 맞먹었고 사람을 적게 부리면서도 많은 사람을 부리는 것과 맞먹었다. 시냇가나 들의 나물도 그분의 손을 거치기만 하면 모두 훌륭한 맛을 내었다. 시골 노파나 촌동네 계집종이라도 몇 개월만 데리

---

33 남편에……것이다 : "逸妻也, 亦良友也. 晩而家落, 損先人之田殆盡, 而拮据捃荼, 擧倍稱之息. 以日支二饍, 使夫子得以放情硏藝消磨光陰, 則又幹婦也, 勞人也. 余少伯氏二歲, 習端人始終." 《楓石全集》《金華知非集》 卷7 〈墓誌銘〉 '嫂氏端人李氏墓誌銘'(《韓國文集叢刊》288, 437쪽).

고 있으면 바로 선수(善手)가 되었다. 비록 분가한 종친과 집안이라도 봉제사나 접빈객과 같은 큰일의 음식과 술에 대한 의논이라면 어머니께 상의하지 않은 경우가 없었다."[34] 자신이 맡은 일에 대해서 프로다웠고, 그 전문성이 자신에게만 머무르는 것이 아니라 주변사람에게까지 영향을 미쳤으며, 담을 넘어서까지 영향력을 파급했다. 이런 어머니와 저런 형수를 모셨고, 또 직접 농사짓고 음식을 하였으니, 그 요리책을 믿을만하다고 할 것이다.

7) 《정조지》 번역과 연구 및 현대에서의 활용 현황

이 절과 이어지는 '부의주와 《정조지》의 현대적 활용' 및 '《정조지》 강의와 《정조지》에 대한 관심의 확산'은 임원경제연구소에서 《임원경제지 정조지》 번역을 진행하면서 경험한 학문과 생활, 현실과 이상의 구현 과정을 매우 상세하게 서술한 내용이다. 《임원경제지》라는 생활백과사전은 그 자체로 우리 생활에 적용할 수 있는 콘텐츠가 무궁무진하다. 따라서 번역을 진행하다보면 생활에 적용하고 널리 알리고 싶은 부분이 많기 때문에 하나하나 쌓여서 내용이 많아졌다. 게다가 정예로운 연구들이 축적되고 있기 때문에 이와 교감하지 않을 수 없었다. 20년 가까운 과정의 일을 모두 기록할 수는 없지만 주요 사안을 상세히 기록함으로써 번역서를 읽고 활용하는 독자가 각자의 스타일을 만들어 가는 데 적게나마 도움을 줄 수 있을 것으로 기대한다.

역자가 《정조지》 번역에 착수하게 된 계기는 가정대학(현 생활과학대학)에서 수학하고 있었던 이력이 크게 작용했다. 한학 수련 과정을 거쳤다고 해서 전문적인 요리서를 번역할 수 있는 여건이 갖춰졌다고 보기는 어렵다.

---

34 음식과……없었다 : "尤善饎饎鼎俎之事. 用物少而敵多, 使人寡而敵衆, 溪毛野蔬, 一經熟飪, 皆成異味, 村嫗峽娛, 數月服事, 輒爲善手. 雖他房異宮, 凡有賓祭大事酒食之議, 未嘗不及於先姙也."《楓石全集》《金華知非集》卷8 〈遺事〉 '書本生先姙貞夫人韓山李氏遺事'(《韓國文集叢刊》 288, 470쪽).

하지만 식품영양학과가 속해 있는 가정대학이라면 전문가들의 도움을 받을 수 있겠다는 막연한 기대가 번역팀에 있었던 것은 사실이다. 이런 기대는 한양대학교 식품영양학과에 재직하면서 《정조지》 번역 초고본을 가지고 출판을 모색하고 있던 이효지(李孝枝, 1940~) 교수팀을 만나기 전에는 현실화되지 않았다.

그 전에 《정조지》 번역에 가장 큰 등대 구실을 한 것은 민족문화추진회(현 한국고전번역원)에서 나온 《산림경제》 번역본, 농촌진흥청에서 나온 《증보산림경제》 번역본 및 이용기(李用基)가 《정조지》를 일부 발췌해서 번역하고 당시의 요리를 보완해서 쓴 《조선무쌍신식조리제법(朝鮮無雙新式調理製法)》이었다. 이런 번역서들을 등대 삼아 번역을 진행하던 중 한양대 이효지 교수팀의 작업을 알게 되었고, 우리 교열역회에 이효지 교수팀을 모시면서 전문가의 도움을 본격적으로 구할 수 있었다. 2005년 3월 31일부터 2007년 6월 8일까지 47회에 걸쳐서 모임을 진행했으나 4~5권은 검토하지 못했다.

2007년 8월 10일 이효지 교수 등은 규장각본 《정조지》를 번역하고, 선별한 일부 메뉴에 대해서는 재현 사진과 조리법을 수록하고 끝에 번역문을 수록한 《임원십육지 정조지》를 출간했다. 번역본이 출간되자 더디기는 하지만 연구자들의 본격적인 연구 결과가 나오기 시작하고 음식전문가들의 접근이 용이해졌다.

번역본이 출간되기 전의 주목할 만한 연구들을 보면 우선 1969~1972년에 발표된 장지현 교수의 논문이 있다. 논문은 주로 한국 재래 장류·식초·저채류(菹菜類) 제조사를 《구황촬요(救荒撮要)》·《동의보감(東醫寶鑑)》·《사시찬요(四時纂要)》·《산림경제(山林經濟)》·《규합총서(閨閣叢書)》·《임원경제지(林園經濟志)》 등을 통해서 살폈다. 고농서류 자료를 통해서 장·식초·김치·술 등 다양한 음식 분야를 다루었는데, 그 주요 자료에는 항상 《임원경제지》가 포함되었다.

1981년 출간된 한양대학교 식품영양학과 이성우(李盛雨, 1928~1992) 교수의 《(식생활사 문헌연구)한국식경대전(韓國食經大典)》은 《정조지》를 학계에 본격적으로 소개한 역작으로 꼽힌다. 식생활종합서(가정백과전서), 식품재료생산서(농서), 조리 및 식품가공서, 구황 및 저서(諸書), 영양 및 응용영양서(의서), 식생활관련서의 6가지 범주로 분류하여 음식관련 서적을 소개하면서, 《임원십육지》를 식생활종합서에 포함시켜 다른 서적에 비해서 매우 자세하게 소개했다. 음식과 관련이 깊은 《본리지》·《관휴지》·《정조지》·《섬용지》·《보양지》·《인제지》 등은 서문과 목차 등을 상세히 소개했고, 음식과 관련이 적은 《예원지》·《전공지》·《위선지》·《유예지》 등은 서문 소개 없이 간략하게 언급했다. 특히 《정조지》에 대해서는 판본 비교와 상세 목차까지 수록하여 깊이 있게 다뤘다. 다만 이성우는 "실용성이 없는 중국 것이 너무 많아서 오히려 혼잡을 주는 감도 있다."고 하여, 《임원경제지》 예언(例言)에서 "자료를 모을 때 당장 적용 가능한 방법만을 가려뽑았다."고 한 서유구의 편찬 의도와는 인식의 차이가 존재한다. 이는 《임원경제지》를 이해하는 인식구조의 다양성을 보여주는 중요한 한 측면이다.

동아시아식생활학회지를 중심으로 1998년 신민자·최영진의 〈임원십육지를 통해서 본 우리나라 전통음료의 향약성 효과에 대한 고찰〉과 김귀영·이춘자·박혜원의 〈임원십육지의 곡물 조리가공(밥·죽)에 관한 문헌 비교 연구(I)〉가 잇달아 게재되어, 《임원십육지 정조지》 각론 연구가 학계에 본격적으로 등장하기 시작했다. 김귀영·이춘자는 21세기 들어서도 〈임원십육지의 떡류(餠餌類) 조리가공에 관한 문헌 비교 연구〉(2002년)와 〈임원십육지의 초류(麨類) 조리 가공에 관한 문헌 연구〉(2006년)를 게재하여 연구를 지속했다.

한양대학교 식품영양학과의 이효지 교수는 번역본 출간 전인 2006년에 《《임원십육지 정조지》 중 식감촬요와 《동의보감》 탕액편의 비교 연구〉(송윤진)로 석사학위자를, 《《임원십육지 정조지》에 관한 고찰〉(김현숙)로 박사학위자를 배출했다. 김현숙은 정조지 취류지류(전오지류도 포함)·구면지류·음청지류·과정지류·교여지류·할팽지류의 음식종류, 재료, 조리법을 분석하고 각 범주별로 기미와 효능을 정리했으며, 식감촬요·미료지류·온배지류·절식지류는 분석에서 제외했다.

번역본이 출간된 후의 연구들을 보면 우선 한 달 뒤에 출간된 조은자의 《임원경제지 속의 죽》이 주목된다. 《정조지》 전오지류에 나오는 죽을 정리하고 한의(韓醫) 영양학과 현대 영양학에서의 주된 영양성분과 기능성을 함께 분석하여, 《정조지》 속의 각론이 가진 가능성을 충분히 보여주었고 현대과학적인 이해의 가능성도 열어주었다.

2008년 10월 13~15일에 열린 한국식품영양과학회 학술대회에서 단국대 식품영양학과 김현숙·정보영·정윤화는 단국대동양학연구소 소속의 한학자 허호구의 도움으로 《임원십육지 정조지》 원문을 깊이 이해한 바탕 위에, 경희대 조리외식경영학과의 김은경·고재윤 및 한림성심대 관광외식조리과 김복남과의 협력 연구를 통해 2편의 포스터발표를 했다. 식생활 및 영양실태조사 분과에서 발표한 《임원십육지 정조지》에 나타난 곡류식품의 고찰》과 식품기능성/생리활성 분과에서 발표한 《임원십육지 정조지》에 나타난 채소 식품의 기능성》을 통해서 《임원경제지 정조지》에 대한 학계의 뜨거운 관심을 알 수 있었다. 이들 발표에서 한학자·영양학자·조리학자가 보여준 만남과 협력은 학제적 연구와 음식에 대한 인문학적 접근에서 특기할 만한 성과였다.

2009년 5월 8일 차경희는 진단학회 "제37회 한국고전연구 심포지엄 : 임원경제지의 종합적 고찰"에서 〈조선후기 음식과 임원경제지〉라는 주제로 발표했다. 한국학중앙연구원 주영하 교수가 토론에 임했으며, 그 결과를 《진단학보》에 〈임원경제지 속의 조선후기 음식〉으로 게재했다. 이 논문은 《정조지》의 구성과 내용에 대한 가장 표준적인 내용을 전달해준다.

2014년 5월 9일 차경희는 "풍석 서유구 탄생 250주년 기념 학술대회 : 민생과 민본의 실천자 서유구와 임원경제지"에서 〈한국음식사에서 《임원경제지 정조지》의 가치와 의미〉라는 주제로 발표했으며, 토론은 이화여대 조미숙 교수가 맡았다. 발표에서는, 《정조지》는 현존하는 식생활관련 최다 기록 보유 자료이며, 한(韓)·중(中)·일(日) 동북아 인접 3국의 음식문화를 집대성한 노작이며, 《옹치잡지(饔饎雜志)》의 흔적을 더듬을 수 있는 유일한 자료라는 가치를 지니며, 조리서(調理書)의 분류 체계를 완정하게 정립한 점에서 매우 높게 평가했다. 이 대회에서 '평화가 깃든 밥상' 문성희 선생과 마스터들은 《정조지》의 약과·다식(녹둣가루다식·연근가루다식·도토릿가루다식)·떡(차고·무떡)·수정과(계장)·꿀수박(밀전서과) 등을 만들어 전시하고 참가자들에게 대접하여 학술대회의 성격을 새롭게 정립했다.

이 발표의 연장선상에서 2018년 10월 20일 차경희와 이혜원은 동아시아식생활학회 "동아시아 식생활 문화의 재조명 : 가치와 인식"에서 〈임원경제지 정조지를 통해 본 《옹치잡지》의 내용과 가치〉를 주제로 발표했다. 《정조지》에 《옹치잡지》의 전체 내용이 통으로 인용되었다는 발표자의 주장은 여러 정황상 타당하다고 생각한다.

풍석 서유구 탄생 250주년 기념 학술대회(2014)

한국전통주연구소방문(2019)

2014년 2월 7일 임원경제연구소 정명현 소장은 이화여대 식품영양학과에서 특강을 실시했다. 전통음식문헌을 개관하고, 연구소의 음식복원을 소개했으며, 《정조지》원문 강독을 통해 대학원생들의 전통음식에 대한 관심을 불러일으켰다. 그 인연으로 같은 해 7월 5일부터 2015년 10월 12일까지 24회에 걸쳐서 정명현과 정정기는 이화여대 식품영양학과 조미숙 교수 연구실 대학원생들과 《정조지》세미나를 진행했으며, 이종미(이화여대 식품영양학과 명예교수)·이말순(한국전래음식연구회 고문)·정희정(이화여대 식품영양학과 박사) 및 몇몇 졸업생들도 참여했다. 2016년 8월 박정아는 이화여대 식품영양학과 조미숙 교수의 지도를 받아 "재료 배합비율에 따른 유자갈수(渴水)의 개발과 품질특성 연구"로 석사학위를 받았다. 《정조지》를 통해서 갈수의 가능성을 확인하고, 한국의 전통 식재료임에도 불구하고 유자차 외에는 활용 범위가 적은 유자의 이용률을 높이고 갈수를 산업화하고자 유자갈수의 적절한 재료 혼합 비율을 제시했다. 이는 《정조지》음청지류의 갈수 부분에 유자갈수가 없는 상황에서 새로운 재료인 유자를 연결시킨, 매우 창의적이며 실용적인 연구이다.

2015년 11월 한국전통주연구소 박록담 소장은 《한국의 전통주 주방문》

시리즈로, "한국인의 잔치술", "방향과 청향의 술"(상·하), "효도하는 술", "세월을 담는 술" 총 5권을 출간했다. 80여 종의 문헌에서 520여 종의 술 1,000여 가지 주방문이 이 책에 정리되어 있으며, 《임원경제지 정조지》에 수록된 모든 술도 이 책에 수록되어 있다.

2016년 4월 20일 풍석문화재단과 임원경제연구소는 《요리하는 조선 사대부 : 조선셰프 서유구》를 출간했다. 재단 음식연구소의 곽미경 소장이 풍석 서유구 선생의 삶을, 《정조지》 속의 음식과 소설적으로 연결한 한편의 드라마로 구성해 보내주셔서 그에 해당하는 원문과 번역문을 연구소에서 곽미경 소장에게 제공하였다. 이 공동작업을 통해서 《요리하는 조선 사대부 : 조선셰프 서유구》가 탄생했다. 음식이 재현되었고 그 사진과 함께 선생의 일생을 어린 시절, 청년 시절, 장년 시절, 노년 시절로 나누고 25장면으로 구성하여 스토리를 전개하니, 풍석 선생의 삶이 마치 눈앞에 살아 움직이듯 생생해졌다. 해당 음식을 직접 복원하면서 느낀 소회와 간략한 레시피도 함께 다루어 간략한 요리책의 역할도 할 수 있도록 했다.

《조선셰프 서유구》 출간 이후 풍석문화재단은 연구소에서 제공한 번역문과 원문을 기반으로 2018년 5월 《조선셰프 서유구의 김치 이야기(임원경제지 전통음식 복원 및 현대화 시리즈1, 풍석문화재단 음식연구소, 곽유경)》, 《조선셰프 서

《조선셰프 서유구》

《조선셰프 서유구》 출간 이전(풍석문화재단 추진위 발족식)

유구의 포 이야기(시리즈2, 풍석문화재단 음식연구소, 곽미경)》에 이어, 2019년 6월 《조선셰프 서유구의 떡 이야기(시리즈3, 풍석문화재단 음식연구소, 곽유경)》, 《조선 셰프 서유구의 술 이야기(시리즈4, 풍석문화재단 음식연구소, 박정익·곽유경)》, 2019 년 12월 《조선셰프 서유구의 꽃음식 이야기(시리즈5, 풍석문화재단 음식연구소, 곽 미경)》를 출간했으며, 2020년 6월 《조선셰프 서유구의 과자이야기 1, 밀전 과편(시리즈6, 풍석문화재단 음식연구소, 곽유경)》, 《조선셰프 서유구의 식초이야기 (시리즈7, 풍석문화재단 음식연구소, 박병애, 곽미경)》의 출간을 앞두고 있다. 《정조 지》와 《보양지》 등 《임원경제지》에 수록된 음식을 충실히 재현하면서도 그 에 영감을 받은 새로운 레시피를 수록하여 문헌 속의 전통을 현대화 해가 는 길을 모색하였다.

　　《조선셰프 서유구》의 출간은 어느날 갑자기 이루어진 일이 아니다. 2014 년 12월 4일 국립중앙도서관 국제회의장에서 열린 "풍석 서유구 선생 탄신

《조선셰프 서유구》 출간 이후(풍석 학술대회)

250주년 기념식 및 풍석문화재단 추진위원회 발족식"에서 《임원경제지 정
조지》 복원음식 시식을 진행하면서 충분히 예견된 일이다. 2015년 9월 17
일 "전통문화콘텐츠의 창조적 진흥을 선도하는 풍석문화재단 발족식"에서
는 임원경제연구소 정명현 소장이 참석하여 《임원경제지》 완역 완간 진행
상황을 보고하는 등의 본 행사를 마치고, 재단 음식연구소 곽미경 소장이
준비한 전통주와 전통음식 시식행사를 진행하여 준비한 떡과 음식, 전통
주가 모두 소진될 정도로 많은 사람이 호응하였기에 2016년 4월에 무난하
게 결실을 이룰 수 있었다.

《조선셰프 서유구》의 출간 이후에는 2016년 11월 25일 《섬용지》 권1 출간을 기념하며 풍석문화재단과 임원경제연구소가 주최한 풍석학술대회가 11월 25일 국립고궁박물관에서 열렸다. 곽미경 소장은 《정조지》를 소개하는 시간을 갖고 점심시간에 《정조지》를 활용하여 만든 음식을 선보였으며, 《정조지》에 수록된 음식콘텐츠를 소개하는 전시회도 열었다.

2017년 12월 8일 《유예지》 출간기념 풍석학술대회에서도 곽미경 소장은 특별발표를 통해서 《정조지》 육포 복원 보고와 시식 행사를 가졌다. 이는 2018년 4월에 출간된 《조선셰프 서유구의 포 이야기》로 결실을 맺었다.

2019년 2월 22일 《상택지》·《예규지》와 《번계시고》의 출간을 기념한 풍석학술대회에서는 꿩엿과 약편을 참가자들에게 제공하여 큰 호응을 얻었다. 다만 국립중앙박물관 교육관 소강당이라는 장소의 한계로 인해 간단한 다과를 제공하는 데 그친 점이 아쉬웠다.

또한 2019년 11월 6일 실학박물관에서 주최한 실학생활강좌 《생활 속에서 실학을 생각한다》에서 곽미경 소장은 "실학자의 음식"을 진행하여 조선 사대부들의 요리맛보기를 발표했다. 같은 달 7일 진행된 "실학자와 술"에서는 막걸리학교 허시명 교장이 성호, 연암, 다산, 풍석, 추사선생의 술 이야기를 진행하고 시음을 실시했다. 이처럼 곽 소장은 실학이라는 키워드가 음식과 술로 연결되는 데 큰 축을 담당하고 있다.

자이열재 개관식과 쿠킹클래스1

자이열재 개관식과 쿠킹클래스2

또한 풍석문화재단에서는 2019년 11월 26일 전주한옥마을 내에 서유구의 서재 자이열재(自怡悅齋)를 개관하면서 재단 음식연구소 주관 하에 개관식 손님들에게《정조지》음식을 대접했으며, 요리강좌도 개설하여 일반인들에게《정조지》음식을 선보이고, 교육하고, 전파하고 있다.

2016년 4분기에 문화체육관광부 산하 문화융성위원회는 다산한마당, 담헌한마당, 풍석한마당을 아우르는 실학한마당을 개최했다. 그해 12월 12일 국립중앙박물관 소강당에서 열린 종합한마당에서는 실학가치의 현대적 재해석에 대한 아이디어를 공모하는 '실학 상상프로젝트' 응모작 중 예

UCC공모전 시상식(2019)

선 심사를 거쳐 선발된 6개 팀 중에 풍석한마당 소속의 주스키친팀의 "천리포"와 바우와우팀의 "삶의 정성을 찾다"가 포함되었다. 이 중에서 풍석의 음식백과사전《정조지》의 조리법을 응용한 육포인 "천리포"를 제치고《정조지》의 조리법을 재해석하여 '나의 삶의 더 나은 미래를 위하여'란 주제를 요리에 빗대어 발표한 "삶의 정성을 찾다"가 대상을 차지했다. 강의와 시상식이 끝난 뒤에 곽미경 소장은 다과회를 주도하여《정조지》속 레시피 설명 및 시식을 진행하고,《정조지》에 기록된 전복김치, 천리포, 탱자약과 등의 음식을 새롭게 맛볼 수 있는 특별한 기회를 제공했다.

앞서 언급한 2019년 2월 22일의 "상택지·예규지, 번계시고 출간기념 풍석학술대회"에서는 2018년에 실시한 제1회 조선셰프 서유구 전통음식경진 UCC 공모전에 대한 시상식도 진행되었다.《임원경제지 정조지》를 널리 알리고 젊은이들의 음식에 대한 관심을 환기하는 역할을 한 결과 대중상에 정미미팀(구면과 아두자), 영상미상에 이하람(묵은지 김치초밥), 조화상에 요산요수(진주면과 전복김치), 미래상에 김효정(육포총방과 천리포), 최민석(육다식), 장려상에 아기돼지삼자매(구면), 담다(골동반), 요리보고(김치크림파스타&세비체), 미올(아두자), 이미지(도라지더덕파김치)가 선정되었다.

2019년에 진행하고 2020년 2월 26일에 선정결과를 발표한 제2회 조선셰프 서유구 전통음식경진 UCC공모전의 결과는 대상에 물오름팀(간장박이 삼겹살포), 최우수상에 나래팀(노랄병), 우수상에 육두품(유협아), 모꼬지(송편)가 선정되었다.

의미 있는 연구성과도 있었다. 2017년 6월~9월에는 이효지 교수 등이 번역한 《임원십육지 정조지》를 토대로 박사논문을 준비 중이던 권정순 교수와 그 남편인 조헌철 교수가 《정조지》 음청지류 번역원고를 정정기·최시남과 함께 강독했다. 연구소 입장에서는 음청류 전문가의 의견을 반영하여 원고를 수정할 수 있는 기회를 얻었기 때문에 원고의 질이 향상되었으며, 권정순 교수는 논문 자료를 탄탄하게 준비할 수 있었기에, 2018년 2월 원광대학교에서 《임원경제지 《정조지》의 음청류 연구》로 박사학위를 받았다. 이 논문에서는 《정조지》의 음청지류 61종에 대한 교감과 해석의 기반 위에 탕·장·차·갈수·숙수의 특징과 평가를 기술하고, 구면지류·과정지류·미료지류·절식지류 등 음청지류 이외의 분야에서 음료 30가지를 찾아냈다. 이 각각의 음청류에 대하여 자신의 기준을 세우고 차류·대용차류·탕수류·장갈수류·수정과류·미수류로 재분류하여 정리해서 음청류의 체계를 새롭게 했다.

정정기는 2015년 2월 4일 경기도 성남시 소재 한국식품연구원에서 "서유구와 임원경제지, 《정조지》의 내용과 배경 그리고 방법과 실현"이라는 주제로 강의를 했다. 《정조지》를 개관하고 음식과 부의주에 대한 강의를 실시하고 식품 연구자들과 한국 음식에 대한 의견을 나눴다.

또 2016년 12월 2일 성균관대학교 인문학연구원 학술대회 "음식과 인문

한국식품연구원, 성대 인문학연구원 발표(2015, 2016)

학” 세션1 한국 전통음식과 문화에서 〈임원경제학과 조선의 음식문화〉를 주제로 발표했으며, 그 결과는 2017년 《인문과학》 64권에 게재되었다. 이 발표는 임원경제학이 조선을 정련(精煉)하게 포용하면서도 조선을 뛰어넘는 미래임을 분명히 했다. 또한 같은 자리에서 호서대 식품영양학과 정혜경 교수가 《음식디미방》에 드러난 조선의 맛〉을 발표해서, 성격이 판이한 두 조리서를 동시에 살필 수 있는 소중한 기회를 가졌다. 이를 통해서 《정조지》의 성격이 더 분명해졌다. 그리고 《음식디미방》 등 우리 땅에서 선조들의 직접 경험을 수록한 조리서들을 수용하여 우리의 몸과 마음을 조리(調理)하는 데 핵심을 이룰 음식을 더 풍부하고 단단하게 정립하고 한·중·일을 벗어나 전 세계 음식을 포용하면서 새 시대를 열어갈 신(新)《정조지》가 요청됨을 느꼈다.

음식학 강의를 실시하기도 했다. 영국에서 음식학으로 학위를 마치고 온 공만식(불교음식학) 박사의 주도로 김병철(음식철학, 독일 뷔르츠부르크대학 철학 박사수료), 정정기(가정학 박사), 심일종(인류학 박사)이 뜻을 모아 2017년 1·2학기와 2018년 1학기, 3개 학기에 걸쳐 관련 전문가와 관심 있는 일반인들을 대상으로 강의한 음식학아카데미가 그것이다.[35] 음식인문학 강의나 쿠킹클래스는 많아도 음식학의 개념이 아직 정립되지 않은 현실에서 음식학이라는 타이틀을 내걸고 강의를 한다는 것이 순탄한 길은 아니었다. 이런 현실을 직시하고, 음식에 대한 학문적 접근과 관련 전문가들과의 소통의 자리가 필요하다는 인식을 제고하고 훗날을 기약하기로 했다. 《정조지》가 단순한 레시피북이 아닌 시대를 읽고 변혁을 꿈꾸는 음식혁명과 산업혁명의 책이라는 인식도 가능하다는 통찰을 얻었다.

---

35 음식학……그것이다 : 음식학아카데미 2017년도 1학기를 2017년 5월 11일 한식문화관에서 개강했으며 《정조지》는 식감촬요에서 과정지류까지 강의했다. 9월 21일 공만식·김병철·정정기는 음식학아카데미 2017년도 2학기를 서울시 은평구 녹번동에 위치한 위너셰프에서 개강하여 12월 7일 12회를 끝으로 종강했다. 《정조지》는 과정지류에서 온배지류까지 강의했다. 2018년 1학기를 3월 7일 조계사 옆에 위치한 불교여성개발원에서 개강하여 5월 23일 12회를 끝으로 종강했다. 《정조지》는 식감촬요에서 미료지류까지 강의하고, 예정되었던 2학기 강의는 수강인원 미달로 폐강되었다.

미식학컨퍼런스(2017)

　2017년 10월 26일 (사)전통식초협회 2017추계전통식초세미나에서 〈임원경제지의 식초〉라는 주제로 발표했다. 이 발표에서는《정조지》에 수록된 식초와 누룩을 소개하고《인제지》를 통해서 식초와 누룩의 의학적 효용도 살폈다. 2부 발표자인 전북대 식품영양학과 발효식품연구센터 백상호 교수의 〈발효식초의 발효메카니즘 및 식초균〉을 들으며 전통식초에 관여하는 초산균의 작용에 대해서 눈을 떴고 식초 빚기와 관련된 전통지식의 과학성도 확인하게 되었다.

　2017년 12월 7일 "서울식문화혁신주간 지속가능한 먹거리 도시 서울" 행사 중, 국제슬로푸드한국협회가 주최한 컨퍼런스 "새로운 미식학의 제안"에서 〈서울에서 꿈꾸는 임원(林園)의 식사−임원경제지로 풀어낸 미식(美食)〉이라는 주제로 발표했다. 입에 맞는 음식이 아니라 몸에 맞는 음식, 몸과 공동체의 건강을 증진하는 '임원경제학'의 음식론이 소개되었고 사계(斯界)의 전문가들 및 관심이 큰 일반대중과 긴밀한 논의를 거쳤다.《임원경제지 정조지》에 담지된 임원경제학의 이상과 그 이상을 구현하는 음식을 모색하는 기회를 준 자리였다.

　2019년 2월 20일 슬로푸드문화원이 주최한 서울시상생상회에서의 음식학포럼에서 〈임원경제지 정조지 섭생론〉을 주제로 발표했다. 이날 발표를 통해서 먹는 대상이나 맛에 치중한 음식에 대한 협애한 논의를 벗어나 농사짓고, 조리하고, 먹는 사람과 먹히는 음식, 그 모든 것이 이루어지는 공동체와 문화에 대한 논의가 활발해지고 있으며 그 와중에 이 모두를 아우르는 임원경제학에 대한 관심이 그 어느 때보다도 높음을 실감했다. 또한 음식이라는 주제는 전문가와 일반 대중이 함께 모여서 임원경제학을 논하기에 최적의 장을 제공해준다는 믿음을 굳게 한다.

8) 부의주와 《정조지》의 현대적 활용

《임원십육지 정조지》, 《임원경제지 속의 죽》, 《풍석 서유구 선생의 생명밥상》, 《조선 셰프 서유구》, 《조선셰프 서유구의 김치 이야기》, 《조선셰프 서유구의 포 이야기》, 《조선셰프 서유구의 떡 이야기》, 《조선셰프 서유구의 술 이야기》, 《조선셰프 서유구의 꽃음식 이야기》 등이 출간되면서 《정조지》 요리를 직접 경험해보고 싶은 욕구가 다양하게 표출되고 있으며 일반인 대상의 《정조지》 요리 교실도 열리고 있고, 다양한 공부 모임이 이어지고 있다.

역자는 《정조지》 번역과정에서 특히 "술(온배지류, 醞醅之類)"이 매우 생소하고 난해한 영역으로 다가왔기에 이효지 교수의 소개로 (사)한국전통주연구소를 방문하여 박록담 소장을 면담하고 양조 과정을 견학한 후 전통주를 시음할 기회를 가질 수 있었다(2005). 한 번의 방문과 시음은 역자의 전통주 교실 과정 수강과 전통주 빚기로 이어지고(2008~), 한 번 두 번 연구소와 집에서 양조 실습을 하면서 《정조지》의 난독처였던 "술"이 서서히 풀리기 시작했다.

처음 빚기 시작한 술은 청주 계열인 이류(酏類)에 속한 부의주(浮蟻酒)였다. 부의주를 빚기 시작한 후 연구소의 각종 행사에는 부의주가 단골메뉴로 올랐다. 시음한 사람들의 평판이 요즘의 막걸리와는 전혀 다른 우리의 전통주를 재발견했다는 쪽으로 모아지고, 이제까지 시중의 막걸리를 전통주라고 생각한 것에 심한 회의를 느낀다고도 했다. 우선 물을 타지 않은 순수한 원주는 알코올 도수가 상당했고, 막걸리를 생각하고 마시던 사람이 여럿 취해버렸다. 그러나 전혀 숙취가 없었고 다음날 정상적인 컨디션을 유지했다. 그리고 향이 남달랐다. 과일향이 나는 것을 두고 무슨 물질을 첨가했는지 묻는 사람들이 많았다. 전통 누룩과 찹쌀, 순수한 물로만 빚었다는 사실을 알려줘도 쉽게 믿지 않았다. 달고 맛이 있고 식감이 찰지다. 농도를 적당히 맞추는 경지에 다다르자 목넘김도 좋아졌다. 그리고 술을 빚는 와중에 쌀뜨물, 시루번, 술지게미, 술앙금 등 많은 부산물들이 생겼고 활용되었다. 《정조지》의 제법대로 술지게미에 각종 채소를 절였고, 고운 앙금은 피부팩에 이용될 수 있다는 사실도 알게 되었다. 화장품 원료로 누룩이 널리 이용될 수 있다는 사실을 안 것도 이즈음이다.

무엇보다 중요한 점은 신과 사람의 교류가 이뤄지는 봉제사접빈객(奉祭祀接賓客)의 장에서 가장 중요한 요소인 술을 자급할 수 있다는 뿌듯한 보람이 생긴 것이다. 술빚기는 시스템만 갖춰지면 어려운 일이 아니다. 김장이나 장담그기보다 훨씬 간편하게 집에서 할 수 있는 일이며, 그 부산물을 잘 이용하면 식생활을 보다 풍부하게 이끌어 갈 수 있다. 또한 가정에서의 양조는 술을 빚는 과정에서 기울이는 정성을 직접 체험하면서 술의 귀중함을 일깨우고, 향후 향음주례(鄕飮酒禮)[36]를 토대로 한 주도(酒道)의 교육에도 중요한 기반이 될 수 있을 것이다. 불건강한 음주문화로 인해 발생하는 여러 문제는 동서고금을 막론하고 심각한 사회문제로 거론되는 것으로, 전통주에 대한 관심의 확산으로 술이 귀한 음료라는 인식의 확산과 적극적인 음주 교육이 이루어지지 않으면 해결을 기대하기가 어렵다.

연구소에서 부의주 빚기

역자는 집에서 가끔씩 부의주를 빚으며 빚기와 나눔의 매력에 서서히 젖어들다가 2011년 4월 임원경제연구소에 입사한 후 연구소(파주시 금촌동 광우프라자 소재)에서 안정적으로 부의주를 빚기 시작했다. 그해 5월 28일 연구

---

36 향음주례(鄕飮酒禮) : 〈향례지 해제〉 참조. 풍석 서유구 지음, 정명현·민철기·정정기·전종욱 외 옮기고 씀, 《임원경제지(林園經濟志) : 조선 최대의 실용백과사전》, 씨앗을 뿌리는 사람, 2012, 1245~1248쪽.

임원경제연구소, 태동고전연구소 부의주 빚기(2011년 5~6월)

소에서 열린 제1차 임원경제세미나에서는 4월 15일에 미리 빚어두었던 부의주(찹쌀 8kg, 물 5.4l, 누룩 0.6kg 사용)를 거르고 새로 빚고 시음했다. 7월 2일(토)~3일(일) "조선의 브리태니커, 임원경제지 번역과 그 활용"이라는 주제로 열린 태동고전연구소(남양주시 수동면 소재) 선후배 정기 집담회에서도 6월 22일에 미리 가서 빚어둔 부의주와 상심주(桑椹酒, 오디술)를 걸러서 시음하고, 〈임원경제지의 성격과 번역의 과정〉(정명현), 〈천연물신약 연구 플랫폼 개발과 전망_The Rise of Herbomics, 임원경제지 인제지〉(전종욱), 〈전통 가양주의 복원과 전망_임원경제지 정조지〉(정정기)를 발표했다. 9월 9일에는 연구소에서 혼화과정에 산딸기를 첨가한 부의주와 삼지구엽초 달인 물로 빚은 부의주에 도전하기도 했다. 2011년의 부의주 나눔은《임원경제지》를 통해서 조선을 혀로 느끼게 해주는 놀라운 경험이었고 효과는 강력했다.

2012년에도 연구소 부의주 빚기는 계속 되었으나 개관서 출간에 집중하다 보니 그리 활발하지는 않았다. 8월 6일에는 '파주 감홍로'의 이민형 대표와 감홍로 이기숙 명인 부부와 그 딸 이승은 양이 전통주에 관심이 큰 지인

부의주의 파주북소리축제와 마르쉐@혜화 진출(2013)

들과 함께 방문하여 부의주를 빚고 기존에 빚어둔 부의주를 시음하였다. 감홍로 명인과 함께 부의주를 빚으며 전통주의 현황과 전망에 대한 이야기를 나누고 부의주에 대한 다양한 감평을 들었다.

2013년이 되자 지역사회의 도시농부들로 구성된 제철음식연구모임(자연맛)에서《정조지》와 제철음식에 대한 강의를 하고 부의주를 함께 빚었으며, 10월 4일 파주북소리축제에 참여하여 "조선의 브리태니커 '임원경제지'" 특별 강연[임원경제지, 조선의 브리태니커(민철기), 임원경제지의 전통 농업(정명현),《임원경제지 정조지》의 음식 개관과 전통주 제조법(정정기)] 및 부의주 시음회를 실시했고, 급기야 10월 5일 '마르쉐@파주북소리'에서는 부의주를 판매하고, 서울까지 진출해 '마르쉐@혜화'에서도 부의주와 부의주식초를 판매했다. 강의에서 판매로 영역이 확대되자 시판되거나 취미로 빚는 다른 전통주에도 관심을 갖게 되고 역자가 직접 빚는 부의주가 지닌 장점과 한계가 드러나기도 했다.

전국귀농운동본부 부의주 강의

2012년 9월 16일 경기도 군포 봉소골에서 전국귀농운동본부 주최로 '종택과 함께하는 전통주 부의주 담그기'를 강의한 이후 귀농본부와 밀접한 관계를 유지해왔다. 2014년부터 경기도 군포시 봉소골에서 전국귀농운동본부 살림학교, 의식주자립학교, 소농학교 등에서 매년 부의주 빚기 강의를 했으며 가장 최근에는 2019년 9월 29일 의식주자립학교에서 귀농회원들을 대상으로 '내 손으로 빚는 전통술 부의주' 만들기 강의를 했다. 이날은 특별히 정조 무도반의 석은진 셰프가 보조강사로 참가하여 《정조지》의 통신병(通神餠) 등의 안주를 시연해주었다. 귀농본부의 강의는 야외에서 항아리 짚불 소독 등 농가에서 할 수 있는 경험을 목적의식과 실천 의사가 뚜렷한 귀농 희망자들과 함께 할 수 있어서 전통의 재현을 구체적으로 모색할 수 있는 계기가 되었다.

2014년의 활동 중 2가지 주목할 만한 경험이 있다. 트렌드에 민감한 SK연구소에 직접 가서 부의주 빚기 강의를 실시하고, 계속 방문하면서 그곳에서 발효시키고 12월 16일에 그 자리에서 빚고 그 자리에서 숙성한 부의주를 동일한 장소에서 걸러 시음회까지 완료한 경험이 그 하나이다. 풍석 선생이 처음 지방관으로 일한 전북 순창 농업기술센터에서 《임원경제지 정조지》와 전통주 빚기를 주제로 강의를 진행한 경험이 그 두 번째이다. 이들은 대도시의 잘 나가는 대기업과 비료와 농약에 의존한 농업에 종사하는 지방의 농민은 스스로·더딤·발효·숙성 등 《임원경제지 정조지》가 지향하는 가치와 방법들

귀농본부 부의주 강의(항아리 짚불 소독과 통신병)(2019)

에 가장 무관심하다는 역자의 선입관을 뒤흔들어 놓은 경험이다. 부의주가 매우 현대적인 감각을 자랑하는 통신회사와 지방 도시의 농민들에게 동시에 관심을 끌고 있다는 점에서 문명 전환의 조짐을 확인한 한해였다.

논밭예술학교 부의주 강의

2015년, 2016년, 2017년에는 파주 헤이리 예술인마을에 있는 논밭예술학교에서 부의주 강의를 실시했다. 수강생들에게는 미리 빚어둔 부의주를 제철 안주 또는《정조지》안주와 함께 시음하는 체험을 제공하고, 그날 빚은 부의주를 각자 용기에 담아 집에 가지고가서 발효 과정을 직접 경험하도록 했다. 미국에서 들어왔다가 우연히 수업을 듣게 된 어르신이 풀어놓으신 이야기는 전통을 경험하고 간직한 구세대가 새로운 트렌드가 된 부의주 빚기를 어떻게 바라보고 사업화 구상은 어떻게 진행하는지를 살필 수 있는 소중한 기회를 제공해주었다. 잘 갖춰진 시설에서 최고 수준의 보조강사의 도움으로 원활하게 진행된 강의였고 논밭예술학교에 부의주가 정착되는 과정을 옆에서 바라보는 경험이 매우 흥미진진했다. 손님들이나 교육생들에게 부의주에 수반되는 경험을 전달하면서 논밭은 술이 지닌 본연의 기능이 꼭 필요한 공간이라는 점을 직감했고, 그 덕분에 보다 본질적인 맛을 보장하는 부의주가 쉽게 살아날 수 있었다. 부의주가 있었기에 그 자리는 더 가치 있는 공간이 되었고 제자리를 찾아갔다.

논밭예술학교 부의주 강좌(누룩 법제와 시음)(2015)

서울시 농부의 시장(2016)

'서울시 농부의 시장' 부의주 판매

2016년과 2017년에는 서울시 농부의 시장에서 부의주와 부의주식초 등을 판매했다. 불특정 다수가 지나다니는 덕수궁 돌담길, 광화문 광장, 만리동 광장 등지에서 부의주를 매개로 관광객, 시민, 호출된 지인, 동료 판매자들과 서유구와《임원경제지 정조지》등을 이야기하고 농업과 음식에 대해서 전통적이면서 선진적인 형태에 대한 고민을 공유할 수 있는 좋은 자리였다. 2016년 6월 20일 jtbc《이승연의 위드유》방영분(6월 11일 촬영)에 부의주와 부의주식초 판매 모습이 공개되기도 했다. 산도가 상당한 식초를 3잔이나 마시는 배우의 모습에서 이미 전통적인 술과 식초가 많이 퍼져 있고 트렌드를 주도하고 있다는 생각을 굳히게 되었다.

부의주를 통한 도시농부들과의 교류

2016년 9~11월 파주 심학산 자락에 위치한 파주생태문화교육원 어울

토종쌀 막걸리 대회(교육과 심사)(2017)

렁더울렁 발효학교에서 부의주, 부의주식초 등 강의를 실시했고, 2017년 1월 13일에는 〈임원경제지와 발효〉, 〈임원경제지와 마을공동체 교육_음식과 남녀〉 등을 주제로 강의를 실시했다. 대부분의 참여자들이 도시농부들과 그 자녀들이라, 보내준 관심이 매우 구체적이고 신선했다. 2017년 9월 13일 고양시 우보농장에서 진행된 '마르쉐@ 토종쌀 막걸리 빚기 워크숍'에서 부의주 빚기 강의를 했다. 워크숍 참가자들은 이후 각자 한종류의 토종쌀을 가지고 술을 빚어 11월 11일 대학로에서 열린 '마르쉐@ 한반도 16도 토종쌀 막걸리 시음대회'에 참가했다. 시음대회에 심사위원으로 참여해서 출품주들을 심사한 결과 참여한 술들의 편차가 상당했으나 토종쌀의 힘과 참가자들의 열정이 느껴져 앞으로가 기대되는 대회였다. 이후 토종쌀은 전통주를 빚는 이들에게 많은 사랑을 받고 있다.

서울시혁신파크 맛동 부의주 강의

군포 전국귀농운동본부, 파주 논밭예술학교 등에서의 부의주 빚기 교육과 마르쉐@, 농부의 시장 등에서의 부의주와 부의주식초 판매, 《정조지》 강의 등이 이어진 결과 2018년에는 정기적인 부의주 강의를 담당하게 되었다. 3~11월에 걸쳐서 슬로푸드문화원 주최의 인생첫술빚기(서울시혁신파크 맛동) 강좌를 월 1회 열게 되었다. 서울시민들을 위해 매월 첫째주 토요일 부의주 빚기, 《정조지》 안주와 함께하는 시음과 시식, 술과 안주 레시피 강독이 어우러진 부의주 강의를 실시했다. 당일 빚은 술은 각자 집으로 들고 가 발효시키면서 밴드를 통해서 발효 과정에 대해 의견을 나누고 문제점을 공유하고 조언해 갔다. 그리고 서로 자랑도 하고 홀로 낙담하기도 하면서 집중적인 경험을 갖게 되었다. 그 과정을 거치면서 각자의 부엌을 바꾸고 음식문화와 모임문화를 개혁할 씨앗을 가꾸는 모습이 드러났기에, 지난 몇 년간의 강의에서 오는 변화를 확실히 느낄 수 있는 한해였다.

서울시혁신파크 맛동 부의주 강의(2018)

정초에 빚는 삼해주와 약산춘

2012년 6월 20일 열린 "임원경제지 개관서 출판기념회"에는 연구소에서 제공한 《정조지》 레시피 그대로 강화도에서 빚어온 삼해주(三亥酒)가 건배주로 올라왔다. 준비는 임원경제지 번역출판후원회에서 맡았다. 그 이후 2015년 고양시 '봄내음' 전통찻집에서 노루뫼농장 김재광 대표, 우보농장 이근이 대표, 찬우물농장 이상린 대표 등 도시농부들과 함께 삼해주 빚기 프로젝트를 가동하기 전까지 삼해주는 연구소와 인연이 먼 듯했다. 총 3번에 걸쳐서 빚는 삼양주이므로 2월 28일(토종 자치나 죽), 3월 12일(토종 자치나와 자연드림 백미 구멍떡), 3월 24일(토종 자광미 고두밥) 3차에 걸쳐서 《임원경제지 정조지》 삼해주 빚기를 실시했다. 5월 19일 완성된 삼해주를 걸러서 시음회를 열고 삼해소주도 내린 뒤 각자 분배하였다. 이후 집에서 부의주와 석탄주(惜呑酒), 삼해주를 꾸준히 빚고 있던 김재광 대표는 2019년 정초부터 파주출판단지 내에 위치한 '동네부엌 천천히'에서 삼해주 빚기를 정례화해서 매년 프로그램을 진행하고 있다. 연구소에서는 자문과 시음 참여 등으로 꾸준히 함께하고 있다.

임원경제연구소에서는 2015년 3월 3일 파주출판단지 헤르만하우스(연구소 3번째 공간)에서 처음으로 약산춘(藥山春)을 빚기 시작한 뒤 서유구 선생 집안의 술로 그 의미가 크다는 판단하에 2019년부터 매년 정례화해서 빚어오고 있다. 이양주인 약산춘은 대구서씨 종중에서도 빚는 사람이 없어 우리가 살려나가야 할 연구소의 전통이 되었다.

지금까지 술을 매개로 한 《정조지》의 현대적 활용에 대하여 간략하게 살펴본 결과, 자가 양조와 술의 건강한 향유 및 술과 관련한 교육적 여건의 완비에 이르기까지 이들이 모두 서로 긴밀히 연관됨을 보았다. 167종

삼해주 건배(김성훈 전 농림부장관)와 삼해주·약산춘 빚기

296개 제조법의 술 외에도 《정조지》의 다양한 콘텐츠는 현대적 활용의 여지가 대단히 풍부하다. 《정조지》 속의 밥과 떡, 죽과 엿, 미숫가루, 국수와 만두, 탕·장수·차·갈수·숙수 등의 각종 음료, 과일꿀조림과 과일설탕절임, 말린 과일과 과일구이, 법제과일과 유과, 김치만 아는 우리에겐 너무나 생소한 각종 채소절임류, 끓이거나 굽거나 회 치거나 말리거나 절인 각종 육류와 생선들, 인공조미료에 익숙한 우리들이 상상도 못 해 본 다양한 각종 조미료들, 다달이 새로운 절식들이 대중적이고 산업적 관심 속에서 제대로 활용되기만을 기다리고 있다.

9) 《정조지》 강의와 《정조지》에 대한 관심의 확산

충북 괴산에 위치한 '평화가 깃든 밥상'에서 살림음식 마스터 과정을 운영하던 문성희 선생은 이효지 교수팀의 《임원십육지 정조지》 번역본을 보고 공부하던 중 임원경제연구소에서도 번역작업을 진행하고 있다는 사실을 인지하고 특강을 의뢰해왔다. 2012년 8월 9일과 2013년 8월 15일에는 문성희 선생의 초대로 "임원경제지 정조지와 음식"이라는 주제로 강의를 했다. 2013년 1월 19일 괴산군 농업기술센터에서 열린 평화가 깃든 밥상 살림음식 마스터 1기 졸업식 및 수료식과 2014년 1월 18일 정동프란치스코회관에서 열린 2기 졸업식 발표를 보면서 1기 때와는 달리 《정조지》 음식이 교육에 녹아든 모습이 확연히 보였고 그 기조가 《풍석 서유구 선생의 생명밥상》으로 그대로 이어졌다. 이 책은 《정조지》에서 현대인들에게 쉽게 다가갈 수 있는 채식요리를 뽑아 밥상·죽상·떡과 과자·음료·술·뷔페상·코스상 등의 상차림으로 기획되어 있다.

2013년 8월 23일(금) 전통지식 3차 포럼에서 "고문헌의 전통지식과 생물자원 사례 연구"라는 주제로 〈임원경제지 저술 과정과 체계 및 번역 기대 효과〉(정명현), 〈임원경제지와 한국의 유서(類書) 분류 특징〉(민철기), 〈임원경제지 정조지의 음식 개관과 전통주 제조법 소개〉(정정기), 〈임원경제지 인제지를 활용한 천연물 신약 개발 전략〉(전종욱)을 발표했다. 당시는 생물자원

괴산 평화가 깃든 밥상 특강(2012)

의 활용에 따른 이익의 공유를 규정한 '나고야의정서' 발효에 대비하여 범
정부적으로 대비책을 강구하던 시기여서 전통지식에 대한 관심이 많았다.
그 연장선상에서 10월 22일(화) 한국한의학연구원에서 "조선의 브리태니커
'임원경제지'와 현대적 활용"이라는 주제로 특강을 진행하여, 〈임원경제지
의 음식〉(정정기)을 발표했다. 《임원경제지》를 중심에 두고 전통지식의 현대
적 활용을 고민한 소중한 경험이었다. 임원경제연구소에서는 2011년 한국
한의학연구원의 "전통민간고유경험 의료지식 조사연구", 2013~2015년 국
립수목원의 "고문헌에 수록된 민속식물 용도 발굴 및 실체 규명" 연구용역
을 진행하며 나고야의정서 발효에 대비하는 데도 역할을 한 바 있다. 2017
년 8월 17일부터 의정서가 발효되어 우리나라도 그 적용을 받고 있다. 《정
조지》·《인제지》·《예원지》·《만학지》 등 《임원경제지》에 등장하는 수많은
생물자원에 대한 기록들은 지속적으로 정부, 국제기구와의 공조 하에 연구
개발 되어야 할 텍스트임을 확인하는 계기였다.

일반인 대상 《정조지》 강의와 음식의 콜라보

2014년 9월 22일~12월 1일 세종문화회관에서 진행된 "세종르네상스 심
화과정 국악더하기 조선실용인문백과 《임원경제지》" 프로그램 중 2강(9/29,
월) 《정조지》와 전통음식의 복원 및 시식〉(강의 : 문성희, 패널 : 정정기), 3강
(10/6, 월) 《정조지》와 전통주의 복원 및 시음〉(강의 : 박록담, 패널 : 정정기)이 《정

조지》를 주제로 열렸다. 우리 문화에 관심이 높은 참가자들에게《정조지》의 내용을 전달하고 음식과 술을 나누면서 귀와 눈과 입으로 조선의 문화를 체험하고 그릴 수 있게 되었다.

2014년 10월 3~12일 파주출판단지에서 열린 파주북소리축제에 참가하여《정조지》의 계란국수를 재현 판매(10월 3일)하고 인문학 콘서트 임원경제지(10월 5일)에서는 평화가 깃든 밥상 문성희 선생의 〈조선 최고의 전통 요리서 임원경제지 정조지〉 강의가 있었고《정조지》의 부의주·무시루떡·오미자갈수 등을 시음 시식하였으며 특히 부의주는 전국에서 엄선한 명주 몇 종과 함께 비교 시음하였다.

2015년 1월 17일~4월 4일 파주북소리조직위원회 지역인문고전 특강 "서유구와 임원경제지"가 아시아출판문화정보센터에서 열렸다.《정조지》특강이 3월 7일에 센터의 지혜의 숲3에서 있었고,《임원경제지》음식과 음료 시식 및 만들기 강의가 4월 4일에 센터의 김동수 가옥 별채에서 있었다.

2015년 11월 5일 경기문화재단에서 경기도 양평에서 개최한 "예술로 가로지르기 워크샵"에서 〈번역의 육화－임원경제지의 음식〉이라는 주제로 이진경 작가와 함께 발표했다.《정조지》음식을 직접 만들어 먹으면서, 번역된 텍스트를 어떻게 생활 속에서 우리 것으로 만들고 있는지에 대해서 진지한 얘기를 나눴다.

2018년 1월 18일 황두진건축사사무소에서 진행하는 제84회 영추포럼 〈잘 만들기 Well Making〉 시리즈 첫 번째 시간에 〈풍석 서유구 선생의 올

세종르네상스와 파주북소리축제 강의

경기문화재단 예술로 가로지르기(2015)

바른 삶의 방식을 지금 여기, 현재로 가져오는 작업〉을 주제로 역자는 평화가 깃든 밥상 문성희 선생과 함께 발표했다. 《풍석 서유구 선생의 생명밥상》이라는 책을 잘 만들기 위한 작업, 《정조지》 음식을 잘 만들어내기 위한 각고의 과정은, 임원경제학에 우리를 이끌 올바른 삶의 방식이 있기 때문에 지금 여기를 사는 우리가 건강하게 사는 데 꼭 필요한 학문이며, 서유구 선생의 방법론이 현재도 유용하다는 믿음에 기대어 진행되었음을 분명히 했다.

평화가 깃든 밥상과 《정조지》

평화가 깃든 밥상과는 살림음식 마스터 과정 특강과 《풍석 서유구 선생의 생명밥상》 출간을 계기로 꾸준한 교류의 기회가 있었다. 마스터들로 구성된 살림음식연구원 공부 모임에 초대되어 함께 《정조지》를 공부할 기회도 있었다. 2015년 9월 24일에는 충북 괴산 문성희 선생 연구실에서 공부 모임을 갖고 《풍석 서유구 선생의 생명밥상》에서 연잎밥·남과적·장첨과·남초초·고구마밥·고구마잎국·배추김치·두부구이·장만초를 재현하는 연구활동을 했다. 행사가 끝나고 '2015 괴산 세계 유기농 산업 엑스포'를 참관하며 음식과 농업은 둘이 아니며 《정조지》는 《임원경제지》의 틀 속에서 바라봐야 함을 강조했다. 10월 25일 서울 연희동 모임에서는 방풍죽·양원죽(養元粥)을 재현하고 맛있고 즐겁게 먹었다. 2017년에는 "반유십이합설(飯有十二合說)"을 주제로 밥상을 차리는데, 고려해야 할 12가지 궁합을 고민하면서《정조지》의 내용에서 실마리를 찾아서 밖으로 나왔다가 다시《정조지》로 회귀하는 경험을 나눴다. 여러 우수한 장을 함께 시식하고 박경희(파주 심학산 자락 '녹두' 대표) 선생의 독립 저서《즐거운 텃밭 맛있는 음식》출간 기념식도 가졌다.《정조지》가 각자의 작업에 든든한 버팀목이 되어 많은 활약을 할 것으로 기대된다.

　2015년 11월과 12월에는 "조선최대실용백과사전《임원경제지 정조지》중 채식요리 재현 – 풍석서유구 선생의 생명밥상 원데이코스"가 열렸다. 이런 원데이코스 또는 원데이클래스의 축적된 힘으로 2016년 평화가

평화가 깃든 밥상과 연구소 밥상

깃든 밥상에서는 풍석 서유구 선생의 생명밥상《정조지》일요반(2월 21일)과 토요반(4월 2일) 수업이 시작되었다.《정조지》의 내용 중 채소요리 부분을 발췌하여 현재에 맞게 재현하고 함께 식사한 뒤 수업내용에 대한 감상을 나누는데, 첫 수업에서는 청량죽·국화잎국·두릅숙회·장황과를 재현하고 맛있게 식사했다고 한다. 2018년 1월 21일~7월 8일 일요반 수업에는 연구소에서 최시남 연구원이 1회차(고구마밥·고구마잎국·장만초·두부구이·무떡), 2회차(영양밥·국화잎국·장황과·통신병·자국묘·생강계피떡), 3회차(갱미죽·원기보양죽·차조죽·두릅나물·방풍나물·도라지나물), 4회차(상추밥·벽간갱·흑두초·송이구이·가지나물·꿀배), 5회차(율무죽·마죽·녹두죽·탕평채·오이지), 6회차(보리밥·삼취갱·총적·송초전·오미자갈수), 7회차(연잎밥·남과적·장첨과·남초초·꿀수박) 7번 모두 참석하여《정조지》요리를 익혔고, 수업에 다녀와서는 배운 내용을 주중에 연구소에서 재현한 뒤《정조지》교열작업에 몰두 중인 연구원들과 함께 식사를 했다. 자신들이 보고 있는 원고에 나오는 음식을 직접 그 제조과정을 눈으로 확인하고 먹어본다는 사실에 모두 의미 있는 시간이라고 자평했다.

2019년에는 3월 17일~9월 15일 일요반 수업과 3월 18일~9월 16일 월요반 수업을 진행했으며, 2020년 토요반 수업은 코로나19 사태로 인한 사회적 거리두기 시책에 따라 강의에 차질을 빚기도 했다.

정조무도반과《정조지》전문가의 길

2016년 4월 17일(일) 풍석 서유구 선생의 생명밥상 정조지 일요반 수업에서 정조무도반 1기에 대해서 뜻을 같이 하고 6월부터《정조지》공부를 진행하기로 했다. 6월 19일 정조무도반 1기 제1회 모임이 연희동 평화가 깃든 밥상에서 열렸다. 정조지 생명밥상 과정을 수료한 회원들을 대상으로 개설한 이 과정은《정조지》를 읽고 흥에 겨워 저절로 손과 발이 춤추며《정조지》음식이 몸에 저절로 익어감을 기원하는 의미로 정조무도반(鼎俎舞蹈班)

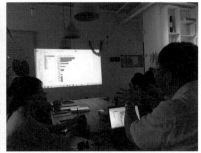

정조무도반 강의(2016)

이라 부르게 되었다. 2017년 3월 19일 시작한 2기는 "조미료와 음식"이라는 대주제로 콩과 장, 소금, 식초 등을 다뤘다. 2018년 3월 18일 시작한 3기는 "절식"을 대주제로 《정조지》 절식지류(節食之類)와 《이운지(怡雲志)》 절신상락(節辰賞樂) 등의 내용을 중심으로 시기에 맞는 절식을 공부했다. 2019년 3월 17일 시작한 4기는 각 음식의 "총론"을 대주제로 채소음식, 음청지류와 과정지류, 구면지류, 관연절 관련 음식, 서유구 선생이 창안한 레시피, 《보양지(葆養志)》 수친양로(壽親養老)에 나오는 노인 보양음식 등을 다뤘으며, 종강모임(12월 1일)을 따로 가지고 각자 고구마밥·밀전리·시병·호라복제·숭증·만청증 등의 《정조지》 음식을 만들어 와서 나눠 먹었다. 2020년 5기 정조무도반은 그간 이론 위주로 진행되던 패턴에서 벗어나 코로나를 예감했는지 예년의 3월 개강에 비해 매우 이른 1월 12일에 시작하여 식초를 주제로 이론과 시음을 진행하고 2회에는 절식을 주제로 진행한 뒤 코로나19 사태로 3~5월은 각자 집에서 자습하고 6월에야 모임을 재개하기도 했다.

정조무도반의 공부는 《풍석 서유구 선생의 생명밥상》에서 시작하여 《정조지》로 깊이 들어가고 《임원경제지》 전체로 퍼져나가면서 음식의 세계로 더 깊고 넓게 접근해 들어가는 방식이었다. 음식 전문가와 관심 있는 일반인, 음식을 통한 몸과 마음의 치유를 꿈꾸는 이들이 모여 체험과 성찰을 나누며 반성하고 성장해가는 모임이다.

간장포럼과의 조우, 《정조지》 각 분야의 희망 모델

간장포럼은 2014년 6월 13일 농촌진흥청에서 1차 간장포럼을 갖고 현재까지 16차에 걸친 포럼을 통해서 장과 관련된 다양한 주제를 다뤄왔다. 관련 전문가와 장에 관심이 있는 일반인들을 폭넓게 포섭하며 끊임없이 전문가들과 장을 발굴하고 많은 사람들과 장의 미래를 만들어가고 있다[37].

역자는 연세대에서 열린 5차 포럼에 처음 참여한 뒤, 염전에서 열린 6차 포럼에서는 〈임원경제지와 소금〉에 대하여 발표했고, 7차 포럼에서는 《장보》의 저자 이한창 선생의 특강을 듣고, 《장보》에 대한 서평을 발표했다. 8차 포럼에는 《정조지》 동국장법(東國醬法) 재현을 위한 자료를 제공하고 우태영 대표의 자문에 응했으나 포럼 당일 행사에 참석하지는 못했다. 11차 포럼에서는 8차 간장포럼에서 담갔던 '서울장'과 '시골장'을 가르고 그 맛을 함

간장포럼 활동

---

37 간장포럼은……있다 : 16차에 걸친 포럼은 다음과 같다. 2차(2014년 10월 18일, 거창군 옹기뜸골) "종자장 이야기 및 아시아 장(醬)의 역사와 음식학적 쟁점", 3차(2015년 3월 7~8일, 거창군 옹기뜸골) "장담기, 라오스여행담 및 옹기이야기, 한국전통장류 대사/유전체 정보를 활용한 통합 데이터베이스 구축", 4차(2015년 6월 6일, 괴산군 평화가 깃든 밥상) "장 익으면", 5차(2016년 3월 17일, 연세대 상남경영원) "소금과 장", 6차(2016년 9월 1~2일, 신안군 증도 태평염전) "소금과 장 2", 7차(2016년 11월 25일, 연세대 상남경영원) "《장보(醬譜)》-동아시아 장의 역사와 계보", 8차(2017년 5월 27일, 단양군 마중물자연음식연구소) "한국장의 역사와 계보를 찾아서 2", 9차(2017년 9월 24일, 남양주체육문화센터) "우리간장의 품질지표", 10차(2017년 11월 6일, 서울시혁신파크 맛동) "조상들의 다양한 장문화와 음식을 오늘의 식탁으로 계승하기", 11차(2018년 4월 24일, 단양군 마중물자연음식연구소) "간장, 지염(脂鹽)의 역사로 바라보다", 12차(2018년 9월 12일, 파주시 한향림 옹기박물관) "옹기와 장문화", 13차(2019년 3월 8일, 수원시 바른식생활 교육체험관) "메주와 장문화", 14차(2019년 8월 31일, 양평군 광이원) "전지적 발효시점으로 바라본 장독대와 장고", 15차(2019년 10월 26일, 서울시혁신파크 맛동) "우리醬의 오래된 미래, 《정조지》", 16차(2020년 5월 14~15일, 19~20일, 유튜브라이브) "음식과 면역, 그리고 醬". 17차는 "사찰음식과 장문화"(2020년 8월 22~23일, 전남 백양사 천진암)로 예정되어 있다.

께 나누는 자리였기에 참석하여 《임원경제지 정조지》 장음식〉에 대하여 발표했다. 13차 포럼에서는 〈동아시아 메주의 역사〉를 《임원경제지 정조지》를 중심으로 발표했다. 《정조지》 출간을 기원하는 15차 포럼을 위해서 간장포럼 재현팀에 《정조지》 레시피를 제공하여 《정조지》 장의 메주를 재현했으며, 장음식을 만들어 손님들에게 대접했다. 또한 포럼 당일 장과 장음식을 주제로 특강을 실시했다. 특히 15차 포럼은 장과 장음식 전문가들에게 우리장의 다양성과 풍부함을 깊게 각인시켰다.

자문과 응용

임원경제연구소에서는 각 지에 관심 있는 일반인이나 각 분야의 전문가 및 연구자들의 자문요청에 충실히 응하고 있다. 이중 특히 《정조지》에 대한 일반인의 관심이 높은 편이다. 2017년부터 음식(차와 음료) 전문가 권정순 교수

전문가를 만나 구현된 《정조지》 속의 떡과 차(2019)

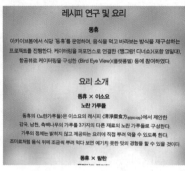

《정조지》에서 영감을 얻은 미래주의 요리(2019)

에게 이어온 《정조지》 음청지류 자문은 연구소 차문화와 음료의 질도 향상시 켰다. 2018년부터 떡 전문가 탁준영 원장에게 제공한 취류지류 떡 자문의 기 회로 인해 2019년 세계요리경연대회 떡부문에 참가하여 문화체육부장관상을 수상하기까지 발전하였다. 이는 《정조지》 떡 부분 번역의 질적 제고뿐만 아니 라 연구소 떡 향유와 제조에까지 영향을 미쳤다. 또한 《정조지》 음청지류를 주제로 열린 권정순·조헌철 교수 부부의 경남 하동 야생차문화축제 전통차 부스에 초대받아 참가하였다. 이 부스는 《정조지》 음청지류의 차 부분을 재 현하여 관람객들에게 소개하는 자리였으며, 《임원경제지 정조지》를 관람객 에게 알리고 전 세계와 국내의 차에 대한 이해를 도모하는 기회가 되었다.

2019년에는 전북 고창군의 의뢰를 받아 향토음식 개발에 매진하던 프레 시하우스 고옥희 대표에게 보리·고구마·복분자 등 지역 생산 식재료와 관 련된 《정조지》 레시피를 자문했다. 이는 최근에 전북 고창의 보리전문음식 점 보리올레의 개점으로 이어져 귀추가 주목된다.

또한 충남 홍성군에서 고구마를 재배하는 손정희 대표에게 고구마와 관련된 자료를 제공하고 자문했다. 자문은 레시피나 재배법에 그치지 않 고 전통지식을 활용하여 상품을 소개하는 영역으로까지 확장했다. 파주 헤이리 '농부로부터'에 《임원경제지》《정조지》와 《인제지》 콘텐츠를 응용한 생강청 소개문구 자문에 응했고, 식초와 오미자 자문도 실시했다.

2019년 12월 19일 아르코미술관 주제기획 프로그램 〈슈퍼 퓨처 푸드 (Super Future Food)〉에 참여한 이소요 작가의 자문에 응한 결과 《정조지》 구면지류의 미식(糜食, 미숫가루)에서 영감을 얻은 청정미식방(淸淨糜食方)이라는 전대미문의 레시피를 개발했다. 작가들이 《미래주의 요리책》을 읽고 영감을 얻어 창안한 레시피를 요리로 구현하고 이를 경험하는 전시였는데, 작가 10명이 레시피를 창안하면 식당 '동휴'가 레시피 연구 및 요리를 담당했다. 이런 과정을 통해 《정조지》의 전통적인 레시피가 어떻게 변용될 수 있을지 가늠해볼 수 있었다.

정조지 음식 재현

2013년 말과 2014년 초에 연구소(파주출판단지 헤르만하우스 소재)에서는 자체적으로 고문헌 한식복원 및 DB구축 프로젝트를 진행하여 레시피를 정리하고 재현하면서 사진과 동영상으로 기록했다. 자해(煮蟹)·칠향계(七香鷄)·자계압란(炙鷄鴨卵)·통신병(通神餠)·흑두초(黑豆炒)·내복병(萊菔餠)·녹두분다식(綠豆粉茶食)·혼돈반(渾沌飯)·계장(桂漿)·부의주(浮蟻酒)·밀주(蜜酒)·약산춘(藥山春) 등의 재현은 재현으로 그치지 않고 만든 음식을 함께 나누고

연구소 재현 정조지음식(2013~2014)

응용하는 일로 발전했다. 재현결과를 홈페이지에 게시하고 정리하는 와중에 연구소 번역출간 일정이 촉박하여 지금은 중단된 상태이다.

이런 분위기 속에서 역자는 2014년 3월에 서울대 가족관계연구실 선후배 세미나 점심으로 《정조지》 음식을 만들어 제공하는 용기를 내기도 했다. 메뉴 구성은 밥에 고구마밥(藷飯, 저반), 죽에 냉이죽(煮薺), 찬1에 통신병(通神餠), 찬2에 전복구이(炙鰒), 반주로 부의주(浮蟻酒), 후식으로 고려밤떡(高麗栗糕, 고려율고)과 오미자갈수(五味渴水)를 올렸다. 《정조지》 번역에 몰두한 이래 12년이 지난 뒤에야 한상차림으로 남들에게 다가갈 수 있을 정도로 더딘 성장이었지만 솥과 도마를 굳게 잡지 않고는 21세기를 건강하게 넘기기 어렵다는 인식이 보다 공고해지는 계기가 되어 기록할 만한 사건으로 기억한다.

2018년 1월 11일 OBS다큐멘터리 "조선味男" 서유구편이 방송되었다. 《임원경제지 정조지》를 통해서 음식에 대한 열정을 드러낸 서유구, 《정조지》를 통해서 조선의 음식과 음식에 대한 비전에 접근하는 현대인들을, 다양한 전문가들을 통해서 살폈다.

2018년 3월 31일 임원경제연구소 10주년 행사에서 《정조지》 음식으로 저녁상과 주안상을 차려 주로 연구소 회원과 후원자로 구성된 손님들에게 대접했다. 이날 대접한 풍석 서유구 선생의 《정조지》 밥상차림에는 밥(고구마밥), 술(부의주), 찬(배추김치, 흑두초, 총적, 자국묘), 후식(계피장)이 포함되었다. 번역이 번역으로 끝나지 않고 현실 생활에 도움을 주며 전통이 현재와 만나서 충분히 힘을 발휘할 수 있음을 확인했다. 특히 이 행사는 《정조지》뿐만 아니라 《임원경제지》의 다양한 콘텐츠가 1박2일 동안 여러 프로그램을 통해서 전달되면서 그 가능성을 확연하게 보여줬다는 점에서 그 의미를 찾을 수 있었다. 16지의 많은 내용들이 씨줄과 날줄로 엮여서 이론적으로 또 현실적으로 제공되자, 이틀 동안 참가자들은 조선을 살고 미래를 사는 독특한 경험을 누렸고 임원경제학이라는 새로운 비전을 공유하게 되었다.

2019년 9월 28일 국제슬로푸드한국협회(슬로푸드문화원)에서 주최한 2019

OBS방영 조선味男, 조선 최대의 음식백과사전 서유구의 《정조지》(2018)

슬로푸드한국 페스티벌에 참여하여 옥정반(玉井飯)을 판매하고 율추숙수(栗鬚熟水)를 시음하였다. 또한 "《정조지》와 더불어 솥과 도마 친구 되기"를 주제로 부의주 강의와 시음을 진행하였다. 슬로푸드협회와의 꾸준한 교류는 국제적 시각에서 임원경제학을 바라보고 《정조지》 음식을 이해하는 데 큰 도움이 된다.

2019년 11월 3일 "경기북부 DMZ 내일밥상"이 파주 헤이리 예술인마을 '논밭예술학교'에서 열렸다. 이는 2018년 '추르추르판판'과 경기문화재단이 경기북부에 거주하는 피난민, 북한이탈주민 분들과 함께 마련한 '경기북부 실향민 공유밥상'을 팝업식당 형식으로 선보인 것이다. 평양 어의죽, 옥수수국수, 함경도식 찹쌀순대, 황해도식 호박만두가 제공되는 식사 및 《정조지》에 수록된 혜즙동아(동아박절임)·호라복제(당근 초절임)·엄와거(상추 절임)가 찬으로 제공되었다. 메뉴 선정에 대한 자문뿐만 아니라 직접 음식을 만들

연구소창립 10주년 행사(논밭예술학교) 상차림

어 제공한 경험은 남북이 갈라지기 이전의 음식 비전의 총체인 《정조지》를 새롭게 느끼는 계기가 되었다.

　2019년 11월 20일 평화가 깃든 밥상은 '꽃, 밥에 피다'에서 팝업식당을 열어 《정조지》 채식음식으로 손님들을 대접하고 '꽃, 밥에 피다'의 정식메뉴로 개발할 수 있을지 점검했다. 이날 《정조지》에서 가져온 음식으로는 '자국묘(煮菊苗)'를 당귀잎·생배·마로 재현한 요리와 흑두초(黑豆炒)·밀전리(蜜煎梨)·부의주(浮蟻酒)가 있었다. 매우 호평을 받은 프로젝트가 코로나19로 인해 제대로 추진되지 못하고 있어 아쉽다.

《이운지》와 《정조지》의 만남, 관연절

　2018년 8월 18일 임원경제연구소(파주시 아동동 팜스프링아파트 소재)에서 《이운지》 절신상락(節辰賞樂) 조의 관연절(觀蓮節, 음력 6월 24일) 행사를 재현하고 《정조지》에 수록된 연과 관련된 음식을 만들어 먹었다. 벽통배(碧筒杯, 연잎잔에 술마시기), 연꽃따기 놀음, 해어배(解語杯, 연꽃에 술잔 숨기기)를 재현하며, 연잎밥, 녹

관연절 행사(2018, 2019)

하포자(綠荷包子, 연잎말이), 연방어포(蓮房魚包, 연방어만두), 과사두(瓜絲兜, 오이만두)
가 상에 올랐다. 《인제지》·《보양지》역자 전종욱 교수 가족, 《본리지》역자
김정기 회원 가족, 정명현 소장 가족, 정정기 연구원 부부, 최시남 팀장, 신미
숙 원장이 참여했다.

2019년 8월 4일에는 연희동 평화가 깃든 밥상에서 관연절 행사를 재현
하고 《정조지》에 수록된 연과 관련된 음식을 공부하고, 벽통배를 재현하
며, 연잎밥, 연근김치, 연근물김치와 연꽃차를 즐겼다. 정조무도반 수강생
들이 참여했다. 2020년 관연절은 어떤 모습일지, 코로나19로 인해 성사될
수는 있을지 기대와 염려가 겹친다. 서유구 선생이 그토록 애타게 찾던 호
사가(好事家, 일 벌이기 좋아하는 사람)들이 나타나 전국의 연밭이 의미있는 공간
으로 거듭나기를 바란다.

만남의 확장, 《정조지》에서 획득한 전망

2017년 6월 20일 파주어린이식문화해설사 양성과정에서 "임원경제지와
파주의 식문화"라는 주제로 강의했다. 어린이들을 만나서 바른 식문화를
전파할 파주의 해설사들을 위해 파주를 대표하는 식재료인 장단삼백(長湍
三白, 쌀·콩·인삼)과 그것으로 만들 수 있는 《정조지》 음식을 소개했다. 《정조
지》의 산실인 서울경기와 파주장단의 역할에 눈뜨게 된 프로젝트였다.

2019년 5월 17일에는 벨기에서 한식레스토랑 '먹자(MOKJA)'를 운영하
는 한식 셰프 애진허이스(AejinHuys)가 정조무도반 졸리그룹(jolly group)과 연
구소를 방문했다. 한식이 낯선 머나먼 나라에서 한식으로 입지를 다지는
쉽지 않은 경험을 청취하고 같이 《정조지》 음식이 포함된 한식 상차림을 즐
기다 보니, 한식의 본고장 한국에 와서 왜 우리 연구소까지 찾아오게 되었
는지 이해가 깊어졌다. 외국인의 한식 경험을 매번 관찰하고 그에 따라 그
들에게 다가갈 전략을 고민해야 하는 애진은 그 자신이 끊임없이 한식의
본질을 고민해야 했으니 질문이 많았다. 언뜻 쉬워 보이는 질문도 깊이 파

애진허이스 내방(2019)

고 들어가면 쉽게 대답할 수 없는 문제들이었다. 애진의 방문과 몇몇 결정적인 질문들은 《정조지》를 번역하면서 가지게 된, 현재 한식에 대한 객관적 태도를 다른 통로로도 획득하게 했다. 풍석은 자신의 주관적 음식 경험의 축적인 《옹치잡지》를 근간으로 당시까지의 조선의 음식경험이 집대성된 《증보산림경제》로 살을 붙이고 중국과 일본의 음식 문헌들을 들여와 조선 음식을 객관화하는 동시에, 미래 한식을 주관적으로 완성시켰다. 한식의 코드에 맞으면서 기존 한식에서 이가 빠진 부분을 보완할 수 있거나, 한식을 보다 풍부하고 아름답게 하고 삶의 질을 높일 수 있는 문화를 창조할 수 있는 경우에는 과감하게 새로운 요소를 받아들인 결과였다. 그렇게 받아들인 외부의 요소들은 한식이 다시 외부로 소개될 때 쉽게 수용되는 코드가 될 수 있을 것이다. 애진의 존재와 그가 한 《정조지》 경험은 앞으로 한식 경험의 폭과 깊이를 더하는 데 기여할 것으로 기대된다.

2019년 10월 29일 국립과천과학관에서 "《임원경제지》로 만나는 우리 장의 오래된 미래"를 주제로 청춘과학아카데미 11주차 강의를 실시했고, 11월 7일에는 "《임원경제지 정조지》로 보는 조선시대 식생활의 오래된 미래"를 주제로 학부모과학아카데미 7주차 강의를 실시했다. 국립과천과학관은 2018년 전통과학관을 리모델링하여 한국과학문명관을 개관하면서 술과 장 등의 발효식품과 유기, 주방칼 등의 전통 조리도구에 각별한 관심을 기울인 바 있으며 과학아카데미에서도 전통과학기술을 체계적으로 균형 있게 다뤄서 조선 문명의 실체를 정확하게 전달하려는 노력을 경주했다. 《임원경제지》는 당대의 현실을 정확하게 전달하는 역할도 수행하지만 오래된 전통을 되살리고 외국의 선진 문물을 받아들여 조선의 새로운 미래를 만들어가고자 했던 의도가 돋보이는 기획이었다. 우리 장과 음식을 어떻게 만들어갈 것인가를 기술한 《정조지》에서 우리 장과 음식의 오래된 미래를 찾을 수 있었고, 이를 간장포럼이나 국립과천과학관에서 공유하는 일은 흥미로운 기획이었다.

《논어》와 《정조지》, 그리고 문명의 추이

2016년 4월에 연희동 평화가 깃든 밥상에서 "공자의 식탁"이라는 주제로 살림음식연구원 공부모임을 가진 적이 있다. 임원경제학의 형성이나 현대 한국의 탄생에 《논어》가 가진 지분이 적지 않다는 인식에 기초한 강의였다. 내용을 보완하고 《정조지》를 비교 대상으로 추가하여 5월에는 경기도 고양시 노루뫼농장에서 도시농부들을 모시고 비닐하우스인문학 6탄 〈공자의 식탁, 풍석의 밥상〉을 강의했다. 내친 김에 7월 6일에는 광주광역시 국립아시아문화전당에서 ACC 인문강좌 〈공자의 식탁, 풍석의 밥상〉 강의를 실시했다. 공자의 일상을 기록한 《논어 향당》의 음식 기사들과 《임원경제지 정조지》 내용을 통해 공자와 서유구의 음식관의 연속과 변화를 짚어볼 수 있었다.

인문주의 전통 속에 우리 음식문화가 발전되어 왔고 동아시아 삼국이 서로 영향을 주고받으며 현재에 이르고 있다. 《논어》가 수행한 문명의 기저

로서의 지위는 우리나라에서 현재도 확고한 것으로 보이며 《정조지》 출간을 계기로 《논어 향당편》 음식장(飮食章)들이 지닌 영향력이 아직 확고한지 반성적으로 점검할 기회를 가질 수 있을 것으로 기대된다.

2018년 2월에는 비닐하우스인문학 12탄 〈풍석(楓石, 서유구)의 가정학(家庭學)과 자곡(自麯, 정정기)의 가정학(家政學)〉 강의가 있었다. 임원경제학이 지닌 가정학적 내용을 전달하고 조선 시대와 현대의 차이점과 그에 대한 대응도 시도해보았다. 또한 현대인들에게 소외되기 쉬운 전통적인 정조(鼎俎, 솥과 도마)의 가치를 굳게 지켜내고 미식(美食, 맛있고 멋진 음식)을 잃지 않고 살기 위해서 《정조지》를 늘 가까이하고 식문화의 오래된 미래인 신(新)《정조지》의 완성을 잊지 않기로 다짐했다.

현재 전 세계를 휩쓸고 있는 코로나19 사태는 인간 생존의 기본 조건들이 너무나 쉽게 무너질 수 있다는 경각심을 불러일으키고 있으며 임원경제학의 지향과 방법이 구체적인 여러 콘텐츠와 더불어 구황(救荒)의 길로 다가올 수 있음을 상기시킨다. 특히 《정조지》 속의 치유와 상생의 음식들은 인간 생존의 기본 중의 기본이라, 이를 확보하기 위해서 우리가 추구해야 할 것들을 명료하게 보여준다. 농업의 중요성, 모든 사람들이 일정 정도 농업에 관여해야 할 필요성의 증대, 자가 조리의 필연성, 잘 먹고 따뜻하게 입고 편히 자는 것만으로는 건강을 보장받을 수 없고 공동체의 선을 위해서 부단히 노력해야만 개인의 안녕과 행복도 보장될 수 있다는 생각, 의식주 문제의 해결을 넘어서서 삶의 의미를 가져다주는 다양한 활동들이 반드시 필요하다는 인식의 제고 등이 겹쳐서 발생하고 있다. 《임원경제지》 출간이 본격화되는 시점에 코로나19 사태가 터진 것은 우연히 넘길 일이 아니다. 문명의 전환에 필수적인 내용을 담고 있는 책이 줄줄이 나오면서 이에 힘입어 실제로 전환이 이뤄질 것이므로 구체적으로 살피고 적극적으로 구현할 필요가 있겠다.

정정기 (임원경제연구소 연구원)

《정조지》 서문   鼎俎志引

정(鼎)은 오미(五味)[1]를 조화시키는 그릇으로, 발
이 셋이고 귀가 둘이다.[2] 정(鼎)이라는 글자는 위쪽
은 솥의 모양을 본떴고, 아래쪽은 장작을 지피는 모
습을 본떴다. 삼례(三禮)를 조사해보면 정에 담는 것
은 모두 희생의 몸체이다.[3] 그러나 《주역(周易)》 정(鼎)
괘[☲]의 상(象)에는 음식을 삶거나[亨飪][4] 솥 안의 음
식을 엎지른다[覆餗]는[5] 뜻이 있으니, 정은 역시 음식
을 익히는 도구이기도 한 것이다.

조(俎)는 희생(犧牲)[6]을 올리는 그릇이다. 조(俎)라

鼎者, 和五味之器也, 有三
足兩耳. 於文, 上象其形,
下象析木以炊. 攷三禮, 鼎
實皆牲體也. 然《易》之鼎象
有亨飪·覆餗之義, 亦所以
熟食也.

俎者, 升牲之器. 於文,

---

1 오미(五味) : 산(酸, 신맛), 함(鹹, 짠맛), 감(甘, 단맛), 고(苦, 쓴맛), 신(辛, 매운맛)의 5가지 맛.
2 정(鼎)은……둘이다 : "鼎. 三足兩耳, 和五味之寶器也."《說文解字注》7篇上〈鼎部〉, 319쪽.
3 삼례(三禮)를……몸체이다 : 희생의 몸체는 익히지 않은 생고기이며, 《周禮》·《儀禮》·《禮記》의 삼례를 조
   사한 결과는 다음과 같다.
   "王擧則陳其鼎俎, 以牲體實之."《周禮注疏》卷4〈天官冢宰〉上"內饔"《十三經注疏整理本》7, 108쪽); "陳
   其鼎俎, 實之牲體、魚、腊."《周禮注疏》卷4〈天官冢宰〉上"外饔"《十三經注疏整理本》10, 112쪽); "若殺
   則特豚, 載合升, 離肺實于鼎, 設扃鼏."《儀禮注疏》卷3〈士冠禮〉第1《十三經注疏整理本》7, 51쪽); "主人
   在右, 及佐食擧牲鼎. 賓長在右, 及執事擧魚、腊鼎, 除鼏."《儀禮注疏》卷45〈特牲饋食禮〉第15《十三經
   注疏整理本》11, 986쪽); "司馬擧羊鼎, 司士擧豕鼎、擧魚鼎以入, 陳鼎如初."《儀禮注疏》卷49〈有司徹〉第
   17《十三經注疏整理本》11, 1082쪽); "陳其犧牲, 備其鼎俎"《禮記注疏》卷21〈禮運〉第9《十三經注疏整理
   本》13, 781쪽); "備其鼎俎, 設其豕腊, 修其宗廟"《禮記注疏》卷50〈哀公問〉第27《十三經注疏整理本》15,
   1604쪽).
4 음식을 삶거나[亨飪] : "鼎, 象也. 以木巽火, 亨飪也. 聖人亨, 以享上帝, 而大亨以養聖賢."《周易》卷5
   〈鼎〉《十三經注疏整理本》1, 241쪽).
5 음식을 엎지른다[覆餗] : "九四 : 鼎折足, 覆公餗, 其形渥, 凶."《周易》卷5〈鼎〉《十三經注疏整理本》1,
   244쪽).
6 희생(犧牲) : 제사에 바치는 소·양·돼지 따위의 산 제물.

는 글자는 반육(半肉, 반으로 나뉘어진 고기)을 본떴다.[7] 반육은 고기를 반으로 갈라 자른 것이다. 조(俎)는 '차(且)'를 따르는데, '且'는 궤(几, 나무 받침)에 발이 있는 것이다.[8] 예서(禮書)[9]를 조사해보면 조에 희생을 올려서 바로 바친다.[10] 그러나 《한서(漢書)》의 '도조(刀俎)'에서[11] '조'는 또한 도마를 일컫기도 한다. 다만 우리나라 사람들은 정이 음식을 끓이는 솥이라는 것은 알면서, 조가 희생을 올리는 제기라는 사실은 알지 못하니, 그 지식이 엉성하다.

이 《정조지》는 세목이 9개[12] 있는데, 음식재료[食鑑]·'익히거나 찌는 음식[炊餾]'·음료[飮淸]·과줄[菓飣]·'채소음식[咬茹]'·'가르거나 삶아서 조리하는 음식[割烹]'·조미료[味料]·술[醞醢]·절식(節食)이며, 5권[13]

象半肉. 半肉者, 割切也. 從且, 且者, 几之有足也. 攷禮, 升牲於俎, 直以薦之. 然《漢書》之刀俎, 又椹版之謂也. 但我人以鼎爲爨釜, 不知俎以升牲, 疏矣.

是志也, 細目有九, 曰:"食鑑"也, "炊餾"也, "飮淸"也, "菓飣"也, "咬茹"也, "割烹"也, "味料"也, "醞醢"也, "節

---

7 조(俎)는……본떴다 : "'俎'는 제기의 하나인 그릇이다. 조(俎)라는 글자는 반으로 나뉘어진 고기가 제기 위에 있는 뜻을 따른다(俎. 禮俎也. 從半肉在且上)."《說文解字注》14篇上〈且部〉, 716쪽.

8 '차(且)'는……것이다 : "'且'는 바치기 위한 것이다. 궤(几)의 자형을 따른다. 발에 2개의 횡목(橫木)이 달려 있다. 그 아래는 땅이다(且, 所以薦也. 從几. 足有二橫. 其下地也)."《說文解字注》14篇上〈且部〉, 716쪽.

9 예서(禮書) : 《주례》·《의례》·《예기》 등의 예(禮)를 다룬 서적.

10 예서(禮書)를……바친다 : 《周禮》·《儀禮》·《禮記》를 조사한 결과는 다음과 같다.
"王日一擧, 鼎十有二, 物皆有俎."《周禮注疏》卷4〈天官冢宰〉上 "膳夫"(《十三經注疏整理本》7, 96쪽);"王擧則陳其鼎俎, 以牲體實之."《周禮注疏》卷4〈天官冢宰〉上 "內饔"(《十三經注疏整理本》7, 108쪽);"陳其鼎俎, 實之牲體、魚、腊."《周禮注疏》卷4〈天官冢宰〉上 "外饔"(《十三經注疏整理本》10, 112쪽);"左人待載. 雍人以俎入, 陳于鼎南."《儀禮注疏》卷25〈公食大夫禮〉第9(《十三經注疏整理本》11, 557쪽);"有司卷三牲之俎, 歸于賓館."《儀禮注疏》卷25〈公食大夫禮〉第9(《十三經注疏整理本》11, 574쪽);"陳其犧牲, 備其鼎俎"《禮記注疏》卷21〈禮運〉第9(《十三經注疏整理本》13, 781쪽);"備其鼎俎, 設其豕腊, 修其宗廟"《禮記注疏》卷50〈哀公問〉第27(《十三經注疏整理本》15, 1604쪽);"俎豆、牲體、薦羞, 皆有等差, 所以明貴賤也."《禮記注疏》卷62〈燕義〉第47(《十三經注疏整理本》15, 1936쪽).

11 《한서》의 도조(刀俎)에서 : 《한서》에는 관련 내용이 없고 《사기》에 나온다. "예를 들자면 지금 저들은 칼과 도마가 되고 우리는 그 도마 위에 놓인 고깃덩어리인데, 무슨 작별 인사를 한단 말입니까?(如今人方爲刀俎, 我爲魚肉, 何辭爲?)"《史記》卷7〈項羽本紀〉第7.

12 세목이 9개 : 《정조지》 본문에는 '익히거나 찌는 음식'과 '음료' 사이에 '달이거나 고는 음식'과 '볶거나 가루 내어 만든 음식'이 있으므로 실질적으로는 11개이다.

13 5권 : 현존 《정조지》는 7권이다.

鼎俎志引

鼎者和五味之器也有三足兩耳於文上象其形下
象析木以炊效三禮鼎實皆牲體也然易之鼎象有
亨飪覆餗之義亦所以熟食也俎者升牲之器也於
文象半肉半肉者割切也从且且者几之有足也效
禮升牲於俎直以薦之然漢書之刀俎又棋版之謂
也但我人以鼎為釁釜不知俎以升牲疎矣是志也
細目有九曰食鑑也炊餾也飲清也菓飣也咬茹也
割烹也味料也醞醋也節食也而其卷有五以鼎俎
名之者舉其大而統之也夫吾人之口實有古今之

自然經室藏

이다. '정조'라고 이름을 붙인 이유는 그 가운데 큰 것을 들어서 통괄하기 위함이다.

대체로 사람의 입맛은 확실히 고금의 차이가 있고, 중국과 주변국의 격차가 있다. 사는 지역이 달라 물과 땅의 산물이 같지 않게 되면 지역마다 좋아하는 음식이 있는 것은 당연한 추세이다. 그러니 고례(古禮)의 기름을 끼얹은 순모(淳毌)[14]와 같은 요리도 지금은 진미에 들지 않는다. 《주례》의 지해(蚳醢)[15]와 같은 맛있는 음식을 대접해도 지금 사람들은 물리칠 것이다.

일반적으로 유자들은 지금의 풍속에 의거하여 옛 경전을 이야기하므로 매번 문구에 매여 견강부회한다는 비판을 받는데, 음식에 대해서도 역시 그런 비판을 받아야 한다. 지금 중국 북경의 사례로 본다면, 맛좋다는 식품들이 매우 맛있고 입에 맞지 않는 게 없는 데도 불구하고, 내병(奶餠, 치즈)은 위장을 편안하게 한다고 하는 반면 염석(鹽腊, 소금에 절인 육포)은 버려두고 돌아보지 않으니 이는 무엇 때문인가? 진실로 사람들이 좋아하는 음식은 천차만별이기 때문이다.

食"也, 而其卷有五. 以"鼎俎" 名之者, 舉其大而統之也.

夫吾人之口實有古今之異, 有華夷之隔. 區域旣別, 水土之産不同, 則各有所好, 勢也. 古禮沃糧淳毌之品, 在今非珍也. 《周禮》蚳醢 之薦, 人將殼之.

凡儒者据今俗而譚古經, 每招拘牽之譏, 至於食飮 亦宜然也. 今以燕都觀之, 膳羞之品非不美且旨也, 而奶餠有安於胃, 鹽腊棄 而不顧, 是何也? 誠以人 之所嗜萬焉千焉.

---

14 순모(淳毌) : 중국 고대의 진귀한 음식 8가지[八珍] 중의 하나로, 육젓을 달여 기장밥 위에 얹고 기름으로 적신 음식. 순모라는 말은 순오(淳熬)를 본떴다[毌, 본뜨다(模)]는 의미이다. 다만 순오는 밥을 밭벼의 쌀로 하고 순모는 기장쌀로 할 뿐 그 외는 똑같다. "淳熬 : 煎醢加于陸稻上, 沃之以膏, 曰淳熬. 淳毌 : 煎醢加於黍食上, 沃之以膏, 曰淳毌." 《禮記注疏》卷28〈內則〉(《十三經注疏整理本》14, 996쪽).

15 지해(蚳醢) : 개미알로 담은 젓갈. "饋食之豆, 其實葵菹、蠃醢、脾析、蠯醢、蜃、蚳醢、豚拍、魚醢." 《周禮注疏》卷6〈天官冢宰〉下 "醢人"(《十三經注疏整理本7, 164쪽).

세발마름[荾]을 좋아하는 사람, 양조(羊棗, 대추의 일종)를 좋아하는 사람, 창촉(昌歜, 창포뿌리로 담근 김치)을 좋아하는 사람도 있고, 심지어는 상처딱지를 좋아하는 사람, 밀즉(蜜唧, 꿀에 재운 새끼쥐)을 좋아하는 사람도 있다.[16] 그러니 세상에 역아(易牙)[17]가 없다면 누구를 좇아 맛을 얻을 수 있겠는가?

우리나라 풍속으로 말하자면 청국장[幽尗][18] 종류가 점점 소문이 나고, 꿀을 곁들인 요리가 민간에서 생겨났다. 그러나 맛좋다는 음식을 만드는 방법이 중국인들과는 다르다. 게다가 이런 임원(林園)에 살면서 어느 틈에 그런 방법을 연구하겠는가? 오로지 풍속을 따르면서 형편에 맞게 조절하면 될 터이다.

有嗜荾者, 嗜羊棗者, 嗜昌歜者, 甚焉則有嗜痂者, 嗜蜜唧者. 世無易牙, 孰從而得味也?

以我俗言之, 幽尗之品稍入於聞, 調蜜之餐有創於俗. 然膳羞之方, 與華人別. 況此林園之居, 何暇講究乎? 惟當因俗而節焉可也.

---

16 세발마름을……있다 : 관례적으로 사람마다 음식의 기호가 다름을 말하는 문구이다. "증석은 양조를 좋아했다.…중략…문왕은 창촉을 좋아했고, 굴도는 마름을 좋아했다(曾晳嗜羊棗.…중략…若文王昌歜, 屈到嗜荾)." 《爾雅翼》 卷10 〈釋木〉.
각각의 전거는 다음과 같다. "굴도(屈到, 춘추 시대 초나라 사람)는 세발마름을 좋아했다. 병이 들자 종노(宗老, 집안일 관리인)를 불러, '나에게 제사지낼 때는 세발마름을 쓰라.'고 하였다(屈到嗜荾. 有疾, 召其宗老而屬之, 曰 : '祭我必以荾')." 《國語》 卷17 〈楚語 上〉; "증석이 양조를 좋아하여, 증자는 차마 양조를 먹지 않았다【圕 양조는 대추이름이다】(曾晳嗜羊棗, 而曾子不忍食羊棗【羊棗, 棗名也】)." 《孟子注疏》 卷14 〈盡心 下〉《十三經注疏整理本》 25, 474~475쪽); "유옹(劉邕)이 상처딱지 먹기를 좋아하여 그 맛이 전복과 같다고 여겼다. 한번은 맹영휴(孟靈休)를 찾아갔는데, 맹영휴가 먼저 부스럼에 뜸을 뜨다가 상처딱지가 침상에 떨어져 있자 유옹이 그것을 주워 먹었다(邕性嗜食瘡痂, 以爲味似鰒魚. 嘗詣孟靈休, 靈休先患灸瘡, 痂落在牀, 邕取食之)." 《南史》 卷15 〈列傳〉 第5 〈劉穆之〉; "남방의 오랑캐들은 밀즉을 먹었다. 밀즉은 즉 꿀에 재운 어린 쥐이다(南獠人食蜜唧, 卽嫩鼠也)." 《通雅》 卷46 〈動物〉.
17 역아(易牙) : ?~?. 중국 춘추 시대 때 제나라 환공(桓公)의 총신(寵臣). 요리사의 원조로 일컬어지며, 요리를 잘하여 환공의 신임을 얻었다. 그러나 자식을 삶아 환공에게 바치고 후에 환공을 굶겨 죽였다고도 전한다. 공자(孔子)는 역아의 미각이 뛰어나 치수(淄水)와 민수(澠水)의 물을 섞어 놓아도 구별할 수 있을 것으로 생각했으며, 맹자(孟子)는 맛에 대해서는 세상 사람들이 모두 역아를 기준으로 삼는다(至於味, 則天下期於易牙)고 할 정도로 높이 평가했다. 《孟子注疏》 卷11 〈告子 上〉《十三經注疏整理本》 25, 357쪽).
18 청국장[幽尗] : 유숙(幽尗)은 배염유숙(配鹽幽尗)을 말한다. 이는 원래 대두나 흑두를 삶은 뒤에 발효시켜 만든 두시(豆豉)를 말하나, 여기서는 조선이라는 맥락 내에서 청국장을 지칭한다.

異有華夷之隔區域既別水土之產不同則各有所
好勢也古禮沃糶淳母之品在今非珍也周禮蚳鹽
之薦人將戲之凡儒者据今俗而譚古經每拘舉
必譏至於食飲亦空然也今以燕都觀之膳羞之品
非不美且旨也而奶餅有安於胃鹽腊棄而不顧是
何也誠以人之所嗜萬焉千焉有嗜茇者嗜羊棄者
嗜昌歜者甚焉則有嗜痂者嗜蜜唧者世無易牙孰
從而得味也以我俗言之幽永之品稍入於聞調蜜
之餐有刾於俗然膳羞之方與華人別況此林園之
居何暇講究于惟當因俗而節焉可也

131

1

정조지 권제 1

鼎俎志 卷第一

임원십육지 41

林園十六志 四十一

음식재료 요점 정리(식감촬요)

하늘은 사람을 낳아 물과 곡식으로 기른다. 그러므로 "몸에 물이 없으면 영혈(榮血)이 흩어지고 곡기가 없으면 위기(衛氣)가 사라진다."라 했다. 장기(張機)는 "물이 경락(經絡)에 들어가야 피가 생겨나고, 곡식이 위장에 들어가야 맥도(脈道)가 운행한다."라 했으니, 물이 사람에게 또한 어찌 중요하지 않겠는가! 그러므로 사람의 체격에 장대함과 왜소함이 있고 수명에 길고 짧음이 있는 이유는 대부분 태어난 곳의 물과 흙에서 받는 자양분이 같지 않기 때문이다.

- I -

음식재료 요점 정리(식감촬요)

食鑑撮要

1. 물(수류)

水類

1) 물에 대한 총론

하늘은 사람을 낳아 물과 곡식으로 기른다. 그러므로 "몸에 물이 없으면 영혈(榮血)[1]이 흩어지고 곡기가 없으면 위기(衛氣)[2]가 사라진다."라 했다. 장기(張機)[3]는 "물이 경락(經絡)[4]에 들어가야 피가 생겨나고, 곡식이 위장에 들어가야 맥도(脈道)[5]가 운행한다."[6]라 했으니, 물이 사람에게 또한 어찌 중요하지 않겠는가! 그러므로 사람의 체격에 장대함과 왜소함이 있고 수명에 길고 짧음이 있는 이유는 대부분 태어난 곳의 물과 흙에서 받는 자양분이 같지 않기 때문이다. 남쪽 지역과 북쪽 지역에서 검증해보면 물과

總水

天之生人, 水穀以養之. 故曰 : "水去則榮散, 穀消則衛亡." 仲景曰 "水入於經, 其血乃成 ; 穀入於胃, 脈道乃行", 水之於人, 不亦重乎! 故人之形體有厚薄, 年壽有長短, 多由於水土稟受滋養之不同, 驗之南北, 水土人物可見矣.《食性本草》

---

1 영혈(榮血) : 인체의 내부에 순환하면서 몸을 자양하는 역할을 하는 것이 영(榮)과 혈(血)이다. 위기와 함께 짝이 되어 쓰인다. 한편 사람의 생명 자체가 혈과 기에 의존하므로 혈기(血氣)를 잘 기르는 것이 건강의 관건이 되고, 또 다른 개념쌍인 영위(榮衛) 역시 삶을 잘 영위(榮衛) 하는데 핵심이 된다는 뜻을 담고 있다. 위기영혈(衛氣榮血)을 함께 부르기도 한다.

2 위기(衛氣) : 인체의 외부에 흐르면서 외사의 침입을 방어하는 역할을 하는 것이 위(衛)와 기(氣)이다.

3 장기(張機) : 150~219. 중국 후한 시대 의학자. 자(字)는 중경(仲景)이며, 남군(南郡) 낭양(涅陽, 지금의 河南省 南陽) 사람이다. 중국 의학의 역사에서《황제내경(黃帝內經)》과 함께 양대산맥으로 일컬어지는《상한잡병론(傷寒雜病論)》을 저술하였다. 이 책은 의학의 원리, 질병의 예방과 건강 증진에 치중한《황제내경》과 달리 급성전염병 치료의 실제 임상에 치중하였다. 후대 사람들이《상한론(傷寒論)》과《금궤요략(金匱要略)》2책으로 정리하였다.

4 경락(經絡) : 몸 안에서 기혈이 순환하는 통로. 경맥(經脈)과 낙맥(絡脈)으로 이루어진다. 곧게 가는 줄기를 경맥이라 하고 경맥에서 갈라져 나와 온 몸의 각 부위를 그물처럼 얽은 가지를 낙맥이라고 한다. 온 몸에 기혈을 공급하여 몸을 자양한다.

5 맥도(脈道) : 기(氣)와 혈(血)이 통하는 길임.

6 물이……운행한다 :《상한론(傷寒論)》권1〈평맥법(平脈法)〉(《張仲景全書》, 425쪽).

흙이 사람에게 어떤 영향을 미치는지 알 수 있을 것
이다. 《식성본초(食性本草)7》8

2) 세부 항목　　　　　　　　　　　條開

2-1) 우물물　　　　　　　　　　　井水

식물본초(食物本草) 9 10 새로 길어다가 바로 쓰면 몸에
이롭고 병을 치료한다. 오전 3~5시에 처음으로 길
은 물을 정화수(井華水)라 하는데, 이 또한 다른 물과
같지 않다. 일반적으로 우물물은 멀리 있는 지맥으
로부터 온 물을 최고로 삼고, 근처에 있는 강물에서
스며들어 온 물은 좋지 않다. 또 성시(城市, 도성이 있

食物本草 新汲卽用, 利人
療病. 平朝第一汲者爲井
華水, 又與諸水不同. 凡井
水有遠從地脈來者爲上,
有從近處江河中滲來者欠
佳. 又城市人家稠密, 溝渠

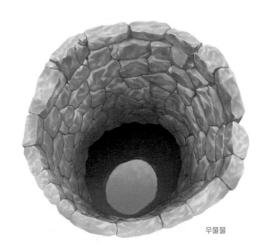

우물물

---

7 식성본초(食性本草) : 중국 남당(南唐)의 진사량(陳仕良 혹은 陳士良)이 지은 본초서. 여러 의가(醫家)들
　　의 약에서 음식과 관련된 항목을 분류하여, 식의(食醫) 처방들과 계절별로 장부를 조양(調養)하는 방법
　　을 덧붙였다.
8 출전 확인 안 됨 ; 《食物本草》卷上 〈水類〉, 9쪽.
9 식물본초(食物本草) : 중국 명나라 왕영(汪穎)이 찬한 본초서. 정덕(正德) 연간(1506~1521)에 노화(盧
　　和)가 본초 가운데 음식과 관련된 내용을 뽑아 편차한 원고를, 왕영이 수(水)·곡(穀)·채(菜)·과(果)·금
　　(禽)·수(獸)·어(魚)·미(味) 등 여덟 가지 분류를 가하고 2권으로 정리했다.
10 《食物本草》卷上 〈水類〉 "井水", 5쪽.

는 시가)에 인가가 조밀해서 도랑의 오수가 우물 속에 섞여 들어가면 탄산칼슘[鹼]이 생긴다. 이러한 물을 쓸 때에는 펄펄 끓이고 2시간 정도 그대로 두었다가 탄산칼슘이 아래로 가라앉으면 윗부분의 맑은 물만 쓴다. 그렇게 하지 않으면 냄새와 맛이 모두 나빠서 차를 끓이거나 술을 빚거나 두부를 만드는 3가지 일은 특히 감당할 수 없다. 또 비온 뒤에는 우물물이 혼탁해지니, 이때는 도인(桃仁, 복숭아속씨)이나 행인(杏仁, 살구속씨)을 갈아서 즙째로 물속에 넣고, 잠시 동안 고루 저어주면 혼탁한 물질이 밑으로 가라앉을 것이다. 《주역(周易)》에 "우물에 진흙이 있어 마시지 않는다."[11]라 했으니, 삼가야 한다.

汚水雜入井中成鹼. 用須煎滾, 停頓一時, 候鹼下墜, 取上面淸水用之. 否則氣味俱惡, 而煎茶、釀酒、作豆腐三事尤不堪也. 又雨後其水渾濁, 須擂[1]桃、杏仁連汁, 投入水中, 攪均少時, 則渾濁墜底矣. 《易》曰"井泥不食", 謹之.

본초강목(本草綱目)[12][13] 우물물이 솟구쳐 넘치면 마셔서는 안 된다. 다만 30보(步) 내에서 푸른 돌 1개를 가져다 넣으면 곧 그친다.

本草綱目 井水沸溢, 不可飮. 但於三十步內, 取靑石一塊投之卽止.

2-2) 흐르는 물

流水

본초강목[14] 크게는 강과 하천, 작게는 산골물이 모두 흐르는 물이다. 이 물은 겉으로는 움직이지만 본성은 고요하며, 바탕은 부드럽지만 기운은 굳세

本草綱目 大而江河, 小而溪澗, 皆流水也. 其外動而性靜, 其質柔而氣剛, 與湖

---

11 우물에……않는다:《주역정의(周易正義)》권5〈정(井)〉《十三經注疏整理本》1, 234쪽).
12 본초강목(本草綱目):중국 명(明)나라의 본초학자(本草學者) 이시진(李時珍, 1518~1593)이 편찬한 본초서로 중국 역사에서 가장 진보한 본초서로 평가된다. 서유구는 《인제지》에서 조선이 하루빨리 《본초강목》의 내용을 받아들여 의약 수준의 선진화를 이루어야 한다고 역설하기도 했다.
13 《本草綱目》卷5〈水部〉"諸水有毒", 412쪽.
14 《本草綱目》卷5〈水部〉"流水", 396쪽.
[1] 擂:저본에는 "留". 오사카본·규장각본·《食物本草·水類·井水》에 근거하여 수정.

어 호수나 못·저수지의 멈춰 있는 물과는 다르다. 그러나 강과 하천의 물은 혼탁하고 산골물은 맑으니, 죽을 쑤거나 차를 끓여보면 물에 따라 맛이 각각 다르다.

식물본초 [15] 옛날에 "흐르는 물은 썩지 않는다."라 했다. 다만 강과 하천의 물은 좋고 나쁨에 알 수 없는 점이 있다. 옛날에 내가 심주(潯州)[16]에 있을 때 어느 날 갑자기 성 안의 말 수백 마리가 죽었다. 그 이유를 물어보니 "며칠 전에 비가 내렸는데, 산골짜기에 있는 뱀이나 벌레의 독이 빗물에 씻겨 내려와 말이 그 물을 마시고 그렇게 된 것이다."라 했다. 이는 꼭 알아두어야 할 점이다.

2-3) 바위산 샘물

본초강목 [17] 바위산의 흙과 돌 사이에서 솟아 나오는 샘물이 흘러서 산골물이 된 것이다. 그 샘물은 근원이 멀어서 맑고 냉하다. 혹 산에 옥석·아름다운 초목이 있다면 물이 좋지만, 산에 검은 흙·독성이 있는 돌·해로운 풀이 있다면 그 물을 사용해서는 안 된다. 육우(陸羽)[18]는 "일반적으로 폭포수·용솟음치는 물·세차게 흐르는 물·여울물은 마시면 목에 병

澤、陂塘之止水不同. 然江河之水濁, 而溪澗之水清, 煮粥烹茶, 味各有異.

食物本草 古云:"流水不腐." 但江河水善惡, 有不可知者, 昔予在潯州, 忽一日城中馬死數百. 詢之, 云:"數日前有雨, 洗出山谷中蛇蟲之毒, 馬飲其水而致然也." 不可不知.

山巖泉水

本草綱目 山巖土石間所出泉, 流爲溪澗者也. 其泉源遠清冷, 或山有玉石、美草木者爲良, 其山有黑土、毒石、惡草者, 不可用. 陸羽云:"凡瀑、涌、漱、湍之水, 飲之令人有頸疾."

---

15 《食物本草》卷上〈水類〉"千里水", 5~6쪽.

16 심주(潯州): 현재 중국 광서장족자치구(廣西壯族自治區) 계평현(桂平縣).

17 《本草綱目》卷5〈水部〉"山巖泉水", 404~405쪽.

18 육우(陸羽): 733~804. 중국 당나라의 문인. 자는 홍절(鴻漸), 호는 경릉자(竟陵子)·동강자(東岡子). 차에 대한 이론에 정통하였으며 일생동안 차를 즐겼다. 차에 대한 정보를 집대성하여 《다경(茶經)》을 편찬했다. 중국에서는 다성(茶聖)으로 숭앙받고 있다.

바위산 샘물

이 생긴다."[19]라 했다.

식물본초[20] 맛은 달고, 성질은 평(平)[21]하며, 독은 없다.

食物本草 味甘, 平, 無毒.

2-4) 음지에 흐르는 샘물

陰地流泉

식물본초[22] 마시면 장학(瘴瘧)[23]에 걸린다. 또 다리 힘이 빠져 약해진다.

又 飮之, 令人發瘴瘧, 又損脚令軟.

2-5) 못 안에 고인 물

澤中停水

식물본초[24] 마시면 가병(瘕病, 기생충병)에 걸린다.

又 飮之, 令人瘕病.

---

19 일반적으로⋯⋯한다:《다경(茶經)》권下〈오지자(五之煮)〉《中國茶書全集校證》1, 22쪽).《이운지》권2〈임원에서 즐기는 청아한 즐길거리(상)〉"차[茶供]"에 자세히 나온다.

20 《食物本草》卷上〈水類〉"寒泉水", 6쪽.

21 평(平):어떤 사물의 성질을 말할 때는 뜨겁거나 차지 않고 적당하다는 뜻이다.

22 《食物本草》卷上〈水類〉"陰地流泉水", 8쪽.

23 장학(瘴瘧):더운 지방의 산과 숲, 안개가 짙은 곳에서 습열사(濕熱邪)가 위로 올라갈 때에 생기는 나쁜 기운 때문에 생기는 학질.

24 《食物本草》, 위와 같은 곳.

2-6) 모래사장의 물

본초강목 [25] 마시면 말을 하지 못하게 된다.

沙河中水

本草綱目 飮之, 令人瘖.

2-7) 두 산 사이의 물

본초강목 [26] 마시면 영(癭, 혹)이 많이 생긴다. 또 "흐르는 물에서 소리가 나면 그 물을 마신 사람에게 영(癭)이 많이 생긴다."라 했다.

兩山夾水

又 飮之, 多癭. 又云 "流水有聲, 其人多癭."

2-8) 온천수

식물본초 [27] 성질은 뜨겁고, 독이 있다. 절대 마셔서는 안 된다.

溫泉水

食物本草 性熱, 有毒. 切不可飮.

2-9) 유혈수(乳穴水)

식물본초 [28] 바위틈에서 졸졸 흘러나오는 물로, 이

乳穴水

又 乃巖穴中涓涓而出之

유혈수

---

25 《本草綱目》卷5〈水部〉"諸水有毒", 412쪽.

26 《本草綱目》, 위와 같은 곳.

27 《食物本草》卷上〈水類〉"溫泉水", 6쪽.

28 《食物本草》卷上〈水類〉"乳穴水", 6쪽.

를 저울에 달아보면 다른 물보다 무겁고, 끓어오를 때 물 위쪽에 소금꽃[29]이 핀다. 맛은 달고, 성질은 따뜻하며, 독은 없다. 몸을 살찌고 튼튼하게 하며 밥을 잘 먹게 하여 몸에 윤기가 나고 늙지 않으니, 젖과 효능이 같다. 이 물로 밥을 짓고 술을 빚으면 매우 유익하다.

水, 秤之, 重於他水, 煎沸, 上有鹽花. 味甘, 溫[2], 無毒. 肥健人, 令能食, 體潤不老, 與乳同功. 取以作飯及釀酒, 大有益也.

2-10) 빗물

본초강목[30] 맛은 짜고, 성질은 평하며, 독은 없다. 매우(梅雨, 장맛비)는 미우(黴雨)라고도 하는데, 옷이나 물건을 적시면 이것들이 모두 검은 곰팡이[黴]가 핀다는 뜻이다. 이 물로 술이나 식초를 만들어서는 안 된다.

雨水

本草綱目 鹹, 平, 無毒. 梅雨或作黴雨, 言其沾衣及物, 皆生黑黴也. 此水不可造酒醋.

2-11) 여름 얼음

식물본초[31] 맛은 달고, 성질은 매우 차며, 독은 없다. 열을 제거하고 가슴이 답답한 증상을 없애준다. 하지만 여름에 먹으면 기후와 서로 반대라서 뱃속에 들어가 냉하고 뜨거운 성질이 서로 부딪치니, 먹기에 적당한 것이 아니다. 다만 음식에 살짝 곁들여서 그 냉한 기운을 취할 뿐이다. 만약 얼음을 두드려 부숴 먹는다면 잠시 상쾌하겠지만 오랫동안 복용하면 병이 생기기 마련이다.

夏氷

食物本草 味甘, 大寒, 無毒. 去熱除煩, 暑月食之, 與氣候相反, 入腹冷熱相激, 非所宜也. 止可[3]隱映飲食, 取其氣之冷耳, 若敲碎食之, 暫時爽快, 久當成疾.

---

29 소금꽃 : 암석 표면이 물에 의해 침식될 때 녹아나오는 칼슘성분이 만드는 성분으로 보인다.

30 《本草綱目》卷5〈水部〉"雨水", 389쪽.

31 《食物本草》卷上〈水類〉"夏氷", 6쪽.

② 甘溫 : 저본에는 "溫甘".《食物本草·水類·乳穴水》에 근거하여 수정.

③ 可 : 저본에는 "河". 오사카본·규장각본·《食物本草·水類·夏氷》에 근거하여 수정.

2. 곡식(곡류)

穀類

1) 곡식에 대한 총론

오곡은 하늘이 사람을 기르기 위해 낳은 양식이다. 다만 사람들은 오곡을 심고 기를 때에 한편으로는 생명을 유지하는 효능을 생각하지만, 다른 한편으로는 집안을 윤택하게 하는 이익을 따진다. 남쪽 지방의 메벼와 북쪽 지방의 조는 이러한 효능과 이익을 모두 갖추고 있기 때문에 사람들이 많이 심어 먹는다. 다만 황량미(黃粱米)의 경우는 매우 맛있고 사람에게 유익하기 때문에 고량(膏粱)이란 이름이 붙을 정도이지만, 사람들은 땅에 들인 공에 비해 수확이 적다는 이유로 황량미를 심지 않는다. 이를 아는 이들은 모든 곡류에 대해 그 이익을 따질 게 아니라, 오직 사람을 기를 수 있는 곡식을 많이 심어 먹는 것이 좋다. 《식물본초》[1]

2) 세부 항목

2-1) 멥쌀

식물본초[2] 맛은 달면서도 쓰고, 성질은 평하며, 독

總穀

五穀乃天生養人之物, 但人之種藝, 一則取其資生之功, 二則計其肥家之利. 南之粳、北之粟, 功利兩全, 故多種食之. 如黃粱, 甚美而益人, 故有膏粱之稱, 人則以其費地薄收而不種. 識者凡穀類, 當不計其利, 惟取其能養人者, 多種而食之可也.《食物本草》

條開

粳米

食物本草 味甘苦, 平, 無

---

1 《食物本草》卷上〈穀類〉, 15쪽.
2 《食物本草》卷上〈穀類〉"粳米", 9~10쪽.

은 없다. 기운을 북돋우고, 근육과 **뼈**를 튼튼하게 하며, 혈맥을 통하게 하고, 오장을 조화롭게 하며, 위장의 기운을 보하여 북돋우니, 그 효능이 막대하다. 그해 햅쌀을 바로 먹으면 아무래도 풍기(風氣)[3]를 약간 요동시키게 하지만 묵은쌀을 먹으면 풍기를 한층 내린다.

멥쌀에는 조생종(早生種)·중생종(中生種)·만생종(晚生種) 세 종류가 있는데, 흰색의 만생종을 제일로 친다. 하늘이 오곡을 낳은 까닭은 사람을 기르기 위해서이니, 오곡을 얻으면 살고 얻지 못하면 죽는다. 멥쌀은 천지가 지닌 중화(中和)[4]의 기운을 얻어서, 조화(造化)가 지닌 생육(生育)의 효능을 함께 하는 곡물이다. 그러므로 다른 곡식들과 비교할 수 없으니, 이 말은 명언이라 할 만하다.

[본초강목][5] 북쪽 지방의 멥쌀은 성질이 서늘하고, 남쪽 지방의 멥쌀은 성질이 따뜻하다. 붉은 멥쌀은 성질이 뜨겁고, 흰멥쌀은 성질이 서늘하며, 흰 만생종 멥쌀은 성질이 차다. 새로 수확한 멥쌀은 성질이 뜨겁고 묵은 멥쌀은 성질이 서늘하다.

毒. 益氣壯筋骨, 通血脈, 和五臟, 補益胃氣, 其功莫及. 新者乍食, 亦少動風氣, 陳者更下氣.

有早、中、晚三收, 以白晚米爲第一. 天生五穀, 所以養人, 得之則生, 不得則死. 此穀得天地中和之氣、同造化生育之功, 故不比他物, 可名言也.

本草綱目 北粳涼, 南粳溫. 赤粳熱, 白粳涼, 晚白粳寒. 新粳熱, 陳粳涼.

---

3 풍기(風氣) : 질병을 일으키는 원인이 되는 육음(六淫)의 한 종류. 자연의 절기, 개인의 몸에 맞지 않는 음식은 늘 풍기를 일으킬 소지가 있는 것으로 여겨진다. 풍기가 동하면 몸이 냉해지거나 열기가 생겨 몸이 상할 수 있다.

4 중화(中和) : 치우치지 않고 조화로운 상태. 《중용》에서 최고의 경지로 일컫는 중화는 하늘과 땅이 제자리를 잡고 만물이 길러지는 상태로 표현되었다(致中和, 天地位焉, 萬物育焉).

5 《本草綱目》卷22〈穀部〉 "粳", 1466~1467쪽.

석성금(石成金)[6] 식감본초(食鑑本草)[7][8] 잘 익은 멥쌀이 좋다. 겨울에 찧어서 쌓아두면 끈적거리고 뜨거운 성질이 제거되는데, 이렇게 하면 소화가 잘 될 뿐만 아니라 위장을 보할 수 있으니 노약자에게 더욱 좋다. 묵은 벼를 새로 찧은 것이 더 좋다. 일반적으로 햇곡식이 처음 익을 때는 노인이나 몸이 약한 사람이 먹어서는 안 된다.

石氏 食鑑本草 過熟者佳, 冬春堆過, 去其[1]粘熱之性, 不獨易於消化, 且能補[2]胃, 老弱更宜. 陳稻新碾者尤佳. 凡新穀初成, 老人·體弱者不可食.

식료본초(食療本草)[9][10] 말린 멥쌀밥을 늘 먹으면 속이 뜨거워져 입술이 마른다. 말고기와 함께 먹으면 안 되니, 고질(痼疾)[11]을 일으키기 때문이다. 도꼬마리와 함께 먹어서도 안 되니, 졸심통(卒心痛)[12]이 생기게 하기 때문이다. 이때는 급히 묵은쌀을 태워 낸 재를 꿀을 탄 장수(漿水, 좁쌀죽웃물)에 타서 복용해야 한다. 그렇지 않으면 곧 죽는다.[13]

食療本草 常食乾粳飯, 令人熱中, 唇口乾. 不可同馬肉食, 發痼疾. 不可和蒼耳食, 令人卒心痛, 急燒倉米灰, 和蜜漿服之, 不爾卽死.

---

6 석성금(石成金): 1658~?. 중국 청(青)나라 학자. 자는 천기(天基), 호는 성암우인(惺庵愚人). 강소성(江蘇省) 양주(揚州) 출신으로 저작이 40여 종에 이른다. 저술은 세상을 경계하면서도 집안을 다스리는 데 도움이 되는 내용이 주를 이룬다. 서유구는 그의 저술을 《임원경제지》 여러 곳에서 즐겨 인용했다.

7 식감본초(食鑑本草): 중국 청나라 석성금이 지은 식치서(食治書).

8 《傳家寶》 卷28〈食鑑本草〉 "穀" '粳米', 1029쪽.

9 식료본초(食療本草): 중국 당(唐)나라 맹선(孟詵, 621~713)이 지은 식치서(食治書).

10 《食療本草》卷下〈粳米〉, 117쪽;《本草綱目》卷22〈穀部〉 "粳", 1467쪽.

11 고질(痼疾): 오랫동안 앓고 있어 고치기 어려운 병

12 졸심통(卒心痛): 심통(心痛)의 하나로 갑자기 가슴이나 명치 밑이 아픈 증상임

13 말린……죽는다:《정조지》에는 해당 기사의 출전이《식료본초》로 되어 있지만, 실제《식료본초》기사는 《정조지》원문과 일치하지 않고, 아예 없는 내용도 있다.《정조지》권1 전체 부분을 살펴보면 출전이《식료본초》인 기사뿐만 아니라《명의별록(名醫別錄)》·《천금식치(千金食治)》인 기사 또한 마찬가지이다.《정조지》해당 기사의 원문은《본초강목(本草綱目)》에서《식료본초》·《명의별록》·《천금식치》를 인용하여 옮겨놓은 내용과 대부분 정확하게 일치한다. 이를 통해《정조지》에서 인용한《식료본초》·《명의별록》·《천금식치》는 원서를 직접 확인한 것이 아니라《본초강목》의 내용을 인용한 것으로 추측되며, 따라서 교감시《본초강목》을 원 출전자료에 상당하는 2차교감자료로 참조하였다.

[1] 去其:《食鑑本草·穀·粳米》에는 없음.

[2] 補:《食鑑本草·穀·粳米》에는 "脾".

2-2) 찹쌀

糯米

식물본초 [14] 맛은 쓰면서도 달고, 성질은 따뜻하며, 독은 없다. 주로 속을 따뜻하게 하므로 열이 많이 나게 해서 대변이 단단해진다. 이것은 《신농본초경》의 경문이다.[15]

食物本草 味苦甘, 溫, 無毒③. 主溫中, 令人多熱, 大便堅. 此《本草經》文也.

여러 본초서에서는 성질이 약간 차서 임신 중에 여러 종류의 고기와 찹쌀을 함께 먹으면 태아에게 이롭지 않고, 오래 먹으면 몸이 연약해져 근육이 늘어진다고 했다. 또 이런 말도 있다. 성질은 차고, 사람을 많이 졸리게 만들며, 풍(風)[16]을 일으키고 기(氣)를 요동시키며, 경락의 기를 막고 곽란을 그치게 한다고 했다. 또 성질은 서늘하고, 속을 보하고 기운을 북돋우며, 영위(營衛, 영혈과 위기) 중에 적체되어 있는 피를 돌게 한다고도 했다. 이렇듯 앞서 설명하는 내용들이 대개 같지 않다.

諸家有云, 性微寒, 妊娠, 與雜肉食, 不利子, 久食, 身軟以緩筋也. 又云, 寒, 使人多睡, 發風動氣, 擁經絡氣, 止霍亂. 又云, 涼, 補中益氣, 行榮衛中積血, 所論蓋不同也.

무릇 앞서 말한 이른바 이롭지 않다거나 근육이 늘어진다거나 졸음이 많아지는 종류의 증상은 나약하게 하는[懦] 찹쌀[糯]의 성질 때문에 그렇게 된 것이다. 이러한 증상이 찹쌀의 찬 성질 때문이라고 한 것에 대해 말해보면, 찹쌀은 술을 빚는 데 가장 알

夫所謂不利、緩筋、多睡之類, 以其性懦所致. 若謂因其性寒, 糯米造酒最宜, 豈寒乎! 農家於冬月, 用作糜喂牛, 免凍傷最驗, 是則

---

14 《食物本草》卷上〈穀類〉"糯米", 10쪽.

15 맛은⋯⋯경문이다: 맛·성질·독성여부 및 주치에 관한 내용은 《신농본초경소(神農本草經疏)》권24〈미곡부(米穀部)〉"도미(稻米)"(《繆希雍醫學全書》, 334쪽)에 있다.

16 풍(風): 외부에서 들어온 풍사(風邪)에 의하여 생기는 외풍과 병의 경과 과정에 음혈(陰血)이 몹시 허손되거나 열이 몹시 성하여 생기는 내풍이 있다. 외풍은 몸에 열이 나고 바람을 꺼려하며 몸이나 팔다리가 저리고 아프며, 간혹 피부에 발진이 생기고 가렵거나 혀가 굳어진다. 내풍은 갑자기 어지러우면서 의식을 잃고 넘어지며 떨리거나 경련이 일며, 간혹 눈과 입이 한쪽으로 틀어지거나 언어 장애, 반신 불수 등의 증상이 나타난다.

③ 味苦⋯⋯無毒: 《神農本草經疏·米穀部·稻米》에는 "味苦".

맞은 곡식이니, 어찌 성질이 차다고 할 수 있겠는가! 농가에서는 겨울에 인절미를 만들어 소에게 먹이는데, 이는 소가 동상을 면하게 하는 데 가장 효험이 있다. 그렇다면 찹쌀의 성질은 《신농본초경》의 경문에서 말한 내용과 같다고 해야 할 것이다.

糯米之性, 當如經文所言.

본초강목 [17] 찹쌀은 성질이 따뜻해서 술을 빚으면 술의 성질이 뜨겁고, 엿을 고면 이러한 점이 더욱 심해진다. 그러므로 비장과 폐의 기운이 허하고 찬 사람에게 알맞다. 만약 평소에 담열(痰熱)[18]이나 풍병(風病)[19]·비병(脾病)[20]으로 순환이 잘 되지 않는 사람이 찹쌀을 먹으면 흔히 병에 걸리거나 적취(積聚)[21]가 생기기 매우 쉽다. 찹쌀은 성질이 끈적거리고 엉겨서 소화시키기 어려우니, 특히 어린아이나 병자는 섭취를 금해야 한다.

本草綱目 糯米性溫, 釀酒則熱, 熬餳尤甚, 故脾肺虛寒者宜之. 若素有痰熱、風病及脾病不能轉輸, 食之最能發病成積. 糯性粘滯難化, 小兒、病人最宜忌之.

2-3) 조

粟米

식물본초 [22] 맛은 짜고, 기운은 약간 차며, 독은 없다. 신장의 기운을 기르고, 비장과 위장의 열을 없애며, 기운을 북돋운다. 묵은조는 맛이 쓰며, 죽을

食物本草 味鹹, 氣微寒, 無毒. 養腎氣, 去脾胃熱, 益氣. 陳者味苦, 煮粥性

---

17 《本草綱目》卷22〈穀部〉"稻", 1463~1464쪽.

18 담열(痰熱): 열사(熱邪)가 몸안의 담(痰)과 만나 엉겨서 생긴 병증임

19 풍병(風病): 풍으로 인한 병의 총칭(總稱). 풍기(風氣)·풍증(風症)·풍질(風疾)이라고도 한다. 현대적으로는 신경(神經)의 문제가 주로 연관된 것으로 본다.

20 비병(脾病): 소화불량(消化不良), 설사(泄瀉), 오심(五心), 구토(嘔吐), 식욕부진(食慾不振), 신체피로 등, 비(脾)의 기능 장애로 인한 제반 질병을 통틀어 이르는 용어이다.

21 적취(積聚): 오장육부에 기가 순조롭지 못하여 막히고 쌓인 것이 덩어리가 된 증상으로 '적'은 움직이지 않는 덩어리, '취'는 옮겨 다니면서 움직이는 덩어리로 구분된다.

22 《食物本草》卷上〈穀類〉"粟米", 10쪽.

쑤면 성질이 따뜻해진다. 살구속씨와 함께 먹으면 안 되니, 그러면 토하고 설사를 하게 한다.

暖. 不可與杏仁同食, 令人吐泄.

본초습유(本草拾遺) 23 위장이 냉한 사람이 많이 먹어서는 안 된다. 물에 젖어 썩은 조는 몸을 해친다.

本草拾遺 胃冷者, 不可多食. 粟浸水至敗者損人.

본초강목 24 조의 맛은 짜고 담백하며, 기운이 차서 아래로 스며드니, 신장에 좋은 곡식이다. 죽을 쑤어 먹으면 단전(丹田) 25에 유익하고, 허약해지고 손상된 증상을 보하며, 장위(腸胃, 장과 위)를 열어준다.

本草綱目 粟之味鹹淡, 氣寒下滲, 腎之穀也. 煮粥食, 益丹田, 補虛損, 開腸胃.

본초연의(本草衍義) 26 27 날것은 소화하기가 어려우며, 익은 것은 기를 막고 체증을 유발하며 몸에 벌레가 생기게 한다.

本草衍義 生者難化, 熟者滯氣膈食生蟲.

2-4) 차조

秫米

식물본초 28 맛은 달고, 성질은 약간 차다. 한열(寒熱)을 멈추게 하고 대장에 이롭다. 밥을 지으면 너무 찰지므로 오직 술을 빚을 수 있지만 빚어진 술의 양도 적다.

食物本草 味甘 ④, 微寒. 止寒熱, 利大腸. 作飯最粘, 惟可作酒, 汁亦少.

---

23 출전 확인 안 됨 ; 《本草綱目》卷23 〈穀部〉 "粟", 1482쪽.
24 《本草綱目》卷23 〈穀部〉 "粟", 1482쪽.
25 단전(丹田) : 배꼽 3촌 아래에 해당하는 부분.
26 본초연의(本草衍義) : 중국 송(宋)나라 구종석(寇宗奭, ?~?)이 지은 본초서. 약재 감별과 약물 응용 방면에서 오랫동안 실전에서의 경험을 근거로 하여 《가우보주신농본초(嘉祐補注神農本草)》 가운데에서 풀이가 완벽하지 않은 470종의 약물을 상세하게 분석 논술하였다.
27 《本草衍義》卷18 〈粟〉, 132쪽.
28 《食物本草》卷上 〈穀類〉 "秫米", 11쪽.
④ 甘 : 저본에는 "鹹". 오사카본·《食療本草·穀部·秫米》에 근거하여 수정.

[식료본초]29 성질은 평하나 늘 먹어서는 안 된다. 오장의 기운을 막고, 풍(風)을 동하게 하며, 사람의 정신을 혼미하게 만든다.

[食療本草] 性平, 不可常食, 擁五臟氣, 動風, 迷悶人⑤.

[양생집(養生集)]30 31 맛은 시고, 성질은 뜨겁다. 끈적거리고 엉겨서 황적병(黃積病)32이 생기기 쉬우므로 어린아이가 많이 먹어서는 안 된다.

[養生集] 味酸, 性熱. 粘滯, 易成黃積病, 小兒不宜多食.

2-5) 황량미(黃粱米)33

[명의별록(名醫別錄)]34 35 맛은 달고, 성질은 평하며, 독은 없다. 기운을 북돋우고 속을 편안하게 한다.

黃粱米

[名醫別錄] 甘, 平, 無毒. 益氣和中.

[본초연의]36 청량미와 백량미는 성질이 모두 약간 서늘하다. 오직 황량미가 맛은 달고 성질은 평하니, 아마도 땅의 중화(中和)하는 기운을 많이 얻었기 때문이 아니겠는가?

[本草衍義] 靑粱、白粱性皆微凉, 獨黃粱性味甘平, 豈非得土之中和氣多耶?

[식물본초]37 먹어보면 향기와 맛이 다른 종류의 조보

[食物本草] 食之, 香美逾於

---

29 《食療本草》卷下〈秫米〉, 116쪽 ;《本草綱目》卷23〈穀部〉"秫", 1484쪽.

30 양생집(養生集) : 확인 안 됨.

31 출전 확인 안 됨 ;《本草綱目》卷23〈穀部〉"秫", 1484쪽.

32 황적병(黃積病) : 가슴에 황색의 적체(積滯)가 맺히는 증상.

33 황량미(黃粱米) : 알이 굵고 노란빛을 띠며 찰기가 적은 조. 일반적인 메조를 말한다.

34 명의별록(名醫別錄) : 중국 양(梁)나라 도홍경(陶弘景, 456~536)이 정리한 책으로《신농본초(神農本草)》에 대한 최초의 보주(補注) 형식의 본초서. 3품으로 분류된《신농본초》365종의 약품을 기초로 하여, 한(漢)·위(魏) 이래 명의들이 사용한 365종을 더하여 만들었다.

35 《名醫別錄》〈中品〉卷2 "黃粱米", 206쪽.

36 《本草衍義》卷20〈靑、黃、白粱米〉, 149쪽.

37 《食物本草》卷上〈穀類〉"黃粱米", 11쪽.

⑤ 迷悶人 :《食療本草·秫米》에는 없음.

다 낫다.

諸粱.

2-6) 백량미(白粱米)[38]

白粱米

명의별록[39] 맛은 달고, 성질은 약간 차며, 독은 없다. 열을 제거하고 기운을 북돋운다.

名醫別錄 甘, 微寒, 無毒. 除熱益氣.

식료본초[40] 가슴과 배 사이의 객열(客熱)[41]을 제거하고, 오장의 기운을 통하게 하며, 근육과 뼈를 붙인다.[42]

食療本草 除胸膈中客熱, 移⑥五臟氣, 續⑦筋骨.

본초강목[43] 밥을 해서 먹으면 속을 편안하게 하고 번갈(煩渴)[44]을 그치게 한다.

本草綱目 炊飯食之, 和中止煩渴.

식물본초[45] 향과 맛이 황량미 다음 가며 또한 가루 내어 먹기에 적당하다.

食物本草 香美次於黃粱, 亦堪作粉.

---

38 백량미(白粱米) : 알이 굵고 흰빛을 띠며 맛이 좋은 조.

39 《名醫別錄》〈中品〉卷2 "白粱米", 207쪽.

40 《食療本草》卷下〈白粱米〉, 118쪽 ; 《本草綱目》卷23〈穀部〉"粱", 1479쪽.

41 객열(客熱) : 외부에서 몸속으로 침입한 열사(熱邪).

42 근육과……붙인다 : 《정조지》에서 인용한 《식료본초》의 내용은 실제 《식료본초》의 원문과 대조하였을 때 글자의 출입이 잦고 내용이 다른 경우가 많다. 오히려 《본초강목》에서 《식료본초》를 인용한 부분과 거의 대부분 일치하는 것으로 보아 서유구는 해당 내용을 《식료본초》가 아닌 《본초강목》을 보고 인용한 것으로 보인다. 원문의 "續"은 저본과 《본초강목》 교정본에는 "緩"으로 되어있지만 《본초강목》의 모체라 할 수 있는 《대관본초(大觀本草)》·《정화본초(政和本草)》 뿐만 아니라 원출전인 《식료본초》에도 "續"으로 되어 있다. 이에 《식료본초》를 근거로 저본을 교감하였음을 밝혀둔다.

43 《本草綱目》卷23〈穀部〉"粱", 1480쪽.

44 번갈(煩渴) : 몸속의 진액이 소모되어 가슴이 답답하고 입이 마르는 증상.

45 《食物本草》卷上〈穀類〉"白粱米", 11쪽.

⑥ 移 : 《食療本草·白粱米》에는 "移易".

⑦ 續 : 저본·《本草綱目·穀部·粱》에는 "緩". 《食療本草·白粱米》에 근거하여 수정.

2-7) 청량미(靑粱米)[46]

靑粱米

[명의별록][47] 맛은 달고, 성질은 약간 차며, 독은 없다. 기운을 북돋우고 속을 보하며, 몸을 가볍게 하고 수명을 늘린다. 죽을 쑤어 먹는다.

[名醫別錄] 甘, 微寒, 無毒. 益氣補中, 輕身長年. 煮粥食之[8].

[본초강목][48] 그 알곡이 까끄라기는 많고 알갱이는 적다. 금(金)과 수(水)의 기운을 받아 그 성질이 가장 서늘하므로, 병자에게 알맞다.

[本草綱目] 其穀芒多米少, 稟受金水之氣, 其性最涼而宜病人.

[식물본초][49] 여름에 먹으면 매우 청량하다. 다만 맛이 좋지 않고 껄끄러우며 색이 나빠서 황량미나 백량미보다 못하므로, 사람들이 적게 심는다.

[食物本草] 夏月食之, 極清涼. 但味短而澀, 色惡, 不如黃、白粱, 故人少種.

2-8) 찰기장

稷米

[식물본초][50] 맛은 달고, 독은 없다. 기를 북돋우고 부족한 기운을 보한다. 또 성질이 냉해서 열을 다스린다고 한다.

[又] 味甘, 無毒. 益氣補不足. 又云冷治熱.

[식료본초][51] 많이 먹으면 36가지 냉병(冷病)[52]의 기운

[食療本草] 多食[9], 發三[10]

---

46 청량미(靑粱米) : 알이 잘고 청색이나 회색빛을 띠며 찰기가 있는 조.
47 《名醫別錄》〈中品〉卷2 "靑粱米", 206쪽;《本草綱目》卷23〈穀部〉"粱", 1480쪽.
48 《本草綱目》卷23〈穀部〉"粱", 1480쪽.
49 《食物本草》卷上〈穀類〉"靑粱米", 11쪽.
50 《食物本草》卷上〈穀類〉"稷米", 11쪽.
51 《食療本草》卷下〈稷〉, 120쪽;《本草綱目》卷23〈穀部〉"稷", 1474쪽.
52 냉병(冷病) : 냉감을 느끼지 않을 만한 온도에서 신체의 특정 부위만 차가움을 느껴 곤란한 상태거나 또는 다른 사람에 비해 전신이 차가움을 느끼는 증상.
⑧ 煮粥食之:《名醫別錄·中品·靑粱米》에는 없음.
⑨ 多食:《食療本草·稷》에는 "山東多食".
⑩ 三: 저본에는 "二".《食療本草·稷》·《本草綱目·穀部·稷》에 근거하여 수정.

찰기장

을 일으킨다. 박씨와 함께 먹으면 안 되니, 냉병을 일으키기 때문이다. 이때는 다만 메기장짚 달인 즙을 마시면 낫는다. 또한 부자(附子)와 함께 먹어서도 안 된다.

十六種冷病氣. 不與瓠子同食, 發冷病. 但飮黍穰⑪汁卽瘥. 又不可與附子同服⑫.

식의심경(食醫心鏡)[53][54] 밥을 지어 먹으면 속을 편안하게 하고 위장에 이로우며 비장에 좋다.

食醫心鏡 作飯食, 安中利胃宜脾.

생생편(生生編)[55][56] 혈(血)[57]을 식혀 더위 먹은 증상을 치료한다.

生生編 凉血解暑.

---

53 식의심경(食醫心鏡) : 중국 당나라의 의학자인 잠은(昝殷, ?~?)이 저술한 의서. "식의심감(食醫心鑑)"이라고도 한다. 약물이나 침술이 아니라, 주로 음식을 통해 병을 치료하는 방법을 모아 놓은 서적이다.

54 출전 확인 안 됨 ;《本草綱目》卷23〈穀部〉"稷", 1474쪽.

55 생생편(生生編) : 확인 안 됨.

56 출전 확인 안 됨 ;《本草綱目》, 위와 같은 곳.

57 혈(血) :《동의보감》에 의하면, 혈은 음식을 섭취하여 몸에서 이를 만드는데 중초(中焦)가 물과 곡식의 기운을 받아 붉게 변화시킨 것이라 했다. 대체로 피를 가리키는 말이다. 온몸을 돌며 영양작용을 하므로 모든 장부가 이 혈의 도움이 있어야 정상적인 활동을 유지할 수 있다.

⑪ 穰 :《食療本草·稷》에는 "釀".

⑫ 又不……同服 :《食療本草·稷》에는 없음.

2-9) 메기장

<del>명의별록</del>[58] 맛은 달고, 성질은 따뜻하며, 독은 없다. 오래 먹으면 번열이 많이 나게 하고, 기운을 북돋우며 속을 보한다.

식료본초[59] 성질은 차고 독이 조금 있어 오래된 병이 도진다. 오래 먹으면 오장이 무력해져서 잘 졸게 되고, 근육과 뼈가 느슨해지며 혈맥(血脈)을 끊는다. 어린아이가 많이 먹으면 오랫동안 걷지 못하게 된다. 새끼고양이나 강아지가 먹으면 다리가 굽는다. 아욱과 함께 먹으면 고질병이 생긴다. 소고기·백주(白酒)[60]와 함께 먹으면 촌충[寸白蟲]이 생긴다. 이붕비(李鵬飛)[61]는 "5가지 종류의 메기장은 많이 먹으면 기가 막힌다."[62]라 했다.

黍米

名醫別錄 甘, 溫, 無毒. 久食, 令人多熱煩, 益氣補中.

食療本草 性寒, 有小毒, 發故疾[13]. 久食, 昏五臟, 令人好睡, 緩人筋骨, 絶血脈. 小兒多食, 令久[14]不能行. 小猫、犬食之, 其[15]脚蹎屈. 合葵菜食, 成痼疾. 合牛肉、白酒食, 生寸白蟲. 李鵬[16]飛曰:"五種黍米, 多食閉氣[17]."

---

58 《名醫別錄》〈下品〉卷3 "黍米", 313쪽;《本草綱目》卷23〈穀部〉"黍", 1475쪽.

59 《食療本草》卷下〈黍米〉, 119쪽;《本草綱目》卷23〈穀部〉"粟", 1475~1476쪽.

60 백주(白酒):찹쌀을 찐 다음 누룩가루와 물을 섞어 발효시킨 술. 서울 지방에서 주로 담그는 흰빛깔의 술로 합주(合酒)라고도 한다. 숙성 기간이 막걸리보다 약간 길어 약주에 가깝지만 누룩을 섞어 버무린 지에밥으로 백주를 제조하는 방법은 체에 걸러 쌀알을 뭉개어 걸러내는 막걸리와 유사하다.

61 이붕비(李鵬飛):1222~?. 중국 원(元)나라의 의사·양생가. 호는 징심(澄心). 지주(池州) 구화(九華)사람이라 이구화(李九華)라고도 부른다. 어릴 때부터 의학을 배웠고 집을 떠난 어머니를 3년 동안 찾아다녀 만난 일이 있어 효자로 칭송되었다. 저서로는 양생법에 대해 기술한 《삼원연수참찬서(三元延壽參贊書)》가 있다.

62 5가지……막힌다:《三元延壽參贊書》卷3〈米穀〉(《中華道藏》23-71, 753쪽).

[13] 發故疾:《食療本草·黍米》에는 없음.

[14] 久:《食療本草·黍米》에는 "兒".

[15] 其:저본에는 "且". 오사카본·규장각본·《食療本草·黍米》·《本草綱目·穀部·黍》에 근거하여 수정.

[16] 鵬:저본에는 "廷".《本草綱目·穀部·黍》에 근거하여 수정.

[17] 李鵬……閉氣:《食療本草·黍米》에는 없음.

본초강목[63] 나원(羅願)[64]이 "메기장[黍]은 더운 곡식[暑]이다. 불을 상징하므로 남쪽 지방의 곡식이다."라 했다. 대개 메기장은 끈적거리고 엉기는 점이 가장 심하니, 찹쌀과 그 성질이 같다. 기운이 따뜻하므로 폐를 보하는 효능이 있지만 많이 먹으면 번열이 나고 근육과 뼈가 늘어진다. 맹선(孟詵)[65]이 위에서 메기장의 성질이 차다고 한 말은 틀렸다.

本草綱目 羅願云 : "黍者, 暑也, 以其象火, 爲南方之穀." 蓋黍最粘滯, 與糯米同性. 其氣溫暖, 故功能補肺, 而多食作煩熱, 緩筋骨也. 孟氏謂其性寒非矣.

오씨본초(吳氏本草)[66][67] 메기장은 7월에 음지에서 말린다. 속을 북돋우고 기운을 보한다.

吳氏本草 黍七月陰乾. 益中補氣.

식금방(食禁方)[68][69] 메기장은 조청·꿀과 함께 먹어서는 안 된다.

食禁方 黍米不可合飴糖、蜜食之.

식물본초[70] 요즘 북쪽 지방에 심는 곡식은 대부분 찰기장인데 가장 찰지다. 이를 또한 '황나(黃糯)'라고도 한다. 황나로만 빚은 술을 '황미주(黃米酒)'라 한다. 이 쌀은 또한 풍을 요동시켜서 사람들이 적게 먹는다.

食物本草 今北地所種, 多是秫黍, 最粘. 又名"黃糯", 只以作酒, 謂之"黃米酒". 此米且動風, 人少食.

---

63 《本草綱目》卷23〈穀部〉"黍", 1476쪽.

64 나원(羅願) : 1136~1184. 중국 남송(南宋)의 관리. 자는 단량(端良), 호는 존재(存齋). 저서로는 《이아익(爾雅翼)》이 있다.

65 맹선(孟詵) : 621~713. 중국 당(唐)나라 의학자. 음식으로 질병을 예방하고 치료하는 방법을 다룬 식치서(食治書)인 《식료본초(食療本草)》를 지었다.

66 오씨본초(吳氏本草) : 중국 위나라 오보(吳普)가 쓴 본초서. 신농(神農)·황제(黃帝)·기백(岐伯)·동군(桐君)·뇌공(雷公)·편작(扁鵲)·화타(華佗)·이씨(李氏)의 약성과 약미에 관한 설을 상세히 기록했다.

67 출전 확인 안 됨.

68 식금방(食禁方) : 미상.

69 출전 확인 안 됨.

70 《食物本草》卷上〈穀類〉"黍米", 9~10쪽.

2-10) 수수

본초강목[71] 맛은 달고 껄끄러우며, 성질은 따뜻하고, 독은 없다. 속을 따뜻하게 하고 설사를 그치게 한다. 찰수수는 메기장과 효능이 같다.

蜀黍

本草綱目 甘澁, 溫, 無毒. 溫中, 澁腸胃[18]. 粘者與黍同功[19].

2-11) 옥수수

본초강목[72] 맛은 달고, 성질은 평하며, 독은 없다. 속을 조화롭게 하고 위장을 열어준다.

玉蜀黍

又 甘, 平, 無毒. 調中開胃.

2-12) 돌피[稗子][73]

본초강목[74] 맛은 달고 껄끄러우며, 독은 없다. 속을 보하고 기운을 북돋우며, 장위를 튼튼하게 하고, 굶주림을 구제한다.

稗子

又 甘澁[20], 無毒. 補中益氣, 厚腸胃, 濟飢.

2-13) 패미(稗米, 핍쌀)

식물본초[75] 맛은 부드럽고, 기운은 맵다. 밥을 지어 먹어도 괜찮다.

稗米

食物本草 味脆, 氣辛. 可以爲飯.

본초강목[76] 맛은 맵고 달면서도 쓰며, 성질은 약간 차고, 독은 없다. 밥을 지어 먹으면 기운을 북돋우

本草綱目 辛甘苦, 微寒, 無毒. 作飯食, 益氣宜脾,

71 《本草綱目》卷23〈穀部〉"蜀黍", 1477쪽.
72 《本草綱目》卷23〈穀部〉"玉蜀黍", 1478쪽.
73 돌피[稗子]: 벼과 피속의 한해살이풀.
74 《本草綱目》卷23〈穀部〉"稗子", 1485쪽.
75 《食物本草》卷上〈穀類〉"稗子米", 12쪽.
76 《本草綱目》卷23〈穀部〉"稗", 1486쪽.
18 溫中……腸胃: 저본에는 "溫益氣, 厚腸胃". 오사카본·규장각본·《本草綱目·穀部·蜀黍》에 근거하여 수정.
19 功: 저본에는 없음. 오사카본·규장각본·《本草綱目·穀部·蜀黍》에 근거하여 보충.
20 澁:《本草綱目·穀部·稗子》에는 "澁".

줄

고 비장에 좋다. 그러므로 조식(曹植)[77]이 "향긋한 줄
[菰]과 잘 여문 피[稗]"라고 한 말이 있다.

故曹植有"芳菰精稗"之稱.

2-14) 줄[菰米]

菰米

식물본초 [78] 성질은 약간 차고, 독은 없다. 옛날 사
람들은 맛있는 음식으로 여겼는데, 밥을 지으면 또
한 부드러우면서도 껄끄럽다.

食物本草 性微寒, 無毒.
古人以爲美饌, 作飯亦脆
澁.

본초강목 [79] 맛은 달고, 성질은 냉하며, 독은 없다.
번열을 풀어주고 장위를 조화롭게 한다.

本草綱目 甘, 冷, 無毒. 解
煩熱調腸胃.

---

77 조식(曹植): 192~232. 자는 자건(子建). 조조(曹操)의 세 번째 아들로 조비(曹丕)의 동생으로 총명하고
   문재가 뛰어났다. 자기를 콩에, 형을 콩대에 비유하여 육친의 불화를 상징적으로 노래한 《칠보지시(七步
   之詩)》를 지었다. 본문의 내용은 조식이 지은 《조자건집(曹子建集)》 권9 〈칠계(七啓)〉에 있다.
78 《食物本草》卷上 〈穀類〉 "菱米", 12쪽.
79 《本草綱目》卷23 〈穀部〉 "菰米", 1488쪽.

2-15) 망미(䅟米)[80]

본초습유[81] 맛은 달고, 성질은 차며, 독은 없다. 밥을 지어 먹으면 열을 없애고 장위를 잘 통하게 하며 기력을 북돋운다. 오래 먹으면 허기지지 않는다.

䅟米

本草拾遺 甘, 寒, 無毒. 作飯, 去熱, 利腸胃, 益氣力. 久食令不饑.

2-16) 봉초미(蓬草米)[82]

본초습유[83] 맛은 시고 껄끄러우며, 성질은 평하고, 독은 없다. 밥을 지어 먹으면 허기를 채워주는 점이 멥쌀과 다르지 않다.

蓬草米

又 酸澁, 平, 無毒. 作飯食之, 益饑[21], 無異粳米.

2-17) 사초미(蒒草米)[84]

본초습유[85] 맛은 달고, 성질은 평하며, 독은 없다. 허기지지 않고 몸을 가볍게 한다.

蒒草米

又 甘, 平, 無毒. 不饑輕身.

해약본초(海藥本草)[86][87] 허하여 야윈 몸을 보하고, 장위를 따뜻하게 하며, 구토를 멈추게 한다. 오래 먹으면 몸을 튼튼하게 한다.

海藥本草 補虛羸, 溫腸胃, 止嘔逆. 久食健人.

---

80 망미(䅟米) : 화본과 벼목의 두해살이풀인 개피를 말한다. 황(皇)·수전(守田)·수기(守氣)라고도 한다.
81 출전 확인 안 됨 : 《本草綱目》卷23〈穀部〉"䅟草", 1489쪽.
82 봉초미(蓬草米) : 미상.
83 출전 확인 안 됨 : 《本草綱目》卷23〈穀部〉"蓬草子", 1488쪽.
84 사초미(蒒草米) : 싸라기쌀.
85 출전 확인 안 됨 : 《本草綱目》卷23〈穀部〉"蒒草", 1489쪽.
86 해약본초(海藥本草) : 중국 오대(五代)시대 전촉(前蜀)의 의학자 이순(李珣, ?~?)이 편찬한 본초서. 페르시아인의 후예인 이순은 페르시아와 아랍·로마·인도·베트남 등지의 향약(香藥)을 많이 소개했다.
87 출전 확인 안 됨 : 《本草綱目》, 위와 같은 곳.
21 饑 : 저본에는 "氣". 오사카본·규장각본·《本草綱目·穀部·蓬草子》에 근거하여 수정.

2-18) 낭미미(狼尾米)[88]

狼尾米

식물본초[89] 밥을 지어 먹으면 허기지지 않게 한다.

食物本草 作飯[22]食之, 令人不饑.

2-19) 율무

薏苡米

본초(本草)[90][91] 맛은 달고, 성질은 약간 차며, 독은 없다. 오래 먹으면 몸을 가볍게 하고 기운을 북돋운다.

本草 甘, 微寒, 無毒. 久服, 輕身益氣.

본초습유[92] 밥을 짓거나 가루 내어 먹는다. 주로 허기지지 않게 하고 기를 따뜻하게 한다.

本草拾遺 炊飯作麵食. 主不饑溫氣.

본초강목[93] 비장을 튼튼하게 하고 위장의 기운을 북돋아주고, 폐를 보하고 열을 식혀주며, 풍을 제거하고 습사(濕邪)[94]를 없앤다. 밥을 지어 먹으면 냉기를 치료한다.

本草綱目 健脾益胃, 補肺清熱, 去風勝濕. 炊飯食, 治冷氣.

2-20) 비미(粃米, 쌀겨)

粃米

식물본초[95] 맛은 달고 성질은 평하다. 장을 통하게

食物本草 味甘, 平. 通腸

---

88 낭미미(狼尾米) : 화본과 벼목의 여러해살이풀인 수크령을 말한다. 길갱이라고도 한다.

89 《食物本草》 卷上 〈穀類〉 "狼尾子米", 12쪽.

90 본초(本草) : 보통 《신농본초경(神農本草經)》을 말한다. 그러나 의이인이 훨씬 후대에 전해진 사실을 상기해 보면 여기서 본초는 꼭 《신농본초경》이 아니라 명칭이 특정되지 않은 당대의 대표적 본초서, 널리 알려진 본초를 말하는 것으로 이해된다. 이런 사례는 종종 확인되는데, 그 경우 대개 《증류본초(證類本草)》가 대표적 본초로 거론되고 있다.

91 《神農本草經疏》 卷6 〈草部〉 "薏苡仁" (《繆希雍醫學全書》, 119쪽) ; 《本草綱目》 卷23 〈穀部〉 "薏苡", 1490쪽.

92 출전 확인 안 됨 ; 《本草綱目》 卷23 〈穀部〉 "薏苡", 1490쪽.

93 《本草綱目》 卷23 〈穀部〉 "薏苡", 1490쪽.

94 습사(濕邪) : 풍(風)·한(寒)·서(暑)·습(濕)·조(燥)·화(火) 6음(六陰)의 하나로, 습(濕)이 병을 일으키는 사기(邪氣)가 된 것을 가리킨다.

95 《食物本草》 卷上 〈穀類〉 "粃米", 12쪽.

22 飯 : 《食物本草·穀類·狼尾子米》에는 "黍".

율무

비미

하고 위장을 열어주며, 기를 내리며 적괴(積塊)96를 점점 없앤다. 미숫가루를 만들어 먹으면 수명을 늘리고 허기지지 않으며, 몸을 튼튼하고 매끄럽게 하여 몸을 보양할 수 있다. 옛날 진평(陳平)97이 겨[糠]를 먹고 살이 쪘다고 하는데, 비미가 바로 도정한 쌀알 위의 고운 쌀겨이다.

開胃, 下氣磨積塊. 製作糗食, 延年不饑, 充滑膚體, 可以頤養. 昔陳平食糠而肥, 粃米卽精米上細糠也.

2-21) 밀

명의별록 98 맛은 달고, 성질은 약간 차며, 독은 없다. 객열(客熱)99을 제거하고, 번갈을 그치게 하며, 소변을 잘 나오게 하고, 간의 기운을 기른다.

小麥

名醫別錄 甘, 微寒, 無毒. 除客熱, 止煩渴, 利小便, 養肝氣.

---

96 적괴(積塊) : 배와 옆구리 부위에 덩어리가 단단하게 맺혀 만져지는 병증.
97 진평(陳平) : ?~B.C 178. 중국 전한(前漢)의 정치가. 농민의 아들로 태어나 가난한 생활을 하다가 항우의 책사가 되어 항우를 섬겼다. 후에 유방(劉邦)에게 투항하여 한나라 건국에 공을 세웠다.
98 《名醫別錄》〈中品〉卷2 "小麥", 205쪽 ; 《本草綱目》, 卷22 〈穀部〉 "小麥", 1451쪽.
99 객열(客熱) : 밖으로부터 침입한 열사(熱邪)를 말한다.

본초습유 100 밀은 가을에 파종하여 여름에 익으므로 사계절의 기운을 충분히 받아 차가움·뜨거움·따뜻함·서늘함을 모두 갖고 있다. 그러므로 밀의 성질은 서늘하고, 누룩의 성질은 따뜻하고, 밀기울의 성질은 냉하며, 밀가루의 성질은 뜨겁다.

本草拾遺 小麥秋種夏熟, 受四時氣足, 兼有寒熱溫涼, 故麥涼麴溫, 麩冷麪熱.

본초강목 101 《황제내경소문(黃帝內經素問)102》에 "밀은 화(火)에 속하니, 심장에 좋은 곡식이다."103라 했다. 정현(鄭玄)104은 "밀에는 껍질[孚甲, 종자의 외피]이 있으니, 목(木)에 속한다."105라 했다. 허신(許愼)106은 "밀은 금(金)에 속한다. 금(金)이 왕성할 때 나서 화(火)가 왕성할 때 죽는다."107라 했다. 이렇게 3가지 설이 각각 다르다. 《명의별록》에 "밀은 간의 기운을 기른다.108"109라 한 점은 정현의 설과 합치된다. 손사

本草綱目 《素問》云 : "麥屬火, 心之穀也." 鄭玄云 : "麥有孚甲, 屬木." 許愼云 : "麥屬金, 金王而生, 火王而死." 三說各異, 而《別錄》云 "麥養肝氣", 與鄭說合 ; 孫思邈云 "麥養心㉓氣", 與《素問》合.

---

100 출전 확인 안 됨 ; 《本草綱目》, 위와 같은 곳.

101 《本草綱目》, 위와 같은 곳.

102 황제내경소문(黃帝內經素問) : 중국의 전국 시대부터 한나라 때에 걸쳐 편찬된 책으로, 황제(黃帝)에 가탁하여 기술한 고대의 의서(醫書). 《황제내경영추(黃帝內經靈樞)》와 자매편을 이루며 합쳐서 《황제내경(黃帝內經)》으로 불린다.

103 밀은……곡식이다 : 출전 확인 안 됨.

104 정현(鄭玄) : 127~200. 중국 후한(後漢) 말기의 대표적 유학자로, 자는 강성(康成)이다. 정현은 고문(古文)과 금문(今文)에 다 정통했다. 가장 옳다고 믿는 설을 취하여 경서를 주석했고, 교과서의 정본(定本)을 만들어 연구와 교육에 한평생을 바쳐 수천 명의 제자를 거느리는 일대 학파를 형성했다.

105 밀에는……속한다 : 출전 확인 안 됨.

106 허신(許愼) : 30~124. 중국 후한(後漢)의 경학가. 문자학에 깊은 조예가 있었으며, 이를 바탕으로 한자의 모양·뜻·음을 체계적으로 해설한 최초의 자서(字書)인 《설문해자(說文解字)》를 저술하였다.

107 밀은……죽는다 : 《설문해자(說文解字)》 卷5下〈麥〉(《文淵閣四庫全書》223, 176쪽)에 있다. 금(金)이 왕성할 때 나서 화(火)가 왕성할 때 죽는다는 말은 금에 해당하는 계절인 가을에 심어서 화에 해당하는 계절인 여름에 수확한다는 말이다.

108 밀은……기른다 : 간은 오행에서 목(木)에 해당하는데, 《명의별록》에서는 곡식 중에 밀이 오행 중의 목에 맞는 것으로 본 것이다. 한의학에서는 이렇듯 오행을 몸의 장기에 대응시키고 역시 그에 맞는 약재를 쓰는데, 예를 들면 비(脾)는 토(土)에, 간은 목(木)에, 심(心)은 화(火)에 폐(肺)는 (金)에, 신(腎)은 수(水)에 해당한다.

109 밀은……기른다 : 《명의별록(名醫別錄)》〈중품(中品) 권2 "소맥(小麥)", 205쪽.

㉓ 心 : 《千金翼方·本草·米穀部》에는 "肝".

막(孫思邈)[110]이 "밀은 심장의 기운을 기른다."[111]라 한 점은《황제내경소문》의 설과 합치된다.

그 효능을 자세히 생각해보면 번열을 제거하고 갈증을 그치게 하며 땀을 멎게 하고, 소변을 잘 나오게 하며 피를 멎게 하는데, 이는 모두 심장의 병을 치료하는 효능이므로《황제내경소문》의 설을 기준으로 삼아야 한다.

夷考其功, 除煩止渴, 收汗利溲止血, 皆心之病也, 當以《素問》爲準.

명의별록[112] 밀가루는 맛이 달고, 성질은 따뜻하며, 독이 약간 있다. 열을 없애서 번열을 그치게 할 수는 없다.

名醫別錄 小麥麵, 甘, 溫, 有微毒. 不能消熱止煩.

천금식치(千金食治)[113][114] 많이 먹으면 오래 묵은 장벽(腸澼, 이질)을 증진시키고 객기(客氣)[115]를 더한다.

千金食治 多食, 長宿澼, 加客氣.

일화본초(日華本草)[116][117] 성질은 열을 막히게 하고, 풍기를 약간 요동시키며, 단석(丹石)의 독을 일으킨다. 기를 기르고, 부족한 기운을 보하며, 오장(五臟)

日華本草 性壅熱, 小動風氣, 發丹石毒. 養氣補不足, 助五臟.

---

110 손사막(孫思邈) : 581~682. 중국 당(唐)나라 때의 대표적인 의학자로 후대에 지대한 영향을 주었다. 손진인(孫眞人), 약왕(藥王)으로도 불린다. 이론적 연구에 치중하기보다 풍부한 임상치료를 통해 수집한 처방을 정리했다. 저서로는《비급천금요방(備急千金要方)》·《천금익방(千金翼方)》이 있다.

111 밀은……기른다 :《천금익방(千金翼方)》권4〈본초(本草)〉下 "미곡부(米穀部)" '소맥(小麥)'(《孫思邈醫學全書》, 629쪽).

112 《名醫別錄》〈中品〉卷2 "小麥", 205쪽 ;《本草綱目》卷22〈穀部〉"小麥", 1453쪽.

113 천금식치(千金食治) : 중국 당(唐)나라의 명의 손사막(孫思邈, 541~682)이 편찬한 식치서(食治書).

114 《備急千金要方》卷26〈食治〉"穀米"4 '小麥'(《孫思邈醫學全書》, 479쪽) ;《本草綱目》, 위와 같은 곳.

115 객기(客氣) : 밖에서 들어와 병의 원인이 되는 외사(外邪)를 말한다.

116 일화본초(日華本草) : 저작연대 및 저자 미상의 일화자(日華子)가 편찬한 본초서. 산일되어 전해지지 않으나 600여종의 약물을 수록한 것으로 추정된다.

117 출전 확인 안 됨 ;《本草綱目》, 위와 같은 곳.

을 돕는다.

본초습유 [118] 허함을 보한다. 오래 먹으면 사람의 몸을 실하게 하고, 장위를 튼튼하게 하며, 기력을 강하게 한다.

本草拾遺 補虛. 久食實人膚體, 厚腸胃, 强氣力.

식료본초 [119] 밀가루에 열독(熱毒)이 있는 것은 대부분 오래 묵어 검푸른색을 띠는 경우이다. 또 밀을 가루로 가는 도중에 돌가루가 들어갔기 때문이기도 하다. 다만 절구질을 해서 먹으면 좋다.

食療本草 麪有熱毒者, 多是陳黝之色. 又爲磨中石末在內故也. 但杵食之卽良.

식물본초 [120] 중국의 동남 지방은 지대가 낮고 습하며 봄에 비가 많이 내려 밀이 이미 습기를 많이 머금었다. 또한 사람들이 땀을 잘 내지 않는다. 그러므로 밀을 먹으면 갈증이 나고 풍기(風氣)를 요동시키며, 습사(濕邪)를 돕고 열을 낸다.

食物本草 東南卑濕, 春多雨水, 麥已受濕氣, 又不曾出汗, 故食之, 作渴, 動風氣, 助濕發熱.

반면 서북 지방은 지대가 높고 건조하며 봄비 또한 적어 밀이 습기를 머금지 않는다. 게다가 사람들 또한 움집에 들어가 땀을 낸다. 북쪽 사람들은 타고난 체질이 건강하고 몸에 습기가 적으므로 늘 먹어도 병이 나지 않는다.

西北高燥, 春雨又少, 麥不受濕, 復入地窖出汗. 北人稟厚少濕, 故常食而不病也.

본초강목 [121] 의가(醫家)의 처방 중에 비라면(飛羅麪) [122]

本草綱目 醫方中用飛羅

---

118 출전 확인 안 됨; 《本草綱目》, 위와 같은 곳.
119 《食療本草》 卷下 〈小麥〉, 120~121쪽.
120 《食物本草》 卷上 〈穀類〉 "麪筋", 12~13쪽.
121 《本草綱目》, 위와 같은 곳.
122 비라면(飛羅麪): 명주실로 짠 고운 체에 거른 밀가루.

을 쓰는 이유는 돌가루가 섞여 있지 않아 그 성질이
평이한 점을 취하기 위함이다. 한초(漢椒, 산초)를 삼
키거나 무를 먹으면 모두 돌가루에 의한 독을 풀 수
있다.

麵, 取其無石末而性平易
也. 吞漢椒, 食蘿蔔, 皆能
解其毒.

2-22) 보리

本草

본초 [123] 맛은 짜고, 성질은 따뜻하면서도 약간 차
며, 독은 없다. 오곡 중에서 으뜸인 곡식으로, 열이
많이 나게 한다.

本草 鹹, 溫微寒, 無毒.
爲五穀長, 令人多熱.

명의별록 [124] 열을 제거하고, 기운을 북돋우며, 속
을 조화롭게 한다.

名醫別錄 除熱益氣調中.

식성본초 [125] 허약함을 보하고 혈맥을 튼튼하게 하
며, 안색을 좋게 하고 오장을 실하게 하며, 곡식을
소화시키고 설사를 멎게 하며, 풍기(風氣)를 요동시
키지 않는다. 오래 먹으면 살이 찌고 피부색이 밝아
지며 피부를 윤기 나게 한다. 가루로 만들면 밀보다
나으니, 먹어도 조열(躁熱)[126]이 나지 않는다.

食性本草 補虛劣, 壯血
脈, 益顏色, 實五臟, 化穀
食, 止洩, 不動風氣. 久食,
令人肥白, 滑肌[24]膚. 爲麵,
勝於小麥, 無躁熱.

본초강목 [127] 가슴을 이완시켜 기를 내리고 혈을 식
히며, 쌓인 음식을 소화하여 음식이 내려가게 한다.

本草綱目 寬胸下氣涼血,
消積進食.

123《神農本草經疏》卷25〈米穀部〉"大麥"《(繆希雍醫學全書》, 330쪽);《本草綱目》卷22〈穀部〉"大麥", 1457쪽.
124《名醫別錄》〈中品〉卷2 "大麥", 205쪽.
125 출전 확인 안 됨;《本草綱目》, 위와 같은 곳.
126 조열(躁熱): 가슴 속이 달아오르면서 답답하고 편치 않아서 팔다리를 가만히 두지 못하며, 열이 나는 증상.
127《本草綱目》, 위와 같은 곳.
[24] 肌: 저본에는 "肥". 규장각본·《本草綱目·穀部·大麥》에 근거하여 수정.

석성금 식감본초[128] 먹으면 힘이 나서 행동이 힘차며, 머리가 세지 않는다. 또 고창(蠱脹)[129]을 치료한다.

石氏 食鑑本草 食之, 多力健行, 頭髮不白, 又治蠱脹.

안《도경본초》에 "보리와 밀을 봄에 파종하면 사계절의 기운이 부족하므로 독이 있다."[130]라 했다. 우리나라에서 봄에 파종할 수 있는 밀은 오직 막지밀[莫知麥][131] 한 종류뿐이고 그나마 황해도 몇 개 군 외에는 이를 심는 사람이 드물다. 반면 봄이 되면 보리는 거의 전국에서 고루 심지만 맛이 껄끄럽고 설사하기 쉽다. 소송(蘇頌)[132]이 《도경본초》에서 이른바 독이 있다고 말한 것은 믿을 만하니, 섭생가들은 마땅히 절제해서 먹어야 할 것이다.

案《圖經本草》云 : "大小麥春種者, 四氣不足, 故有毒." 我東小麥之可以春種者, 惟莫知麥一種, 而海西數郡外, 人鮮種之. 至於春, 大麥則幾遍八域, 然味澁易泄. 蘇氏所謂有毒者信矣, 攝生家宜節食之.

2-23) 메밀

蕎麥

천금식치[133] 맛은 시고, 성질은 약간 차다. 먹으면 소화시키기 어렵다. 오래 먹으면 풍(風)을 요동시키고 머리를 어지럽게 한다. 국수를 만들어 돼지고기·양고기와 함께 뜨겁게 끓여 먹으면 불과 8~9번 만에 열풍(熱風)[134]에 걸려 수염과 눈썹이 빠지는데, 다

千金食治 酸, 微寒. 食之難消. 久食動風, 令人頭眩. 作麵和猪、羊肉熱食, 不過八九頓, 卽患熱風, 鬚眉脫落, 還生亦稀. 又不可

128《傳家寶》卷28〈食鑑本草〉"穀" '大麥', 1029쪽.
129 고창(蠱脹) : 기생충독으로 간과 비장이 상하여 배가 부풀어 오르는 증상.
130 보리와……있다 :《본초도경(本草圖經)》〈미부(米部)〉권18, 602쪽.
131 막지밀[莫知麥] : 질이 낮은 밀. 이른 봄에 갈고 6~7월에 거둔다. 까끄라기가 길고 누런 빛이다.《본리지》
　　권7〈곡식 이름 고찰〉"밭곡식" '보리와 밀'에 소개되어 있다.
132 소송(蘇頌) : 1020~1101. 중국 북송(北宋)의 의학자·박물학자(博物學者). 저서로는《도경본초(圖經本草)》·《신의상법요(新儀象法要)》등이 있다.
133《備急千金要方》卷26〈食治〉"穀米" '4 '蕎麥'(《孫思邈醫學全書》, 480쪽);《本草綱目》卷22〈穀部〉"蕎麥",
　　1460쪽.
134 열풍(熱風) : 열이 원인이 되거나 동반되어 생기는 풍병.

메밀

시 나더라도 또한 드문드문 난다. 또 황어(黃魚)[135]와 함께 먹으면 안 된다.

合黃魚食.

식료본초 [136] 장위를 실하게 하고, 기력을 북돋우며, 정신을 이어주고, 오장의 찌꺼기와 노폐물을 제거할 수 있다.

食療本草 實腸胃, 益氣力, 續精神, 能鍊五臟滓穢.

본초강목 [137] 메밀은 기를 내리고 장을 이완시키는 데 가장 효과가 있으므로, 장위에 적체(積滯)된 찌꺼기를 제거할 수 있다. 또 백탁(白濁)[138]·대하(帶下)[139]·설사·복통·기가 치밀어 오르는 증상을 치료

本草綱目 蕎麥最降氣寬腸, 故能鍊腸胃滓滯, 而治濁帶·泄痢·腹痛·上氣之疾, 氣盛有濕熱者宜之. 若

---

135 황어(黃魚): 잉어과에 속하는 바닷물고기. 몸 길이는 25~40cm이며 몸 색깔은 황갈색 또는 청갈색이고, 배 쪽은 은백색이다. 회유성 어종으로 바다에서 살다가 알을 낳기 위해 봄에 물이 맑은 하천으로 거슬러 올라온다.

136 《食療本草》卷下〈蕎麥〉, 122쪽;《本草綱目》, 위와 같은 곳.

137 《本草綱目》, 위와 같은 곳.

138 백탁(白濁): 소변이 뿌옇게 흐려지는 증상.

139 대하(帶下): 여성의 생식기에서 점액질의 분비물이 나오는 증상.

하니, 기가 성하여 습열이 있는 사람에게 좋다. 만약 비장과 위장이 허하고 찬 사람이 먹으면 원기를 크게 빼앗아 수염과 눈썹이 빠지니, 알맞은 음식이 아니다. 맹선(孟詵)이 위의 《식료본초》에서 '사람의 기력을 북돋운다.'140라 한 말은 아마도 옳지 않은 것 같다.

脾胃虛寒人食之, 則大脫元氣而落鬚眉, 非所宜矣. 孟詵云"益人氣力"者, 殆未然也.

석성금 식감본초 141 백반(白礬)142과 함께 먹으면 사람을 죽인다.

石氏 食鑑本草 同白礬食, 殺人.

2-24) 귀리

雀麥

본초강목 143 맛은 달고, 성질은 평하며, 독은 없다. 허기를 채워주고 장의 활동을 원활하게 한다.

本草綱目 甘, 平, 無毒. 充饑滑腸.

2-25) 흑대두(黑大豆, 검정콩)

黑大豆

본초 144 맛은 달고, 성질은 평하며, 독은 없다. 오래 먹으면 몸이 무거워진다.

本草 甘, 平, 無毒. 久服, 令人身重.

본초습유 145 생검정콩은 성질이 평하다. 하지만 이를 볶아먹으면 성질이 매우 뜨거우며, 삶아먹으면 성질이 매우 냉하고, 두시(豆豉)146를 만들면 성질이 매우 냉하며, 장을 담거나 생대두황권(大豆黃卷, 콩나

本草拾遺 大豆生平, 炒食極熱, 煮食甚寒, 作豉極冷, 造醬及生黃卷則平. 牛食之溫, 馬食之冷. 一體之

---

140 사람의……북돋운다: 《식료본초(食療本草)》 권下〈교맥(蕎麥)〉, 122쪽.
141 《傳家寶》卷28〈食鑑本草〉"穀" '蕎麥', 1030쪽.
142 백반(白礬): 명반석을 정제하여 만든 것으로 맛은 시고 떫으며, 성질은 차다. 습을 없애고 담을 삭이며, 살충·해독하는 데 쓰인다.
143 《本草綱目》卷22〈穀部〉"雀麥", 1459쪽.
144 출전 확인 안 됨;《本草綱目》卷24〈穀部〉"大豆", 1500쪽.
145 출전 확인 안 됨;《本草綱目》, 위와 같은 곳.
146 두시(豆豉): 대두나 흑두를 삶은 뒤에 발효시켜 만든 약전국.

물)으로 먹으면 성질이 평하다. 소가 먹으면 성질이
따뜻하고, 말이 먹으면 성질이 냉하다. 이렇듯 콩이
라는 하나의 곡물 속에서도 사용하기에 따라 성질
이 여러 가지로 변한다.

中, 用之數變.

식료본초 [147] 대두황(大豆黃)[148]가루는 돼지고기와 함
께 먹는 일을 금한다. 어린아이가 볶은 콩과 돼지고
기를 함께 먹으면 반드시 십중팔구 기가 막혀 죽음에
이른다. 하지만 10세 이상이면 꺼리지 않아도 된다.

食療本草 大豆黃屑忌猪
肉, 小兒以炒豆、猪肉同食,
必壅氣致死, 十有八九. 十
歲已上不畏也.

식물본초 [149] 소흑두(小黑豆)라고 하는 품종이 가장
좋다. 절암(節菴) 도화(陶華)[150]는 흑두에 소금을 넣고
삶아 때맞춰 늘 먹으면 신장을 보할 수 있다고 했다.
대개 콩은 맛이 짜니 신장에 좋은 곡식이고[151], 또
콩의 모양이 신장(腎臟, 콩팥)과 비슷하며 검은색은
수(水)에 속하니[152], 그 이치가 오묘하도다.

食物本草 一種小黑豆最
佳. 陶節菴以黑豆入鹽煮,
時常食之, 謂能補腎. 蓋豆
味鹹, 腎之穀, 又形類腎,
黑色屬水也, 妙 [25] 哉.

2-26) 황대두(黃大豆, 노란콩)

본초 [153] 맛은 달고, 성질은 따뜻하며, 독은 없다.

黃大豆

本草 甘, 溫, 無毒.

---

147 《食療本草》卷下〈大豆〉, 111쪽 ; 《本草綱目》, 위와 같은 곳.
148 대두황(大豆黃) : 콩을 싹 틔운 후 햇볕에 말린 것을 말한다. 감기를 낫게 하고 속을 편안하게 하는 효능
  이 있다.
149 《食物本草》卷上〈穀類〉 "黑大豆", 13쪽.
150 도화(陶華) : 1369~1463. 중국 명(明)나라의 의학자. 자는 상문(尙文), 호는 절암(節菴). 저서로 《상한육
  서(傷寒六書)》가 있다.
151 맛이……곡식이고 : 사람 몸의 신장은 오행에서 수에 해당하고, 맛으로는 짠맛에 해당한다. 곡식 중에는
  콩이 신장과 모양이 비슷하고 짠맛에 해당하여 신장에 연결된다.
152 검은색은……속하니 : 북방은 수(水)에 해당하고 색으로는 검은색이다. 오행의 수는 신장에 대응되며 검
  은색 역시 수에 해당하여 신장과의 연관이 강화된 점을 부각한 것이다.
153 출전 확인 안 됨 ; 《本草綱目》卷24〈穀部〉 "黃大豆", 1508쪽.
[25] 妙 : 저본에는 "炒". 오사카본·규장각본·《食物本草·穀類·黑大豆》에 근거하여 수정.

본초강목 [154] 날것은 성질이 따뜻하고 볶은 것은 성질이 뜨거우며, 독이 약간 있다. 많이 먹으면 기가 막히고 담이 생기고 기침을 일으키며, 몸이 무거워지고 얼굴이 누렇게 되는 증상과 창개(瘡疥)[155]를 일으킨다.

本草綱目 生溫炒熱, 微毒. 多食, 壅氣生痰動嗽, 令人身重, 發面黃、瘡疥.

2-27) 팥

赤小豆.

본초 [156] 맛은 달면서 시고, 성질은 평하며, 독은 없다.

本草 甘酸, 平, 無毒.

명의별록 [157] 팥은 진액(津液)을 몰아내어 소변이 잘 나오게 한다. 오래 먹으면 피부를 마르게 한다.

名醫別錄 小豆逐津液, 利小便. 久服, 令人肌膚枯燥.

천금식치 [158] 팥을 젓갈과 함께 먹으면 소갈(消渴)[159]이 생긴다.

千金食治 赤豆合魚鮓食之, 成消渴.

식성본초 [160] 기를 위축시키고 풍기(風氣)를 돌게 하고, 근육과 뼈를 단단하게 하며, 기육(肌肉, 피부와 살)을 잡아당기니, 오래 먹으면 몸을 여위게 한다.

食性本草 縮氣行風, 堅筋骨, 抽肌肉, 久食瘦人.

2-28) 녹두

綠豆

본초 [161] 맛은 달고, 성질은 차며, 독은 없다.

本草 甘, 寒, 無毒.

---

154 《本草綱目》, 위와 같은 곳.
155 창개(瘡疥) : 부스럼과 옴을 포함하여 살갗이 몹시 가려운 전염성 피부병. 개창(疥瘡)이라고도 한다.
156 《神農本草經疏》 卷25 〈米穀部〉 "赤小豆"(《繆希雍醫學全書》, 328쪽).
157 《名醫別錄》 〈中品〉 卷2 "赤小豆", 204쪽 ; 《本草綱目》 卷24 〈穀部〉 "赤小豆", 1509쪽.
158 《備急千金要方》 卷26 〈食治〉 "穀米" 4 '赤小豆'(《孫思邈醫學全書》, 478쪽) ; 《本草綱目》, 위와 같은 곳.
159 소갈(消渴) : 물을 많이 마시고 음식을 많이 먹으나 몸은 여위고 오줌 량이 많은 병으로 대개 지금의 당뇨병에 해당한다. 삼다(三多)의 병으로 다음(多飮), 다식(多食), 다뇨(多尿)를 포함한다. 소(消)는 물건이 불에 타 없어지듯 열에 의해 진액이 마르고 몸이 여윈다는 의미이다.
160 《本草綱目》, 위와 같은 곳.
161 《神農本草經疏》 卷25 〈米穀部〉 "赤小豆"(《繆希雍醫學全書》, 328쪽) ; 《本草綱目》 卷24 〈穀部〉 "綠豆", 1514쪽.

식료본초[162] 원기를 보하고 북돋우며, 오장을 조화롭게 하고, 정신을 안정시키고, 12경맥[163]을 돌게 하고, 부풍(浮風)[164]을 제거하며, 피부를 윤기 나게 하므로 늘 먹어야 한다.

食療本草 補益元氣[26], 和調五臟, 安精神, 行十二經脈, 去浮風, 潤皮膚, 宜常食之.

본초습유[165] 쓸 때는 껍질째 써야 한다. 껍질을 벗기면 기를 약간 막히게 한다. 대개 껍질은 성질이 차고, 알맹이는 성질이 평하다. 잉어젓갈과 함께 먹는데, 오래 먹으면 간황(肝黃)[166]에 걸려 갈병(渴病, 소갈)을 생기게 한다.

本草拾遺 用之宜連皮, 去皮則令人少壅氣. 蓋皮寒而肉平也. 合鯉魚鮓食, 久則令人肝黃成渴病.

석성금 식감본초[167] 열을 식혀주고 독을 풀어준다. 약을 복용중인 사람이 먹어서는 안 되는데, 약효를 없애기 때문이다.

石氏 食鑑本草 清熱解毒, 服藥人不可食, 令藥無力.

2-29) 완두

천금식치[168] 맛은 달면서 짜고, 성질은 따뜻하고 평하며 껄끄럽다.

豌豆

千金食治 甘鹹, 溫平濇.

---

162 《食療本草》卷下〈菉豆〉, 124쪽 ; 《本草綱目》, 위와 같은 곳.
163 12경맥 : 사람 몸에 경기(經氣)를 순환시키는 통로의 역할과 유기체를 하나의 통일체로 연관시켜주는 역할을 하는 12개의 경맥. 분포 부위와 연관 장부에 따라 이름을 지었는데 곧 수태음폐경·수양명대장경·족태음비경·족양명위경·수소음심경·수태양소장경·족소음신경·족태양방광경·수궐음심포경·수소양삼초경·족궐음간경·족소양담경이 그것이다.
164 부풍(浮風) : 뜨는[浮] 맥으로 진단되는 풍증의 한 종류. 곧 체표에 침범한 풍증.
165 출전 확인 안 됨 ; 《本草綱目》, 위와 같은 곳.
166 간황(肝黃) : 황달의 한 종류. 얼굴빛이 푸르고 손발이 오그라들며 입과 혀가 마르는 등의 증상이 나타난다.
167 《傳家寶》卷28〈食鑑本草〉"穀" '綠豆', 1030쪽.
168 출전 확인 안 됨 ; 《本草綱目》卷24〈穀部〉"豌豆", 1518쪽.
26 元氣 : 《食療本草·菉豆》에는 없음.

일용본초(日用本草)[169] [170] 영위(營衛)를 조화롭게 하고, 속을 북돋우며, 기를 고르게 한다. 많이 먹으면 기병(氣病)[171]을 일으킨다.

日用本草 調營衛, 益中平氣. 多食, 發氣病.

본초강목[172] 완두는 토(土)에 속하므로 완두가 주치하는 병은 대부분 토와 연관된 비장과 위장에 관련되어 있다. 원나라 때 음식에서는 매번 완두를 찧고 껍질을 제거해서 양고기와 요리하여 먹는데, 이렇게 하면 속을 보하고 기운을 북돋운다고 했다. 요즘은 일용하는 음식이 되었다.

本草綱目 豌豆屬土, 故其所主病多係脾胃. 元時飲膳, 每用此豆擣去皮, 同羊肉治食, 云補中益氣, 今爲日用之物.

2-30) 누에콩

蠶豆

식물본초[173] 맛은 달고, 성질은 따뜻하며, 기운은

食物本草 味甘, 溫, 氣微

누에콩

동부

---

169 일용본초(日用本草): 중국 원나라 오서(吳瑞, ?~?)가 편찬한 본초서. 음식에 밀접한 약재를 8가지 분야로 나누어 기술했다.
170 출전 확인 안 됨;《本草綱目》, 위와 같은 곳.
171 기병(氣病): 기(氣)가 울체되어 생기는 일련의 병증.
172《本草綱目》, 위와 같은 곳.
173《食物本草》卷上〈穀類〉"蠶豆", 14쪽.

약간 맵다. 주로 위장을 시원하게 하고 오장을 통하
게 한다. 차를 끓이거나 볶아 먹어도 좋다.

辛. 主快胃, 利五臟. 或點
茶, 或炒食佳.

2-31) 동부

본초강목[174] 맛은 달면서 짜며, 성질은 평하고, 독
은 없다. 속을 다스리고 기운을 북돋우고, 신장을
보하고 위장을 튼튼하게 하고, 오장을 편안하게 하
며, 영위를 조화롭게 하고, 정수(精髓, 골수)를 만든
다. 옛날에 노화(盧和)[175]는 신장의 기운을 보할 때
매일 공복에 동부를 삶아 소금을 조금 넣어 먹으
면 된다고 사람들에게 가르쳤다. 어떤 병에도 섭취
를 금하는 경우는 없으나 다만 수종(水腫)[176]이 있을
때는 금하고, 신장을 보할 때에도 많이 먹어서는 안
된다.

豇豆

本草綱目 甘鹹, 平, 無毒.
理中益氣, 補腎健胃, 和五
臟, 調營衛, 生精髓. 昔盧
廉夫敎人補腎氣, 每日空
心, 煮豇豆入少鹽食之. 與
諸疾無禁, 但水腫忌, 補
腎不宜多食耳.

2-32) 까치콩

본초[177] 맛은 달고, 성질은 약간 따뜻하며, 독은 없다.

명의별록[178] 속을 편안하게 하고 기를 내린다. 한열
(寒熱)을 앓고 있는 사람이 먹어서는 안 된다.

藊豆

本草 甘, 微溫, 無毒 27 .

名醫別錄 和中下氣, 患寒
熱者不可食 28 .

174《本草綱目》卷24〈穀部〉"豇豆", 1519~1520쪽.
175 노화(盧和) : ?~?. 중국 명(明)나라의 의학자. 자는 염부(廉夫). 저서로는《식물본초(食物本草)》·《단계선
생의서찬요(丹溪先生醫書纂要)》가 있다.
176 수종(水腫) : 몸 안에 수습(水濕)이 고여 온몸이 붓는 질환. 부종(浮腫)이라고도 한다.
177《神農本草經疏》卷25〈米穀部〉"扁豆"(《繆希雍醫學全書》, 331쪽);《本草綱目》卷24〈穀部〉"藊豆", 1520쪽.
178《名醫別錄》〈下品〉卷3 "藊豆", 313쪽;《本草綱目》, 위와 같은 곳.
27 無毒:《神農本草經疏·米穀部·扁豆》에는 없음.
28 患寒……可食:《名醫別錄·下品·藊豆》에는 없음.

까치콩

식료본초[179] 성질이 약간 차므로 냉병을 앓고 있는 사람은 먹지 말아야 한다.

食療本草 微寒, 患冷人勿食.

2-33) 작두콩

刀豆

본초강목[180] 맛은 달고, 성질은 평하며, 독은 없다. 속을 따뜻하게 하고 기를 내리며, 장위를 통하게 하고, 딸꾹질을 멈추고, 신장의 기운을 북돋우며 원기를 보한다.

本草綱目 甘, 平, 無毒. 溫中下氣, 利腸胃, 止飫逆, 益腎補元.

2-34) 여두(黎豆, 서목태)

黎豆

본초강목[181] 맛은 달면서도 약간 쓰며, 성질은 따뜻하고, 독이 조금 있다. 많이 먹으면 속이 답답해진다. 속을 따뜻하게 하고 기운을 북돋운다.

又 甘微苦, 溫, 有小毒. 多食, 令人悶. 溫中益氣.

---

179 《食療本草》卷下〈藊豆〉, 123쪽.
180 《本草綱目》卷24〈穀部〉"刀豆", 1522쪽.
181 《本草綱目》卷24〈穀部〉"黎豆", 1523쪽.

2-35) 참깨

본초[182] 맛은 달고, 성질은 평하며, 독은 없다. 속이 상하여 허하고 야윈 몸을 치료하고, 오장을 보하고, 기력을 북돋우고, 기육을 기르며, 뇌수를 채운다. 오래 먹으면 몸이 가벼워지고 늙지 않는다.

명의별록[183] 근육과 뼈를 단단하게 하고, 귀와 눈을 밝게 하고, 허기와 갈증을 견디게 하고, 수명을 늘리며 질병을 치료한다.

일화본초[184] 속을 보하고 기운을 북돋우고, 오장을 윤택하게 기르고, 폐의 기운을 보하고, 가슴이 두근거리는 증상을 그치게 하고, 대장과 소장을 잘 통하게 하고, 추위와 더위를 견디게 하며, 풍사(風邪)와 습사(濕邪)를 쫓아낸다. 꿀을 적셔 쪄먹으면 온갖 병을 치료한다.

식성본초[185] 처음 먹으면 대장과 소장을 잘 통하게 하지만, 오래 먹으면 그렇지는 않다. 묵은 기운을 없애고 새 기운을 유지시킨다.

胡麻

本草 甘, 平, 無毒. 治傷中虛羸, 補五內, 益氣力, 長肌肉, 塡髓腦. 久服, 輕身不老.

名醫別錄 堅筋骨, 明耳目, 耐飢渴, 延年療疾.

日華本草 補中益氣, 潤養五臟. 補肺氣, 止心驚, 利大小腸, 耐寒暑, 逐風濕氣. 白蜜蒸餌, 治百病.

食性本草 初食利大小腸, 久食卽否, 去陳留新.

182《神農本草經疏》卷24〈米穀部〉"胡麻"(《繆希雍醫學全書》, 324쪽);《本草綱目》卷22〈穀部〉"胡麻", 1436~1437쪽.

183《名醫別錄》〈上品〉卷1 "胡麻", 96쪽;《本草綱目》卷22〈穀部〉"胡麻", 1437쪽.

184 출전 확인 안 됨;《本草綱目》, 위와 같은 곳.

185 출전 확인 안 됨;《本草綱目》卷22〈穀部〉"胡麻", 1436쪽.

2-36) 흰참깨

白油麻

가우본초(嘉祐本草) [186] [187] 맛은 달고, 성질은 매우 차며, 독은 없다.

嘉祐本草 甘, 大寒, 無毒.

본초연의 [188] 흰참깨는 세간의 쓰임에 하루도 빠질 수 없는 것으로, 또한 그 성질이 매우 찬 정도는 아니다.

本草衍義 白脂麻, 世用不可一日闕者, 亦不至於大寒也.

식감본초 [189] 날것은 성질이 차며 질병을 치료하고, 볶은 것은 성질이 뜨거우며 질병을 일으키고, 찐 것은 성질이 따뜻하며 몸을 보한다.

食鑑本草 生者性寒而治疾, 炒者性熱而發疾, 蒸者性溫而補人.

식료본초 [190] 오래 먹으면 기육을 잡아당긴다.

食療本草 久食抽人肌肉.

2-37) 들깨

荏子

식물본초 [191] 기를 내리고, 속을 따뜻하게 하며, 몸을 보한다.

食物本草 下氣溫中補體.

---

186 가우본초(嘉祐本草): 중국 송(宋)나라 장우석(掌禹錫, 990~1066) 등이 《개보본초(開寶本草)》를 기초로 하여 여러 의가들의 학설을 참고하고 수정하여 편찬한 본초서. 《가우보주본초(嘉祐補注本草)》·《보주신농본초(補注神農本草)》로도 불린다.
187 출전 확인 안 됨;《本草綱目》卷22〈穀部〉"胡麻", 1437쪽.
188 《本草衍義》卷20〈胡麻〉, 147쪽.
189 출전 확인 안 됨;《本草綱目》, 위와 같은 곳.
190 《食療本草》卷下〈白油麻〉, 109쪽.
191 《食物本草》卷上〈菜類〉"荏菜", 32쪽.

3. 채소(채류)

菜類

1) 채소에 대한 총론

채소는 모두 땅에서 나는 음물(陰物)이라, 몸의 음기를 기르므로 꼭 먹어야 한다. 주진형(朱震亨)[1]은 "트이고 흐르게 하는[疏洩] 역할을 주관하는 것이 채소[菜]이다. 채소를 '소(蔬)'라 쓴 까닭은 소통(疏通)의 뜻이 있기 때문이다. 이것을 먹으면 장위의 기운을 잘 펴지게 해서 막히고 정체되는 질환이 없다."[2]라 했다. 《식물본초》[3]

채소는 날것으로 먹어서는 안 된다. 《식치통설(食治通說)[4]》[5]

절인 채소를 실수로 엎질렀다면 먹어서는 안 된다. 《식치통설》[6]

總菜

諸菜皆地産陰物, 所以養陰, 固宜食之. 丹溪云 : "司疏洩者, 菜也. 謂之'蔬', 有疏通之義焉. 食之則腸胃宣暢而無壅滯之患."《食物本草》

菜不可生茹.《食治通說》

醃菜失覆, 不可食. 同上

---

1 주진형(朱震亨) : 1281~1358. 중국 원(元)나라의 의학자. 자는 언수(彦修). 후대에는 주로 단계(丹溪)선생이라 불렸다. 금원사대가(金元四大家)의 한 사람이며, 의술에 해박하여 병중을 치료할 때 신기한 효험이 많았다. 저서에 《격치여론(格致餘論)》·《국방발휘(局方發揮)》·《단계심법(丹溪心法)》등이 있다.

2 트이고……없다 : 출전 확인 안 됨.

3 《食物本草》卷上〈菜類〉, 33쪽.

4 식치통설(食治通說) : 중국 송나라 때의 의사인 누거중(婁居中, ?~?)이 저술한 의서. 음식으로 병을 치료하는 내용을 다루었는데 원서는 소실되었고 그 일부만 《의설(醫說)》과 같은 다른 의서에 남아 있다.

5 출전 확인 안 됨 ; 《醫說》卷7〈積〉"食飮以宜".

6 출전 확인 안 됨.

낙숫물이 떨어진 채소에는 독이 있다. 《유양잡조 (酉陽雜俎)[7]》[8]

籫下滴荣有毒. 《酉陽雜俎》

일반적으로 해초에 작은 소라가 붙어 있으면 몸을 해치므로 많이 먹어서는 안 된다. 《본초》[9]

凡海中荣有小螺子, 損人, 不可多食. 《本草》

일반적으로 일체의 채소는 익혀서 뜨겁게 먹는다. 《금궤요략방론(金匱要略方論)[10]》[11]

凡一切荣熟煮熱食. 《金匱要略方》

밤에 채소를 날것으로 먹으면 몸에 이롭지 않다. 《금궤요략방론》[12]

夜食生荣, 不利人. 同上

일체의 과류(瓜類)[13] 중에서 맛이 쓰거나 꼭대기와 꼭지가 2개씩 있으면 모두 독이 들어 있으니, 먹어서는 안 된다. 석성금 《식감본초》[14]

一切瓜, 苦者, 雙頂雙蔕者, 俱有毒, 不可食. 石氏 《食鑑本草》

---

7 유양잡조(酉陽雜俎) : 중국 당(唐)나라의 시인 단성식(段成式, 803?~863)이 괴이한 사건, 언어와 풍속 따위를 기술한 저술로 《임원경제지》에서도 상당한 분량이 인용되고 있다.

8 《酉陽雜俎》卷11〈廣知〉(《文淵閣四庫全書》1047, 706쪽).

9 《證類本草》卷9〈昆布〉(《證類本草校注》, 251쪽).

10 금궤요략방론(金匱要略方論) : 중국 동한(東漢) 사람 장기(張機)가 지은 《상한잡병론(傷寒雜病論)》을 후인들이 산삭 정리한 책이다. 먼저 위진(魏晉) 시대에 왕숙화(王叔和)가 산삭하여 전해오던 본을 《금궤옥함요략방(金匱玉函要略方)》이라 했는데 이를 1065년에 북송(北宋)의 교정의서국(校正醫書局)이 다시 정리·교정하여, 잡병(雜病) 위주의 내용을 가려 뽑아 3권으로 만들고 이름을 《금궤요략방론》이라고 고쳐 불렀다.

11 출전 확인 안 됨 ; 《備急千金要方》卷26〈食治〉"菜蔬" 3(《孫思邈醫學全書》, 478쪽).

12 《金匱要方論》〈果實菜穀禁忌並治〉25(《張仲景全書》, 517쪽).

13 과류(瓜類) : 호박, 수박, 오이 따위처럼 덩굴이 뻗어서 열매를 맺는 농작물 종류.

14 《傳家寶》卷28〈食鑑本草〉"瓜" '一切瓜', 1032쪽.

2) 세부 항목

2-1) 파

식물본초[15] 파의 잎은 성질이 따뜻하다. 총백[16]과 뿌리는 성질이 평하고, 맛은 매우며, 독은 없다. 주로 눈을 밝게 하고, 속의 부족한 기운을 보한다. 동총(凍蔥)[17]은 향과 맛이 좋아서 식용으로 가장 알맞다. 또한 누총(樓蔥)[18]·호총(胡蔥, 양파)·한총(漢蔥)[19]·각총(茖蔥, 산마늘) 등이 있다. 대체로 기를 발산시키는 효능이 있어 많이 먹으면 사람의 정신을 혼미하게 하므로, 다만 음식 재료를 조화롭게 만들 정도만 써야 좋다.

식료본초[20] 동총은 겨울에도 죽지 않으므로 겨울철에 먹으면 가장 좋지만, 많이 먹으면 좋지 않다. 허약한 사람이나 환자가 많이 먹으면 기를 발산시켜 몸을 찌르므로 오장이 답답하고 끊어지는 듯하다.

금궤요략방론[21] 파가 처음 싹이 났을 때 먹으면 사람의 심기(心氣)[22]를 상하게 한다.

條開

蔥

食物本草 蔥葉溫, 白與鬚 ①平, 味辛無毒. 主明目, 補中不足. 凍蔥氣味香佳, 食用最宜. 又有樓蔥、胡蔥、漢蔥、茖蔥. 大抵以發散爲功, 多食昏人神, 只調和食品可也.

食療本草 凍②蔥冬不死, 最善宜冬月食, 不宜多. 虛人、患病者多食, 發氣衝人, 五臟憫絕.

金匱要略方 蔥初生芽者食之, 傷人心氣.

---

15 《食物本草》卷上〈菜類〉"蔥", 16~17쪽.

16 총백 : 파 밑동의 흰 부분을 약재로 이르는 말.

17 동총(凍蔥) : 대파의 일종. 겨울에도 추위를 이겨내고 피는 파라는 의미가 들어 있다.

18 누총(樓蔥) : 대파의 일종. 황총(黃蔥) 또는 용과총(龍爪蔥)이라고도 한다.

19 한총(漢蔥) : 대파의 일종.

20 《食療本草》卷下〈蔥〉, 143쪽.

21 《金匱要略方論》〈果實菜穀禁忌並治〉25(《張仲景全書》, 517쪽).

22 심기(心氣) : 심의 정기(精氣). 심의 정기는 혀에 통해 있으므로 심기가 조화로워야 혀가 맛을 알 수 있다고 했다. 또 심장은 온 몸의 혈을 통제하므로 심장 기운은 혈액 순환을 관장하는 기능이 있다.

① 鬚 : 《食療本草·菜類·蔥》에는 "莖".

② 凍 : 《食療本草·菜類·蔥》에는 "冬".

밤에 파를 먹으면 사람의 심기를 상하게 한다.

생파를 수탉이나 꿩이나 흰 개의 고기와 함께 먹으면 몸의 구멍에서 해가 지나도록 피가 난다.

생파를 대추와 섞어 먹으면 사람을 병들게 한다.

夜食蔥, 傷人心.

生蔥和雄雞、雉、白犬肉食之, 令人竅經年血流.

生蔥合棗食, 令人病.

식금방 23 생파를 꿀과 함께 먹으면 기를 막아서 사람이 죽는다.

食禁方 生③蔥同蜜食, 壅氣殺人.

2-2) 소산(小蒜, 달래)

本草 24 맛은 맵고, 성질은 따뜻하며, 독이 조금 있다.

小蒜

本草 辛, 溫, 有小毒.

명의별록 25 맛은 맵고, 성질은 뜨거워 몸을 해치므로 오랫동안 먹어서는 안 된다.

名醫別録 味辛, 性熱, 損人, 不可長食.

비급천금요방(備急千金要方) 26 27 독은 없으나 3월에는 오래 먹으면 안 되는데, 사람의 심성[志性]을 해치기 때문이다. 《황제서(黃帝書)》에 "날생선과 함께 먹으면 사람의 기운을 빼앗고 음핵(陰核, 음낭 부위)이 욱신거린다."28라 했다.

달래를 오래 먹어서는 안 되는데, 사람의 심력(心力)을 해치기 때문이다.

千金要方 無毒, 三月勿久食, 傷人志性.《黃帝書》云:"同生魚食, 令人奪氣, 陰核疼."

小蒜不可久食, 損人心力.

---

23 《本草綱目》卷26〈菜部〉"蔥", 1582쪽.
24 《證類本草》卷29〈蒜〉(《證類本草校注》, 627쪽);《本草綱目》卷26〈菜部〉"蒜", 1594쪽.
25 《本草綱目》, 위와 같은 곳.
26 비급천금요방(備急千金要方): 중국 당(唐)나라의 명의 손사막(孫思邈, 541~682)이 편찬한 의서(醫書).
27 《備急千金要方》卷26〈食治〉"菜蔬" 3 '小蒜'(《孫思邈醫學全書》, 477쪽).
28 날생선과……욱신거린다: 출전 확인 안 됨.
③ 生:《本草綱目·菜部·蔥》에는 "燒".

소산(달래)

식금방 [29] 독두산(獨頭蒜)[30]은 꿀과 함께 먹으면 안 되는데, 사람을 죽이기 때문이다.

　일반적으로 달래는 먹어서는 안 되는데, 먹으면 피를 상하게 하기 때문이다.

食禁方 獨頭 [4] 蒜不可共蜜食, 殺人.

凡蒜不可食, 食之傷血.

사시양생론(四時養生論) [31] [32] 달래를 많이 먹으면 눈이 어두워지고 잠에 잘 빠져들게 된다.

四時養生論 啗蒜多, 令人眼暗昏沈好睡.

2-3) 대산(大蒜, 마늘)

식물본초 [33]이 채소는 성질이 뜨겁고, 기운이 매우 맵다. 끓여서 국을 만들면 매우 좋은 맛이 나고 매운 기운도 약해지며, 기를 내리고 속을 따뜻하게 하며, 곡물을 잘 소화시키게 한다. 비록 사람들은 여름철

大蒜

食物本草 此物性熱, 氣極葷, 煮爲羹臛, 極俊美, 薰氣亦微, 下氣溫中, 消穀. 雖曰人喜食多於暑月, 但生

29　출전 확인 안 됨:《金匱要略方論》〈果實菜穀禁忌並治〉25(《張仲景全書》, 517쪽).

30　독두산(獨頭蒜): 일반적으로는 외톨마늘이나 통마늘로 풀며 한 통에 한 쪽만 든 마늘을 의미하지만 이곳에서는 문맥상 외톨의 모양을 갖고 있는 달래를 의미한다.

31　사시양생론(四時養生論): 미상.

32　출전 확인 안 됨.

33　《食物本草》卷上〈菜類〉"大蒜", 19~20쪽.

[4]　頭:《金匱要略方論·果實菜穀禁忌並治》에는 "顆".

에 많이 먹기를 즐긴다고 말하지만 단지 날것으로 먹거나 오래 먹으면 간의 기운을 상하게 하고, 시력을 해치고, 얼굴에 안색이 없어진다. 또한 폐와 비장을 상하게 하고 가래를 끓게 하니, 주의해야만 한다.

食, 久食, 傷肝氣, 損目明, 面無顔色. 又傷肺傷脾, 引痰, 宜戒之.

2-4) 부추

韭

본초34 맛은 매우면서 약간 시고, 성질은 따뜻하면서 껄끄러우며, 독은 없다.

本草 辛微酸, 溫澁⑤, 無毒.

명의별록35 부추의 기운은 심장으로 들어가서 오장을 안정시키고, 위장 속의 열을 제거하여 병자의 몸에 이로우므로 오래 먹어도 된다.

名醫別錄 歸心, 安五臟, 除胃中熱, 利病人, 可久食.

안《비급천금요방》에는 "오래 먹어도 되지만 병자에게는 이롭지 않다.36"라 되어 있다.

案《千金方》作 : "可久食, 不利病人."

부추

---

34 《證類本草》卷28〈韭〉(《證類本草校注》, 617쪽) ; 《本草綱目》卷26〈菜部〉"韭", 1575~1576쪽.
35 《名醫別錄》〈中品〉卷2 "韭", 201쪽.
36 오래……않다 : 《備急千金要方》卷26〈食治〉"菜蔬" 3 '韭'(《孫思邈醫學全書》, 476쪽).
⑤ 澁 : 《證類本草·韭》에는 없음.

본초연의[37] 봄에 먹으면 향이 나고 여름에 먹으면 악취가 난다. 많이 먹으면 정신이 혼미해지고 눈이 어두워지므로 술 마신 후에는 더욱 금해야 한다. 구황(韭黃)[38]이 아직 거름흙을 뚫고 올라오지 않았을 때는 사람에게 가장 이롭지 않다. 그것을 먹으면 기가 막히는데, 이는 대개 억눌러서 아직 펼쳐지지 못한 기운을 머금고 있기 때문이다. 성인(聖人)은 "제철이 아닌 음식은 먹지 않으셨다."[39]라 했으니, 바로 이와 같은 종류를 말한다.

本草衍義 春食則香, 夏食則臭, 多食則昏神暗目, 酒後尤忌. 韭黃未出糞土, 最不益人. 食之滯氣, 蓋含抑鬱未伸之氣故也. 聖人"不時, 不食", 政謂此類.

식료본초[40] 열병을 앓은 후 10일 내에 부추를 먹으면 곧 다시 발병한다. 5월에 많이 먹으면 기력이 없어진다. 겨울에 많이 먹으면 숙음(宿飮)[41]을 동하게 하고 물을 토하게 한다. 꿀과 함께 먹어서는 안 된다.

食療本草 熱病後十日, 食之卽發[6]. 五月多食之, 乏氣力. 冬月多食, 動宿飮, 吐水. 不可與蜜同食.

식금방[42] 부추는 소고기와 함께 국을 끓여 먹으면

食禁方 韭不可與牛肉作羹

---

37 《本草綱目》, 위와 같은 곳.

38 구황(韭黃): 부추의 이명으로, 덜 익어서 색깔이 누런 빛깔을 띠고 있는 어린 부추. 부추의 뿌리를 말하기도 한다.

39 성인은⋯⋯않으셨다:《논어(論語)》〈향당(鄕黨)〉에 공자의 식생활과 관련한 고사가 있다. 실제로 식생활과 관련된 전통적 도덕률은 논어의 이 부분을 금과옥조로 삼아왔다. 그 내용은 다음과 같다. "공자는 정결한 밥을 싫어하지 않으셨고, 잘게 여민 회를 싫어하지 않으셨다. 밥이 쉬어 맛이 변하거나, 생선이 상하거나, 고기가 부패했으면 먹지 않으셨다. 빛깔이 나쁜 음식은 먹지 않으셨다. 냄새가 나쁜 음식은 먹지 않으셨다. 알맞게 익혀지지 않은 음식은 먹지 않으셨다. 제철이 아닌 음식은 먹지 않으셨다. 반듯하게 썰지 않은 음식은 먹지 않으셨다. 장(醬)류가 갖추어지지 않은 음식은 먹지 않으셨다.(食不厭精, 膾不厭細. 食饐而餲, 魚餒而肉敗, 不食. 色惡, 不食. 臭惡, 不食. 失飪, 不食. 不時, 不食. 割不正, 不食. 不得其醬, 不食.)"《論語注疏》卷10〈鄕黨〉(《十三經注疏整理本》23, 150쪽).

40 《食療本草》卷下〈韭〉, 143~144쪽;《本草綱目》卷26〈菜部〉"韭", 1575쪽.

41 숙음(宿飮): 오랫동안 묵은 가래나 몸 안의 병리 물질.

42 출전 확인 안 됨;《備急千金要方》卷26〈食治〉"菜蔬" 3 '薤'(《孫思邈醫學全書》, 475~476쪽).

[6] 發:《食療本草·韭》·《本草綱目·菜部·韭》에는 "發困".

안 되는데, 그렇게 하면 가질(瘕疾)[43]에 걸린다.

食之, 成瘕疾.

금궤요략방론[44] 부추가 처음 싹이 났을 때 먹으면 사람의 심기를 상하게 한다.

金匱要略方 韭初生芽者食之, 傷人心氣.

식물본초[45] 파와 부추는 모두 늘 먹는데, 파는 성질이 냉하지만 부추는 성질이 따뜻하며 몸에 유익하다.

食物本草 蔥、韭皆常食, 蔥冷而韭溫, 於人有益.

2-5) 염교[46]

薤

본초[47] 맛은 매우면서 쓰고, 성질은 따뜻하면서 미끄러우며, 독은 없다. 몸을 가볍게 하고, 배고프지 않게 하며, 늙지 않게 한다.

本草 辛苦, 溫滑, 無毒. 輕身, 不飢耐老.

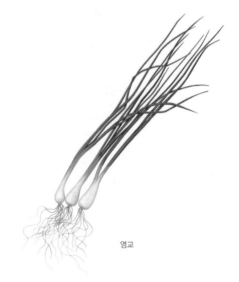

염교

---

43 가질(瘕疾) : 뱃속에 멍울 같은 덩어리가 생기는 증상. 징가(癥瘕)라고도 한다.

44 《金匱要略方論》〈果實菜穀禁忌並治〉25 (《張仲景全書》, 517쪽).

45 《食物本草》卷上〈菜類〉"韭菜", 16쪽.

46 염교 : 백합과의 여러해살이풀로 중국에서 파처럼 식용으로 재배했다. 비늘줄기에서 잎이 모여 나는데, 씹는 맛이 좋아 소금과 식초에 절여서 식용한다.

47 《證類本草》卷28〈薤〉 (《證類本草校注》, 619쪽) ; 《本草綱目》卷26〈菜部〉"薤", 1591쪽.

명의별록 48 염교의 기운은 뼈로 들어가서 한열을 제거하고, 수기(水氣)를 없애며, 속을 따뜻하게 하고, 맺힌 기를 풀어준다. 국을 끓여 먹으면 병자에게 이롭다.

名醫別錄 歸骨, 除寒熱, 去水氣, 溫中, 散結氣. 作羹食, 利病人.

식료본초 49 흰색 염교가 가장 좋다. 비록 매운맛이 있으나 오장을 자극하지는 않는다. 도를 배우는 사람이 오래 먹으면 정신을 통하게 하고 혼백을 안정시키며, 기를 보태고 근력을 이어준다.

식료본초 49 白色最好. 雖有辛, 不葷五臟. 學道人長服之, 可通神, 安魂魄, 益氣續筋力.

열병을 일으키므로 많이 먹으면 좋지 않다. 3~4월에는 날것으로 먹어서는 안 된다.

發熱病, 不宜多食. 三四月勿食生者.

도경본초(圖經本草) 50 51 일반적으로 파와 염교를 쓸 때는 모두 파란 부분은 제거하고 흰 부분은 남긴다. 흰 부분은 성질이 냉하지만 파란 부분은 성질이 뜨겁다.

圖經本草 凡用蔥、薤, 皆去靑留白, 白冷而靑熱也.

비급천금요방 52 염교는 쇠고기와 함께 국을 끓여 먹으면 안 되는데, 먹으면 가질(瘕疾)에 걸리기 때문이다.

千金要方 薤不可共牛肉作羹食之, 成瘕疾.

석성금 식감본초 53 염교를 먹으면 가래가 끓고 눈물

石氏 食鑑本草 食之, 生痰

---

48 《名醫別錄》〈中品〉卷2 "薤", 20쪽.

49 《食療本草》卷下〈薤〉, 144~145쪽.

50 도경본초(圖經本草): 중국 송나라 소송(蘇頌) 등이 편찬하여 1061년에 간행된 의서로, 일명 《본초도경 (本草圖經)》이라고도 한다. 중국 각 군현(郡縣)에서 나는 약초를 망라하여 그림을 수록한 본초서이다.

51 《本草綱目》卷26〈菜部〉 "薤", 1591쪽.

52 《備急千金要方》卷26〈食治〉 "菜蔬" 3 '薤'(《孫思邈醫學全書》, 475~476쪽).

53 《傳家寶》卷28〈食鑑本草〉 "菜" '薤', 1031쪽.

이 나며 나쁜 화기(火氣)를 요동시킨다.

涕, 動邪火.

2-6) 운대(蕓薹, 유채·평지)

蕓薹

당본초(唐本草) [54] [55] 맛은 맵고, 성질은 따뜻하며, 독은 없다.

唐本草 辛, 溫, 無毒.

명의별록(名醫別錄) [56] 봄에 먹으면 고질병이 재발한다.

名醫別錄 春月食之, 發痼疾.

식료본초(食療本草) [57] 일반적으로 허리와 다리가 아픈 사람은 많이 먹어서는 안 된다. 먹으면 병이 더 심해진다. 또 양기를 손상시키고 창병(瘡病)[58]과 구치병(口齒病)[59]

食療本草 凡患腰脚者, 不可多食, 食之加劇. 又損陽氣, 發瘡及口齒病. 胡臭人

운대

---

54 당본초(唐本草): 중국 당(唐)나라 때 편찬한 최초의 관찬 본초서. 소경(蘇敬) 등 23명이 《본초경집주(本草經集注)》를 기초로 본초 114종을 보충하여 659년에 완성하였다. 《신수본초(新修本草)》·《영공본초(英公本草)》로도 불린다.

55 《本草綱目》卷26〈菜部〉"蕓薹", 1604쪽.

56 《名醫別錄》〈下品〉卷3 "蕓薹", 312쪽.

57 《食療本草》卷下〈蕓苔〉, 154쪽.

58 창병(瘡病): 피부에 생기는 부스럼 등의 질병을 통틀어 이르는 말.

59 구치병(口齒病): 습열(濕熱)이나 화독(火毒)이 치밀어서 입술이 가렵고 이빨이 검어지고 잇몸이 짓무르며 입에서 냄새가 나는 병.

을 일으킨다. 암내가 나는 사람은 먹어서는 안 된다. 또 뱃속에 여러 벌레를 생기게 할 수 있으므로 도가(道家)에서 특히 꺼려서 오신채(五辛菜)[60]의 하나로 여긴다.

不可食. 又能生腹中諸蟲, 道家特忌, 以爲五辛之一.

2-7) 생강

薑

본초[61] 맛은 맵고, 성질은 약간 따뜻하며, 독은 없다. 오래 먹으면 나쁜 냄새를 없애고, 신명을 통하게 한다.

本草 辛, 微溫, 無毒. 久服, 去臭氣, 通神明.

천금식치[62] 8~9월에 생강을 많이 먹으면 봄까지 눈병이 많이 나고, 수명을 줄이고 근력을 감소시킨다. 임신부가 먹으면 손가락이 더 있는 태아를 낳게 한다.

千金食治 八九月多食薑, 至春多患眼, 損壽, 減筋力. 孕婦食之, 令兒盈指.

용약법상(用藥法象)[63][64] 옛사람의 말에 "가을에는 생강을 먹지 않으니, 먹으면 기운을 쏟아내기 때문이다."[65]라 했다. 대개 여름에는 화기(火氣)가 왕성해서 땀을 내어 발산해야 하므로 생강을 먹는 일을 금하지 않는다. 생강의 매운맛은 폐의 기운을 쏟아내

用藥法象 古人言"秋不食薑, 令人瀉氣". 蓋夏月火旺, 宜汗散之, 故食薑不禁. 辛走氣瀉肺, 故秋月則禁之.《晦庵語錄》亦有"秋

---

60 오신채(五辛菜) : 다섯 가지의 자극이 강하고 냄새가 많이 나는 5가지 채소. 불교와 도교에서는 수행에 방해가 된다고 하여 금하지만, 민간에서는 입춘에 오신반(五辛盤)이라하여 오신채만으로 나물을 만들어 먹는다. 마늘·파·부추·고수·운대, 마늘·파·부추·달래·무릇 등 다양한 구성이 있다.《정조지(鼎俎志)》권7〈절식〉"입춘절식" '오신반'에 오신반과 오신채에 대해 자세하게 소개되어 있다.

61 《證類本草》卷8〈生薑〉《證類本草校注》, 213쪽);《本草綱目》卷26〈菜部〉"生薑", 1620~1621쪽.

62 《備急千金要方》卷26〈食治〉"菜蔬"3 '生薑'《孫思邈醫學全書》, 477쪽) ;《本草綱目》, 위와 같은 곳.

63 용약법상(用藥法象) : 중국 금(金)나라 때 이고(李杲, 1180~1251)가 편찬한 의서. 금나라 장원소(張元素)가 저술한《진주낭(珍珠囊)》의 기초 위에 용약(用藥) 범례(凡例)를 첨가한 것인데, 제경향도(諸經響導)와 치법요강(治法要綱) 등을 내용으로 하고 있다.

64 《本草綱目》卷26〈菜部〉"生薑", 1621쪽.

65 가을에는……때문이다 : 출전 확인 안 됨.

기 때문에 폐와 연관된 가을이면 금한다. 《회암어록 薑夭人天年"之語.
(晦庵語錄)》66에도 "가을 생강은 사람의 수명을 줄인
다."67는 말이 있다.

본초강목 68 생강을 오래 먹으면 열이 쌓여 눈에 탈 本草綱目 食薑久, 積熱患
이 난다. 여러 번 이를 시험해도 같은 결과였다. 일 目, 屢試有準. 凡病痔人多
반적으로 치질을 않는 사람이 생강을 술과 함께 많 食兼酒, 立發. 癰瘡人多
이 먹으면 바로 치질이 발동한다. 옹창(癰瘡)69이 난 食, 則生惡肉.
사람이 많이 먹으면 굿은살이 생긴다.

식료본초 70 병이 없는 사람도 밤중에는 먹지 말아 食療本草 無病之人夜間勿
야 한다. 대개 밤에는 기가 수렴하는 시간인데, 생 食, 蓋夜氣收斂, 薑動氣
강은 오히려 기를 요동시키기 때문이다. 故也.

2-8) 겨자

芥

본초 71 겨자의 줄기와 잎은 맛이 맵고, 성질은 따뜻 本草 莖葉辛, 溫, 無毒.
하며, 독이 없다. 씨는 맛이 맵고, 성질이 뜨거우며, 子辛, 熱, 無毒.
독은 없다.

본초연의 72 자개(紫芥, 자줏빛이 나는 적겨자의 일종)를 많 本草衍義 紫芥多食之, 動

---

66 회암어록(晦庵語錄) : 주희(朱熹, 1130~1200)의 제자였던 황간(黃榦, 1152~?)의 제자 엽사룡(葉士龍,
    ?~?)이 편찬한 주희의 어록. 정식 명칭은 《회암선생어록류요(晦庵先生語錄類要)》라 한다.
67 가을의……줄인다 : 출전 확인 안 됨.
68 《本草綱目》, 위와 같은 곳.
69 옹창(癰瘡) : 살갗에 생기는 외옹(外癰)이 곪아 터진 뒤 오래도록 낫지 않아 부스럼이 되는 병증. 궤양(潰
    瘍)의 일종이다.
70 출전 확인 안 됨.
71 《證類本草》卷27〈芥〉《證類本草校注》, 610쪽);《本草綱目》卷26〈菜部〉"芥", 1607쪽.
72 출전 확인 안 됨 ;《證類本草》卷27〈芥〉《證類本草校注》, 610쪽).

겨자잎과 겨자씨

이 먹으면 풍을 요동시킨다.

風.

식료본초[73] 겨자는 잎이 커야 좋다. 삶아서 먹으면 기를 동하게 하고 날것으로 먹으면 단석(丹石)의 독을 일으킨다. 그 씨는 매운 기운이 있어서 오장을 잘 통하게 할 수 있다. 그 잎은 많이 먹어서는 안 된다. 가는 잎에 털이 있는 겨자를 먹으면 사람을 죽인다.

食療本草 芥大葉者良. 煮食之動氣, 生食發丹石. 其子有辛氣, 能通利五臟. 其葉不可多食, 細葉有毛者, 殺人.

본초강목[74] 겨자의 성질은 맵고 뜨거우며 발산하므로, 폐를 통하게 하고 위장을 열 수 있으며, 기를 잘 돌게 하여 담을 뚫어준다. 오래 먹으면 따뜻함이 쌓여 열이 되며, 매운 기운이 매우 왕성하게 발산하여 사람의 참된 원기를 소모시키고, 간의 목(木) 기운이 병에 감수되어 사람의 눈을 어둡게 하고, 창(瘡, 종기)이나 치질을 발생하게 한다.

本草綱目 芥性辛熱而散, 故能通肺開胃, 利氣豁痰. 久食則積溫成熱, 辛散大盛, 耗人眞元, 肝木受病, 昏人眼目, 發人瘡、痔.

---

73 《食療本草》卷下〈芥〉, 139쪽.
74 《本草綱目》卷26〈菜部〉"芥", 1607쪽.

비급천금요방 [75] 겨자는 토끼고기와 함께 먹으면 안 되니, 나쁜 병에 걸리기 때문이다.

千金要方 不可共兔肉食, 成惡邪病.

식물본초 [76] 붕어와 함께 먹으면 수종(水腫)이 발생한다.

食物本草 同鯽魚食, 發水腫.

2-9) 고추[番椒]

화한삼재도회(和漢三才圖會) [77] [78] 맛이 매우 맵고, 성질은 매우 따뜻하다. 많이 먹으면 화기를 요동시켜 창병이 발생하고 낙태하게 된다.

番椒

和漢三才圖會 甚辣, 性大溫. 多食之, 動火, 發瘡墮胎.

2-10) 배추

본초 [79] 맛은 달고, 성질은 따뜻하며, 독은 없다.

菘

本草 甘, 溫, 無毒.

일화본초 [80] 성질은 서늘하고, 독이 약간 있다. 많이 먹으면 피부에 풍이 들어 소양(瘙痒)[81]을 앓는다.

日華本草 涼, 微毒. 多食, 發皮膚風瘙痒.

식료본초 [82] 풍랭(風冷)[83]을 발생시키므로 속이 허한 사람은 먹어서는 안 된다. 열이 있는 사람이 먹으면

食療本草 發風冷, 內虛人不可食. 有熱人食, 亦不

---

75 《備急千金要方》卷26〈食治〉"菜蔬" 3 '芥菜'(《孫思邈醫學全書》, 475쪽).
76 《食物本草》卷上〈菜類〉"芥菜", 17쪽.
77 화한삼재도회(和漢三才圖會): 일본 에도 시대 중기의 의사인 데라지마료안[寺島良安]이 지은 105권의 총서로, 천문·지리·인사·사물에 관한 백과사전이다. 중국의《삼재도회(三才圖會)》를 본떠서 천·지·인 3재에 대하여 부(部)를 나누고 여러 도보(圖譜)를 모아 싣고 그림에 설명을 덧붙였다.
78 《和漢三才圖會》卷89〈味果類〉"番椒"(《倭漢三才圖會》10, 474쪽).
79 《證類本草》卷27〈菘〉(《證類本草校注》, 611쪽);《本草綱目》卷26〈菜部〉"菘", 1606쪽.
80 《本草綱目》, 위와 같은 곳.
81 소양(瘙痒): 피부에 부스럼이 나서 매우 가려운 증상.
82 《食療本草》卷下〈菘菜〉, 139~140쪽.
83 풍랭(風冷): 잘못된 음식을 먹거나 나쁜 바람을 맞아 몸이 차갑게 느껴지는 증상.

역시 병이 발생하지 않으니, 이를 통해 성질이 차다는 점을 알 수 있다. 위의 《본초》에서 "성질은 따뜻하다."라 했는데 그 의미를 이해할 수 없다.

發病, 性冷可知. 《本草》言 "性溫", 未解其意.

도경본초[84] 배추는 독이 조금 있으므로 많이 먹으면 좋지 않다. 그러나 생선 비린내를 없애주므로 생선과 가장 잘 어울린다. 많이 먹어서 도가 지나치면 오직 생강만이 그 독성을 풀어줄 수 있다.

圖經本草 有小毒, 不宜多食. 然能殺魚腥, 最相宜也. 多食過度, 惟生薑可解其性.

일용본초[85] 하지(夏至) 전에 먹으면 기가 발동하여 병이 난다. 발에 병이 있는 사람은 금해야 한다.

日用本草 夏至前食, 發氣動疾. 有足疾者, 忌之.

본초강목[86] 몸이 허하고 위장이 찬 사람이 많이 먹으면 속이 메스껍고 거품을 토한다. 기가 강건한 사람에게는 잘 어울린다.

本草綱目 氣虛胃冷人多食, 惡心吐沫. 氣壯人則相宜.

금궤요략방론[87] 복용중인 약 속에 감초가 있을 때, 배추를 먹으면 병이 낫지 않게 한다.

金匱要略方 藥中有甘草, 食菘卽令病不除.

2-11) 순무[蔓菁]

본초[88] 맛은 쓰고, 성질은 따뜻하며, 독은 없다.

蔓菁

本草 苦, 溫, 無毒.

---

84 《本草綱目》, 위와 같은 곳.
85 《本草綱目》, 위와 같은 곳.
86 《本草綱目》, 위와 같은 곳.
87 《本草綱目》, 위와 같은 곳.
88 《證類本草》卷27〈蕪菁及蘆菔〉(《證類本草校注》, 605쪽);《本草綱目》卷26〈菜部〉"蕪菁", 1612쪽.

명의별록[89] 오장을 잘 통하게 하고, 몸을 가볍게 하며, 기운을 북돋우므로 오래 먹을 수 있다.

名醫別錄 利五臟, 輕身益氣, 可長食之.

도경본초[90] 채소 중에 가장 유익하므로 늘 먹으면 속을 통하게 하고 기운을 북돋우므로, 몸을 살지고 건강하게 한다.

圖經本草 菜中之最有益者, 常食之, 通中益氣, 令人肥健.

식료본초[91] 겨울에 순무로 김치를 담거나 국을 끓여 먹으면 묵은 음식이 소화되고, 기를 내려서 기침을 치료한다. 대체로 그 성질은 찬데, 《본초》에서는 "성질은 따뜻하다."라 하니, 이는 오류인 듯하다.

食療本草 冬日作葅煮羹食, 消宿食, 下氣治嗽. 大抵其性冷, 而《本草》云"溫", 恐誤.

석성금(石成金) 식감본초(食鑑本草)[92] 일반적으로 먼 지방에 갔을 때 우선 순무시래기와 두부를 삶아서 먹으면 회복되지 않는 풍토병[水土病]이 없다.

石氏 食鑑本草 凡往遠方, 先煮靑菜·豆腐食, 則無不服水土病.

2-12) 무

蘿蔔

본초[93] 뿌리는 맛이 매우면서 달고, 잎은 맛이 매우면서 쓰고, 성질은 따뜻하며, 독은 없다.

本草 根辛甘, 葉辛苦, 溫, 無毒.

당본초[94] 기를 내리고, 곡식을 잘 소화시켜 속을 편

唐本草 下氣, 消穀和中,

---

89 《名醫別錄》〈上品〉 卷1 "蕪菁及蘆菔", 95쪽.
90 《本草綱目》卷26〈菜部〉"蕪菁", 1612쪽.
91 《本草綱目》卷26〈菜部〉"蕪菁", 1613쪽.
92 《傳家寶》卷28〈食鑑本草〉"菜" '蔓菁菜', 1030쪽.
93 《本草綱目》卷26〈菜部〉"萊菔", 1616쪽.
94 《本草綱目》, 위와 같은 곳.

정조지·권제 1

안하게 하고, 담벽(痰癖)[95]을 제거하며, 사람을 살찌
고 튼튼하게 한다.

去痰癖, 肥健人.

사성본초(四聲本草) [96] [97] 관절을 부드럽게 하고, 안색
을 다스리며, 오장의 나쁜 기운을 제거하고, 밀가루
의 독을 제어하며, 풍기를 돌게 하고, 나쁜 열기를
제거한다.

四聲本草 利關節, 理顏
色, 鍊五臟惡氣, 制麵毒,
行風氣, 去邪熱氣.

식료본초 [98] 양고기와 함께 먹으면 오장의 모든 기를
내려주며, 사람을 살찌고 희게 만든다. 만약 양고기
가 없으면 여러 생선이나 고기를 함께 써도 된다.

食療本草 和羊肉食, 下五
臟一切氣, 令人肥白. 如無
羊肉, 諸魚肉亦得用也.

식물본초 [99] 돼지고기·양고기·붕어와 함께 삶아 먹
으면 더욱 몸을 보하고 유익하게 한다.

食物本草 同猪、羊肉、鯽
魚煮食, 更補益.

손진인식기(孫眞人食忌) [100] [101] 오래 먹으면 영위(營衛)를
원활하지 않게 해서 사람의 머리카락을 일찍 세게
한다.

孫眞人食忌 久食 , 澁營
衛, 令人髮早白.

---

95 담벽(痰癖) : 몸의 병리물질인 담(痰)이 오래 묵어 몸에 쌓여 고질이 된 병증.
96 사성본초(四聲本草) : 중국 당(唐)나라의 의학자인 소병(蕭炳, ?~?)이 편찬한 본초서. 약초의 이름을 사
   성(四聲)의 순서에 따라 분류했다고 한다. 원서는 남아있지 않지만 그 내용 중 일부가 《증류본초》등의 서
   적에 전한다.
97 《本草綱目》, 위와 같은 곳.
98 《食療本草》卷下〈萊菔〉(《국역 식료본초》, 117쪽);《本草綱目》, 위와 같은 곳.
99 《食物本草》卷上〈菜類〉"蘿蔔", 15쪽.
100 손진인식기(孫眞人食忌) : 중국 당나라의 명의인 손사막(孫思邈, 541~682)의 저서로 알려져 있다. 병을
    치료할 때 금해야 하는 음식과 주의할 사항 등이 기록되어 있다. 원서는 남아 있지 않지만 그 내용 중 일
    부가 《증류본초》와 《본초강목》에 전한다.
101 《本草綱目》卷26〈菜部〉"萊菔", 1616쪽.

본초연의 102 지황(地黃)103과 하수오(何首烏)104를 복용한 사람이 무를 먹으면 수염과 머리카락이 센다.

本草衍義 服地黃、何首烏人食蘿蔔, 則髭髮白.

본초강목 105 무를 많이 먹으면 기를 요동시키는데, 오직 생강만이 그 독을 제어할 수 있다.

本草綱目 多食, 動氣, 惟生薑能制其毒.

석성금(石成金) 식감본초(食鑑本草) 106 무를 많이 먹으면 폐의 기운을 소모하고, 날것으로 먹으면 무의 기운이 피로 스며들어 심장으로 흘러든다.

石氏 食鑑本草 多食, 耗肺⑦氣;生食, 滲血漕⑧心.

2-13) 쑥갓

본초 107 맛은 달면서 맵고, 성질은 평하며, 독은 없다.

本草 甘辛, 平, 無毒.

천금식치 108 심기를 편안하게 하고, 비위를 기르며, 담음(痰飮)109을 해소하고, 장위를 통하게 한다.

千金食治 安心氣, 養脾胃, 消痰飮, 利腸胃.

본초연의 110 많이 먹으면 풍기를 요동시키고 사람의 심장을 자극해서 사람이 기가 그득하게 한다.

本草衍義 多食, 動風氣, 薰人心, 令人氣滿.

102《本草衍義》卷19〈萊菔根〉, 142쪽;《本草綱目》卷26〈菜部〉"萊菔", 1617쪽.
103 지황(地黃) : 현삼과에 속한 여러해살이 초본식물인 지황의 뿌리. 열을 내리고 진액(津液)을 생성하며 량혈(凉血)·지혈(止血)하는 효능을 가진 약재.
104 하수오(何首烏) : 마디풀과(蓼科)에 속하는 다년생 초본인 하수오(何首烏)의 덩이뿌리를 건조시킨 약재.
105《本草綱目》卷26〈菜部〉"萊菔", 1616쪽.
106《傳家寶》卷28〈食鑑本草〉"菜"'白蘿蔔', 1031쪽.
107《本草綱目》卷26〈菜部〉"茼蒿", 1629쪽.
108《備急千金要方》卷26〈食治〉"3"'茼蒿'(《孫思邈醫學全書》, 476쪽);《本草綱目》, 위와 같은 곳.
109 담음(痰飮) : 몸 안에 진액이 여러 가지 원인으로 제대로 순환하지 못하고 일정한 부위에 몰려서 생긴 증상.
110《本草綱目》, 위와 같은 곳.
⑦ 肺 : 저본에는 "脚".《傳家寶·食鑑本草·菜》에 근거하여 수정.
⑧ 漕 : 저본에는 "嘈".《傳家寶·食鑑本草·菜》에 근거하여 수정.

2-14) 고수풀

胡荽

본초 [111] 맛은 맵고, 성질은 따뜻하며, 독은 없다.

本草 辛, 溫, 無毒.

일용본초 [112] 여러 채소와 함께 먹으면 향기가 나서 사람의 입을 산뜻하게 한다.

日用本草 合諸菜食, 氣香, 令人口爽.

식료본초 [113] 성질은 평하고 약간 차며, 독은 없다. 근맥을 보하고 사람이 음식을 잘 먹게 한다. 생채 (生菜, 익히지 않은 채소)로 무쳐 먹어도 좋으나 이것은 훈채(葷菜) [114]이므로 사람의 정신을 해친다. 화타(華佗) [115]는 "암내·입냄새·충치·각기병·금창(金瘡, 쇠붙이에 다친 상처)이 있는 사람은 모두 먹어서는 안 되니, 먹으면 병이 더욱 심해지기 때문이다." [116]라 했다.

食療本草 平, 微寒, 無毒. 補筋脈, 令人能食. 可和生菜食, 此是葷菜, 損人精神. 華佗云 : "胡臭、口臭、䘌齒及脚氣、金瘡人, 皆不可食, 病更加甚."

본초습유 [117] 오래 먹으면 사람이 건망증이 많아진다. 뿌리는 고질병을 일으킨다. 사호(邪蒿) [118]와 함께 먹으면 안 되는데, 먹으면 사람이 땀 냄새가 나고 낫기 어렵다.

本草拾遺 久食, 令人多忘. 根, 發痼疾. 不可同邪蒿食, 令人汗臭難瘥 ⑨.

석성금(石成金) 식감본초(食鑑本草) [119] 고수풀의 뿌리는

石氏 食鑑本草 胡荽根損

---

111 《本草綱目》 卷26 〈菜部〉 "胡荽", 1630쪽.

112 《本草綱目》, 위와 같은 곳.

113 《食療本草》 卷下 〈胡荽〉, 129쪽 ; 《本草綱目》, 위와 같은 곳.

114 훈채(葷菜) : 파, 마늘, 부추, 달래, 무릇(흥거)의 5가지 채소로, 맛과 향의 자극성이 강하다.

115 화타(華佗) : ?~208?. 중국 한나라의 명의. 자(字)는 원화(元化). 화타(華佗)는 '선생'이라는 뜻의 존칭이었으나 의술로 유명해지면서 고유명사처럼 쓰였다. 부(旉)라는 이름으로도 알려져 있다.

116 암내……때문이다 : 출전 확인 안 됨.

117 《本草綱目》, 위와 같은 곳.

118 사호(邪蒿) : 바로 다음 표제어에 나온다.

119 《傳家寶》 卷28 〈食鑑本草〉 "菜" '胡荽', 1031쪽.

⑨ 瘥 : 저본에는 "産". 《本草綱目·菜部·胡荽》에 근거하여 수정.

음기를 손상시키고 정기를 새나가게 한다. 　　陰10滑精.

본초강목120 일반적으로 일체의 보약 및 백출(白　　本草綱目 凡服一切補藥及
朮)121·모란(牡丹)122이 들어 있는 약을 복용할 경우에　　藥中有白朮、牡丹者, 不可
는 먹어서는 안 된다. 　　食.

2-15) 사호(邪蒿)　　邪蒿

본초123 맛은 맵고, 성질은 따뜻하면서 평하며, 독　　本草 辛, 溫平, 無毒.
은 없다.

식료본초124 장위를 통하게 하고, 혈맥을 잘 통하게　　食療本草 利腸胃, 通血
하고, 부족한 기운을 채워준다. 날것으로 먹으면 풍을　　脈, 續不足氣. 生食, 微動
약간 요동시키니, 국을 끓여 먹어야 좋다. 고수풀과　　風, 作羹食良. 不與胡荽
함께 먹으면 안 되는데, 몸에서 땀 냄새가 나게 한다. 　　同食, 令人汗臭氣.

사호(邪蒿)

120《本草綱目》卷26〈菜部〉"胡荽", 1630쪽.
121 백출(白朮) : 삽주의 덩이줄기를 말린 약재.
122 모란(牡丹) : 5월에 연붉홍색 꽃이 피는 낙엽관목의 하나로, 그 뿌리는 당귀·천궁·황기·지황과 더불어 5대
　　기본 한방 약재이다. 어혈을 풀어주고 소염·진통의 효능이 있다.
123《本草綱目》卷26〈菜部〉"邪蒿", 1629쪽.
124《食療本草》卷下〈邪蒿〉, 130쪽 ;《本草綱目》卷26〈菜部〉"邪蒿", 1629쪽.
10 陰 : 저본에는 "傷".《傳家寶·食鑑本草·菜》에 근거하여 수정.

식의심경 [125] 삶아서 익힌 다음 간장과 식초에 무쳐 먹으면 오장의 나쁜 기운을 치료한다.

食醫心鏡 煮熟, 和醬醋食, 治五臟惡邪氣.

2-16) 회향(茴香)[126]

본초 [127] 맛은 맵고, 성질은 평하며, 독은 없다.

蘹香

本草 辛, 平, 無毒.

천금식치 [128] 맛은 쓰면서 맵고, 성질은 약간 차면서 껄끄럽다.

千金食治 苦辛, 微寒澁.

본초강목 [129] 소회향(小茴香)[130]의 성질은 평하며, 기를 다스리고 위를 열어준다. 여름에는 파리를 쫓아내고 냄새를 없애기 때문에 음식 재료로 좋다. 대회향(大茴香)[131]은 성질이 뜨거워서 많이 먹으면 눈을 상하게 하고 창이 발생하기에, 음식 재료로 과용하면 좋지 않다.

本草綱目 小茴香性平, 理氣開胃, 夏月袪蠅辟臭, 食料宜之. 大茴香性熱, 多食傷目發瘡, 食料不宜過用.

2-17) 나륵(羅勒)[132]

본초 [133] 맛은 맵고, 성질은 따뜻하며, 독이 약간 있다.

羅勒

本草 辛, 溫, 微毒.

---

125 《本草綱目》卷26〈菜部〉"邪蒿", 1629쪽.
126 회향(茴香): 산형화목 미나리과의 다년생 초본식물로, 한기를 풀어 통증을 없애고 기를 다스려 위를 편안하게 하는 효능이 있다.
127 《本草綱目》卷26〈菜部〉"蘹香", 1637쪽.
128 《備急千金要方》卷26〈食治〉"菜蔬" '茴香'(《孫思邈醫學全書》, 478쪽);《本草綱目》卷26〈菜部〉"蘹香", 1637쪽.
129 《本草綱目》卷26〈菜部〉"蘹香", 1637쪽.
130 대회향(大茴香): 붓순나무과에 속하는 사철푸른 나무인 팔각회향의 열매를 말린 것. 맛은 맵고 달며 성질은 따뜻하다. 비경·신경에 작용한다.
131 소회향(小茴香): 미 나리과에 속하는 1년생 풀인 소회향의 익은 열매를 말린 것. 비(脾)와 신(腎)을 덥혀주고 식욕을 돋구며 한사를 없애고 물고기 독을 풀어준다.
132 나륵(羅勒): 꿀풀과 식물인 나륵의 전초를 말린 것이다. 여름부터 초가을 사이에 꽃이 필 때 전초를 베어 그늘에서 말린다. 맛은 맵고 성질은 따뜻하다. 비경(脾經)·위경(胃經)에 작용한다. 풍습사(風濕邪)를 없애고 기와 혈액 순환을 촉진하며 소화를 돕고 유독한 물질을 없앤다.
133 《本草綱目》卷26〈菜部〉"羅勒", 1640쪽.

가우본초 134 속을 조화시키고 음식을 소화시키며, 나쁜 기운을 제거하고, 수기(水氣)를 해소하며, 날것으로 먹기에 좋다.	嘉祐本草 調中消食, 去惡氣, 消水氣, 宜生食.

음선정요(飮膳正要) 135 136 다른 채소와 같이 먹으면 매운맛과 향이 비린내를 물리칠 수 있다.

飮膳正要 與諸菜同食, 味辛香能辟腥氣.

본초강목 137 나천익(羅天益)138은 "난향(蘭香, 나륵의 이칭)은 맛이 맵고 기운이 따뜻하여 혈을 조화시키고 건조한 기운을 적셔줄 수 있다."139라 했다. 어떤 사람은 "많이 먹으면 영위를 원활하지 않게 하여 혈맥이 잘 돌지 않는다."140라 했는데, 그렇지 않다.

本草綱目 羅天益云 : "蘭香味辛, 氣溫, 能和血潤燥." 或言"多食澁營衛, 血脈不行"者非.

2-18) 산갓

본초 141 맛은 맵고, 성질은 따뜻하며, 독은 없다.

蔊

本草 辛, 溫, 無毒.

본초강목 142 흉격(胸膈, 가슴 부위)을 잘 통하게 하고 냉담(冷痰)143을 뚫어준다.

本草綱目 利胸膈, 豁冷痰.

---

134 《本草綱目》, 위와 같은 곳.

135 음선정요(飮膳正要) : 중국 원(元)나라의 의학자 홀사혜(忽思慧, 14세기 활동)가 지은 책으로, 먹으면 안 되는 음식재료 및 병을 치료하는 먹을거리 등을 곡류·어류·짐승류·과채류로 나누어 기록했다.

136 《本草綱目》, 위와 같은 곳.

137 《本草綱目》, 위와 같은 곳.

138 나천익(羅天益) : 1220~1290. 중국 원(元)나라의 의학자. 자(字)는 겸보(謙甫). 명의였던 동원(東垣) 이고(李杲, 1180~1251)의 수제자이다. 이고의 문하에서 10여 년 동안 수학하였고, 이후 의술활동을 한 결과를 바탕으로 《위생보감(衛生寶鑑)》·《약상도(藥象圖)》를 저술하였다.

139 난향은……있다 : 출전 확인 안 됨.

140 많이……않는다 : 출전 확인 안 됨.

141 《本草綱目》 卷26 〈菜部〉 "蔊菜", 1642쪽.

142 《本草綱目》, 위와 같은 곳.

143 냉담(冷痰) : 기가 허하여 비장과 위장이 수곡(水穀)을 소화시키지 못하기 때문에 담(痰)이 가슴이나 장위(腸胃)에 맺히는 담증(痰證).

삼원연수참찬서(三元延壽參贊書)[144][145] 산갓은 잘게 썰어서 생꿀을 섞어 버무리거나 또는 살짝 데쳐서 먹으면 입이 산뜻해지고 소화가 잘 된다. 많이 먹으면 고질병이 발생하고 열이 난다.

延壽書 蕨菜細切, 以生蜜洗拌[11], 或略汋食之, 爽口消食. 多食, 發痼疾, 生熱.

2-19) 시금치

본초[146] 맛은 달고, 성질은 냉하면서 미끄러우며, 독은 없다.

菠薐

本草 甘, 冷滑, 無毒.

식료본초[147] 오장을 잘 통하게 하고, 장위의 열을 소통시키며, 술독[酒毒]을 풀어준다. 단석을 복용한 사람이 먹으면 좋다.

북쪽 지방 사람이 고기와 면을 먹고 이것을 먹으면 속이 평온해지고, 남쪽 지방 사람이 물고기·자라·쌀밥을 먹고 이것을 먹으면 속이 냉해진다. 그러므로 많이 먹으면 대장과 소장을 냉하게 한다.

食療本草 利五臟, 通腸胃熱, 解酒毒. 服丹石人食之佳.

北人食肉、麵, 食之即平; 南人食魚、鼈、水米, 食之即冷, 故多食, 冷大小腸也.

식성본초[148] 독이 약간 있다. 많이 먹으면 다리가 약해지고, 요통이 발생하고, 냉한 기운을 요동시킨다. 이전에 배에 냉병을 앓았던 사람이 먹으면 반드시

食性本草 微毒. 多食, 令人脚弱, 發腰痛, 動冷氣. 先患腹冷者, 必破腹. 不

144《삼원연수참찬서(三元延壽參贊書)》: 중국 원(元)나라의 의학자 이붕비(李鵬飛, 1222~?)가 지은 양생법에 대한 책. 사람 수명은 원래 천원(天元)으로 받은 60년, 지원(地元)으로 받은 60년, 인원(人元)으로 받은 60년, 도합 180세를 살 수 있는데, 정신이 강인하지 않고 지나친 일을 도모하고 음식을 조절하지 않아 수명이 줄어드는 것이라고 주장하였다.

145 출전 확인 안 됨;《本草綱目》卷26〈菜部〉"蕨菜", 1642쪽.

146《本草綱目》卷27〈菜部〉"菠薐", 1645쪽.

147《食療本草》卷下〈菠薐〉, 155쪽;《本草綱目》卷27〈菜部〉"菠薐", 1645쪽.

148《本草綱目》卷27〈菜部〉"菠薐", 1645쪽.

11 拌:《本草綱目·菜部·蕨菜》에는 "伴".

크게 배탈이 난다. 드렁허리[鱔][149]와 함께 먹어서는 안 되는데, 곽란을 일으키기 때문이다.

與鱔[12]魚同食, 發霍亂.

본초강목 [150] 혈맥을 통하게 하고 흉격을 열고, 기를 내리고 속을 조화롭게 하며, 갈증을 멈추게 하여 건조한 기운을 적셔준다. 뿌리는 더욱 좋다.

本草綱目 通血脈, 開胸膈, 下氣調中, 止渴潤燥. 根尤[13]良.

2-20) 옹채(蕹菜)[151]

본초 [152] 맛은 달고, 성질은 평하며, 독은 없다.

蕹菜

本草 甘, 平, 無毒.

옹채

---

149 드렁허리[鱔] : 몸은 원통형으로 가늘고 긴 장어 모양의 물고기. 진흙이 많은 논이나 호수 등에 살며, 주둥이만 물 밖에 내놓고 공기호흡을 한다. 논밭의 두렁에 구멍을 잘 뚫고 다닌다고 하여 두렁뚫이에서 온 말이라 한다.

150 《本草綱目》, 위와 같은 곳.

151 옹채(蕹菜) : 이 나물은 오직 북주기를 해야 성장하므로 옹(蕹)이라고 한다. 줄기가 부드러워 덩굴과 같으며 속이 비었다. 잎은 시금치[菠薐]처럼 생겼거나 원뿔 모양의 끝[鑿頭]처럼 뾰족하고 흰 꽃이 핀다. 나물로 먹는다. 남쪽 사람들은 갈대[葦]를 엮어 뗏목을 만들어 작은 구멍을 뚫어둔다. 물 위에 띄워놓고 씨를 물속에 뿌리면 자라서 줄기와 잎이 나오되 모두 갈대 구멍 속에서 나오며 물을 따라 위아래로 떠돌아다니는 남방의 기이한 채소이다. 육지에 파종하려면 습지라야 좋다.

152 《本草綱目》 卷27 〈菜部〉 "蕹菜", 1646쪽.

[12] 鱔 : 저본에는 "鯉". 《本草綱目·菜部·菠薐》에 근거하여 수정.

[13] 尤 : 저본에는 "又". 오사카본·《本草綱目·菜部·菠薐》에 근거하여 수정.

2-21) 근대

莙薘

본초[153] 맛은 달면서 쓰고, 성질은 매우 차면서 미끄러우며, 독은 없다.

又 甘苦, 大寒滑, 無毒.

당본초[154] 여름에 죽을 쑤어 먹으면 열을 풀어준다.

唐本草 夏月作粥食, 解熱.

가우본초[155] 성질은 평하고, 독이 약간 있다. 속을 보하고 기를 내리며, 비장의 기운을 다스리고, 오장을 잘 통하게 한다. 기가 냉한 사람은 많이 먹어서는 안 되는데, 기를 요동시키기 때문이다. 이전에 배에 냉병을 앓았던 사람이 먹으면 반드시 크게 배탈이 난다.

嘉祐本草 平, 微毒. 補中下氣, 理脾氣, 利五臟. 冷氣人不可多食, 動氣. 先患腹冷人食之, 必破腹.

2-22) 냉이

薺

본초[156] 맛은 달고, 성질은 평하며, 독은 없다.

本草 甘, 平, 無毒.

명의별록[157] 간을 이롭게 하여 속을 편안하게 한다.

名醫別錄 利肝和中.

식성본초[158] 냉이씨를 오래 먹으면 사물이 선명하게 보인다.

食性本草 薺實久食, 視物鮮明.

---

153 《本草綱目》 卷27 〈菜部〉 "菾菜", 1647쪽.
154 《本草綱目》, 위와 같은 곳.
155 《本草綱目》, 위와 같은 곳.
156 《本草綱目》 卷27 〈菜部〉 "薺", 1648쪽.
157 《名醫別錄》 〈上品〉 卷1 "薺", 95쪽; 《本草綱目》, 위와 같은 곳.
158 《本草綱目》 卷27 〈菜部〉 "薺", 1649쪽.

2-23) 석명(菥蓂)[159]

本草[160] 맛은 달고, 성질은 평하며, 독은 없다.

菥蓂

本草 甘, 平, 無毒.

本草綱目[161] 속을 편안하게 하고 기운을 북돋으며, 간을 이롭게 하여 눈을 밝게 한다.

本草綱目 和中益氣, 利肝 明目.

2-24) 번루(繁縷)[162]

本草[163] 맛은 시고, 성질은 평하며 독은 없다.

繁縷

本草 酸, 平, 無毒.

번루

---

159 석명(菥蓂) : 배추과 식물인 말냉이의 전초를 말린 것이다. 우리나라 각지의 들판이나 낮은 산, 밭, 길가에서 어디에서나 자란다. 5~6월 씨가 익을 때 전초를 채취하여 그늘에서 말린다. 맛은 달고 성질은 평하다. 신염, 자궁내막염에 쓴다. 민간에서는 자궁암, 협심증, 황달 등에 쓰며 이뇨제·거담제(祛痰劑)·발한제(發汗劑)로도 쓴다. 하루 15~30g을 탕약으로 하여 먹는다

160 《本草綱目》, 위와 같은 곳.

161 《本草綱目》, 위와 같은 곳.

162 번루(繁縷) : 패랭이꽃과 식물인 별꽃의 전초를 말린 것이다. 각지의 들판과 밭, 길섶에서 자란다. 늦봄부터 초여름 사이에 꽃이 필 때 뜯어서 햇볕에 말린다. 맛은 시고 성질은 평하다. 혈액 순환을 촉진하고 어혈을 없애며 젖의 분비를 촉진한다. 해산한 후 어혈로 인한 복통, 젖의 분비가 부족한 증상, 서열사(暑熱邪)로 토하는 증상, 급성 충수염, 임증(淋證), 옹종(癰腫), 악성 종기, 타박상 등에 쓴다. 하루 30~60g을 달여 먹거나 신선한 것을 짓찧어 즙을 내어 먹는다. 외용약으로 쓸 때는 짓찧어 붙이거나 까맣게 덖아서 가루를 내어 기초(약)제에 개어 붙인다.

163 《本草綱目》 卷27 〈菜部〉 "繁縷", 1650쪽.

200   정조지·권제 1

천금식치 164 황제(黃帝)는 "드렁허리 젓갈과 함께 먹으면 소갈(消渴, 당뇨병)이 발생하고 건망증이 많아진다."165라 했다.

千金食治 黃帝云："合鱓鮓食, 發消渴, 令人多忘."

2-25) 계장초(닭의장풀)166

鷄腸草

본초 167 맛은 약간 매우면서 쓰고, 성질은 평하며, 독은 없다.

本草 微辛苦, 平, 無毒.

뇌공약대(雷公藥對) 168 169 성질은 약간 차다.

雷公藥對 微寒.

2-26) 거여목170

苜蓿

본초 171 맛은 쓰고, 성질은 평하면서 껄끄러우며, 독은 없다.

本草 苦, 平澀, 無毒.

명의별록 172 속을 편안하게 하여 몸에 이로우므로 오래 먹어도 된다.

名醫別錄 安中利人, 可久食.

식료본초 173 오장을 잘 통하게 하며, 몸을 가볍게

食療本草 利五臟, 輕身健

164《千金食治》〈菜蔬〉3 "蘩蔞"(《孫思邈醫學全書》, 476쪽) ;《本草綱目》, 위와 같은 곳.

165 드렁허리……많아진다: 출전 확인 안 됨.

166 계장초 : 닭의장풀과의 한해살이풀. 몸안에 들어온 풍사(風邪)를 제거하고 어린아이의 적백리(赤白痢, 피고름똥)를 치료하는 약으로 쓰인다.

167《本草綱目》卷27〈菜部〉"鷄腸草", 1651쪽.

168 뇌공약대(雷公藥對) : 2세기 무렵 지어진 저자 미상의 본초서. 뇌공(雷公)이라는 인물이 지었다고 하지만, 이름을 가탁한 것으로 추정된다. 원서는 남아 있지 않지만, 그 내용이《본초강목》등의 본초서에 전한다.

169《本草綱目》卷27〈菜部〉"鷄腸草", 1651쪽.

170 거여목: 개자리. 콩과의 두해살이풀. 높이는 30~ 60cm이며, 잎은 어긋나고 겹잎이다. 봄에 노란 잔꽃이 잎겨드랑이에서 피고 열매는 용수철 모양의 협과(莢果)를 맺으며 거름, 목초로 쓰인다.

171《本草綱目》卷27〈菜部〉"苜蓿", 1653쪽.

172《名醫別錄》〈上品〉卷1 "苜蓿", 96쪽 ;《本草綱目》, 위와 같은 곳.

173《食療本草》卷下〈苜蓿〉, 141쪽 ;《本草綱目》, 위와 같은 곳.

하고 사람을 튼튼하게 한다. 비장과 위장 사이의 나
쁜 열기를 씻어 제거하고, 소장의 모든 나쁜 열독을
빠지게 한다. 삶아서 간장에 무쳐 먹거나 국을 끓여
먹어도 된다.

人. 洗去⒁脾胃間邪熱氣,
通小腸諸惡熱毒, 煮和醬
食, 亦可作羹.

성질이 서늘하니 적게 먹어야 좋다. 많이 먹으면
냉기가 근육 속으로 들어가서 곧 몸을 여위게 한다.

涼, 少食好. 多食, 令冷氣
入筋中, 卽瘦人.

삼원연수참찬서 174 꿀과 함께 먹으면 몸에 이롭지
않다.

延壽書 同蜜食, 令人不利.

2-27) 비름

莧

본초 175 맛은 달고, 성질은 냉하면서 잘 통하게 하
며, 독은 없다.

本草 甘, 冷利, 無毒.

식료본초 176 기를 요동시켜 사람을 번민하게 하며,
속을 차갑게 해서 배를 손상시킨다. 자라와 함께 먹
어서는 안 되는데, 자라로 인한 뱃병이 생기기 때문
이다.

食療本草 動氣, 令人煩
憫, 冷中損腹. 不可與鼈同
食, 生鼈瘕⒂.

흰 비름은 기를 보하고 열을 제거하며, 구규(九
竅)177를 통하게 한다.

白莧補氣除熱, 通九竅.

당본초 178 붉은 비름은 맛이 맵고, 성질은 차다.

唐本草 赤莧辛, 寒.

---

174 《本草綱目》, 위와 같은 곳.
175 《本草綱目》卷27 〈菜部〉"莧", 1654쪽.
176 《食療本草》卷下 〈莧〉, 128~129쪽 ; 《本草綱目》, 위와 같은 곳.
177 구규(九竅) : 사람의 몸에 있는 구멍, 즉 눈·코·입·귀·요도·항문 총 9개의 구멍.
178 《本草綱目》, 위와 같은 곳.
⒁ 去 : 저본에는 "出". 《食療本草·苜蓿》·《本草綱目·菜部·苜蓿》에 근거하여 수정.
⒂ 瘕 : 《食療本草·莧》에는 "癥", 《本草綱目·菜部·莧》에는 "症".

쇠비름

| 명의별록 [179] 참비름과 가는 비름은 모두 성질이 냉하면서 잘 통하게 한다. 붉은 비름은 먹어서는 안 된다. | 名醫別錄 人莧、細莧竝冷利. 赤莧不堪食. |

2-28) 쇠비름

馬齒莧

본초 [180] 맛은 시고, 성질은 차며, 독은 없다.

本草 酸, 寒, 無毒.

본초연의 [181] 사람들이 많이 먹으나 성질은 차고 미끄럽다.

本草衍義 人多食, 然性寒滑.

도경본초 [182] 장을 살찌게 하며 음식 먹을 생각이 나지 않게 한다.

圖經本草 能肥腸, 令人不思食.

개보본초(開寶本草) [183] [184] 복용하면 장년이 되어도 머

開寶本草 服之, 長年不白.

179《名醫別錄》〈上品〉卷1 "莧", 94쪽 ; 《本草綱目》, 위와 같은 곳.

180《本草綱目》卷27〈菜部〉"馬齒莧", 1655쪽.

181《本草衍義》卷19〈馬齒莧〉, 146쪽 ; 《本草綱目》, 위와 같은 곳.

182《本草綱目》卷27〈菜部〉"馬齒莧", 1655쪽.

183 개보본초(開寶本草) : 중국 북송 시대의 의학자 오복규(吳復珪, ?~?)가 개보(開寶) 6년(973)에 왕명으로 유한(劉翰), 마지(馬志), 진소우(陳昭遇) 등과 함께 편수한《개보신상정본초》를 이방(李昉) 등이 교열 수정하여《개보본초》라 약칭한 의서로, 938종의 약물이 수록되어 있다.

184《本草綱目》卷27〈菜部〉"馬齒莧", 1656쪽.

리가 세지 않는다.

식물본초[185] 이 채소는 많은 음기를 받아들였으므로 날것으로 먹을 때는 마늘을 섞어야 좋다.

食物本草 此菜感陰氣之多, 生食之, 宜和以蒜.

2-29) 고거(苦苣)[186]

苦苣

본초[187] 맛은 쓰고, 성질은 차며, 독은 없다. 오장의 나쁜 기운으로 인해 곡식을 싫어하고 위장이 마비되는 증상을 치료한다. 오래 복용하면 심장을 안정시키고 기를 북돋우며, 귀와 눈이 밝아지고, 잠을 적게 자도록 하며, 몸을 가볍게 하고, 늙지 않게 한다.

本草 苦, 寒, 無毒. 治五臟邪氣, 厭穀胃痹. 久服, 安心益氣, 聰察少臥, 輕身耐老.

가우본초[188] 12경맥을 조화롭게 한다. 오래 복용하

嘉祐本草 調十二經脈. 久

고거

185《食物本草》卷上〈菜類〉"馬齒莧", 18쪽.
186 고거(苦苣): 국화과 식물인 방가지풀(방가지똥)의 전초를 말린 것이다. 각지의 들판이나 길가에서 널리 자란다. 여름철에 전초를 베어 그늘에서 말린다. 맛은 쓰고 성질은 차다. 심경(心經)·비경(脾經)·위경(胃經)·대장경(大腸經)에 작용한다. 열을 내리고 혈열(血熱)을 없애며 소변이 잘 나오게 하고 독을 제거한다.
187《本草綱目》卷27〈菜部〉"苦菜", 1659쪽.
188《本草綱目》, 위와 같은 곳.

면 힘을 강하게 한다. 비록 성질이 냉해도 몸에 매우 유익하다.

服, 强力. 雖冷, 甚益人.

동천보생록(洞天保生錄)[189][190] 여름 3개월 동안은 고매(苦蕒, 고거의 이칭)를 먹기에 좋다. 심장의 기운을 북돋우고, 혈을 조화롭게 하며, 기를 잘 통하게 하기 때문이다.

洞天保生錄 夏三月宜食苦蕒, 能益心和血通氣.

본초회편(本草會編)[191][192] 야생의 고거는 꿀과 함께 먹어서는 안 되니, 몸에 내치(內痔)[193]가 생기게 만들기 때문이다.

本草會編 野苣不可共蜜食, 令人作內[16]痔.

본초강목[194] 비장과 위장이 허하고 찬 사람은 먹어서는 안 된다.

本草綱目 脾胃虛寒人不可食.

2-30) 백거(白苣)[195]

본초[196] 맛은 쓰고, 성질은 차며, 독은 없다.

白苣

本草 苦, 寒, 無毒.

---

189 동천보생록(洞天保生錄):《본초강목》에 인용된 의서로, 원서는 현재 전하지 않으며 저자에 대한 정보도 남아있지 않다.

190《本草綱目》, 위와 같은 곳.

191 본초회편(本草會編): 중국 명나라의 의학자인 왕기(汪機, ?~?)가 16세기 초엽에 편찬한 본초서. 총 20권으로 이루어져 있으며, 책의 내용 중 일부가 《본초강목》에 인용되었다. 여기 인용 기사는 《본초강목》권27〈채부(菜部)〉"고채(苦菜)"에서는 후한 말기의 의학자인 장기(張機 150~219?)를 인용 전거(張機曰 : "野苣不可共蜜食, 令人作內痔.")로 기록했으나, 《비급천금요방(備急千金要方)》권79〈식치(食治)〉"채소(菜蔬)" 제3 '야거(野苣)'에는 황제(黃帝)를 인용 전거(黃帝云 : "不可共蜜食之, 作痔.")로 기록했다.

192《本草綱目》, 위와 같은 곳.

193 내치(內痔): 항문 안에 생기는 치질. 암치질이라고도 한다.

194《本草綱目》, 위와 같은 곳.

195 백거(白苣): 생김새가 상추와 비슷한데 들에서 자란다. 경맥을 통하게 하고 오장을 편안하게 하며, 황달을 치료한다.

196《本草綱目》卷27〈菜部〉"白苣", 1660쪽.

[16] 內 : 저본에는 "肉".《本草綱目·菜部·苦菜》에 근거하여 수정.

식료본초 [197] 근육과 뼈를 보하고, 오장을 잘 통하게 하며, 흉격의 막힌 기운을 열어주고, 경맥을 통하게 하며, 비기(脾氣)[198]를 멎게 한다. 또 사람의 치아를 하얗게 하고, 귀와 눈을 밝아지게 하며, 잠을 적게 자도록 한다. 데쳐서 먹으면 좋다.	食療本草 補筋骨, 利五臟, 開胸膈壅[17]氣, 通經脈, 止脾氣[18], 令人齒白, 聰明少睡. 可煮食之.
사성본초 [199] 성질은 평하다. 냉병을 앓는 사람이 먹으면 곧 배가 냉해지지만 몸을 심하게 해칠 정도는 아니다. 산후에 먹어서는 안 되는데, 몸속을 차갑게 해서 소장이 아프기 때문이다.	四聲本草 平. 患冷氣人食之, 卽腹冷, 亦不至苦損人. 産後不可食, 令人寒中, 小腸痛.
천금식치 [200] 진한 유즙[酪]과 함께 먹어서는 안 되는데, 충닉(蟲䘌, 벌레 먹는 병)이 생기기 때문이다.	千金食治 不可共酪食, 生蟲䘌.

2-31) 상추

萵苣

본초 [201] 맛은 쓰고, 성질은 냉하며, 독이 약간 있다.	本草 苦, 冷, 微毒.
본초습유 [202] 오장을 잘 통하게 하고, 경맥을 통하게 하며, 흉격을 열어준다. 효능이 백거와 같다.	本草拾遺 利五臟, 通經脈, 開胸膈, 功同白苣.

---

197 《本草綱目》卷27 〈菜部〉 "白苣", 1661쪽; 《食療本草》卷下 〈白苣〉, 152쪽.
198 비기(脾氣) : 비적(脾積)과 같다. 비장이 허하여 기가 몰려 생기는 증상으로, 얼굴빛이 누렇고 구역질이 나며 설사를 하고 살이 빠진다.
199 《本草綱目》卷27 〈菜部〉 "白苣", 1660~1661쪽.
200 《本草綱目》卷27 〈菜部〉 "白苣", 1661쪽.
201 《本草綱目》卷27 〈菜部〉 "萵苣", 1661쪽.
202 《本草綱目》, 위와 같은 곳.
[17] 壅 : 저본에는 "擁". 규장각본·《本草綱目·菜部·白苣》에 근거하여 수정.
[18] 止脾氣 : 《食療本草》卷下 〈白苣〉에는 "養筋骨".

삼원연수참찬서[203] 오래 먹으면 사람의 눈을 침침하게 한다. 냉병을 앓았던 사람이 먹으면 좋지 않다.

延壽書 久食, 昏人目. 患冷人不宜食.

본초강목[204] 상추 독에 중독되면 생강즙으로 독을 풀어준다.

本草綱目 中萵苣毒, 以薑汁解之.

2-32) 삼백초[205]

戢

본초[206] 맛은 맵고, 성질은 약간 따뜻하며, 독이 약간 있다.

本草 辛, 微溫, 有小毒.

명의별록[207] 많이 먹으면 기침을 하게 한다.

名醫別錄 多食, 令人氣喘.

약총결(藥總訣)[208][209] 민간에 전해지기로는 삼백초를 먹으면 사람의 다리에 이롭지 않다고 하는데, 아마 기를 막기 때문일 것이다. 어린아이에게 먹이면 곧 다리에 통증을 느끼게 된다.

藥總訣 俗傳食戢不利人脚, 恐由閉氣故也. 令小兒食之, 便覺脚痛.

식료본초[210] 어린아이가 삼백초를 먹으면 세 살이 되어도 걷지 못한다. 오래 먹으면 허약해지는 증상

食療本草 小兒食之, 三歲不行. 久食, 發虛弱, 損陽

---

203 《三元延壽參贊書》 卷3 〈菜蔬〉 《中華道藏》 23-71, 755~756쪽); 《本草綱目》 卷27 〈菜部〉 "萵苣", 1661쪽.
204 《本草綱目》, 위와 같은 곳.
205 삼백초: 쌍떡잎식물 후추목 삼백초과의 여러해살이풀. 열매는 둥글고 종자가 각 실에 1개씩 들어 있다. 뿌리·잎·꽃이 흰색이기 때문에 삼백초라고 한다. 한방에서는 전초를 말려 몸이 붓고 소변이 잘 안 나올 때 쓰고, 각기·황달·간염 등에도 사용한다.
206 《本草綱目》 卷27 〈菜部〉 "戢", 1667쪽.
207 《本草綱目》, 위와 같은 곳.
208 약총결(藥總訣): 중국 양(梁)나라의 본초학자 도홍경(陶弘景, 456~536)이 저술한 본초학서로, 약품의 오미(五味)와 한열(寒熱)의 약성(藥性)·주치(主治)·약재 채취시기·저장 방법 등에 대하여 논한 책.
209 《本草綱目》, 위와 같은 곳.
210 《本草綱目》, 위와 같은 곳.

고사리

이 발생하며, 양기를 손상시키고 정수(精髓)를 소진 시킨다.

氣, 消精髓.

천금식치[211] 평소에 각기(脚氣)[212]가 있는 사람이 삼백초를 먹으면 평생토록 낫지 않는다.

千金食治 素有脚氣人食之, 一世不愈.

2-33) 고사리

蕨

본초[213] 맛은 달고, 성질은 차고 미끄러우며, 독은 없다.

本草 甘, 寒滑, 無毒.

식료본초[214] 오장의 부족한 기운을 보하고, 경락과 근골 사이의 독기(毒氣)를 막는다. 오래 먹으면 눈이 어두워지고 코가 막히며 머리카락이 빠지게 한다. 또 기가 냉한 사람이 먹으면 대부분 배가 부풀

食療本草 補五臟不足氣, 壅經絡、筋骨間毒氣. 久食, 令人目暗、鼻塞、髮落. 又冷氣人食, 多腹脹. 小兒

211《本草綱目》, 위와 같은 곳.
212 각기(脚氣) : 다리와 무릎이 연약해지면서 감각이 없어지고 근육이 뒤틀리는 병증. 다리가 붓는 증상은 '습각기(濕脚氣)', 붓지 않는 증상은 '건각기(乾脚氣)'라 한다.
213《本草綱目》卷27〈菜部〉"蕨", 1668쪽.
214《本草綱目》, 위와 같은 곳.

어오른다. 어린아이가 먹으면 다리가 약해져 걸을 수 없다. | 食之, 脚弱不能行.

본초습유215 많이 먹으면 양기가 소진되므로 사람을 졸리게 하고 다리를 약하게 만든다. | 本草拾遺 多食, 消陽氣, 故令人睡, 弱人脚.

천금식치216 오래 먹으면 가질(瘕疾)이 생긴다. | 千金食治 久食, 成瘕.

2-34) 고비 薇

본초217 맛은 달고, 성질은 차며, 독은 없다. | 本草 甘, 寒, 無毒.

본초습유218 오래 먹으면 허기지지 않고 속을 조화롭게 하며, 대장과 소장을 잘 통하게 한다. | 本草拾遺 久食, 不饑調中, 利大小腸.

2-35) 교요(翹搖) 翹搖

본초219 맛은 맵고, 성질은 평하며, 독은 없다. | 本草 辛, 平, 無毒.

식료본초220 오장을 잘 통하게 하고, 귀와 눈을 밝게 하고, 열사와 풍사를 제거한다. 몸을 가볍게 하면서 건강하게 만들고, 오래 먹어도 물리지 않으며, 몸에 매우 유익하다. 데쳐 먹어야 좋으니, 날것으로 먹으면 물을 토하게 한다. | 食療本草 利五臟, 明耳目, 去熱風, 令人輕健, 長食不厭, 甚益人. 煮食佳, 生食, 令人吐水.

215《本草綱目》卷27〈菜部〉“蕨”, 1668쪽.
216《本草綱目》, 위와 같은 곳.
217《本草綱目》卷27〈菜部〉“薇”, 1670쪽.
218《本草綱目》, 위와 같은 곳.
219《本草綱目》卷27〈菜部〉“翹搖”, 1670쪽.
220《本草綱目》卷27〈菜部〉“翹搖”, 1670쪽.

회조

2-36) 녹곽(鹿藿)　　　　　　　　　　　　　　　　鹿藿

본초[221] 맛은 쓰고, 성질은 평하며, 독은 없다.　　　本草 苦, 平, 無毒.

본초강목[222] 녹곽은 곧 야녹두(野鹿豆)[223]이다. 그 싹　本草綱目 鹿藿卽野鹿豆.
은 날것으로도, 익혀서도 모두 먹을 수 있다.　　　其苗生熟皆可食.

2-37) 회조(灰藋)[224]　　　　　　　　　　　　　　　灰藋

본초[225] 맛은 달고, 성질은 평하며, 독은 없다.　　　本草 甘, 平, 無毒.

2-38) 명아주　　　　　　　　　　　　　　　　　　藜

본초[226] 맛은 달고, 성질은 평하며, 독이 약간 있다.　又 甘, 平, 微[19]毒.

---

221 《本草綱目》卷27〈菜部〉"鹿藿", 1671쪽.
222 《本草綱目》, 위와 같은 곳.
223 야녹두(野鹿豆) : 콩과의 덩굴식물인 칡을 말한다. 사슴이 9종의 풀을 먹는데 갈근이 그중 하나이기에 야
녹두(野鹿豆), 녹곽근(鹿藿根) 등으로 불린다. 그 뿌리는 갈근이라 하여 두통(頭痛)·요통(腰痛)·복통(腹
痛)·충수염(蟲垂炎)을 치료하는 약재이고 줄기와 잎은 피를 식혀주고 해독(解毒)하는 효능이 있다.
224 회조(灰藋) : 명아주와 거의 흡사한 모양이고 길가나 논밭 어디에나 나는 풀로, 거습 해독 창양종독에 효
능이 있다.
225 《本草綱目》卷27〈菜部〉"灰藋", 1672쪽.
226 《本草綱目》卷27〈菜部〉"藜", 1672쪽.
[19] 微 : 저본에는 "無".《本草綱目·菜部·藜》에 근거하여 수정.

본초강목[227] 명아주는 연할 때나 먹을 수 있으므로 옛사람들은 '여곽(藜藿, 변변치 못한 음식)'이라 불렀으니, 진미인 고량(膏粱)과는 같지 않다.

本草綱目 嫩時可食, 故昔人謂"藜藿", 與膏粱不同.

2-39) 토란

芋

본초[228] 맛은 맵고, 성질은 평하고 미끄러우며, 독이 약간 있다.

本草 辛, 平滑, 有小毒.

명의별록[229] 장위(腸胃)를 이완시키고, 피부를 탱탱하게 하며, 속을 원활하게 한다.

名醫別錄 寬腸胃, 充肌膚, 滑中[20].

당본초[230] 많이 먹으면 묵은 냉기를 요동시킨다.

唐本草 多食, 動宿冷.

본초연의[231] 많이 먹으면 소화가 잘 되지 않아 기를 막고 비장을 괴롭게 한다.

本草衍義 多食, 難尅化, 滯氣困脾.

식료본초[232] 겨울에 먹으면 병이 나지 않으나 다른 계절에는 먹어서는 안 된다. 또 붕어나 가물치와 함께 국을 만들면 좋다. 오래 먹으면 허로(虛勞)[233]가 생기게 한다.

食療本草 冬月食, 不發病, 他時月不可食. 又和鯽魚、鱧魚作臛良. 久食, 令[21]人虛勞.

227《本草綱目》卷27〈菜部〉"藜", 1672쪽.
228《本草綱目》卷27〈菜部〉"芋", 1675쪽.
229《本草綱目》, 위와 같은 곳.
230《本草綱目》, 위와 같은 곳.
231《本草綱目》卷27〈菜部〉"芋", 1675쪽.
232《本草綱目》, 위와 같은 곳.
233 허로(虛勞): 장부(臟腑)나 몸의 일부가 나쁜 기운에 감수되거나 손상되어 몸이 허약해진 증상.
[20] 中: 저본에는 "口".《本草綱目·菜部·芋》에 근거하여 수정.
[21] 令: 저본에는 "治".《本草綱目·菜部·芋》에 근거하여 수정.

일화본초 234 토란은 생강과 함께 삶은 다음에 물을 바꾸어 다시 삶아야 먹을 수 있다.

日華本草 芋以薑同煮過, 換水再煮, 方可食之.

2-40) 감로자(甘露子)235

본초 236 맛은 달고, 성질은 평하며, 독은 없다.

本草 甘, 平, 無毒.

음선정요 237 오장을 조화롭게 하고, 기를 내리며 정신을 맑게 한다.

飲膳正要 和五臟, 下氣清神.

본초강목 238 날것으로 먹거나 많이 먹으면 좋지 않은데, 촌백충(寸白蟲)239이 생기기 때문이다. 여러 생선과 함께 먹으면 토하게 한다.

本草綱目 不宜生食及多食, 生寸白蟲. 與諸魚同食, 令人吐.

감로자(초석잠)

234《本草綱目》, 위와 같은 곳.

235 감로자(甘露子): 꿀풀과 석잠풀속의 초석잠(草石蠶)이다. 해열·해수·폐렴·태독·활혈·하혈·종기 염증·진통·경풍·맹장염·인후통 등에 효능이 있다. 맛은 달고 쓰며 성질은 서늘하다.

236《本草綱目》卷27〈菜部〉"草石蠶", 1683쪽.

237《本草綱目》, 위와 같은 곳.

238《本草綱目》, 위와 같은 곳.

239 촌백충(寸白蟲): 촌충류의 기생충.

2-41) 죽순

竹筍

본초[240] 맛은 달고, 성질은 약간 차며, 독은 없다.

本草 甘, 微寒, 無毒.

명의별록[241] 소갈을 치료하고, 수도(水道, 소변이 나오는 길)를 통하게 하며, 기운을 북돋우니 더욱 오래 먹을 만하다.

名醫別錄 治消渴, 利水道, 益氣, 尤可久食.

식료본초[242] 기를 요동시키고 냉한 적취를 일으키니, 많이 먹어서는 안 된다.

食療本草 動氣, 發冷癥, 不可多食.

비급천금요방[243] 냉병을 앓는 사람은 죽순을 먹으면 가슴이 아프다.

千金要方 患冷之人食筍心痛.

본초습유[244] 모든 죽순은 모두 혈과 기를 냉하게 한다.

本草拾遺 諸筍皆發冷血及氣.

일용본초[245] 죽순을 양의 간과 함께 먹으면 눈을 멀게 한다.

日用本草 筍同羊肝食, 令人目盲.

식감본초[246] 흉격을 잘 통하게 하고 기를 내리며, 열을 조절하고 담을 삭이며, 위장을 산뜻하게 한다.

食鑑本草 利膈下氣, 化熱消痰, 爽胃.

---

240 《本草綱目》卷27 〈菜部〉 "竹筍", 1684쪽.
241 《本草綱目》, 위와 같은 곳.
242 《本草綱目》卷27 〈菜部〉 "竹筍", 1685쪽.
243 《備急千金要方》卷79 〈食治〉 "菜蔬" 3 '竹筍' (《孫思邈醫學全書》, 477쪽).
244 《本草綱目》卷27 〈菜部〉 "竹筍", 1684쪽.
245 《本草綱目》, 위와 같은 곳.
246 《本草綱目》, 위와 같은 곳.

쇄쇄록(瑣碎錄) [247] [248] 죽순을 늙은 난초잎 몇 조각과 함께 삶으면 곧 매운맛이 없어진다.

죽순은 2~3일을 삶아도 짓무르지 않는 정도라, 비장에서 소화하기가 힘드니 비장에 병이 있는 사람은 먹기에 좋지 않다.

순보(筍譜) [249] [250] 죽순을 먹는 요점은 비유하자면 약을 쓰는 방법과 같다. 잘 훈련해서 제 방법대로 조리하면 사람에게 이롭지만 그렇지 못하면 몸을 손상시킨다. 죽순을 채취하는 법은 이슬을 피하여 해가 뜬 후에 깊은 흙을 파서 반 정도가 드러나면 뿌리를 뽑은 다음 바로 촘촘한 죽기(竹器) 속에 던져 기름종이로 덮는다. 바람을 쐬지 말아야 하는데, 바람을 쐬면 바로 단단해진다. 수건으로 흙을 닦아주고, 또 물이 묻으면 좋지 않으므로 껍질 째로 끓는 물에 데치되, 삶을 때는 오래 해야 좋다.

죽순을 삶을 때는 실로 24시간이면 다 익힐 수 있다. 혹 찬물을 부었다면 도로 24시간을 거듭 삶는다. 그렇지 않으면 찌는 편이 맛이 가장 좋다. 이렇게 익힌 죽순을 완전히 잿불 속에서 구운 후에 갖은 양념[五味] [251]을 넣으면 더욱 좋다.

瑣碎錄 筍以婆蘭葉數片同煮, 卽無薇味.

煮筍二三日不爛, 脾難尅化, 脾病者不宜吃.

筍譜 食筍之要, 譬若治藥. 修煉得門則益人, 反是則損. 採筍之法, 可避露, 日出後, 掘深土, 取之半折, 取鞭根, 旋投密竹器中, 以油單覆之. 勿令見風, 風吹旋堅. 以巾紛拭土, 又不宜見水, 含殼沸湯瀹之, 煮宜久.

煮筍實可一周時已熟, 或見生水, 還重煮一周時. 不然, 蒸最美味. 全燖灰中煨, 後入五味尤佳.

---

247 쇄쇄록(瑣碎錄) : 중국 북송(北宋)의 관리이자 문인(文人)인 온혁(溫革, 1006~1076))이 저술한 책으로, 옛 사람들이 남긴 좋은 말과 양생에 관한 여러 경험을 기술했다.
248 출전 확인 안 됨 ; 《三元延壽參贊書》卷3〈菜蔬〉.
249 순보(筍譜) : 중국 송나라의 문인 석찬영(釋贊寧, 919~1001)이 편찬한 서적. 죽순의 명칭과 효능, 먹는 방법, 재배 방법 등에 대한 내용을 수록하고 있다.
250 《筍譜》〈三之食〉《文淵閣四庫全書》845, 196쪽).
251 갖은 양념[五味] : 《정조지》안에서 여기처럼 5가지 맛을 내는 양념을 의미하는 경우 '갖은 양념'으로 번역하였다.

죽순을 캐서 하루가 되면 '시들었다[蔫]'라 하고 이틀이 되면 '맛이 갔다[菸]'라 한다. 바람을 쐬면 닿은 부분의 뿌리가 단단해지고, 물에 들어가면 물이 스며든 부분의 육질이 딱딱해진다. 껍질을 벗겨 삶으면 맛을 잃고, 날것인 상태에서 칼을 대면 부드러움을 잃는다.

採筍一日曰"蔫", 二日曰"菸". 見風則觸本堅, 入水則侵肉硬. 脫殼煮則失味, 生着刃則失柔.

채취하여 오래 묵히면 신선한 것이 아니고, 담아놓고 바람을 맞히면 제대로 보관한 것이 아니다. 가려서 껍질을 벗기면 제대로 다룬 것이 아니고, 깨끗이 한다고 물에 넣으면 씻은 것이 아니고, 찌거나 삶기를 오래 하지 않으면 먹을 만한 것이 아니다.

採而停久, 非鮮也;盛而苦風, 非藏也;揀之脫殼, 非治也;淨之入水, 非洗也;蒸煮不久, 非食也.

죽순의 맛은 쓰기도 하고 달기도 한데, 단 죽순을 많이 먹으면 비장을 손상시키면서 위장을 거스르게 하고, 쓴 죽순을 많이 먹으면 간을 보하고 쓸개를 돕는다. 이 두 가지 맛은 모두 대장과 소장을 잘 통하게 한다. 일설에는 대장을 원활히 통하게 하지만 폐에는 도움이 안 된다고 한다. 민간에서 '장(腸)을 긁어내는 참빗'이라 하는 것이 이것이다. 일반적으로 음식은 과도하게 먹으면 이익은 적고 손해가 많으니, 어찌 죽순만이 예외이겠는가? 생강과 참기름은 모두 죽순의 독을 없앤다.

筍味或苦或甘, 食甘多則損脾而逆胃, 食苦多則補肝而助膽, 二味都利大小腸. 一說, 滑利大腸, 無益於肺, 俗謂之"刮腸篦"是也. 凡物過度而食, 益少而損多, 豈止筍耶? 薑、麻油皆殺筍毒.

2-42) 소루쟁이

[본초][252] 뿌리는 맛이 쓰고, 성질은 차며, 독은 없다. 잎은 맛이 달고, 성질은 미끄러우면서 차며, 독

羊蹄

[本草] 根苦, 寒, 無毒. 葉甘, 滑寒, 無毒.

---

252 《本草綱目》 卷19 〈草部〉 "羊蹄", 1353~1354쪽.

은 없다.

<table>
<tr><td>

식료본초 [253] 나물을 만들어 먹으면 가려움증을 그치게 한다. 많이 먹으면 좋지 않으니, 사람의 기를 내리게 한다.

</td><td>

食療本草 作菜, 止痒. 不宜多食, 令人下氣.

</td></tr>
</table>

2-43) 아욱 　　　　　　　　　　　葵

<table>
<tr><td>

명의별록 [254] 맛은 달고, 성질은 차면서 미끄러우며, 독은 없다. 온갖 채소 중에 으뜸이나 그 고갱이는 몸을 상하게 한다.

</td><td>

名醫別錄 甘, 寒滑, 無毒. 爲百菜主, 其心傷人.

</td></tr>
<tr><td>

약총결 [255] 아욱의 잎은 더욱 냉하면서 잘 통하게 하므로 많이 먹어서는 안 된다.

</td><td>

藥總訣 葵葉尤冷利, 不可多食.

</td></tr>
<tr><td>

천금식치 [256] 비장에 좋은 채소이다. 비장에 알맞고, 위장의 기운을 통하게 하며 대장을 원활하게 한다.

　　10일마다 아욱을 1번 먹으면 아욱의 미끄러운 기운이 오장의 막힌 기운을 통하게 한다. 또 이것은 채소 중에 으뜸이지만, 그 고갱이와 같이 먹지는 않는다.

　　서리 맞은 아욱 중에 묵은 아욱을 날것으로 먹으면 5종류의 유음(流飮)[257]을 요동시킨다.

　　잉어젓갈과 함께 먹으면 몸을 해친다.

</td><td>

千金食治 脾之菜也. 宜脾, 利胃氣, 滑大腸.

每十日一食葵, 葵滑所以通五臟擁氣. 又是菜之主, 不用合心食之.

霜葵陳者生食之, 動五種流飮.

和鯉魚鮓食之, 害人.

</td></tr>
</table>

---

253 《本草綱目》卷19 〈草部〉 "羊蹄", 1354쪽.
254 《本草綱目》卷16 〈草部〉 "葵", 1039쪽.
255 《本草綱目》卷16 〈草部〉 "葵", 1039쪽.
256 《本草綱目》, 위와 같은 곳.
257 유음(流飮) : 담음의 한 종류. 물을 잘못 먹어서 물이 장위(腸胃)로 흘러들어가 맺혀 있는 증상.

식료본초258 그 성질은 비록 냉하지만 만약 뜨겁게 먹으면 열이 나고 속을 답답하게 만들며, 풍기를 요동시킨다. 4월에 먹으면 묵은 병을 발동시킨다. 유행성 질환을 앓고 나서 먹으면 실명하게 한다. 일반적으로 약을 먹는 중에 그 고갱이를 먹는 것을 금하는데, 고갱이에 독이 있기 때문이다. 잎의 뒷면이 누렇고 줄기가 붉은 것은 먹지 말아야 한다. 잉어를 기장과 함께 젓갈로 담아 먹으면 몸을 해친다.

食療本草 其性雖冷, 若熱食之, 令人熱憫, 動風氣. 四月食之, 發宿疾. 天行病後食之, 令人失明. 凡服百藥, 忌食其心, 心有毒也. 黃背紫莖者, 勿食之. 合鯉魚㉒、黍米鮓食, 害人.

본초강목259 일반적으로 미친개에 물린 사람은 영원히 먹으면 안 되는데, 먹으면 병이 재발하기 때문이다. 아욱을 먹을 때는 마늘과 함께 먹어야 하며 마늘이 없으면 먹지 말아야 한다.

本草綱目 凡被狂犬咬者, 永不可食, 食之卽發. 食葵須同蒜, 無蒜勿食之.

석성금(石成金) 식감본초(食鑑本草)260 잉어와 함께 먹으면 몸을 해친다.

石氏 食鑑本草 同鯉魚食, 害人.

2-44) 망우채(忘憂菜, 원추리)
본초261 맛은 달고, 성질은 서늘하며, 독은 없다.

忘憂菜
本草 甘, 涼, 無毒.

도경본초262 김치를 담아 먹으면 흉격을 잘 통하게 하고 오장을 편안하게 하여, 곧잘 기뻐하면서 근심이

圖經本草 作菹, 利胸膈, 安五臟, 令人好歡樂無憂,

258《本草綱目》, 위와 같은 곳.
259《本草綱目》卷16〈草部〉"葵", 1039쪽.
260《傳家寶》卷28〈食鑑本草〉"菜" '葵菜', 1031쪽.
261《本草綱目》卷16〈草部〉"萱草", 1036쪽.
262《本草綱目》, 위와 같은 곳.
㉒ 鯉魚 : 저본에는 없음.《本草綱目·草部·葵》에 근거하여 보충.

없게 하고, 몸을 가볍게 하고 눈을 밝아지게 한다.　　　輕身明目.

삼원연수참찬서 263 어린 싹이 자라 채소가 되었을　　延壽書 嫩苗爲蔬, 食之動
때 이를 먹으면 풍을 요동시킨다. 사람을 술 취한 듯　風. 令人昏然如醉, 因名
이 멍하게 만들기 때문에 '망우(忘憂)'라 했다.　　　"忘憂".

안 망우채는 곧 원추리의 싹과 꽃이다.　　　　　案 卽萱草苗花也.

2-45) 우엉　　　　　　　　　　　　　　　　牛蒡

본초 264 맛은 맵고, 성질은 평하며, 독은 없다.　　本草 辛, 平, 無毒.

식료본초 265 우엉은 12경맥을 통하게 하고 오장의　食療本草 牛蒡通十二經脈,
나쁜 기운을 씻어주니, 늘 나물로 먹어도 된다.　　洗五臟惡 [23] 氣, 可常菜食.

2-46) 가지　　　　　　　　　　　　　　　　茄

본초 266 맛은 달고, 성질은 차며, 독은 없다.　　本草 甘, 寒, 無毒.

본초습유 267 많이 먹어서는 안 되는데, 기와 고질병　本草拾遺 不可多食, 動氣
을 요동시킨다. 익힌 가지는 조금씩 먹으면 걱정할　及痼疾. 熟者少食無畏.
것이 없다.

개보본초 268 일반적으로 오랫동안 속이 냉한 사람은　開寶本草 凡久冷人不可多

263《三元延壽參贊書》卷3〈菜蔬〉(《中華道藏》23-71, 755쪽);《本草綱目》卷16〈草部〉"萱草", 1036쪽.
264《本草綱目》卷15〈草部〉"惡實", 986쪽.
265《本草綱目》卷15〈草部〉"惡實", 987쪽.
266《本草綱目》卷28〈菜部〉"茄", 1689쪽.
267《證類本草》卷29〈菜部下品總二十二種〉"茄子".
268《本草綱目》卷28〈菜部〉"茄", 1689쪽.
[23] 惡 : 저본에는 "擁".《本草綱目·菜部·惡實》에 근거하여 수정.

많이 먹어서는 안 되니, 몸을 손상시키고 기를 요동시키며 창병(瘡病)과 고질병을 일으키기 때문이다.

食, 損人動氣, 發瘡及痼疾.

삼원연수참찬서 [269] 가을 이후에 많이 먹으면 시력을 손상시킨다.

延壽書 秋後食多, 損目.

생생편 [270] 가지의 성질은 차고 잘 통하게 한다. 많이 먹으면 반드시 배가 아프고 설사를 하며, 여자들은 자궁을 상하게 할 수 있다.

生生編 茄性寒利. 多食, 必腹痛下痢, 女人能傷子宮也.

본초연의 [271] 채소밭의 채소 중에서 오직 이 가지만 이익이 없다. 농사꾼이 또 따뜻한 곳에 심어서 거름을 두둑하게 주어 마침내 소만(小滿, 양력 5월 21일 무렵) 전후에 비싼 값으로 팔려고 한다. 그러나 이미 제철이 아니니, 몸을 해치는 경우가 더욱 많아진다. '제철이 아닌 음식은 먹지 않는다.'[272]는 말을 어찌 소홀히 할 수 있겠는가?

本草衍義 蔬圃中惟此無益. 圃人又下於暖處, 厚加糞壤, 遂於小滿前後求貴價以售. 旣不以時, 損人益多. "不時不食", 烏可忽也?

2-47) 박

瓠

본초 [273] 맛은 달고, 성질은 평하면서 미끄러우며, 독은 없다.

本草 甘, 平滑, 無毒.

---

269 《三元延壽參贊書》卷3〈菜蔬〉(《中華道藏》23-71, 756쪽);《本草綱目》卷28〈菜部〉"茄", 1689~1690쪽.
270 《本草綱目》卷28〈菜部〉"茄", 1690쪽.
271 《本草綱目》, 위와 같은 곳.
272 제철이⋯⋯않는다:《論語注疏》卷10〈鄕黨〉(《十三經注疏整理本》23, 150쪽).
273 《本草綱目》卷28〈菜部〉"壺盧", 1693쪽.

[당본초]274 맛은 달고, 성질은 냉하다. 많이 먹으면 토하고 설사하게 한다. 편작(扁鵲)275은 "각기병·허창(虛脹, 헛배가 부른 증상)·냉기를 앓는 사람이 먹으면 영원히 낫지 않는다."라 했다.

[唐本草] 甘, 冷. 多食, 令人吐利. 扁鵲曰: "患脚氣、虛脹、冷氣者食之, 永不除也."

[본초강목]276 《명의록(名醫錄)277》에 "절강성 사람들은 박을 먹으면 대부분 토하고 설사하는데 이를 '발폭(發暴)'이라 한다."278라 했다. 대개 박을 여름에 먹으면 막아서 통하지 못하게 하기 때문이다. 오직 향유(香薷)279와 같이 먹으면 이런 일을 면할 수 있다.

[本草綱目] 《名醫錄》云: "浙人食匏瓜, 多吐瀉, 謂之 '發暴.'" 蓋此物以暑月壅成故也. 惟與香薷同食則可免.

석성금(石成金) [식감본초(食鑑本草)]280 조롱박은 약간의 독이 있어서 많이 먹으면 토하게 한다. 속이 답답하고 괴로운 사람이 먹기에 좋지 않다.

石氏 [食鑑本草] 葫蘆匏有小毒, 多食令人吐. 煩悶苦者不宜食.

2-48) 동아

[본초]281 맛은 달고, 성질은 약간 차며, 독은 없다.

冬瓜

[本草] 甘, 微寒, 無毒.

---

274 《本草綱目》, 위와 같은 곳.
275 편작(扁鵲): B.C. 407~B.C. 310. 중국 춘추전국시대의 명의. 본래 성은 진(秦)이고 이름은 완(緩)이다. 고대부터 전래하는 의술과 민간의학을 수집하여 자신만의 의술로 만들었으며, 사람들의 얼굴빛과 소리만 듣고도 병을 진단할 정도로 신통하여 사람들은 그를 신의(神醫)로 여겼다.
276 《本草綱目》, 위와 같은 곳.
277 명의록(名醫錄): 중국 송(宋)나라의 의학자인 당영년(黨永年, ?~?)이 편찬한 의서. 역대 명의들의 처방과 치료법등을 수록하였다고 한다. 《신비명의록(神秘名醫錄)》 또는 《신비명의계(神秘名醫界)》라고도 한다. 원서는 현재 남아 있지 않지만 그 내용중 일부가 《본초강목》 등의 의서에 전한다.
278 출전 확인 안 됨.
279 향유(香薷): 꿀풀과에 속하는 1년생 초본 식물인 향유의 전초(全草). 땀을 내서 더위를 풀어주며 소변을 잘 나오게 하고 습(濕)을 발산시키는 효능을 가진 약재이다.
280 《傳家寶》卷28〈食鑑本草〉"菜" '匏子', 1031쪽.
281 《本草綱目》卷28〈菜部〉"冬瓜", 1697쪽.

동아

식료본초 [282] 기운을 북돋우고, 늙지 않게 하며, 가슴이 그득한 증상을 제거하고, 머리와 얼굴의 열을 없앤다. 열이 있는 사람이 먹으면 좋지만 속이 냉한 사람이 먹으면 여위게 된다. 삶아 먹으면 오장을 튼튼하게 하는데, 기를 내려주기 때문이다. 몸이 여위면서도 가볍고 건강해지고 싶은 사람은 오래 먹어도 된다. 만약 살찌고 싶으면 먹지 말아야 한다.

食療本草 益氣耐老, 除心胸滿, 去頭面熱. 熱者食之佳, 冷者食之瘦人. 煮食練五臟, 爲其下氣故也. 欲得體瘦輕健者, 則可長食之. 若要肥則勿食也.

본초연의보유(本草衍義補遺) [283][284] 동아는 성질이 빠르게 흐르면서 급하다. 따라서 오래 앓은 사람과 음허(陰虛)한 사람은 금해야 한다. 손사막은 "9월에는 먹지 말아야 하니, 반위(反胃)[285]가 생기기 때문이다.

本草衍義補遺 冬瓜性走而急. 久病者、陰虛者忌之. 孫眞人言:"九月勿食, 令人反胃. 須被霜食之乃佳."

282《本草綱目》, 위와 같은 곳.
283 본초연의보유(本草衍義補遺): 원대(元代)의 의학자 주진형(朱震亨, 1281~1358)이 쓴 본초주해서.
284《本草綱目》, 위와 같은 곳.
285 반위(反胃): 음식물이 들어가면 토하는 병증. 식후에 배가 창만하고 아침에 먹은 밥을 저녁 때 소화되지 않은 채로 토하며, 정신이 피로하여 힘이 없으며 맛을 느끼지 못하는 병증이다.

서리 맞은 후에 먹어야 좋다."[286]라 했다.

석성금(石成金) 식감본초(食鑑本草) [287] 소변을 잘 통하게 | 石氏 食鑑本草 能利水, 多
하나 많이 먹으면 위장의 화기(火氣)를 요동시켜 잇몸 | 食動胃火, 令人牙齦齒痛.
과 치아를 아프게 한다. 또 몸을 음습하게 하여 가 | 又令陰濕痒生瘡, 發黃疸.
렵고 창병(瘡病, 피부병)을 앓게 하고, 황달이 발생하
게 한다.

2-49) 호박

본초강목 [288] 맛은 달고, 성질은 따뜻하며, 독은 없 | 本草綱目 甘, 溫, 無毒.
다. 속을 보하고 기운을 북돋우나, 많이 먹으면 각 | 補中益氣, 多食發脚氣、黃
기병이나 황달[289]을 발생시킨다. 양고기와 함께 먹어 | 疸. 不可同羊肉食, 令人氣
서는 안 되는데, 기를 막히게 한다. | 壅.

2-50) 오이

본초강목 [290] 맛은 달고, 성질은 차며, 독이 조금 있다. | 又 甘, 寒, 有小毒.

식감본초 [291] 맛은 쓰고, 성질은 평하면서 서늘하며, | 食鑑本草 苦, 平涼, 無毒.
독은 없다. 가슴 속의 열을 제거하고, 번갈을 풀어 | 除胸中熱, 解煩渴, 利水
주며, 수도(水道)를 잘 통하게 한다. | 道.

---

286 9월에는……좋다:《備急千金要方》卷79〈食治〉"菜蔬" 2.
287《傳家寶》卷28〈食鑑本草〉"瓜" '冬瓜', 1032쪽.
288《本草綱目》卷28〈菜部〉"南瓜", 1700쪽.
289 황달: 습열이 훈증하면 혈에 열이 생겨 혈이 흙빛을 띠게 된다. 그것이 얼굴과 눈에 퍼지고 손톱과 발톱,
　피부에까지 퍼지므로 몸이 노랗게 된다. 또한 감기에 걸렸거나 더위를 먹었을 때도 얼굴이 여위면서 누렇
　게 뜨고 번조해서 잠을 못 자는 수가 있는데, 「동의보감」에서는 이것도 황달의 영역에 포함시킨다. 이밖에
　도 돌림병 때문에 황달이 생기기도 한다.
290《本草綱目》卷28〈菜部〉"胡瓜", 1701쪽.
291《本草綱目》, 위와 같은 곳.

식료본초 292 많이 먹어서는 안 되니, 많이 먹으면 한 열을 요동시키며, 학병(瘧病)293을 많이 생기게 하고, 어열(瘀熱, 몸속에 가득 찬 열)이 쌓이게 하며, 주기(疰氣, 전염되는 독기)를 일으킨다. 그리하여 허열이 치받아올라 기력이 떨어지고 음혈(陰血)을 손상시키며 창개(瘡疥)294·각기·허종(虛腫)295 등 온갖 질병을 발생하게 한다. 전염병을 앓은 후에는 먹어서는 안 된다. 전염병을 앓고난 후에 특히 어린아이에게는 절대로 금해야 하니, 속을 미끄럽게 하여 감충(疳蟲)이 생기기 때문이다. 오이에 식초를 많이 써서는 안 된다.

食療本草 不可多食, 動寒熱, 多瘧病, 積瘀熱, 發疰氣, 令人虛熱上逆少氣, 損陰血, 發瘡疥、脚氣、虛腫百病. 天行病後, 不可食之. 小兒切忌, 滑中生疳蟲. 不可多用醋.

2-51) 수세미

본초강목 296 맛은 달고, 성질은 평하며, 독은 없다.

本草綱目 甘, 平, 無毒.

수세미

---

292 《本草綱目》, 위와 같은 곳.

293 학병(瘧病) : 일정한 시간 간격을 두고 추워서 떨다가 높은 열이 나고, 땀을 흘리면서 열이 내렸다가 하루나 이틀이 지나 다시 발작하는 증상. 학질모기가 매개하는 말라리아 원충이 혈구에 기생해서 생기는 전염병.

294 창개(瘡疥) : 살갗이 몹시 가려운 전염성 피부병. 풍(風)·습(濕)·열(熱)의 사기(邪氣)가 살갗에 막힌 증상으로, 서로 접촉하여 옮아 일어난다. 흔히 발가락이나 손가락 사이에 생겼다가 온몸으로 옮아 퍼진다.

295 허종(虛腫) : 허증(虛證)인 부종(浮腫)으로 몸이 천천히 붓고, 권태감이 심하며, 설사를 하고, 찬 것을 싫어하면서 팔다리가 차며, 힘이 없는 증상.

296 《本草綱目》 卷28 〈菜部〉 "絲瓜", 1702쪽.

생생편[297] 위장을 따뜻하게 하고 양기를 보하며, 기를 단단하게 하고 임산부의 태(胎, 태반)를 조화롭게 한다.

生生編 暖胃補陽, 固氣和胎.

2-52) 쥐참외

본초[298] 맛은 쓰고, 성질은 차며, 독은 없다. 기운을 북돋우고, 귀가 어두운 증상을 치유한다.

王瓜

本草 苦, 寒, 無毒. 益氣愈聾.

본초강목[299] 대변과 소변을 잘 통하게 한다.

本草綱目 利大小便.

2-53) 울외

개보본초[300] 맛은 달고, 성질은 차며, 독은 없다.

越瓜

開寶本草 甘, 寒, 無毒.

식료본초[301] 날것으로 많이 먹으면 속을 냉하게 하고 기를 요동시켜 심장을 아프게 하고, 배꼽 아래에 적취가 맺히고, 여러 가지 창병을 일으키게 한다. 또한 몸을 허약하게 만들어 걸을 수 없게 하므로 어린 아이에게 유익하지 않다. 전염병을 앓은 후에는 먹어서는 안 된다. 또한 진한 우유즙이나 젓갈과 함께 먹어서는 안 된다.

食療本草 生食多, 冷中動氣, 令人心痛, 臍下癥結, 發諸瘡. 又令人虛弱不能行, 不益小兒. 天行病後, 不可食. 又不得與牛乳酪及鮓同食.

식물본초[302] 어떤 사람은 "울외에 밥과 양념을 버무

食物本草 一云 : "和飯竝

297《本草綱目》卷28〈菜部〉"絲瓜", 1703쪽.
298《本草綱目》卷18〈草部〉"王瓜", 1274쪽.
299《本草綱目》卷18〈草部〉"王瓜", 1274쪽.
300《本草綱目》卷28〈菜部〉"越瓜", 1701쪽.
301《本草綱目》, 위와 같은 곳.
302《本草綱目》, 위와 같은 곳.

려 식해를 만들어 먹으면 또한 비장과 위장에 유익
하다.”라 했다.

薑作鮓食㉔, 亦益脾胃.”

본초강목303 소자진(蕭子眞)304은 “울외[菜瓜]는 사람
의 귀와 눈을 어둡게 할 수 있다. 이는 나귀나 말이
울외를 먹고 눈이 짓물러지는 경우를 보면 알 수 있
다.”305라 했다.

本草綱目 蕭子眞云:“菜瓜
能暗人耳目. 觀驢馬食之卽
眼爛, 可知.”

안 울외는 일명 ‘초과(稍瓜)’ 또는 ‘채과(菜瓜)’이다.

案 越瓜, 一名“稍瓜”, 一名
“菜瓜”.

2-54) 목이버섯

본초306 맛은 달고, 성질은 평하며, 독이 조금 있다.
기운을 북돋우고, 허기지지 않게 하며, 몸을 가볍
게 하고, 의지를 강하게 한다.

木耳

本草 甘, 平, 有小毒. 益氣
不饑, 輕身强志.

약성본초(藥性本草)307 308 목이버섯은 회화나무와 뽕
나무 위에 난 것이 좋고, 산뽕나무에 난 것은 그 다
음이다. 그 나머지 나무 위에 난 목이버섯은 대부분
풍기를 요동시키고 고질병을 일으켜 갈비뼈 아래를

藥性本草 木耳, 槐、桑樹
上者良, 柘木者次之. 其餘
樹上, 多動風氣, 發痼疾,
令人肋下急, 損經絡背膊,

303《本草綱目》, 위와 같은 곳.
304 소자진(蕭子眞): 476~494. 중국 남북조 시대 남제(南齊)의 제2대 황제 무제(武帝, 재위 482~493)의 9번
　째 황자. 의학에 깊은 안목이 있었다고 한다.
305 울외는……있다: 출전 확인 안 됨.
306《本草綱目》 卷28〈菜部〉“木耳”, 1713쪽.
307 약성본초(藥性本草): 중국 당(唐) 대의 진권(甄權)이 약품의 성미(性味)와 약재의 배합비율, 주병(主病)
　의 효과를 상세하게 논한 의서.
308《本草綱目》, 위와 같은 곳.
㉔ 食:《本草綱目·菜部·越瓜》에는 “久食”

땅기게 하고, 경락과 등과 어깻죽지를 손상시키며, 사람을 답답하게 한다.

悶人.

본초습유[309] 목이버섯 중에 독사나 독충이 아래로 지나간 것에는 독이 있다. 이런 독이 있는 버섯 중에 단풍나무 위에 난 것은 사람이 웃음을 그치지 않게 한다. 채취해 왔을 때 색이 변하는 것, 밤에 보면 광택이 있는 것, 짓무르려고 하는데도 벌레가 생기지 않는 것은 모두 독이 있다. 이때는 동아의 덩굴을 날로 찧어서 즙을 내어 마시면 해독할 수 있다.

本草拾遺 木耳惡蛇、蟲從下過者有毒. 楓木上生者, 令人笑不止. 采歸色變者, 夜視有光者, 欲爛不生蟲者竝有毒, 生擣冬瓜蔓汁解之.

금궤요략방론[310] 목이버섯 중에 붉은 빛을 띠거나 위를 향해 난 것은 모두 먹어서는 안 된다.

金匱要略方 木耳赤色及仰生者, 竝不可食.

석성금(石成金) 식감본초(食鑑本草)[311] 일반적으로 새로 난 버섯 중에 털이 있는 것, 아래에 무늬가 없는 것, 삶아서 사람에게 비췄는데 그림자가 없는 것은 잘못 먹으면 사람을 죽인다.

石氏 食鑑本草 凡新蕈有毛者, 下無紋者, 煮熟照人無影者, 誤食殺人.

① 상이(桑耳)[312] [313]
본초[314] 맛은 달고, 성질은 평하며, 독이 있다.

桑耳
本草 甘, 平, 有毒.

---

309 《本草綱目》, 위와 같은 곳.
310 《本草綱目》, 위와 같은 곳.
311 《傳家寶》卷28〈食鑑本草〉"菜" '菌', 1032쪽.
312 상이(桑耳): 뽕나무에 기생하는 버섯. 이질이나 부인이 명치 밑이 아픈 데 효능이 있다.
313 '상이(桑耳)'부터 아래의 '양로이(楊櫨耳)'까지는 목이버섯의 종류이므로 소표제어로 처리하여 번역하였다.
314 《本草綱目》卷28〈菜部〉"木耳", 1714쪽.

식료본초[315] 성질은 차고, 독은 없다. 오장을 잘 통하게 하고, 위장의 기운을 퍼지게 한다.

食療本草 寒, 無毒. 利五臟, 宣暢胃氣.

② 괴이(槐耳)[316]

槐耳

본초[317] 맛은 쓰면서 맵고, 성질은 평하며, 독은 없다.

本草 苦辛, 平, 無毒.

③ 유이(榆耳)[318]

榆耳

본초강목[319] 허기지지 않게 한다.

本草綱目 令人不饑.

④ 류이(柳耳)[320]

柳耳

본초강목[321] 위장을 보하고, 기를 다스린다.

又 補胃理氣.

⑤ 자이(柘耳)[322]

柘耳

본초강목[323] 폐옹(肺癰, 폐에 농양이 생긴 병증)을 치료한다.

又 治肺癰.

⑥ 양로이(楊櫨耳)[324]

楊櫨耳

본초습유[325] 성질은 평하며, 독은 없다.

本草拾遺 平, 無毒.

---

315 《食療本草》卷上〈木耳〉, 18쪽 ;《本草綱目》, 위와 같은 곳.
316 괴이(槐耳) : 회화나무에 기생하는 버섯. 5가지 치질과 풍을 치료하고, 어혈을 풀어주며, 사람의 기력을 더해준다.
317 《本草綱目》卷28〈菜部〉 "木耳", 1715쪽.
318 유이(榆耳) : 느릅나무에 기생하는 버섯.
319 《本草綱目》卷28〈菜部〉 "木耳", 1716쪽.
320 류이(柳耳) : 버드나무에 기생하는 버섯.
321 《本草綱目》, 위와 같은 곳.
322 자이(柘耳) : 산뽕나무에 기생하는 버섯. 부인병에 효과가 있다고 알려져 있고, 혈당조절능력과 노화억제 기능이 뛰어난 버섯.
323 《本草綱目》, 위와 같은 곳.
324 양로이(楊櫨耳) : 활엽수의 고목에 기생하는 버섯. 표면에 잔털이 나 있어 틸목이라 한다. 지혈(止血)과 활혈(活血) 효능이 있다.
325 《本草綱目》, 위와 같은 곳.

2-55) 삼나무버섯[326]

杉菌

도경본초[327] 맛은 달면서 맵고, 성질은 약간 따뜻하며, 독은 없다.

圖經本草 甘辛, 微溫, 無毒.

2-56) 향심버섯[328]

香蕈

일용본초[329] 오동나무·버드나무·헛개나무 위에 난다. 자주색은 '향심(香蕈)'이라 하고 흰색은 '육심(肉蕈)'이라 하는데, 모두 습기를 쐬어 생겨난다. 산의 후미진 곳에 나는 버섯은 독이 있어 사람을 죽인다. 맛은 달고, 성질은 평하고, 독은 없다. 기를 북돋우고 허기지지 않게 하며, 풍을 다스리고 혈을 풀어준다.

日用本草 生桐、柳、枳椇木上. 紫色者名"香蕈", 白色者名"肉蕈", 皆因濕氣熏蒸而成. 生山僻處者, 有毒殺人. 甘, 平, 無毒. 益氣不飢, 治風破血.

제동야어(齊東野語)[330][331] 삶을 때 등심초를 섞거나 은비녀를 담가본다. 만약 등심초나 은비녀의 색이 검어지면 독이 있으니, 먹지 말아야 한다.

齊東野語 煮時和燈心草, 或以銀簪淬之. 若燈心草及簪色黑, 有毒, 勿食.

2-57) 송이버섯

松蕈

균보(菌譜)[332][333] 소나무 그늘에서 난다. 일반적으로

菌譜 生松陰. 凡物松出,

---

326 삼나무버섯 : 침엽수의 낙엽이나 떨어진 가지의 솔방울에 기생하는 버섯. 가운데가 볼록한 편평형이고 표면은 미세한 가루 같은 것이 있고 자라면 방사상의 얕은 줄무늬 홈선이 나타난다. 버섯 전체가 회백색인데 어릴 때는 연한 자주색을 띤다. 주름살은 바른주름살이고 성기다.

327 《本草綱目》卷28〈菜部〉"杉菌", 1716쪽.

328 향심버섯 : 송이버섯과에 속하는 표고버섯. 혈청 지질을 낮추고 버섯의 물에 녹은 다당류성분이 항암작용을 하므로 식용은 물론 면역력을 키우는 항암약으로 쓰이며 고지혈증 치료에도 쓰인다.

329 《本草綱目》卷28〈菜部〉"香蕈", 1717쪽.

330 제동야어(齊東野語) : 중국 송나라의 문인 주밀(周密, 1232~1298)이 편찬한 서적. 송대의 역사 기록 및 민간전승 등에 대한 글이 수록되어 있다.

331 출전 확인 안 됨 ;《廣群芳譜》卷17〈蔬譜〉"菜瓜" '土菌', 418쪽.

332 균보(菌譜) : 중국 송나라의 문인 진인옥(陳仁玉, 1212~?)이 식용 버섯에 대한 자료를 모아 편찬한 서적. 중국에서 가장 오래된 버섯 전문 서적으로 알려져 있다.

333 《本草綱目》, 위와 같은 곳.

소나무에서 난 송이버섯은 좋지 않은 것이 없다.

無不可愛者.

화한삼재도회[334] 송이를 쌀과 함께 상자에 넣어서
보관했다가 다음날 삶아 먹으면 죽은 자도 느낄 만
한 독이 있다. 모양이 양산과 같으면서 문드러진 송
이버섯은 먹어서는 안 되니, 배가 아프고 설사를 하
기 때문이다.

和漢三才圖會 松耳與米同
藏于櫃, 翌日煮食, 有死者
相感之毒也. 形如日傘而
爛者不可食, 腹痛瀉下也.

2-58) 갈화채(葛花菜)[335]

본초강목[336] 칡의 정화(精華)이다. 가을 서리가 내려 공
기 중에 떠다닐 때 갈화채가 영지와 마찬가지로 땅 위로
솟아난다. 그 색은 붉고 부드럽다. 맛은 쓰면서 달고,
독은 없다. 술을 깨우고 술로 인한 적취를 치료한다.

葛花菜

本草綱目 葛之精華也. 秋
霜浮空, 如芝菌涌生地上,
其色赤脆. 苦甘, 無毒. 醒
酒治酒積.

갈화채

---

334 《和漢三才圖會》 卷101 〈芝栭類〉 "松蕈"(《倭漢三才圖會》12, 145쪽).

335 갈화채(葛花菜) : 언뜻 보기에 버섯처럼 보이는 기생식물로, 수그루의 높이는 10-30cm이고 암그루의 높이
는 5-10cm이다. 꽃줄기는 굵고 튼튼하며 줄기 끝이 성냥대가리 같이 모양이고 붉다. 해열·해독·지혈지통
효능이 있다. 사고(蛇菰)라고도 한다.

336 《本草綱目》 卷28 〈菜部〉 "葛花菜", 1718쪽.

2-59) 마고(蘑菇)[337]

蘑菇

본초강목[338] 맛은 달고, 성질은 차며, 독은 없다.

又 甘, 寒, 無毒.

생생편[339] 장위의 기운을 북돋우고, 담을 삭여주고, 기를 다스린다.

生生編 益腸胃, 化痰理氣.

음선정요[340] 독이 있다. 기를 요동시켜 병을 일으키니, 많이 먹어서는 안 된다.

飮膳正要 有毒. 動氣發病, 不可多食.

案 우리나라 사람들은 매우 진귀하게 여겼다. 일반적으로 국이나 나물을 먹을 때는 마고가 들어가면 잘된 음식으로 여겼고 "정신을 즐겁게 하고 위장을 열어준다."라 했다. 늘 먹는 사람들을 보면 마고가 독이 있어 기를 요동시킨다는 말은 듣지 못했다.

案 東人甚珍之. 凡羹臛、蔬茹, 以此爲飪, 謂之"悅神開胃". 視作常食, 未聞其有毒動氣.

2-60) 토균(土菌)

土菌

본초습유[341] 땅에서 나는 버섯은 '균(菌)'이라 한다. 겨울과 봄에는 독이 없으나 여름과 가을에는 독이 있으니, 이는 뱀이나 벌레가 그 아래로 지나가기 때문이다. 밤중에 보면 광택이 나는 것, 썩어서 짓무르려고 하는데도 벌레가 없는 것, 삶아도 익지 않는 것, 삶아서 사람에게 비췄는데 그림자가 없는 것,

本草拾遺 地生者爲菌. 冬春無毒, 夏秋有毒, 有蛇、蟲從下過也. 夜中有光者, 欲爛無蟲者, 煮之不熟者, 煮訖照人無影者, 上有毛下無紋者, 仰卷赤色者, 竝有

---

337 마고(蘑菇) : 느타리과에 속하는 버섯으로, 향과 맛이 좋아 생으로 식용하거나 말려서 가루 낸 것은 천연 조미료로도 사용하고 채소 육수의 주재료로도 쓴다.

338 《本草綱目》 卷28 〈菜部〉 "蘑菰蕈", 1719쪽.

339 《本草綱目》, 위와 같은 곳.

340 《本草綱目》, 위와 같은 곳.

341 《本草綱目》 卷28 〈菜部〉 "土菌", 1719~1720쪽.

위에는 털이 있고 아래에는 무늬가 없는 것, 위로 말려 있으면서 붉은 것은 모두 독이 있어 사람을 죽인다. 그 독에 중독되면 지장수(地漿水, 황토를 휘저어 가라앉힌 물)나 분즙(糞汁, 맑은 똥물)으로 해독한다.

毒殺人. 中其毒者, 地漿及糞汁解之.

식료본초[342] 들에서 나는 야생버섯은 독이 있어 사람을 죽이고, 또 대부분 냉기를 일으켜서 배를 살살 아프게 만든다. 오장의 풍을 일으키고, 경맥을 막고, 치질을 요동시켜 정신이 몽롱해져 많이 졸리게 하고, 등과 어깻죽지 및 사지를 무력하게 만든다.

食療本草 菌生野田中者, 有毒殺人, 又多發冷氣, 令人腹中微微痛, 發五臟風, 擁經脈, 動痔病, 令人昏昏多睡, 背膊四肢無力.

식물본초[343] 일반적으로 토균을 삶을 때 생강가루나 밥알을 집어넣었다가 만약 색이 검게 변하면 사람을 죽이고, 그렇지 않으면 독이 없다.

食物本草 凡煮菌, 投以薑屑、飯粒, 若色黑者殺人, 否則無毒.

본초강목[344] 일반적으로 토균의 독에 중독되면 반드시 웃음이 그치지 않는다. 이때는 쓴 차나 백반으로 해독하는데, 새로 물을 떠서 이들과 함께 삼키면 바로 낫지 않는 경우가 없다.

本草綱目 凡中菌毒, 必笑不止. 解之以苦茗、白礬、酌[25]新水, 併咽之, 無不立愈.

2-61) 석이(石耳)버섯

일용본초[345] 맛은 달고, 성질은 평하며, 독은 없다.

石耳

日用本草 甘, 平, 無毒.

342《本草綱目》卷28〈菜部〉"土菌", 1720쪽.
343《本草綱目》, 위와 같은 곳.
344《本草綱目》, 위와 같은 곳.
345《本草綱目》卷28〈菜部〉"石耳", 1722~1723쪽.
25 酌 : 저본에는 "勺".《本草綱目·菜部·土菌》에 근거하여 수정.

석이

오래 먹으면 안색이 좋아지는데, 그 상태가 늙어서 도 바뀌지 않으며, 허기지지 않게 하고 대변과 소변 이 적게 나온다.

久食益色, 至老不改, 令人 不飢, 大小便少㉖.

식물본초 346 어떤 사람은 "성질이 냉하다"라 한다.

食物本草 一云"性冷".

본초강목 347 눈을 밝게 하고 정기(精氣)를 북돋운다.

本草綱目 明目益精.

2-62) 지이(地耳)348

명의별록 349 지이버섯은 구릉에서 자라며, 색이 옥 돌처럼 푸르다. 맛은 달고, 성질은 차고, 독은 없다. 눈을 밝게 하고, 기를 북돋우며, 아기를 잘 갖도록 한다.

地耳

名醫別錄 地耳生邱陵, 如 碧石靑也. 甘, 寒, 無毒. 明目益氣, 令人有子.

346《本草綱目》卷28〈菜部〉"石耳", 1722쪽.
347《本草綱目》卷28〈菜部〉"石耳", 1723쪽.
348 지이(地耳) : 물레나물과에 속하는 애기고추나물의 생약명. 전초를 약용하며 청열, 이습(利濕), 소종의 효 능이 있어 전염성 간염, 소아 경풍 등의 치료에 쓴다.
349《本草綱目》卷28〈菜部〉"地耳", 1721쪽.
㉖ 少 : 저본에는 "小".《本草綱目·菜部·石耳》에 근거하여 수정.

2-63) 자채(紫菜, 김)

식료본초[350] 맛은 달고, 성질은 차며, 독은 없다.

본초습유[351] 많이 먹으면 복통을 일으키고, 기를 발동시키고, 흰 거품을 토하게 한다. 이때는 뜨거운 식초를 약간 마시면 가라앉는다.

석성금 식감본초[352] 그 속에 소라나 갯다슬기가 있는 자채를 먹으면 몸을 해치므로 잘 가려내야 한다. 해채(海菜, 미역의 일종) 또한 그러하다.

2-64) 녹각채(鹿角菜)

식성본초[353] 맛은 달고, 성질은 매우 차면서 미끄럽고, 독은 없다.

紫菜

食療本草 甘, 寒, 無毒.

本草拾遺 多食, 令人腹痛發氣, 吐白沫. 飮熱醋少許, 卽消.

石氏 食鑑本草 中有小螺、蛳損人, 須揀出. 海菜亦然.

鹿角菜

食性本草 甘, 大寒滑, 無毒.

녹각채

해조

350《本草綱目》卷28〈菜部〉"紫菜", 1706쪽.
351《本草綱目》, 위와 같은 곳.
352《傳家寶》卷28〈食鑑本草〉"菜" '紫菜', 1031쪽.
353《本草綱目》卷28〈菜部〉"紫菜", 1707쪽.

식료본초[354] 독이 약간 있다. 장부(丈夫)는 오래 먹어서는 안 되니, 고질병을 재발하게 하고, 허리와 신장의 경락과 혈기를 손상시키고, 사람의 다리를 냉하면서 저리게 만들고, 안색을 창백하게 한다.

食療本草 微毒. 丈夫不可久食, 發痼疾, 損腰腎經絡, 血氣, 令人脚冷痺, 少顏色.

2-65) 해조(海藻)[355]

海藻

본초[356] 맛은 쓰면서 짜고, 성질은 차며, 독은 없다.

本草 苦鹹, 寒, 無毒.

약성본초[357] 맛은 짜고, 독이 조금 있다.

藥性本草 鹹, 有小毒.

식료본초[358] 해조는 남자의 음기를 일으키고 남자의 음부 질환을 가라앉히므로 늘 먹어야 한다. 남쪽 지방 사람들이 많이 먹는데 북쪽 지방 사람들이 따라하다가 각종 질병이 곱절로 생기니, 북쪽 지방 사람들에게 더욱 좋지 않다.

食療本草 海藻起男子陰, 消男子瘻疾, 宜常食之. 南方人多食, 北人效之, 倍生諸疾, 更不宜矣.

2-66) 해온(海蘊, 파래)

海蘊

본초습유[359] 맛은 짜고, 성질은 차며, 독은 없다.

本草拾遺 鹹, 寒, 無毒.

2-67) 해대(海帶, 다시마)

海帶

가우본초[360] 맛은 짜고, 성질은 차며, 독은 없다. 의

嘉祐本草 鹹, 寒, 無毒.

354《本草綱目》, 위와 같은 곳.
355 해조(海藻) : 모자반. 갈조류 모자반과의 톳을 지칭하기도 한다. 《오주연문장전산고(五洲衍文長箋散稿)》에는 '듬복이'라 기록되어 있으며 듬부기·듬북 등으로도 불린다. 《예규지》권3〈전국의 생산물〉"경상도"에서는 울산과 동래 지역 등의 특산물로 나온다.
356《本草綱目》卷19〈草部〉"海藻", 1375쪽.
357《本草綱目》, 위와 같은 곳.
358《本草綱目》, 위와 같은 곳.
359《本草綱目》卷19〈草部〉"海蘊", 1376쪽.
360《本草綱目》, 위와 같은 곳.

원들이 소변이 잘 나오게 할 때 쓴다. 해조나 곤포보다 효과가 좋다.

醫家用以下水, 勝於海藻、昆布.

2-68) 곤포(昆布, 다시마의 일종)

昆布

명의별록 [361] 맛은 짜고, 성질은 차면서 미끄럽고, 독은 없다.

名醫別錄 鹹, 寒滑, 無毒.

약성본초 [362] 성질은 따뜻하고, 독이 조금 있다.

藥性本草 溫, 有小毒.

식료본초 [363] 곤포는 기를 내려주므로 오래 먹으면 몸이 여위니, 영(癭)이나 류(瘤)[364] 등의 질환이 있는 사람이 아니면 먹어서는 안 된다. 바닷가나 섬사람들이 즐겨 먹는데, 좋은 채소가 없기 때문에 이 해초만 먹는 것이다. 오래 먹으면 서로 익숙해져서 병도 생기지 않는다. 하지만 북쪽 사람들이 먹으면 모두 병이 생기니, 이것은 풍토가 알맞지 않기 때문이다. 일반적으로 바다에서 나는 해조류는 모두 몸을 손상시키기 때문에 많이 먹어서는 안 된다.

食療本草 昆布下氣, 久服瘦人, 無癭瘤等疾者不可食. 海島之人愛食之, 爲無好菜, 只食此物, 服久相[27]習, 病亦不生. 北人食之皆生病, 是水土不宜耳. 凡海中菜皆損人, 不可多食.

2-69) 건태(乾苔, 파래)

乾苔

약총결 [365] 유태(柔苔, 말리지 않은 생김)는 성질이 차고,

藥總訣 柔苔寒, 乾苔熱.

---

361 《本草綱目》卷19 〈草部〉 "昆布", 1377쪽.

362 《本草綱目》, 위와 같은 곳.

363 《本草綱目》卷19 〈草部〉 "昆布", 1377쪽.

364 영(癭)이나 류(瘤) : 몸에 생기는 혹으로, 현대의학에서 말하는 갑상선종의 일종이다. 각종 정신적 스트레스로 몸의 기혈(氣血)이 응체되고 뭉쳐서 발병하는데, 영(癭)은 주로 어깨와 목에 나타나고, 유(瘤)는 기를 따라 몸의 곳곳에 나타날 수 있다. 《인제지》권20 〈영류〉 참조.

365 《本草綱目》卷21 〈草部〉 "幹苔", 1406쪽.

[27] 相 : 저본에는 "常". 오사카본·《本草綱目·草部·昆布》에 근거하여 수정.

건태(乾苔)는 성질이 뜨겁다.

일화본초366 성질은 따뜻하다.

日華本草 性溫.

식료본초367 건태[苔脯]를 많이 먹으면 창개(瘡疥, 옴)가 생기고, 몸이 저리고 누렇게 되며, 혈색이 창백해진다.

食療本草 苔脯食多, 發瘡疥, 令人痿黃少血色.

일용본초368 임신부는 먹어서는 안 된다.

日用本草 孕婦不可食.

2-70) 순채[蓴]369

蓴

명의별록370 맛은 달고, 성질은 차며, 독은 없다.

名醫別錄 甘, 寒, 無毒.

순채

366《本草綱目》, 위와 같은 곳.
367《本草綱目》, 위와 같은 곳.
368 출전 확인 안 됨.
369 순채[蓴] : 쌍떡잎식물 미나리아재비목 수련과의 여러해살이 수초로, 부규·순나물이라고도 한다. 연못에서 자라지만 잎과 싹을 먹기 위해 논에 재배하기도 했다. 부드럽고 감칠맛이 좋아 나물무침이나 국, 탕 등의 식재료로 널리 사용되었다.
370《本草綱目》卷19〈草部〉"蓴", 1373쪽.

약총결 [371] 순채는 성질이 냉하면서도 몸을 보해주고, 기를 내린다. 가물치와 섞어 국을 끓여 먹어도 습기를 몰아낸다. 하지만 성질이 미끄러우므로 복식가(服食家, 양생가)는 많이 써서는 안 된다.	藥總訣 蓴性冷而補, 下氣. 雜鱧魚作羹食, 亦逐水. 而性滑, 服食家不可多用.
당본초 [372] 순채는 오래 먹으면 몸에 매우 좋다. 붕어와 함께 국을 끓여 먹으면 위장이 약한 사람을 주치한다. 노인에게도 좋다.	唐本草 蓴久食大宜人. 合鮒魚作羹食, 主胃弱. 又宜老人.
본초습유 [373] 순채는 비록 수초이지만 성질이 뜨겁고 기를 막는다. 순채의 줄기는 성질이 미끄러우므로 늘 먹으면 기를 발동시키고, 관절이 당기게 하며, 자꾸 졸리게 만든다. 온병(溫病)[374]을 앓은 후에 비장이 약해져서 먹은 것을 제대로 소화시키지 못할 때 이런 사람이 먹으면 대부분 죽는다.	本草拾遺 蓴雖水草, 而性熱擁 [28]. 蓴體滑, 常食發氣, 令關節急, 嗜睡. 溫病後脾弱不能磨化, 食者多死.
식료본초 [375] 순채가 비록 성질이 냉하면서 몸을 보하지만 뜨겁게 먹거나 많이 먹으면 역시 기를 막아 내려가지 못하게 한다. 위장과 치아를 심하게 손상시켜 안색이 나빠지고 모발을 손상시킨다. 식초와	食療本草 蓴雖冷補, 熱食及多食, 亦擁氣不下, 甚損人胃及齒, 令人顏色惡, 損毛髮. 和醋食, 令人骨痿.

---

371 《本草綱目》, 위와 같은 곳.
372 《本草綱目》, 위와 같은 곳.
373 《本草綱目》, 위와 같은 곳.
374 온병(溫病): 온사(溫邪)를 받아 생기는 급성 열병.
375 《本草綱目》, 위와 같은 곳.
[28] 擁: 저본에는 "壅".《本草綱目·草部·蓴》에 근거하여 수정.

함께 먹으면 뼈를 저리게 한다.

삼원연수참찬서 376 많이 먹으면 성질이 미끄러워 치질을 발동하게 한다. 7월에 벌레가 붙은 채로 먹으면 곽란(霍亂)377을 일으키게 한다.	延壽書 多食, 性滑發痔. 七月有蟲着上食之, 令人霍亂.

2-71) 수조(水藻)

본초습유 378 맛은 달고, 성질은 매우 차면서 미끄러우며, 독은 없다.	本草拾遺 甘, 大寒滑, 無毒.

水藻

2-72) 행채(荇菜, 마름)379

당본초 380 맛은 달고, 성질은 냉하며, 독은 없다.	唐本草 甘, 冷, 無毒.

荇菜

2-73) 네가래[蘋]381

오씨본초(吳氏本草) 382 383 맛은 달고, 성질은 차면서 미끄러우며, 독은 없다.	吳氏本草 甘, 寒滑, 無毒.

蘋

376 《三元延壽參贊書》卷3〈菜蔬〉(《中華道藏》23-71, 755쪽) ; 《本草綱目》卷19〈草部〉"蕁", 1373쪽.
377 곽란(霍亂) : 더위를 먹어 심하게 토하고 설사하는 급성 위장염을 말한다.
378 《本草綱目》卷19〈草部〉"水藻", 1374쪽.
379 행채(荇菜) : 조름나물과 식물인 노랑어리연꽃의 전초를 말린 것으로, 여름철에 전초를 뜯어 햇볕에서 말린다. 맛은 달고 성질은 차다. 열(熱)을 내리고 이뇨작용을 도와주며 부기를 가라앉히고 독을 풀어주는 효능이 있다.
380 《本草綱目》卷19〈草部〉"荇菜", 1372쪽.
381 네가래[蘋] : 네가래과 식물인 네가래의 전초를 말린 것으로, 각지의 고여 있는 얕은 물이나 늪, 논에서 자란다. 봄·여름·가을에 전초를 채취하여 햇볕에서 말린다. 맛은 달고 성질은 차다. 열을 내리고 소변이 잘 나오게 하며 해독하고 출혈을 멎게 한다.
382 오씨본초(吳氏本草) : 중국 삼국 시대 위(魏)나라 의학가인 오보(吳普, ?~?)가 쓴 본초서. 위나라 이전의 약제연구를 집대성하였다.
383 《本草綱目》卷19〈草部〉"蘋", 1370쪽.

네가래

평봉초

2-74) 평봉초(萍蓬草)384

본초습유 385 맛은 달고, 성질은 차며, 독은 없다. 삶
아 먹으면 허한 속을 보하고 기력을 북돋운다. 오래
먹으면 허기지지 않게 하고 장위를 튼튼하게 한다.

萍蓬草

本草拾遺 甘, 寒, 無毒.
煮食, 補虛益氣力. 久食,
不饑, 厚腸胃.

---

384 평봉초(萍蓬草) : 개연꽃의 뿌리줄기를 세로로 자른 것으로, 허약체질개선, 소화불량, 월경불순, 기타 부
인병에 효험이 있다.
385 《本草綱目》卷19〈草部〉"萍蓬草", 1371쪽.

4. 과일(과류)

菓類

1) 과일에 대한 총론

總菓

모든 과일은 다 땅에서 나는 음물(陰物, 음기를 띠고 있는 사물)이다. 비록 음양과 한열의 구분은 있지만 대체로 음물은 음을 길러주니, 사람의 병은 음이 허하여 생기는 경우가 많으므로 과일을 먹어야 좋다. 그러나 과일을 먹으면 몸에서 냉한 기운이 생기거나 간혹 습열(濕熱)이 되기도 한다. 말린 과일은 딱딱하게 굳었기 때문에 소화하기 어려워서 적취가 되니, 어린아이들은 더욱 조심해야 한다. 《식물본초》[1]

諸果皆地産陰物. 雖有陰陽、寒熱之分, 大率陰物所以養陰, 人病多屬陰虛, 宜食之. 然果①食則生冷, 或成濕熱, 乾則硬燥, 難化而成積聚, 小兒尤忌.《食物本草》

제철이 아닌 과실은 먹어서는 안 된다. 과실에 붙은 나쁜 기운이 배에 들어오는 일을 예방하기 위해서이다. 《서산기(西山記)》[2][3]

非時果實不可食, 防帶邪氣入腹.《西山記》

제철 과일이라도 속이 검으면 몸을 손상시킬 수도

時果有黶或損, 不可食.

---

1 《食物本草》卷上〈果類〉, 44쪽.
2 서산기(西山記) : 중국 송나라의 도교학자이자 시인인 시견오(施肩吾, 780~861)가 편찬한 도교 서적. 정식 명칭은 《서산군선회진기(西山群仙會眞記)》이며 《정통도장경(正統道藏經)》안에 수록되어 있다. 연단술과 양생법에 대한 글들이 기록되어 있다.
3 《西山群仙會眞記》卷2〈養壽〉(《中華道藏》19-20, 130쪽).
① 果 : 저본에는 "過".《食物本草·果類》에 근거하여 수정.

있으므로 먹어서는 안 된다. 《식치통설(食治通說)4)5   《食治通說》

　익지 않은 핵과(核果, 복숭아나 자두 등 크고 단단한 씨가   勿食未成核果, 發癰疽不
있는 과일)는 먹지 말아야 하니, 먹으면 옹저(癰疽)6가   爾, 發寒熱變黃爲泄痢.
발생해서 그치지 않고, 한열을 일으키고 누렇게 뜨   《巢氏病源》
다가 설사를 한다. 《소씨제병원후총론(巢氏諸病源候總
論)7》8

　저절로 땅에 떨어진 오과(五果)9가 하루를 경과하   自落地五果經宿, 蚍蜉、螻
면 왕개미·땅강아지·쇠똥구리 등이 그 위로 지나갔   蛄、蜣蜋遊上, 勿食. 同上
으니, 먹지 말아야 한다. 《소씨제병원후총론》10

　과일의 씨를 날것으로 먹으면 창(瘡)이 생긴다.   果子生食, 生瘡. 《金匱要
《금궤요략방론》11   略方》

　일체의 핵과 중에서 속씨가 2개 들어 있으면 모   一切果核中有兩仁者, 竝害
두 몸을 해친다. 《비급천금요방》12   人. 《千金要方》

4　식치통설(食治通說) : 중국 송나라의 의원인 누거중(婁居中, ?~?)이 저술한 식치 중심의 의서.
5　출전 확인 안 됨.
6　옹저(癰疽) : 습기나 열기, 담(痰)이나 어혈(瘀血) 등의 원인으로 발생하는 커다란 크기의 종기를 말한다.
7　소씨제병원후총론(巢氏諸病源候總論) : 중국 수나라의 의학자인 소원방(巢元方, 550~630)이 편찬한 의
　학 서적. 병의 원인과 증후를 집중적으로 연구한 최초의 전문 의서라는 평가를 받는다. 저자의 이름을 인
　용하여 《소씨병원(巢氏病源)》이라고도 한다.
8　《巢氏諸病源候總論》卷17〈痢病諸候〉"水穀痢候"(《文淵閣四庫全書》734, 680쪽).
9　오과(五果) : 일반적으로 오과는 대추·자두·살구·밤·복숭아의 5종류의 과일을 말하지만, 여기서는 과
　일을 개괄하여 말하는 것으로 보인다.
10　《巢氏諸病源候總論》卷34〈癭病諸候〉"癭病候"(《文淵閣四庫全書》734, 789쪽).
11　《金匱要略方論》〈果食菜穀禁忌幷治〉25(《張仲景全書》, 516쪽).
12　《備急千金要方》卷26〈食治〉"果實" 2 '杏核仁'(《孫思邈醫學全書》, 474쪽).

일반적으로 꼭지가 2개인 과류(瓜類)[13]는 독이 있어 사람을 죽인다. 물에 가라앉는 것도 사람을 죽인다.《본초강목》[14]

凡瓜雙蔕者, 有毒殺人. 沈水者, 殺人.《本草綱目》

일반적으로 열려 있는 과일의 상태가 갑자기 이상해지면 뿌리 아래에 반드시 독사가 있다. 그 과일을 먹으면 사람을 죽인다.《본초강목》[15]

凡果忽有異常者, 根下必有毒蛇, 食之殺人. 同上

2) 세부 항목

條開

2-1) 자두

李

명의별록[16] 맛은 쓰면서 시고, 성질은 약간 따뜻하고, 독은 없다. 햇볕에 말려 먹으면 고질적인 열을 제거하고, 속을 조화롭게 한다.

名醫別錄 苦酸, 微溫, 無毒. 曝食, 去痼熱, 調中.

식료본초[17] 물가에서 자란 자두를 먹으면 가래나 학질(瘧疾)[18]을 일으킨다. 참새고기와 함께 먹어서는 안 된다. 꿀과 함께 먹으면 오장을 손상시킨다.

食療本草 臨水食之, 令發痰瘧. 不可合雀肉食. 合蜜食, 損五臟.

일화본초[19] 많이 먹으면 배가 부풀어오르고 허열이 발생한다.

日華本草 多食, 令人膓脹, 發虛熱.

---

13 과류(瓜類) : 호박·수박·오이 따위처럼 덩굴이 뻗어서 열매를 맺는 농작물의 종류를 말한다.
14 《本草綱目》卷33〈果部〉"諸果有毒", 1909쪽.
15 《本草綱目》, 위와 같은 곳.
16 《本草綱目》卷29〈果部〉"李", 1727~1728쪽.
17 《本草綱目》卷29〈果部〉"李", 1727쪽.
18 학질(瘧疾) : 간헐적으로 추워서 떨며 열이 많이 나고 땀이 나는 특징이 있는 일종의 전염병.
19 《本草綱目》, 위와 같은 곳.

살구

본초연의 [20] 장수(漿水)와 함께 먹어서는 안 되니, 곽란을 일으키고 기를 원활하지 않게 하기 때문이다. 백출(白朮)을 복용하는 사람은 금해야 한다.

本草衍義 不可合漿水食, 發霍亂, 澁氣而然. 服朮人忌之.

본초강목 [21] 자두의 맛은 달면서 시지만, 그 중에 쓰면서 껄끄러운 자두는 먹어서는 안 된다. 물에 가라앉지 않는 자두는 독이 있으므로 먹어서는 안 된다.

本草綱目 李味甘酸, 其苦澁者不可食. 不沈水者有毒, 不可食.

2-2) 살구

杏

명의별록 [22] 맛은 시고, 성질은 뜨거우며, 독이 조금 있다. 날것으로 많이 먹으면 근육과 뼈를 상하게 한다.

名醫別錄 酸, 熱, 有小毒. 生食多, 傷筋骨.

본초연의 [23] 살구의 성질은 뜨겁다. 어린아이가 많이 먹으면 창옹(瘡癰, 부스럼과 악창)과 흉격의 열이 발생한

本草衍義 杏性熱. 小兒多食, 致瘡癰、膈熱. 扁鵲

---

20 《本草綱目》卷29〈果部〉"李", 1727~1728쪽.

21 《本草綱目》卷29〈果部〉"李", 1727쪽.

22 《本草綱目》卷29〈果部〉"杏", 1730쪽.

23 《本草綱目》, 위와 같은 곳.

다. 편작은 "많이 먹으면 고질병을 요동시켜 사람의 눈을 멀게 하고 수염과 눈썹이 빠지게 한다."[24]라 했다.

식료본초[25] 많이 먹으면 근육과 뼈를 손상시키고 얼굴에 기미가 낀다.

비급천금요방[26] 행인(杏仁, 살구속씨)은 오래 복용해서는 안 되니, 사람의 눈을 멀게 하고, 머리카락이 빠지고, 일체의 고질병을 요동시키기 때문이다.

2-3) 매실

본초[27] 맛은 시고, 성질은 평하며, 독은 없다.

일화본초[28] 많이 먹으면 치아와 근육을 손상시키고, 비장과 위장을 좀먹으며, 흉격 위의 담열(痰熱)[29]을 발생시킨다. 황정(黃精, 죽대뿌리)을 복용하는 사람은 매실 먹기를 금해야 한다.

매실을 먹고 치아가 시릴 경우에는 호두살을 씹어 풀어준다.

日:"多食動宿疾, 令人目盲鬚眉落."

食療本草 多食, 損筋骨, 面䵟.

千金要方 杏仁不可久服, 令人目盲, 髮落, 動一切宿病.

梅

本草 酸, 平, 無毒.

日華本草 多食, 損齒傷筋, 蝕脾胃, 令人發膈上痰熱. 服黃精人忌食.

食梅齒酸者, 嚼胡桃肉解之.

---

24 많이……한다: 출전 확인 안 됨.
25 출전 확인 안 됨.
26 《備急千金要方》卷26〈食治〉"果實" 2 '杏仁'(《孫思邈醫學全書》, 474쪽).
27 《本草綱目》卷29〈果部〉"梅", 1736쪽.
28 《本草綱目》, 위와 같은 곳.
29 담열(痰熱): 담(痰)으로 열이 나는 증상을 말한다. 《동의보감(東醫寶鑑)》에 따르면 얼굴이 붉고 열이 나면서 숨이 차며 기침이 나고 가슴속이 거북하고 불편하며 목구멍에서 가래 끓는 소리가 나는 것이 담열증(痰熱證)이라 했다.

본초연의 [30] 매실을 먹으면 진액이 빠져나가는 이유는 수(水)가 목(木)을 생하기 때문이다. 진액이 빠져나가면 신장을 상하게 하니, 신장은 수에 속하고 몸의 바깥쪽으로는 치아에 배속되기 때문이다.

本草衍義 食梅則津液泄者, 水生木也. 津液泄則傷腎, 腎屬水, 外爲齒故也.

식물본초 [31] 어떤 사람은 "근육과 뼈에 이롭다."라 했다.

食物本草 一云: "利筋骨."

물류상감지(物類相感志) [32][33] 매실을 소분(韶粉, 염기성 탄산연 성분의 납)과 함께 먹으면 시지도 않고 치아를 무르게 하지도 않는다.

物類相感志 梅子同韶粉食則不酸, 不軟牙.

석성금(石成金) 식감본초(食鑑本草) [34] 지황(地黃)을 복용하는 사람은 먹어서는 안 된다.

石氏 食鑑本草 服地黃人不可食.

2-4) 복숭아

桃

본초 [35] 맛은 맵고 시면서 달며, 성질은 뜨겁고, 독이 약간 있다. 많이 먹으면 열이 난다.

本草 辛酸甘, 熱, 微毒. 多食, 令人有熱.

식료본초 [36] 단석(丹石)의 독을 발동하게 할 수 있고, 날것으로 먹으면 더욱 몸을 손상시킨다.

食療本草 能發丹石毒, 生者尤損人.

---

30 《本草綱目》, 위와 같은 곳.
31 《食物本草》卷上〈果類〉"梅", 38쪽.
32 《물류상감지(物類相感志)》: 중국 송(宋)나라 소식(蘇軾, 1036~1101)이 지은 책. 신체·의복·기용·음식·문방·질병 등에 대하여 짤막한 상식들을 열거해 놓았다.
33 《物類相感志》〈果子〉《叢書集成初編》1344, 19쪽) ; 《本草綱目》卷29〈果部〉"梅", 1736쪽.
34 《傳家寶》卷28〈食鑑本草〉"果" '梅子', 1033쪽.
35 《本草綱目》卷29〈果部〉"桃", 1742쪽.
36 《本草綱目》, 위와 같은 곳.

천금식치 [37] 《황제서(黃帝書)》에는 "복숭아를 배불리 먹고 물에 들어가 목욕을 하면 임질(淋疾)[38]과 한열병(寒熱病)[39]에 걸린다."[40]라 했다.

千金食治 《黃帝書》云："食桃飽, 入水浴, 令人成淋及寒熱病."

일화본초 [41] 복숭아로 포를 만들어 먹으면 안색을 좋게 한다.

日華本草 作脯食, 益顏色.

일용본초 [42] 복숭아와 자라를 함께 먹으면 심장의 통증이 생긴다. 백출을 복용하는 사람은 금해야 한다.

日用本草 桃與鱉[2]同食, 患心痛. 服朮人忌食.

본초강목 [43] 복숭아를 날것으로 많이 먹으면 배가 부풀어오르고 옹절(癰癤, 악창과 부스럼)이 생겨 손해만 있고 이익은 없다. 오과(五果, 대추·자두·살구·밤·복숭아)를 순서지을 때 복숭아가 아래에 놓이는 이유도 이 때문이다.

本草綱目 生桃多食, 令人膨脹及生癰癤, 有損無益. 五果列桃爲下以此.

2-5) 밤

명의별록 [44] 맛은 짜고, 성질은 따뜻하며, 독은 없다. 기를 북돋우고, 장위를 튼튼하게 하고, 신장의

栗

名醫別錄 鹹, 溫, 無毒. 益氣, 厚腸胃, 補腎氣, 令

---

37 《本草綱目》, 위와 같은 곳.
38 임질(淋疾): 오줌이 잘 나오지 않고 찔끔거리면서 방울방울 떨어져 나오며, 소변을 너무 자주 보게 되는 병증을 두루 일컫는 용어이다. 현대의 임질균으로 생기는 성병과는 좀 차이가 있다.
39 한열병(寒熱病): 오한과 발열이 오락가락 번갈아 나타나는 병증.
40 복숭아를……걸린다: 출전 확인 안 됨.
41 《本草綱目》, 위와 같은 곳.
42 《本草綱目》, 위와 같은 곳.
43 《本草綱目》, 위와 같은 곳.
44 《本草綱目》卷29〈果部〉"栗", 1752~1753쪽.
[2] 鱉: 저본에는 "李".《本草綱目·果部·桃》에 근거하여 수정.

기운을 보하여 허기를 견디게 한다.

人耐饑 ③.

식료본초[45] 밤을 햇볕에 말려서 먹으면 기를 내리게 하고, 몸을 보하며 북돋아준다. 그렇게 하지 않아서 밤에 아직 목기(木氣)가 남아 있으면 몸을 보하거나 북돋아주지 못한다. 잿불에 묻어서 물기를 제거해도 목기를 줄여준다. 날것으로 먹으면 기를 발동시키고, 찌거나 볶아서 뜨겁게 먹으면 기의 소통을 막는다. 일반적으로 풍수병(風水病)[46]을 앓는 사람은 먹어서는 안 되니, 밤의 맛이 짜서 수(水)를 생하기 때문이다.

食療本草 栗日中曝乾食, 即下氣補益; 不爾猶有木氣, 不補益也. 火煨去汗, 亦殺木氣. 生食則發氣, 蒸炒熱食則壅氣. 凡患風水人不宜食, 味鹹生水也.

당본초[47] 밤을 찧고 가루를 내어 먹으면 마름이나 가시연보다 낫다. 다만 이것을 어린아이에게 먹이면 치아가 나지 않는다.

唐本草 栗擣作粉食, 勝於菱, 芡. 但以飼小兒, 令齒不生.

본초연의[48] 어린아이는 많이 먹어서는 안 된다. 날것은 소화하기 어렵고 익힌 것은 기를 막는다. 음식이 잘 내려가지 못하고 벌레가 생겨 가끔 병을 일으킨다.

本草衍義 小兒不可多食. 生則難化, 熟則滯氣, 膈食生蟲, 往往致病.

2-6) 대추

棗

본초[49] 생대추는 맛이 달면서 맵고, 성질은 뜨겁고,

本草 生棗甘辛, 熱, 無毒.

---

45 《本草綱目》卷29〈果部〉"栗", 1752쪽.
46 풍수병(風水病): 풍이나 수가 원인이 되어 생기는 병. 곧 풍병이나 수종병 등을 말한다.
47 《本草綱目》卷29〈果部〉"栗", 1752~1753쪽.
48 《本草綱目》卷29〈果部〉"栗", 1753쪽.
49 《本草綱目》卷29〈果部〉"棗", 1756쪽.
③ 饑: 저본에는 "氣".《本草綱目·果部·栗》에 근거하여 수정.

독은 없다. 많이 먹으면 몸에 한열이 생기게 한다. 일
반적으로 마르고 여윈 사람은 먹어서는 안 된다.

　말린 대추는 맛이 달고, 성질은 평하고, 독은 없
다. 심장과 배의 나쁜 기운을 치료하고, 속을 편안히
하고, 비장의 기운을 기르며, 위장의 기운을 고르게
하고, 구규(九竅)를 통하게 하며, 12경맥을 돕는다.
오래 복용하면 몸을 가볍게 하고 수명을 늘린다.

多食, 令人寒熱. 凡羸瘦者
不可食.

乾棗甘, 平, 無毒. 治心腹
邪氣, 安中, 養脾氣, 平胃
氣, 通九竅, 助十二經. 久
服, 輕身延年.

용약법상[50] 마른 대추는 음양을 조절하고 영위를
조화롭게 하고, 진액을 생기게 한다.

用藥法象 乾棗和陰陽, 調
榮衛, 生津液.

일화본초[51] 치병(齒病)이나 감병(疳病)[52]이나 충치가
있는 사람은 대추를 먹으면 좋지 않다. 어린아이가
먹으면 더욱 좋지 않다. 또 파와 함께 먹는 일은 금
하니, 오장의 조화를 깨뜨리기 때문이다. 물고기와
함께 먹으면 요통과 복통을 생기게 한다.

日華本草 有齒病、疳病、
蟲䘌人不宜啗棗. 小兒尤
不宜食. 又忌與蔥同食, 令
人五臟不和. 與魚同食, 令
人腰腹痛.

천금식치[53] 생대추를 많이 먹으면 열로 인한 갈증과
창만증(脹滿證)[54]을 일으키고, 장부를 요동시키며,
비장의 원기를 손상시키고, 습열을 조장한다.

千金食治 多食生棗, 令人
熱渴膨脹, 動臟腑, 損脾
元, 助濕熱.

---

50 《本草綱目》, 위와 같은 곳.
51 《本草綱目》, 위와 같은 곳.
52 감병(疳病) : 어린아이의 얼굴이 누렇게 뜨고 몸이 여위며 목이 마르고, 영양장애나 만성 소화불량의 증세
　가 나타나는 병증.
53 《本草綱目》, 위와 같은 곳.
54 창만증(脹滿證) : 배가 몹시 부르며 속이 그득한 감을 주는 병증.

본초강목[55] 요즘 사람들은 대추를 쪄서 대부분 설탕이나 꿀로 버무린다. 이를 오래 먹으면 비장을 가장 손상시키고 습열을 조장한다. 대추를 먹으면 치아가 누렇게 되고 충치가 생긴다.

本草綱目 今人蒸棗多用糖、蜜拌過, 久食, 最損脾, 助濕熱也. 啖棗, 令人齒黃生䘌.

2-7) 배

梨

명의별록[56] 맛은 달면서 약간 시고, 성질은 차고, 독은 없다. 많이 먹으면 속을 차게 하고, 몸을 마르고 피곤하게 한다. 금창(金瘡)[57]이 있거나 젖을 먹이는 부인이나 혈이 허한 사람은 더욱 먹어서는 안 된다.

名醫別錄 甘微酸, 寒, 無毒. 多食, 令人寒中萎困. 金瘡、乳婦、血虛者尤不可食.

식료본초[58] 가슴 속이 결리면서 막히고 열이 나면서 맺히는 사람은 많이 먹어야 한다.

食療本草 胸中痞塞熱結者宜多食之.

본초연의[59] 배는 많이 먹으면 비장을 요동시키지만 적게 먹으면 병에 이르지는 않는다. 오직 술병으로 번갈증이 있는 사람이 먹으면 매우 좋다.

本草衍義 梨④多食, 動脾, 少則不及病. 惟病酒煩渴人食之, 甚佳.

본초강목[60] 폐를 적셔주고, 심장을 서늘하게 하며, 담을 삭이고, 화기를 내려주며, 창독(瘡毒)과 술독[酒毒]을 풀어준다.

本草綱目 潤肺涼心, 消痰降火, 解瘡毒、酒毒.

---

55 《本草綱目》, 위와 같은 곳.
56 《本草綱目》卷30〈果部〉"梨", 1764쪽.
57 금창(金瘡): 쇠붙이로 된 칼·창·화살 등으로 입은 상처.
58 《本草綱目》, 위와 같은 곳.
59 《本草綱目》, 위와 같은 곳.
60 《本草綱目》, 위와 같은 곳.
④ 梨: 저본에는 "利宜". 오사카본·《本草綱目·果部·梨》에 근거하여 수정.

쇄쇄록[61] 배를 먹으면 치아에는 이롭지만 신장에는 해롭다.

瑣碎錄 喫梨[5], 益齒損腎.

석성금(石成金) 식감본초(食鑑本草)[62] 병자나 허약한 사람이 많이 먹으면 설사를 하고 부종(浮腫)이 생긴다.

石氏 食鑑本草 病人、虛人多食, 泄瀉浮腫.

2-8) 모과

木瓜

명의별록[63] 맛은 시고, 성질은 따뜻하며, 독은 없다.

名醫別錄 酸, 溫, 無毒.

천금식치[64] 맛은 시면서 짜고, 성질은 따뜻하며 껄끄럽다.

千金食治 酸鹹, 溫濇.

식료본초[65] 많이 먹어서는 안 되는데, 치아와 뼈를 손상시키고, 또 배꼽 아래에 통증이 생긴다.

食療本草 不可多食, 損齒及骨, 又臍下疬痛.

본초연의[66] 모과는 목(木)의 바른 기운을 얻어 그 신맛은 간으로 잘 들어갈 수 있으므로 근육과 혈에 유익하다. 허리와 신장에 병이 있거나 다리와 무릎에 힘이 없는 경우를 치료할 때 모두 없어서는 안 된다. 사람이 연상(鉛霜)[67]이나 호분(胡粉)[68]을 모과에 바르

本草衍義 木瓜得木之正, 酸能入肝, 故益筋與血. 病腰腎脚膝無力, 皆不可缺也. 人以鉛霜或胡粉塗之, 則失酢味, 且無渣, 蓋受金

---

61 출전 확인 안 됨.
62 《傳家寶》卷28〈食鑑本草〉"果" '梨', 1034쪽.
63 《本草綱目》卷30〈果部〉"木瓜", 1769쪽.
64 《本草綱目》卷30〈果部〉"木瓜", 1769쪽.
65 《本草綱目》, 위와 같은 곳.
66 《本草綱目》, 위와 같은 곳.
67 연상(鉛霜): 납에 미량의 수은을 섞어 제련한 뒤, 식초가 담긴 항아리에 넣고 오랜 시간 밀봉해 두면 생기는 서리 모양의 물질. 중풍이나 가슴이 답답한 증상을 치료하는 약재로 쓴다. 연백상(鉛白霜)이라고도 한다.
68 호분(胡粉): 조개껍데기를 곱게 갈아서 만든 흰 색의 분말. 안료나 약재로 쓴다.
[5] 梨: 저본에는 "利". 《本草綱目·果部·梨》에 근거하여 수정.

모과   아가위(산사)

면 신맛이 없어지고 몸속에 찌꺼기도 없게 된다. 그   之制也.
이유는 대개 모과가 금(金)의 제압을 받기 때문이다.[69]

본초강목[70] 습기를 제거하고, 위장을 편안하게 하   本草綱目 去濕和胃, 滋脾
고, 비장을 자양하며, 폐에 유익하다.   益肺.

2-9) 아가위(산사)   山樝
당본초[71] 맛은 시고, 성질은 냉하며, 독은 없다.   唐本草 酸, 冷, 無毒.

본초강목[72] 맛은 시면서 달고, 성질은 약간 따뜻하   本草綱目 酸甘, 微溫. 生
다. 날것으로 많이 먹으면 속이 답답하고, 쉽게 허   食多, 令人嘈煩易飢, 損
기진다. 치아를 손상시키니, 충치가 있는 사람은 더   齒, 齒齲人尤不宜也.
욱 먹어서는 안 된다.

---

69 그……때문이다: 오행의 상극관계에 따르면 금(金)에 해당하는 연상이나 호분과, 목(木)에 해당하는 모과
   는 서로 금극목(金克木)의 상극 관계에 해당한다.
70 《本草綱目》, 위와 같은 곳.
71 《本草綱目》卷30〈果部〉"山樝", 1774쪽.
72 《本草綱目》, 위와 같은 곳.

본초연의보유 [73] 산사는 음식을 매우 잘 소화시킨다. 만약 위장 속에 묵은 음식이 없거나 비장이 허하여 음식을 소화시키지 못해 식욕이 없는 사람이 많이 복용하면 오히려 비장과 위장의 생성하는 기운을 크게 해친다.

2-10) 내(柰, 능금의 일종)

명의별록 [74] 맛은 쓰고, 성질은 차며, 독이 조금 있다. 많이 먹으면 폐가 막히고, 배가 부풀어오르며, 병이 있는 사람은 병이 더욱 심해진다.

천금식치 [75] 맛은 시면서 쓰고, 성질은 차고 껄끄러우며, 독은 없다. 심기(心氣)를 북돋우고, 허기를 견디게 한다.

음선정요 [76] 맛은 달고, 독은 없다. 진액을 생성하고 갈증을 멈추게 한다.

2-11) 능금

개보본초 [77] 맛은 시면서 달고, 성질은 따뜻하며, 독

本草衍義補遺 山相大能剋化飲食. 若胃中無食積[6], 脾虛不能運化, 不思食者, 多服之, 則反剋伐[7]脾胃生發之氣也.

柰

名醫別錄 苦, 寒, 有小毒. 多食, 令人肺壅臚脹, 有病人尤甚.

千金食治 酸苦, 寒濇, 無毒. 益心氣, 耐飢.

飮膳正要 甘, 無毒. 生津止渴.

林檎

開寶本草 酸甘, 溫, 無毒.

---

73 《本草綱目》, 위와 같은 곳.
74 《本草綱目》卷30〈果部〉"柰", 1777쪽.
75 《本草綱目》, 위와 같은 곳.
76 《本草綱目》, 위와 같은 곳.
77 《本草綱目》卷30〈果部〉"林檎", 1777쪽.
[6] 積 : 저본에는 "但". 《本草綱目·果部·山相》에 근거하여 수정.
[7] 伐 : 저본에는 "代". 오사카본·규장각본·《本草綱目·果部·山相》에 근거하여 수정.

은 없다. 많이 먹으면 열이 나거나 냉담(冷痰)[78]이 생기고, 기를 원활하지 않게 하며, 침을 자주 뱉게 만들거나, 창절(瘡癤, 부스럼)이 나거나, 모든 맥(脈)을 막는다. 그 씨를 먹으면 가슴이 답답해진다.

多食, 發熱及冷痰澁氣, 令人好唾[8], 或生瘡癤, 閉百脈. 其子食之, 令人煩心.

천금식치[79] 맛은 시면서 쓰고, 성질은 평하면서 껄끄러우며, 독은 없다. 많이 먹으면 사람의 모든 맥이 약해진다.

千金食治 酸苦, 平澁, 無毒. 多食, 令人百脈弱.

2-12) 감

柹

명의별록[80] 맛은 달고, 성질은 차면서 껄끄러우며, 독은 없다. 귀와 코의 기를 통하게 하고, 장벽(腸澼)[81]으로 원기가 부족해진 증상을 치료하고, 술독을 풀어주며, 위장의 열을 눌러주고, 입이 마르는 증상을 멈추게 한다.

名醫別錄 甘, 寒澁, 無毒. 通耳鼻氣, 治腸澼[9]不足, 解酒毒, 壓胃間熱, 止口乾.

약총결[82] 생감은 성질이 냉하다. 햇볕에 말린 감도 성질이 냉하지만 불기운에 말린 감은 성질이 뜨겁다.

藥總訣 生柹性冷. 日乾者亦冷, 火熏者性熱.

식료본초[83] 건시(乾柹, 곶감)는 허로(虛勞)로 인해 부족

食療本草 乾柹補虛勞不

---

78 냉담(冷痰): 위장의 기운이 허약하여 담(痰)과 수(水)가 서로 엉겨 붙어 장위(腸胃)로 흘러 들어가 발생하는 담증(痰證).

79 《本草綱目》, 위와 같은 곳.

80 《本草綱目》卷30〈果部〉"柹", 1779쪽.

81 장벽(腸澼): 배가 묵직하면서 통증이 있고 설사와 함께 피고름이 섞인 대변이 나오는 병증. 증상에 따라 적리(赤痢) 또는 이점(痢漸) 등의 이칭으로 부른다.

82 《本草綱目》, 위와 같은 곳.

83 《本草綱目》, 위와 같은 곳.

8 唾: 저본에는 "睡". 《本草綱目·果部·林檎》에 근거하여 수정.

9 澼: 저본에는 "胃". 《本草綱目·果部·柹》에 근거하여 수정.

한 기운을 보하고, 뱃속의 묵은 혈을 해소시킨다. 속을 껄끄럽게 하고, 장을 튼튼하게 하며, 비장과 위장의 기운을 튼튼하게 한다.

足, 消腹中宿血, 澁中厚腸, 健脾胃氣.

본초연의 [84] 일반적으로 감은 모두 성질이 서늘하나 매우 찬 정도는 아니다. 감을 먹으면 가래가 끓으니, 그 맛이 달기 때문이다. 햇볕에 말린 감은 많이 먹으면 풍을 요동시킨다. 일반적으로 감을 게와 함께 먹으면 배가 아프고 설사가 나는데, 두 음식물이 모두 성질이 차기 때문이다.

本草衍義 凡柹皆涼, 不至大寒. 食之引痰, 爲其味甘也. 日乾者, 食多動風. 凡柹同蟹食, 令人腹痛作瀉, 二物俱寒也.

본초강목 [85] 시상(柹霜, 곶감 표면의 흰 가루)은 상초(上焦)[86]에 있는 심장과 폐의 열을 서늘하게 하고, 진액을 생성하여 갈증을 멈추게 하며, 가래를 삭이고 기침을 진정시킨다.

本草綱目 柹霜淸上焦心肺熱, 生津止渴, 化痰寧嗽.

쇄쇄록 [87] 홍시가 덜 익었을 때 딴 뒤, 바구니마다 모과 2~3개씩을 그 안에 넣어둔다. 감이 모과의 기운을 얻으면 모과의 기운이 발동하여 홍시와 모과 모두 떫은맛이 없어진다.

瑣碎錄 紅柹摘下未熟, 每籃將木瓜三兩枚於其中, 柹得木瓜卽發而竝無澁味.

---

84 《本草綱目》, 위와 같은 곳.
85 《本草綱目》, 위와 같은 곳.
86 상초(上焦) : 인체를 상초·중초·하초로 나누었을 때의 맨 위쪽을 말한다. 곧 목구멍에서 심장 아래까지를 가리킨다.
87 출전 확인 안 됨.

고욤(군천자)

2-13) 고욤(군천자)

君遷子

본초습유[88] 맛은 달고, 성질은 껄끄러우면서 평하며, 독은 없다. 소갈을 멎게 하고, 번열을 제거하며, 몸을 윤택하게 한다.

本草拾遺 甘, 澁平, 無毒. 止消渴, 去煩熱, 令人潤澤.

2-14) 석류

石榴

본초강목[89] 맛은 달면서 시고, 성질은 따뜻하면서 껄끄러우며, 목(木)과 화(火)의 상(象)을 모두 갖추고 있다. 그러므로 많이 먹으면 폐와 치아를 손상시키고 담연(痰涎, 가래나 거품이 섞인 침)을 생기게 한다.

本草綱目 甘酸, 溫澁, 具木、火之象. 故多食, 損肺齒而生痰涎.

석성금(石成金) 식감본초(食鑑本草)[90] 진액을 생기게 하고 인후(목구멍)의 열을 풀어준다.

石氏 食鑑本草 生津, 解咽喉熱.

---

88 《本草綱目》卷30〈果部〉"君遷子", 1782쪽.
89 《本草綱目》卷30〈果部〉"安石榴", 1783쪽.
90 《傳家寶》卷28〈食鑑本草〉"果" '石榴', 1034쪽.

2-15) 귤

<table>
<tr><td>본초 [91] 맛은 달면서 시고, 성질은 따뜻하며, 독은 없다.</td><td>橘</td></tr>
<tr><td></td><td>本草 甘酸, 溫, 無毒.</td></tr>
<tr><td>식감본초 [92] 많이 먹으면 흉격에 붙어 담(痰)이 생기고, 폐의 기운을 막는다.</td><td>食鑑本草 多食, 戀膈生痰, 滯肺氣.</td></tr>
<tr><td>본초습유 [93] 맛이 단 귤은 폐를 적시고, 신 귤은 담을 모은다.</td><td>本草拾遺 甘者潤肺, 酸者聚痰.</td></tr>
<tr><td>일용본초 [94] 방게[螃蟹][95]와 함께 먹으면 연옹(軟癰, 무른 악창)을 앓게 한다.</td><td>日用本草 同螃蟹食之, 則令人患軟癰.</td></tr>
</table>

2-16) 감자(柑子)[96]

<table>
<tr><td>개보본초 [97] 맛은 달고, 성질은 매우 차며, 독은 없다. 장위 속의 열독을 통하게 한다. 많이 먹으면 폐를 냉하게 하여 담(痰)이 생기고, 비장을 냉하게 하여 고질적인 적취를 발동시키고, 대장이 설사하게 하며, 음낭에 땀이 나게 한다.</td><td>柑</td></tr>
<tr><td></td><td>開寶本草 甘, 大寒, 無毒. 利腸胃中熱毒. 多食, 令人肺冷生痰, 脾冷發痼癖, 大腸瀉利, 發陰汗.</td></tr>
</table>

2-17) 유자

<table>
<tr><td>일화본초 [98] 맛은 시고, 성질은 차며, 독은 없다. 음</td><td>柚</td></tr>
<tr><td></td><td>日華本草 酸, 寒, 無毒.</td></tr>
</table>

---

91 《本草綱目》 卷30 〈果部〉 "橘", 1786쪽.
92 《本草綱目》, 위와 같은 곳.
93 《本草綱目》, 위와 같은 곳.
94 《本草綱目》, 위와 같은 곳.
95 방게[螃蟹] : 십각목의 갑각류를 통틀어 이르는 말.
96 감자(柑子) : 감자나무의 열매. 중국이 원산지이다. 성질은 차갑다. 위장을 맑게 하며, 대변을 부드럽게 하는 효능이 있다.
97 《本草綱目》 卷30 〈果部〉 "柑", 1792쪽.
98 《本草綱目》 卷30 〈果部〉 "柚", 1794쪽.

식을 소화시키고, 술독을 풀어주며, 술 마신 사람의 입냄새를 치료하고, 장위의 나쁜 기운을 없애준다.

消食, 解酒毒, 治飮酒人口氣, 去腸胃中惡氣.

식금방(食禁方)[99][100] 귤과 유자는 많이 먹어서는 안 되니, 입을 산뜻하게 하지만 오미(五味)를 분간하지 못하게 하기 때문이다.

食禁方 橘、柚不可多食, 令人口爽, 不知五味.

2-18) 앵두

櫻桃

명의별록[101] 맛은 달고, 성질은 뜨거우면서 껄끄러우며, 독은 없다. 속을 조화롭게 하고, 비장의 기운을 북돋우며, 사람의 안색을 좋게 하고 좋은 마음을 먹게 한다.

名醫別錄 甘, 熱澀, 無毒. 調中, 益脾氣, 令人好顏色, 美志.

일화본초[102] 성질은 평하고, 독이 약간 있다. 많이 먹으면 토하게 된다.

日華本草 平, 微毒. 多食, 令人吐.

식료본초[103] 많이 먹어도 해는 없지만 단지 허열(虛熱)이 날 따름이다. 암풍(暗風)[104]이 있는 사람은 먹어서는 안 되니, 바로 재발하기 때문이다.

食療本草 食多無損, 但發虛熱耳. 有暗風人不可食之, 立發.

삼원연수참찬서[105] 근육과 뼈를 상하게 하고, 혈기

延壽書 傷筋骨, 敗血氣.

---

99 식금방(食禁方) : 중국 후한의 명의 장기(張機, 150?~215?)의 저서인 《금궤요략방론(金匱要略方論)》에 실린 〈과식채곡금기병치(果食菜穀禁忌并治)〉편을 말한다.
100 《金匱要略方論》〈果食菜穀禁忌并治〉25 (《張仲景全書》, 516쪽).
101 《本草綱目》卷30〈果部〉"櫻桃", 1800쪽.
102 《本草綱目》, 위와 같은 곳.
103 《本草綱目》, 위와 같은 곳.
104 암풍(暗風) : 머리가 어지럽고 눈앞이 깜깜해지는 증상.
105 《三元延壽參贊書》卷3〈果實〉(《中華道藏》23-71, 752쪽);《本草綱目》卷30〈果部〉"櫻桃", 1800쪽.

를 해친다. 한열병이 있는 사람은 먹어서는 안 된다.　有寒熱病人不可食.

본초연의 106 어린아이가 지나치게 많이 먹으면 열이　本草衍義 小兒食之過多,
나지 않는 경우가 없다.　無不作熱.

본초연의보유 107 앵두는 화(火)에 속하니, 성질이 매　本草衍義補遺 櫻桃屬火,
우 뜨겁고 습(濕)을 발생시킨다. 옛날에 열병이 있었　性大熱而發濕. 舊有熱病
거나 숨이 차고 기침이 났던 사람이 먹으면 바로 병　及喘嗽者, 得之立病, 且有
이 재발하고, 심지어 죽는 자도 생긴다.　死者.

2-19) 은행

銀杏

일용본초 108 맛은 달면서 쓰고, 성질은 평하면서 껄　日用本草 甘苦, 平澀, 無
끄러우며, 독은 없다. 많이 먹으면 기가 막히고 풍을　毒. 多食, 壅氣動風. 小兒
요동시킨다. 어린아이가 많이 먹으면 정신이 혼미해　食多, 昏霍發驚引疳. 同鰻
지거나 경기를 일으키거나 감질(疳疾)109을 끌어들인　鱺魚食, 患軟風.
다. 뱀장어와 함께 먹으면 연풍(軟風)110을 앓는다.

삼원연수참찬서 111 날것으로 먹으면 감질을 끌어들　延壽書 生食, 引疳解酒.
이지만 술독을 풀어준다. 익혀 먹으면 몸에 이롭다.　熟食, 益人.

본초강목 112 은행은 향이 엷고 맛이 농후하며, 성　本草綱目 銀杏氣薄味厚,

---

106 《本草綱目》 卷30 〈果部〉 "櫻桃", 1800쪽.
107 《本草綱目》, 위와 같은 곳.
108 《本草綱目》 卷30 〈果部〉 "銀杏", 1802쪽.
109 감질(疳疾) : 젖이나 음식을 잘 조절하지 못하거나 비위가 상해서 몸이 여위는 병증.
110 연풍(軟風) : 팔다리가 힘이 없고 늘어져 제대로 움직이지 못하는 병증.
111 《三元延壽參贊書》 卷3 〈果實〉 《中華道藏》 23-71, 753쪽) ; 《本草綱目》, 위와 같은 곳.
112 《本草綱目》, 위와 같은 곳.

은행

질은 껄끄러우면서 수렴하고, 색은 희고, 오행으로는 금(金)에 속한다. 그러므로 폐의 경맥에 들어갈 수 있어 폐의 기운을 북돋우고, 천식과 기침을 진정시키고, 소변을 줄여준다. 날것을 찧어 낸 즙으로는 기름때를 씻을 수 있으니, 그것으로 몸속에서 담(痰)과 백탁(白濁)[113]을 제거하는 효능을 유추할 수 있겠다. 은행꽃은 밤에 피므로 사람들이 볼 수 없는데, 대개 음독(陰毒)[114]이 있는 과일이기 때문에 또 살충하고 소독할 수도 있다. 그러나 많이 먹으면 너무 지나치게 수렴하기 때문에 사람이 기가 막히고 배가 부풀어 오르고 혼절하게 된다.

그러므로 《물류상감지(物類相感志)》에서 "은행은 사람을 취하게 할 수 있다."[115]라 했다. 그리고 《삼원

性濇而收, 色白屬金. 故能入肺經, 益肺氣, 定喘嗽, 縮小便. 生擣能浣油膩, 則其去痰濁之功, 可類推矣. 其花夜開, 人不得見, 蓋陰毒之物, 故又能殺蟲消毒. 然食多則收令太過, 令人氣壅膓脹昏頓.

故《物類相感志》言"銀杏能醉人", 而《延壽書》言"白果

---

113 백탁(白濁): 소변이 혼탁되어 뿌연 병증.
114 음독(陰毒): 풍한의 사기(邪氣)로 인해 피부에 반점이 생기는 병증으로, 눈이 아프고, 입술이 푸르고, 검은색을 띠며, 목구멍이 아프다. 또 몸이 처지고 무거우며, 등이 뻣뻣해져 돌릴 수가 없고, 사지가 싸늘해진다. 독한 기운이 심장을 공격하면 아랫배가 당기면서 매우 아프고 헛구역질을 하며 몸에 반점이 생긴다.
115 은행은……있다:《說郛》卷22下〈物類相感志〉"總論"(《文淵閣四庫全書》877, 288쪽).

연수참찬서》에서는 "은행[白果] 1,000개를 전부 먹으면 죽는다."[116]라 했다. 또 "옛날에 굶주린 사람이 있었는데, 은행을 밥 대신 함께 배불리 먹고서는 다음 날 모두 죽었다."[117]라고도 했다.

食滿千箇者死", 又云"昔有飢者, 同以白果代飯食飽, 次日皆死".

2-20) 호두

胡桃

개보본초[118] 맛은 달고, 성질은 평하고 따뜻하며, 독은 없다. 몸을 살지고 건강하게 하고, 피부에 윤기가 나게 하며, 수염과 머리카락을 검게 한다. 많이 먹으면 풍을 요동시키고, 눈썹이 빠진다. 술과 함께 많이 먹으면 피를 토하게 한다.

開寶本草 甘, 平溫, 無毒. 令人肥健, 潤肌, 黑鬚髮. 多食, 動風脫人眉. 同酒食多, 令人喀血.

천금식치[119] 맛은 달고, 성질은 냉하면서 미끄럽다. 많이 먹으면 담음(痰飮)을 요동시키고, 속을 메스껍게 하고, 물과 음식물을 토하게 한다.

千金食治 甘, 冷滑. 多食, 動痰飮, 令人惡心吐水吐食物.

도경본초[120] 많이 먹으면 담이 생기고 신장의 화(火)를 요동시킨다.

圖經本草 多食, 生痰動腎火.

본초강목[121] 호두는 맛이 달고, 기운은 뜨겁다. 껍질은 껄끄럽지만, 호두살은 기름지다. 손사막이 "호두의 성질은 냉하면서 미끄럽다."라 했으나, 이것은

本草綱目 胡桃味甘, 氣熱, 皮濇肉潤. 孫眞人言"其冷滑", 誤矣. 但胡桃性熱, 能

---

116 은행[白果]……죽는다:《三元延壽參贊書》卷3〈果實〉(《中華道藏》23-71, 753쪽).
117 옛날에……죽었다:《三元延壽參贊書》, 위와 같은 곳.
118《本草綱目》卷30〈果部〉"胡桃", 1803~1804쪽.
119《本草綱目》, 위와 같은 곳.
120《本草綱目》卷30〈果部〉"胡桃", 1804쪽.
121《本草綱目》, 위와 같은 곳.

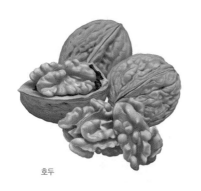

호두

개암

잘못이다. 다만 호두의 성질은 뜨거워 신장과 폐로 들어갈 수 있으니 오직 허한(虛寒)122한 사람에게 좋지만 담화(痰火)123로 열이 쌓인 사람은 많이 먹으면 좋지 않다.

入腎肺, 惟虛寒者宜之, 而痰火積熱者, 不宜多食耳.

석성금(石成金) 식감본초(食鑑本草) 124 신장을 보하고 소변을 잘 통하게 한다. 치아가 벌어졌거나 신 음식에 치아가 상한 사람이 먹으면 병이 낫는다.

石氏 食鑑本草 補腎利小便, 齒豁及酸物傷齒者, 食之愈.

2-21) 개암

개보본초 125 맛은 달고, 성질은 평하며, 독은 없다. 기력을 북돋우고 장위를 실하게 하여 사람이 허기지지 않고 건강하게 다니도록 한다.

榛

開寶本草 甘, 平, 無毒. 益氣力, 實腸胃, 令人不飢健行.

---

122 허한(虛寒): 몸속의 정기(正氣)가 허한데다가 한증까지 겸한 상태를 말한다.
123 담화(痰火): 담(痰)이 체내에서 변성되어 병적인 열 기운을 일으키는 병증.
124 《傳家寶》卷28〈食鑑本草〉"果" '胡桃仁', 1034쪽.
125 《本草綱目》卷30〈果部〉"榛", 1808쪽.

일화본초 126 허기를 그치게 하고, 속을 편안하게 하며, 위를 열어줄 때 매우 효험이 있다.	日華本草 止飢, 調中開胃甚驗.

2-22) 도토리

당본초 127 맛은 쓰고, 성질은 약간 따뜻하며, 독은 없다. 장위를 튼튼하게 하고, 몸을 살지고 튼튼하게 한다.	唐本草 苦, 微溫, 無毒. 厚腸胃, 肥健人.
천금식치 128 도토리(상수리)는 과일도 아니고 곡식도 아니지만 몸에 가장 유익하다. 복식(服食) 중에 아직 곡기를 완전히 끊을 수 없을 때 먹으면 더욱 좋다. 도토리는 본래 향기가 없으나 향기를 받아들이고, 맛이 없으나 맛을 받아들이고, 음식을 소화시키고 설사를 그치게 하여 몸을 강하고 튼튼하게 한다.	千金食治 橡子非果非穀而最益人, 服食未能斷穀, 啖之尤佳. 無氣而受氣, 無味而受味, 消食止痢, 令人強健.
구황본초(救荒本草) 129 130 도토리를 가져다 물을 바꿔 가며 물에 15번 담근다. 그런 다음 일어서 떫은맛을 제거한 뒤, 쪄서 완전히 익혀 먹는다.	救荒本草 取子換水, 浸十五次, 淘去澁味, 蒸極熟食之.

2-23) 여지(荔枝, 리치)

개보본초 131 맛은 달고, 성질은 평하며, 독은 없다.	開寶本草 甘, 平, 無毒.

---

126 《本草綱目》, 위와 같은 곳.
127 《本草綱目》卷30〈果部〉"橡實", 1810쪽.
128 《本草綱目》, 위와 같은 곳.
129 구황본초(救荒本草): 중국 명나라 주숙(朱橚, ?~1425)이 구황식품을 모아 편찬한 본초서. 전 2권. 1406년 간행. 주숙은 명 태조(太祖) 주원장(朱元璋)의 다섯째 아들 주정왕(周定王)이다. 구황을 목적으로 하여 간단한 요리법까지 수록한 점이 다른 본초서와 구별된다.
130 《本草綱目》, 위와 같은 곳.
131 《本草綱目》卷31〈果部〉"荔枝", 1818쪽.

갈증을 그치게 하고, 몸에 유익하며, 안색을 좋게 한다.

止渴, 益人顏色.

해약본초(海藥本草)[132][133] 맛은 달면서 시고, 성질은 뜨겁다. 많이 먹으면 몸에서 허열이 난다.

海藥本草 甘酸, 熱. 多食, 令人發虛熱.

도경본초 [134] 많이 먹어도 몸을 해치지 않는다. 만약 조금 과도하게 먹었을 경우에는 꿀물을 한 잔 마시면 곧 풀어진다.

圖經本草 多食, 不傷人. 如少⑩過度, 飮蜜漿一杯 便解⑪.

본초강목 [135] 여지는 향과 맛이 순양(純陽)[136]이며, 그 성질은 열을 꺼린다. 신선한 여지를 많이 먹으면 잇몸이 붓거나 입이 아프며 또는 코피가 난다. 충치가 있거나 화병(火病)이 있는 사람은 더욱 금해야 한다. 《개보본초》에서 "그 성질은 평하다."라 한 말이나 소송(蘇頌)[137]이 《도경본초》에서 "많이 먹어도 몸에 해롭지 않다."라 한 말은 모두 오류이다.

本草綱目 荔枝氣味純陽, 其性畏熱. 鮮者食多, 卽齦腫口痛, 或衄血也. 病齒䘌及火病人尤忌之. 《開寶本草》言"其性平", 蘇氏謂"多食無傷", 皆謬也.

물류상감지 [138] 여지를 많이 먹으면 취하는데, 여지

物類相感志 食荔枝多則

---

132 해약본초(海藥本草) : 중국 당나라의 의학자 이순(李珣, ?~?)이 편찬한 의학서. 총 6권으로 구성되어 있다.
133 《本草綱目》, 위와 같은 곳.
134 《本草綱目》, 위와 같은 곳.
135 《本草綱目》, 위와 같은 곳.
136 순양(純陽) : 다른 불순물이 조금도 섞이지 아니한 제대로 온전한 양기(陽氣), 또는 그렇게 이루어진 사물. 한의학에서는 보통 갓난아기를 일러 순양지체(純陽之體)로 표현하기도 한다.
137 소송(蘇頌) : 1020~1101. 중국 송나라의 과학자로, 천문학과 본초학에 많은 업적을 남겼다. 중국의 역대 본초서를 수집 정리하여 《도경본초(圖經本草)》를 편찬하고 간행했다.
138 《本草綱目》, 위와 같은 곳.
⑩ 少 : 저본에는 "不". 오사카본·규장각본·《本草綱目·果部·荔枝》에 근거하여 수정.
⑪ 解 : 저본에는 "醉". 오사카본·규장각본·《本草綱目·果部·荔枝》에 근거하여 수정.

용안

껍질 담근 물을 마시면 곧 취기가 풀어진다.

醉, 以殼浸水飮之卽解.

2-24) 용안(龍眼, 용안나무열매)

龍眼

명의별록139 맛은 달고, 성질은 평하며, 독은 없다. 오장의 나쁜 기운을 치료하고, 마음을 편안하게 하고 음식물을 누른다[厭食]140. 오래 먹으면 정신을 강하게 하고 눈과 귀가 밝아지며, 몸을 가볍게 하고 늙지 않게 하며, 신명을 통하게 한다.

名醫別錄 甘, 平, 無毒. 治五臟邪氣, 安志厭食. 久服, 强魂聰明, 輕身不老, 通神明.

본초강목141 위장을 열어주고 비장에 유익하며, 허한 기운을 보해주고 지혜를 길러준다.

本草綱目 開胃益脾, 補虛長智.

---

139 《本草綱目》卷31〈果部〉"龍眼", 1820~1821쪽.
140 음식물을 누른다[厭食]:《본경속소(本經續疏)》권5〈중품(中品)〉 "과(果)" '용안(龍眼)'에서는 '염식(厭食)'을 다음과 같이 주석하였다. "무릇 '염(厭)'은 '압(壓)'으로 읽으며 '억제하다[抑]'는 뜻이니, 곡식의 기(氣)를 눌러 억제하는 것을 말하는데, 넘치는 곡식의 기가 정(精)을 옮겨서 경맥(經脈)으로 들어가도록 한다 (夫厭讀爲壓, 抑也, 謂壓抑穀氣, 使淫氣輪精入於經脈也.)"
141 《本草綱目》卷31〈果部〉"龍眼", 1821쪽.

2-25) 비자(榧子)[142]

榧子

명의별록 [143] 맛은 달고, 성질은 평하면서 껄끄러우며, 독은 없다. 비자를 늘 먹으면 오치(五痔)[144]를 치료하고 삼충(三蟲)[145]을 제거한다.

名醫別錄 甘, 平濇, 無毒. 常食, 治五痔, 去三蟲.

식료본초 [146] 곡식을 소화시키고, 근육과 뼈에 도움이 되고, 영위를 운행시키며, 눈이 밝아지고, 몸을 가볍게 하며, 음식을 잘 먹을 수 있게 한다. 1~2승(升) 정도로 많이 먹어도 병이 나지는 않는다.

食療本草 消穀, 助筋骨, 行營衛, 明目輕身, 令人能食. 多食一二升, 亦不發病.

일용본초 [147] 성질이 뜨거워 거위고기와 함께 먹으면 단절풍(斷節風)[148]이 생기며, 또 상초(上焦)를 막히게 하니 화기(火氣)를 조심해야 한다.

日用本草 性熱, 同鵝肉食, 生斷節風, 又上壅人, 忌火氣.

물류상감지 [149] 비자로 채소국[素羹]을 끓이면 맛이 한층 달고 좋다. 돼지비계로 비자를 볶으면 비자의 검은 껍질이 저절로 벗겨진다. 비자를 사탕수수와 함께 먹으면 비자의 찌꺼기가 저절로 연해진다. 또 비자 껍질은 성질이 녹두와 상반되어 함께 먹으면

物類相感志 榧煮素羹, 味更恬美. 猪脂炒榧, 黑皮自脫. 榧子同甘蔗食, 其渣自軟. 又榧子皮反綠豆, 能殺人.

---

142 비자(榧子) : 비자나무의 열매. 맛이 달지만 떫어서 주로 음식을 요리하는 부재료로 쓰이고, 기침이나 변비를 치료하는 약재로도 쓰인다.

143 《本草綱目》卷31〈果部〉"榧實", 1827쪽.

144 오치(五痔) : 5종류의 치질. 모치(牡痔, 수치질)·빈치(牝痔, 암치질)·장치(腸痔, 대장이 항문으로 빠지는 치질)·혈치(血痔, 항문으로 피가 쏟아지는 치질)·맥치(脈痔, 대장 입구에 부스럼이 생기는 치질). 《인제지》권19〈외과〉"치장(痔瘡)"에 치질의 명칭과 증상이 상세히 보인다.

145 삼충(三蟲) : 인간의 몸 속에 있는 3종의 기생충. 장충(長蟲)·적충(赤蟲)·요충(蟯蟲).

146 《本草綱目》, 위와 같은 곳.

147 《本草綱目》, 위와 같은 곳.

148 단절풍(斷節風) : 뼈관절이 끊어질 듯이 아픈 병증.

149 《物類相感志》卷1〈飮食〉(《叢書集成初編》1344, 9쪽);《本草綱目》卷31〈果部〉"榧實", 1827쪽.

사람을 죽일 수 있다.

석성금(石成金) 식감본초(食鑑本草) 150 치질을 치료하고, 폐를 적셔주어 기침을 그치게 한다.

石氏 食鑑本草 療痔, 潤肺止嗽.

2-26) 잣

개보본초 151 맛은 달고, 성질은 조금 따뜻하며, 독은 없다. 오장을 적셔주고, 허기지지 않게 한다.

海松子

開寶本草 甘, 小溫, 無毒. 潤五臟, 不飢.

해약본초 152 신라의 잣은 맛이 달고 좋으며, 성질은 매우 따뜻하다. 여러 풍을 주치하고, 장위를 따뜻하게 한다. 오래 복용하면 몸을 가볍게 하여 수명을 늘리며 늙지 않는다.

海藥本草 新羅松子甘美, 大溫. 主諸風, 溫腸胃. 久服, 輕身延年不老.

2-27) 촉초(蜀椒, 천초 또는 산초)

본초 153 맛은 맵고, 성질은 따뜻하며, 독이 있다. 속을 따뜻하게 하고, 기를 내린다. 오래 먹으면 머리가 희어지지 않고, 몸을 가볍게 하여 수명을 늘린다.

蜀椒

本草 辛, 溫, 有毒. 溫中, 下氣. 久服, 頭不白, 輕身增年.

명의별록 154 성질은 매우 뜨겁다. 많이 먹으면 기가 부족해져서 호흡이 가빠진다. 입이 닫혀 있는 촉초를 먹으면 사람을 죽인다.

名醫別錄 大熱. 多食, 令人乏氣喘促. 口閉[12]者殺人.

150《傳家寶》卷28〈食鑑本草〉"果" '榧子', 1034쪽.
151《本草綱目》卷31〈果部〉"海松子", 1828~1829쪽.
152《本草綱目》, 위와 같은 곳.
153《本草綱目》卷32〈果部〉"蜀椒", 1851~1852쪽.
154《本草綱目》卷32〈果部〉"蜀椒", 1851쪽.
[12] 閉: 저본에는 "開". 오사카본·규장각본·《本草綱目·果部·蜀椒》에 근거하여 수정.

식료본초 [155] 10월에 촉초를 먹으면 기를 해치고 심장을 상하게 하며, 건망증이 많아진다.

食療本草 十[13]月食椒, 損氣傷心, 令人多忘.

삼원연수참찬서 [156] 오래 먹으면 실명하게 하고, 혈맥을 상하게 한다.

延壽書 久食, 令人失明, 傷血脈.

2-28) 후추

당본초 [157] 맛은 맵고, 성질은 매우 따뜻하며, 독은 없다. 기를 내려주고 속을 따뜻하게 하여 담을 제거하고, 장부(臟腑) 속의 풍랭(風冷, 풍사와 냉기)을 제거한다.

胡椒

唐本草 辛, 大溫, 無毒. 下氣溫中去痰, 除臟腑中風冷.

일화본초 [158] 오장을 조화롭게 하고, 신장의 기운을 튼튼하게 하며, 일체의 생선·고기·자라·버섯의 독을 없애준다.

日華本草 調五臟, 壯腎氣, 殺一切魚、肉、鼈、蕈毒.

촉초

식수유

155 《本草綱目》卷32〈果部〉"蜀椒", 1851~1852쪽.
156 《三元延壽參贊書》卷3〈五味〉(《中華道藏》23-71, 750쪽);《本草綱目》卷32〈果部〉"蜀椒", 1852쪽.
157 《本草綱目》卷32〈果部〉"胡椒", 1858쪽.
158 《本草綱目》, 위와 같은 곳.
[13] 十: 저본에는 "五".《本草綱目·果部·蜀椒》에 근거하여 수정.

해약본초 [159] 많이 먹으면 폐를 손상시켜 피를 토하게 한다.

海藥本草 多食, 損肺, 令人吐血.

본초강목 [160] 맛은 맵고, 성질은 뜨거우며, 순양(純陽)이라서 기를 빨리 흐르게 하고, 화기(火氣)를 조장하여 눈을 어둡게 하고 창(瘡)을 발생시킨다. 위장이 차고 습한 사람이 먹으면 좋다. 열병이 있는 사람이 먹으면 화기를 요동시켜 기를 상하게 하고, 음(陰)이 그 해를 입는다. 나(《본초강목》 저자 이시진)는 어렸을 적부터 후추를 즐겨 먹었는데, 해마다 눈병을 앓았다. 나중에야 그 폐단을 알아서 마침내 철저히 후추를 끊으니, 눈병 역시 그쳤다. 겨우 1~2알만 먹어도 곧 눈이 어두워지고 껄끄러워졌다. 대개 매운맛은 기를 빨리 흐르게 하고 열은 화기를 조장하는데, 이 후추는 향기와 맛이 모두 농후하기 때문이었다. 목구멍이나 입과 치아에 병이 있는 사람도 조심해야 한다.

本草綱目 辛, 熱, 純陽, 走氣助火, 昏目發瘡. 腸胃寒濕者宜之. 熱病人食之, 動火傷氣, 陰受其害. 余自少嗜之, 歲歲病目. 後知其弊, 遂痛絕之, 目病亦止. 纔食一二粒, 卽便昏澁. 蓋辛走氣, 熱助火, 此物氣味俱厚故也. 病咽喉、口齒者, 亦宜忌之.

2-29) 식수유(食茱萸, 머귀나무열매)

당본초 [161] 맛이 매우면서 쓰고, 성질은 매우 뜨거우며, 독은 없다.

唐本草 辛苦, 大熱, 無毒.

본초강목 [162] 독이 조금 있어 비장의 화기를 요동시키므로 눈병이 있는 사람은 금해야 한다.

本草綱目 有小毒, 動脾火, 病目者忌之.

---

159 《本草綱目》, 위와 같은 곳.
160 《本草綱目》卷32 〈果部〉 "胡椒", 1858~1859쪽.
161 《本草綱目》卷32 〈果部〉 "食茱萸", 1867쪽.
162 《本草綱目》, 위와 같은 곳.

식물본초 163 치질·부종·허애(虛恚, 이유 없이 화내는 증
상)를 일으킨다.

食物本草 發瘡痔、浮腫、
虛恚⑭.

2-30) 차[茗]

茗

당본초 164 맛은 쓰면서 달고, 성질은 약간 차며, 독
은 없다. 기를 내리고 음식을 소화시킨다.

唐本草 苦甘, 微寒, 無毒.
下氣消食.

신농식경(神農食經) 165 166 담열을 제거하고, 갈증을
그치게 한다. 잠이 적어지며, 힘이 나고, 심지(心志)
를 즐겁게 한다.

神農食經 去痰熱, 止渴,
令人少睡, 有力悅志.

본초습유 167 맛은 쓰고, 성질은 차다. 오래 먹으면
몸을 여위게 하고, 몸의 기름기를 제거하고, 잠이
없어지게 한다. 차는 뜨겁게 마셔야 좋다. 냉하면 담
이 모인다.

本草拾遺 苦, 寒. 久食⑮,
令人瘦, 去人脂, 使人不睡.
飮之宜熱, 冷則聚痰.

삼원연수참찬서 168 목이 몹시 마를 때나 술을 마신
후에 차를 마시면 수(水)가 신경(腎經, 족소음신경)169으

延壽書 大渴及酒後飮茶,
水⑯入腎經, 令人腰、脚、

163《本草綱目》, 위와 같은 곳.

164《本草綱目》卷32〈果部〉"茗", 1872쪽.

165 신농식경(神農食經): 미상.《태평어람(太平御覽)》등에 인용되어 남아 있으며《신농황제식금(神農黃帝食
禁)》으로 추정되기도 한다.

166《本草綱目》, 위와 같은 곳.

167《本草綱目》, 위와 같은 곳.

168《三元延壽參贊書》卷3〈飮食〉《中華道藏》23-71, 751쪽);《本草綱目》, 위와 같은 곳.

169 신경(腎經): 인체 12경맥 중의 족소음신경(足少陰腎經). 새끼발가락에서 시작하여 족심(足心)을 지나 다
리 안쪽과 뒷쪽을 타고 올라가 꼬리뼈 끝부분에서 척추 속으로 들어가고 신장과 방광에 연락된다. 그 분
지는 간과 횡격막을 통하여 폐로 들어가서 후두를 지나 혀뿌리[舌根]로 들어간다. 또 폐에서 다시 심장과
관계되고 흉부에 퍼진다. 신장과 방광·간·폐·심장 등의 질병과 관련을 가진다.

⑭ 恚: 저본에는 "服".《本草綱目·果部·食茱萸》에 근거하여 수정.

⑮ 食: 저본에는 "寒". 오사카본·규장각본·《本草綱目·果部·茗》에 근거하여 수정.

⑯ 水: 저본에는 없음. 오사카본·규장각본·《本草綱目·果部·茗》에 근거하여 보충.

로 들어가 허리·다리·방광이 냉하면서 아프고, 수종(水腫)이나 연비(攣痹)170 등의 여러 질환을 동반한다. 대체로 차를 마실 때는 뜨겁게 마시고 적게 마셔야 좋다. 마시지 않으면 더욱 좋고, 공복에 마시는 일은 가장 조심해야 한다.

膀胱冷痛, 兼患水腫, 攣痹諸疾. 大抵飮茶宜熱宜少, 不飮尤佳, 空腹最忌之.

식물본초171 근래의 사람들이 마시는 여러 차는 종류와 산지에 따라 각각 적절함이 있고, 성질과 맛도 약간의 차이가 없지는 않다. 대체로 차는 열을 식혀주고 갈증을 그치게 하며, 기를 내리고 담을 제거한다. 잠을 깨워주고 음식을 소화시키며, 기름기를 풀어주고, 머리와 눈을 맑게 하며, 소변을 잘 나오게 한다.

食物本草 近世人所用諸茶, 品類, 土産各有所宜, 性味不無少異. 大抵茶能淸熱止渴, 下氣除痰, 醒睡消食, 解膩淸頭目, 利小17便.

어떤 사람이 거위구이를 좋아하여 매일 빼놓지 않고 먹었다. 의사가 "그 사람은 반드시 옹저(癰疽)가 생길 것이다."라 말했는데, 그 뒤로 죽을 때까지 병이 나지 않았다. 이 사람을 찾아서 알아보니, 매일 밤 반드시 차가운 차를 한 사발 마셔서 독을 풀어주었기 때문이었다. 차가 불에 굽거나 볶은 고기의 독을 풀어줄 수 있음을 여기서 알 수 있다.

一人好食燒鵝, 日常不缺. 醫者謂"其必生癰疽", 後卒不病. 訪知此人, 每夜必啜涼茶一碗, 解之故也. 茶能解炙炒18之毒, 於此可見.

본초강목172 차는 맛이 쓰고 성질이 차며, 음(陰) 중에서도 음인 음식이라 가라앉기도 하고 내리기도

本草綱目 茶苦而寒, 陰中之陰, 沈也, 降也, 最能降

170 연비(攣痹): 팔다리가 저리거나 마비되는 증상.
171 《食物本草》 卷下 〈味類〉 "茶", 77쪽.
172 《本草綱目》 卷32 〈果部〉 "茗", 1872~1873쪽.
17 小: 저본에는 "大小". 오사카본·규장각본·《食物本草·味類·茶》에 근거하여 삭제.
18 炒: 저본에는 "煿". 《食物本草·味類·茶》에 근거하여 수정.

하니, 화(火)를 가장 잘 내릴 수 있다. 화는 온갖 병이 되는데, 화가 내려가면 상초(上焦)는 맑아진다. 그러나 화에는 허실이 있으니, 만약 젊고 건장하며 위장이 튼튼한 사람은 심장·폐·비장·위장의 화가 매우 왕성하므로 차와 서로 어울린다.

차를 따뜻하게 해서 마시면 화가 찬 기운을 따라서 아래로 내려가고, 뜨겁게 해서 마시면 차가 화기(火氣)를 빌려서 올라가 흩어진다. 또 술독과 음식의 독을 모두 풀어주고, 사람의 정신을 상쾌하게 하고, 혼미하지도 졸리지도 않게 한다. 이것이 차의 효능이다.

만약 허한(虛寒, 몸이 허하고 차가운 병증)이 있거나 혈기가 약한 사람이 오랫동안 차를 마셨을 경우 비장과 위장에 오한(惡寒)[173]이 들거나, 모르는 사이에 원기가 손상되거나, 토(土)가 수(水)를 제어하지 못하여 정(精)과 혈(血)이 모르는 사이에 허하게 된다.[174] 또한 담음(痰飮)[175]이 되거나, 비창(痞脹, 배가 체하거나 부풀어 오르는 증상)이 되거나, 몸이 마비되거나, 누렇게 마르거나, 구역질이 나거나, 설사가 나거나, 배가 아프거나, 뱃병이 생기거나 하는 식으로 갖가지 내상이 생긴다. 이것이 차의 해로움이다.

부인이나 노파가 받는 해로움은 더욱 크다. 다만

火. 火爲百病, 火降則上淸矣. 然火有虛實, 若少壯胃健之人, 心肺·脾胃之火多盛, 故與茶相宜.

溫飮則火因寒氣而下降, 熱飮則茶借火氣而升散. 又兼解酒食之毒, 使人神思閻爽, 不昏不睡, 此茶之功也.

若虛寒及血弱之人飮之旣久, 則脾胃惡寒, 元氣暗損, 土不制水, 精血潛虛. 成痰飮, 成痞脹, 成痿痺, 成黃瘦, 成[19]嘔逆, 成洞瀉, 成腹痛, 成疝瘕, 種種內傷, 此茶之害也.

婦嫗受害更多, 習俗移人,

---

173 오한(惡寒): 몸이 으슬으슬하고 한기가 도는 증상.
174 토(土)가……된다: 오행의 상생상극에 따르면 토(土)와 수(水)는 토극수(土克水)의 상극 관계에 있다. 차를 많이 마셔 수가 과도하면 토가 수를 제어하지 못하는 지경에 이르게 되는 것을 말한다.
175 담음(痰飮): 여러 가지 수음병(水飮病)을 두루 일컫는다. 몸 안에 진액이 여러 가지 원인으로 제대로 순환하지 못하고 일정한 부위에 몰려서 생긴 병증을 말한다.
[19] 成: 저본에는 없음. 오사카본·규장각본·《本草綱目·果部·茗》에 근거하여 보충.

습관이 몸을 변화시키는데도 스스로 깨닫지 못할 뿐이다. 하물며 진품의 차는 적고 잡스러운 차가 더욱 많으니, 그 우환을 어찌 다 말할 수 있겠는가?

도홍경(陶弘景)[176]의 《잡록(雜錄)[177]》에는 "단구자(丹丘子)[178]와 황산군(黃山君)[179]은 차를 복용하자 몸이 가벼워지고 환골탈태했다."[180]라 했고, 《호공식기(壺公食忌)[181]》에는 "쓴 차를 오래 마시면 신선이 된다."[182]라 했지만, 이 모두가 방사들의 그릇된 말이다.

기모경(綦母㷡)[183]의 《벌다음서(伐茶飮序)[184]》에는 "체증을 풀어주고 막힌 증상을 없애니, 하룻동안은 이로움이 있어 잠시 좋다. 그러나 기를 약하게 하고 정(精)을 뺏으니, 평생 동안 있을 피해는 막대하다."[185]라 했다. 소식(蘇軾)[186]의 《다설(茶說)[187]》에는 "답답함을 제거하고 기름기를 없애니, 세상에 차가 없어서는 안

自不覺爾. 況眞茶旣少, 雜茶更多, 其爲患可勝言哉?

陶隱居《雜錄》云"丹丘子、黃山君服茶, 輕身換骨", 《壺公食忌》言"苦茶久食羽化"者, 皆方士謬言也.

母㷡《茶序》云: "釋滯消擁, 一日之利暫佳;瘠氣侵精, 終身之累斯大." 蘇軾《茶說》云: "除煩去膩, 世故不可無茶, 然暗中損人不少."

---

176 도홍경(陶弘景): 456~536. 중국 남북조 시대의 저명한 도사이면서 의학자이다. 자는 통명(通明), 도은거(陶隱居) 또는 화양은거(華陽隱居)라 부르기도 한다. 도교(道敎) 모산파(茅山派)의 개조(開祖)다. 저서로는 《본초경집주(本草經集注)》 등이 있다.

177 잡록(雜錄): 도홍경의 문집 및 어록을 모은 서적. 《화양도은거집(華陽陶隱居集)》에 수록되어 있다.

178 단구자(丹丘子): ?~?. 중국 한(漢)나라의 선인(仙人)으로, 기이한 행적을 남겼다고 여러 문헌에 전한다.

179 황산군(黃山君): ?~?. 중국 한나라의 선인으로 알려져 있으나 자세한 사적은 전하지 않는다.

180 단구자(丹丘子)와……환골탈태했다: 출전 확인 안 됨.

181 호공식기(壺公食忌): 미상. 호공(壺公)은 중국 후한 때 여남현(汝南縣)의 시장에서 노인의 모습으로 영약을 팔던 신선으로 알려져 있다. 《호공식기》는 《다경(茶經)》 등에서 《호거사식기(壺居士食忌)》라는 이름으로 부분적으로 인용한 사례가 있으나 실제 저자나 책의 전모는 알지 못한다.

182 쓴……된다: 출전 확인 안 됨.

183 기모경(綦母㷡): ?~? 중국 당나라 말기의 관료이자 문인. 우보궐(右補闕)을 지냈다. 721년에 역대의 책 목록을 집대성한 《군서사부록(群書四部錄)》의 편찬에 참여했다.

184 벌다음서(伐茶飮序): 기모경이 저술한, 차에 대한 서적. 《대다음서(代茶飮序)》·《대다록서(代茶錄序)》로도 알려져 있다. 기모경은 천성이 차를 싫어해서 책 내용도 주로 차 마시기에 대한 비판이다.

185 체증을……막대하다: 《太平廣記》 卷143 〈徵應〉 9 "母㷡"(《文淵閣四庫全書》1043, 785쪽).

186 소식(蘇軾): 1037~1101. 중국 송(宋)나라의 문인. 자는 동파(東坡). 당송팔대가(唐宋八大家) 중 한 명으로, 《적벽부(赤壁賦)》 등 다양한 작품을 남겼다. 저서로는 《동파전집(東坡全集)》이 있다.

187 다설(茶說): 소식이 차에 대해 저술한 글. 《논다(論茶)》라고도 하며, 《유설(類說)》 등의 책에 수록되어 있다.

된다. 그러나 모르는 사이 몸을 손상시키는 일이 적지 않다."[188]라 했다.

빈속에 소금이 들어간 차를 마시면 바로 신경(腎經)으로 들어가서 비장과 위장을 냉하게 하니, 이는 마치 도적을 방으로 끌어들이는 일과 같다. 오직 음식을 먹고 마신 후에 진한 차로 입을 헹구면 답답함과 기름기가 이미 제거되어도 비장과 위장은 냉함을 알지 못한다. 또 차의 쓴맛은 치아를 튼튼하게 하고 충치를 없애니, 여기에서 차를 마시는 일의 오묘함을 깊이 얻게 된다.

空心飲茶入鹽, 直入腎經, 且冷脾胃, 乃引賊入室也. 惟[20]飲食後濃茶漱[21]口, 旣去煩膩, 而脾胃不知[22]. 且苦能堅齒消蠧, 深得飲茶之妙矣.

호거사백병방(胡居士百病方)[189][190] 비자와 함께 먹으면 몸을 무겁게 한다.

胡居士百病方 與榧同食, 令人身重.

본초강목[191] 위령선(威靈仙)[192]·토복령(土茯苓)[193]을 복용하는 사람은 차 마시는 일을 금해야 한다.

本草綱目 服威靈仙、土茯苓者, 忌飲茶.

석성금(石成金)식감본초(食鑑本草)[194] 산람장려(山嵐瘴癘)

石氏 食鑑本草 能解山嵐瘴

---

188 답답함을……않다:《類說》卷9〈論茶〉.
189 호거사백병방(胡居士百病方):중국 남북조 시대 송(宋)나라의 의학자인 호흡(胡洽, ?~?)이 편찬한 의서. 원서는 남아 있지 않으며《외대비요방(外台秘要方)》과《본초강목》등에 일부 내용이 전한다.《호흡방(胡洽方)》이라고도 한다.
190《本草綱目》卷32〈果部〉 "茗", 1872쪽.
191《本草綱目》, 위와 같은 곳.
192 위령선(威靈仙):미나리아재비과의 으아리 또는 기타 동속 근연식물의 뿌리로 만든 약재.
193 토복령(土茯苓):청미래덩굴뿌리. 청미래덩굴과 식물인 청미래덩굴의 뿌리줄기를 말린 약재.
194《傳家寶》卷28〈食鑑本草〉 "果" '茶', 1035쪽.
20 惟:저본에는 없음. 오사카본·규장각본·《本草綱目·果部·茗》에 근거하여 보충.
21 漱:저본에는 "嗽". 오사카본·규장각본·《本草綱目·果部·茗》에 근거하여 수정.
22 知:저본에는 "和". 오사카본·규장각본·《本草綱目·果部·茗》에 근거하여 수정.

의 기운[195]과 강양무로(江洋霧露)의 독[196]을 풀 수 있다.

瘴之氣、江洋霧露之毒.

2-31) 사당(沙糖, 설탕)

沙糖

[당본초][197] 맛은 달고, 성질은 차며, 독은 없다.

[唐本草] 甘, 寒, 無毒.

[식료본초][198] 성질은 따뜻하며 냉하지 않다. 많이 먹으면 가슴이 아프고, 장충(長蟲, 기생충)이 생기며, 기육(肌肉, 피부와 살)이 쇠하고, 치아를 손상시키며, 감닉(疳䘌)[199]이 발생한다. 붕어와 함께 먹으면 감충(疳蟲)[200]이 생긴다. 아욱과 함께 먹으면 유벽(流澼)[201]이 생긴다. 죽순과 함께 먹으면 소화되지 않아 징가(癥痂)[202]가 생기며, 몸이 무거워져 걷지 못한다.

[食療本草] 性溫不冷. 多食, 令人心痛, 生長蟲, 消肌肉, 損齒, 發疳䘌. 與鯽魚同食, 成疳蟲；與葵同食, 生流澼[23]；與筍同食, 不消成癥, 身重不能行.

[본초강목][203] 속을 조화롭게 하고 비장을 도우며, 간의 기운을 느슨하게 한다.

[本草綱目] 和中助脾, 緩肝氣.

[안] 사당은 사탕수수의 즙을 고아서 만든다. 우리나라에는 사탕수수가 없으니, 사당은 오직 북경의 시

[案] 沙糖用甘蔗汁煮成, 而我東無甘蔗, 惟沙糖來自

---

195 산람장려(山嵐瘴癘)의 기운: 산이나 더운 지역에서 발생하여 학질 등의 병을 유발하는 나쁜 기운. 산람장기(山嵐瘴氣)라고도 한다.

196 강양무로(江洋霧露)의 독: 강이나 바다에서 발생하는, 안개나 이슬에서 나오는 유독한 기운.

197 《本草綱目》 卷33 〈果部〉 "沙糖", 1890쪽.

198 《本草綱目》, 위와 같은 곳.

199 감닉(疳䘌): 입술이나 코 점막이 부어오르며 헌데가 생기고, 열이 발생하고 피부가 건조해지며 기침이 나는 증상.

200 감충(疳蟲): 감병(疳病)이 오래도록 지속되어 뱃속에 기생충이 생기는 증상.

201 유벽(流澼): 오랜 기간 설사가 계속되는 병증.

202 징가(癥痂): 아랫배 속에 덩이가 생긴 것으로. 흔히 혈(血)이 몰려서 생기는데 덩이가 비교적 굳으며, 이동하지 않는다. 징가(癥瘕)라고도 한다.

203 《本草綱目》 卷33 〈果部〉 "沙糖", 1890쪽.

[23] 澼: 저본에는 "癖". 오사카본·규장각본·《本草綱目·果部·沙糖》에 근거하여 수정.

장에서 들여온다. 과줄[果飣]204로 충당하거나 온갖 맛을 조화시킬 때 사용하므로 지금 여기에서는 양념 종류와 과일 종류에 넣었다.

燕市. 或用充果飣, 或調和百味, 故今係之味, 果類.

2-32) 참외

恬瓜

가우본초205 맛은 달고, 성질은 차면서 미끄러우며, 독이 조금 있다. 갈증을 그치게 하고, 번열을 제거하며, 소변을 잘 나오게 하고, 삼초(三焦) 사이의 막힌 기를 통하게 한다.

嘉祐本草 甘, 寒滑, 有小毒. 止渴, 除煩熱, 利小便, 通三焦間壅塞氣.

천금식치206 많이 먹으면 황달을 일으키고, 몸을 허하고 마르게 하며, 건망증이 많아지고, 약의 효력을 풀어버린다. 병이 나은 뒤에 많이 먹으면 간혹 반위(反胃)가 생긴다. 각기병이 있는 사람이 먹으면 오래도록 구제하지 못한다.

千金食治 多食, 發黃疸, 令人虛羸多忘, 解藥力. 病後食多, 或反胃. 脚氣人食之, 永不除也.

식료본초207 많이 먹으면 사람의 음부 아래가 습하고 가려우면서 창이 생기거나, 묵은 냉기를 요동시켜 징벽병(癥癖病, 징가)이 생기거나, 크게 배탈이 나거나, 허열이 나거나, 숨이 차고 기력이 약해지거나, 다리와 손이 무력해진다. 조금 먹으면 괜찮다.

食療本草 多食, 令人陰下濕痒生瘡, 動宿冷癥癖病, 破腹, 發虛熱, 令人憹憹氣弱, 脚手無力. 少食則可.

　5월에 물에 가라앉는 참외를 먹으면 냉병을 얻어서 평생 낫지 않는다. 9월에 서리 맞은 참외를 먹으

五月瓜沈水者食之, 得冷病, 終身不瘥. 九月被霜者

---

204 과줄[果飣] : 정과(正果)·다식(茶食)·약과(藥果)·강정(餦飣) 따위의 과자를 통틀어 이르는 말.
205《本草綱目》, 위와 같은 곳.
206《本草綱目》卷33〈果部〉"恬瓜", 1879쪽.
207《本草綱目》卷33〈果部〉"恬瓜", 1879~1880쪽.

면 겨울에 한열병을 앓는다. 유병(油餅, 기름에 지진 떡)과 함께 먹으면 병이 난다. 참외를 많이 먹고 배가 부풀어오른 사람은 염화(鹽花, 소금버캐)를 먹으면 소화된다.

食之, 冬病寒熱. 與油餅同食, 發病. 多食瓜作脹者, 食鹽花卽化.

본초연의[208] 여름에 참외를 먹으면 오래도록 더위를 먹지 않는다.

本草衍義 暑月食之, 永不中暑.

참외는 비록 더운 기운을 풀어주지만 성질이 냉해서 양기를 소진하고 손상시키니, 많이 먹으면 설사하지 않는 사람이 없다. 가난한 사람이 많이 먹으면 늦가을까지 설사가 나니, 치료하기 가장 어렵다. 오직 꿀에 절인 참외껍질이 효과가 좋으며, 껍질로는 국을 끓여 먹을 수도 있다.

甛瓜雖解暑氣, 而性冷, 消損陽氣, 多食未有不下利者. 貧下多食, 深秋作痢, 最爲難治. 惟以皮蜜浸收之良, 皮亦可作羹食.

본초강목[209] 장화(張華)[210]의 《박물지(博物志)》[211]에는 "사람이 찬물에 무릎까지 담그면 참외 수십 개를 단번에 먹을 수 있다. 목덜미까지 물에 담그면 더 많이 먹을 수 있으니, 이는 물이 모두 참외의 기운을 만들기 때문이다."[212]라 했다. 대개 참외를 물에 담그면 참외가 녹는 까닭도 그 성질 때문이다. 참외는 사향과 술을 가장 꺼린다. 일반적으로 참외를 지나치게

本草綱目 張華《博物志》言:"人以冷水漬至膝, 可頓啖瓜至數十枚;漬至項[24], 其啖轉多, 水皆作瓜氣也." 蓋水浸消瓜, 亦其性也. 瓜最忌麝與酒, 凡食瓜過多, 但飮酒及水服麝香, 尤勝

208《本草綱目》卷33〈果部〉"甛瓜", 1880쪽.
209《本草綱目》, 위와 같은 곳.
210 장화(張華) : 232~300. 중국 서진(西晉)의 정치가. 장서가로도 널리 알려져 있다. 자는 무선(茂先). 저서로는 《박물지(博物志)》와 《장화집(張華集)》이 있다.
211 박물지(博物志) : 장화가 지리·동물·식물·기물·풍속 등 각 방면의 관련 자료를 수집하여 편찬한 서적. 내용과 체제는 《산해경(山海經)》의 영향을 받은 것으로 평가된다.
212 사람이……때문이다:《博物志》卷10〈雜說 下〉.
[24] 項: 저본에는 "頂". 오사카본·《本草綱目·果部·甛瓜》에 근거하여 수정.

먹었을 때는 단지 술을 마시거나 사향을 물에 타 복용하면 되니, 소금을 먹거나 물에 몸을 담그는 것보다 효과가 더 좋다.

於食鹽漬水也.

2-33) 수박

서瓜

西瓜

일용본초[213] 독이 조금 있다. 많이 먹으면 토하거나 설사하므로 위장이 약한 사람은 먹어서는 안 된다. 유병(油餅)과 함께 먹으면 비장을 손상시킨다.

日用本草 有小毒. 多食, 作吐利, 胃弱者不可食. 同油餅食, 損脾.

삼원연수참찬서[214] 북쪽 사람들은 튼튼하게 나서 먹어도 익숙하다. 남쪽 사람들은 약하게 나서 많이 먹으면 곽란이나 냉병이 평생 따라다니기 쉽다.

延壽書 北人稟厚, 食之猶慣. 南人稟薄, 多食, 易至霍亂、冷病終身也.

식물본초[215] 수박은 맛이 담백하면서 달고, 성질은 차다. 번열을 눌러주며, 더위의 독을 해소시킨다. 천생백호탕(天生白虎湯, 하늘이 내린 백호탕)이라는 이칭이 있다. 많이 먹으면 설사를 하게 된다.

食物本草 西瓜味淡甘, 寒. 壓煩熱, 消暑毒. 有天生白虎湯之號. 多食, 作泄痢.

본초강목[216] 수박과 참외는 모두 냉한 기운을 만드는 음식에 속한다. 민간에서는 여름에 수박이나 참외를 먹는 것을 제호(醍醐, 우유를 정제해 만든 음료)를 정수리에 붓거나 감로(甘露, 천상의 음료)를 가슴에 뿌리는 것처럼 여긴다. 그러나 이렇게 해서 일시적인 상

本草綱目 西瓜、恬瓜皆屬生冷. 世俗以爲醍醐灌頂, 甘露灑心, 取其一時之快, 不知其傷脾助濕之害也. 《眞西山衞生歌》云"瓜、桃

---

213 《本草綱目》卷33〈果部〉"西瓜", 1884쪽.
214 《三元延壽參贊書》卷3〈果實〉(《中華道藏》23-71, 753쪽) ;《本草綱目》, 위와 같은 곳.
215 《食物本草》卷上〈果類〉"西瓜", 37~38쪽.
216 《本草綱目》, 위와 같은 곳.

쾌함은 얻지만 비장을 상하게 하고 습기(濕氣)를 조장하는 폐해는 알지 못한다. 《진서산위생가(眞西山衛生歌)217》에 "과류(瓜類)와 복숭아는 성질이 냉한 기운을 만드니 적게 먹어야만 하지. 그래야 가을까지 학질이나 이질에 걸리는 일을 면할 수 있을 테지."라 한 말이 이것이다.

生冷宜少飡, 免致秋來成瘧痢"是矣.

물류상감지 218 수박을 먹은 후에 그 씨를 먹으면 수박 기운을 트림으로 내뱉지 않는다.

物類相感志 食西瓜後食其子, 卽不噫瓜氣.

화한삼재도회 219 수박과 메밀을 함께 먹으면 몸을 상하게 하고, 간혹 죽는 사람까지 있다.

和漢三才圖會 西瓜與蕎麥同食傷人, 或有至死者.

2-34) 포도

본초 220 맛은 달고, 성질은 평하면서 껄끄러우며, 독은 없다. 근육과 뼈의 습비(濕痹)221를 치료하고, 기운을 북돋아 힘을 배가시키고, 뜻을 강하게 하여 사람이 살찌고 건강하며, 허기를 견디고, 풍한을 참게 한다. 오래 먹으면 몸이 가벼워져서 늙지 않으며 수명을 늘린다. 술을 빚을 수 있다.

葡萄

本草 甘, 平澀, 無毒. 治筋骨濕痹, 益氣倍力, 强志, 令人肥健, 耐飢忍風寒. 久食, 輕身不老延年. 可作酒.

---

217 진서산위생가(眞西山衛生歌): 중국 송나라 성리학자 진덕수(眞德秀, 1178~1235)가 지은 가결(歌訣). 원래 명칭은 《진서산선생위생가(眞西山先生衛生歌)》이다. 양생 및 섭식의 비결을 기록하였다.
218 《本草綱目》, 위와 같은 곳.
219 《和漢三才圖會》 卷90 〈瓜果類〉 "西瓜"(《倭漢三才圖會》10, 489쪽).
220 《本草綱目》 卷33 〈果部〉 "葡萄", 1885쪽.
221 습비(濕痹): 풍한습(風寒濕)의 사기가 침범하여 생기는데, 그 중에서 습(濕)이 성하여 관절이 저리고 쑤시며 마비되는 병증.

식료본초[222] 맛은 달면서 시고, 성질은 따뜻하다. 술을 빚어 먹으면 힘을 세게 하고, 심지를 조화롭게 한다. 포도는 자라는 땅에 상관없이 술을 빚으면 모두 맛이 좋다. 어떤 사람은 "씨는 먹으면 안 되니, 갑자기 속이 답답하고 눈이 어두워지기 때문이다."라 했다.

食療本草 甘酸, 溫. 作酒服之, 强力調志. 不問土地, 釀酒皆美好. 或云:"子不堪食, 令人卒煩眼暗."

본초연의보유[223] 포도는 토(土)에 속하면서 수(水)와 목(木)과 화(火)의 기운이 있다. 동남 지방의 사람이 먹으면 대부분 열병을 앓지만 서북 지방의 사람이 먹으면 탈이 없다. 아마도 서북 지방 사람이 포도를 먹으면 아래로 빠르게 흘러 삼도(滲道, 소변이 나오는 길)로 나오는데, 그들은 타고난 기가 튼튼하기 때문일 것이다.

本草衍義補遺 葡萄屬土, 有水與木火. 東南人食之, 多病熱 ; 西北人食之, 無恙. 蓋能下走滲道, 西北人稟氣厚故耳.

2-35) 고구마

甘藷

본초강목[224] 맛은 달고, 성질은 평하며, 독은 없다. 부족한 기를 보하고, 기력을 북돋우고, 비장과 위장을 튼튼하게 하며, 음신(陰腎, 생식기능)을 강하게 한다. 효능은 참마와 같다.

本草綱目 甘, 平, 無毒. 補虛乏, 益氣力, 健脾胃, 强陰腎, 功同薯蕷.

군방보[225] 오래 먹으면 몸에 유익하다. 성질이 냉하다고 말하는 사람도 있지만, 그렇지 않다.

群芳譜 久食之, 益人. 有謂性冷者, 非也.

222《食療本草》卷上〈蒲桃〉, 34쪽.
223《本草綱目》, 위와 같은 곳.
224《本草綱目》卷27〈菜部〉"甘薯", 1680쪽.
225《御定佩文齋廣群芳譜》卷16〈蔬譜〉"甘藷", 382쪽.

참마

2-36) 참마

본초[226] 맛은 달고, 성질은 따뜻하면서 평하며, 독은 없다. 속이 상한 증상을 치료하고, 허하고 마른 몸을 보하고, 한열과 나쁜 기운을 제거하며, 속을 보하고, 기력을 북돋우며, 기육을 자라게 하고, 음(陰)을 강하게 한다. 오래 먹으면 눈과 귀가 밝아지고, 몸이 가벼워지며 허기지지 않으며 수명을 늘린다.

약성본초[227] 오로칠상(五勞七傷)[228]을 보하고, 냉풍을 제거하고, 정신을 진정시키고, 혼백을 안정시키고, 심기의 부족함을 보하고, 심장의 구멍을 열어주고, 기억력을 좋게 한다.

薯蕷

本草 甘, 溫平, 無毒. 治傷中, 補虛羸, 除寒熱、邪氣, 補中, 益氣力, 長肌肉强陰. 久服, 耳目聰明, 輕身不飢延年.

藥性本草 補五勞七傷, 去冷風, 鎭心神, 安魂魄, 補心氣不足, 開達心孔, 多記事.

226《本草綱目》卷27〈菜部〉"薯蕷", 1677~1678쪽.
227《本草綱目》卷27〈菜部〉"薯蕷", 1678쪽.
228 오로칠상(五勞七傷): 오로는 오장(五臟)이 피로하고 허손(虛損)한 증상이며, 폐로(肺勞)·간로(肝勞)·심로(心勞)·비로(脾勞)·신로(腎勞)를 말한다. 칠상(七傷)은 피로가 쌓여서 병의 원인이 되는 7가지 증상을 말한다. 의학서마다 다소 차이가 있다. 일반적으로 음낭(陰囊)이 차갑게 되는 음한(陰寒), 음경이 위축되는 음위(陰萎), 이질(痢疾)의 증상으로 대변을 참을 수 없는 이급(裏急), 정(精)이 새어나오는 정루(精漏), 정액이 적어지고 음낭 아래가 축축한 음하습(陰下濕), 정액이 묽은 정청(精淸), 소변을 시원하게 내보내지 못하는 소변고삭(小便苦數)의 증상을 말한다.

식료본초 [229] 장부(丈夫)에게 유익하고 음력(陰力, 생식 능력)을 돕는다. 삶아 익혀서 꿀과 섞든지 또는 달이든지 또는 가루를 내든지 모두 좋다. 오직 밀가루와 섞어 불탁(不飪, 수제비의 일종)을 만들면 기를 요동시키는데, 밀가루의 독을 제어할 수 없기 때문이다.

食療本草 利丈夫, 助陰力. 熟煮和蜜, 或爲湯煎, 或爲粉, 竝佳. 惟和麵作不[25]飪則動氣, 爲不能制麵毒也.

2-37) 백합

본초 [230] 맛은 달고, 성질은 평하며, 독은 없다. 속을 보하고 기운을 북돋운다.

百合

本草 甘, 平, 無毒. 補中益氣.

약성본초 [231] 독이 조금 있다.

藥性本草 有小毒.

식물본초 [232] 햇백합은 찔 수도 있고 삶을 수도 있으며, 고기와 섞으면 더욱 좋다. 말린 백합을 가루 내서 먹으면 몸에 가장 유익하다.

食物本草 白合新者可烝可煮, 和肉更佳. 乾者作粉食, 最益人.

2-38) 황정(黃精)[233]

명의별록 [234] 맛이 달고, 성질은 평하며, 독은 없다. 속을 보하고 기운을 북돋우며 풍습(風濕)을 제거하고, 오장을 편안하게 한다. 오래 복용하면 몸을 가볍게 하여 수명을 늘리며, 허기지지 않는다.

黃精

名醫別錄 甘, 平, 無毒. 補中益氣, 除風濕, 安五臟. 久服, 輕身延年不飢.

---

229 《本草綱目》, 위와 같은 곳.
230 《本草綱目》 卷27 〈菜部〉 "百合", 1681쪽.
231 《本草綱目》, 위와 같은 곳.
232 《本草綱目》, 위와 같은 곳.
233 황정(黃精): 백합과 식물인 낚시둥굴레의 뿌리줄기를 말린 것으로, 주로 강장제로 널리 사용된다.
234 《本草綱目》 卷12 〈草部〉 "黃精", 720쪽.
[25] 不: 《本草綱目·菜部·薯蕷》에는 "餺".

황정

오미자

일화본초²³⁵ 오로칠상을 보하고, 근육과 뼈를 도우며, 추위와 더위를 이겨내고, 비장과 위장에 유익하며, 심장과 폐를 적셔준다. 단약으로 먹는데, 구증구포(九蒸九曝)²³⁶하여 먹으면 얼굴이 늙지 않고 곡기를 끊을 수 있다.

日華本草 補五勞七傷, 助筋骨, 耐寒暑, 益脾胃, 潤心肺. 單服九蒸九曝食之, 駐顔斷穀.

본초강목²³⁷ 황정을 쓸 때는 매실은 금한다. 매화와 잎과 씨도 모두 마찬가지다.

本草綱目 忌梅實, 花、葉、子竝同.

2-39) 오미자

五味子

본초²³⁸ 맛은 시고, 성질은 따뜻하며, 독은 없다. 기를 북돋우고 부족한 기운을 보하며, 음(陰)을 강하게 하고, 남자의 정력을 북돋운다.

本草 酸, 溫, 無毒. 益氣補不足, 强陰, 益男子精.

235《本草綱目》, 위와 같은 곳.
236 구증구포(九蒸九曝): 한약 포제법(炮製法)으로, 한약재를 쪄서 햇볕에 말리기를 9번 거듭하는 방법이다. 숙지황의 정식포제법이 대표적인 사례이다.
237《本草綱目》, 위와 같은 곳.
238《本草綱目》卷18〈草部〉"五味子", 1239쪽.

명의별록[239] 오장을 자양하고, 열을 제거하며, 음경을 커지게 한다.

名醫別錄 養五臟, 除熱, 生陰中肌[26].

약성본초[240] 속을 다스려서 기를 내려주며, 허로를 보하고, 몸을 윤택하게 한다.

藥性本草 治中下氣, 補虛勞, 令人體悅澤.

일화본초[241] 눈을 밝게 하고, 신장을 따뜻하게 하며, 근육과 뼈를 튼튼하게 하고, 풍을 치료하고, 음식을 소화시킨다. 갈증을 그치게 하고 번열을 제거하며, 술독을 풀어준다.

日華本草 明目, 暖水臟, 壯筋骨, 治風消食, 止渴, 除煩熱, 解酒毒.

천금식치[242] 5~6월에는 늘 오미자탕(오미자 끓인 물)을 복용해야 하니, 오미자탕은 폐의 금(金)기운을 북돋아서 위로는 근원을 자양하고 아래로는 신장을 보한다.

千金食治 五六月宜常服五味子湯, 以益肺金之氣, 在上則滋源, 在下則補腎.

2-40) 복분자

覆盆子

명의별록[243] 맛은 달고, 성질은 평하며, 독은 없다. 기를 북돋우고 몸을 가볍게 하고, 머리카락이 세지 않게 한다.

名醫別錄 甘, 平, 無毒. 益氣輕身, 令髮不白.

개보본초[244] 허한 몸을 보하여 끊어진 기를 이어주

開寶本草 補虛續絶, 强陰

---

239 《本草綱目》, 위와 같은 곳.
240 《本草綱目》, 위와 같은 곳.
241 《本草綱目》, 위와 같은 곳.
242 《本草綱目》 卷18 〈草部〉 "五味子", 1240쪽.
243 《本草綱目》 卷18 〈草部〉 "覆盆子", 1244쪽.
244 《本草綱目》, 위와 같은 곳.
[26] 肌 : 저본에는 "飢". 《本草綱目·草部·五味子》에 근거하여 수정.

고, 음을 강하게 하고 양을 튼튼하게 한다. 피부를 윤택하게 하며, 오장을 편안하게 조화시키고, 속을 따뜻하게 하고 힘을 북돋우고, 노손(勞損)과 풍허(風虛)를 치료하며, 간을 보하여 눈을 밝게 한다.

健陽, 悅澤肌膚, 安和五臟, 溫中益力, 療勞損、風虛, 補肝明目.

약성본초[245] 맛이 달면서 맵고, 성질은 약간 뜨겁다. 남자의 신정(腎精, 정력)이 허약하고 고갈되어 음위(陰痿, 발기가 잘 되지 않는 증상)일 때에 성기가 단단해지고 커지게 한다. 여자가 먹으면 자식이 생긴다.

藥性本草 甘辛, 微熱. 男子腎精虛竭, 陰痿能令堅長. 女子食之, 有子.

2-41) 머루

蘡薁

당본초[246] 맛은 달면서 시고, 성질은 평하고, 독은 없다. 갈증을 그치게 하고, 안색을 좋게 하며, 기운을 북돋운다.

唐本草 甘酸, 平, 無毒. 止渴, 悅色益氣.

2-42) 다래

獼猴桃

본초습유[247] 맛이 짜면서 시고, 독은 없다. 많이 먹으면 비장과 위장을 냉하게 하고, 설벽(泄澼, 설사와 이질)을 요동시킨다.

本草拾遺 鹹酸, 無毒. 多食, 冷脾胃, 動泄澼.

본초연의[248] 실열(實熱)이 있는 사람이 먹으면 좋다. 너무 지나치게 먹으면 장을 차게 하여 설사하게 된다.

本草衍義 有實熱者宜[27]食之. 太過, 則令人臟寒作泄.

245《本草綱目》, 위와 같은 곳.
246《本草綱目》卷33〈果部〉"蘡薁", 1887쪽.
247《本草綱目》卷33〈果部〉"獼猴桃", 1888쪽.
248《本草綱目》, 위와 같은 곳.
[27] 宜: 저본에는 "若".《本草綱目·果部·獼猴桃》에 근거하여 수정.

2-43) 연자(蓮子, 연밥)

蓮子

본초[249] 맛은 달고, 성질은 평하면서 껄끄러우며, 독은 없다. 속을 보하고 정신을 기르며, 기력을 북돋우고, 온갖 질병을 제거한다. 오래 복용하면 몸을 가볍게 하여 잘 늙지 않으며, 허기지지 않고 수명을 늘린다.

本草 甘, 平澀, 無毒. 補中養神, 益氣力, 除百疾. 久服, 輕身耐老, 不飢延年.

식료본초[250] 오장의 기가 부족하고 속이 상한 증상을 주치하고, 12경맥의 혈기를 북돋운다. 날것으로 지나치게 많이 먹으면 냉기를 약간 요동시켜 배가 부풀어오른다. 쪄서 먹으면 매우 좋다. 대변이 말라서 막히고 껄끄러운 사람은 먹어서는 안 된다.

食療本草 主五臟不足傷中, 益十二經脈[28]血氣. 生食過多, 微動冷氣脹人. 蒸食, 甚良. 大便燥塞澁[29]者不可食.

본초강목[251] 어린 연밥은 성질이 평하고, 석연육(石蓮肉, 껍데기를 제거한 연밥)의 과육은 성질이 따뜻하다.

本草綱目 嫩菂性平, 石蓮肉性溫.

2-44) 연근

藕

본초[252] 맛은 달고, 성질은 평하며, 독은 없다.

本草 甘, 平, 無毒.

식료본초[253] 쪄서 먹으면 오장을 매우 보하고, 하초를 실하게 한다. 꿀과 함께 먹으면 사람의 배와 장을

食療本草 蒸食, 甚補五臟, 實下焦. 同蜜食, 令人

249《本草綱目》卷33〈果部〉"蓮藕", 1894쪽.
250《本草綱目》, 위와 같은 곳.
251《本草綱目》, 위와 같은 곳.
252《本草綱目》卷33〈果部〉"蓮藕", 1895쪽.
253《本草綱目》, 위와 같은 곳.
[28] 脈 : 저본에는 없음.《本草綱目·果部·蓮藕》에 근거하여 보충.
[29] 澁 : 저본에는 "塞". 오사카본·《本草綱目·果部·蓮藕》에 근거하여 수정.

살찌게 하고, 여러 기생충이 생기지 않으며, 곡식을 끊을 수도 있다.

腹臟肥, 不生諸蟲病, 亦可休糧.

구선신은서(臞仙神隱書)254 255 찧어서 물에 가라앉혀 얻은 가루를 먹으면 몸을 가볍게 하여 수명을 더한다.

臞仙神隱書 擣浸澄粉服食, 輕身益年.

본초강목256 흰 연꽃의 뿌리가 크고 구멍이 납작하면 날것으로 먹었을 때 단맛이 나지만 삶아서 먹으면 맛이 좋지 않다. 붉은 연꽃의 뿌리나 야생 연근은 날것으로 먹으면 맛이 떫지만 삶거나 찌면 맛이 좋다. 사계절 내내 먹을 수 있고 사람의 마음을 기쁘게 한다.

本草綱目 白花藕大而孔扁者, 生食味甘, 煮食不美. 紅花及野藕, 生食味澁, 煮蒸則佳. 四時可食, 令人心懽.

물류상감지257 연뿌리를 소금물과 함께 먹으면 입을 손상시키지 않는다. 밀가루나 쌀을 기름에 튀긴 과자와 함께 먹으면 찌꺼기가 남지 않는다. 삶을 때 쇠그릇은 피한다.

物類相感志 藕以鹽水供30 食, 則不損口. 同油煠麪米果食則無渣. 煮忌鐵器.

2-45) 세발마름
명의별록258 맛은 달고, 성질은 평하며, 독은 없다. 속을 편안히 하고 오장을 보하고, 허기지지 않으며

芡實
名醫別錄 甘, 平, 無毒. 安中補五臟, 不飢輕身.

---

254 구선신은서(臞仙神隱書): 중국 명(明)나라 태조 주원장의 제17자인 주권(朱權, 1378~1448)이 신선(神仙)·은둔(隱遁)·섭생(攝生) 등을 다룬 의서. 구선(臞仙)은 주권의 호(號)이다.
255《本草綱目》, 위와 같은 곳.
256《本草綱目》, 위와 같은 곳.
257《本草綱目》, 위와 같은 곳.
258《本草綱目》卷33〈果部〉"芡實", 1902쪽.
30 供:《本草綱目·果部·蓮藕》에는 "共".

새발마름

몸을 가볍게 한다.

본초강목 259 《구지필기(仇池筆記)260》에는 "마름꽃은 해를 등진 채로 피고, 가시연꽃은 해를 향해서 핀다. 그러므로 마름은 성질이 차고 가시연은 따뜻하다."261라 했고, 《명의별록》에는 "세발마름 열매는 성질이 평하다."라 했다. 아마 날것은 성질이 냉하지만 말린 것은 성질이 평할 것이다.

本草綱目 《仇池筆記》言 "菱花開背日, 芡花開向日, 故菱寒而芡暖", 《別錄》言 "芰實性平". 豈生者性冷, 而乾者則性平耶.

식료본초 262 날것으로 먹으면 성질이 냉하여 설사를 일으킨다. 많이 먹으면 장부(臟腑)를 상하게 하고, 양기를 손상시키고, 발기가 되지 않으며, 요충(蟯蟲, 기생충의 일종)을 생기게 한다. 만약 과식하여 배가 부풀어오를 때는 생강 넣은 술을 데워 먹을 수 있으면

食療本草 生食, 性冷利. 多食, 傷人臟腑, 損陽氣, 痿莖, 生蟯蟲. 若過食腹脹, 可暖薑酒服之卽消, 亦可含吳茱萸咽津.

---

259 《本草綱目》, 위와 같은 곳.
260 구지필기(仇池筆記) : 중국 송나라의 문인 소식(蘇軾, 1037~1101)의 저서. 소식의 다른 저서인 《동파지림 (東坡志林)》의 자매편이라 할 정도로 체제와 내용이 유사하다.
261 마름꽃은……따뜻하다 : 《仇池筆記》 卷上 〈論文選〉 "論物理".
262 《本草綱目》, 위와 같은 곳.

곧 소화가 된다. 또는 오수유(吳茱萸)263를 입에 머금고 진액을 삼켜도 된다.

구선신은서 264 흐물흐물하게 찧고 물에 가라앉혀 가루를 내어 먹으면 속을 보하고 수명을 늘린다.

臞仙神隱書 擣爛澄粉食, 補中延年.

석성금(石成金) 식감본초(食鑑本草) 265 마름잎은 생채(生菜, 상추)와 함께 먹어서는 안 된다. 꿀과 함께 먹으면 고질병을 재발시키고 양기를 손상시킨다.

石氏 食鑑本草 菱葉不可合生菜食. 合蜜同食, 發痼疾, 損陽氣.

2-46) 가시연밥

茨實

본초 266 맛은 달고, 성질은 평하면서 껄끄러우며, 독은 없다. 속을 보하고, 갑작스럽게 생긴 질병을 제거하며, 정기(精氣)를 북돋우고, 뜻을 강하게 하며, 눈과 귀를 밝게 한다. 오래 복용하면 몸을 가볍게 하여 허기지지 않으며, 신선처럼 잘 늙지 않는다.

本草 甘, 平濇, 無毒. 補中, 除暴疾, 益精氣, 强志, 令耳目聰明. 久服, 輕身不飢, 耐老神仙.

약총결 267 어린아이가 많이 먹으면 자라지 못한다.

藥總訣 小兒多食, 令不長.

식료본초 268 날것으로 많이 먹으면 풍과 냉기를 요동시킨다.

食療本草 生食多, 動風、冷氣.

---

263 오수유(吳茱萸) : 운향과에 속하는 낙엽교목 오수유나무의 덜 익은 열매를 8~10월에 채취하여 말린 약재로, 구토와 통증을 멎게 하는 효능이 있다.
264 《本草綱目》, 위와 같은 곳.
265 《傳家寶》卷28〈食鑑本草〉"菜" '菱白', 1031쪽.
266 《本草綱目》卷33〈果部〉"茨實", 1903~1904쪽.
267 《本草綱目》卷33〈果部〉"茨實", 1903쪽.
268 《本草綱目》, 위와 같은 곳.

본초연의 269 많이 먹으면 비장과 위장에 유익하지 않고, 더불어 소화가 잘 되지 않는다.

本草衍義 食多, 不益脾胃, 兼難消化.

2-47) 오우(烏芋, 올방개뿌리)

烏芋

명의별록 270 맛은 달고, 성질은 약간 차면서 미끄러우며, 독은 없다. 속을 따뜻하게 하고 기운을 북돋운다.

名醫別錄 甘, 微寒滑, 無毒. 溫中益氣.

식료본초 271 성질은 냉하다. 원래부터 냉기가 있는 사람은 먹어서는 안 되니, 사람의 배를 부풀어오르게 하고 기가 차게 만들기 때문이다. 어린아이가 가을에 많이 먹으면 배꼽 아래가 뭉치면서 아프다.

食療本草 性冷. 先有冷氣人不可食, 令人腹脹氣滿. 小兒秋月食多, 臍下結痛.

도경본초 272 가루를 내서 먹으면 장위를 튼튼하게 하며 허기지지 않는다.

圖經本草 作粉食, 厚人腸胃, 不飢.

2-48) 자고(慈姑, 소귀나물)

慈姑

일화본초 273 성질은 냉하고, 독이 있다. 많이 먹으면 허열과 장풍(腸風)274으로 인한 치루(痔漏)275·붕중(崩中)276·대하(帶下)277·창절이 발생한다. 생강과

日華本草 冷, 有毒. 多食, 發虛熱及腸風痔漏、崩中、帶下、瘡癤. 以生薑同煮

269《本草綱目》, 위와 같은 곳.
270《本草綱目》卷33〈果部〉"烏芋", 1905쪽.
271《本草綱目》, 위와 같은 곳.
272《本草綱目》, 위와 같은 곳.
273《本草綱目》卷33〈果部〉"慈菇", 1907쪽.
274 장풍(腸風): 치질의 일종으로, 항문에서 빨간 피가 나오는 병증.
275 치루(痔漏): 항문 부근에 관공(管孔)이 1~2개 생겨 그 구멍에서 고름이 스며 나오는 병증.
276 붕중(崩中): 월경이 아닌 때에 여성의 생식기에서 피가 쏟아지는 증상.
277 대하(帶下): 여성의 생식기에서 고름이나 분비물이 흐르는 증상. 부인과 질병을 총칭하는 의미로도 쓰인다.

자고(소귀나물)

함께 삶으면 좋다. 임신부는 먹어서는 안 된다.

식료본초[278] 오(吳)나라 사람들은 늘 자고를 먹었는데 사람들이 각기병과 탄완풍(癱緩風)[279]에 걸리고, 치아가 손상되고, 안색이 나빠지며, 피부와 살이 건조해졌다. 급히 먹으면 마른기침을 하게 된다.

佳. 懷孕人不可食.

食療本草 吳人常食之, 令人發脚氣、癱緩風, 損齒失顔色, 皮肉燥乾. 卒食之, 令人乾嘔也.

278《本草綱目》, 위와 같은 곳.
279 탄완풍(癱緩風): 사지가 마비되고 늘어져 몸을 제대로 가누지 못하는 증상.

5. 짐승(수류)

獸類

1) 짐승에 대한 총론

일반적으로 짐승의 고기는 뜨거운 피가 끊임없이 흘러나오거나, 고기가 물에 떨어졌는데 물에 뜨거나, 모양과 색깔이 이상한 종류는 모두 독이 있으니, 먹어서는 안 된다. 공자가 "색이 나쁜 음식은 먹지 않았고, 냄새가 나쁜 음식은 먹지 않았으며, 제철이 아닌 음식도 먹지 않았다."[1]라 한 말이 이것이다. 또 "고기가 비록 많더라도 밥 기운을 이기게 하지 않았다."[2]라 했다.

대개 사람의 음식은 곡기(穀氣)를 위주로 하며, 고기 섭취가 곡기의 그것보다 조금이라도 과하면 몸을 해치기에 충분하니, 이는 양생(養生)의 도가 아니다. 하물며 고기를 많이 먹으면서 몸에 보탬이 되기를 바라겠는가! 《식물본초》[3]

저절로 죽은 가축의 고기를 회즙(膾汁, 회 소스)과 함께 먹으면 저창(疽瘡, 등에 난 부스럼)이 생긴다. 《비급

總獸

凡獸肉, 如熱血不斷, 落水浮及形色異常之類皆有毒, 不可食. 孔子"色惡不食, 臭惡不食, 不時不食"是也. 又曰: "肉雖多, 不使勝食氣."

蓋人食以穀氣爲主, 一或過焉, 適足以傷人, 非養生之道矣, 況望其有所補乎! 《食物本草》

家獸自死, 共膾汁食之, 作疽瘡. 《千金要方》

---

1 색이……않았다: 《論語注疏》卷10 〈鄉黨〉 《十三經注疏整理本》23, 150쪽).
2 고기가……않았다: 《論語注疏》, 위와 같은 곳.
3 《食物本草》卷下 〈獸類〉, 63쪽.

천금요방》4

야생 짐승이 저절로 죽어 머리를 북쪽으로 두
고 땅에 엎어져 있으면 먹어서는 안 된다.《비급천금
요방》5

野獸自死北首伏地, 不可
食. 同上

발이 붉은 짐승은 먹어서는 안 된다. 꼬리가 갈
라진 짐승도 먹어서는 안 된다.《비급천금요방》6

獸赤足者, 不可食 ; 有岐
尾, 不可食. 同上

상처 없이 저절로 죽은 짐승은 먹어서는 안 된다.
《비급천금요방》7

獸自死無傷處, 不可食. 同
上

일반적으로 육축(六畜)8의 오장(五臟)에 풀을 대었을
때 저절로 움직이거나, 소금이나 식초를 쳐도 색깔이
변하지 않거나, 또 땅에 떨어져도 흙이 묻지 않거나,
또 개에게 주었는데 개가 먹지 않는 경우는 모두 독이
있는 것으로, 사람을 죽인다.《비급천금요방》9

凡六畜五臟著草自動搖,
及得鹹酢不變色, 又墮地
不汚, 又與犬, 犬不食者,
皆有毒殺人. 同上

육축이 갑자기 역병으로 죽거나 여름에 병이 걸
린 경우에 그 뇌는 먹기에 알맞지 않으니, 장옹(腸

六畜卒疫[1]死及夏病者, 腦
不中食, 喜生腸癰.《巢氏

---

4 《備急千金要方》卷26〈食治方〉"鳥獸"(《孫思邈醫學全書》, 483쪽).
5 《備急千金要方》, 위와 같은 곳.
6 《備急千金要方》, 위와 같은 곳.
7 《備急千金要方》, 위와 같은 곳.
8 육축(六畜): 집에서 기르는 여섯 가지 가축. 소·말·돼지·양·닭·개를 말한다. 일반적인 가축 전체를 가리
   키기도 한다.
9 《備急千金要方》卷26〈食治方〉"鳥獸"(《孫思邈醫學全書》, 481쪽).
[1] 疫 : 저본에는 "疲".《巢氏諸病源候總論·癰疽病諸候·腸癰候》에 근거하여 수정.

癃)[10]을 잘 일으키기 때문이다. 《소씨제병원후총론》[11]   病源》

저절로 죽은 새나 짐승 중에 입을 다물지 않고 죽은 경우와 제사에 올린 고기가 움직이는 경우에는 모두 먹어서는 안 된다. 《문기록(聞奇錄)[12]》[13]

自死鳥獸口不閉者, 祭肉動者, 皆不可食.《聞奇錄》

2) 세부 항목

條開

2-1) 소

牛

본초 [14] 누런 소의 고기는 맛은 달고, 성질은 따뜻하며, 독은 없다. 물소의 고기는 맛은 달고, 성질은 평하며, 독은 없다.

本草 黃牛肉甘, 溫, 無毒;水牛肉甘, 平, 無毒.

명의별록 [15] 속을 편안하게 하고 기운을 북돋우며, 비장과 위장의 기운을 기른다.

名醫別錄 安中益氣, 養脾胃.

일화본초 [16] 누런 소의 고기는 독이 약간 있다. 이것을 먹으면 약독(藥毒)[17]을 유발하고 병을 요동시키니, 물소만 못하다. 물소는 성질이 냉하고, 독이 약간

日華本草 黃牛肉微毒, 食之, 發藥毒, 動病②, 不如水牛. 水牛冷, 微毒.

---

10 장옹(腸癰): 소장과 대장에 생긴 옹종(癰腫). 아랫배가 부어오르고, 세게 누르면 통증이 있으며, 소변이 자주 나오며, 때때로 땀이 나면서, 열이 나다가 오한이 들고, 피부가 비늘처럼 거칠게 일어난다.
11 《巢氏諸病源候總論》卷33〈癰疽病諸候〉下“腸癰候”(《文淵閣四庫全書》734, 786쪽).
12 문기록(聞奇錄): 중국 당나라 말기의 문인 우적(于逖, ?~?)이 편찬한 소설집.
13 출전 확인 안 됨;《金匱要略方論》〈禽獸魚蟲禁忌幷治〉(《張仲景全書》上, 515쪽).
14 《本草綱目》卷50〈獸部〉“牛”, 2748쪽, 2750쪽.
15 《名醫別錄》〈中品〉卷2“牛角鰓”, 175쪽.
16 《本草綱目》卷50〈獸部〉“牛”, 2748~2750쪽.
17 약독(藥毒): 약물의 독성, 또는 그로 인한 부작용. 약을 많이 먹거나 맞지 않는 약, 변질되거나 서로 배합해서는 안 될 약을 썼을 때에 나타난다.
② 病: 저본에는 “病人”.《本草綱目·獸部·牛》에 근거하여 수정.

있다.

식료본초 18 누런 소는 병을 요동시키며, 검은 소는 더욱 먹어서는 안 된다. 소는 농사의 밑천이므로 많이 죽여서는 안 된다. 만약 저절로 죽은 소가 혈맥이 이미 끊어졌고 골수도 이미 말랐다면 먹어서는 안 된다.

食療本草 黃牛動病, 黑牛尤不可食. 牛者稼穡之資, 不可多殺. 若自死者, 血脈已絶, 骨髓已竭, 不可食之.

본초습유 19 병으로 죽은 소는 고질병과 현벽(痃癖)20을 일으켜서 설사를 하고 주병(疰病)21에 걸리게 한다. 몸은 검은데 머리만 흰 소는 먹어서는 안 된다. 독간(獨肝, 뱀을 먹인 소의 간)은 강한 독이 있어 그 소를 먹으면 피가 섞인 설사를 하여 죽음에 이르게 한다. 북쪽 지방 사람들은 소가 여위면 대부분 뱀을 소의 코로 집어넣었기 때문에 뱀이 두 간엽(肝葉) 중에 하나를 먹어치워, 이렇게 한 소의 간에는 간엽이 하나이다. 물소는 이런 경우가 없다.

本草拾遺 牛病死者, 發痼疾、痃癖, 令人洞下③疰病. 黑牛白頭者, 不可食. 獨肝者有大毒, 令人痢血至死. 北人牛瘦, 多以蛇從鼻灌之, 故肝獨也, 水牛則無之.

본초강목 22 장기(張機)는 "뱀을 먹은 소란 털이 뒤쪽으로 곧게 나 있는 소가 이것이다. 사람의 젖으로

本草綱目 張仲景云: "噉蛇牛, 毛髮向④後順者是也.

---

18 《本草綱目》卷50 〈獸部〉 "牛", 2749쪽.
19 《本草綱目》, 위와 같은 곳.
20 현벽(痃癖): 배꼽 부위와 늑골 아래에 덩어리가 생긴 증상.
21 주병(疰病): 전염성이 강하고 쉽게 낫지 않는 병으로, 정기가 부족한 상태를 틈타 사기(邪氣)가 몸 속으로 들어와 근맥(筋脈)에 숨어 있다가 장부(臟腑)와 골수까지 침범하여 오랫동안 낫지 않고 발작하는 병증이다. 지금의 폐결핵을 지칭하기도 한다.
22 《本草綱目》, 위와 같은 곳.
③ 下: 저본에는 "不". 《本草綱目·獸部·牛》에 근거하여 수정.
④ 向: 저본에는 "白而". 《本草綱目·獸部·牛》에 근거하여 수정.

그 독을 해독할 수 있다."23라 했다. 《예기(禮記)》〈내칙(內則)〉에 "소가 밤에 울면 그 고기에서 썩은 냄새가 난다."24라 했으니, 냄새가 나면 먹어서는 안 된다. 병으로 죽은 소에는 강한 독이 있기 때문에 이것을 먹으면 정(疔)25이 생겨 갑자기 죽게 한다.

《식경(食經)》에는 "저절로 죽은 머리 흰 소는 먹으면 사람을 죽인다. 옴에 걸린 소는 먹으면 가려움증이 생긴다. 누런 소와 물소의 고기를 돼지고기·서미주(黍米酒)26와 함께 먹으면 모두 촌백충(寸白蟲, 기생충의 일종)이 생긴다. 부추·염교와 함께 먹으면 열병을 일으킨다. 생강과 함께 먹으면 치아를 상하게 한다. 쇠고기를 삶을 때 살구속씨·갈대잎을 넣으면 고기가 쉽게 연해지니, 잘 어울린다."27라 했다.

비급천금요방 28 검은 소가 머리를 북쪽으로 두고 저절로 죽은 경우에 그 고기를 먹으면 몸을 해친다. 열이 성할 때에 갑자기 죽은 일체의 소는 모두 먹을 수 없다. 먹으면 장옹(腸癰, 대장이나 소장에 생기는 큰 종기) 질환을 앓는다. 소의 발굽에 병이 있는데 그 발굽 속 질긴 힘줄을 먹은 사람은 티눈이 생기게 된

人乳可解其毒."《內則》云 "牛夜鳴則庮", 臭不可食. 病死者有大毒, 令人生疔暴亡.

《食經》云 : "牛自死白首者, 食之殺人 ; 疥牛, 食之發痒. 黃牛、水牛肉, 合猪肉及黍米酒食, 竝生寸白蟲 ; 合韭、薤食, 令人熱病 ; 合生薑食, 損齒. 煮牛肉, 入杏仁、蘆葉易爛, 相宜."

千金要方 烏牛自死北首者, 食其肉, 害人. 一切牛盛熱時奇⑤死者, 摠不堪食, 食之, 作腸癰疾. 患甲蹄牛, 食其蹄中拒筋⑥之人, 令人作肉刺. 患病牛肉

23 뱀을……있다 : 《金匱要略方論》〈禽獸魚蟲禁忌幷治〉(《張仲景全書》上, 514쪽).

24 소가……난다 : 《禮記正義》卷28 〈內則〉(《十三經注疏整理本》14, 990쪽).

25 정(疔) : 작고 단단하며 뿌리가 깊은 부스럼. 정창(疔瘡)·정창(丁瘡)·정종(疔腫)·자창(疵瘡)이라고도 한다.

26 서미주(黍米酒) : 기장으로 밥을 지어 빚은 술. 《정조지(鼎俎志)》권7 〈술〉"계절주" '서미법주'에 술 빚는 방법이 자세하게 소개되어 있다.

27 저절로……어울린다 : 출전 확인 안 됨.

28 《備急千金要方》卷26 〈食治方〉"鳥獸"(《孫思邈醫學全書》, 481쪽).

⑤ 奇 : 《備急千金要方·食治方·鳥獸》에는 "卒".

⑥ 拒筋 : 저본에는 "柜篩". 《備急千金要方·食治方·鳥獸》에 근거하여 수정.

다. 병에 걸린 소의 고기를 먹으면 몸을 가렵게 하니, 매우 금해야 한다. 설사하는 사람이 저절로 죽은 소의 고기를 먹으면 반드시 병이 심해진다.

食之⑦, 令人身體痒, 大忌. 人下痢者, 食自死牛肉, 必劇.

금궤요략방 29 전염병으로 죽은 소는 눈이 적색이거나 황색인데, 이를 먹는 일을 매우 금해야 한다. 푸른 소의 장(腸)은 개고기와 함께 먹어서는 안 되니, 매우 금해야 한다. 소의 폐에는 3월부터 5월까지 그 안에 말의 꼬리처럼 생긴 벌레가 있기 때문에 이를 잘라내 버리고 먹지 말아야 한다. 먹으면 몸을 해친다.

金匱要略方 疫死牛, 或目赤或黃, 食之大忌. 青牛腸, 不可合犬肉食, 大忌. 牛肺從三月至五月, 其中有蟲如馬尾, 割去之勿食, 損人.

쇄쇄록 30 쇠고기를 먹은 사람은 밤을 먹어서는 안 된다. 얼룩소에 가장 독이 많으니, 눈이 아픈 사람이 이 소를 먹으면 두 눈이 모두 멀게 된다. 쇠고기를 너무 많이 먹어서 배가 부풀어 오르는 증세가 가시지 않으면 약을 먹어야 한다. 만약 배가 부르기만 하면 단지 물만 마셔도 저절로 소화가 된다.

瑣碎錄 食牛人, 不可食栗子. 花牛最毒, 患眼人喫, 雙盲. 食牛肉過多, 不腹脹却服食藥. 若脹者, 但飲水自消.

2-2) 돼지

猪

본초 31 수퇘지고기는 맛이 시고, 성질은 냉하며, 독 은 없다. 일반적으로 다 자란 돼지[猪]의 고기는 맛이 쓰고, 성질은 약간 차며, 독이 약간 있다. 새

本草 猳猪肉酸, 冷, 無毒. 凡猪肉苦, 微寒, 有小毒; 豚肉辛, 平, 有小毒.

---

29 《金匱要略方論》〈禽獸魚蟲禁忌幷治〉(《張仲景全書》上, 514쪽).

30 출전 확인 안 됨;《養生類纂》卷下〈毛獸部〉"牛"(《壽養叢書》10, 18쪽).

31 《本草綱目》卷50〈獸部〉"豕", 2686쪽.

⑦ 患病……食之:《備急千金要方·食治方·鳥獸》에는 "牛馬肉食".

돼지

끼돼지[豚]의 고기는 맛이 맵고, 성질은 평하며, 독
이 약간 있다.

안 저(猪)는 다 자란 돼지이다. 돈(豚)은 새끼돼지이
다.

案 猪, 壯猪也;豚, 豕子
也.

명의별록 32 수퇘지고기는 광병(狂病)33을 치료한다.
일반적으로 돼지고기는 혈맥을 막고, 근육과 뼈를
약하게 하며, 사람의 기육(肌肉)을 허하게 할 수 있
으므로 오래 먹어서는 안 된다. 병자와 금창(金瘡)을
앓는 사람은 증상이 더욱 심하게 나타난다.

名醫別錄 羖猪肉治狂⑧
病. 凡猪肉能閉血脈, 弱筋
骨, 虛人肌, 不可久食. 病
人、金瘡者尤甚.

천금식치 34 일반적으로 돼지고기를 오래 먹으면 사

千金食治 凡⑨猪肉久食,

---

32 《名醫別錄》〈下品〉 卷3 "豚卵", 295쪽;《本草綱目》, 위와 같은 곳.
33 광병(狂病): 정신에 이상이 생겨 사람을 가려보지 못하고 흥분하여 돌아다니는 병증.
34 《備急千金要方》卷26〈食治方〉"鳥獸"《孫思邈醫學全書》, 482쪽);《本草綱目》, 위와 같은 곳.
⑧ 狂: 저본에는 없음.《本草綱目·獸部·豕》에 근거하여 보충.
⑨ 凡: 저본에는 "他".《本草綱目·獸部·豕》에 근거하여 수정.

람의 정기(精氣)를 줄어들게 하고 고질병을 재발하게
한다. 돼지고기를 오래 먹으면 온몸과 근육이 부서
질 듯 아프고 기운이 없어진다. 새끼돼지의 뇌는 남
자의 양도(陽道, 성기능)를 약화시켜 성교를 하려고 할
때 할 수 없게 된다.

돼지의 신장은 오래 먹어서는 안 되는데, 정기를 줄
어들게 하고 고질병을 재발하게 한다. 돼지의 간과
폐를 생선회와 함께 먹으면 옹저(癰疽)가 생긴다. 돼
지의 간을 잉어의 내장·알과 함께 먹으면 정신을 상
하게 한다. 돼지의 폐와 엿을 함께 먹으면 저(疽)[35]를
일으킨다. 또 8월에는 돼지의 폐를 먹어서는 안 되
는데, 먹으면 겨울에 저(疽)를 일으킨다.

令人少子精, 發宿病. 豚肉
久食, 令人徧體筋肉碎痛
乏氣. 㹠腦損男子陽道,
臨房不能行事.

猪腎不可久食, 令人少子
精, 發宿病. 猪肝肺共魚鱠
食之, 作癰疽. 猪肝共鯉
魚腸、魚子食之, 傷人神.
猪肺及飴和食之, 發疽. 又
八月勿食猪肺, 至冬發疽.

식료본초 [36] 오래 먹으면 약 기운을 감쇄시키고, 풍
(風)을 요동시켜 질병을 일으킨다. 상한(傷寒)[37]·학질
과 이질·고질적인 가래·치루(痔漏) 등의 여러 질병이
있었을 때 돼지고기를 먹으면 반드시 재발한다.

食療本草 久食殺藥, 動
風發疾. 傷寒、瘧痢、痰癎、
痔漏諸疾, 食之必再發.

약총결 [38] 돼지고기를 많이 먹으면 좋지 않다. 갑자
기 살찌게 하는데, 이는 대개 기육이 허하기 때문에
그렇게 된 것이다.

藥總訣 猪肉不宜多食, 令
人暴肥, 蓋虛肌[10]所致.

---

35 저(疽): 옹저(癰疽)의 하나. 사기(邪氣)가 기육(肌肉)이나 근골에 침입하여 기혈이 옹체(壅滯)되어 생기는데
그 중에서 비교적 얕은 부위에 생기는 것을 옹(癰), 깊은 부위에 생겨 잘 낫지 않는 것을 저(疽)라고 한다.

36 《本草綱目》, 위와 같은 곳.

37 상한(傷寒): 한사(寒邪)로 인하여 생기는 병증의 총칭.

38 《本草綱目》, 위와 같은 곳.

[10] 肌: 저본에는 "風".《本草綱目·獸部·豕》에 근거하여 수정.

| 한씨의통(韓氏醫通) 39 40 일반적으로 고기에는 보하는 성질이 있으나, 유독 돼지고기만은 보하는 성질이 없다. | 韓氏醫通 ⑪凡肉有補, 惟猪肉無補. |

한씨의통(韓氏醫通) 39 40 일반적으로 고기에는 보하는 성질이 있으나, 유독 돼지고기만은 보하는 성질이 없다.

韓氏醫通 ⑪凡肉有補, 惟猪肉無補.

양생요집(養生要集) 41 42 흰돼지의 흰발굽과 푸른 발톱은 먹어서는 안 된다.

養生要集 白豕白蹄、青爪, 不可食.

쇄쇄록 43 돼지의 심장과 간은 많이 먹어서는 안 되니, 유익함이 없다. 돼지가 도살당할 때 놀란 기운이 심장으로 들어가고 간의 기운을 끊어놓기 때문이다. 돼지의 간을 메추라기와 함께 먹으면 얼굴에 주근깨가 생긴다.

瑣碎錄 猪心肝不可多食, 無益. 猪臨宰, 驚入心絶肝也. 猪肝, 鶴鶉同食, 令人面生黑點.

금궤요략방 44 돼지를 들판에 풀어놓았을 때 여러가지 독이 든 음식을 먹고 죽은 돼지에는 독이 있다. 저절로 죽거나 전염병으로 죽은 돼지 또한 먹어서는 안 된다. 돼지고기를 먹고 술을 마신 다음 수숫단이나 볏짚에 누우면 황달에 걸린다.

金匱要略方 猪放田野間, 或食雜毒物而死者有毒. 或自死及疫死者, 亦不可食. 食猪肉飲酒, 臥秫稻穰草, 令人發黃.

39 한씨의통(韓氏醫通): 중국 명(明)나라 의학자 한무(韓懋, 1441~1522?)가 저술한 의학서. 2권으로 구성되어 있으며 상권에서는 총론과 맥법·처방·가정에서 필요한 의학지식 등을 다루었고, 하권에서는 의원에게 필요한 의학지식과 약재의 성질 등을 다루었다.
40 《本草綱目》卷50 〈獸部〉 "豕", 2686쪽.
41 양생요집(養生要集): 중국 동진(東晉)의 문인 장담(張湛, ?~?)이 저술한, 중국에서 가장 오래된 양생서(養生書). 일실되어 《태평어람》 등에 부분적으로 인용되어 남아 있다.
42 출전 확인 안 됨;《太平御覽》卷903 〈獸部〉 十五 "豕"(《文淵閣四庫全書》901, 112쪽).
43 출전 확인 안 됨;《養生類纂》卷下 〈毛獸部〉"猪"(《壽養叢書》10, 27쪽).
44 출전 확인 안 됨;《養生類纂》卷下 〈毛獸部〉"猪"(《壽養叢書》10, 28쪽).
⑪ 通 : 저본에는 "鑑". 오사카본·규장각본에 근거하여 수정.

본초강목 [45] 돼지고기는 그 성질이 오매(烏梅)[46]·도라지·황련(黃連)[47]과 상반되는데, 이를 함께 먹으면 설사를 하게 한다. 또 그 성질이 창이(蒼耳)[48]와도 상반되서 함께 먹으면 풍을 요동시킨다. 생강과 함께 먹으면 얼굴에 기미가 생기고 풍을 일으킨다. 메밀과 함께 먹으면 머리카락이 빠지고 풍병(風病)을 앓는다. 아욱과 함께 먹으면 기가 떨어진다. 백화채(百花菜)[49]·오수유와 함께 먹으면 치질에 걸린다. 둥굴레와 함께 먹으면 배꼽을 헐게 한다. 쇠고기와 함께 먹으면 벌레가 생긴다. 양의 간·계란·붕어·콩가루와 함께 먹으면 체증(滯證)이 생긴다. 거북이고기·자라고기와 함께 먹으면 몸을 해친다.

本草綱目 反烏梅、桔梗、黃連[12], 犯之令人瀉利. 反蒼耳, 令人動風. 合生薑食, 生面䵟發風;合蕎麥食, 落毛髮, 患風病;合葵菜食, 少氣;合百花菜、吳茱萸食, 發痔疾;合胡荽食, 爛人臍;合牛肉食, 生蟲;合羊肝、鷄子、鯽魚、豆黃食, 滯氣;合龜、鼈肉食, 傷人.

2-3) 개

본초 [50] 맛은 짜면서 시고, 성질은 따뜻하며, 독은 없다.

狗

本草 鹹酸, 溫, 無毒.

명의별록 [51] 오장을 편안하게 하고, 기가 끊어지고

名醫別錄 安五臟, 補絶

---

45 《本草綱目》卷50〈獸部〉"豕", 2686쪽.

46 오매(烏梅):껍질을 벗기고 짚불 연기(煙氣)에 그슬리어 말린 매화나무의 열매. 담을 삭히며 구토와 갈증, 이질 등을 멎게 하고 노열(勞熱)과 골증(骨蒸)을 치료하며 술독을 풀어 준다.

47 황련(黃連):바구지과 식물인 황련과 같은 속(屬) 식물의 뿌리줄기를 말린 것이다.

48 창이(蒼耳):도꼬마리. 국화과(菊花科)의 한해살이풀이다. 열매모양이 타원형이고 갈고리가 있어 다른 물체에 잘 붙는 성질이 있으며, 습기를 제거하고 통증을 멎게 하는 약효가 있다.

49 백화채(百花菜):쌍떡잎식물 양귀비목 겨자과의 한두해살이풀. 소화가 잘되며 비타민이 많이 함유되어 있어 식용하기도 한다. 풍접초(風蝶草)·양각채(羊角菜)·황추규(黃秋葵) 등의 이명이 있다.

50 《本草綱目》卷50〈獸部〉"狗", 2715쪽.

51 《名醫別錄》〈中品〉卷2 "牡狗陰莖", 179쪽;《本草綱目》, 위와 같은 곳.

[12] 黃連:《本草綱目·獸部·豕》에는 "黃連、胡黃連".

손상된 곳을 보하며, 몸을 가볍게 하여 기운을 북돋운다.

傷, 輕身益氣.

일화본초 52 위장의 기운을 보하고, 남자의 양도(陽道)를 건장하게 하며, 허리와 무릎을 따뜻하게 하고, 기력을 북돋운다. 누런 개는 크게 보하며 북돋우나, 다른 색의 개는 약간 보할 따름이다.

日華本草 補胃氣, 壯陽道, 暖腰膝, 益氣力. 黃犬大[13]補益, 餘色微補.

식료본초 53 오로칠상(五勞七傷)을 보하고, 생식기능을 북돋우고, 혈맥을 보하고, 장위를 튼튼하게 하고, 하초를 실하게 하며, 정수를 채운다. 갖은 양념을 하고 삶아서 빈속에 먹는다. 일반적으로 개를 먹을 때는 피를 제거해서는 안 되는데, 그렇게 하면 효력이 적어져서 몸에 유익하지 않다.

食療本草 補五勞七傷, 益陽事, 補血脈, 厚腸胃, 實下焦, 塡精髓. 和五味煮, 空心食之. 凡食犬, 不可[14]去血, 則力少不益人.

비급천금요방 54 흰개를 해유(海鮋, 양볼락과의 어류)와 함께 먹으면 반드시 나쁜 병을 얻는다. 저절로 죽은 흰개가 혀를 내밀지 않은 경우는 먹으면 몸을 해친다. 개는 봄에 광견병에 많이 걸리는데, 만약 코가 붉게 부어오르고 건조하게 말라있으면 미치려고 하는 것이니, 그 고기는 식용으로 쓰지 않는다.

千金要方 白犬合海鮋食, 必得惡病. 白犬自死不出舌者, 食之害人. 犬春月多狂[15], 若鼻赤起而燥者, 此欲狂, 其肉不任食.

---

52 《本草綱目》, 위와 같은 곳.
53 《本草綱目》, 위와 같은 곳.
54 《備急千金要方》卷26 〈食治方〉 "鳥獸"(《孫思邈醫學全書》, 481쪽).
[13] 大 : 저본에는 없음. 오사카본·규장각본·《本草綱目·獸部·狗》에 근거하여 보충.
[14] 不可 : 《本草綱目·獸部·狗》에는 "若".
[15] 多狂 : 저본에는 "多狂多狂". 오사카본·규장각본·《備急千金要方·食治方·鳥獸》에 근거하여 수정.

용어하도(龍魚河圖) 55 56 개고기를 익히지 않고 먹으면 가병(瘕病)57에 걸린다.

龍魚河圖 犬肉不熟食之, 成瘕.

본초강목 58 개고기는 그 성질이 상륙(商陸, 자리공뿌리)과 상반되고, 살구속씨를 꺼린다. 마늘과 함께 먹으면 몸을 해친다. 마름과 함께 먹으면 전간(癲癇)59이 생긴다. 일반적으로 개는 구워 먹어서는 안 되는데, 구워 먹으면 소갈병에 걸리게 한다. 임신부가 먹으면 아이가 말을 못하게 된다. 열병이 있은 후에 먹으면 사람을 죽인다. 이에 복식가(服食家)60는 먹기를 금한다.

本草綱目 反商陸, 畏杏仁. 同蒜食, 損人 ; 同菱食, 生癲. 凡犬不可⑯炙食, 令人消渴. 妊婦食之, 令子無聲. 熱病後食之, 殺人. 服食人忌食⑰.

9월에는 개를 먹지 말아야 하니, 정신을 상하게 한다. 야윈 개는 병이 있고, 미친개는 발광하고, 저절로 죽은 개는 독이 있고, 발굽 뒤에 튀어나온 부분이 있는 개는 몸을 해친다. 넓적다리가 붉고 부산스러운 개와 누린내가 나면서 눈이 붉은 개는 모두 먹어서는 안 된다.

九⑱月勿食犬, 傷神. 瘦犬有病, 猘犬發狂, 自死犬有毒, 懸蹄犬傷人. 赤股而躁者, 氣臊⑲犬目赤者, 竝不可食.

---

55 용어하도(龍魚河圖) : 중국 한(漢)나라 때의 위서(緯書)로 추정되며, 천문·지리·신령(神靈)과 음식 금기 등을 다룬다. 산일되어 내용의 일부가 《제민요술》 등의 책에 인용되어 전해진다.

56 출전 확인 안 됨 ; 《養生類纂》 卷下 〈毛獸部〉 "犬" (《壽養叢書》 10, 31쪽).

57 가병(瘕病) : 징가(癥瘕)의 하나. 뱃속에 멍울 같은 덩어리가 생기는 증상.

58 《本草綱目》 卷50 〈獸部〉 "狗", 2715쪽.

59 전간(癲癇) : 경련·의식장애 등의 발작을 계속 되풀이하는 증상.

60 복식가(服食家) : 도가(道家)에서 수련의 일부로 장생불사의 약을 복용하는 사람.

⑯ 可 : 저본에는 없음. 오사카본·규장각본·《本草綱目·獸部·狗》에 근거하여 보충.

⑰ 食 : 저본에는 "食之". 오사카본·규장각본·《本草綱目·獸部·狗》에 근거하여 수정.

⑱ 九 : 저본에는 "九九". 오사카본·규장각본·《本草綱目·獸部·狗》에 근거하여 수정.

⑲ 臊 : 저본에는 "躁". 오사카본·《本草綱目·獸部·狗》에 근거하여 수정.

2-4) 양

羊

본초 [61] 맛은 쓰면서도 달고, 성질은 매우 뜨거우며,
독은 없다.

本草 苦甘, 大熱, 無毒.

명의별록 [62] 속을 보하고 기운을 북돋우며, 마음을
안정시켜 놀람을 진정시킨다.

名醫別錄 補中益氣, 安心
止驚.

일화본초 [63] 위를 열어주고 힘을 세게 한다. 심장에
구멍이 있는 양은 먹으면 사람을 죽인다. 양의 간은
돼지고기와 매실·팥과 함께 먹어서는 안 되는데, 심
장을 해쳐서 큰 병이 나게 한다. 일반적으로 양고기
는 오래 먹어서는 안 되니, 병이 나기 때문이다.

日華本草 開胃健力. 羊心
有孔者, 食之殺人. 羊肝
不可合猪肉及梅子、小豆食
之, 傷心大病人. 凡羊肉不
可久食, 病人.

용어하도 [64] 뿔이 1개인 양은 먹으면 사람을 죽인다.

龍魚河圖 羊有一角, 食之
殺人.

식치통설 [65] 양고기를 생선회·진한 유즙과 함께 먹
으면 몸을 해친다. 양의 간에 생천초(生川椒)로 양념
하면 장을 손상시킨다.

食治通說 羊肉同鱠、酪食
之, 害人. 羊肝得生椒, 破
人腸.

금궤요략방 [66] 양고기에 묵은 열이 있는 경우에 먹

金匱要略方 羊肉有宿熱[20]

---

61 《本草綱目》卷50〈獸部〉"羊", 2723쪽.

62 《名醫別錄》〈中品〉卷2 "羊肉", 173쪽.

63 출전 확인 안 됨;《養生類纂》卷下〈毛獸部〉"羊"(《壽養叢書》10, 15쪽).

64 출전 확인 안 됨;《養生類纂》卷下〈毛獸部〉"羊"(《壽養叢書》10, 13쪽).

65 출전 확인 안 됨;《養生類纂》, 위와 같은 곳.

66 《金匱要略方論》〈禽獸魚蟲禁忌幷治〉(《張仲景全書》上, 514쪽).

[20] 有宿熱 : 저본에는 "有毒有宿熱". 오사카본·규장각본·《金匱要略論·禽獸魚蟲禁忌幷治》에 근거하여
수정.

어서는 안 된다.

者, 不可食.

천금식치[67] 양고기를 젓갈과 함께 먹으면 심장을 상하게 한다. 또 날생선·진한 유즙[酪]과 함께 섞어 먹어서도 안 된다. 일반적으로 양의 발굽 중에 구슬처럼 생긴 흰 것을 '양현근(羊懸筋)[68]'이라 하는데, 이것을 먹으면 전간(癲癎)에 걸린다. 몸은 흰데 머리만 검은 양은 그 뇌를 먹으면 장옹(腸癰)에 걸린다.

양의 위를 미음과 함께 늘 먹는 일이 오래되면, 반위(反胃)가 되고 열병(噎病, 목이 메는 병)에 걸린다. 달콤한 죽을 양의 위와 함께 먹으면, 침이 많이 나오고 맑은 물을 잘 토하게 한다. 푸른 양의 간을 팥과 함께 먹으면, 날로 시력이 떨어진다.

양의 뇌를 남자가 먹으면, 정기가 손상되어 자녀를 적게 갖는다. 물속에서 자란 버드나무와 백양목으로 양고기를 굽는 일을 더욱 금한다. 동기(銅器)에다 숫양의 고기를 삶아서는 안 되니, 이러한 고기를 먹으면 남자는 양기가 손상되고 여자는 음기가 끊어진다.

식금방[69] 양고기를 뽕나무·닥나무로 구우면 안 되

千金食治 羊肉共鮓[21]食之[22], 傷人心, 亦不可共生魚、酪和食之[23]. 凡一切羊蹄甲中有珠子白者, 名"羊懸筋", 食之, 令人癲. 白羊黑頭, 食其腦, 作腸癰.

羊肚共飯飮常食久久[24], 成反胃, 作噎病. 甛粥共羊肚食之, 令人多唾, 喜吐清水. 青羊肝和小豆食之, 目少明.

羊腦男子食之, 損精氣, 少子. 彌忌水中柳木及白楊木, 不得銅器中煮殺羊肉, 食之, 丈夫損陽, 女子絶陰.

食禁方 羊肉不得以桑、楮

---

67 《備急千金要方》卷26〈食治方〉"鳥獸"(《孫思邈醫學全書》, 480~481쪽) ;《本草綱目》, 위와 같은 곳.
68 양현근(羊懸筋) : 양의 발굽에 생긴 병으로, 발굽 조직이 변형된 것이다.
69 출전 확인 안 됨 ;《養生類纂》卷下〈毛獸部〉"羊"(《壽養叢書》10, 15쪽).
[21] 鮓 :《千金食治·鳥獸·青羊膽汁》에는 "酢".
[22] 之 : 저본에는 없음. 오사카본·규장각본·《千金食治·鳥獸·青羊膽汁》에 근거하여 보충.
[23] 之 : 저본에는 없음. 오사카본·규장각본·《千金食治·鳥獸·青羊膽汁》에 근거하여 보충.
[24] 久久 : 저본에는 "久". 오사카본·《千金食治·鳥獸·青羊膽汁》에 근거하여 수정.

니, 이렇게 구운 고기를 먹으면 배에 벌레가 생긴다. 흰양의 고기는 닭고기와 섞어서 먹어서는 안 된다. 양의 간은 오매(烏梅, 훈증시킨 매실)·백매(白梅, 소금에 절인 매실)와 함께 먹어서는 안 된다.

木炙, 食之, 令人腹生蟲. 白羊肉不可雜鷄肉食. 羊肝不可合烏梅、白梅食.

쇄쇄록 70 양의 간에 구멍이 있는 경우 이를 먹으면 몸을 해친다. 양을 양념장 없이 먹는 일이 오래되면 기를 막고 고질병을 일으킨다.

瑣碎錄 羊肝有竅者, 食之, 害人. 羊不醬喫之久, 而閉氣發痼疾.

본초회편 71 양고기는 그 성질이 반하·창포와 상반된다. 메밀가루·콩장[豆醬]과 함께 먹으면 고질병을 일으킨다. 식초와 함께 먹으면 심장을 상한다.

本草會編 反半夏、菖蒲. 同蕎麥麵、豆醬食, 發痼疾. 同醋食, 傷人心.

본초강목 72 열병과 전염병·학질을 앓은 후에 먹으면 반드시 열이 나고 위독해진다. 임신부가 먹으면 아이가 열이 많게 된다. 몸은 흰데 머리만 검은 양, 몸은 검은데 머리만 흰 양, 뿔이 1개인 양은 모두 독이 있어, 먹으면 옹(癰, 큰종기)이 생긴다. 양의 독에 중독된 경우 감초탕(감초 끓인 물)을 마시면 해독이 된다.

本草綱目 熱病及天行病、瘧疾後食之, 必發熱致危. 妊婦食之, 令子多熱. 白羊黑頭、黑羊白頭、獨角者竝有毒, 食之, 生癰. 中羊毒者, 飮甘草湯則解.

2-5) 멧돼지

野猪

당본초 73 맛은 달고, 성질은 평하며, 독은 없다.

唐本草 甘, 平, 無毒.

---

70 출전 확인 안 됨 ; 《養生類纂》卷下〈毛獸部〉"羊"(《壽養叢書》10, 15~16쪽).
71 《本草綱目》卷50〈獸部〉"羊", 2724쪽.
72 《本草綱目》, 위와 같은 곳.
73 《本草綱目》卷51〈獸部〉"野猪", 2836쪽.

식료본초 [74] 병을 일으키지는 않지만 약효를 떨어뜨리니, 집돼지와는 다르다. 다만 발굽이 푸른 돼지는 먹어서는 안 되니, 풍을 약간 요동시킨다.

食療本草 不發病, 減藥力, 與家猪不同. 但靑蹄者不可食, 微動風.

2-6) 곰　熊

본초 [75] 맛은 달고, 성질은 평하며, 독은 없다.

本草 甘, 平, 無毒.

약총결 [76] 고질병이 있으면 곰고기를 먹어서는 안 되니, 고질병을 평생 고치지 못하게 된다.

藥總訣 有痼疾, 不可食熊肉, 令終身不除.

식료본초 [77] 만약 뱃속에 적취와 한열이 있는 사람이 곰고기를 먹으면 오래도록 고치지 못한다. 10월에는 먹지 말아야 하니, 정신을 상하게 한다.

食療本草 若腹中有積聚、寒熱者食之[25], 永不除[26]也. 十月勿食之, 傷神.

일화본초 [78] 곰발바닥은 풍한을 막고, 기력을 북돋운다.

日華本草 熊掌禦風寒, 益氣力.

2-7) 산양　山羊

일용본초 [79] 맛은 달고, 성질은 뜨거우며, 독은 없다.

日用本草 甘, 熱, 無毒.

---

74 《本草綱目》, 위와 같은 곳.
75 《本草綱目》卷51 〈獸部〉 "熊", 2839쪽.
76 《本草綱目》, 위와 같은 곳.
77 《本草綱目》, 위와 같은 곳.
78 《本草綱目》, 위와 같은 곳.
79 《本草綱目》卷51 〈獸部〉 "山羊", 2846쪽.
25 食之 : 저본에는 없음. 《本草綱目·獸部·熊》에 근거하여 보충.
26 除 : 저본에는 "解". 오사카본·규장각본·《本草綱目·獸部·熊》에 근거하여 수정.

도경본초 [80] 남쪽 지방의 야생양은 석향유(石香薷)[81]를 많이 먹어서 내장에 번열이 있으니, 이를 많이 먹으면 좋지 않다.

圖經本草 南方野羊多噉石香薷, 故腸臟煩熱, 不宜多食.

식금방 [82] 산양의 고기는 계란과 함께 먹어서는 안 되고, 자라고기와 함께 먹어서도 안 된다.

食禁方 山羊肉不可合鷄子食, 不可合鼈肉食.

2-8) 사슴

본초 [83] 맛은 달고, 성질은 따뜻하며, 독은 없다.

鹿

本草 甘, 溫, 無毒.

명의별록 [84] 속을 보하고, 기력을 북돋우며, 오장을 강하게 한다.

名醫別錄 補中, 益氣力, 强五臟.

식료본초 [85] 9월 이후부터 정월 이전에 먹을 수 있고, 다른 달에 먹어서는 안 된다. 냉통(冷痛)을 일으키기 때문이다. 가슴 부위가 흰 사슴과 얼룩무늬가 있는 사슴은 모두 먹어서는 안 된다. 사슴육포의 경우 구워도 변하지 않는 것과 물이 묻으면 변하는것, 혹은 햇볕에 말려도 마르지 않는 것은 모두 사람을 죽인다. 꿩고기·부들뿌리[蒲白]·외어(鮠魚, 메기의 일종)·새우와 함께 먹으면 안 되는데, 악창(惡瘡)을 일

食療本草 九月已後, 正月已前堪食, 他月不可食, 發冷痛. 白臆者、豹文者, 竝不可食. 鹿肉脯, 炙之不動及見水而動, 或曝之不燥者, 竝殺人. 不可同雉肉、蒲白、鮠魚、鰕食, 發惡瘡. 《內則》云: "食鹿去胃."

---

80 《本草綱目》, 위와 같은 곳.
81 석향유(石香薷): 꿀풀과의 한해살이풀. 땀을 내고, 사기를 없애며, 소변이 잘 통하게 하고, 부종을 가라앉히는 등의 효능이 있다.
82 출전 확인 안 됨;《養生類纂》卷下〈毛獸部〉"羊"《壽養叢書》10, 15쪽).
83 《本草綱目》卷51〈獸部〉"鹿", 2856쪽.
84 《名醫別錄》〈中品〉卷2 "鹿髓", 180쪽.
85 《本草綱目》卷51〈獸部〉"鹿", 2856쪽.

으키기 때문이다. 《예기》〈내칙〉에 "사슴을 먹을 때
는 위장을 제거한다."[86]라 했다.

2-9) 큰사슴[麋]

麋

본초[87] 맛은 달고, 성질은 따뜻하며, 독은 없다.

本草 甘, 溫, 無毒.

식료본초[88] 기운을 북돋우고 속을 보한다. 많이 먹
으면 성기능이 약해지고 각기병(脚氣病, 다리가 붓는 증상)
을 일으킨다. 임신부가 먹으면 아이가 눈병에 걸린다.

食療本草 益氣補中. 多
食, 令人弱房, 發脚氣. 妊
婦食之, 令子目病.

약총결[89] 돼지고기·꿩고기와 함께 먹어서는 안 되
니, 고질병이 재발한다. 새우 및 생채(生菜, 상추)·매
실·자두와 함께 먹으면 남자의 정기를 손상시킨다.

藥總訣 不可合猪肉、雉肉
食, 發痼疾. 合鰕及生菜、
梅、李食, 損男子精氣.

2-10) 노루

麞

명의별록[90] 맛은 달고, 성질은 따뜻하며, 독은 없
다. 오장을 보하며 북돋운다.

名醫別錄 甘, 溫, 無毒. 補
益五臟.

식료본초[91] 8월에서 11월 사이에 먹으면 양고기보
다 낫다. 하지만 12월에서 7월 사이에 먹으면 기를
요동시킨다. 많이 먹으면 소갈병에 걸리게 한다. 만
약 몸이 심하게 야윈 사람이 먹으면 고질병이 재발

食療本草 八月至十一月食
之, 勝羊；十二月至七月食
之, 動氣. 多食, 令人消渴.
若瘦惡者食之, 發痼疾. 不

---

86 사슴을……제거한다:《禮記正義》卷28〈內則〉(《十三經注疏整理本》14, 990쪽).
87 《本草綱目》卷51〈獸部〉"麋", 2860쪽.
88 《本草綱目》, 위와 같은 곳.
89 《本草綱目》, 위와 같은 곳.
90 《名醫別錄》〈中品〉卷2 "麞骨", 182쪽.
91 《本草綱目》卷51〈獸部〉"獐", 2866쪽.

한다. 고니고기와 함께 먹어서는 안 되니, 적취가 생긴다. 또 매실·자두·새우와 함께 먹어서는 안 되니, 사람을 병들게 한다.

可合鵠肉食, 成癥疾㉗. 又不可合梅、李、鰕食, 病人.

2-11) 토끼

兔

명의별록 92 맛은 맵고, 성질은 평하며, 독은 없다. 속을 보하고 기운을 북돋운다. 토끼의 무릎뼈를 많이 먹으면 얼굴에 무릎뼈가 생긴다.

名醫別錄 辛, 平, 無毒. 補中益氣. 食兔髓多, 令人面生髓骨.

약총결 93임신 중에 먹어서는 안 되니, 아이의 입술이 언청이가 되게 한다. 흰닭의 고기 및 간·염통과 함께 먹어서는 안 되니, 얼굴이 누렇게 된다. 수달고기와 함께 먹으면 둔시(遁尸)94를 앓게 된다. 생강·귤과 함께 먹으면 심장의 통증과 곽란(霍亂)을 일으킨다. 또 겨자와 함께 먹어서는 안 된다.

藥總訣 妊娠不可食, 令子缺唇. 不可合白鷄肉及肝、心食, 令人面黃. 合獺肉食, 令人病遁尸. 與薑、橘同食, 令人心痛、霍亂. 又不可同芥食.

본초습유 95 토끼의 꽁무니에는 구멍이 있는데, 새끼가 이 구멍으로 나올 때 입부터 나온다. 그러므로 임신부는 토끼고기를 금해야 하니, 비단 아이의 입술이 언청이가 되기 때문만이 아니다. 대체로 토끼고기를 오래 먹으면 혈맥이 끊기고 원기와 성기능을

本草拾遺 兔尻有孔, 子從口出, 故妊婦忌之, 非獨爲缺唇也. 大抵久食, 絶人血脈, 損元氣、陽事, 令人痿黃. 八月至十月可食, 餘

---

92 《名醫別錄》〈中品〉卷2 "兔頭骨", 184쪽.
93 《本草綱目》卷51〈獸部〉"兔", 2887쪽.
94 둔시(遁尸): 오시(五尸)의 두 번째 증상. 오시는 약한 증세부터 단계별로 비시(飛尸)·둔시(遁尸)·침시(沈尸)·풍시(風尸)·복시(伏尸)가 있다. 모두 귀신을 낀 나쁜 기운이 몸을 돌아다녀서 한열이 있고 땀을 줄줄 흘리며 정신 착란을 일으키는데, 몇 년이나 몇 달에 걸쳐 서서히 진행되다가 갑자기 죽는다. 죽은 후에도 다시 주변 사람에게 옮겨 죽게 하므로 시주(尸注)라고 한다.
95 《本草綱目》, 위와 같은 곳.
㉗ 疾:《本草綱目·獸部·獐》에는 "痼".

손상시키며 사람이 여위고 누렇게 된다. 8월에서 10월까지는 먹어도 되지만 다른 달에는 사람의 신기(神氣, 심신의 기운)를 손상시킨다. 토끼가 죽었는데 눈이 감긴 경우에는 그 고기를 먹으면 사람을 죽인다.

月傷人神氣. 兔死而眼合者殺人.

6. 새(금류)

禽類

禽類

1) 새에 대한 총론

《예기》에 "하늘이 낳은 생물[天産, 짐승]은 양(陽)이
되고 땅이 낳은 생물[地産, 식물]은 음(陰)이 된다."[1]라
했다. 새나 짐승이 모두 천지가 낳은 생물이지만 새
는 알에서 나고 날개로 나니, 양 중의 양이다. 비록
모든 기미(氣味)[2]에 각기 음(陰)과 열(熱)[3]의 구분이 있
지만 대개 고기는 양을 기른다.

그러나 사람의 몸은 양이 항상 남고 음이 항상
부족한데, 양이 충분한데도 다시 양을 보하면 음은
더욱 줄어들 것이다. 주진형(朱震亨)은 "모든 고기는
습한 가운데의 화(火)를 도와 일으키니, 오래 먹으
면 병이 생긴다."[4]라 했다. 《황제내경소문》에 "기름
진 음식이 변하면 발에 대정(大丁, 큰 옹저)이 생긴다."[5]

總禽

《記》曰："天産作陽，地産
作陰." 禽獸皆天地生物，
而禽卵生羽飛，又陽中之
陽. 雖氣味各有陰熱之分，
大概肉所以養陽.

然人之身，陽常有餘，陰常
不足，陽足而復補陽，陰
益虧矣. 丹溪曰："諸肉能
助起濕中之火，久而生病."
《素問》曰："膏粱之變，足生
大丁." 故禽之肉雖益人，亦

1　하늘이……된다: 《예기》 원문에는 보이지 않는다. 《식물본초》의 이 내용은 《예기집설(禮記集説)》의 주석
을 참고한 것으로 판단된다. 《예기집설》에 "무릇 짐승[天産]은 양이니 음과 부합하는 점이 있고, 곡물[地
産]은 음이니 양과 부합하는 점이 있다. 대개 짐승은 정(精)을 기를 수 있으니 기(氣)의 모체이고, 곡물은
형(形)을 기를 수 있으니 기의 집이다(夫天産, 陽也, 有以宜陰；地産, 陰也, 有以宜陽. 蓋天産足以養精,
爲氣之母, 地産足以養形, 爲氣之宅)."라 했다.
2　기미(氣味): 약물의 작용과 효능을 결정하는 기운과 맛. 약물의 한(寒), 열(熱), 온(溫), 양(凉)의 4가지
기운[四氣]과 신맛, 쓴맛, 단맛, 짠맛, 매운맛 등의 5가지 맛[五味]을 합쳐 말한 것으로 기(氣)는 무형
의 기운과 연관지어 이해하고 미(味)는 유형의 기운과 연결하여 파악하는 것이 일반적이다.
3　열(熱): 양기가 내포하는 화(火)와 같은 성질. 여기서는 음의 상대 개념으로 쓰였다.
4　모든……생긴다: 출전 확인 안 됨.
5　기름진……생긴다: 《黃帝內經素問》 卷1 〈生氣通川論篇〉 第3 《黃帝內經素問語譯》, 16쪽).

라 했다. 그러므로 조류의 고기가 비록 사람에게 유익하더라도 많이 먹는 것은 좋지 않다. 《식물본초》[6]

不宜多食也.《食物本草》

일반적으로 새가 저절로 죽었는데 눈이 감기지 않거나, 저절로 죽었는데 발이 퍼지지 않거나, 몸은 흰데 머리가 검거나, 몸은 검은데 머리가 희거나, 발이 3개이거나 뒷발톱이 4개이거나, 발가락이 6개이거나 날개가 4개인 새나, 형태나 색깔이 이상한 새는 모두 먹어서는 안 되니, 먹으면 죽는다. 《본초습유》[7]

凡鳥自死目不閉, 自死足不伸, 白鳥玄首, 玄鳥白首, 三足四距, 六指四翼, 異形異色, 竝不可食, 食之殺人.《本草拾遺》

2) 세부 항목

2-1) 닭

條開

鷄

본초[8] 붉은 수탉의 고기는 맛은 달고, 성질은 약간 따뜻하며, 독은 없다. 흰수탉의 고기는 맛은 시고, 성질은 약간 따뜻하며, 독은 없다. 검은 수탉의 고기는 맛은 달고, 성질은 약간 따뜻하며, 독은 없다. 검은 암탉의 고기는 맛은 달면서 시고, 성질은 따뜻하고 평하며, 독은 없다. 누런 암탉의 고기는 맛은 달면서 시고 짜며, 성질은 평하고, 독은 없다. 오골계는 맛은 달고, 성질은 평하며 독은 없다. 계란은 맛은 달고, 성질은 평하며, 독은 없다.

本草 丹雄鷄肉甘, 微溫, 無毒. 白雄鷄肉酸, 微溫, 無毒. 烏雄鷄肉甘, 微溫, 無毒. 黑雌鷄肉甘酸, 溫平, 無毒. 黃雌鷄肉甘酸鹹, 平, 無毒. 烏骨鷄甘, 平, 無毒. 鷄子甘, 平, 無毒.

---

6 《食物本草》卷下〈禽類〉, 53~54쪽.
7 《本草綱目》卷49〈禽部〉"諸鳥有毒", 2681쪽.
8 《本草綱目》卷48〈禽部〉"鷄", 2584~2590, 2604쪽.

본초연의[9] 손괘(巽卦)[10]는 풍(風)이고 닭이니[11], 풍병이 있는 사람이 먹으면 풍이 일어나지 않는 경우가 없다.

本草衍義 巽爲風爲鷄, 有風病人食之, 無不發作.

도경본초[12] 닭고기가 비록 독은 조금 있으나, 허하여 야윈 몸을 보하는 데는 매우 요긴하다.

圖經本草 鷄肉雖有小毒, 而補虛羸甚要.

식료본초[13] 닭 중에 5색을 띠거나, 몸은 검은데 머리가 희거나, 발가락이 6개이거나, 뒷발톱이 4개이거나, 죽었는데 발이 펴지지 않는 닭은 모두 먹어서는 안 되니, 몸을 해친다. 계란을 많이 먹으면 뱃속에서 소리가 나고, 풍기를 요동시킨다. 파나 마늘과 함께 먹으면 숨이 가빠진다. 부추와 함께 먹으면 풍통(風痛)[14]이 생긴다. 자라고기와 함께 먹으면 몸을 손상시킨다. 수달고기와 함께 먹으면 둔시(遁尸)가 생긴다. 토끼고기와 함께 먹으면 설사가 난다. 임신부가 계란과 잉어를 함께 먹으면 태아에게 창이 생긴다. 찹쌀과 함께 먹으면 아이에게 기생충이 생긴다.

食療本草 鷄有五色者, 玄鷄白首者, 六指者, 四距者, 鷄死足不伸者, 并不可食, 害人. 鷄子多食, 令人腹中有聲, 動風氣. 和蔥、蒜食, 氣短;同韭子食, 成風痛;共鱉肉食, 損人;共獺肉食, 成遁尸;同兔肉食, 成泄痢. 妊婦以鷄子、鯉魚同食, 令兒生瘡;同糯米食, 令兒生蟲.

---

9 《本草綱目》卷48〈禽部〉"諸鷄肉", 2584쪽.

10 손괘(巽卦): 팔괘(八卦)의 하나로, 상형(象形)은 ☴이다. 바람을 상징한다.

11 손괘(巽卦)는……닭이니: 손괘(巽卦)의 상이 손(巽, 바람☴)이 간(艮, 산☶) 아래에 있는 모양이므로 바람이라고 보았고, 옛날 사람들이 각 괘마다 괘에 맞는 특징의 짐승을 짝지었는데, 손괘에는 닭을 연결하였다. 또 건괘(乾卦)는 용, 태괘(兌卦)는 양, 리괘(離卦)는 꿩, 진괘(震卦)는 털 있는 벌레, 손괘(巽卦)는 닭, 감괘(坎卦)는 물고기, 간괘(艮卦)는 개, 곤괘(坤卦)는 암말을 연결하였다.

12 《本草圖經》〈禽獸部〉卷13 "諸鷄", 458쪽.

13 《本草綱目》卷48〈禽部〉"諸鷄肉", 2583~2584쪽, "鷄子", 2604~2605쪽.

14 풍통(風痛): 풍사(風邪)로 인하여 아픈 병증. 통증이 일정하지 않게 몸의 이곳저곳으로 옮겨 다니며 나타난다.

삼원연수참찬서 15 거세했는데도 울 수 있는 수탉은
독이 있다. 4월에는 알을 품고 있는 닭의 고기를 먹
지 말아야 하니, 먹으면 사람이 악창에 걸리고 누창
(漏瘡)16이 생기며, 남녀 모두 기가 부족해진다.

延壽書 閹鷄能啼者有毒.
四月勿食抱鷄肉, 令人作癰
成漏, 男女虛乏.

약총결 17 소아【5세 이하】가 닭을 먹으면 회충(蚘蟲)
이 생긴다. 닭고기는 마늘·겨자·자두와 함께 먹어
서는 안 되고, 개의 간·콩팥과 함께 먹어서는 안 되
니, 모두 설사를 하게 한다. 토끼와 함께 먹으면 이
질에 걸리며, 생선즙과 함께 먹으면 심가(心瘕)18가
생기고, 잉어와 함께 먹으면 악창과 부스럼에 걸리
며, 수달고기와 함께 먹으면 둔시(遁尸)에 걸리고, 생
파와 함께 먹으면 충치(蟲痔)19에 걸리며, 찹쌀과 함
께 먹으면 회충이 생긴다.

藥總訣 小兒【五歲以下】
食鷄, 生蚘蟲. 鷄肉不可
合葫蒜、芥、李食. 不可合
犬肝、犬腎食, 竝令人泄
痢. 同兔食, 成痢;同魚汁
食, 成心瘕;同鯉魚食, 成
癰癤;同獺肉食, 成遁尸;
同生蔥食, 成蟲痔;同糯米
食, 生蚘蟲.

천금식치 20 계란은 성질이 약간 차므로 진한 술을
조심해야 한다.

千金食治 鷄子微寒, 畏醇
酒.

본초강목 21 계란은 누런 암탉의 알이 가장 좋고, 오
골계의 알이 그 다음이다.

本草綱目 鷄卵黃雌者爲
上, 烏鷄者次之.

---

15 《本草綱目》卷48〈禽部〉"諸鷄肉", 2584쪽.
16 누창(漏瘡) : 창(瘡)에 구멍이 생겨 고름이 흐르고 냄새가 나며 오랫동안 낫지 않는 증상.
17 《本草綱目》, 위와 같은 곳.
18 심가(心瘕) : 가슴 속에 멍울 같은 덩어리가 생기는 증상.
19 충치(蟲痔) : 치질(痔疾)의 하나. 치질이 오래 되면서 벌레가 항문을 파먹어 가렵고 아프며 항문에서 피가
　　나는 병.
20 《本草綱目》卷48〈禽部〉"鷄子", 2604쪽.
21 《本草綱目》, 위와 같은 곳.

2-2) 꿩

雉

명의별록[22] 맛은 시고, 성질은 약간 차며, 독은 없다.

名醫別錄 酸, 微寒, 無毒.

일화본초[23] 성질은 평하고, 독이 약간 있다. 가을과 겨울에 먹으면 유익하고, 봄과 여름에는 독이 있다. 이질이 있는 사람은 먹어서는 안 된다.

日華本草 平, 微毒. 秋冬益, 春夏毒. 有痢人不可食.

도경본초[24] 《주례(周禮)》〈포인(庖人)〉에 "6가지 날짐승[25]을 바친다."[26]라 했는데, 꿩이 그 중 한 가지로, 역시 식품 중에서 귀한 것이다. 그러나 약간의 독이 있어서 늘 먹어서는 안 되니, 손해는 많고 유익함은 적기 때문이다.

圖經本草 《周禮·庖人》"供六禽", 雉是其一, 亦食品之貴. 然有小毒, 不可常食, 損多益少.

식료본초[27] 오래 먹으면 몸이 야윈다. 9월에서 11월 사이에는 기를 조금 보해주는 효능이 있지만, 다른 달에 먹으면 오치(五痔)와 여러 창개(瘡疥)를 일으킨다. 호두와 함께 먹어서는 안 되는데, 두풍(頭風, 편두통)·현운(眩運, 어지럼증) 및 심통(心痛)을 일으킨다. 버섯·목이버섯과 함께 먹으면 오치를 일으키고 바로 하혈을 한다. 메밀과 함께 먹으면 비충(肥蟲)[28]이 생긴다. 꿩알은 파와 함께 먹으면 촌백충(寸白蟲)이 생

食療本草 久食, 令人瘦. 九月至十一月稍有補, 他月則發五痔、諸瘡疥. 不與胡桃同食, 發頭風、眩運及心痛. 與菌蕈、木耳同食, 發五痔, 立下血. 同蕎麥食, 生肥蟲. 卵, 同蔥食, 生寸白蟲. 自死爪甲不申者, 殺

---

22 《本草綱目》卷48〈禽部〉"雉", 2615쪽.

23 《本草綱目》, 위와 같은 곳.

24 《本草綱目》, 위와 같은 곳.

25 6가지 날짐승: 안(雁, 기러기)·순(鶉, 메추라기)·안(鷃, 세가락 메추라기)·치(雉, 꿩)·구(鳩, 비둘기)·합(鴿, 집비둘기).

26 6가지……바친다:《周禮注疏》卷4〈庖人〉(《十三經注疏整理本》7, 102쪽).

27 《本草綱目》, 위와 같은 곳.

28 비충(肥蟲): 촌백충의 다른 이름.

메추라기

긴다. 저절로 죽었는데 발톱이 펴지지 않은 꿩은 사　人.
람을 죽인다.

2-3) 메추라기 | 鶉

가우본초[29] 맛은 달고, 성질은 평하며, 독은 없다.　嘉祐本草 甘, 平, 無毒.
오장을 보하고, 속을 북돋아주고, 기를 이어주며, 근　補五臟, 益中續氣, 實筋
육과 뼈를 실하게 하고, 추위와 더위를 견디게 하고,　骨, 耐寒暑, 消熱結. 酥煎
맺힌 열을 풀어준다. 수유(酥油)[30]로 지져서 먹으면 하　食, 令人下焦肥. 四月以前,
초를 살찌게 한다. 4월 이전에는 먹기에 적합하지 않　未堪食. 不可合猪肝食, 令
다. 돼지간과 함께 먹어서는 안 되는데, 먹으면 주근　人生黑子;合菌子食, 令人
깨가 생긴다. 땅버섯과 함께 먹으면 치질이 생긴다.　發痔.

2-4) 비둘기 | 鴿

식료본초[31] 흰비둘기 고기는 맛은 짜고, 성질은 따　食療本草 白鴿肉, 鹹, 暖,

---

29 《本草綱目》卷48〈禽部〉"鶉", 2622쪽.
30 수유(酥油) : 소나 양의 젖을 끓인 뒤 식혀 응고된 지방으로 만든 기름. 《정조지》 권6〈조미료〉"기름과 유
　락"에 만드는 법이 나온다. 연유(煉乳)의 전통식 물질이다.
31 《本草綱目》卷48〈禽部〉"鴿" '白鴿肉', 2624쪽.

뜻하며, 독은 없다. 정(精)을 고르게 하고 기를 북돋운다. 비록 사람에게 유익하나 많이 먹으면 약효를 감소시킨다.

無毒. 調精益氣. 雖益人, 食多則減藥力.

2-5) 참새

雀

명의별록[32] 맛은 달고, 성질은 따뜻하며, 독은 없다.

名醫別錄 甘, 溫, 無毒.

본초습유[33] 겨울 3개월 동안 먹으면 양도(陽道, 성기능)를 잘 일으켜 애를 잘 갖도록 한다.

本草拾遺 冬三月食之, 起陽道, 令人有子.

식료본초[34] 정수(精髓)에 유익하고 오장의 부족한 기를 이어주므로, 늘 먹는 것이 좋으니, 먹기를 멈춰서는 안 된다.

食療本草 益精髓, 續①五臟不足氣, 宜常食之, 不可停輟.

본초연의[35] 10월 이후부터 정월 이전에 먹는 것이 좋다. 이는 암수의 생식기능이 고요히 안정되어 아직 새지 않는 점을 취하는 것이다.

本草衍義 正月以前, 十月以後, 宜食之, 取其陰陽靜定未泄也.

약총결[36] 참새고기는 자두와 함께 먹으면 좋지 않고, 여러 동물의 간과 함께 먹어서는 안 된다. 임신부가 참새고기를 먹고 술을 마시면 자식이 대부분

藥總訣 雀肉不宜合李食, 不可同諸肝食. 妊婦食雀肉飲酒, 令子多淫 ; 食雀肉

---

32 《本草綱目》卷48〈禽部〉"雀", 2627쪽.
33 《本草綱目》, 위와 같은 곳.
34 《本草綱目》, 위와 같은 곳.
35 《本草綱目》卷48〈禽部〉"雀", 2627쪽.
36 《本草綱目》, 위와 같은 곳.
① 續 : 저본에는 "縮".《本草綱目·禽部·雀》에 근거하여 수정.

촉새

음란해진다. 참새고기를 두장(豆醬, 콩장)에 먹으면
자식의 얼굴에 기미가 낀다. 일반적으로 백출을 복
용하는 사람은 참새고기를 금해야 한다.

豆醬, 令子面䵟. 凡服白朮
人忌之.

2-6) 촉새[蒿雀]

蒿雀

본초습유 [37] 촉새는 참새처럼 검푸르고 쑥대[蒿] 사
이에 있는 새로, 먹어보면 다른 참새 종류보다 맛이
좋다. 맛은 달고, 성질은 따뜻하며, 독은 없다. 양
도(陽道)의 기를 북돋우고, 정수를 보한다.

本草拾遺 蒿雀似雀靑黑
色, 在蒿間, 食之美於諸
雀. 甘, 溫, 無毒. 益陽道,
補精髓.

2-7) 멧비둘기

斑鳩

가우본초 [38] 맛은 달고, 성질은 평하며, 독은 없다.
눈을 밝게 한다. 많이 먹으면 기를 북돋우고 남녀의
성기능을 돕는다.

嘉祐本草 甘, 平, 無毒.
明目. 多食, 益氣助陰陽.

본초연의 [39] 오래 병을 앓아 기가 허한 사람이 먹으
면 기를 보한다.

本草衍義 久病虛損人食
之, 補氣.

---

37 《本草綱目》卷48〈禽部〉"蒿雀", 2631쪽.
38 《本草綱目》卷48〈禽部〉"斑鳩", 2651쪽.
39 《本草綱目》, 위와 같은 곳.

2-8) 거위

鵝

명의별록[40] 맛은 달고, 성질은 평하며, 독은 없다. 오장을 통하게 한다.

名醫別錄 甘, 平, 無毒. 利五臟.

일화본초[41] 흰 거위는 맛은 맵고, 성질은 서늘하며, 독은 없다. 푸른 거위는 성질은 냉하고, 독이 있다. 창종(瘡腫, 헌데가 생겨서 부은 것)을 일으킨다.

日華本草 白鵝辛, 涼, 無毒 ; 蒼鵝冷, 有毒. 發瘡腫.

식료본초[42] 거위고기는 성질이 냉하다. 많이 먹으면 곽란이 나고 고질병을 일으킨다.

食療本草 鵝肉, 性冷. 多食, 令人霍亂發痼疾.

삼원연수참찬서[43] 어린 거위는 독이 있으니, 늙은

延壽書 ② 嫩鵝毒, 老鵝

거위

---

40 《本草綱目》卷47〈禽部〉"鵝", 2563쪽.
41 《本草綱目, 위와 같은 곳.
42 《本草綱目》, 위와 같은 곳.
43 《本草綱目》, 위와 같은 곳.
② 壽 : 저본에는 "書". 오사카본·규장각본·《本草綱目·禽部·鵝》에 근거하여 수정.

거위가 좋다.

良.

본초강목[44] 거위는 향과 맛이 모두 진하여 풍과 창(瘡)을 일으키는 작용이 이보다 심한 것이 없다. 불에 훈연한 것은 더욱 독하다.《본초》에 "성질은 서늘하고, 오장을 통하게 한다."라 한 말은 틀렸다.

本草綱目 鵝氣味俱厚, 發風發瘡, 莫此爲甚, 火熏者尤毒.《本草》謂"性涼, 利五臟", 誤矣.

식물본초[45] 거위알은 성질이 따뜻하다. 속을 보하며, 기를 북돋우고, 오장을 보한다. 많이 먹으면 고질병을 도지게 한다.

食物本草 鵝卵溫. 補中益氣, 補五臟. 多食, 發痼疾.

2-9) 집오리

家鴨

명의별록[46] 맛은 달고, 성질은 냉하며, 독이 약간 있다. 허한 것을 보하고, 객열을 제거하며, 장부를 조화롭게 하고, 수도(水道)를 통하게 한다.

名醫別錄 甘, 冷, 微毒. 補虛, 除客熱, 和臟腑, 利③水道.

약총결[47] 누런 암컷 집오리는 보하는 효능이 가장 좋다. 집오리알은 자라고기·자두와 함께 먹어서는 안 되니, 먹으면 몸을 해친다. 오디와 함께 먹으면 아이를 낳을 때 순산하지 못한다.

藥總訣 黃雌鴨爲補最勝. 鴨卵不可合於鼈肉、李子食, 害人. 合椹食, 令生子不順.

식료본초[48] 흰 집오리의 고기가 가장 좋고, 검은 집

食療本草 白鴨肉最良, 黑

---

44 《本草綱目》卷47〈禽部〉"鵝", 2564쪽.
45 《食物本草》卷下〈禽類〉"鵝肉", 45쪽.
46 《本草綱目》卷47〈禽部〉"鶩", 2569쪽.
47 《本草綱目》卷47〈禽部〉"鶩", 2569~2570쪽.
48 《本草綱目》, 위와 같은 곳.
③ 利: 저본에는 "及".《本草綱目·禽部·鶩》에 근거하여 수정.

오리의 고기는 독이 있다. 속을 매끄럽게 하여 냉리 (冷利)[49]를 일으킨다. 각기병이 있으면 먹어서는 안 된다. 눈이 흰 집오리의 고기는 사람을 죽인다. 알은 많이 먹으면 냉기를 일으키고, 숨이 가빠지고 등이 답답해진다. 어린아이가 많이 먹으면 다리가 연약해진다. 소금에 절여 먹으면 몸에 좋다.

鴨肉有毒. 滑中, 發冷利. 脚氣, 不可食. 目白者殺人. 卵多食, 發冷氣, 令人氣短背悶. 小兒多食, 脚軟. 鹽藏食之, 卽宜人.

일용본초 [50] 장풍(腸風)[51]이 있어 하혈하는 사람은 먹어서는 안 된다.

日用本草 腸風下血人不可食.

본초강목 [52] 어린 집오리는 독이 있으니 늙은 집오리가 좋다. 꽁무니살은 먹어서는 안 된다는 내용[53]이 《예기》에 보인다. 《격물론(格物論)》[54]에, "오리가 중양절 후에야 살지고 맛이 좋다. 청명(淸明) 후에 알을 낳으면 알의 속이 함몰되어 가득 차지 않는다."[55]라 했다.

本草綱目 嫩者毒, 老者良. 尾膥不可食, 見《禮記》. 《格物論》云 : "鴨重陽后, 乃肥腯味美, 淸明后生卵, 則內④陷不滿."

식성본초 [56] 오리알은 창독(瘡毒)이 생긴 사람이 먹으면 궂은살이 돋아난다.

食性本草 鴨卵生瘡毒者食之, 令惡肉突出.

---

49 냉리(冷利) : 이질의 한 종류. 주로 무더운 날에 날것과 찬 음식을 지나치게 먹어 찬 기운이 속에 몰려 비장의 양기를 상해서 생긴다.

50 《本草綱目》卷47 〈禽部〉 "鶩", 2569쪽.

51 장풍(腸風) : 치질의 일종. 대변을 볼 때 피가 쏟아지는 증상. 《동의보감(東醫寶鑑)》에서는 밖으로부터 풍습사기(風濕邪氣)를 받아서 생긴다고 하였다.

52 《本草綱目》卷47 〈禽部〉 "鶩", 2568~2569쪽.

53 꼬리와……된다 : 《禮記正義》卷28 〈內則〉(《十三經注疏整理本》14, 990쪽).

54 격물론(格物論) : 미상.

55 오리가……않는다 : 출전 확인 안 됨.

56 《本草綱目》卷47 〈禽部〉 "鶩", 2570쪽.

④ 內 : 저본에는 "肉". 《本草綱目·禽部·鶩》에 근거하여 수정.

2-10) 들오리

식료본초[57] 맛은 달고, 성질은 서늘하며, 독은 없다. 속을 보하고 기를 북돋우며, 위를 편안하게 하고 밥을 잘 소화시킨다. 9월 이후에서 입춘 이전까지 먹기에 알맞고 병자에게 매우 유익하다. 집오리보다 월등히 나은 점은 성질은 비록 차지만 기를 동하게 하지는 않는 것이다.

일화본초[58] 호두·목이버섯·두시(豆豉)와 함께 먹어서는 안 된다.

2-11) 능에[59]

음선정요[60] 기가 허한 사람을 보하고 북돋우며 풍과 저린 기운을 제거한다.

본초강목[61] 《예기》에 "능에의 욱(奧)은 먹지 않는다."[62]라 했다. 욱(奧)은 처녑[63]이니 매우 깊숙한 부분[奧]의 장부이다.

2-12) 백조

식물본초[64] 맛은 달고, 성질은 평하며, 독은 없다. 성

野鴨

食療本草 甘, 涼, 無毒. 補中益氣, 平胃消食. 九月以後立春以前, 卽中食, 大益病人. 全勝家者, 雖寒不動氣.

日華本草 不可合胡桃、木耳、豆豉同食.

鴇

飮膳正要 補益虛人, 去風、痺氣.

本草綱目 《禮記》: "不食鴇奧." 奧者, 膍胵也, 深奧之處.

天鵝

食物本草 甘, 平, 無毒.

---

57 《本草綱目》卷47〈禽部〉"鳧", 2571쪽.
58 《本草綱目》, 위와 같은 곳.
59 능에 : 두루미목 느시과의 대형 조류로, 천연기념물 제206호로 지정되어 있다.
60 《本草綱目》卷47〈禽部〉"鴇", 2568쪽.
61 《本草綱目》, 위와 같은 곳.
62 능에의……않는다 : 《禮記正義》, 위와 같은 곳.
63 처녑 : 반추동물의 겹주름위.
64 《食物本草》卷下〈禽類〉"天鵝", 51쪽.

질이 냉하니, 소금에 절여 구워 먹으면 맛이 좋다.

性冷, 醃炙佳.

본초강목[65] 사람의 기력을 북돋우고, 장부를 통하게 한다.

本草綱目 益人氣力, 利臟腑.

2-13) 기러기

본초[66] 맛은 달고, 성질은 평하며, 독은 없다.

雁

本草 甘, 平, 無毒.

일화본초[67] 오래 먹으면 기를 돕고 근육과 뼈를 튼튼하게 한다.

日華本草 久食, 助[5] 氣壯筋骨.

천금식치[68] 7월에는 기러기를 먹지 말아야 하니, 정신을 상하게 한다. 《예기》에 "기러기를 먹을 때 신장을 제거하고 먹는다."[69]라 했는데, 이는 사람에게 이롭지 않기 때문이다.

千金食治 七月勿食雁, 傷人神. 《禮》云"食雁去腎", 不利人也.

안 《식물본초》에, "6월에는 기러기를 먹지 말아야 한다."라고 되어 있다.[70]

案 《食物本草》作"六月勿食雁".

---

65 《本草綱目》卷47〈禽部〉"鵠", 2567쪽.
66 《本草綱目》卷47〈禽部〉"雁", 2566쪽.
67 《本草綱目》, 위와 같은 곳.
68 《本草綱目》, 위와 같은 곳.
69 기러기를……먹는다:《禮記正義》, 위와 같은 곳.
70 《食物本草》卷下〈禽類〉"雁", 48쪽.
[5] 助: 저본에는 "動".《本草綱目·禽部·雁》에 근거하여 수정.

7. 물고기(어류)

魚類

1) 물고기에 대한 총론

總魚

해산물은 모두 곽란을 일으킨다. 많이 먹으면 토하고 설사를 한다. 《황제내경소문》에 "물고기는 속을 뜨겁게 한다."[1]라 했다. 주진형(朱震亨)은 "물고기는 물속에 있으면서 한순간도 쉬지 않으므로 그것을 먹으면 화(火)를 요동시킨다."라 했다. 《맹자(孟子)》에 "물고기를 버려두고 곰발바닥을 취하겠다."[2]라 했다. 이런 말들은 진실로 이유가 있어서일 것이니, 물고기를 먹는 사람은 절제해야 한다. 《식물본초》[3]

絶海産皆發霍. 多食, 令吐利. 《素問》曰: "魚熱中." 丹溪曰: "魚在水, 無一息之停, 食之, 動火." 《孟子》曰 "舍魚而取熊掌", 良有以也. 食者節焉. 《食物本草》

눈에 눈꺼풀이 있어 눈을 떴다 감았다 할 수 있는 것과 두 눈이 같지 않은 것은 모두 사람을 죽인다. 비늘이 이어진 것도 사람을 죽인다. 비늘이 없는 물고기는 독이 있다. 수염이 흰 것과 배 아래에 단(丹)자가 있는 것은 사람을 죽인다. 시내나 계곡의

魚目有睫目得開合, 二目不同, 竝殺人. 連鱗者殺人. 無鱗者有毒. 白鬚及腹下丹字殺人. 溪澗沙石中生者有毒, 多在腦中, 不得食

---

1 물고기는……한다: 《黃帝內經素問》卷4〈異法方宜論〉《黃帝內經素問語譯》, 75쪽.
2 물고기를……취하겠다: 《孟子》〈告子〉上(《十三經注疏整理本》25, 363쪽).
 "고기도 먹고 싶고 곰발바닥도 먹고 싶지만 모두 먹을 수 없다면 고기를 버리고 곰발바닥을 취할 것이다. 생명도 보전하고 싶고 의리도 취하고 싶지만 두 가지를 겸할 수 없을 경우 생명을 버리고 의리를 취하겠다.(魚我所欲也, 熊掌亦我所欲也, 二者不可得兼, 舍魚而取熊掌者也. 生亦我所欲也, 義亦我所欲也, 二者不可得兼, 舍生而取者也.)"라 한 말에서 원용하였다.
3 《食物本草》〈魚類〉"魚鮓", 71쪽.

모래나 돌 사이에 사는 것은 독이 있는데, 대부분 뇌 속에 독이 있으므로 머리를 먹어서는 안 된다. 일반적으로 생선국에 순무를 넣어 끓이는 것은 순무가 물고기의 비린내를 제거하기 때문이다. 《본초습유》[4]

頭. 凡魚羹以蔓菁煮之, 蔓菁去魚腥.《本草拾遺》

눈이 서로 붙어 있는 물고기는 먹어서는 안 된다. 《금궤요략방론》[5]

魚目合者不可食.《金匱要略方》

눈이 서로 흰 물고기는 먹어서는 안 된다. 눈이 붉은 물고기로 젓갈을 담아 먹으면 몸을 해친다. 비늘이 붉은 것은 먹어서는 안 된다. 아가미가 온전하지 않은 것은 옹저(癰疽)를 일으킨다【안 《식료본초》에는 "아가미가 없는 물고기는 사람을 죽인다."[6]라 했다】.

魚白目不可食. 目赤者作鮓食之, 害人. 赤鱗者不可食. 無全鰓, 發癰疽【案《食療本草》, "魚無鰓者殺人"】.

뿔이 있는 물고기를 먹으면 가슴을 두근거리게 해서 몸을 해친다. 장과 쓸개가 없는 물고기를 3년 동안 먹으면, 남자는 발기부전 상태가 되고 부인은 낙태하게 된다. 검은 점이 있는 물고기는 먹으면 안 된다. 일체의 물고기꼬리는 먹으면 몸에 보탬이 안 되고, 많이 먹으면 구부러진 가시가 목구멍에 걸리는 경우가 있다. 일체의 물고기를 채소와 함께 먹으면 회충과 요충이 생긴다. 《비급천금요방》[7]

魚有角食之, 發心驚害人. 魚無腸膽, 食之三年, 丈夫陰痿不起, 婦人絶孕. 魚身有黑點者不可食. 一切魚尾食之, 不益人, 多食, 有句骨著人咽. 一切魚共菜食之, 作蛔蟲、蟯蟲.《千金要方》

---

4 출전 확인 안 됨;《本草綱目》卷44〈鱗部〉"諸魚有毒", 2487쪽.
5 《金匱要略方論》〈禽獸魚蟲禁忌幷治〉14(《張仲景全書》, 515쪽).
6 아가미가……죽인다:《本草綱目》, 위와 같은 곳.
7 《備急千金要方》卷26〈食治〉"鳥獸" '鯽魚'(《孫思邈醫學全書》, 484쪽)

눈이 붉은 물고기는 회를 쳐서 먹으면 물고기기 생충이 생긴다. 물고기의 배에 기름덩이처럼 흰 것이 있는 것은 먹으면 발저(發疽)[8]를 일으킨다. 《소씨 제병원후총론》[9]

물고기의 머리에서 등뼈까지 꿰어놓은 진주처럼 순백색을 띠는 것은 먹으면 사람을 죽인다. 등이 흰 물고기는 먹으면 안 된다. 수염이 없는 물고기를 먹으면 나병을 일으킨다. 땅에 던졌는데도 흙이 묻지 않는 물고기는 먹으면 안 된다. 일반적으로 물고기는 가마우지고기와 함께 먹으면 안 된다 【안《식료본초》에는 "물고기즙은 가마우지고기와 함께 먹으면 안 된다."[10]라 했다】. 오골계고기와 함께 먹으면 안 된다 【안《금궤요략방론》에는 "물고기는 닭고기와 함께 먹을 수 없다."[11]라 했다】. 일반적으로 물고기를 날로 먹은 후에 곧 유락(乳酪)[12]을 마시면 회충이 발동하니, 그러면 사람의 정기가 손상되고 허리와 다리가 욱신거리며 약해진다. 《식금방》[13]

魚赤目作鱠食之, 生魚瘕. 魚腹內有白如膏, 食之發疽.《巢氏病源》

魚頭正白如連珠至脊上, 食之殺人. 白背者不可食. 無鬚者食之, 發癩. 投地塵上不汚者, 不可食. 凡魚不可合鸕鷀肉食【案《食療本草》:"魚汁不可合鸕鷀肉食"】. 不可合烏鷄肉食【案《金匱要略方》:"魚不得合鷄肉食"】. 凡食生魚後, 卽飮乳[1]酪, 發動則損人精氣, 腰脚疼弱.《食禁方》

---

8 발저(發疽): 피부에 여러 개의 고름집이 벌집처럼 생기고 온몸이 춥고 떨리면서 머리가 무겁고 아프며 잘 낫지 않는 증상. 밖으로부터 사기를 받거나 몸안에 습열독(濕熱毒)이 머물러 있어 영위(營衛)가 조화되지 못하고 기혈이 뭉쳐서 생긴다.
9 출전 확인 안 됨.
10 물고기즙은……된다: 출전 확인 안 됨.
11 물고기는……없다:《金匱要略方論》〈禽獸魚蟲禁忌幷治〉24 (《張仲景全書》, 515쪽).
12 유락(乳酪): 우유를 발효시켜 만든 음료.
13 출전 확인 안 됨.
[1] 乳: 저본에는 "魚".《外臺秘要方·寸白蟲方一十九首》에 근거하여 수정.

물고기를 익히지 않고 먹으면 가(瘕)[14]가 생긴다. 《용어하도》[15]

비늘이 없는 물고기를 먹고 형개(荊芥)[16]를 먹으면 안 되니, 먹으면 몸을 해친다. 《쇄쇄록》[17]

2) 세부 항목
2-1) 잉어
본초[18] 맛은 달고, 성질은 평하며, 독은 없다.

본초연의[19] 잉어는 지극한 음물(陰物)로, 그 비늘이 36개이다. 음이 극에 달하면 양이 다시 생겨난다. 그러므로 《황제내경소문》에 "잉어는 속을 뜨겁게 한다."라 했다. 《맥결(脈訣)[20]》에 "뜨거운 음식은 풍을

魚不熟食之, 成瘕. 《龍魚河圖》

食無鱗魚, 不可喫荊芥, 害人. 《瑣碎錄》

條開
鯉
本草 甘, 平, 無毒.

本草衍義 鯉至陰之物, 其鱗三十六. 陰極則陽復. 故《素問》言: "魚熱中." 《脈訣》[2]言: "熱則生風", 食

---

14 가(瘕) : 식적(食積)으로 인하여 복부에 적괴(積塊)가 형성된 것으로, 혈증(血症)으로 인해 생긴 징(癥)은 단단하면서 이동하지 않는 데 반해, 가(瘕)는 단단하면서 이동한다.

15 출전 확인 안 됨.

16 형개(荊芥) : 꿀풀과 식물 전초를 말린 약재. 여름철 꽃이 필 때 전초를 베어 바람이 잘 통하는 그늘에서 말린다. 맛은 맵고 쓰며 성질은 따뜻하다. 폐경(肺經)·간경(肝經)에 작용한다.

17 출전 확인 안 됨.

18 《神農本草經疏》卷20〈蟲魚部上品〉"鯉魚胆"(《繆希雍醫學全書》, 294쪽) ; 《本草綱目》卷44〈鱗部〉"鯉魚", 2423쪽.

19 《本草衍義》卷17〈鯉魚〉(《本草衍義》, 117쪽) ; 《本草綱目》, 위와 같은 곳.

20 맥결(脈訣) : 맥학(脈學)에 관한 책. 중국 송(宋)나라 최가언(崔嘉彦)이 지었다. 딴 이름은 《최씨맥결(崔氏脈訣)》·《최진인맥결(崔眞人脈訣)》·《자허맥결(紫虛脈訣)》이다. 알기 쉽게 사언가결(四言歌訣)의 형식으로 맥학의 내용과 이치를 밝힌 책으로 맥학을 처음으로 배우는 이들이 배우고 외우기에는 매우 편리하다. 내용은 부(浮)·침(沈)·지(遲)·삭(數)을 근본으로 삼고 풍(風)·기(氣)·냉(冷)·열(熱)을 병의 주요한 원인으로 여긴다는 이론을 가지고 맥(脈)을 설명하였다. 후대 의학에 상당한 영향을 끼쳤는데 명(明)나라 이언문(李言聞)은 일찍이 보충·교정하여 이름을 《사언거요(四言擧要)》로 고치고, 이시진(李時珍)은 그의 《빈호맥학(瀕湖脈學)》속에 끼워 넣었다. 다만, 인용된 내용은 《脈訣》에서 확인 되지 않고, 《본초연의(本草衍義)》권17〈리어(鯉魚)〉에는 왕숙화(王叔和)의 말로 기록되어 있다.

[2] 脈訣 : 《本草衍義·鯉魚》에는 "王叔和".

일으킨다."[21]라 했으니, 먹으면 풍열(風熱, 풍사와 열사)을 일으키는 경우가 많다. 가족력으로 풍이 있는 사람이 먹으면 그에게 끼치는 화가 무궁하다.

之, 多能[3]發風熱. 風家食之, 貽禍無窮.

식료본초[22] 잉어는 등뼈 위의 양쪽 힘줄과 검은 피에 독이 있다. 따라서 잉어를 다룰 때에는 등뼈 위의 양쪽 힘줄과 검은 피의 독을 제거하면 된다. 시내와 계곡 사이에 사는 잉어는 독이 뇌 속에 있으므로 먹으면 더욱 안 된다. 일반적으로 잉어를 구울 때에는 연기가 사람의 눈으로 들어가게 해서는 안 된다. 눈에 들어가면 시력을 손상시킨다는 사실을 3일 안에 반드시 확인하게 된다. 전염병을 앓은 후에 설사를 하거나 적취가 있는 이는 모두 먹으면 안 된다. 천문동(天門冬)[23]·주사(硃砂)[24]를 복용한 사람은 먹으면 안 된다. 개고기 및 아욱과 함께 먹으면 안 된다.

食療本草 鯉脊上兩筋及黑血有毒. 修理鯉魚, 可去脊上兩筋及黑血毒. 溪澗中者毒在腦, 尤不可食. 凡炙鯉魚, 不可使煙入目, 損目光, 三日內必驗也. 天行病後下痢及宿癥, 俱不可食. 服天門冬、硃砂人, 不可食. 不可合犬肉及葵菜食.

비급천금요방[25] 계피를 먹은 뒤에 잉어를 먹으면 몸을 해친다.

千金要方 食桂竟食鯉, 害人.

식금방[26] 잉어는 산흰쑥·갈대와 함께 국을 끓이면 안 된다. 잉어알은 돼지간과 함께 먹으면 안 되니 몸

食禁方 鯉不可合繁、葦作羹. 鯉子不可合猪肝食, 害

---

21 출전 확인 안 됨.
22 《食療本草》卷中 "鯉魚", 92~93쪽;《本草綱目》, 위와 같은 곳.
23 천문동(天門冬): 천문동의 덩이뿌리로서, 뜨거운 물로 삶거나 찐 뒤에 겉껍질을 제거하고 말린 약재.
24 주사(硃砂): 붉은색을 띠는 광물로, 주로 붉은색을 내는 염료로 사용된다.
25 《備急千金要方》卷26〈食治〉"鳥獸" '鯉魚肉'(《孫思邈醫學全書》, 484쪽)
26 출전 확인 안 됨.
③ 多能:《本草衍義·鯉魚》에는 "所以多".

을 해친다.

人.

약총결[27] 잉어젓갈은 콩잎과 함께 먹으면 안 되니, 소갈병이 생긴다.

藥總訣 鯉鮓不可合豆藿食, 乃成消渴.

석성금 식감본초[28] 일체의 풍병 및 옹저·창개·학질·이질에는 모두 먹으면 안 된다.

石氏 食鑑本草 一切風病及癰疽、瘡疥、瘕痢, 俱不可食.

2-2) 붕어

鯽

명의별록[29] 맛은 달고, 성질은 따뜻하며, 독은 없다.

名醫別錄 甘, 溫, 無毒.

본초습유[30] 갖은 양념을 하여 삶아 먹으면 허하여 야윈 증상을 주치한다.

本草拾遺 合五味煮食, 主虛羸.

일화본초[31] 속을 따뜻하게 하고 기를 내린다.

日華本草 溫中下氣.

본초연의보유[32] 다른 물고기는 화(火)에 속하지만, 유독 붕어는 토(土)에 속하여 위를 조화시키고 장을 튼튼하게 하는 효능이 있다. 만약 많이 먹으면 역시 화를 요동시킬 수 있다.

本草衍義補遺 諸魚屬火, 獨鯽魚屬土, 有調胃實腸之功. 若多食, 亦能動火.

---

27 《本草綱目》卷44〈鱗部〉"鯉魚", 2425쪽.
28 《傳家寶》卷28〈食鑑本草〉"鱗" '鯉', 1037쪽.
29 《本草綱目》卷44〈鱗部〉"鯽魚", 2439쪽.
30 《本草綱目》, 위와 같은 곳.
31 《本草綱目》, 위와 같은 곳.
32 《本草綱目》卷44〈鱗部〉"鯽魚", 2440쪽.

식료본초[33] 순채와 함께 국을 끓이면, 위장이 약하여 소화시키지 못하는 증상을 주치하고, 속을 조화시키며, 오장에 유익하다. 마늘과 함께 먹으면 열을 줄인다. 설탕과 함께 먹으면 감충(疳蟲)[34]이 생긴다. 겨자와 함께 먹으면 종기가 난다. 돼지간·닭고기·꿩고기·사슴고기·원숭이고기와 함께 먹으면 악창이 생긴다. 맥문동과 함께 먹으면 몸을 해친다.

食療本草 合蓴作羹, 主胃弱不下食, 調中益五臟. 和蒜食, 少熱. 同沙糖食, 生疳蟲. 同芥菜食, 成腫疾. 同猪肝、鷄肉、雉肉、鹿肉、猴肉食, 生癰疽. 同麥門冬食, 害人.

식금방[35] 오골계고기와 함께 먹으면 안 되는데, 저(疽)를 일으킨다.

食禁方 不可合烏鷄肉食, 令人發疽.

2-3) 숭어

鯔

개보본초[36] 맛은 달고, 성질은 평하며, 독은 없다. 식욕을 돋우고 오장을 통하게 하며 몸을 살찌고 건강하게 한다. 온갖 약들과 함께 먹어도 괜찮다.

開寶本草 甘, 平, 無毒. 開胃, 通[4]利五臟, 令人肥健. 與百藥無忌.

식료본초[37] 숭어를 오래 먹으면 몸을 살찌고 건강하게 한다.

食療本草 鯔魚久食, 令人肥健.

---

33 《食療本草》卷中 "鯉魚", 90쪽 ; 《本草綱目》卷44 〈鱗部〉 "鯽魚", 2439쪽.
34 감충(疳蟲) : 감질(疳疾)의 하나. 비위(脾胃)의 기능 장애로 몸이 여위는 병증. 음식을 잘못 섭취하여 기생충, 육음(六淫), 역독(疫毒) 등으로 비위가 상해서 생긴다.
35 출전 확인 안 됨.
36 《本草綱目》卷44 〈鱗部〉 "鯔魚", 2432쪽.
37 《本草綱目》, 위와 같은 곳.
[4] 通 : 저본에는 없음. 《本草綱目·鱗部·鯔魚》에 근거하여 보충.

쏘가리

증보산림경제(增補山林經濟)[38][39] 숭어는 사람에게 매우 유익하여 탕·회·구이 및 소금에 절인 것 모두 알맞지 않은 음식이 없다.

增補山林經濟 鯔魚甚益人, 湯, 膾, 炙及鹽藏, 無所不宜.

2-4) 쏘가리

개보본초[40] 맛은 달고, 성질은 평하며, 독은 없다. 기력을 북돋아주고 몸을 살찌고 건강하게 한다.

鱖

開寶本草 甘, 平, 無毒. 益氣力, 令人肥健.

식료본초[41] 허로(虛勞)를 보하고 비장과 위장에 유익하다.

食療本草 補虛勞, 益脾胃.

2-5) 농어

본초연의[42] 먹으면 몸에 좋다. 비록 독이 조금 있으

鱸

本草衍義 食之宜人. 雖有

---

38 증보산림경제(增補山林經濟): 유중림(柳重臨, 1705~1771)이 홍만선(洪萬選, 1643~1715)의 《산림경제(山林經濟)》를 증보하여 1766년에 편찬한 유서(類書). 복거(卜居)·치농(治農)·종수(種樹)·양화(養花)·양잠(養蠶)·목양(牧養)·치포(治圃)·섭생(攝生)·치선(治膳)·구황(救荒)·가정(家庭)·구사(救嗣)·구급(救急)·증보사시찬요(增補四時纂要)·사가점후(四家占候)·선택(選擇)·잡방(雜方)·동국산수록(東國山水錄)·남사고십승보신지(南師古十勝保身地)·동국승구록(東國勝區錄) 등 23항목으로 구성되며, 《임원경제지(林園經濟志)》 편찬의 근간이 되었다.

39 《增補山林經濟》卷9〈治膳〉"鯔魚"(《農書》4, 135쪽).

40 《本草綱目》卷44〈鱗部〉"鱖魚", 2445쪽.

41 《本草綱目》, 위와 같은 곳.

42 《本草衍義》卷17〈鱸漁〉, 123쪽;《本草綱目》, 위와 같은 곳.

나 심한 병을 일으키지는 않는다.　　　　　　小毒, 不甚發病.

식료본초 43 속을 보한다. 회를 쳐서 먹으면 더욱 좋　　食療本草 補中, 作鱠尤
다.　　　　　　　　　　　　　　　　　　　佳.

가우본초 44 많이 먹으면 현벽(痃癖)45·창종(瘡腫)을　　嘉祐本草 多食, 發痃癖、
일으킨다. 유락(乳酪)과 함께 먹으면 안 된다.46　　瘡腫. 不可同乳酪食.

식금방 47 농어의 간은 독이 있어, 먹으면 그 독에　　食禁方 鱸魚肝有毒, 食之
중독되어 얼굴의 피부가 벗겨진다.　　　　　　中其毒, 面皮剝落.

증보산림경제 48 봄·가을에는 맛이 매우 좋으나, 여　　增補山林經濟 春秋味絶
름에는 너무 살이 쪄서 맛이 느끼하므로 오히려 좋　　美, 夏月太肥, 膩味反不
지 않다.　　　　　　　　　　　　　　　　　美.

2-6) 준치　　　　　　　　　　　　　　　鰣

식료본초 49 맛은 달고, 성질은 평하며, 독은 없다.　　食療本草 甘, 平, 無毒.
허로(虛勞)를 보하지만 감고(疳痼)50를 일으킨다.　　補虛勞, 發疳痼.

---

43 《食療本草》卷中〈鱸魚〉, 100쪽.
44 《本草綱目》, 위와 같은 곳.
45 현벽(痃癖) : 적취(積聚)의 하나. 배꼽 부위와 늑골 아래에 덩이가 생긴 것을 통틀어 가리키는 말이다. 음
　식 조절을 잘못하여 비위(脾胃)가 상하거나 한담(寒痰)·기혈(氣血)이 몰려서 생긴다. 현(痃)과 벽(癖)은
　같지 않다. 《동의보감(東醫寶鑑)》에 현은 배꼽 양 옆에 팔뚝같기도 하고 손가락만 하기도 하며 때로 활줄
　같기도 한 한 줄기의 줄이 생겨서 켕기고 아픈 것이고, 벽은 이런 증세가 양 옆구리에 생겨 때때로 아픈 것
　이라 했다.
46 《本草綱目》, 위와 같은 곳.
47 출전 확인 안 됨.
48 《增補山林經濟》卷9〈治膳〉"鱸魚"(《農書》4, 136쪽).
49 《食療本草》卷中"鰣魚", 102쪽 ; 《本草綱目》卷44〈鱗部〉"鰣魚", 2437쪽.
50 감고(疳痼) : 고질적인 감질(疳疾).

본초강목[51] 삶는 것은 좋지 않고, 오직 죽순·비름·미나리·억새 등을 넣어 비늘이 붙은 채로 쪄서 먹어야만 좋다. 또 술지게미에 담가도 좋다.

本草綱目 不宜烹煮, 惟以筍莧·芹荻之屬, 連鱗蒸食乃佳. 亦可糟藏.

2-7) 가물치

본초[52] 맛은 달고, 성질은 차며, 독은 없다. 창(瘡)이 있는 사람은 먹으면 안 되니, 몸에 하얀 흉터를 남기기 때문이다.

鱧

本草 甘, 寒, 無毒. 有瘡者不可食, 令人瘢白.

명의별록[53] 독이 조금 있어 몸에 무익하고 먹기에 알맞지 않다.

名醫別錄 有小毒, 無益, 不宜食之.

2-8) 메기

명의별록[54] 맛은 달고 성질은 따뜻하며 독은 없다.

鮎

名醫別錄 甘, 溫, 無毒.

식료본초[55] 비늘이 없으며 독이 있으니, 많이 먹지 말아야 한다.

食療本草 無鱗, 有毒, 勿多食.

도경본초[56] 성질은 차고, 독이 있으니, 좋은 품등이 아니다. 눈이나 수염이 붉거나 아가미가 없는 메기는 모두 사람을 죽인다. 소의 간과 함께 먹으면 안

圖經本草 寒而有毒, 非佳品也. 赤目·赤鬚·無鰓者, 竝殺人. 不可合牛肝食, 令

---

51 《本草綱目》, 위와 같은 곳.
52 출전 확인 안 됨;《本草綱目》卷44〈鱗部〉"鱧魚", 2452쪽.
53 출전 확인 안 됨;《本草綱目》, 위와 같은 곳.
54 《名醫別錄》〈上品〉"鮧魚", 86쪽;《本草綱目》卷44〈鱗部〉"鮧魚", 2460쪽.
55 《食療本草》卷中 "鮎魚", 90쪽;《本草綱目》, 위와 같은 곳.
56 《圖經本草》〈蟲魚〉"鮑漁" 479쪽;《本草綱目》卷44〈鱗部〉"鮧魚", 2461쪽.

되는데, 풍병(風病)을 앓게 하거나 열격(噎膈)[57]을 일
으킨다. 멧돼지고기와 함께 먹으면 안 되니, 토하고
설사하게 한다.

人患風噎[5]. 不可合野猪
肉食, 令人吐瀉.

약총결[58] 사슴고기와 함께 먹으면 안 되는데, 근육
과 손발톱을 수축하게 한다.

藥總訣 不可合鹿肉食, 令
人筋甲縮.

2-9) 조기

개보본초[59] 맛은 달고, 성질은 평하며, 독은 없다.
위를 열어주고, 기운을 북돋아준다.

石首魚

開寶本草 甘, 平, 無毒.
開胃益氣.

본초강목[60] 말린 조기는 '굴비[鮝魚]'라 한다. 음식을
소화시키고, 장위를 다스린다.

本草綱目 乾者名"鮝魚".
消食, 理腸胃.

2-10) 복어

본초습유[61] 바다에 사는 것은 독이 강하고, 강에 사
는 것은 그 다음이다. 삶을 때 노구솥표면에 붙으면
안 되므로 무언가로 매달아 삶아야 한다.

河豚

本草拾遺 海中者大毒, 江
中者次之. 煮之不可近鍋,
當以物懸之.

본초연의[62] 복어는 강한 독이 있어, 비록 진미이지

本草衍義 河豚有大毒, 味

---

57 열격(噎膈): 기혈이 횡경막에 막혀 음식이 넘어가지 않고 넘어갔다가 도로 토하는 증세.
58 출전 확인 안 됨;《本草綱目》, 위와 같은 곳.
59 《本草綱目》卷44〈鱗部〉"石首魚", 2434쪽.
60 《本草綱目》, 위와 같은 곳.
61 《本草綱目》卷44〈鱗部〉"河豚", 2466쪽.
62 《本草衍義》卷17〈河豚〉, 122~123쪽.
[5] 噎: 저본에는 "嗑嗌".《圖經本草·蟲魚·鮑漁》·《本草綱目·鱗部·鮧魚》에 근거하여 수정.

만 다루는 방법이 잘못된 복어는 먹으면 사람을 죽인다. 장수하고자 하는 자는 멀리하는 게 좋다.

雖珍美, 修治失法, 食之殺人. 厚生者宜遠之.

본초강목[63] 삶을 때 그을음이 국물 속에 떨어지는 것을 조심해야 한다. 형개(荊芥)·국화·도라지·감초·부자·오두와는 서로 맞지 않으며, 물억새순·물쑥·독채(禿菜)[64]와는 맞고, 감람나무·사탕수수·꼭두서니뿌리·분즙(糞汁, 똥물)은 조심해야 한다.

本草綱目 煮忌煤炱落中, 與荊芥、菊花、桔梗、甘草、附子、烏頭相反, 宜荻筍、蔞蒿、禿菜, 畏橄欖、甘蔗、蘆根、糞汁.

도종의(陶宗儀)[65]의 《철경록(輟耕錄)[66]》을 살펴보면, "일반적으로 복어를 먹고 하루 안에 탕약을 복용하면 안 되니, 탕약에 형개가 들어 있어서 두 재료의 성질이 서로 매우 맞지 않을까 두려워해서이다."[67]라 했다. 《물류상감지》에는 "일반적으로 복어를 삶을 때는 형개를 써서 함께 5~7번 끓어오르도록 삶되, 5~7번 끓어오를 때 물을 갈아주면 독이 없어진다."[68]라 했다.

按陶九成《輟耕錄》, "凡食河豚, 一日內不可服湯[6]藥, 恐犯[7]荊芥, 二物大相反."《物類相感志》言 : "凡煮河豚, 用荊芥同煮五七[8]沸, 換水則無毒."

두 가지 설이 서로 맞지 않으나 복어의 독이 형개에 스미지 않을 수 있겠는가. 차라리 도종의의 설을

二說相反, 得非河豚之毒入于荊芥耶? 寧從陶說,

---

63 《本草綱目》, 위와 같은 곳.

64 독채(禿菜) : 소루쟁이. 여뀟과의 여러해살이 풀.

65 도종의(陶宗儀) : ?~1369. 중국 원(元)나라 말 명(明)나라 초의 학자. 절강성(浙江省) 출신이다. 저서로 《書史會要》·《南村詩集》·《輟耕錄》 등이 있다.

66 철경록(輟耕錄) : 중국 원말명초(元末明初)의 학자 도종의의 저서. 원나라 시대의 법령제도 및 지정(至正, 1341~1370) 말년의 동남(東南) 병란에 관한 일들이 자세히 기록되어 있으며, 서화(書畫)·문예(文藝)의 고정(考訂) 등에 대한 자료가 많다.

67 일반적으로……두려워해서이다 : 《輟耕錄》 卷10 "食物相反"《文淵閣四庫全書》1040, 517~518쪽).

68 일반적으로……없어진다 : 《物類相感志》〈飮食〉《叢書集成初編》1344, 6쪽).

[6] 湯 : 오사카본·《輟耕錄·食物相反》에 근거하여 보충.

[7] 犯 : 《輟耕錄·食物相反》에는 "內有".

[8] 五七 : 《物類相感志·飮食》에는 "三四".

상어

따라서 후회하는 일이 없도록 해야 할 것이다.　　　　庶不致悔也.

2-11) 상어　　　　　　　　　　　　　　　　　　　沙魚

당본초 [69] 맛은 달고, 성질은 평하며, 독은 없다.　　唐本草 甘, 平, 無毒.

식료본초 [70] 회를 쳐서 먹으면 오장을 보한다. 효능은　食療本草 作膾, 補五臟,
붕어에 버금가며, 어포나 젓갈로 만들어도 좋다.　　功亞于鯽, 亦可作鱐鮓.

도경본초 [71] 사람에게 매우 유익하다.　　　　　　　圖經本草 甚益人.

2-12) 갑오징어　　　　　　　　　　　　　　　　　烏賊魚

본초 [72] 맛은 시고, 성질은 평하며, 독은 없다.　　　本草 酸, 平, 無毒.

명의별록 [73] 기운을 북돋우고, 마음을 강하게 한다.　名醫別錄 益氣强志.

69 《本草綱目》卷44〈鱗部〉"鮫魚", 2468쪽.
70 《食療本草》卷中 "鮫魚", 98쪽.
71 《圖經本草》〈蟲魚〉上 "鮫魚皮", 496쪽;《本草綱目》卷44〈鱗部〉"鮫魚", 2469쪽.
72 《神農本草經疏》卷21〈蟲魚部中品〉"烏賊魚"(《繆希雍醫學全書》, 298쪽);《本草綱目》卷44〈鱗部〉"烏賊魚", 2471쪽.
73 《本草綱目》卷44〈鱗部〉"烏賊魚", 2471쪽.

일용본초 [74] 맛은 진미이나 풍기를 요동시킨다.　　　日用本草 味珍美, 動風氣.

2-13) 문어

章魚

본초강목 [75] 맛은 달면서도 짜고, 성질은 차며, 독은 없다. 혈을 기르고, 기를 북돋운다. 이붕비(李鵬飛)가 "문어는 성질이 차지만 설사를 일으키지는 않는다."[76]라 했다.

本草綱目 甘鹹, 寒, 無毒. 養血益氣. 李九華云 : "章魚冷而不泄."

2-14) 낙지

石距

동본초(東本草) [77] [78] 기미(氣味)가 문어와 같다.

東本草 氣味與章魚同.

화한삼재도회 [79] 뱀이 강이나 바다로 들어가서 낙지로 변하는데, 사람들 중에 그것이 반만 변한 것을 본 사람이 있다. 그러므로 많이 먹으면 몸이 냉해진다.

和漢三才圖會 蛇入江海變石距, 人有見其半變者. 故多食則冷.

2-15) 뱀장어

鰻鱺魚

명의별록 [80] 맛은 달고, 성질은 평하며, 독이 있다.

名醫別錄 甘, 平, 有毒.

본초연의 [81] 풍을 요동시킨다.

本草衍義 動風.

---

74 《本草綱目》, 위와 같은 곳.

75 《本草綱目》卷44〈鱗部〉"章魚", 2475쪽.

76 문어는……않는다 : 출전 확인 안 됨.

77 동본초(東本草) : 미상.

78 출전 확인 안 됨.

79 《和漢三才圖會》卷50〈無鱗魚〉"石距"(《倭漢三才圖會》5, 237쪽).

80 《名醫別錄》〈中品〉"鰻鱺魚", 195쪽 ; 《本草綱目》卷44〈鱗部〉"鰻鱺魚", 2453쪽.

81 《本草綱目》, 위와 같은 곳.

일용본초 [82] 배 아래에 검은 반점이 있는 것은 독이 심하다. 은행과 함께 먹으면 연풍(軟風)[83]을 앓는다.	日用本草 服下有黑斑者, 毒甚. 與銀杏同食, 患軟風.
본초회편 [84] 작은 것은 먹을 수 있지만, 무게가 4~5근이 나가거나 물에서 머리를 쳐들고 다니는 뱀장어는 먹으면 안 된다. 예전에 뱃사람들이 그것을 먹고 7명이 모두 죽는 경우를 본 적이 있다.	本草會編 小者可食, 重四五斤及水行昂頭者, 不可食. 嘗見舟人食之, 七口[9] 皆死.
이견속지 (夷堅續志) [85] [86] 눈이 넷인 것은 사람을 죽인다. 등에 흰 점이 있고 아가미가 없는 것은 먹어서는 안 된다. 임신부가 먹으면 태아를 병에 걸리게 한다.	夷堅續志 四目者殺人. 背有白點無鰓者, 不可食. 妊娠食之, 令胎有疾.
도경본초 [87] 뱀장어가 비록 독이 있어도 갖은 양념으로 국을 끓이면, 허손(虛損) 및 오랜 병으로 인한 노채(勞瘵)[88]를 보할 수 있다.	圖經本草 魚雖有毒, 以五味煮羹, 能補虛損及久病勞瘵.
화한삼재도회 [89] 뱀장어를 식초에 절여 먹으면, 고기가 뱃속에서 부풀어올라 몸을 답답하게 한다.	和漢三才圖會 鰻鱺浸醋食之, 則肉脹於腹中, 使人煩悶.

---

82 《本草綱目》, 위와 같은 곳.

83 연풍(軟風) : 주로 중풍(中風)이나 위벽(痿躄)으로 인하여 팔다리를 제대로 가누지 못하는 병증.

84 《本草綱目》, 위와 같은 곳.

85 이견속지(夷堅續志) : 중국 금(金)나라 원호문(元好問, 1190~1257)이 송(宋)나라 홍매(洪邁, 1123~1202)의 《이견지(夷堅志)》의 속편으로 엮은 필기류 설화집(說話集). 금의 역사와 해괴한 전설을 모았다. 《속이견지(續夷堅志)》로도 불린다.

86 《本草綱目》卷44〈鱗部〉"鰻鱺魚", 2453쪽.

87 《本草精華》卷下〈鱗部〉"無鱗類".

88 노채(勞瘵) : 결핵균이 폐(肺)에 침입하여 발생한 전염성 질병. 결핵균의 침입 조건은 인체의 기혈 부족이다.

89 《和漢三才圖會》卷50〈無鱗魚〉"鰻鱺"(《和漢三才圖會》5, 194쪽).

⑨ 口 : 저본에는 "日".《本草綱目·鱗部·鰻鱺魚》에 근거하여 수정.

북고어

2-16) 북고어(北鯭魚, 명태)

동본초[90] 민간에서는 '북어(北魚)'라 한다. 맛은 달고, 성질은 평하다. 허로(虛勞)를 보하여 몸에 유익하다.

2-17) 대구

동의보감(東醫寶鑑)[91] 맛은 짜고, 성질은 평하며, 독은 없다. 먹으면 기를 보한다.

2-18) 송어

동의보감[92] 성질은 평하고, 맛은 달며, 독은 없다. 맛이 매우 좋다.

2-19) 연어

동의보감[93] 성질은 평하고, 독은 없으며, 맛도 달고 좋다. 연어의 알은 진주처럼 생겼고 연한 홍색을 띠며, 맛은 더욱 좋다.

北鯭魚

東本草 俗稱"北魚". 味甘, 平. 補益虛勞.

魴魚

東醫寶鑑 鹹[10], 平, 無毒. 食之補氣[11].

松魚

東醫寶鑑 性平, 味甘, 無毒. 味極珍.

鰱魚

東醫寶鑑 性平, 無毒, 味亦甘美. 卵如眞珠而微紅色, 味尤美.

90 출전 확인 안 됨.
91 《東醫寶鑑》〈湯液篇〉卷2 "漁附"'魴魚'(《原本 東醫寶鑑》, 703쪽).
92 《東醫寶鑑》, 위와 같은 곳.
93 《東醫寶鑑》, 위와 같은 곳.
[10] 鹹 : 저본에는 "甘". 《東醫寶鑑·湯液篇·漁部·魴魚》에 근거하여 수정.
[11] 之補氣 : 저본에는 "無別功". 《東醫寶鑑·湯液篇·漁部·魴魚》에 근거하여 수정.

2-20) 뱅어

白[12]魚

동의보감 94 성질은 평하고, 독은 없다. 위장을 열어주고 음식을 소화시킨다. 한강에 사는 것이 더욱 좋다.

東醫寶鑑 性平, 無毒. 開胃下食. 生漢江者尤好.

2-21) 미꾸라지

鰍魚

의학입문(醫學入門) 95 성질은 따뜻하고, 맛은 달며, 독은 없다. 속을 보하고 설사를 멎게 한다.

醫學入門 性溫, 味甘, 無毒. 補中止泄.

2-22) 가자미(또는 광어)

鰈魚[13]

식료본초 96 맛은 달고, 성질은 평하며, 독은 없다. 허(虛)를 보하고 기력을 북돋운다. 많이 먹으면 기를 요동시킨다.

食療本草 甘, 平, 無毒. 補虛益氣力. 多食, 動氣.

2-23) 가오리

鱝魚

본초강목 97 맛은 달면서 짜고, 성질은 평하며, 독이

本草綱目 甘鹹, 平, 有小

가자미

94 《東醫寶鑑》, 위와 같은 곳.
95 《醫學入門》卷2〈本草分類〉"蟲魚部", 483쪽 ; 《東醫寶鑑》, 위와 같은 곳.
96 《本草綱目》卷44〈鱗部〉"鰈魚", 2468쪽.
97 《本草綱目》卷44〈鱗部〉"海鷂魚", 2475쪽.
[12] 白 : 오사카본에는 "氷".
[13] 鰈魚 : 오사카본에는 "比目魚".

조금 있다.

毒.

본초습유[98] 꼬리에 강한 독이 있으므로, 만약 사람을 찌르면 심한 경우 죽음에 이른다. 찔린 사람은 즉시 물고기 통발의 대나무나 바다수달의 가죽으로 해독한다.

本草拾遺 尾有大毒, 若刺人, 甚者至死. 被刺者, 即以魚籄竹及海獺皮解之也.

2-24) 대홍하(大紅鰕, 대하)
본초강목[99] 맛은 달고, 성질은 평하며, 독이 조금 있다. 돼지고기와 함께 먹으면 침을 많이 뱉게 된다.

大紅鰕
本草綱目 甘, 平, 有小毒. 同猪肉食, 令人多唾.

2-25) 새우
명의별록[100] 맛은 달고, 성질은 따뜻하며, 독이 조금 있다.

鰕
名醫別錄 甘, 溫, 有小毒.

약총결[101] 수염이 없는 새우와 배 아래가 온통 검은데 삶으면 하얗게 되는 새우는 모두 먹어서는 안 된다. 어린아이나 닭·개가 먹으면 다리가 구부러지고 약해진다.

藥總訣 無鬚及腹下通黑, 煮之色白者, 竝不可食. 小兒及鷄狗食之, 脚屈弱.

식료본초[102] 논과 도랑에서 나는 것은 독이 있다.

食療本草 生水田及溝渠

---

98 《本草綱目》, 위와 같은 곳.
99 《本草綱目》卷44〈鱗部〉"海鰕", 2479쪽.
100《本草綱目》卷44〈鱗部〉"鰕", 2478쪽.
101《本草綱目》, 위와 같은 곳.
102《食療本草》卷中〈鰕〉, 106쪽;《本草綱目》, 위와 같은 곳.

젓갈에 들어간 것은 더욱 독이 있다. 풍을 요동시키고, 창개(瘡疥)·냉적(冷積)[103]을 일으킨다.

者有毒. 鮓內者尤有毒. 動風, 發瘡疥、冷積.

안 대홍하(大紅鰕)는 바다에서 나는 대하(큰 새우)이고, 새우[鰕]는 강·냇가·도랑에서 나는 작은 새우이다. 또 해강어(海糠魚)가 있는데, 지금 바다에서 나는 잔 새우를 소금에 절인 것이라, 이것과는 같지 않다.

案 大紅鰕卽海産大鰕也, 鰕卽江河、川渠生小鰕也. 又有海糠魚, 卽今海産細鰕爲鹽者, 與此不同.

2-26) 자라

본초[104] 맛은 달고, 성질은 평하며, 독은 없다.

本草 甘, 平, 無毒.

鼈

명의별록[105] 상한 속을 치료하고, 기를 북돋우고 부족한 기운을 보한다.

名醫別錄 治傷中, 益氣補不足.

본초습유[106] 《예기》〈내칙〉에 "자라를 먹을 때는 추(醜)를 제거한다."[107]라 하였으니, '추'는 목 아래에 있는, 자라모양으로 생긴 연골을 말한다. 그것을 먹으면 수병(水病, 수독으로 인한 부종)을 앓게 된다. 일반적으로 자라 중에서 발이 셋인 것, 발이 붉은 것, 눈이 하나인 것, 머리와 발을 등딱지 안으로 오그리지

本草拾遺 《禮記》: "食鼈去醜", 謂頸下有軟骨如鼈形者也. 食之, 令人患水病. 凡鼈之三足者、赤足者、獨目者、頭足不縮者、其目內陷者、腹下有王字·十字文

---

103 냉적(冷積): 적(積)의 하나. 비위(脾胃)가 허랭한 데다 한사(寒邪)를 받아 생긴다. 중초(中焦)에서 적(積)이 만져지며, 배가 아프고 식욕이 부진하며, 먹은 것이 소화되지 않고 추워하며, 팔다리가 몹시 싸늘한 증상이 나타난다.
104 《神農本草經疏》卷21《蟲魚部中品》"鼈甲"(《繆希雍醫學全書》, 297쪽);《本草綱目》卷45〈介部〉"鼈", 2505쪽.
105 《名醫別錄》〈中品〉券2 "鼈甲", 193쪽;《本草綱目》卷44〈介部〉"鼈", 2506쪽.
106 《本草綱目》卷44〈介部〉"鼈", 2505쪽.
107 자라를……제거한다:《禮記正義》卷28〈內則〉(《十三經注疏整理本》14, 989쪽).

자라

않는 것, 그 눈이 안으로 움푹한 것, 배 아래에 왕자(王字)나 십자(十字) 무늬가 있는 것, 배에 뱀의 문양이 있는 것【이것은 뱀이 변한 것이다】, 산에 사는 것【'육지거북'이라 한다】 등은 모두 독이 있어 사람을 죽이므로 먹으면 안 된다.

者, 腹有蛇文者【是蛇化也】·在山上者【名"旱龜"】, 竝有毒殺人, 不可食.

[약총결]108 계란 및 비름나물과 함께 먹어서는 안 된다. 옛날에 어떤 사람이 자라를 썰고 붉은 비름으로 싸서 습한 곳에 두었다가 10일이 지나자, 모두 온전한 자라가 되었다고 한다. 또 가루 낸 자라등딱지를 싸두고 5개월이 지나자 모두 온전한 자라가 되었다는 이야기도 있다.

[藥總訣] 不可合鷄子及莧菜食. 昔有人剉鼈, 以赤莧同包, 置濕地, 經旬, 皆成生鼈. 又有裹鼈甲屑, 經五月, 皆成鼈者.

[천금식치]109 돼지고기·토끼고기·오리고기와 함께 먹어서는 안 되니, 몸을 해친다. 겨자와 함께 먹어서

[千金食治] 不可合猪、兔、鴨肉食, 損人. 不可合芥子

108《本草綱目》, 위와 같은 곳.
109《千金食治》〈鳥獸〉5 "鼈肉"(《孫思邈醫學全書》, 484~485쪽.);《本草綱目》, 위와 같은 곳.

는 안 되니, 악창이 생긴다. 임신부가 먹으면 태아의 목이 짧아진다.

食, 生惡瘡. 妊婦食之, 令子短項.

본초강목 110 《삼원연수참찬서》에는 "자라는 성질이 차서 수병(水病)을 유발하니, 냉기(冷氣)111·징가(癥瘕)112가 있는 사람이 먹으면 좋지 않다."113라 했다. 하지만 《생생편(生生編)》에는 "자라의 성질은 뜨겁다."라 했다. 대사공(戴思恭)114은 "자라의 양기는 등껍데기에 모여 있어 오래 먹으면 발배(發背)115가 생긴다."116라 했다. 이 2가지 설은 성질이 차다는 설과는 상반된다. 대개 자라의 성질은 본래 뜨겁지 않다. 먹는 사람이 산초나 생강과 같이 뜨거운 양념을 너무 많이 넣으므로 그 본성을 잃어버렸기 때문일 뿐이다.

本草綱目 《三元參贊書》言 : "鼈性冷, 發水病, 有冷勞氣、癥瘕人, 不宜食."《生生編》言 : "鼈性熱." 戴原禮言 : "鼈之陽聚于上甲. 久食, 生發背." 與性冷之說相反. 蓋鼈性本不熱, 食之者和以椒、薑熱物多, 失其本性耳.

자라의 성질은 파와 뽕나무재를 꺼린다. 일반적으로 자라를 먹는 사람은 강가의 작은 자라를 잡아다가 머리를 자르고 피를 뺀 후에 뽕나무재를 넣고 끓여서 익힌다. 그런 뒤에 뼈와 등딱지를 제거하고

鼈性畏蔥及桑灰. 凡食鼈者, 宜取沙河小鼈, 斬頭去血, 以桑灰湯煮熟, 去骨甲, 換水再煮, 入蔥、醬、

---

110 《本草綱目》卷45〈介部〉"鼈", 2506쪽.

111 냉기(冷氣) : 몸이 허로한 때에 생기는 한증.

112 징가(癥瘕) : 아랫배 속에 덩이가 생긴 병증. 《동의보감(東醫寶鑑)》에 징(癥)이라는 것은 단단한 것이 생겨 움직이지 않는 것을 말하고, 가(瘕)라는 것은 단단한 것이 생겨서 움직이는 것을 말하는데 이것은 모두 담음(痰飮)이나 식적(食積)·어혈로 생긴 덩어리이므로 적취(積聚)·징가·현벽(懸癖)은 실제는 같은 것이라고 하였다.

113 자라는……않다 : 《三元延壽參贊書》卷3〈魚類〉(《中華道藏》23-71, 761쪽).

114 대사공(戴思恭) : 1324~1405. 중국 명(明)나라 의학자. 자는 원례(原禮), 호는 숙제(肅齊). 주진형(朱震亨)의 수제자였고 궁중의 고명한 의학자이면서 민간 백성의 질병까지 치료하였다. 저서로는 《증치요결(證治要訣)》·《증치요결류방(證治要訣類方)》·《추구사의(推求師意)》등이 있다.

115 발배(發背) : 등[背]에 종기가 생기는 증상. 발병 부위에 따라 상발배, 중발배, 하발배로 구분하며, 옹저발배(癰疽發背), 발배옹저(發背癰疽) 등의 명칭으로도 쓴다.

116 자라의……생긴다 : 출전 확인 안 됨.

물을 갈아서 다시 끓이되, 파와 간장을 넣고 국을 끓여 먹어야만 좋다. 그 쓸개는 맛이 매워서, 터트려 탕 속에 넣으면 산초를 대신하여 비린내를 가시게 할 수 있다.

이붕비(李鵬飛)는 "자라의 살은 주로 모아주는 작용을 하고 자라의 등딱지는 주로 퍼트리는 작용을 한다. 그러므로 자라를 요리해 먹을 때 등딱지를 약간 썰어 넣고 조리하면 성질이 조금 평해질 것이다."[117]라 했다. 또 "박하를 넣고 자라를 삶으면 사람을 해칠 수도 있다."[118]라 했다.

作羹膳食乃良. 其膽味辣, 破入湯中, 可代[14] 椒而辟腥氣.

李九華云:"鼈肉主聚, 鼈甲主散. 食[15]鼈, 剉甲少許入之, 庶幾稍平." 又言:"薄荷煮鼈, 能害人."

2-27) 게

[본초][119] 맛은 짜고, 성질은 차며, 독이 조금 있다.

[약총결][120] 서리가 내리기 전에는 독이 많이 있다. 수간(水茛)[121]을 먹고 자라기 때문이라고 하는데, 사람이 이에 중독었을 때 바로 치료하지 않으면 대부분 죽는다. 집게발이나 눈이 하나인 것, 두 눈이 서로 마주 보고 있는 것, 발이 6개나 4개인 것, 배 아래

蟹

[本草] 鹹, 寒, 有小毒.

[藥總訣] 未被霜, 甚有毒. 云食水茛所致, 人中之, 不卽[16]療多死. 獨螯獨目, 兩目相向, 六足四足, 腹下有毛, 腹中有骨[17], 頭背有星

---

117 자라의……것이다:《三元延壽參贊書》, 위와 같은 곳.
118 박하를……있다:《三元延壽參贊書》, 위와 같은 곳.
119 《神農本草經疏》卷21〈蟲魚部中品〉"蟹"(《繆希雍醫學全書》, 297쪽);《本草綱目》卷45〈介部〉"蟹", 2512쪽.
120 《本草綱目》, 위와 같은 곳;《三元延壽參贊書》, 위와 같은 곳.
121 수간(水茛): 모간(毛茛). 바구지와 식물인 바구지(미나리아재비)의 전초를 말린 것이다. 우리 나라 각지의 산과 들에서 널리 자란다. 꽃이 필 때 전초를 뜯어 햇볕에 말린다. 맛은 맵고 성질은 따뜻하며 독이 있다.
[14] 代: 저본에는 "成". 오사카본·《本草綱目·介部·鼈》에 근거하여 수정.
[15] 食:《三元延壽參贊書·魚類》에는 "凡製".
[16] 卽: 저본에는 없음.《三元延壽參贊書·魚類》에 근거하여 보충.
[17] 骨: 저본에는 "肉".《本草綱目·介部·蟹》에 근거하여 수정.

에 털이 있는 것, 뱃속에 뼈가 있는 것, 머리와 등에 검은 점이 하늘의 별처럼 나 있는 것, 발이 얼룩지거나 눈이 붉은 것은 모두 먹어서는 안 되니, 독이 있어 몸을 해치기 때문이다.

點, 足斑目赤者, 竝不可食, 有毒害人.

본초연의 122 이것은 풍을 매우 요동시키므로, 풍을 앓는 사람은 먹어서는 안 된다.

本草衍義 此物極動風, 風疾人不可食.

본초강목 123 게는 서리가 내리기 전에는 먹이를 먹으므로 독이 있다. 서리가 내린 후에는 겨울잠을 자려고 하므로 맛이 좋다. 이른바 게는 "바다에 들어가 까끄라기를 나른다."라 한 말은 잘못된 말이다. 감이나 형개(荊芥)와 함께 먹어서는 안 되니, 곽란을 일으키고 풍을 요동시키기 때문이다.

本草⑱綱目 霜前食物, 故有毒. 霜後將蟄, 故味美. 所謂"入海輸芒"者, 謬談也. 不可同柹及荊芥食, 發霍亂動風.

식물본초 124 절해(蟣蟹, 꽃게의 일종)는 껍질이 윤기 나고 누런 빛이 많으며, 그 집게발은 털이 없고 가장 예리하다. 먹으면 풍기가 돌게 된다. 유모해(蝤蛑蟹, 꽃게의 일종)는 납작하고 크며, 성질은 차고, 독은 없어 열기를 풀어준다. 팽기해(蟛蜞蟹, 도둑게)는 독이 조금 있어 먹으면 토하고 설사하게 하니, 이 점은 팽활

食物本草 蟣蟹殼潤多黃, 其螯無毛最銳. 食之行風氣. 蝤蛑蟹匾⑲而大, 性冷無毒, 解熱氣. 蟛蜞蟹小毒, 食之令人吐利, 與蟛蜎蟹同. 擁劍蟹一大螯待

---

122 《本草衍義》卷17 "蟹"(《本草衍義》, 122쪽) ;《本草綱目》, 위와 같은 곳.
123 《本草綱目》卷45〈介部〉"蟹", 2511~2512쪽.
124 《食物本草》卷下〈魚類〉"蟹", 67쪽.
⑱ 草 : 저본에는 "物". 오사카본·규장각본에 근거하여 수정.
⑲ 匾 : 저본에는 "圖".《食物本草·魚類·蟹》에 근거하여 수정.

해(螃蟹蟹, 무늬발게)와 같다. 옹검해(擁劍蟹, 농게)[125]는 한쪽의 큰 집게발은 싸움용이고, 다른 쪽의 작은 집게발은 먹이를 먹기 위한 것이다. 다른 게들은 모두 독이 있어 먹어서는 안 된다.

鬪, 一小蟹供食. 餘者皆有毒, 不可食.

2-28) 굴

본초 [126] 맛은 달고, 성질은 따뜻하며, 독은 없다.

牡蠣

本草 甘, 溫[20], 無毒.

본초습유 [127] 삶아서 먹으면 허손을 치료하고, 속을 조화시키고, 갈증을 그치게 한다.

本草拾遺 煮食, 治虛損, 調中止渴.

도경본초 [128] 구워 먹으면, 맛이 매우 좋고 피부를 부드럽고 통통하게 해주고, 안색을 좋게 한다.

圖經本草 炙食甚美[21], 令人細肥膚, 美顔色.

2-29) 전복

안 《본초》에는 석결명(石決明)만 있고 전복은 없는데, 석결명은 전복의 껍질이다. 어떤 이는 전복과 석결명은 종은 같고 부류만 다르다고 하였지만, 그것은 틀렸다. 《명의별록》에는 "석결명의 맛은 짜고, 성질은 평하며, 독은 없다. 오래 먹으면 정기(精氣)를 북

鰒

案 《本草》有石決明無鰒, 而石決明卽鰒魚之甲. 或謂一種二類者, 非也. 《名醫別錄》云 : "石決明鹹, 平, 無毒. 久服, 益精輕身." 《本

125 이상의 유모해·팽기해·팽활해·옹검해의 간주 이름은, 정약전·이청 지음, 정명현 옮김, 《자산어보 : 우리나라 최초의 해양생물 백과사전》, 서해문집, 2016, 131~136쪽의 고증을 따랐다.

126 《神農本草經疏》卷20 〈蟲魚部上品〉 "牡蠣"(《繆希雍醫學全書》, 290쪽) ; 《本草綱目》卷46 〈介部〉 "牡蠣", 2519쪽.

127 《本草綱目》卷46 〈介部〉 "牡蠣", 2522쪽.

128 《圖經本草》〈蟲魚〉上卷 "牡蠣"(《本草圖經》, 470쪽).

[20] 甘溫 : 《神農本草經疏·蟲魚部中品·蟹》·《本草綱目·介部·牡蠣》에는 "味甘平微寒".

[21] 炙食甚美 : 《圖經本草·蟲魚·牡蠣》에는 "其味尤美好".

돋우고 몸을 가볍게 한다."129라 했다. 《본초연의》에 草衍義》云: "肉與殼同功."
는 "살과 껍데기는 효능이 같다."130라 했다.

2-30) 조개
蛤蜊

가우본초 131 맛은 짜고, 성질은 차며, 독은 없다. 오
嘉祐本草 鹹, 冷, 無毒.
장을 적셔주고 소갈병을 그치게 하며 위장을 열어
潤五臟, 止消渴, 開胃.
준다.

본초습유 132 조개의 성질은 비록 차지만 단석(丹石,
本草拾遺 此物性雖冷, 乃
단약)을 복용하는 사람과는 서로 맞지 않으니, 먹으
與丹石人相反, 食之, 令腹
면 배를 뭉쳐 아프게 한다.
結痛.

석성금 식감본초 133 많이 먹으면 배를 뭉쳐 아프게
石氏 食鑑本草 多食, 令腹
한다. 조개는 기침을 일으킬 수 있고, 신장의 기를
結痛. 蜆能發嗽, 消腎生
소진시켜 담이 들게 한다.
痰.

2-31) 대합
文蛤

본초 134 맛은 짜고, 성질은 평하며, 독은 없다.
本草 鹹, 平, 無毒.

2-32) 맛조개
蟶

가우본초 135 맛은 달고, 성질은 따뜻하며, 독은 없다.
嘉祐本草 甘, 溫, 無毒.

---

129 석결명의……한다: 《名醫別錄》〈上品〉卷1 "石決明", 85쪽.
130 살과……같다: 《本草衍義》卷17〈石決明〉, 116쪽.
131 《本草綱目》卷46〈介部〉"蛤蜊", 2534쪽.
132 《本草綱目》, 위와 같은 곳.
133 《傳家寶》卷28〈食鑑本草〉"甲" '蛤蜊', 1038쪽.
134 《神農本草經疏》卷20〈蟲魚部上品〉"文蛤"(《繆希雍醫學全書》, 293쪽).
135 《本草綱目》卷46〈介部〉"蟶", 2536쪽.

대합

<table>
<tr><td>식료본초 [136] 전염병을 앓은 후에는 먹어서는 안 된다.</td><td>食療本草 天行病後, 不可食.</td></tr>
</table>

2-33) 홍합

<table>
<tr><td>가우본초 [137] 맛은 달고, 성질은 따뜻하며, 독은 없다.</td><td>淡菜</td></tr>
</table>

淡菜

嘉祐本草 甘, 溫, 無毒.

일화본초 [138] 오장을 보하고, 남자의 양기를 북돋우며, 요기(腰氣, 자궁의 병)와 각기(脚氣)[139]를 다스리고, 묵은 음식을 소화시키며, 뱃속의 냉기를 제거한다. 많이 먹어서는 안 되니, 머리를 답답하게 하고 눈을 침침하게 한다. 조금이라도 설사가 나면 바로 먹기를 멈추어야 한다.

日華本草 補五臟, 益陽事, 理腰, 脚氣, 消宿食, 除腹中冷氣, 不宜多食, 令人頭悶目闇[22]. 得微利卽止.

---

136 《食療本草》卷中〈蟶〉, 105쪽 ; 《本草綱目》, 위와 같은 곳.

137 《本草綱目》卷46〈介部〉"淡菜", 2545쪽.

138 《本草綱目》, 위와 같은 곳.

139 각기(脚氣) : 다리 힘이 약해지고 저리거나 지각 이상이 생겨서 제대로 걷지 못하는 병증. 습사(濕邪)와 풍독(風毒)이 침입했거나 음식을 가려 먹는 등으로 기혈이 제대로 돌지 못하거나 습사가 몰려서 생긴다. 완풍(頑風)·각약(脚弱)·연각풍(軟脚風)이라고도 한다.

22 頭悶目闇 : 저본에는 "頭白憫闇". 《本草綱目·介部·淡菜》에 근거하여 수정.

본초습유[140] 많이 먹으면 단석의 독을 일으켜 장을 뭉치게 한다. 오래 먹으면 머리카락을 빠지게 한다.

本草拾遺 多食, 發丹石, 令人腸結. 久食, 脫人髮.

2-34) 소라

螺

식료본초[141] 소라의 성질은 매우 차서 열을 내리고 술을 깨게 하며 단석의 독을 억제한다. 하지만 늘 먹어서는 안 된다.

食療本草 螺大寒, 療熱[23], 醒酒, 壓丹石, 不可常食.

비급천금요방[142] 소라는 채소와 함께 먹어서는 안 되는데, 심장의 통증을 일으킨다.

千金要方 螺不可共菜食之, 令人心痛.

본초습유[143] 소라의 맛은 달고, 성질은 냉하며, 독은 없다.

本草拾遺 海螺甘, 冷, 無毒.

명의별록[144] 우렁이는 맛이 달고, 성질은 매우 차며, 독은 없다.

名醫別錄 田螺甘, 大寒, 無毒.

2-35) 해삼

海蔘

오잡조(五雜組)[145][146] 그 성질이 따뜻하고 몸을 보하니, 인삼에 필적하기에 충분하므로 '해삼(海蔘, 바다의

五雜組 其性溫補, 足敵人蔘, 故曰"海蔘".

140《本草綱目》卷46〈介部〉"淡菜", 2545쪽.
141《食療本草》卷中〈田螺〉, 108쪽.
142《備急千金要方》卷26〈食治〉"鳥獸"《孫思邈醫學全書》, 485쪽).
143《本草綱目》卷46〈介部〉"海螺", 2546쪽.
144《名醫別錄》〈下品〉"田中螺汁", 294쪽;《本草綱目》卷46〈介部〉"田螺", 2547쪽.
145 오잡조(五雜組): 중국 명(明)나라 시인 사조제(謝肇淛, 1567~1624)가 지은 책으로, 천(天)·지(地)·인(人)·물(物)·사(事)의 다섯 부분으로 구성되어 있으며, 내용은 수필·독서록·사회·정치 등을 포괄하고 있다.
146《五雜組》卷9〈物部〉1 "海蔘".
[23] 療熱:《食療本草·田螺》에는 "汁飮療熱".

인삼'이라고 한다.

식물본초[147] 맛은 매우 신선하고 좋으며, 효능은 주로 기를 보하며 북돋운다. 안주 가운데에서 가장 진미이다.

食物本草 味極鮮美, 功擅補益. 殽品中最珍者也.

화한삼재도회[148] 해서(海鼠, 해삼)의 성질은 볏짚을 꺼린다. 만약 볏짚에 닿으면 몸이 진흙처럼 풀어진다.

和漢三才圖會 海鼠性忌稻稿, 如犯之, 則體解如泥.

---

147 출전 확인 안 됨.
148 《和漢三才圖會》 卷50 〈無鱗魚〉 "海鼠"(《倭漢三才圖會》 5, 244쪽).

8. 양념(미류)

味類

1) 양념에 대한 총론

總味

오미(五味)[1]는 음식을 조화시키는 맛으로, 일상생활에 없어서는 안 되는 재료이다. 《황제내경소문(黃帝內經素問)》에 "음(陰)이 생겨나는 데는 근본이 오미에 있고, 사람의 오장(五臟)이 상하는 원인도 오미에 있다."[2]라 했다. 대개 사람이 태어나면 젖과 음식의 섭취에 힘입어야 음이 비로소 이루어진다. 섭취한 젖과 음식에는 오미가 갖추어져 있으니, 음이 오미에서 생기는 것이 아니겠는가.

五味所以調和飮食, 日用不可無者. 《素問》曰:"陰之所生本在五味, 人之五宮傷在五味." 蓋人之有生, 賴乳哺水穀之養, 而陰始成, 乳哺水穀, 五味具焉, 非陰之生於五味乎.

오미는 오장에 유익하지만 과하면 오장의 기를 손상시킨다. 예컨대 단맛은 주로 비장으로 들어가니, 단맛을 너무 많이 먹으면 비장이 상한다. 쓴맛은 주로 심장으로 들어가니, 쓴맛을 너무 많이 먹으면 심장이 상한다. 짠맛은 주로 신장으로 들어가니, 짠맛을 너무 많이 먹으면 신장이 상한다. 신맛은 주로 간장으로 들어가니, 신맛을 너무 많이 먹으면 간장이 상한다. 매운맛은 주로 폐(肺)로 들어가니, 매운맛을 너무 많이 먹으면 폐가 상한다. 이는 오장이

五味益五臟, 過則傷焉. 如甘喜入脾, 過則甘則脾傷; 苦喜入心, 過食苦則心傷; 鹹喜入腎, 過食鹹則腎傷; 酸喜入肝, 過食酸則肝傷; 辛喜入肺, 過食辛則肺傷. 非五宮之傷於五味乎.

---

1 오미(五味) : 5가지 맛. 신맛·쓴맛·매운맛·단맛·짠맛을 이른다. 단, 《정조지》 안에서 5가지 맛을 내는 양념을 의미하는 경우 '갖은 양념'으로 번역하였다.

2 음이……달려있다 : 《黃帝內經素問》 卷1 〈生氣通天論篇〉 第3 《黃帝內經素問語譯》, 21쪽).

오미에 상하는 것이 아니겠는가.

　더구나 장과 식초의 맛은 모두 사람이 만든 맛이라, 더욱 몸을 상하게 할 수 있다. 그러므로 '풍부한 맛이 오히려 열을 일으킨다.'라 하는 것이다. 사람들이 만약 입과 배가 원하는 대로 먹고 마셔 절제가 없다면 병에 걸리지 않는 이가 없고, 병에 걸리지 않는다 하더라도 천수를 누리지 못하게 될 것이다. 그러므로 음식을 끊을 수는 없지만 줄이는 것이 좋다. 《식물본초》[3]

況醬醋之味, 皆人爲之, 尤能傷人, 故曰:"厚味發熱." 人若縱口腹之欲, 飮食無節, 未有不致病, 而夭其天年者矣, 故飮食不可絶而可寡也.《食物本草》

2) 세부 항목

2-1) 소금

條開

鹽

명의별록[4] 맛은 짜고, 성질은 따뜻하며, 독은 없다. 많이 먹으면 폐를 상하여 기침이 잘 난다.

名醫別錄 鹹, 溫, 無毒. 多食, 傷肺喜欬①.

약총결[5] 오미의 양념 중에서 특히 소금은 빼놓을 수가 없다. 중국 서북 지방의 사람들은 식사할 때 짠맛을 즐기지 않아서 천수를 누리는 이가 많고 병자가 적으며 안색이 좋다. 반면 중국 동남 지방의 사람들은 식사할 때 짠맛을 매우 좋아하여 천수를 누리는 이가 적고 병자가 많다. 이는 곧 짠맛이 장과 폐를 상하게 한 결과이다.

藥總訣 五味之中, 惟此不可缺. 西北方人食不耐鹹而多壽少病, 好顔色. 東南方人食絶欲鹹而少壽②多病. 便是損人腸、肺之效.

3　《食物本草》卷下〈味類〉"辣米", 78쪽.

4　《名醫別錄》〈下品〉卷3 "鹽", 315쪽;《本草綱目》卷11〈金石部〉"食鹽", 630쪽.

5　《本草綱目》卷11〈金石部〉"食鹽", 631쪽.

①　欬: 저본에는 "效". 오사카본·규장각본·《名醫別錄·鹽》에 근거하여 수정.

②　壽: 저본에는 "早".《本草綱目·金石部·食鹽》에 근거하여 수정.

본초연의[6] 《황제내경소문》에 "짠맛은 혈로 들어간다."[7]라 했다. 그러므로 물고기와 소금을 먹는 중국 동쪽 지방의 사람들은 안색이 검은 사람이 많다. 이로써 짠맛이 혈로 간다는 말이 증명됨을 알 수 있다. 천식이 있는 사람과 수종이 있는 사람은 완전히 금해야 한다.

本草衍義 《素問》云 : "鹹 走血." 故東方食魚、鹽之 人, 多黑色, 走血之驗可 知. 病喘嗽人及水腫者宜 全禁之.

본초강목[8] 맛은 짜고, 성질은 약간 차며, 독은 없다. 혈병(血病)[9]이 있는 사람이 많이 먹으면, 맥이 울체되어 뭉치고 안색이 변한다. 천식·수종·소갈이 있는 사람은 소금을 절대 금해야 한다. 혹은 담이 끓어 토하기도 하고, 혹은 혈맥이 순조롭지 않고, 혹은 수사(水邪)[10]를 돕기도 한다.

本草綱目 鹹, 微寒, 無毒. 血病者多食, 脈凝泣而變 色. 喘嗽、水腫、消渴者, 鹽爲大忌. 或引痰吐, 或泣 血脈, 或助水邪.

2-2) 장(醬)

명의별록[11] 맛은 짜고, 성질은 냉하고 잘 통하게 하며, 독은 없다. 열을 제거하고 번만(煩滿)[12]을 그치게 하며, 모든 약의 독성을 감쇄시킨다.

醬

名醫別錄 鹹, 冷利, 無毒. 除熱止煩滿, 殺百藥毒.

---

6 《本草衍義》卷5〈食鹽〉, 34쪽.

7 짠맛은……들어간다 : 《黃帝內經素問》卷7〈宣明五氣篇〉第23(《黃帝內經素問語譯》, 148쪽).

8 《本草綱目》卷11〈金石部〉"大鹽", 630~631쪽.

9 혈병(血病) : 혈(血)의 정체로 일어나는 망혈증(亡血證)·탈혈증(脫血證)·뉵혈(衄血)·구혈(嘔血)·토혈(吐血)·해혈(咳血)·수혈(嗽血)·타혈(唾血)·각혈(咯血)·피오줌(尿血)·변혈(便血)·치뉵(齒衄)·설뉵(舌衄)·혈한(血汗) 등의 병증.

10 수사(水邪) : 수기(水氣)로 인해 생긴 사기(邪氣).

11 《名醫別錄》〈下品〉"鹽", 314쪽.

12 번만(煩滿) : 가슴의 번열(煩熱)로 인해서 속이 답답하고 그득한 병증.

본초강목[13] 밀가루장은 짜고, 콩장·첨장(恬醬)[14]·두유(豆油)[15]·보리장·밀기울장은 모두 짜면서 달다.

本草綱目 麵醬鹹, 豆醬、恬醬、豆油、大麥醬、麩醬, 皆鹹甘.

약총결[16] 콩장은 묵어서 오래된 것이 가장 좋다.

藥總訣 豆醬陳久者爲最.

식료본초[17] 많이 먹으면, 어린아이에게 무고(無辜)[18]를 일으키고, 담이 생기며, 기를 요동시킨다. 임신부가 참새고기와 함께 먹으면 아기의 얼굴색이 검어진다.

食療本草 多食, 發小兒無辜, 生痰動氣. 妊婦合雀肉食, 令兒面黑.

도경본초[19] 맥장(麥醬)을 잉어와 함께 먹으면 구창(口瘡)이 생긴다.

圖經本草 麥醬和鯉魚食③, 生口瘡.

안 여러 장은 성질과 맛이 각각 다르고 효능과 쓰임도 다르지만, 우리나라에서는 오직 누런 메주콩으로 만든 장만을 쓴다. 맛은 짜면서 달고, 성질은 따뜻하므로, 열병이 있는 사람은 금해야 한다.

案 諸醬性味各異, 功用亦殊, 而吾東專用黃豆醬, 鹹甘而溫, 有熱病人忌之.

---

13 《本草綱目》卷25〈穀部〉"醬部", 1552쪽.
14 첨장(恬醬): 밀가루에 소금을 넣고 발효시켜 만든, 짜지 않고 단맛이 나는 중국 된장. 첨면장(恬麵醬)이 첨장이 되어 춘장으로 굳어졌다.
15 두유(豆油): 대두(大豆)에 밀가루와 소금, 물을 넣고 발효시켜 얻은 기름.
16 《本草精華》卷上〈穀部〉"醬".
17 《食療本草》卷下〈醬〉, 126쪽;《本草綱目》卷25〈穀部〉"醬", 1552쪽.
18 무고(無辜): 감병(疳病)으로 배가 불러오르거나 설사할 때가 있고 냉열이 고르지 못한 증상이다.
19 《本草綱目》, 위와 같은 곳.
③ 食 : 저본에는 "盦".《本草綱目·穀部·醬》에 근거하여 수정.

2-3) 식초

醋

명의별록 [20] 맛은 시면서 쓰고, 성질은 따뜻하며, 독은 없다.

名醫別錄 酸苦, 溫, 無毒.

식료본초 [21] 보리로 만든 식초는 성질이 약간 차다.

食療本草 大麥醋微寒.

약총결 [22] 많이 먹으면 피부와 장기를 상하게 한다.

藥總訣 多食, 損人肌臟.

본초습유 [23] 많이 먹으면 근육과 뼈를 약하게 하고, 또 위장을 상하게 하며, 남자의 양기에 유익하지 않고, 안색을 상하게 한다. 식초는 여러 약의 독을 일으키므로 함께 먹으면 안 된다.

本草拾遺 多食, 損筋骨, 亦損胃, 不益於男子, 損人顏色. 醋發諸藥, 不可同食.

본초강목 [24] 신맛은 목(木)에 속하므로, 비장에 병이 있는 사람은 신맛을 많이 먹으면 안 된다. 신맛은 비장을 상하게 하여, 살에 주름이 지고 입술이 들린다. 복령(茯苓)[25]이나 단삼(丹蔘)[26]을 복용하는 사람은 먹어서는 안 된다.

本草綱目 酸屬木, 脾病毋多食酸. 酸傷脾, 肉臑而唇揭. 服茯苓、丹蔘人, 不可食.

식물본초 [27] 식초는 많이 먹어서는 안 되는데, 오래

食物本草 醋不可多食, 積

---

20 《名醫別錄》〈下品〉卷3 "醋", 314쪽;《本草綱目》卷25〈穀部〉"醋", 1554쪽.
21 《食療本草》〈卷下〉"醋", 125쪽;《本草綱目》卷25〈穀部〉"醬", 1552쪽.
22 《本草綱目》卷25〈穀部〉"醋", 1554쪽.
23 《本草綱目》, 위와 같은 곳.
24 《本草綱目》卷25〈穀部〉"醋", 1554~1555쪽.
25 복령(茯苓) : 소나무에 기생하는 구멍장이버섯과의 버섯. 껍질은 복령피(茯苓皮), 균체가 소나무 뿌리를 내부에 싸고 자란 것은 복신(茯神), 내부의 색이 흰 것은 백복령(茯苓), 붉은 것은 적복령(茯苓)이라 한다.
26 단삼(丹蔘) : 꿀풀과의 여러해살이풀. 모양이 인삼과 비슷하며 적색의 뿌리를 약용한다.
27 출전 확인 안 됨;《意方合部》卷3〈中毒及諸傷部〉"諸食毒及果菜菌毒".

쌓이면 병이 된다. 일반적으로 기통(氣痛)28에 식초를 먹으면 이는 통증의 더욱 큰 화근이 된다.

久成病. 凡氣[4]痛而食之, 愈是大禍也.

석성금 식감본초 29 벽호(壁虎)30는 식초 먹기를 가장 좋아하므로, 은밀한 곳에 보관해야 한다. 벽호가 혀를 대서 침이 섞인 식초는 그 독이 사람을 죽일 수 있다.

石氏 食鑑本草 壁虎最喜吃醋, 要藏緊密. 若被沾吸, 毒 能殺人.

2-4) 참기름[麻油]

본초습유 31 성질이 매우 찬데, 늘 먹는 음식에 쓰여서 냉질(冷疾)을 일으키고, 정수(精髓)가 미끄러져나가 오장육부의 정이 고갈되는 증상이 생기고, 비장을 약하게 한다. 몸이 무거워지고, 목소리를 상하게 한다.

麻油

本草拾遺 大寒, 乃常食所用, 而發冷疾, 滑精髓, 發臟腑渴, 困脾臟. 令人體重[5]損聲.

식성본초 32 어금니가 아프거나 비장과 위장에 질병이 있는 사람은 절대로 먹어서는 안 된다. 음식 재료로 쓸 때는 쓰는 날마다 볶아서 써야 한다. 만약 하룻밤을 넘긴 것을 먹으면 기를 요동시킨다.

食性本草 有牙齒疾及脾胃疾人, 切不可[6]吃. 治飮食物, 須逐日熬熟用之[7]. 若經宿, 卽動氣也.

---

28 기통(氣痛): 기도(氣道)가 담이나 혈적(血積)으로 막히거나, 혈맥의 빈틈에 허기(虛氣)가 유입되어 일어나는 통증. 가슴·배·허리·옆구리 등에 생긴다.

29 《傳家寶》卷28〈食鑑本草〉"味"'醋', 1035쪽.

30 벽호(壁虎): 도마뱀붙이과에 속하는 기어다니는 동물. 도마뱀과 비슷하면서도 길이가 좀 작고, 몸빛은 어두운 잿빛이며, 몸 전체에 띠모양의 얼룩무늬가 있다.

31 《本草綱目》卷22〈穀部〉"胡麻油", 1440쪽.

32 《本草綱目》, 위와 같은 곳.

[4] 氣: 저본에는 "藥". 오사카본·규장각본·《意方合部·中毒及諸傷部·諸食毒及果菜菌毒》에 근거하여 수정.

[5] 重: 저본에는 "用". 오사카본·규장각본·《本草綱目·穀部·胡麻油》에 근거하여 수정.

[6] 可: 저본에는 "不". 《本草綱目·穀部·胡麻油卽香油》에 근거하여 수정.

[7] 之: 저본에는 없음. 오사카본·규장각본·《本草綱目·穀部·胡麻油卽香油》에 근거하여 보충.

본초연의보유[33] 참기름[香油]은 참깨를 볶아서 짠 기름으로, 먹으면 맛이 좋고 병에 걸리지도 않는다. 만약 지나치게 달이고 졸이면 그 성질이 불과 다름이 없다.

本草衍義補遺 香油乃炒熟脂麻所出, 食之美, 且不致疾. 若煎煉過, 與火無異.

본초강목[34] 장화(張華)[35]의 《박물지(博物志)[36]》에 "기름을 100석(石)이나 쌓아 두면 저절로 불이 날 수 있다."[37]라 했다. 진정(陳霆)[38]의 《양산묵담(兩山墨談)[39]》에 "기름 묻은 비단옷에 열을 가하면 불꽃이 인다."[40]라 했다. 이것은 기름과 불의 성질이 같기 때문이다. 참기름으로 음식물을 달이고 졸이면 더욱 화(火)를 요동시켜 담이 생기게 한다. 진장기(陳藏器)는 앞의 《본초습유》에서 참기름의 성질이 매우 차다고 했지만, 전혀 그렇지 않다. 다만 생으로 쓰면 마른 것을 적셔주고, 독을 풀어주며, 통증을 그치고, 종기를 없애는 효능이 있으므로 차다고 여긴 듯하다.

本草綱目 張華《博物志》: "積油滿百[8]石, 則自能生火." 陳霆《墨談》言: "衣絹有油, 蒸熱則出火星." 是油與火同性矣. 用以煎煉食物, 尤能動火生痰. 陳氏謂之大寒, 殊不然. 但生用之, 有潤燥解毒, 止痛消腫之功, 似乎寒耳.

---

33 《本草綱目》, 위와 같은 곳.

34 《本草綱目》, 위와 같은 곳.

35 장화(張華): 232~300. 중국 진(晉)나라의 학자. 자는 무선(茂先). 별칭 장사공(張司空). 학식이 넓고 시가나 문장을 잘 지었다. 혜제(惠帝) 때에 태자소부(太子少傅)로 임명되었으나, 팔왕의 난 때에 조왕륜(趙王倫)에게 살해되었다. 저서로서는 《박물지(博物志)》가 있다.

36 박물지(博物志): 장화(張華)가 저술한 책. 신선(神仙)·이상한 인간·동식물에 관한 기록을 주로 하고 거기에 민간전설 등이 곁들여 있다. 당초에는 400권으로 만들어졌으나 문장이 길고 기괴한 부분이 너무 많다는 황제 의견에 따라 10권으로 줄였다고 한다.

37 기름을……있다: 《博物志》卷4〈物理〉, 48쪽(국립중앙박물관본).

38 진정(陳霆): 1477~1550. 중국 명(明)나라의 관리이자 저술가. 자는 성백(聲伯), 호는 수남거사(水南居士), 별호는 저산진일(渚山眞逸)·가선도인(可仙道人). 홍치(弘治) 15년(1502)에 진사가 되어 형과급사중(刑科給事中)을 역임했고, 정덕(正德) 원년(1506) 유근(劉瑾)에 의해 옥에 갇혀졌으나, 후에 다시 형부주사(刑部主事)로 복직되었다. 다음해에 산서제학첨사(山西提學僉事)로 임용되었으나 오래지 않아 사직하고 낙향하여 초남(苕南)에 은거하면서 저술에 힘썼다. 저서로는 《양산묵담(兩山墨談)》이 있다.

39 양산묵담(兩山墨談): 진정이 지은 책. 기존에 전해 내려오는 야사나 전설의 근원을 밝혀내고 기이한 이야기 뿐 아니라 폭넓은 잡학지식들이 담겨있다. 서술방식이 필기(筆記) 형식이어서 자신의 의견을 많이 기술했다.

40 기름이……인다: 《兩山墨談》卷13 《叢書集成初編》331, 112쪽).

⑧ 百: 《博物志·物理》에는 "萬".

2-5) 벌꿀

蜂蜜

본초[41] 맛은 달고, 성질은 평하며, 독은 없다. 명치 부위의 사기를 다스리고, 오장을 편안하게 하며, 기를 북돋우고 속을 보하며, 여러 질병을 제거하고, 온갖 약을 조화시킨다. 오래 먹으면 마음을 강하게 하고, 몸을 가볍게 하여 허기지지 않고 늙지 않으며, 신선처럼 수명을 늘린다.

本草 甘, 平, 無毒. 治心腹邪氣, 安五臟, 益氣補中, 除衆疾, 和百藥. 久腹, 强志輕身, 不饑不老, 延年神仙.

본초연의[42] 꿀이 비록 독은 없으나 많이 먹으면 또한 여러 가지 풍이 생긴다.

本草衍義 蜜雖無毒, 多食亦生諸風.

본초연의보유[43] 꿀은 주로 비장으로 들어간다. 중국 서북 지방은 높고 건조하므로 그 지방 사람들이 꿀을 먹으면 유익하고, 중국 동남 지방은 낮고 습하여 꿀을 많이 먹으면 그 해가 비장에서 생긴다.

本草衍義補遺 蜜喜入脾. 西北高燥, 故人食之有益; 東南卑濕, 多食則害生於脾.

천금식치[44] 7월에는 생벌꿀을 먹지 말아야 하니, 먹으면 심한 설사와 곽란이 일어난다. 색이 푸르거나 붉거나 맛이 신 벌꿀은 먹으면 가슴이 답답해진다. 생파·상추와 함께 먹어서는 안 되는데, 설사를 하기 때문이다. 꿀을 배불리 먹은 후에는 젓갈을 먹어서는 안 되니, 갑자기 죽는 경우가 있다.

千金食治 七月勿食生蜜, 令人暴下, 霍亂. 靑, 赤, 酸者, 食之心煩. 不可與生蔥, 萵苣同食, 令人利下. 食蜜飽後, 不可食鮓, 令人暴亡.

---

41 《神農本草經疏》卷20〈蟲魚部上品〉"石蜜"(《繆希雍醫學全書》, 289쪽);《本草綱目》卷39〈蟲部〉"蜂蜜", 2218쪽.
42 《本草綱目》, 위와 같은 곳.
43 《本草綱目》, 위와 같은 곳.
44 《千金食治》〈鳥獸〉5 "石蜜"(《孫思邈醫學全書》, 484쪽);《本草綱目》卷39〈蟲部〉"蜂蜜", 2218~2219쪽.

본초강목[45] 생꿀의 성질은 서늘하고 익힌 꿀은 따뜻하니, 냉하지도 않고 건조하지도 않아서 중화의 기를 얻었다. 그러므로 십이장부의 병에 좋지 않은 데가 없다. 다만 많이 먹으면 뜨거운 열과 익충(䘌蟲)도 생긴다. 어린아이는 더욱 조심해야 한다. 졸인 꿀은 독이 없다.

本草綱目 蜜生涼熟溫, 不冷不燥, 得中和之氣, 故十二臟腑之病, 罔不宜之. 但多食[9], 亦生溫熱蟲䘌, 小兒尤當戒之. 煉過則無毒矣.

식물본초[46] 여러 꿀 중에 여름과 겨울에 채취한 꿀이 가장 좋고, 가을에 채취한 꿀이 그 다음이며, 봄에 채취한 꿀은 쉽게 변해서 맛이 시다. 중국 남쪽지방에는 서리와 눈이 적어서 꽃들에 열이 많으므로 꿀의 성질이 뜨겁다. 반면 서북 지방의 꿀은 그 성질이 차다.

食物本草 諸蜜夏冬爲上, 秋次之, 春則易變而酸. 南方[10]少霜雪, 諸花多熱, 故蜜熱. 西北[11]則涼矣.

2-6) 술

본초[47] 맛은 쓰면서 달고 매우며, 성질은 매우 뜨겁고, 독이 있다.

酒

本草 苦甘辛, 大熱, 有毒.

식료본초[48] 오래 마시면 정신을 상하게 하고 수명을 줄이며, 근육과 뼈를 약하게 하고 기리(氣痢)[49]를 요

食療本草 久飮, 傷神損壽, 軟筋骨, 動氣痢. 醉臥

---

45 《本草綱目》卷39 〈蟲部〉 "蜂蜜", 2218쪽.
46 《食物本草》卷下 〈味類〉 "蜜", 73쪽 ; 《本草綱目》, 위와 같은 곳.
47 《神農本草經疏》卷25 〈米穀部中品〉 "酒" (《繆希雍醫學全書》, 328쪽) ; 《本草綱目》卷25 〈穀部〉 "酒", 1558쪽.
48 《食療本草》卷下 〈酒〉, 114쪽 ; 《本草綱目》, 위와 같은 곳.
49 기리(氣痢) : 이질의 하나로, 원기가 부족하여 중기(中氣)가 아래로 처지거나 몰려서 생기는 증상이다. 기허(氣虛)가 원인인 때에는 심하게 설사를 하고 배가 빵빵해지며 방귀가 자주 나온다.
⑨ 多食 : 저본에는 "食多". 오사카본·규장각본·《本草綱目·蟲部·蜂蜜》에 근거하여 수정.
⑩ 南方 : 《食物本草·味類·蜜》에는 "閩廣".
⑪ 西北 : 《食物本草·味類·蜜》에는 "西南".

동시킨다. 취해서 누워 있다가 바람을 맞으면 전풍(癲風)50에 걸린다. 취해서 냉수욕을 하면 통비(痛痺)51에 걸린다. 단사(丹砂)를 복용하는 사람이 마시면 머리가 아프고 토하며 열이 난다.

當風, 則成癲風. 醉浴冷水, 成痛痺. 服丹砂人飲之, 頭痛吐熱.

본초습유52 혈맥을 통하게 하고, 장위를 튼튼하게 하며, 피부를 윤택하게 하고, 습기를 흩어지게 하며, 근심을 덜어주고, 노기를 드러내게 하며, 말로 표현하게 하고, 뜻을 펴게 한다. 일반적으로 술은 여러 가지 단것을 꺼린다. 술에 사람을 비춰보아서 그림자가 없는 것은 마시면 안 된다. 저절로 줄어드는 제주(祭酒, 제사 지낼 때 땅에 붓거나 신에게 대접하는 술)는 마셔서는 안 된다. 술과 우유를 함께 마시면 기가 뭉친다. 쇠고기와 함께 먹으면 기생충이 생긴다. 술을 마신 후 기장짚에 눕거나 돼지고기를 먹으면 대풍(大風, 몹시 심한 풍사)에 걸린다.

本草拾遺 通血脈, 厚腸胃, 潤皮膚, 散濕氣, 消憂發怒, 宣言暢意. 凡酒忌諸甛物. 酒漿12照人無影, 不可飲. 祭酒自耗, 不可飲, 酒合乳飲, 令人氣結. 同牛肉飲, 令人生蟲. 酒後臥黍穰, 食豬13肉, 患大風.

본초연의보유53 《본초》에는 "술은 성질은 뜨겁고, 독이 있다."54라고만 했고 술이 속을 습하게 하고 열이 나게 한다고는 하지 않았으니, 상화(相火)55 작용

本草衍義補遺 《本草》止言"酒熱而有毒", 不言其濕中發熱, 近於相火. 醉後

---

50 전풍(癲風) : 표재성 피부곰팡이증. 피부의 가장 바깥층인 각질층이나 손발톱·머리카락에 진균이 감염되어 발생하는 질환이다.
51 통비(痛痺) : 풍한습(風寒濕)의 사기가 팔다리의 뼈마디와 경락에 침범해 뼈마디가 아픈 증상.
52 《本草綱目》, 위와 같은 곳.
53 《本草綱目》卷25〈穀部〉"酒", 1560쪽.
54 술은……있다 : 《神農本草經疏》卷25〈米穀部中品〉"酒"(《繆希雍醫學全書》, 327쪽).
55 상화(相火) : 간(肝)·담(膽)·신(腎)·삼초(三焦)의 화(火)를 두루 가리킨다. 상화는 명문에 기원을 두고 있으며 군화(君火)와 함께 오장육부를 온양(溫養)하고 그것의 활동을 도와 준다.
12 漿 : 저본에는 "醬". 오사카본과 《本草綱目·穀部·酒》에 근거하여 수정.
13 豬 : 저본에는 "諸". 《本草綱目·穀部·酒》에 근거하여 수정.

에 가깝다. 술에 취한 후 추위에 벌벌 떠는 행동에
서 이를 알 수 있다. 또 술은 성질이 올라가기를 좋
아하여 기(氣)가 반드시 따라 올라가니, 상체에는 담
이 울결되고 하체에는 소변이 막힌다. 차거나 서늘
한 술을 마음껏 마시면, 그 열이 안으로 울결되어
폐의 기운이 크게 상한다.

처음에는 병증이 약하여 구토를 하거나, 땀이 저절
로 나거나[自汗], 창개(瘡疥)가 나거나, 주사비(酒齄鼻)[56]
가 생기거나, 설사를 하거나, 심장과 비장에 통증이
있기도 하지만 이때까지는 오히려 병증을 흩뜨려 제
거할 수 있다.

그러나 그것이 오래되면 병이 깊어져 소갈병에 걸리
거나, 내저(內疽)[57]가 생기거나, 폐위(肺痿)[58]에 걸리거
나, 고창(鼓脹, 창만증)이 생기거나, 실명하거나, 천식
에 걸리거나, 노채(勞瘵)를 앓거나, 발작이 나거나[癲
癎], 치루에 걸리게 되니, 병명을 정하기도 어려운 이
병은 안목을 갖춘 의원이 아니면 쉽게 처방할 수 없
는 증세이다.

순주(醇酒)[59]는 성질이 매우 뜨거우나, 마시는 사
람은 입에 맞아서 뜨거움을 스스로 깨닫지 못한다.
이치상으로는 냉하게 해서 마시는 것이 좋으니, 그

振寒戰慄, 可見矣. 又性喜
升, 氣必隨之, 痰鬱于上,
溺澁于下. 恣飮寒涼, 其熱
內鬱, 肺氣大傷.

其始也病淺, 或嘔吐, 或自
汗, 或瘡疥, 或鼻齄, 或泄
痢, 或心脾痛, 尙可散而去
之.

其久也病深, 或消渴, 或內
疽, 或肺痿, 或鼓脹, 或失
明, 或哮喘, 或勞瘵, 或癲
癎, 或痔漏, 爲難名之病,
非具眼未易處也.

醇酒性大熱, 飮者適口, 不
自覺也. 理宜冷飮, 有三
益焉. 過于肺, 入於胃然後

---

56 주사비(酒齄鼻) : 술에 취한 상태처럼 평소에 코끝이 붉어지는 증상.
57 내저(內疽) : 장부에 생긴 옹저(癰疽)이다. 심저(心疽)·간저(肝疽)·비저(脾疽)·폐저(肺疽)·신저(腎疽)·
  소장저(小腸疽) 등이 있다.
58 폐위(肺痿) : 기침을 하면서 입안에 끈끈한 가래침이 나오며 촌구맥(寸口脈)이 삭(數, 매우 빠른 상태)한
  병증. 혹 기침할 때 끈끈한 가래침과 더불어 약간의 피가 있거나 피고름이 나오는 병증이다.
59 순주(醇酒) : 술을 거른 뒤 물을 타지 않은 진한 술.

렇게 하면 3가지 유익한 점이 있다. ①우선 폐를 지나서 위장으로 들어간 연후에야 약간 따뜻해지니, 폐가 따뜻함 속의 차가움을 얻어 기를 보할 수 있다. ②다음으로는 차가움 속의 따뜻함을 얻어 위장을 기를 수 있다. ③끝으로 차가운 술은 느리게 돌아서 취기가 점차적으로 퍼지므로 마음껏 마실 수 없다.

微溫, 肺得溫中之寒⑭, 可以補氣. 次得寒中之溫, 可以養胃. 冷酒行遲, 傳化以漸, 人不得恣飮也.

식물본초 60 사람들은 낮술은 경계할 줄 알면서도 밤술이 더 심각함을 모른다. 취하고 배부른 후에 졸다가 잠자리에 들면 열기가 막혀 심장과 눈을 상하게 한다. 밤에는 기가 수렴되는 때인데, 술이 이 수렴된 기를 발산하게 하여 청명한 기운을 어지럽히고, 비장과 위장을 피로하게 하며, 습기를 정체시켜 창(瘡)이 나게 하고, 화(火)를 요동시켜 욕구를 부추기니, 이로 인해 병에 걸린 사람들이 많다.

食物本草 人知戒早飮, 而不知夜飮更甚⑮. 旣醉旣飽, 睡而就枕, 熱擁傷心傷目. 夜氣收斂, 酒以發之, 亂其淸明, 勞其脾胃, 停濕生瘡⑯, 動火助慾, 因而致病者多矣.

본초강목 61 술은 적게 마시면 혈을 조화롭게 하고, 기를 잘 돌게 하며, 정신을 씩씩하게 하고, 추위를 이기게 하며, 시름을 잊게 하여 흥을 돋운다. 그러나 많이 마시면 정신을 상하게 하고, 혈을 소모케하며, 위를 상하게 하고, 정기를 소진하며, 담을 생

本草綱目 酒少飮則和血⑰行氣, 壯神禦寒, 消愁遣興, 痛飮則傷神耗血, 損胃亡精, 生痰動火. 若夫沈湎無度, 醉以爲常者, 輕則致

---

60 《食物本草》卷下〈味類〉"酒". 76쪽.
61 《本草綱目》卷25〈穀部〉"米酒", 1558~1560쪽, "燒酒", 1567쪽.
⑭ 寒 : 저본에는 "意".《本草綱目·穀部·酒》에 근거하여 수정.
⑮ 甚 :《食物本草·味類·酒》에는 "不宜".
⑯ 瘡 :《食物本草·味類·酒》에는 "痰".
⑰ 和血 : 저본에는 "血和". 오사카본·규장각본·《本草綱目·穀部·米酒》에 근거하여 수정.

기게 하고, 화(火)를 요동시킨다. 한정 없이 술에 빠져서 늘 취해 있는 사람의 경우 가볍게는 병에 걸려 걷지 못하지만, 심하면 나라를 잃고 집안을 망하게 하고 자기의 수명도 단축시킨다.

疾敗行, 甚則喪邦亡家而損軀命.

술을 마신 후에 겨자 및 매운 음식을 먹으면 사람의 근육과 뼈를 늘어지게 한다. 술을 마신 후에 차를 마시면, 신장을 손상시켜 허리와 다리가 무거워서 쳐지며, 방광에 냉통이 생기며, 담음·수종·소갈·연통(攣痛)62과 같은 질병도 합병증으로 온다. 일체의 독이 있는 약을 먹고 바로 술을 마셔서 얻은 병은 치료하기가 어렵다. 또 술이 두려워하는 것은 헛개나무·칡꽃·팥꽃·녹두가루이다.

酒後食芥及辣物, 緩人筋骨. 酒後飮茶, 傷腎臟, 腰脚重墜, 膀胱冷痛, 兼患痰飮、水腫、消渴、攣痛之疾. 一切毒藥, 因酒得者難治. 又畏枳椇、葛花、赤豆花、綠豆粉.

소주는 맛은 매우면서 달고, 성질은 매우 뜨거우며, 강한 독이 있다. 지나치게 마시면 위를 망가뜨리고 쓸개를 상하며 의식을 잃고 수명을 줄인다. 심하면 장이 검어지고 위가 썩어서 죽게 된다. 생강·마늘과 함께 먹으면 치질이 생긴다.

燒酒辛甘, 大熱, 有大毒. 過飮敗胃傷膽, 喪心損壽, 甚則黑腸腐胃而死. 與薑、蒜同食, 令人生痔.

2-7) 조청과 엿

飴餹

명의별록63 맛은 달고, 성질은 매우 따뜻하며, 독은 없다. 허하고 결핍된 기를 보하고, 갈증을 그치게 하고, 어혈을 제거한다.

名醫別錄 甘, 大溫, 無毒. 補虛乏, 止渴去血.

천금식치64 허하고 냉함을 보하고 기력을 북돋우

千金食治 補虛冷, 益氣力,

---

62 연통(攣痛) : 근육이 당기며 아픈 증상.
63 《名醫別錄》〈上品〉 "飴糖", 98쪽 ; 《本草綱目》 卷25 〈穀部〉 "飴糖", 1550쪽.
64 《千金食治》〈穀米〉 4(《孫思邈醫學全書》, 478쪽) ; 《本草綱目》, 위와 같은 곳.

조청과 엿

며, 담을 사라지게 하고 폐를 적셔주며 기침을 그치게 한다.

消痰, 潤肺, 止嗽.

본초연의 65 많이 먹으면 비장의 기운을 요동시킨다.

本草衍義 多食, 動脾氣.

본초연의보유 66 조청과 엿은 토(土)에 속하나 화(火)에서 이루어지므로 습한 가운데 열을 크게 일으킨다.

本草衍義補遺 飴餳屬土而成於火, 大發濕中之熱.

본초강목 67 일반적으로 속이 더부룩한 증상·구토·변비·충치·눈의 충혈·감질(疳疾)로 아픈 사람은 절대로 금해야 하니, 담이 생기고 화(火)를 요동시키는 작용이 가장 심하기 때문이다. 단맛[甘]은 토(土)에 속하므로, 신장에 병이 있는 사람은 단것을 많이 먹으면 안 된다.68 단맛이 신장을 상하게 하고 뼈를 아프게 하며 이빨이 빠지게 하니, 모두 이와 같은 종

本草綱目 凡中滿、吐逆、秘結、牙蟲、赤目、疳痛者, 切宜忌之, 生痰動火最甚. 甘屬土, 腎病毋多食甘. 甘傷腎, 骨痛而齒落, 皆指此類也.

---

65 《本草衍義》卷20〈飴糖〉, 148쪽.

66 《本草綱目》, 위와 같은 곳.

67 《本草綱目》, 위와 같은 곳.

68 단맛[甘]은……된다 : 오행(五行)의 상극(相克)이론에 따르면 토극수(土克水)이므로, 토에 속하는 단맛이 수에 배속된 신장을 극하므로 신장이 약한 사람은 단맛을 경계해야 한다고 본 것이다.

류를 가리킨다.

2-8) 수유[酥]

식물본초[69] 성질은 약간 차고, 맛은 달다. 오장을
살찌우고 보하며 대장을 잘 통하게 한다. 우유로 만
든 수유(酥油)가 가장 좋고, 양젖이 다음이며, 말젖
은 또 그 다음이다. 나귀젖은 성질이 냉해서 먹기에
적절치 않다. 하지만 여러 젖의 효능은 모두 사람의
젖에 미치지 못한다.

정조지 권제1 끝

酥

食物本草 微寒, 甘. 肥補
五臟, 利大腸. 牛乳爲上,
羊次之, 馬又次之. 驢乳性
冷, 不堪用. 衆乳之功, 總
不及人乳也.

鼎俎志卷第一

---

69 《食物本草》卷下 "味類", 77쪽.

2

정조지 권제 2
鼎俎志卷第二

임원십육지 42

林園十六志 四十二

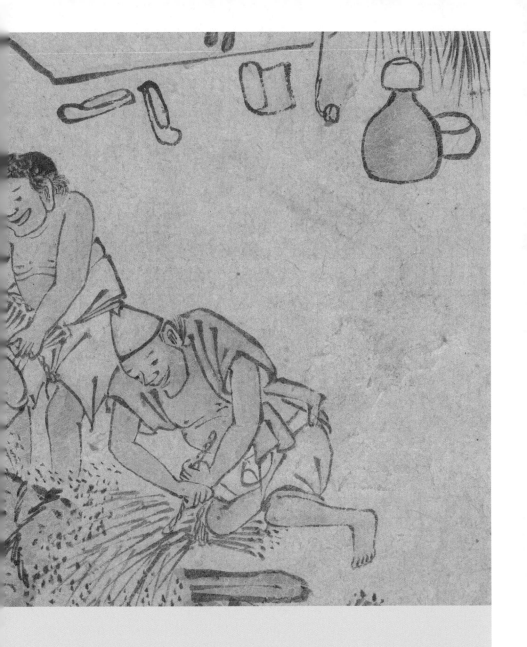

요즘 사람들의 밥짓기에는 다른 기술이 없다. 쌀을 깨끗이 씻은 뒤 쌀뜨물은 버리고 솥에 넣는다. 이어서 새로 물을 부어 잠기게 하는데, 물은 쌀 위로 손바닥 하나 두께만큼 채우고 나서 솥뚜껑을 덮고 땔감을 때서 끓인다. 밥을 질게 하려면 쌀이 익을 때 쯤 불을 물렸다가 15~30분 후에 다시 불을 밀어 넣어 끓이고, 되게 하려면 불을 물리지 말고 처음부터 끝까지 센 불로 끓인다. 그러나 남쪽 지방 사람들은 쌀밥을 잘 지어먹고 북쪽 사람들은 조밥을 잘 지어먹는다. 이는 또한 각각 그 풍속을 따른 것이다.

- I -

익히거나 찌는 음식(취류지류)

炊餾之類

1
밥

2
떡

1. 밥[飯]

飯

1) 총론

반(飯)은 《설문해자(說文解字)[1]》에 "밥[食]이다."[2]라 했고, 《급총주서(汲冢周書)[3]》에 "황제가 처음 곡식을 익혀 '반'이라 했다."[4]라 했다.

한 번 찐 밥을 '분(饙)'이라 한다【《옥편(玉篇)[5]》에 "'饙'은 음이 분이다. 반쯤 찐 밥으로, 분(饙)과 같다."[6]라 했다. 《시경(詩經)·대아(大雅)》에 "저기의 물 떠다가 여기에 부으면 선밥[饙]과 술밥 지을 수 있지."라 했고, 그 주석에서 "분(饙)은 쌀을 찔 때 일단 익으면 물을 뿌려주고 나서 다시 찐 것이다."[7]라 했다】.

다시 쪄서 김이 맺혀 있는 밥을 '유(餾)'라 한다【《설

總論

飯, 《說文》云"食也", 《汲冢周書》云"黃帝始炊穀爲'飯'".

一蒸曰"饙"【《玉篇》云:"音分, 半蒸飯也, 與饙同." 《詩·大雅》"挹彼注茲, 可以饙饎", 註"饙, 蒸米一熟而以水沃之, 乃再蒸也"】.

再蒸而氣溜曰"餾[1]"【《說

---

1 설문해자(說文解字): 중국 후한(後漢)의 경학자인 허신(許愼, 58?~147?)이 지은 자전. 한자를 부수에 따라 분류하여 해설한 최초의 사전으로 알려져 있다. 표제자를 앞에 두고 그 글자에 대해 의미를 해설하고 자형을 해석하는 체제로 되어 있다.

2 밥[食]이다: 《說文解字》卷5 下〈文五〉"飯"(《文淵閣四庫全書》223, 171쪽).

3 급총주서(汲冢周書): 《逸周書》를 말한다. 중국 전국 시대 위(魏)나라 양왕(襄王)의 무덤인 급총(汲冢)에서 발굴한 문헌 중 하나로 전해지나, 《汲冢書》의 목록에는 보이지 않는다.

4 황제가……했다: 《康熙字典》卷33〈食部〉"飯"(《文淵閣四庫全書》231, 458쪽).

5 옥편(玉篇): 중국 남조 양(梁)나라의 학자인 고야왕(顧野王, 519~581)이 저술한 자전. 반절법(反切法)을 활용해 발음을 달았고, 경전 및 그 주석서를 근거로 하여 용례를 추가했다.

6 음이……같다: 《重修玉篇》卷9〈食部〉"飯"(《文淵閣四庫全書》224, 85쪽).

7 저기의……것이다: 《詩傳大全》卷17〈大雅〉"泂酌"(《詩傳》3, 233쪽).

[1] 餾: 저본에는 "溜". 오사카본·규장각본에 근거하여 수정.

문해자》에 "분(饋)은 한 번 찐 쌀이다. 유(餾)는 밥에 뜸을 들이는 것이다."[8]라 했다】.

잡곡밥을 '유(飻)'라 하고【《오음편해(五音篇海)[9]》에 "'飻'는 음이 유(糅)이다. 잡곡밥이다."[10]라 했다】, '뉴(飳)'라 하기도 한다【《집운(集韻)[11]》에 "飳는 음이 뉴(紐)이다. 잡곡밥이다."[12]라 했다】.

물과 섞은 밥을 '손(飧)'이라 한다【《석명(釋名)[13]》에 "손(飧)은 흩어진다는 뜻이다. 물에 밥을 말면 밥알이 저절로 흩어진다."[14]라 했다】.

국을 부은 밥을 '찬(饡)'이라 한다【'饡'은 음이 찬(贊)이다. 《옥편》에 "국에 밥을 만 것이다."[15]라 했다】.

도가(道家)에서는 약초를 넣어 색을 낸 밥을 '신(餕)'이라 한다【《정자통(正字通)[16]》에 "'餕'은 음이 신(迅)이다. 오반(烏飯)이라 하는데, '청정반(青精飯)'이라

文》:"饋, 一蒸米也[2]. 餾, 飯氣流[3]也"】.

雜飯曰"飻"【《五音篇海》:"音糅, 雜飯"】, 曰"飳"【《集韻》:"音紐, 雜飯"】.

水和曰"飧"【《釋名》:"飧, 散也. 投水于中, 自解散也"】.

羹澆曰"饡"【音贊.《玉篇》:"以羹澆飯也"】.

道家用藥草設色曰"餕"【《正字通》:"音迅, 烏飯也, 一曰'青精飯'"】.《饔饌雜志》

---

8 분(饋)은……것이다 :《說文解字》卷5 下〈文五〉"饋", "餾"《文淵閣四庫全書》223, 170쪽).

9 오음편해(五音篇海) : 중국 금(金)나라의 한효언(韓孝彦, ?~?)이 편찬하고, 아들 한도소(韓道昭, ?~?)가 증보하여 발간한 자전. 자서로서는 처음으로 같은 부수 안에 속한 표제자를 획수의 순서대로 배열하였다. 그러나 부수자의 배열을 음운에 따라 했으므로 음운학에 조예가 없는 사람이 보기에는 불편했다.

10 음이……잡곡밥이다 :《集韻》卷8〈宥〉《文淵閣四庫全書》236, 703쪽).

11 집운(集韻) : 중국 북송의 정도(丁度, 990~1053) 등이 왕명을 받아 편찬한 운서. 글자를 206운으로 나누고 그에 따라 5만여 자를 배열했다.

12 음이……잡곡밥이다 :《集韻》, 위와 같은 곳.

13 석명(釋名) : 중국 한(漢)나라 말의 훈고학자 유희(劉熙, ?~?)가《이아(爾雅)》의 체계를 모방하여 지은 자전. 1,505가지의 사물 명칭을 27개 부분으로 정리하여 설명했다.

14 손(飧)은……흩어진다 :《釋名》卷4〈釋言語〉《文淵閣四庫全書》221, 402쪽).

15 국에……것이다 :《重修玉篇》卷9〈食部〉"饡"《文淵閣四庫全書》224, 85쪽).

16 정자통(正字通) : 중국 명(明)나라의 장자열(張自烈, 1564~1650)이 편찬한 자서. 명대의 자서인《자휘(字彙)》를 기준으로 하여 편찬했고, 예문의 앞뒤 문장을 함께 소개했다.

[2] 一蒸米也 :《說文解字·文五·饋》에는 없음.

[3] 流 :《說文解字·文五·餾》에는 "蒸".

고도 한다."[17]라 했다】. 《옹치잡지(饔饎雜志)[18]》[19]

2) 여러 가지 밥 짓는 법(자반잡법)

정해(靜海)[20]의 여두눌(勵杜訥)[21] 선생에게 듣기로는 밥을 지을 때 밥물이 넘치지 않게 하여 밥물을 간직한 채 뜸을 들이면 향과 맛이 온전해진다고 한다. 불은 약해야 하고 물은 줄어들어야 하니, 대개 올바른 방법이 있다. 소홀하고 경솔하게 밥을 짓는다면 하늘이 준 곡식을 함부로 살상하는 일과 같다. 장영(張英)[22]《반유십이합설(飯有十二合說)[23]》[24]

밥을 지을 때 적당한 불의 세기가 가장 중요하니, 급하게 끓여서는 안 된다. 먼저 쌀을 물로 깨끗이 씻고 완전히 불려놓은 뒤, 물이 끓기 시작하면 쌀을 넣고 다시 부글부글 끓인 다음 주걱으로 고루 저어 뒤집어준다. 한참 동안 그대로 두었다가 주걱으로 밥을 뒤집고 다시 살짝 불을 때주면 아래위로 완전

煮飯雜法

聞之靜海 勵先生, 炊米汁勿傾去, 留以蘊釀, 則氣味全, 火宜緩, 水宜減, 蓋有道焉. 魯莽滅裂, 與暴殄天物等. 張英《飯有十二合說》

煮飯, 要火候得宜, 不可急煮. 先將米用水淘淨酥透, 燒水開, 下米再燒滾, 用鏟和均翻轉. 停多時, 將飯用鏟覆下, 又略燒一把, 則上下熟透. 凡覆飯時用鍋鏟,

---

17 음이……한다 : 《正字通》〈戌集〉下 "食部" '飯'(《續修四庫全書》235, 729쪽).

18 옹치잡지(饔饎雜志) : 서유구(徐有榘, 1764~1845)가 지은 조리서. 《정조지(鼎俎志)》로 흡수되어 있고, 독립된 원본은 현재 전해지지 않는다. 총론의 대부분을 가져왔으며, 《정조지》 전체의 12%가 이 책을 반영했을 정도로 《정조지》에서 큰 비중을 차지하는 저술이다.

19 출전 확인 안 됨.

20 정해(靜海) : 중국 천진시(天津市) 정해구((靜海區) 일대.

21 여두눌(勵杜訥) : 1628~1703. 중국 청(淸)나라의 관리. 자는 근공(近公)이며, 정해(靜海) 사람이다. 서화(書畫)에 뛰어났으며 형부우시랑(刑部右侍郎)을 지냈다.

22 장영(張英) : 1637~1708. 중국 청나라의 관리. 자는 돈복(敦復)·몽돈(夢敦), 호는 낙포(樂圃)이며, 동성(桐城) 사람이다. 문화전대학사(文華殿大學士) 겸 예부상서(禮部尚書)를 지냈다. 저서로는 《독소당문집(篤素堂文集)》·《주역충론(周易衷論)》·《서경충론(書經衷論)》이 있다.

23 반유십이합설(飯有十二合說) : 중국 청나라 장영이 지은 저서. 맛있는 식사를 할 수 있는 12가지 조건으로 좋은 쌀·불조절·익힌 고기·제철 채소·말린 고기·절인 채소·국·차·적절한 때·그릇·먹는 장소·함께 먹는 사람을 말하였다.

24 《飯有十二合說》〈二之炊〉(《叢書集成續編》87, 631쪽).

히 익는다. 일반적으로 밥을 뒤집을 때는 주걱을 쓰는데, 주걱에 먼저 물을 적시면 밥알이 들러붙지 않는다.《인사통(人事通)[25]》[26]

솥뚜껑은 평평하여 안정적인 점이 가장 중요하니, 조금이라도 기울어져 있으면 반드시 솥과 뚜껑 사이로 김이 저절로 빠져서 땔감을 많이 소비할 뿐만 아니라 밥이 반은 설고 반만 익는다. 솥뚜껑을 산다면 뚜껑이 반드시 솥보다 약간 커야 한다.《인사통》[27]

先用水濕則不粘飯.《人事通》

鍋蓋最要平穩, 少有欹蹻, 自必漏氣, 不獨多費柴火, 且令飯半生半熟. 若買鍋蓋, 須要大些. 同上

사진1 냄비밥

사진2 돌솥밥

사진3 무쇠솥밥

동성(桐城)[28] 장영의《반유십이합설》에서 "조선 사람들은 밥을 잘 지어서 밥알이 반지르르하며 부드럽고 매끄러운데다가 향기롭고 윤기가 돈다. 아마도 이른바 가운데와 가장자리가 모두 기름지다는 말이

桐城 張英《飯有十二合說》云"朝鮮人善炊飯, 顆粒朗然而柔膩香澤, 儻所謂中邊皆腴者耶?", 吾東炊飯,

---

25 인사통(人事通) : 중국 청나라 석성금(石成金, 658~?)이 지은, 처세와 생활의 지침서.《전가보(傳家寶)》에 수록되어 있다.

26 《傳家寶》卷9〈人事通〉"煮飯", 357쪽.

27 《傳家寶》卷9〈人事通〉"鍋蓋", 356쪽.

28 동성(桐城) : 중국 안휘성(安徽城) 동성(桐城市) 일대.

아니겠는가?"[29]라 했으니, 우리나라 사람들의 밥 짓기는 대개 이미 천하에 이름이 난 것이다.

요즘 사람들의 밥 짓기에는 다른 기술이 없다. 쌀을 깨끗이 씻은 뒤 쌀뜨물은 버리고 솥에 넣는다. 이어서 새로 물을 부어 잠기게 하는데, 물은 쌀 위로 손바닥 하나 두께만큼 채우고 나서 솥뚜껑을 덮고 땔감을 때서 끓인다. 밥을 부드럽게 하려면 쌀이 익을 때 쯤 불을 물렸다가 15~30분 후에 다시 불을 밀어 넣어 끓이고, 되게 하려면 불을 물리지 말고 처음부터 끝까지 센 불로 끓인다. 그러나 남쪽 지방 사람들은 쌀밥을 잘 지어먹고 북쪽 사람들은 조밥을 잘 지어먹는다. 이는 또한 각각 그 풍속을 따른 것이다. 《옹치잡지》[30]

蓋已名於天下矣.

今人煮飯無他術, 將米淘淨, 傾去潘汁入鍋, 澆淹新水, 令米上一掌厚, 蓋定, 燒柴煮之. 欲軟者, 臨熟退火, 一二刻再進火煮之;欲硬者, 不退火, 始終武火煮之. 然南人善炊稻飯, 北人善炊粟飯, 亦各從其俗也. 《饔饎雜志》

3) 밥은 부드럽게 해야 한다

밥을 지을 때는 부드럽게 하는 일이 중요하니, 쌀을 절약할 뿐만이 아니라 또 먹으면 비장과 위장이 상하지 않으며 소화시키기 쉽기 때문이다. 다만 노비와 하인들은 매번 된밥을 좋아하므로, 전적으로 안주인이 항상 살펴보면서 세끼에 모두 부드러운 밥을 짓도록 감독해야 한다. 오직 여름에는 부드러운 밥의 경우 혹시 남은 밥이 있으면 쉬어버리기 매우 쉽고, 또한 여름에는 날이 길어서 밥을 많이 먹더라도 소화시키기 어렵지 않다. 혹 밥을 지으면서 물이

炊飯宜軟

煮飯要煮軟, 不獨省米, 且食之不傷脾胃, 容易消化. 但奴婢下人每喜硬飯, 全在主母常加照管, 三時俱要爛飯. 惟夏月爛飯, 儻有餘剩, 極易[4]餿壞, 且夏日永長, 食雖多, 亦不難消. 或煮飯, 於水滾時, 將米堆高, 半邊先儘軟飯,

---

끓어오를 때 쌀을 봉우리처럼 가운데를 높이 쌓아 　　最妙⑤.《人事通》

그 중 가장자리 절반이 먼저 부드러운 밥이 되게 하

면 가장 좋다.《인사통》31

4) 햅쌀밥의 독 제어하기(취신도제독법) 　　炊新稻制毒法

쌀은 서리가 내린 후에야 비로소 독이 없어지니, 　稻米霜後始無毒, 早稻米

올벼에는 독이 있어 묵은쌀과 반씩 섞어서 밥을 해 　有毒⑥, 須半雜陳米炊飯.

야 한다. 만약 1가지로만 밥을 하고자 한다면, 올벼 　若欲單炊, 早稻米必下鼎,

는 반드시 솥에 넣어서 여러 번 끓어오르도록 끓인 　煎數沸後, 仍酌去其水, 再

뒤, 원래 물을 떠서 버리고 다시 다른 물을 부어 밥 　入他水造飯則毒少.《增補

을 지으면 독이 적어진다.《증보산림경제(增補山林經 　山林經濟》

濟)》32

5) 보리밥 잘 익히기(취맥이숙법) 　　炊麥易熟法

일반적으로 보리밥을 할 때는 먼저 보리를 하룻 　凡炊麥, 先漬水一夜, 乃和

밤 물에 담가놓았다가 물을 넣고 삶아 익힌다. 그리 　水煮熟. 盛笊籬去汁, 和稻

고 조리(笊籬)33에 담아서 물기를 제거한 다음 쌀을 　米再煮作飯.《和漢三才圖

섞고 다시 끓여서 밥을 짓는다.《화한삼재도회(和漢 　會》

三才圖會)》34

보리가 알곡을 맺었지만 아직 누렇게 익지 않았 　麥成實未黃熟時, 刈取曬

을 때는 베어서 햇볕에 말린 다음 찧어 탈곡한 뒤에 　乾舂米, 和粳米炊飯, 易

---

31 《傳家寶》卷9〈人事通〉 “飯煮軟些”, 356쪽.

32 《增補山林經濟》卷8〈治膳〉上 “飯粥諸品”(《農書》 4, 18~19쪽).

33 조리(笊籬) : 쌀을 이는 데에 쓰는 기구. 가는 대오리나 싸리 따위로 걸어서 조그만 삼태기 모양으로 만든다.

34 《和漢三才圖會》卷103〈穀類〉 “大麥”(《倭漢三才圖會》 12, 236쪽).

⑤ 妙 : 저본에는 炒. 규장각본·《傳家寶·人事通·飯煮軟些》에 근거하여 수정.

⑥ 有毒 : 저본에는 “毒有”. 오사카본·규장각본·《增補山林經濟·治膳·飯粥諸品》에 근거하여 수정.

사진4 조리

사진5 밥 쉬지 않게 하기

멥쌀을 섞어 밥을 지으면 쉽게 익고 맛이 좋다.《증
보산림경제》35

보리쌀은 단단하고 껄끄러워서 밥을 지어도 쉽게
익지 않는다. 이때는 먼저 한나절 동안 깨끗한 물에
불려서 낱알 안팎으로 모두 습기를 머금게 해야 한
다. 그런 후에 다시 보리를 일어서 밥을 지으면 밥이
부드럽고 맛이 좋으며 게다가 땔감도 절약할 수 있
다.《옹치잡지》36

6) 밥 쉬지 않게 하기(반불수법)

생비름나물을 밥 위에 펼쳐 놓으면 하룻밤이 지나
도 밥이 쉬지[壞餿] 않는다【안 수(餿)는 수(餿)와 같다.
밥이 습기와 열기에 상한 것이다】.《구선신은서》37

熟味佳.《增補山林經濟》

麥米硬澁, 炊之不易熟, 須
先期一半日浸淨水中, 令
米粒內外通濕, 然後更淅
炊之, 則飯旣輭美, 且可省
薪.《饔饎雜志》

飯不餿法

用生莧菜鋪飯上, 則過夜
不壞【案 餿, 同餿, 飯傷
濕熱也】.《臞仙神隱書》

---

35 《增補山林經濟》卷8〈治膳〉上 "飯粥諸品"(《農書》4, 19쪽).

36 출전 확인 안 됨.

37 출전 확인 안 됨;《農政全書》卷42〈製造〉"食物"(《農政全書校注》, 1221쪽).

사진 6 보리밥

사진 7 연잎밥

연잎으로 밥을 싸면 더위에도 밥이 쉬지 않는다.
《화한삼재도회》[38]

用荷葉裹飯, 當暑不餧.
《和漢三才圖會》

7) 청정반(靑精飯) 짓기(청정반방)

도홍경(陶弘景)[39]의 《등진은결(登眞隱訣)[40]》에 '태극
진인(太極眞人)의 청정건석신반법(靑精乾石䭀飯法)'이 수
록되어 있다. 그 방법은 다음과 같다. 흰생멥쌀 1.5
곡(斛)[41]을 찧고 일어서 1.2곡을 취한다. 남촉목(南燭
木)[42]【안】《통아(通雅)[43]》에 "심괄(沈括)[44]은 '《본초》의
남촉초(南燭草)는 나무로, 남천촉(南天燭)이라 한다.

靑精飯方

陶隱居 《登眞隱訣》 載 "太
極眞人靑精乾石䭀飯法".
其法: 以生白粳米一斛五
斗舂治, 淅取一斛二斗, 用
南燭木【案】《通雅》曰:
"沈存中云: '《本草》南燭

---

38 《和漢三才圖會》 卷91 〈水果類〉 "蓮"《倭漢三才圖會》 10, 501쪽).

39 도홍경(陶弘景) : 456~536. 중국 양(梁)나라의 도사·의학자. 의약(醫藥)·점복(卜占)·역법(曆法)·경학(經
    學)·도학(道學)·지리학(地理學)·박물학(博物學)·문예(文藝)에 정통했다. 저서로는 《본초경집주(本草經集
    注)》가 있다.

40 등진은결(登眞隱訣) : 중국 양나라 도홍경이 지은 도가서(道家書). 이전의 도가 서적의 핵심적인 내용과 양
    생술을 가려 뽑아 정리했다.

41 곡(斛) : 곡식을 계량하는 기구 또는 단위. 1곡은 10두(斗)이다.

42 남촉목(南燭木) : 매자나무과에 속하는 상록관목. 남천(南天)이라고도 한다.

43 통아(通雅) : 중국 명(明)나라의 방이지(方以智, 1611~1671)가 지은 사전. 명물(名物)·상수(象數)·훈고(訓
    詁)·음운(音韻) 등의 부류를 고증했다.

44 심괄(沈括) : 1031~1095. 중국 송(宋)나라의 학자. 자는 존중(存中). 공학·천문학·약학·문학 등 다방면에
    서 뛰어난 재능을 발휘했다. 저서로는 《몽계필담(夢溪筆談)》이 있다.

요즘 사람들은 마당 옆에 남촉목을 심는데, 잎은 멀구슬나무와 같고 가을에 열매를 맺으면 단사(丹砂)처럼 붉다.'45라 했다. 내가 살펴보니 이것이 민간에서 이른바 '천죽(天竹)'이라 하는 것으로, 곧 오반수(烏飯樹)이다. 요즘은 오반초(烏飯草)라는 것도 있다."46라 했다】잎 5근【말린 것이면 3근도 괜찮다】을 줄기와 껍질을 섞고 삶아서 즙을 낸다. 이 즙을 매우 맑고 차게 만들어 여기에 쌀을 불린다. 쌀이 잘 불었으면 밥을 짓는다.

4월부터 8월 말까지는 남촉목의 새로 난 잎을 쓰기 때문에 밥의 색이 모두 짙고, 9월에서 3월까지는 묵은 잎을 쓰기 때문에 밥의 색이 모두 옅다. 때에 따라서 잎의 양을 조절할 수 있다. 또 부드러운 가지·줄기·껍질을 채취하여 돌절구에서 곱게 찧는다. 가령 4~5월 중에 만들 경우 10근 정도를 익히고 찧어서 쌀 1.2곡과 함께 끓인 물에 담가 물들이면 1곡을 얻을 수 있다. 요즘에는 단지 1~2일간 물에 담가두기만 할 뿐이어서, 끓인 물에 담가놓을 필요가 없다.

남촉목 찌꺼기를 걸러서 그 물로 밥을 하면 처음에는 쌀이 딱 녹색을 띠다가 찌면 곧 감색(紺色)처럼

草乃木也, 名南天燭. 今人植庭側, 葉似楝, 秋實赤如丹.' 智按⑦, 此俗所謂'天竹'也, 卽烏飯樹. 今更有烏飯草"】葉五斤【燥者三斤亦可】, 雜莖皮煮取汁, 極令清冷以溲米, 米釋炊之.

從四月至八月末, 用新生葉, 色皆深;九月至⑧三月, 用宿葉, 色皆淺, 可隨時進退其斤兩. 又采軟枝、莖、皮, 於石臼中擣碎. 假令四五月中作, 可用十許斤熟舂, 以斛二斗湯浸染, 得一斛也. 比⑨來只以水漬一二宿, 不必用湯.

漉而炊之, 初米正作綠⑩色, 蒸過便如紺色. 若色不

---

45 《본초》의……붉다:《夢溪筆談》下 卷26〈雜誌〉, 15쪽.
46 심괄(沈括)은……있다:《通雅》卷44〈植物〉(《文淵閣四庫全書》857, 831쪽).
⑦ 按: 저본에는 없음.《通雅·植物》에 근거하여 보충.
⑧ 至: 저본에는 "釋". 오사카본·규장각본·《本草圖經·木部下品·南燭》·《本草綱目·穀部·靑精乾石䭔飯》에 근거하여 수정.
⑨ 比: 저본에는 "此".《本草圖經·木部下品·南燭》·《本草綱目·穀部·靑精乾石䭔飯》에 근거하여 수정.
⑩ 綠: 저본에는 "紅".《本草圖經·木部下品·南燭》·《本草綱目·穀部·靑精乾石䭔飯》에 근거하여 수정.

된다. 만약 색이 좋지 않으면 또 물에 씻어내서 색을 제거한 다음 다시 새로운 즙에 담가도 된다. 쌀을 씻거나 삶을 때 모두 이 즙을 사용하는데, 오직 밥이 정(正) 청색(靑色)을 띠게 한 후에야 그친다.

好, 亦可淘去, 更以新汁漬之. 灑濩皆用此汁, 惟令飯作正靑色乃止.

밥은 높은 곳에 놓고 햇볕에 말리는데, 이때 3번 쪄서 말리고 찔 때마다 항상 남촉목잎의 즙으로 불려 촉촉하게 해준다. 매일 2승을 먹을 수 있다. 이때 다시 혈식(血食)[47]하지 말아야 한다.

高格曝乾, 當三蒸曝, 每蒸輒以葉汁漫令浥浥. 每日可服二升, 勿復血食.

청정반은 위장의 기를 채우고 골수를 보하며 삼충(三蟲)[48]을 소멸시킨다. 혹 먼길을 가는 경우 다시 쪄서 먹으면 매우 향기롭고 달다. 《도경본초(圖經本草)》[49]

塡胃補髓, 消滅三蟲. 或以寄遠, 重蒸過食之, 甚香甘也. 《圖經本草》

오반(烏飯) 짓는 법(오반법) : 남촉(南燭)의 줄기와 잎을 곱게 찧어 즙을 낸 뒤 여기에 멥쌀을 담그되 9번 담그고 9번 쪄서 9번 말리면 쌀알이 오그라져 작아지고 하주(蝦珠, 일종의 보석)처럼 검어진다【안 하(蝦)는 예(瑿)를 잘못 쓴 것 같다. 《정운(正韻)》[50]에 "예는 검은 옥이다."[51]라 했고, 《본초》에 "호박이 천 년이 된 것을 예라 한다."[52]라 했다】. 자루에 담으면, 멀리 가는 길에 가져갈 수 있다. 《당본초(唐本草)》[53]

烏飯法 : 取南燭莖葉, 擣碎漬汁, 浸粳米, 九浸九蒸九曝, 米粒緊小, 黑如蝦珠【案 蝦, 疑瑿之誤. 《正韻》"瑿, 黑玉", 《本草》"琥珀千年者爲瑿"】, 袋盛, 可以適遠方. 《唐本草》

---

47 혈식(血食) : 익히지 않은 고기를 먹는 일.

48 삼충(三蟲) : 장충(長蟲)·적충(赤蟲)·요충(蟯蟲)의 3가지 기생충.

49 《本草圖經》卷12〈木部下品〉"南燭", 426~427쪽 ; 《本草綱目》卷52〈穀部〉"靑精乾石䭀飯", 1535쪽.

50 정운(正韻) : 《홍무정운(洪武正韻)》. 명나라 태조 홍무(洪武) 연간(1368~1398)에 한림학사 악봉소(樂鳳韶)·송렴(宋濂) 등이 칙명을 받아 편찬한 16권의 운서(韻書). 우리나라의 《훈민정음(訓民正音)》과 《동국정운(東國正韻)》 편찬에 기초가 되었다.

51 예는……옥이다 : 《洪武正韻》卷1〈平聲〉"二支"'瑿'(《文淵閣四庫全書》239, 19쪽).

52 호박이……한다 : 《本草綱目》卷37〈木部〉"瑿", 2154쪽.

53 《本草綱目》卷〈木部〉"靑精乾石䭀飯", 1536쪽.

요즘은 불자들이 4월 초파일에 많이 만들어서 부처님께 공양한다. 감나무잎·백양나무가지[枝] 수십 개에 달린 잎을 넣어 색이 잘 나오게 하기도 한다. 또 생철 1덩이를 넣기도 하는데, 이는 좋은 색을 낼 줄만 알았지 복식가(服食家)들이 꺼리는 점인 줄을 모르는 것이다. 《본초강목(本草綱目)》[54]

今釋家多於四月八日造之以供佛. 或入柿葉、白楊葉數十枝以助色, 或又加生鐵一塊, 止知取其上色, 不知乃服食家所忌也. 《本草綱目》

8) 유반(䬳飯) 짓기(유반방)

좁쌀·핍쌀[稷米]【안 우리나라 민간에서는 피를 '직(稷)'이라 한다】·멥쌀 각 2승, 청량미(청량조) 0.5승, 붉은팥 0.7승, 검은콩 0.1승을 서로 섞어 밥을 지으면 매우 달고 향이 좋다. 《증보산림경제》[55]

䬳飯方

粟米·稷米【案 東俗指稗爲"稷"】·粳米各二升、青粱米五合、赤豆七合、黑大豆一合, 相和爲飯, 甚甘香.《增補山林經濟》

9) 혼돈반(渾沌飯) 짓기(혼돈반방)

멥쌀·붉은팥·익은 밤·말린 대추를 서로 섞어

渾沌飯方

粳米、赤豆、熟栗、乾棗, 相

사진8 혼돈반

54 《本草綱目》 卷25 〈木部〉 "青精乾石䬳飯", 1536쪽.
55 《增補山林經濟》 卷8 〈治膳〉 上 "飯粥諸品"(《農書》 4, 19쪽).

밥을 짓는데, 먼저 붉은팥을 푹 삶은 다음 멥쌀·대
추·밤을 넣고 푹 쪄서 떡처럼 퍼질 정도로 푹 익힌
다. 찹쌀을 조금 더하여 찰기를 띠게 하면 더욱 좋
다. 《옹치잡지》[56]

和爲飯, 先將赤豆煮熟, 次
入粳米、棗、栗爛蒸之, 令
糜爛如餻. 略加糯米, 使
有粘氣尤好.《饔饎雜志》

10) 반도반(蟠桃飯) 짓기(반도반방)

산복숭아를 따서 쌀뜨물로 푹 삶아 물속에서 걸
러두고 씨를 제거한다. 밥이 끓어오르길 기다렸다가
산복숭아를 집어넣고 조금 더 끓이는 공정은 암반
법(盫飯法)[57]과 같이 한다. 《산가청공(山家淸供)[58]》[59]

蟠桃飯方

采山桃, 用米泔煮熟, 漉置
水中去核, 候飯湧, 同煮頃
之, 如盫[11]飯法.《山家淸
供》

11) 조고반(凋菰飯) 짓기(조고반방)

줄[凋菰]의 잎은 갈대와 비슷하고 그 알곡은 검
다. 그래서 두보(杜甫)[60]의 시 중에 "물결에 일렁이는
줄풀의 열매, 구름 속에 검게 잠겼네."[61]라는 구절이
있기도 하니, 지금의 호제(胡穄, 검은 기장쌀)가 이것이
다. 줄알곡을 햇볕에 말렸다가 찧은 다음 씻어서 밥
을 지으면 향기도 좋고 식감이 매끄러워진다. 두보

凋菰飯方

凋菰葉似蘆, 其米黑. 杜
甫故有"波翻菰米沈雲黑"
之句, 今胡穄是也. 暴乾礱
洗造飯, 旣香而滑. 杜甫又
云：“滑憶凋菰飯.”《山家
淸供》

---

56 출전 확인 안 됨.
57 암반법(盫飯法) : 밥이 끓는 도중에 뚜껑을 열고 다른 재료를 넣어 조금 더 끓이는 방법으로 추정된다.
58 산가청공(山家淸供) : 중국 남송(南宋)의 임홍(林洪, 1369~1434)이 쓴 조리서. 산야에서 흔히 볼 수 있는
   채소·과일·동물들을 재료로 명칭과 조리법 및 관련 고사를 수록했다.
59 《山家淸供》 卷上〈蟠桃飯〉《叢書集成初編》 1473, 5쪽).
60 두보(杜甫) : 712~770. 중국 당(唐)나라의 시인으로, 당송팔대가의 한 사람. 자는 자미(子美), 호는 소릉
   (少陵). 중국 최고의 시인으로서 시성(詩聖)이라 불렸으며, 시선(詩仙)으로 불리는 이백(李白, 701~762)과
   병칭하여 이두(李杜)라 일컬어진다.
61 물결에……잠겼네 :《補注杜詩》 卷30〈秋興〉《文淵閣四庫全書》 1069, 558쪽).
[11] 盫 : 저본에는 “合”.《山家淸供·蟠桃飯》에 근거하여 수정.

는 또 "매끄러워 그립기로는 줄밥이네."⁶²라 하기도
했다. 《산가청공》⁶³

12) 금반(金飯) 짓기(금반방)

붉은 줄기의 황색 국화꽃을, 초석(硝石)⁶⁴ 약간 섞
은 감초탕에 데치고, 조밥[粟飯]이 약간 익기를 기다
렸다가 데친 국화꽃을 넣어서 함께 끓인다. 오래 먹
으면 눈이 밝아지고 수명이 늘어날 수 있다. 만약 남
양(南陽)의 감곡수(甘谷水)⁶⁵를 얻어서 끓이면 더욱 좋
다. 《산가청공》⁶⁶

金飯方

紫莖黃色菊英, 以甘草湯
和硝[12]小許焯過, 候粟飯
少熟, 同煮. 久食, 可以明
目延齡. 苟得南陽甘谷水煮
之, 尤佳也.《山家清供》

13) 옥정반(玉井飯) 짓기(옥정반방)

장예재(章藝齋)⁶⁷가 덕청현(德淸縣)⁶⁸을 다스릴 때 좌
우에 명하여 옥정반(玉井飯)을 만들게 했는데, 이 밥
의 향과 맛이 매우 좋았다. 만드는 방법은 다음과
같다. 연근껍질을 벗기고 잘라 조각을 낸다. 또 새
연밥을 채취하여 껍질을 제거해 놓는다. 밥이 약간
끓기를 기다렸다가 이들을 넣는 과정은 암반법(盦飯

玉井飯方

章藝齋鑑宰德淸時, 命左
右造玉井飯, 甚香美. 法
削藕截作塊, 采新蓮子去
皮, 候飯少沸, 投之, 如盦
飯法. 取"太華峯頭玉井蓮,
開花十丈藕如船"之句, 名

---

62 매끄러워……줄밥이네 :《補注杜詩》卷35〈奉送王信州篜北歸〉《文淵閣四庫全書》1069, 642쪽). 줄에 대한
   자세한 내용은《본리지(本利志)》권7〈곡명고(穀名攷)〉《본리지》2, 565쪽)에 나온다.

63 《山家清供》卷上〈雕胡飯〉《叢書集成初編》1473, 7쪽).

64 초석(硝石) : 질산칼륨을 주성분으로 하는 광물. 소석(消石)이라고도 한다.

65 남양(南陽)의 감곡수(甘谷水) : 지금의 중국 하남성(河南省) 남양시(南陽市) 일대에 있었던 남양(南陽) 양
   현(穰縣)에서 나던 샘물. 샘물 주위로 국화가 피어 있어서 꽃이 샘물로 떨어지는데, 이로 인해 물맛이 감미
   로웠다고 한다.

66 《山家清供》卷下〈金飯〉《叢書集成初編》1473, 14쪽).

67 장예재(章藝齋) : 미상.

68 덕청현(德淸縣) : 지금의 중국 절강성(浙江省) 덕청현(德淸縣) 일대.

[12] 硝 :《山家清供·金飯》에는 "鹽".

法)과 같이 한다. 한유(韓愈)의 시 "태화봉(太華峯)[69] 꼭 대기 옥정(玉井)에 있는 연꽃, 꽃 피면 10장(丈)이나 되고 연근은 배처럼 크네."[70]라는 구절에서 이름을 따온 것이다. 《산가청공》[71]

之. 《山家淸供》

14) 저반(藷飯, 고구마밥) 짓기(저반방)

고구마를 햇볕에 말리고 잘게 썬 다음 멥쌀과 함께 밥을 지으면 맛이 단데다 오랫동안 배가 불러 허기지지 않는다. 김장순(金長淳)[72] 《감저신보(甘藷新譜)[73]》[74]

藷飯方

甘藷暴乾剉碎, 同粳米作飯, 味甘, 且久飽不饑. 金氏《甘藷譜》

사진9 저반

---

69 태화봉(太華峯) : 중국의 오악(五岳) 중 하나인 화산(華山)을 말한다.

70 태화봉……크네:《東雅堂昌黎集註》卷3〈古詩〉"古意"(《文淵閣四庫全書》1075, 74쪽).

71 《山家淸供》卷下〈玉井飯〉(《叢書集成初編》1473, 15쪽).

72 김장순(金長淳) : ?~?. 조선 후기의 농학자로, 그가 선종한(宣宗漢, 1762~1843)과 함께 지은《감저신보》에는 전라도에서 9년간 고구마를 시험재배하여 1813년에 기호지방에 보급하면서 터득한 고구마의 재배법에 대한 설명과 함께 식품으로 활용하는 방법에 대해 소개하고 있다.

73 감저신보(甘藷新譜) : 김장순(金長淳)이 선종한(宣宗漢)과 함께 1813년에 편찬한, 고구마의 재배 및 이용 방법에 관한 전문 농서. 주로《김씨감저보(金氏甘藷譜)》로 소개되었으며, 내용은 크게 종시법(種蒔法)과 식품법(食品法)으로 구분하여 재배와 활용에 집중하였다. 중국 농서를 정리한 국내 최초의 고구마 농서인 강필리(姜必履, 1713~1767)의《감저보(甘藷譜)》에 대한 변증도 수록했다.

74 출전 확인 안됨;《種藷譜》〈製造〉第11(《農書》36, 475쪽).

멥쌀로 밥을 지으면서 멥쌀이 익을 듯 말 듯 할 때 비로소 고구마쌀[藷米, 잘게 썰어둔 고구마]을 넣어서 함께 찌되 뜸을 들이는 정도면 된다. 고구마쌀이 너무 익으면 곤죽이 될까 염려되기 때문이다.《옹치잡지》75

炊粳米, 將熟未熟, 始入藷米同蒸, 令氣餾爲可, 藷米過熟, 則恐糜爛也.《饔饎雜志》

15) 죽실반(竹實飯) 짓기(죽실반방)

두류산(頭流山, 지리산)의 승려가 죽실(竹實, 대나무열매)을 따다가 밥을 지을 때, 말린 밤의 가루와 곶감 가루를 섞어서 밥을 짓고 팔미차(八味茶)와 먹었다고 한다. 팔미차의 팔미는 오미자에 인삼·천문동·꿀을 더한 것이다.《어우야담(於于野談)76》77

竹實飯方

頭流山僧, 摘竹實作飯, 以乾栗末、乾柹屑, 和而炊之, 以八味茶下之. 八味者, 五味子加人蔘、天門冬、蜂蜜也.《於于野談》

---

75 출전 확인 안 됨.
76 어우야담(於于野談) : 조선 중기 문신인 유몽인(柳夢寅, 1559~1623)이 지은 설화집.
77 《於于野談》269〈飮食與風俗別〉(《어우야담 원문》, 186쪽).

2. 떡

餅餌

1) 총론

떡은 곡물가루를 반죽하여 뭉쳐서 만든다. 고(餻)와 이(餌)와 자(餈)와 탁(飥)을 모두 "떡[餅]"이라고 한다. 이들을 나누어 말하면, 쌀을 가루 내서 찐 것을 '이(餌)'라 한다. 가루를 내지 않고 밥을 하여 찧은 것을 '자(餈)'라 한다.

【서개(徐鍇)[1]는 다음과 같이 말했다. "《석명(釋名)》에서 마른 가루를 쪄서 떡을 한 것을 '자(餈)'라고 하는데[2], 틀린 것이다. 쌀을 가루 내서 찐 것은 모두 이(餌)이지 자(餈)가 아니다. 허신(許愼)은 '자(餈)는 쌀로 만든 떡[3]이라 했고, 내가 보기에도 자(餈)는 밥을 해서 푹 익은 후에야 찧는 것이라, 가루를 만들지는 않는다. 분자(粉餈)는 콩으로 가루를 내서 자(餈) 위에 뿌린 떡이다. 이(餌)는 먼저 쌀을 갈아서 가루 낸 뒤에 섞어 만든다. 자(餈)라는 말은 불어난다[滋]는 뜻이다. 이(餌)라는 말은 옥이(玉珥)와 같이 굳고 깨끗

總論

餅, 溲麪, 使合竝也. 餻、餌、餈、飥, 皆謂之"餅". 分言之, 則粉米蒸之曰"餌". 不粉而炊米擣之曰"餈".

【徐鍇曰 : "《釋名》蒸燥屑餅之曰"餈", 非也. 粉米蒸屑, 皆餌也, 非餈也. 許愼云'餈稻餅', 謂炊米爛, 乃擣之, 不爲粉也. 粉餈以豆爲粉, 糝餈上也. 餌則先屑米爲粉, 然後混之. 餈之言, 滋也. 餌之言, 堅潔, 若玉珥也"】

---

1 서개(徐鍇) : 920~974. 중국 남당(南唐)의 문인·훈고학자. 자는 초금(楚金)이다. 집현전 학사와 내사사인(內史舍人)을 지냈으며, 형인 서현(徐鉉, 917~992)과 더불어 문장으로 이름이 났다. 허신(許愼)의 《설문해자》를 존숭하여 《설문해자계전(說文解字繫傳)》 40권을 편찬했다.
2 석명에서……하는데 : 《釋名》 卷4 〈釋飮食〉 《文淵閣四庫全書》 221, 402쪽).
3 자는……떡 : 《說文解字》 卷5 下 〈文五〉 "餈" 《文淵閣四庫全書》 223, 171쪽).

하다는 뜻이다."[4]】

　기름에 지진 떡은 '유병(油餅)'이라 하고, 꿀로 반죽한 떡을 '당궤(餹饋)'라 한다【《집운(集韻)》에서 "궤(饋)는 음이 퇴이다. 당궤는 이(餌)의 이름이다. 쌀을 가루 내서 꿀과 버무려 찐다."[5]라 했다】.

　밀가루를 반죽해서 자른 뒤 끓는 물에 삶은 것을 '박탁(餺飥)'이라 한다【구양수(歐陽修)[6]의 《귀전록(歸田錄)》[7]에 "탕병(湯餅)을 당나라 사람들은 '불탁(不托)'이라 불렀고, 요즘 민간에서는 '박탁(餺飥)'이라 부른다."[8]라 했다. 이광예(李匡乂)[9]의 《자가록(資暇錄)》[10]에 "불탁은 옛날에 아직 칼이 없을 때 손바닥으로 밀어서 삶다가 칼이 생기고 나서야 불탁이라 이르게 된 것이다. 요즘 민간에서 '박탁'이라고 하는 것은 틀렸다."[11]라 했다. 양자(楊子)[12]의 《방언(方言)[13]》을 살펴보

油煎曰"油餅." 蜜溲曰"餹饋."【《集韻》:"饋, 音頽. 餹饋, 餌名, 屑米和蜜蒸之"】

溲麪切之而湯煮曰"餺飥"【《歐陽公《歸田錄》:"湯餅, 唐人謂之不托, 今俗謂之'餺飥.'" 李濟翁《資暇錄》:"不托, 舊未有刀機之時, 掌托烹之, 刀機旣有, 乃云不托. 今俗作餺飥, 非也." 案楊子《方言》云"餅謂之飥",《齊民要術》云, "麥麪

4　석명(釋名)에서……뜻이다 : 《說文繫傳》卷六《文淵閣四庫全書》223, 457~458쪽).

5　궤는……찐다 : 《御定康熙字典》卷33〈戌集〉下 "食部" '饋'《文淵閣四庫全書》231, 466쪽).

6　구양수(歐陽修) : 1007~1072. 중국 북송(北宋)의 정치가·문장가이며 당송팔대가(唐宋八大家)의 한 사람이다. 자는 영숙(永叔). 어려서 당나라 한유(韓愈)의 전집을 읽고 문학에 뜻을 두었다. 고문운동(古文運動)의 영수로 활약했으며, 왕안석(王安石, 1021~1086)의 신법(新法)에 반대하여 정치적으로 대립하였다.

7　귀전록(歸田錄) : 구양수가 만년에 사직하고 귀향하여 한거하며 쓴 필기. 조정의 옛 일과 사대부의 일상사를 주로 기록하였다.

8　탕병을……부른다 : 《歸田錄》卷下《文淵閣四庫全書》1036, 549쪽).

9　이광예(李匡乂) : ?~?. 중국 당(唐)나라 문인. 자는 제옹(濟翁). 소종(昭宗, 888~904) 때 종정소경(宗正少卿)을 역임했다.

10　자가록(資暇錄) : 이광예가 고금의 온갖 문물에 대해 고증하고 해석한 고거변증류(考據辨證類) 필기. 《자가집(資暇集)》이라고도 하며, 3권이다.

11　불탁은……틀렸다 : 《資暇集》卷下《文淵閣四庫全書》850, 162~163쪽).

12　양자(楊子) : B.C. 53~A.D. 18. 중국 서한(西漢)의 학자 겸 문인. 본명은 양웅(揚雄), 자는 자운(子雲).《태현경(太玄經)》·《법언(法言)》 등을 남겼다.

13　방언(方言) : 양웅이 한나라의 광범위한 지역 방언을 수집하고 조사하여 27년에 걸쳐 편찬한 자서. 약 9,000자를 수록했다.

니, 그곳에는 "떡을 탁이라 한다."¹⁴라 했고, 《제민요술(齊民要術)¹⁵》에는 "밀가루도 병탁(餅飥)을 만들 수 있다."¹⁶라 했으니, '박탁'이라는 이름도 오래되었다】.

쌀을 가루 내어 찌고 모양을 둥글게 하여 그 가운데에 소를 넣은 떡을 '혼돈(餛飩)'이라 한다 【《정자통》에 "혼돈은 쌀이나 밀을 부수어 가루를 내고 이를 반죽한 빈 속에 소를 넣되 탄환모양과 같이 싸서 빚는다. 크기는 같지 않으며 대그릇에 쪄서 먹는다."라 했다. 《식물지(食物志)¹⁷》에 "혹 혼돈(餫飩)이라고도 쓰는데, 혼(餫)은 그 둥근 모양을 본뜬 명칭이다."¹⁸라 했다】.

쌀을 가루 내서 여기에 조청을 버무린 떡을 '교이(餃餌)'라고 한다. 교이를 물에 데친 것을 '탕중뢰환(湯中牢丸)'이라 한다 【《정자통》에 "교이는 쌀이나 밀을 가루 내고 조청을 버무려 만드는데, 마른 것과 습한 것이 같지 않다. 수교이(水餃餌)는 단성식(段成式)¹⁹이 《식품(食品)²⁰》에서 말한 탕중뢰환으로, '분각(粉角)'이라고도 한다"²¹】.

堪作餅飥", 餺飥之名亦古矣】.

粉米蒸之, 圜其形而中有餡曰"餛飩"【《正字通》: "餛飩, 屑米麴爲末, 空中裹餡, 類彈丸形, 大小不一, 籠蒸啖之."《食物志》: "或作餫飩, 象其圜形"】.

屑米和飴曰"餃餌". 其水潒者曰"湯中牢丸"【《正字通》: "餃餌, 屑米麴, 和飴爲之, 乾濕不一. 水餃餌, 卽段成式《食品》, 湯中牢丸也, 或謂之粉角"】.

---

14 떡을……한다 : 《輶軒使者絕代語釋別國方言》十三(《文淵閣四庫全書》221, 373쪽).

15 제민요술(齊民要術) : 중국 북위(北魏)의 가사협(賈思勰, ?~?)이 지은 종합농서. 곡물·채소·과수 등의 종식법(種植法)과 가축의 사육법, 술·간장의 양조법 그리고 가공·판매·조리의 과정을 상세히 기록했다. 화북 지방의 밭농사에 대한 정보를 집대성했고, 지금은 사라진 많은 관련 서적들을 인용하여 그 내용을 보존했다.

16 밀가루도……있다 : 《齊民要術》 卷2〈大小麥〉第10(《齊民要術校釋》, 133쪽).

17 식물지(食物志) : 미상.

18 정자통에……명칭이다 : 《御定康熙字典》卷33〈戌集〉下 "食部" '飩'(《文淵閣四庫全書》231, 457쪽).

19 단성식(段成式) : 803?~863. 중국 당(唐)나라의 시인. 자는 가고(柯古). 당대에 박학으로 이름이 높았으며, 비각(祕閣)의 책을 모두 읽을 정도였다. 괴이한 사건, 언어와 풍속 따위를 기술한 기괴소설집 《유양잡조(酉陽雜俎)》를 남겼다.

20 식품(食品) : 단성식(段成式)이 《유양잡조(酉陽雜俎)》 권7〈주식(酒食)〉에 기록한 음식 목록.

21 교이는……한다 : 《御定康熙字典》卷33〈戌集〉下 "食部" '餃'(《文淵閣四庫全書》231, 459쪽).

발효시켜 풀처럼 부풀려 밀가루를 가벼이 뜨게 한 떡을 '부투(餢餘)'라 한다【《정자통》에 "부투는 기면(起麴)이라 하는데, 발효시켜 가볍고 높게 부풀게 한 뒤 쪄서 떡을 만든다. 가공언(賈公彥)[22]은 이식(酏食)을 기교병(起膠餅)이라고 하는데, 교(膠)는 곧 발효다."[23]라 했다】. 또 '포어(飽飽)'라고도 한다【《정자통》에 "가공언은 포어는 거품이 이는 것이라 했는데, 이는 곧 위거원(韋巨源)[24]《식단(食單)[25]》의 바라문경고면(婆羅門輕高麴)이고 《제서(齊書)[26]》의 기교병(起膠餅)이다."[27]라 했다】.

얇은 떡으로 고기를 말아놓은 것을 '담(餤)'이라 한다【음은 담(談)이다. 《육서고(六書故)[28]》에 "요즘 얇은 떡으로 고기를 말아서 썰어 올린 것을 담이라고 한다."라 했다. 《정자통》에 "당나라에서는 진사(進士)에게 홍릉담(紅綾餤)을 하사했다."[29]라 했다】.

밀가루를 발효하여 고기소를 넣은 것을 '만두(饅頭)'라 한다【《연익이모록(燕翼詒謀錄)[30]》에 "밀을 가루

發酵起膠, 使麴輕浮曰"餢餘"【《正字通》: "餢餘, 起麴也. 發酵使輕高浮起, 炊之爲餅. 賈公彥以酏食爲起膠餅, 膠卽酵也"】. 亦曰"飽飽"【《正字通》: "賈公彥以飽飽爲泡起, 卽韋巨源《食單》之婆羅門輕高麴, 《齊書》之起膠餅也"】.

薄餅卷肉曰"餤."【音談. 《六書故》: "今以薄餅, 卷肉切而薦之曰餤."《正字通》: "唐賜進士有紅綾餤."】.

麴酵肉餡曰"饅頭"【《燕翼詒謀錄》"屑麴發酵, 或有

---

22 가공언(賈公彥) : ?~?. 중국 당(唐)나라의 경학자. 《주례소(周禮疏)》(50권)와 《의례소(儀禮疏)》(50권)를 지었다. 십삼경주소(十三經注疏)에 들어갔으며 그 중에서 특히 《주례소》는 높이 평가된다.

23 부투는……발효다 : 《御定康熙字典》卷33〈戌集〉下 '食部' '餢'(《文淵閣四庫全書》231, 463쪽).

24 위거원(韋巨源) : 631~710. 중국 당(唐)나라 관리. 당나라 측천무후와 중종에게 중용되었고, 상서좌복야(尙書左僕射)와 중서령(中書令) 등을 역임했다.

25 식단(食單) : 중국 당나라 사람 위거원(韋巨源)이 자택에서 열린 본인의 재상 임명 축하연에 황제와 동료들을 초대하여 대접한 음식의 식단인 《소미연식단(燒尾宴食單)》을 말한다. 《위거원식보(韋巨源食譜)》라고도 한다.

26 제서(齊書) : 중국 양(梁)나라 소자현(蕭子顯, 487~537)이 지은 《남제서(南齊書)》를 말한다.

27 가공언은……기교병이다 : 《御定康熙字典》卷33〈戌集下〉'食部' '餅'(《文淵閣四庫全書》231, 460쪽).

28 육서고(六書故) : 중국 남송(南宋)의 문자학자 대동(戴侗, ?~?)이 지은 자서. 육서(六書) 이론에 따라 한자를 분석하였다.

29 음은……하사했다 : 《御定康熙字典》卷33〈戌集〉下 '食部' '餤'(《文淵閣四庫全書》231, 463쪽).

30 연익이모록(燕翼詒謀錄) : 중국 송나라 왕영(王栐, ?~?)이 지은 역사서. 송조의 전장제도(典章制度)를 162조에 걸쳐 기술하였고, 관직·과거·식화·병제·지리 등을 포괄한다.

내고 발효하여 소를 넣거나, 혹은 소가 없이 쪄서 먹는 것을 만두라고 한다."라 했다.《사물기원(事物紀原)31》에서는 "제갈량(諸葛亮)이 남방을 정벌할 때 노수(瀘水)를 건너려고 했다. 이때 토속에 따르면 사람의 머리를 잘라서 신에게 제사를 올렸어야 했지만, 제갈량은 양이나 돼지로 사람을 대신하고 밀가루로 사람의 머리를 그려서 제사를 지냈다. 만두라는 이름은 여기서 시작된 것이다."32라 했다].

우리나라의 갖가지 시루떡은 이(餌) 종류이다. 찹쌀 인절미는 자(餈) 종류이다. 화고(花糕)는 유병과 짝한다. 밀병(蜜餅)은 당궤의 후예이다. 단자(團餈)는 혼돈(餛飩)의 동료이다. 탕병(湯餅)은 박탁의 지류이다. 원소병(元宵餅)은 탕중뢰환의 달라진 이름이다. 증병(蒸餅)과 상화병(霜花餅)은 부투의 다른 호칭이다.《옹치잡지》33

2) 시루떡 쉽게 찌는 법(취증병이숙법)

일반적으로 시루떡을 찔 때는 쌀가루를 시루에 체로 쳐내려 손가락두께 정도 될 때마다 팥고물을 뿌려준다. 이렇게 쌀가루와 팥고물을 번갈아가며 켜켜이 뿌려준다. 팥을 삶아 가루를 낼 때는 반드시 소금물을 넣어 간을 맞춘다. 하지만 요즘 방법은 팥

餡, 或無餡, 蒸食者, 謂之饅頭."《事物紀原》: "諸葛亮南征, 將渡瀘水, 土俗殺人首祭神, 亮令以羊豕代, 取麪畫人頭祭之. 饅頭名始此"].

我東之諸種甑餅, 餌之類也. 糯米引切餅, 餈之屬. 花糕, 油餅之儔也. 蜜餅, 饊饌之餘裔也. 團餈, 餛飩之朋儕也. 湯餅, 餺飥之支流也. 元宵餅, 牢丸之變名也. 蒸餅、霜花餅, 餢餻之殊稱也.《饔饎雜志》

炊甑餅易熟法

凡炊甑餅, 篩下米粉于甑, 每厚一指許, 即以小豆屑糝之, 層層隔糝. 煮豆爲屑時, 必入鹽水和之. 今法煮豆時, 勿入鹽. 但以米粉、

---

31 사물기원(事物紀原) : 중국 송(宋)나라 고승(高承)이 사물의 시원을 고서를 통해 밝힌 유서(類書). 천문·지리·생물·풍속 등 55부문으로 분류하여 명칭·연기·유래를 기술했다.

32 연익이모록에……것이다 :《御定康熙字典》卷33〈戌集〉下 "食部" '饅'(《文淵閣四庫全書》231, 466쪽).

33 출전 확인 안 됨.

사진 10 시루떡 쉽게 찌는 법 　　　　　　　　　사진 11 과일떡

을 삶을 때 소금을 넣지 않는다. 다만 쌀가루와 팥
가루를 시루에 안치고 찔 때 김이 막 올라오면 비로
소 흰소금을 물에 타되, 간을 적당하게 한다【가령
쌀 10승을 찐다면 1.5주발의 물에 소금을 탄다】. 소
금물에서 찌꺼기를 제거한 뒤 맑은 물만 취한다. 이
소금물을 시루 안에 골고루 뿌려주면 떡에 찰기가
있게 되고 또 잘 익지 않는 근심을 없애준다.《증보
산림경제》[34]

豆屑, 裝入甑內炊之, 待氣
方上時, 始用白鹽和水, 令
鹹淡得宜【假令炊米一斗,
用一碗半水調鹽】, 去滓取
清, 均灑甑內, 則餅有黏
氣, 亦無難熟之慮.《增補
山林經濟》

3) 과일떡(잡과고) 만들기(잡과고방)

햇멥쌀을 물에 담갔다가 찧어 가루를 만든다.
잘 익은 햇밤【삶아서 겉껍질과 속껍질을 제거하고
대강 썬 것】·붉은 햇대추【씨를 제거하고 대강 썬
것】·붉은 햇감【먼저 염탕(소금 끓여놓은 물)에 담가

雜果餻方

新粳米水浸, 擣爲屑. 將新
熟栗【烹去殼皮麤切】、新
紅棗【去核麤切】、新紅柹
【先浸鹽湯經宿, 去澁味,

---

34 《增補山林經濟》卷8〈治膳〉上 "餅麵諸品" '松皮餠法'(《農書》4, 29~30쪽).

하룻밤을 묵힌 뒤 떫은맛을 제거하고 껍질을 벗겨서 편으로 썬 것】을 쌀가루와 골고루 섞는다. 따로 껍질을 벗긴 녹두나 껍질을 벗긴 팥고물을 쌀가루와 아울러 켜켜이 시루 속에 안쳐서 찐다. 여기에 덜 익어 푸른 기운이 도는 메주콩을 더하면 맛이 더욱 좋다.《증보산림경제》[35]

去皮, 切作片】, 均均雜米屑. 另用去皮綠豆, 或去皮小豆粉, 竝米屑, 層層納於甑中, 蒸之. 加未熟帶靑大豆, 尤美.《增補山林經濟》

4) 무떡(내복병) 만들기(내복병방)

일반적으로 시루떡 중에 콩고물이나 팥고물을 쓰지 않고 단지 멥쌀가루를 써서 만든 떡을 '백설기'라고 한다. 그중에 팥고물을 켜켜이 뿌린 것을 '팥시루떡'이라고 한다. 팥시루떡 중에 무와 멥쌀가루를 쓴 것을 '무시루떡'이라고 한다.

무시루떡 만드는 방법 : 무뿌리의 껍질을 벗기고 칼로 썰어서 얇은 편으로 만든다. 이를 쌀가루와 골고루 뒤섞고 물을 축여 배합한 다음 손 가는 대로

萊菔餠方

凡甑餠之不用豆屑, 但用粳米粉炊成者曰 "白雪餠." 其用小豆屑, 層層隔糝者曰 "小豆甑餠." 小豆甑餠之用萊菔根和粉者曰 "萊菔甑餠."
其法：萊菔根削去皮, 刀切作薄片. 同米粉拌均, 水溲爲劑, 隨手鋪下甑內. 將小

사진 12 무떡

---

35 《增補山林經濟》卷8〈治膳〉上 "餠麪諸品" '雜果餻法'(《農書》4, 26쪽).

시루 속에 펼쳐 넣고 팥고물을 켜켜이 안친다. 밤【삶아 익혀서 겉껍질과 속껍질을 제거하고 썬 것】과 말린 대추【씨를 제거하고 썬 것】를 켜켜이 안친 팥고물에 박아 넣고 찐다. 버무려서 배합할 때 찹쌀가루를 조금 넣어 약간 찰기를 띠게 해도 된다. 그렇지 않으면, 너무 말라서 푸석푸석해질 우려가 있다.

임홍(林洪)의 《산가청공》에 "의사이자 승선(承宣) 벼슬에 있는 왕계선(王繼先)36이 무를 찧어 즙을 낸 뒤 여기에 면(麪)을 반죽하여 떡을 만들면 면의 독을 제거할 수 있다."37라 했다. 이곳에서의 면은 대개 밀가루[小麥麪]만을 지칭한다.

그런데 무시루떡은 밀가루를 사용하지 않고 순전히 멥쌀가루를 사용하므로 애초에 독성을 제어할 필요가 없다. 다만 무가 들어가면 매우 부드러워 입에 맞는 성질을 취했을 뿐이다. 붉게 익었지만 아직 홍시가 되지 않은 감으로도 이 방법을 따라서 감떡을 만들 수 있다. 《옹치잡지》38

5)차고(撑糕) 만들기(차고방)

좁쌀을 찧어 가루 내고 고운체로 친다. 물을 축여 배합한 다음 붉은팥【삶아 익히되 껍질은 벗기지 않은 것】·대추【씨를 제거하지 않는 것】·밤【삶아

豆屑層層隔住. 以栗子【烹熟去殼皮切】、乾棗【去核切】, 點嵌于隔層豆屑上而蒸之. 溲劑時, 少入糯米粉, 令略有黏氣爲可. 不然則恐失之太燥鬆也.

林洪《山家清供》云："王①醫師承宣擣萊菔汁, 溲麪作餅, 謂能去麪毒." 蓋指小麥麪耳.

是餅不用麥麪, 純用粳米粉, 固無俟乎制毒. 特取其酥膩可口耳. 紅熟未爛之柹, 亦可倣此法造.《饔饎雜志》

撑糕方

粟米擣粉, 細羅過. 水溲爲劑, 同赤小豆【煮熟, 勿去皮】、棗【勿去核】、栗【烹去

36 왕계선(王繼先) : ?~?. 중국 남송의 의사이자 관리. 소경군승선사(昭慶軍承宣使)와 봉녕군승선사(奉寧軍承宣使) 등을 역임했고, 《소흥본초(紹興本草)》를 편찬했다.

37 의사이자……있다 :《山家清供》卷下〈蘿菔麪〉(《叢書集成初編》1473, 16쪽).

38 출전 확인 안 됨.

① 王 : 저본에는 "玉".《山家清供·蘿菔麪》에 근거하여 수정.

사진 13 차고 만들기

사진 14 복숭아떡

서 겉껍질과 속껍질을 제거하여 썬 것】과 한곳에서
골고루 섞어 시루에 안친 뒤 쪄서 익으면 칼로 썰어
먹는다. 요동(遼東)[39]과 심양(瀋陽)[40] 사이의 시장 가게
에서 이 떡을 많이 판다. 근년에 우리나라 사람들이
왕왕 이것을 본떠서 만들었는데, 여기에 찹쌀가루
를 약간 더 넣으면 더 윤기나고 기름지며, 설탕가루
를 넣으면 더 달고 향기롭다.《옹치잡지》[41]

殻皮切】, 一處和均, 上甑
蒸熟, 刀切啖之. 遼、瀋間
市肆, 多賣此餅. 近年東人
往往倣爲之, 更少入糯米
粉則滋膩, 入砂糖屑則甘
香.《饔饎雜志》

6) 복숭아떡(도병)과 살구떡(행병) 만들기[42](도행병방)

복숭아나 살구는 무르익은 것을 따다가 쪼개어
씨를 제거하고 시루 안에 쪄서 익힌 다음 말꼬리로

桃、杏餅方[2]

桃子、杏子, 取爛熟者, 劈
去核, 甑內蒸熟, 以馬尾篩

---

39 요동(遼東) : 중국 요하(遼河)의 동쪽. 요령성(遼寧省) 남동부 일대를 말한다.

40 심양(瀋陽) : 중국 요령성(遼寧省) 심양시(瀋陽市)이다. 후금(後金)의 도성이었으며, 청(淸)나라가 북경으로
천도한 뒤에도 정신적인 수도로 남았다.

41 출전 확인 안 됨.

42 복숭아떡과……만들기 : 원문의 '桃杏餅'을 '복숭아살구떡'이라 이해한 결과 복숭아와 살구를 동시에 사용
하여 만든 떡으로 오해하는 경우가 있다. 그러나 원 출전인《增補山林經濟》에는 표제어가 "杏餅桃餅法"
으로 되어 있고, "或和桃汁, 或和杏汁"으로 두 재료를 구분한 것이 확실하다.《閨閤叢書》에는 표제어가
"도행병"이지만 "도행즙을 각각 많이 묻혀 버무린다."고 표현했기 때문에 두 재료를 분리한 점이 확실하다.
그러므로 복숭아떡과 살구떡으로 분리해서 보는 것이 타당하다.

2 桃、杏餅方 :《增補山林經濟·治膳·餅麪諸品》에는 "杏餅桃餅法".

만든 체로 쳐서 즙을 낸다. 따로 멥쌀을 가루 낸 뒤 복숭아즙이나 살구즙과 섞고 이를 충분히 반죽한 다음 햇볕에 말려 기름종이 포대에 저장한다. 이를 겨울에 다시 찧어 가루 낸 뒤 팥고물을 뿌리고 시루에 얹어 쪄 먹으면 복숭아나 살구의 향기가 새로 딴 것처럼 입안에 가득하다. 《증보산림경제》[43]

篩③取汁. 另用粳米爲屑, 或和桃汁, 或和杏④汁, 令 十分拌均, 曬乾油紙帒收 貯. 冬月更擣爲屑, 糝用小 豆屑, 上甑蒸食, 桃、杏之 氣, 滿口如新.《增補山林 經濟》

7) 불떡(화병) 만들기(화병방)

메밀을 찧고 가루 내어 고운체에 내린 다음 물에 개어 된죽처럼 만든다. 먼저 참나무장작【거칠고 큰 것은 도끼로 쪼갠 뒤 햇볕에 말려 사용한다】으

火餠方

蕎麥擣粉細羅過, 水調若 稠粥. 先用槲櫟薪⑤【麤大 者斧析, 曝乾用之】, 爇于

사진 15 불떡 만들기

43 《增補山林經濟》卷8〈治膳〉上 "餠麵諸品" '杏餠桃餠法'(《農書》4, 28쪽).
③ 篩 : 저본에는 "上".《增補山林經濟·治膳·餠麵諸品》에 근거하여 수정.
④ 杏 : 저본에는 "汁". 오사카본·규장각본·《增補山林經濟·治膳·餠麵諸品》에 근거하여 수정.
⑤ 槲櫟薪 :《增補山林經濟·治膳·餠麵諸品》에는 "眞木".

로 마당에서 불을 피우고 그 불꽃이 치솟아 올랐다가 연기가 그칠 때 급히 메밀즙을 기울여 불 위에 부으면 그 즙이 저절로 타면서 말라 떡이 된다. 그러면 곧바로 구워진 떡을 떼내어 칼로 재와 깜부기 및 거뭇한 부분들을 긁어내고 누렇게 익은 부분만을 취하여 꿀에 적셔 상에 올린다. 이것은 산골짜기의 소박한 식품이다.《증보산림경제》[44]

庭方, 其火焰熾, 而煙氣熄, 急以蕎麥汁, 傾潑火上, 則其汁自然焦乾成餠. 卽取起, 以刀刮去灰燼及焦黑者, 只取黃熟者, 蘸蜜供之. 此山峽眞率之食品也.《增補山林經濟》

8)옥관폐(玉灌肺) 만들기(옥관폐방)

밀가루·유병(油餠)[45]·참깨·잣·호두·시라(蒔蘿)[46], 이 6가지를 가루 낸다. 이를 반죽하여 시루에 넣고 쪄서 익으면 폐(肺)모양의 덩어리로 잘라서 대추즙을 끼얹어 먹는다. 지금 궁중에서는 '어애옥관폐(御愛玉灌肺)'[47]라 이름 한다. 말하자면 그저 소공(素供)[48]일 따름이다.《산가청공》[49]

玉灌肺方

眞粉、油餠、芝麻、松子、胡桃、蒔蘿、六者爲末. 拌和入甑蒸熟, 切作肺樣塊, 用棗汁供. 今後苑名曰"御愛玉灌肺". 要之, 不過素供耳.《山家淸供》

9)쑥떡(봉연고) 만들기(봉연고방)

어린 흰쑥을 뜯어다가 삶아 익혀 곱게 찧는다. 이를 쌀가루와 버무려 향이 날 때까지 찐다. 세상의 부귀한 집 자제들은 다만 녹용과 종유석(鍾乳石)[50]이 귀중한 것만 알고 쑥떡을 먹는 것이 실로 크게 보함

蓬糕糕方

采白蓬嫩者, 熟煮細擣, 和米粉蒸熟, 以香爲度. 世之貴介子弟, 知鹿茸、鍾乳爲重, 而不知食此實大有補.

---

44 《增補山林經濟》卷8〈治膳〉上 "餠麵諸品" '火餠法'(《農書》4, 28~29쪽).
45 유병(油餠) : 기름에 지진 떡을 말린 것.
46 시라(蒔蘿) : 산미나리의 씨. 소회향(小茴香) 또는 딜(dill)이라고도 한다.
47 어애옥관폐(御愛玉灌肺) : 송나라 황제가 좋아한 딤섬. 매운 즙과 함께 먹었다.
48 소공(素供) : 고기가 들어가지 않은 음식.
49 《山家淸供》卷上〈玉灌肺〉(《叢書集成初編》1473, 10쪽).
50 종유석(鍾乳石) : 석회암 동굴의 천장에 고드름 같이 달려 있는 탄산칼슘 덩어리. 대부분 방해석(方解石)으로 이루어져 있으며, 한약재 또는 보석으로 이용된다.

사진 16 인절미 굽기

이 있다는 사실은 알지 못한다.《산가청공》[51]

《山家清供》

【안 이상은 이류(餌類)이다】

【案 已上餌類】

10)인절미(인절병) 만들기(인절병방)

引切餅方

일반적으로 찹쌀 중에 반은 찰지고 반은 찰지지 않은 쌀이나, 멥쌀이 섞인 쌀은 모두 쓰기에 적당하지 않다. 가장 좋은 찹쌀을 가려서 따뜻한 물에 담그되, 매일 물을 갈아주며 4~5일이 지나서 밭쳐낸 뒤 시루 안에서 흐물흐물하게 찐다. 이를 떡판 위에서 수백 번 친 뒤 0.7~0.8척 크기의 편으로 잘라 만든 다음 누런 콩고물을 입혔다가 보관해두고 하루를 묵히면 식어서 단단해진다. 칼로 작은 오이크기

凡糯米, 半黏半不黏者, 或雜粳米者, 皆不⑥中用. 揀取絕好糯米, 以溫水浸之, 逐日換水, 過四五日漉出, 甑內爛蒸. 案上槌數百下, 切作七八寸大片子, 以黃豆屑爲衣收貯, 經宿冷硬. 刀切小苽子大, 爐上頻頻轉

51 《山家清供》卷下〈蓬糕〉(《叢書集成初編》1473, 15쪽).
⑥ 不 : 저본에는 "下". 오사카본·규장각본·《增補山林經濟·治膳·餅麵諸品》에 근거하여 수정.

로 잘라 화로 위에서 자주 뒤집어가면서 굽다가 한
껏 부풀어오르기를 기다린 뒤에 꿀을 찍어 먹는다.
《증보산림경제》[52]

炙, 待欲嗔脹, 點蜜食之.
《增補山林經濟》

인절미는 황해도 연안(延安)[53] 지방의 것이 좋은
데, 찹쌀이 다른 지방에서 나는 것보다 나아서만은
아니다. 반드시 먼저 쌀을 찧어 가루를 만든 후에
푹 찌고 이를 완전히 흐물흐물하게 찧는다. 그러므
로 기름지고 찰지며 알갱이가 남아 있지도 않는다.
붉은 대추의 살을 섞어 찌기도 하고, 당귀잎가루를
섞어 찌기도 하며, 먼저 붉은 밥을 짓고【안 붉은밥
은 민간에서 '약밥'이라 부른다】바로 이를 다시 흐
물흐물하게 쳐서 떡을 만들기도 하니, 모두 별미다.
《주례·변인(籩人)》에서 "변(籩)[54]에 담는 음식은 구이
(糗餌)와 분자(粉餈)이다."[55]라 했다. 서개(徐鍇)가 이에
대해서 "분자는 콩을 가루 내어 인절미 위에 뿌린 것
이다."[56]라 했으니, 떡 중에 인절미가 가장 오래된 것
이다.《옹치잡지》[57]

引切餅, 海西 延安者佳,
不寧以糯勝於他産也. 必
須先擣米爲粉, 然後爛蒸
熟擣. 故膩黏, 不疹瘀也.
或用紅棗肉拌蒸, 或用當
歸葉屑拌蒸, 或先作紅飯
【案 紅飯, 俗呼"藥飯"】,
旋復擣爛爲餅, 皆異味也.
《周禮·籩人》"羞籩之實,
糗餌、粉餈." 徐鍇云"粉
餈, 以豆爲粉, 糝餈上也",
餅品中, 此爲最古矣.《饔
饎雜志》

11)과일찰떡(잡과점병) 만들기(잡과점병방)

가장 좋은 찹쌀을 정미한 10승을 물에 담아 하
룻밤 묵힌다. 따로 붉은 대추는 씨를 제거하고, 다

雜果黏餅方

上好糯米精鑿一斗, 浸水
經宿. 另用紅棗去核, 熟栗

---

52 《增補山林經濟》卷8〈治膳〉上 "餅麪諸品" '引切餅法'(《農書》 4, 27쪽).

53 연안(延安) : 황해도 연백군 서부 일대.

54 변(籩) : 제사나 잔치에 쓰는 그릇의 명칭. 굽이 높고 뚜껑이 있으며 과일이나 포 등을 담는 죽기(竹器)이다.

55 변(籩)에……분재(粉餈)이다 :《周禮注疏 》卷5〈天官冢宰〉下 "籩人"(《十三經注疏整理本》7, 161쪽).

56 분자는……것이다 :《說文繫傳》卷6(《文淵閣四庫全書》223, 457쪽).

57 출전 확인 안 됨.

사진 17 과일찰떡 만들기

익은 밤은 껍질을 벗기고, 곶감은 잘게 썰어 물에 담가둔 찹쌀과 골고루 섞은 다음 시루에 담아 푹 쪄 낸다. 불기운이 충분히 들어가면 나무떡판 위에 떡을 꺼내 둔다. 머리가 넓고 자루가 가로로 난 떡메 58【떡메는 밭에서 흙덩이를 부수는 곰방메의 모양과 같다】로 쳐서 흐물흐물하지 않은 쌀알갱이가 한 알도 없도록 찧는다. 칼로 사방 0.1척 크기로 잘라서 참깻가루를 입혀서 먹는다. 《증보산림경제》[59]

12) 소나무껍질떡(송피병) 만들기(송피병방)

4~5월 사이에 소나무껍질을 가져다 칼로 거친 껍질을 깎아내고 흰 껍질만을 취하여 가늘게 찢는다. 이를 물에 며칠간 담가뒀다가 꺼내어 연초(煙草)

去皮, 乾柹切碎, 與所浸 糯米和均, 甑盛而爛蒸之. 火候旣足, 出置木案上. 用 廣頭橫柄槌【槌, 如摩田 檯形】打之, 令無一粒未擣爛 者. 刀切方寸大, 衣以芝麻 屑, 供之. 《增補山林經濟》

松皮餠方

四五月間, 取松皮[7], 以刀 刮去麤皮, 取白皮細細裂 之. 浸水數日, 控起以煙草

---

58 떡메:《섬용지》권2〈불로 요리하는 도구[炊爨之具]〉 "짜거나 누르는 여러 도구[榨壓諸器]" '떡판[餠案]'에 떡메[槌] 제작법이 자세히 보인다. 서유구 지음, 임원경제연구소 옮김, 《임원경제지 섬용지》1, 풍석문화재단, 2016, 396쪽.

59 《增補山林經濟》卷8〈治膳〉上 "餠麵諸品" '雜果黏餠法'(《農書》4, 26쪽).

[7] 松皮:《增補山林經濟·治膳·松皮餠法》에는 "松枝嫩皮".

떡메(국립민속박물관)

줄기 태운 재【혹은 명화(明花)60 태운 재를 쓴다. 안 명화는 풀이름으로, 그 재는 매우 독하다】와 가마솥이나 노구솥 안에서 섞어 놓고, 물에 담가 물러지도록 삶아낸다.

이를 또 맑은 물에 담가 2~3일을 두고 잿기운을 제거한다. 또 손으로 잘게 찢고 멥쌀가루와 골고루 섞어 시루에 안쳐 물러지도록 찐 후에 나무떡판 위로 꺼낸다. 이를 수백 번 맹렬하게 내려친 후에 칼로 썰어 먹는다. 혹은 팥고물로 소를 만든다. 잿기운을 제거할 때는 반드시 자주 물을 갈아주어 잿기운을 말끔히 없애야만 좋다.《증보산림경제》61

莖灰【或明花燒灰. 案 明花, 草名, 其灰猛甚】拌之釜鐺中, 水淹爛煮取出.

又淨水浸之, 經二三日, 退去灰氣. 又以手細裂之, 粳米粉和均, 裝入甑內, 爛蒸後, 取出木案上. 猛槌數百下, 刀切供之. 或以小豆屑爲餡. 方其退灰氣之時, 必頻頻換水, 令灰氣淨盡方好.《增補山林經濟》

사진 18 소나무껍질떡 만들기

13)감떡(시고) 만들기(시고방)

찹쌀 10승, 곶감 50개를 함께 빻아 가루 내고 쪄 먹는다. 이때 가루가 마르면 대추고를 넣어 섞는다

枾糕方

糯米一斗, 乾枾五十箇, 同擣成粉蒸食. 如乾, 煮棗泥, 和

---

60 명화(明花) : 미상. 여기에서 인용한《증보산림경제》원문의 뒷부분에서는, 명화초(明花草)를 민간에서 '소회(燒灰, 태운 재)'라 부르며 매우 지독하지만 쓸 만하다고 했다.(明花草, 卽俗名燒灰, 猛甚可用)
61 《增補山林經濟》卷8〈治膳〉上 "餠麵諸品" '松皮餠法'(《農書》4, 29쪽).

【안】 다른 방법으로는 찹쌀과 곶감을 함께 빻아 가루 낸 다음, 대추고를 더하여 섞고 빻은 뒤 체로 쳐서 시루에 얹고 쪄 익힌다. 여기에 잣과 호두를 넣고 다시 절구질을 하여 덩어리를 만든 다음 꿀을 끼얹는다. 이렇게 하면 앞뒤로 모두 3번 빻는 셈이다. 하지만 찹쌀을 지나치게 빻으면 쉽게 마르며 찰지고 딱딱해지므로, 다만 원래의 방법으로 해야 한다. 혹 쪄서 편으로 썰어낸 후 잣가루·참깻가루·콩가루 같은 종류를 버무려도 좋다】.《이씨식경(李氏食經)[62]》[63]

【안】 이상은 자류(餈類)이다】

拌之【案一方, 糯米、乾柹, 同擣成粉, 加棗泥拌擣, 篩過上甑, 蒸熟. 入柏子、胡桃仁, 再杵成團澆蜜. 如此則前後凡三擣矣. 糯米擣之過熟, 則易致乾枯黏硬, 只當依原方. 或於蒸出片切後, 用海松子屑、胡麻屑、豆屑之類糝之, 亦可】.《李氏食經》

【案】已上餈類】

14) 지짐떡(유전병) 만들기(유전병방)

유전고(油煎糕)에는 몇 가지 종류가 있다. 그중에 진달래꽃·장미꽃·국화꽃 등을 찹쌀가루와 섞어서 지진 떡을 '화전고(花煎糕)'라 한다. 그중에 밀가루만을 써서 물에 반죽하고 얇게 편 다음 주발 주둥이만 한 크기로 만들어 기름에 지진 것을 '전병(煎餠)'이라 한다. 혹은 찹쌀가루를, 혹은 수숫가루를, 혹은 율뭇가루를 쓴다. 쓰는 재료에 따라 형태와 만드는 법이 다소 차이가 나기는 하지만 거의 잔주둥이만 한 크기이다. 또 팥고물로 소를 만들어 떡으로 만 것도 모두 '전병'이라 한다.《옹치잡지》[64]

油煎餠方

油煎糕有數種, 其用杜鵑、薔薇、菊花等, 拌糯米粉者曰"花煎糕". 其但用小麥麪, 水溲捍薄, 作碗口大, 而油煠者曰"煎餠". 或用糯粉, 或用薥黍粉, 或用薏苡粉, 則形製差小, 菫如盂口大矣. 又有用小豆粉爲餡, 而以餠卷之者, 皆謂之"煎餠"也.《饔饎雜志》

---

62 이씨식경(李氏食經) : 신원 미상의 이씨(李氏)라는 인물이 쓴 식경(食經). 이 외에도 최호(崔浩)·축훤(竺暄)·회남왕(淮南王)·신농(神農) 등의 식경이 전한다.

63 《本草綱目》卷30〈果部〉"柹"'柹糕', 1780~1781쪽 ;《農政全書》卷42〈製造〉"食物"(《農政全書校注》, 1209쪽).

64 출전 확인 안 됨.

사진 19 지짐떡 만들기

15) 송편지짐떡(조각병) 만들기(조각병방)

찹쌀을 빻아 가루 낸 뒤 물에 반죽하고 얇은 피를 만든다. 팥가루로 만든 소【팥가루에 꿀을 섞고 볶아 익힌 것】를 싸서 기름에 지진다. 그 형태는 배가 부르고 양쪽 머리가 뾰족하기 때문에 '조각(糙角)'이라 부른다. 대추살을 쌀가루와 섞으면 자색이 되고 쑥잎을 쌀가루와 섞으면 녹색이 된다. 찹쌀가루만을 쓰면 흰색이 된다. 이 떡은 요즘 사람들이 가장 높이는 손님접대 음식이나 제사 음식으로, 떡 중에서 최고에 꼭 들어간다.《옹치잡지》[65]

16) 얇은설탕떡(당박취) 만들기(당박취방)[66]

흰설탕 1근 4냥, 청유(淸油)[67] 1근 4냥, 물 2주발,

糙角餠方

糯米擣粉, 水溲捍作薄皮, 包小豆屑爲餡【小豆屑蜜和炒熟】, 而滾油煎之. 其形腹飽, 而兩頭尖, 故謂 "糙角". 用棗肉拌粉則色紫, 用艾葉拌粉之則色綠. 單用糯粉則色白. 今人最尙之賓祭之羞, 必置之餠品上頭也.《饔饎雜志》

糖薄脆方

白糖一斤四兩、淸油一斤四

---

65 출전 확인 안 됨.

66 얇은 설탕떡(당박취) 만들기 : 이하 얇은설탕떡(당박취) 만들기에서 설화병(雪花餠) 만들기까지가 오사카본·규장각본에는 수유(酥油)로 지진 꽃떡(수아화) 만들기와 생토란떡(우병) 만들기 사이에 있다.

67 청유(淸油) : 참기름. 백유(白油)·마유(麻油)와 같은데, 약성을 강조할 때 청유라고 지칭한다.

사진 20 송편지짐떡

흰밀가루 5근에 수유(酥油)[68]·산초·소금물을 조금
더하고 뒤섞어 반죽한다. 얇게 밀어서 술잔주둥이
크기로 만든 다음 그 위에 껍질을 벗긴 통참깨를 고
르게 뿌린다. 이를 화롯불에 넣고 구워 익힌 뒤 먹
으면 향기롭고 부드럽다. 《중궤록(中饋錄)[69]》[70]

17) 풍소병(風消餅) 만들기(풍소병방)

찹쌀 2승을 찧어서 매우 곱게 가루 낸 뒤 4등분
한다. 그중 1/4은 번가루[粖][71]를 만들고, 1/4은 물
과 섞어 떡을 만들고 삶아 익힌다. 나머지 2/4의 찹
쌀가루, 작은 옥잔으로 꿀 1잔, 잘 발효된 주배(酒醅,
거르지 않은 술) 0.5잔, 흰엿 2덩이를 섞어 함께 부수고

兩、水二碗、白麪五斤, 加
酥油、椒、鹽水少許, 搜和
成劑. 捍薄如酒鍾口大, 上
用去皮芝麻撒均. 入爐燒
熟, 食之香脆.《中饋錄》

風消餅方

用糯米二升[8], 擣極細爲
粉, 作四分. 一分作粖, 一
分和水作餠煮熟. 和見在
二分粉、一小琖蜜、半琖正
發酒醅、兩塊白餳, 同頓溶

---

68 수유(酥油) : 소나 양의 젖을 끓인 뒤 식혀 응고된 지방으로 만든 기름. 《정조지》 권6 〈조미료〉 "기름과 유
    락"에 만드는 법이 나온다. 연유(煉乳)의 전통적 물질이다.

69 중궤록(中饋錄) : 중국 송(宋)나라의 오씨(吳氏)가 지었다는 조리서.

70 《遵生八牋》 卷13 〈飮饌服食牋〉下 "甜食類" '糖薄脆法'(《遵生八牋校注》, 476쪽) ;《說郛》 卷95 上 〈中饋
    錄〉 '糖薄脆法'(《文淵閣四庫全書》 881, 414쪽).

71 번가루[粖] : 반죽의 마무리에 사용하는 가루.

[8] 升 : 저본에는 "斗". 오사카본·규장각본·《遵生八牋·飮饌服食牋·甜食類》에 근거하여 수정.

사진21 풍소병 만들기

녹인다. 이를 미리 준비한 번가루·삶은 떡과 함께 밀어서 춘병(春餅)72모양의 얇은 피를 만드는데, 모양이 찌그러져도 무방하다.

이를 번철[熬盤]73 위에서 기름을 둘러 굽되 타지 않게 한다. 구운 뒤 바람이 잘 드는 곳에 걸어두었다가 쓸 때가 되면 적당량을 돼지기름에 넣어 튀긴다. 튀길 때는 젓가락으로 뒤적여준다. 따로 흰설탕과 볶은 밀가루【안 밀가루를 볶는 법[炒麪法]은 뒤의 〈과줄[菓飣]〉에 보인다74】를 적당히 뒤섞은 다음 생마포로 곱게 비벼서 튀긴 떡 위에 뿌려준다.《준생팔전》75

開, 與粉、餅捍作春餅樣薄皮, 破不妨.

熬盤上煿⑨過, 勿令焦, 挂當風處, 遇用, 量多少入猪油中煤之. 煤時用筯撥動. 另用白糖、炒麪【案 炒麪法, 見下菓飣類】拌和得所, 生麻布擦細,⑩ 糝餅上.《遵生八牋》

---

72 춘병(春餅) : 밀가루를 반죽하여 얇게 구운 빵. 각종 채소·새우·돼지고기·오리구이 등을 싸서 먹는다.

73 번철[熬盤] : 음식을 기름에 지질 때 쓰는 무쇠로 만든 그릇.

74 밀가루를……보인다 :《정조지(鼎俎志)》권3〈과줄(과정지류)〉"부록 : 첨식"에 보인다. 밀가루는 꼭 3번 거듭해서 체로 친 뒤 큰 노구솥에 넣어서 나무주걱으로 볶아 잘 익힌 다음 탁자 위에 올려서 방망이로 곱게 갈고 다시 한 번 체로 친다.

75《遵生八牋》卷13〈飮饌服食牋〉下"甜食類"'風消餠方'(《遵生八牋校注》, 469쪽).

⑨ 煿 :《遵生八牋·飮饌服食牋·甜食類》에는 "爆". "爆"은 물고기나 고기 편을 기름에 빨리 볶거나 데치는 조리방법.

⑩ 拌和……擦細 : 저본에는 "없음". 오사카본·규장각본·《遵生八牋·飮饌服食牋·甜食類》에 근거하여 보충.

사진 22 동물성기름떡

18) 동물성기름떡(육유병) 만들기(육유병방)

밀가루 1근, 숙유(熟油)[76] 1냥, 양비계·돼지비계 각 1냥(팥알크기로 자른 것). 이상의 재료를 술 2잔에 밀가루와 반죽하고 섞어서 10조각으로 나눈다. 이 조각을 밀어 편 다음 여기에 살코기를 싸서 화로에 넣고 불에 구워 익힌다. 《준생팔전》[77]

肉油餠方

白麪一斤、熟油一兩、羊·猪脂各一兩(切如小豆大). 酒二盞, 與麪搜和, 分作十劑. 捍開, 裹精肉, 入爐內煿熟.《遵生八牋》

19) 식물성기름떡(소유병) 만들기(소유병방)

밀가루 1근, 참기름 1냥을 반죽하여 뒤섞은 뒤 여기에 뜻대로 설탕가루소를 더하고서 꽃모양 틀로 찍어낸다. 이를 화로에서 불에 구워 익힌다. 《준생팔전》[78]

素油餠方

白麪一斤、眞麻油一兩, 搜和成劑, 隨意加沙糖餡, 印脫花樣, 爐內煿熟.《遵生八牋》

---

76 숙유(熟油) : 생유(生油)의 반대말로, 볶아서 짠 기름을 말한다.
77 《遵生八牋》卷13〈飮饌服食箋〉下"甜食類"'肉油餠方'(《遵生八牋校注》, 469~470쪽).
78 《遵生八牋》卷13〈飮饌服食箋〉下"甜食類"'素油餠方'(《遵生八牋校注》, 470쪽).

사진 23 식물성기름떡

20) 설화병(雪花餅) 만들기(설화병방)

아주 고운 체로 친, 눈처럼 새하얀 밀가루를[79] 쪄서 익히면 새하얗게 된다. 일반적으로 밀가루 1근, 돼지기름 6냥, 참기름 0.5근을 쓴다. 이때 돼지비계를 썰어서 주사위모양으로 만든 다음 약간의 물과 섞고 노구솥 안에서 끓여 녹인다. 비계에서 기름이 완전히 녹아 나오기를 기다리지 말고 누렇게 그을린 색이 보이면 서서히 하나씩 조리로 비계를 건져낸다. 비계의 기름이 다 녹지 않았으므로 다시 끓였다가 다시 조리질로 건져낸다.

이렇게 하면 흰 기름이 만들어지니, 돼지기름과 참기름을 밀가루와 섞어 떡을 만든다. 번철바닥에 풀과 땔감 태운 재를 대략 뿌리고 그 위에 종이를 한층 깐 뒤 앞에서 만들어둔 떡을 위에 놓고서 굽는다.《준생팔전》[80]

雪花餅方

用十分頭羅雪白麪, 蒸熟, 十分白色. 凡用麪一斤, 猪油六兩、香油半斤. 將猪脂切作骰子塊, 和少水, 鍋內熬烊, 莫待油盡, 見黃焦色, 逐漸笊出. 未盡, 再熬再笊.

如此則油白, 和麪爲餅. 底熬盤上略放草柴灰, 面鋪紙一層, 放餅在上煤.《遵生八牋》

21) 진감병(천연으로 달콤해진 떡) 만들기(진감병방)

찰기장을 찧고 가루 내어 고운체로 친다. 이를 물에 반죽하고 손으로 만지작거려 잔주둥이만 한 크기로 만든다. 여기에 손가락끝으로 어지러이 구멍을 뚫고 끓는 물에 데친다. 깨끗한 쟁반 위에 밀가루를 간 뒤 바로바로 데친 기장떡을 건져 밀가루 위에 놓는다. 이어서 기장떡을 단단히 주무르되 뒤집어가며 주무른다.

眞甘餅方

黏黍米擣粉細羅過, 水溲爲劑, 掌托作盞口大. 用指尖亂鑿孔, 滾湯瀹之. 淨槃上鋪小麥麪, 旋旋取黍餅置麪上, 緊緊挼拌, 反覆挼拌.

---

79 아주……밀가루를 : 원문의 '頭羅雪白麪'과 유사한 내용으로, 백숙병자(白熟餅子, 밀가루발효떡)와 수활면(水滑麪, 손국수) 조리법에 두면(頭麪)이, 경대면(經帶麪, 경대국수) 조리법에 두백면(頭白麪)이 나온다.
80 《遵生八牋》 卷13〈飮饌服食箋〉下 "甜食類" '雪花餅方'《遵生八牋校注》, 470쪽).

사진24 진감병 만들기

반죽의 수분이 적당해지면 이겨서 잔주둥이만한 크기의 얇고 둥근 떡을 만들어 깨끗한 그릇에 보관해둔다. 그리고 뚜껑을 닫아 따뜻한 곳에 두고 하룻밤을 묵힌다.

이 떡을 꺼내 참기름에 지지고 식으면 먹는다. 맛이 꿀처럼 다니, 곡식 자체만으로 단맛을 만든 셈이다. 이 떡은 설탕이나 꿀을 빌지 않고도 천연으로 달고 향기로워졌으므로, '진감병(眞甘餅)'이라 한다. 《옹치잡지》[81]

待乾濕得所, 捻作盞口大薄圓餅子, 淨器收貯. 蓋定置溫處經宿.

取出用脂麻油煎之, 冷定啗之, 其甘如蜜, 稼穡作甘. 此餅不假糖蜜, 天生甘香, 故名"眞甘餅."《饔饎雜志》

22) 토란떡(토지병) 만들기(토지병방)

【안 토지(土芝)는 토란이다】

토란을 삶아 익혀서 껍질을 제거하고 10승을 흐물흐물해지도록 찧는다. 이를 찹쌀가루 2승과 골고루 섞어 떡판 위에 편다. 칼로 사방 0.1척 크기로 썬

土芝餅方

【案 土芝, 芋也】

土芝烹熟去皮, 爛擣一斗, 糯米粉二升和均, 案上捭開. 刀切方寸, 麻油煎之.

---

81 출전 확인 안 됨.

뒤 참기름에 지진다. 《산림경제보》[82]

《山林經濟補》

23) 산삼떡(산삼병) 만들기(산삼병방)

산삼의 껍질을 제거하고 흐물흐물해지도록 찧는
다. 이를 찹쌀가루와 합하여 섞은 뒤, 또 찧어 떡판
위에 편다. 칼로 적당한 크기로 썬 뒤 기름에 지지
고 꿀을 발라서 먹는다. 이때 찹쌀이 많으면 단단해
진다. 《산림경제보》[83]

山蔘餅方

山蔘去皮爛擣, 糯米屑和
合, 又擣之, 案上捍開. 刀
切大小隨意, 油煎蜜塗而
供之. 糯米多則硬.《山林
經濟補》

24) 수아화[수유(酥油)로 지진 꽃떡] 만들기(수아화방)

생밀가루에 콩가루를 넣어 섞은 다음 손으로 반
죽한다. 반죽을 젓가락머리굵기의 가래로 만들고
0.02척 길이로 자른다. 가래마다 각기 작은 빗으로
이빨자국무늬[齒花]를 찍어내 거두어들인다. 수유로
노구솥 안에서 가래를 튀겨서 익히고 석자[漏杓][84]로
건져낸다. 뜨거울 때 고운 흰설탕가루를 뿌려 섞는
다. 《중궤록》[85]

酥兒花方

用生麨攪豆粉同和, 手捍
成條如筯頭大, 切二分長,
逐箇用小梳掠印齒花, 收
起. 用酥油鍋內煠熟, 漏
杓撈起, 乘熱灑白沙糖細
末拌之.《中饋錄》

25) 토란떡(우병) 만들기(우병방)

생토란을 곱게 찧고 찹쌀가루와 섞어 떡을 만든
뒤 기름에 지진다. 혹 안에 설탕이나 콩가루를 넣
어도 좋다. 혹 산초·소금·설탕을 쓰거나, 호두나

芋餅方

生芋嬾擣碎, 和糯米粉爲
餅油煎. 或夾糖、豆沙在
內, 亦可. 或用椒、鹽、糖,

---

82 출전 확인 안 됨.
83 출전 확인 안 됨.
84 석자[漏杓] : 철사를 엮어 바가지 모양을 만들고 손잡이를 단 조리도구.《섬용지(贍用志)》권2〈불로 요리하
는 도구(炊爨之具)〉"데우거나 볶거나 굽는 여러 도구(溫熨、炒煿、燔炙諸器)"에 자세히 보인다.
85 《遵生八牋》卷13〈飮饌服食箋〉下 "甜食類" '酥兒印方'(《遵生八牋校注》, 468쪽);《說郛》卷95 上〈中饋錄〉
"酥兒印方"(《文淵閣四庫全書》881, 413쪽).

사진 25 토란떡

등자(橙子, 오렌지)채를 뒤섞어도 모두 좋다【안 이것
은 앞서 소개한《산림경제보》의 토란떡(토지병)과 서
로 비슷하나 설탕과 과일 등의 재료가 그보다 더 많
다】.《준생팔전》[86]

拌核桃、橙絲俱可【案 此
與《山林經濟補》土芝餠相
似, 而多糖、果等物料】.
《遵生八牋》

26) 권전병 만들기(권전병방)

권전병은 박병(薄餠)과 같다【안 박병의 제법은《준
생팔전》에는 비록 상세히 이야기하지 않았지만, 요점
은 밀가루를 물로 반죽하여 반죽덩이를 만든 뒤, 이
를 펴서 얇은 피를 만들어 소를 감쌌을 뿐이다】.

소[餡]는 돼지고기 2근, 돼지비계 1근을 쓰는데,
혹 닭고기를 써도 좋다. 대개 소는 만두소와 같으
니, 총백 혹은 말린 죽순 같은 종류를 많이 써야 한

捲煎餠方

餠與薄餠同【案 薄餠之制,
《遵生八牋》雖不詳言, 而
要當用白麪, 水搜作劑, 捍
作薄皮以包餡耳】.

餡用猪肉二斤, 猪脂一斤,
或鷄肉亦可. 大槪如饅頭
餡, 須多用蔥白或筍乾之

---

86 《遵生八牋》卷13〈飮饌服食箋〉下 "甜食類" '芋餠方'(《遵生八牋校注》, 470쪽).

사진 26 권전병 만들기

다. 소를 떡속에 넣은 다음 말아서[捲] 긴 가래 하나를 만든다. 그 뒤 양끝은 밀가루풀로 붙여 막는다. 이를 기름에 튀겨 붉게 그을린 빛을 내게 하거나 불에만 구워서 익힌 다음 오랄초(五辣醋)[87]를 찍어 먹는다. 채소로 만든 소의 경우도 방법은 같다. 《준생팔전》[88]

類. 裝在餅內, 捲作一條, 兩頭以麪糊粘住, 浮油煎令紅焦色, 或只煠熟, 五辣醋供. 素餡同法. 《遵生八牋》

27) 회회권전병 만들기(회회권전병방)

【안 이 요리법은 아라비아에서 왔다】

밀가루를 얇게 밀어 떡을 지진다. 호두·잣·도인(복숭아속씨)·개암·여린 연육(蓮肉, 연꽃의 익은 열매)·곶감·잘 익은 연근·은행·잘 익은 밤·파초·남인(欖仁, 올리브)을 쓴다. 이상의 재료에서 황율(밤)을 편으로 써는 것을 제외하고는 모두 가늘게 채썬다. 꿀과 흰설탕을 섞고 잘게 다진 양고기·생강가루·소금·파를 더하여 잘 섞은 다음 소를 만든다. 미리 가져놓

回回捲煎餅方

【案 此方來自回回國】

攤薄煎餅. 以胡桃仁、松仁、桃仁、榛子、嫩蓮肉、乾柹、熟藕、銀杏、熟栗、芭、欖仁, 已上除栗黃片切外, 皆細切. 用蜜、糖霜和, 加碎羊肉、薑末、鹽、蔥, 調和作餡, 捲入煎餅油煠焦.

---

87 오랄초(五辣醋) : 5가지 매운 양념을 가미한 식초. 《정조지》 권6 〈조미료〉 "양념[飪料]" '오랄초'에서는 식초에 간장·백당·산초·후추·생강·마늘을 넣어 만들었다.

88 《遵生八牋》 卷13 〈飮饌服食箋〉 下 "甜食類" '卷煎餅方'(《遵生八牋校注》, 471쪽).

은 소를 전병에 말아[捲] 넣고 기름에 노릇하게 튀긴   《居家必用》
다.《거가필용》[89]

28) 칠보권전병 만들기(칠보권전병방)

밀가루 2.5근을 냉수와 섞어 단단한 반죽을 만
든 다음, 그때그때 물을 더하고 섞어 풀처럼 만든다.
번철 위에 기름을 두르고 반죽을 얇게 펴서 떡을 지
진다. 권전병모양으로 소를 싼 뒤, 다시 지져서 먹는
다. 소에는 볶아 말린 양고기·표고버섯·익힌 새우
살·잣·호두·흰설탕가루·생강가루를 쓴다.[90] 여기
에 볶은 파·말린 생강가루·소금·식초를 각각 조금
씩 넣고 모두 섞으면 맛이 적당해진다.《거가필용》[91]

七寶捲煎餅方

白麪二斤半, 冷水和成硬
劑, 旋旋添水, 調作糊. 銚
盤上用油攤薄, 煎餅. 包餡
子如捲煎餅樣, 再煎供. 餡
用羊肉炒燥子、蘑菰、熟蝦
肉、松仁、胡桃仁、白糖末、
薑末. 入炒蔥、乾薑末、鹽、
醋各少許, 調和滋味得所
用.《居家必用》

사진 27 회회권전병

사진 28 칠보권전병

---

89 《居家必用》庚集〈飮食類〉"回回食品"'捲煎餅'(《居家必用事類全集》, 274쪽).
90 소에는……쓴다 : 소에 7가지 좋은 재료가 들어가므로, 전병 이름에 칠보(七寶)를 붙였다.
91 《居家必用》庚集〈飮食類〉"從食品"'七寶捲煎餅'(《居家必用事類全集》, 280~281쪽).

29) 고기떡(육병) 만들기(육병방)

밀가루 1근당 기름 6냥을 쓰되, 소는 권전병과 같다. 고기떡을 타반(拖盤, 석쇠)에 말리듯이 구운 다음 이당(餳糖)[92]을 졸여 갈색이 나면 표면에 발라준다.《준생팔전》[93]

肉餅方

每麪一斤, 用油六兩, 餡子與捲煎餅同. 拖盤熯, 用餳糖煎色刷面.《遵生八牋》

30) 유협아 만들기(유협아방)

밀가루를 반죽하고 여기에 소를 싸서 협아(餕兒, 만두모양의 떡)를 만든 다음 기름에 지져 익힌다. 소는 고기떡(육병) 만드는 법과 같다.《준생팔전》[94]

油餕兒方

麪搜劑, 包餡作餕兒, 油煎熟. 餡同肉餅法.《遵生八牋》

31) 잣떡(송자병) 만들기(송자병방)

먼저 수유(酥油)【안 수유를 만드는 방법은 〈조미료〉에 보인다[95]】6냥을 녹여서 따뜻한 상태로 와합(瓦合, 질그릇찬합) 안에 넣는다. 다음에 당로(糖滷)【안 당로를 얻는 법은 〈과줄〉에 보인다[96]】6냥을 넣고 골고루 비빈다. 다음은 이들을 흰밀가루 1근과 섞고 골고루 곱게 주물러서 비빈다. 이를 탁상 위에 놓고 평평하게 민 뒤, 동권(銅圈, 깊이가 약간 있는 동그란 청동틀)으로 찍어내어 떡을 만든다. 그 위에 잣을 박은

松子餅方

先將酥油【案 酥油造法, 見味料類】六兩化開, 溫入瓦合內, 次入糖滷【案 起糖滷法, 見菓飣類】六兩擦均. 次將白麪一斤和之, 揉擦均淨, 置卓上捍平, 用銅圈印成餅子, 上栽松仁, 入拖盤, 熯燥用.《遵生八

---

92 이당(餳糖) : 조청이나 엿. 앞의 〈익히거나 찌는 음식〉 "조청과 엿(이당)"에 자세히 보인다.

93 《遵生八牋》卷13〈飮饌服食牋〉下 "甜食類" '肉餅方'(《遵生八牋校注》, 471쪽).

94 《遵生八牋》卷13〈飮饌服食牋〉下 "甜食類" '油(食夾)兒'(《遵生八牋校注》, 471쪽).

95 수유를……보인다 :《정조지》권6〈조미료〉 "기름과 유락(乳酪)"에 있다. 우유를 솥에 넣고 2~3번 끓도록 달인 다음 동이 안에 부어 넣는다. 이를 식혀서 표면에 껍질이 맺히면 껍질을 거두어 껍질만 다시 달인다. 여기서 기름이 나오면 찌끼는 제거하고 그릇에 담는데, 이것이 곧 수유이다.

96 당로를……보인다 :《정조지》권3〈과줄〉 "당전과" '(부록)첨식'에 있다. 당로는 백설탕에 우유 또는 계란 흰자를 넣고 정제하여 만든다.

사진29 잣떡

다음 타반(석쇠)에 넣고 말리듯이 구워 쓴다.《준생 　 賤》
팔전》[97]

32) 수유떡(수병) 만들기(수병방)　酥餅方

유수(油酥, 수유) 4냥, 꿀 1냥, 흰밀가루 1근을 반죽한 다음 틀에 넣고 떡을 만들어 화로에 올린다. 혹은 수유 대신 돼지기름을 써도 좋다. 꿀은 2냥을 쓰면 더욱 좋다.《중궤록》[98]

수밀병(酥蜜餅) 만드는 법 : 재료는 밀가루 10근, 꿀 3.5냥에 양비계기름(봄에는 4냥, 여름에는 6냥, 가을과 겨울에는 3냥)과 돼지비계기름(봄에는 0.5근, 여름에는 6냥, 가을과 겨울에는 9냥). 두 기름을 녹이고 꿀을 부어서 골고루 휘저은 다음, 이를 밀가루에 부어 골고루 뒤섞는다. 이렇게 만든 반죽을 마음에 드는 꽃모양으로

酥餅方

油酥四兩、蜜一兩、白麪一斤, 搜成劑, 入印作餅上爐. 或用猪油亦可. 蜜用二兩尤好.《中饋錄》

酥蜜餅：麪十斤、蜜三兩半、羊脂油(春四夏六, 秋冬三兩)、猪脂油(春半斤, 夏六兩, 秋冬九兩). 溶開傾蜜攪均, 澆入麪搜和均, 取意印花樣. 入爐熬紙襯底,

---

97 《遵生八牋》卷13〈飲饌服食箋〉下 "甜食類" '松子餅方'(《遵生八牋校注》, 466쪽).
98 《遵生八牋》卷13〈飲饌服食箋〉下 "甜食類" '酥餅方'(《遵生八牋校注》, 469쪽);《說郛》卷95 上〈中饋錄〉(《文淵閣四庫全書》881, 413쪽).

찍어낸다. 이를 화롯불에 넣어서 굽되 먼저 종이를 밑에 깔고 뭉근한 불에 익혀서 먹는다. 《거가필용》[99]

慢火煿熟供.《居家必用》

33) 오랑캐마떡(산약호병) 만들기(산약호병방)

익힌 마 2근, 밀가루 1근, 꿀 0.5냥, 기름 1.5냥을 뒤섞어 반죽하고 밀어서 떡을 만든다. 《거가필용》[100]

山藥胡餅方

熟山藥二斤、麪一斤、蜜半兩、油兩半, 和搜捍餅.《居家必用》

34) 도구수(到口酥) 만들기(도구수방)

수유 10냥을 녹여서 동이 안에 붓고, 흰설탕 7냥을 넣어 골고루 섞는다. 이를 손으로 0.5시진(1시간) 동안 주물러 비빈다. 밀가루 1근을 한곳에 넣고 고르게 섞어 반죽을 만든다. 반죽을 밀어서 긴 가래로 만든 뒤 나눠서 작은 소병(燒餅, 굽는 떡)을 만든다. 이를 화로에 널어 은은한 불에 굽고 익혀서 먹는다. 《준생팔전》[101]

到口酥方

將酥油十兩, 化開傾盆內, 入白糖七兩和均, 用手揉擦半箇時辰. 入白麪一斤和作一處令均. 捍爲長條, 分爲小燒餅, 拖爐微微火焯熟食之.《遵生八牋》

35) 광소병(光燒餅) 만들기(광소병방)

소병은 밀가루 1근당 기름 1.5냥, 볶은 소금 0.1냥, 냉수를 넣고 뒤섞어 반죽한다. 밀대[骨魯槌]로 밀어 번철에 얹고 굳어지도록 말린 다음 잿불 속에

光[11]燒餅方

燒餅[12], 每麪一斤, 入油兩半、炒鹽一錢、冷水和搜. 骨魯槌研開, 鏊上煿待硬,

---

99 《居家必用》庚集〈飮食類〉"從食品" '酥蜜餅'(《居家必用事類全集》, 280쪽).

100《居家必用》庚集〈飮食類〉"從食品" '山藥胡餅'(《居家必用事類全集》, 280쪽).

101《遵生八牋》卷13〈飮饌服食箋〉下 "甜食類" '到口酥方'(《遵生八牋校注》, 474쪽).

[11] 光 : 규장각본·《居家必用·飮食類·從食品》에는 없음.

[12] 燒餅 : 규장각본·《居家必用·飮食類·從食品》에는 없음.

사진30 도구수

사진31 광소병 만들기

서 구워 익히면 매우 부드럽고 맛이 좋다. 《거가필
용》102

煻火內燒熟, 極脆美.《居
家必用》

36) 복로소병(화로에 2번 구운 떡) 만들기(복로소병방)

껍질을 제거한 호두살 1근을 잘게 다진 뒤 꿀 1
근을 넣는다. 화로에 수유병(酥油餅) 1근을 구워 가루
로 만든 뒤 이 가루를 반죽하고 밀어서 작은 덩어리
를 만든다. 이어서 이 수유병반죽으로 호두살과 꿀
반죽을 싸서 떡을 만든 다음 화로 안에 넣고 구워서
익힌다.《준생팔전》103

復爐燒餅方

核桃肉退去皮者一斤, 剁
碎, 入蜜一斤. 以爐燒酥油
餅一斤爲末, 拌均, 捏作小
團. 仍用酥油餅劑包之作
餅, 入爐內燒熟.《遵生八
牋》

37) 타봉각아(낙타등모양 송편) 만들기(타봉각아방)

밀가루 2.5근에 녹인 수유 10냥을 넣되, 혹 돼지
기름과 양기름 반반씩으로 대치할 수 있다. 여기다

駝峯角兒方

麪二斤半, 入溶化酥十兩,
或猪、羊油各半代之. 冷水

102《居家必用》庚集〈飮食類〉"從食品" '燒餅'(《居家必用事類全集》, 280쪽) ;《遵生八牋》卷13〈飮饌服食牋〉
下 "甜食類" '光燒餅方'(《遵生八牋校注》, 476쪽).
103《遵生八牋》卷13〈飮饌服食牋〉下 "甜食類" '復爐燒餅法'(《遵生八牋校注》, 476쪽).

냉수에 소금을 조금 섞어 넣고 반죽하여 밀대로 밀어서 피를 만든다. 볶아 익힌 소를 피로 싸서 각아(角兒)[104] 모양을 만든다. 화로에 넣고 구워 익혀서 먹는데, 채소로 만든 소로 해도 좋다. 《거가필용》[105]

和鹽少許, 搜成劑, 用骨魯槌捍作皮. 包炒熟餡子, 捏成角兒. 入爐熬煿熟供, 素餡亦可.《居家必用》

38) 제라각아(고운 눈썹모양 송편) 만들기(제라각아방)

밀가루 1근에 참기름 1냥을 붓고 섞는다. 끓는 물을 살펴가며 밀가루반죽을 조금씩 넣고 막대기로 고루 휘젓는다. 물이 끓어 밀가루가 익으면 노구솥에서 건져내고 펴서 식힌 다음 밀어서 피를 만든다. 생소를 넣고 싼 다음 잔으로 찍어 아미(눈썹)모양으로 만들고 기름에 튀겨 익힌다. 《거가필용》[106]

【안】이상은 유병류(油餅類)이다. 대개 중국의 떡 종류는 태반이 기름에 지진 것인데, 이는 오래가도 상하지 않게 하기 위해서이다. 그중에 기름에 지지

餫饠角兒方

麪一斤, 香油一兩傾入麪內拌. 以滾湯斟酌, 逐旋傾下, 用杖攪均, 瀉作熟麪, 挑出鍋, 攤冷捍作皮. 入生餡包, 以盞脫之, 作蛾眉樣, 油煠熟.《居家必用》

【案】已上油餅類. 大抵中國餅品, 太半油煎, 爲其耐久不敗也. 其不用油煎, 而

사진32 제라각아

---

104 각아(角兒) : 상투처럼 뾰족한 것 또는 만두의 일종.
105《居家必用》庚集〈飮食類〉"從食品" '駝峯角兒'(《居家必用事類全集》, 281쪽).
106《居家必用》庚集〈飮食類〉"從食品" '餫饠角兒'(《居家必用事類全集》, 281쪽).

지 않고 단지 수유를 써서 반죽하여 불에 말려서 익힌 것도 기름에 지진 것과 다르지 않다. 이들 모두 '유병(油餅)'이라 한다】

但用酥油搜劑煿熟者, 亦與油煎無異. 皆謂之"油餅"也】

39) 팥고물꿀떡(함밀병) 만들기(함밀병방)

《초사》에 "거여(粔籹, 중배끼)와 밀이(蜜餌)가 있고"[107]라 했는데, 밀이(蜜餌)는 꿀로 밀가루를 반죽하여 떡을 만든 것이다. 밀병(蜜餅)의 제법은 오래된 것이다. 우리나라의 밀병에는 몇 가지 종류가 있는데, 멥쌀로 만든 것이 있고 찹쌀로 만든 것이 있다. 찹쌀떡에 팥가루로 소를 넣은 것이 가장 좋다.

만드는 법 : 찹쌀을 가루 내어 고운체로 쳐서 꿀로 반죽한다. 팥은 껍질을 벗기고 삶아서 체로 쳐 가루 낸다. 계핏가루·후춧가루를 넣고 볶아서 익힌다. 먼저 팥가루를 시루 밑에 뿌리고, 다음에는 찹쌀가루를 체로 쳐내려 두께가 손가락 하나 가량 되

餡蜜餅方

《楚辭》曰"粔籹、蜜餌", 蜜餌, 蜜搜麫爲餌也. 蜜餅之制古矣. 我東蜜餅有數種, 有以粳米作者, 有以糯米作者. 糯餅之用小豆粉爲餡者, 最爲佳品.

其法 : 糯米擣粉細羅過, 蜜搜爲劑. 小豆去皮, 煮篩爲粉. 入桂、椒屑, 炒熟. 先將豆粉糝甑底, 次將糯粉篩下, 厚至一指許卽止.

사진33 팥고물꿀떡

사진34 두텁떡

---

107 거여와……있고 :《楚辭》卷9〈招魂〉.

면 멈춘다. 국자로 팥가루를 떠서 찹쌀가루 위에 붓고 손으로 모으고 눌러, 가운데는 높고 주변은 낮게 한다. 덩이마다 떨어진 거리가 몇 촌이 되도록 하면 큰 시루에는 10여 개의 덩이를 만들 수 있다.

다시 찹쌀가루를 그 위에 체로 쳐내리되, 위와 같이 두께가 손가락 하나 정도 되게 한다. 그 위에 팥가루와 다진 대추, 다진 밤을 뿌린다. 찌고 뜸들여서 익히고 나면 꺼내서 각각의 소가 서로 떨어진 경계를 칼로 고르게 나누어 가른다. 그러면 10여 개의 네모난 조각이 각각 소를 감싸고 있는 떡이 되어서 맛이 극히 달고 부드러워 좋아할 만하다.《옹치잡지》[108]

40) 두텁떡(후병) 만들기(후병방)

찹쌀을 하룻밤 물에 담근 다음 맷돌에 곱게 갈아서 깨끗한 물로 맑게 거른 뒤 가라앉은 즙을 취한다. 얇은 대광주리 위에 베수건을 펴고, 꿀을 넣고 볶은 팥가루를 먼저 그 위에 뿌린다. 다음은 숟가락으로 찹쌀즙을 떠서 베수건 위에 돌려가며 부어서 편다. 다음은 팥가루소 【팥가루에 벌꿀·계핏가루·후춧가루를 넣고 볶아 익힌다】를 서로 0.2~0.3척 정도 떨어지도록 앞의 팥고물꿀떡(함밀병) 만드는 방법과 같이 봉우리를 만들어둔다. 다음은 찹쌀즙을 소 위에 돌려가며 부어서 편다. 붉은 대추·익힌 밤·곶감을 모두 가늘게 잘라서 그 위

用杓酌取豆粉, 傾在糯粉之上, 以手捻按, 令中央高四邊低. 每一堆相距數寸, 則大甑可作十餘堆也.
更將糯粉篩下于其上, 亦厚一指許. 上糝豆屑及切棗、切栗. 蒸餾旣熟, 取出, 以刀平分各餡相距之交界而割之, 則十餘方片, 各自包餡而爲餅, 味極甘軟, 可喜.《饔饎雜志》

厚餅方

糯米水浸一宿, 石磨磨細, 淨水澄濾取汁. 淺匡竹篩上鋪布巾[13], 先糝蜜炒小豆粉. 次以匙酌取糯汁, 旋旋灌鋪于布巾上. 次用豆粉餡料【入蜂蜜、桂、椒屑, 炒熟】, 相距數三寸, 堆放如前法. 次將糯汁, 旋旋灌鋪于餡上. 紅棗、熟栗、乾柹, 竝細切撒均其上. 復以餡餘豆粉糝之, 上甑蒸熟

---

108 출전 확인 안 됨.
13 巾 : 저본에는 "布". 오사카본·규장각본에 근거하여 수정.

에 고르게 뿌린다. 다시 남은 팥가루소를 뿌린 다음, 광주리를 시루에 얹고 푹 찐 뒤 칼로 썬다. 한 조각마다 각기 하나의 소를 싸고 있으니, 앞의 방법과 똑같다.《옹치잡지》109

刀切. 每一片各包一餡, 一如前法.《饔饎雜志》

41) 당귀떡(당귀병) 만들기(당귀병방)

멥쌀은 빻고 가루 내 고운체로 치고, 당귀잎은 햇볕에 말린 뒤 맷돌에 갈아 가루 낸다. 이들을 한곳에서 고르게 잘 섞은 다음 흰꿀로 반죽하여 시루에 얹고 푹 찐다. 칼로 잘라 지름이 몇 촌이 되는 조각으로 만든다. 졸인 흰꿀을 다시 윗면에 붓고 잣가루를 뿌려 먹는다. 달콤한 향이 입안에 가득하여 꿀떡 중에서 가장 윗자리에 있다.《옹치잡지》110

當歸餅方

粳米擣粉細羅過, 當歸葉曝燥碾爲屑. 一處和均, 用白蜜搜爲劑, 上甑蒸熟. 刀切, 作徑數寸片子. 更用煉化白蜜澆于上面, 糝以海松子屑, 食之. 甘香滿口, 蜜餌中最上乘也.《饔饎雜志》

42) 도토리떡(상자병) 만들기(상자병방)

도토리를 삶아 익혀 낸 뒤 다시 새로운 물에 담가 여러 차례 물을 갈아준다. 도토리의 떫은맛이 깨끗하게 사라지면 속껍질을 다 제거하고 햇볕에 말려 빻은 다음 체로 쳐 가루 낸다. 또는 도토리를 곱게 갈아 물에 일고 맑게 걸러 가루를 얻는다. 여기에 멥쌀가루를 약간 넣고 꿀물로 반죽하여 시루에 얹어 찐다.《옹치잡지》111

橡子餅方

橡子煮熟所出, 更用新水浸屢換水, 待澁味淨盡, 去殼, 曝乾擣羅爲粉. 或磨細水淘澄濾取粉, 入粳米粉少許, 蜜水搜爲劑, 上甑蒸之.《饔饎雜志》

---

109 출전 확인 안 됨.
110 출전 확인 안 됨.
111 출전 확인 안 됨.

43) 생강계피떡(노랄병) 만들기(노랄병방)

생강을 깎아 껍질을 벗기고 곱게 갈아서 즙을 얻은 다음 흰꿀·계핏가루와 섞고 찹쌀가루와 반죽하여 팥가루로 만든 소를 싸서 떡을 만든다. 팥고물꿀떡(함밀병) 만드는 방법과 똑같은데, 소에 생강가루·설탕을 더하면 더욱 좋다. 일반적으로 찹쌀떡은 차지고 엉기어 소화가 어려우나, 이 떡은 유독 그렇지 않다. 게다가 속을 편하게 하고 비장을 돕는 효능이 있다. 안돈복(晏敦復)[112]의 "생강과 계피 같은 나의 성질은 늙을수록 더욱 맵다."[113]는 말에서 따다가 이름을 지었다.《옹치잡지》[114]

老辣餅方

生薑刮去皮, 磨細取汁, 和白蜜、桂屑, 搜糯米粉爲劑, 包小豆粉餡爲餅. 一如餡蜜餅法, 餡加薑粉、沙糖尤佳. 凡糯餅粘滯難化, 而此餅獨不然. 且有和中益脾之功. 取晏敦復 "薑、桂之性, 到老愈辣" 之語, 名之.《饔饎雜志》

사진35 도토리떡

사진36 생강계피떡

---

112 안돈복(晏敦復) : 1120?~1191?. 중국 남송의 간관(諫官). 자는 경초(景初). 관직이 이부상서(吏部尙書)에 이르렀다. 어려서 정이(程頤, 1033~1107)에게 수학하였고, 만년에는 금(金)과의 화의론에 반대하여 남송의 간신(奸臣) 진회(秦檜, 1090~1155)에게 굴복하지 않았다.

113 생강과……맵다 :《宋史》卷381〈列傳〉第140 "晏敦復".

114 출전 확인 안 됨.

44) 금강산석이버섯떡(풍악석이병) 만들기(풍악석이병방)

【안 이 방법은 금강산 표훈사(表訓寺)[115]에서 왔으므로 풍악(楓嶽)이라는 이름이 있다】

구맥(瞿麥)[116]【증보산림경제 이맥(耳麥, 귀리)[117]의 잘못인 듯하다】을 가루 내어 체질을 100번 정도 한 다음 꿀물과 섞는다. 아울러 석이버섯과 섞어 놋시루에 찌면 그 맛이 매우 좋다. 비록 경고(瓊餻)[118]나 감찰떡[糯柹餅, 나시병]이라도 이 떡에는 한참 미치지 못한다. 《산림경제보》[119]

楓嶽石耳餅方

【案 此方來自金剛山 表訓寺, 故有楓嶽之名】

瞿麥【增補山林經濟 疑耳麥之誤】擣爲粉, 篩之百匝, 然後調蜜水. 竝雜石耳, 蒸於鍮甑, 其味絶佳. 雖瓊餻、糯柹餅, 遠不逮焉. 《山林經濟補》

사진37 금강산석이버섯떡

---

115 표훈사(表訓寺) : 신라 때에 승려 표훈(表訓) 등이 창건했다고 전해지는 절. 금강산의 4대 사찰 중 유일하게 남아 있으며, 나머지 3곳(유점사·장안사·신계사)은 소실되었다.
116 구맥 : 패랭이꽃의 꽃씨.
117 이맥 : 귀리. 영당맥(鈴鐺麥).
118 경고(瓊餻) : 경단의 일종.
119 《增補山林經濟》 卷8〈治膳〉上 “餅麪諸品”(《農書》 4, 31쪽).

45) 고려밤떡(고려율고) 만들기(고려율고방)

【案 이 방법은 본래 우리나라에서 중국으로 유입된 듯하다】

밤 적당량을 그늘에 말리고 껍질을 벗겨 가루 낸다. 밤가루 2/3에 찹쌀가루 1/3을 더하여 고르게 뒤섞고 꿀물에 촉촉하게 뒤섞어 쪄 익혀서 먹는다. 흰설탕을 섞어 넣으면 맛이 매우 오묘하다.《준생팔전》120

高麗栗糕方

【案 此方, 疑本自我東流入中國】

栗子不拘多少, 陰乾去殼, 擣爲粉. 三分之二[14]加糯米粉拌均, 蜜水拌潤, 蒸熟食之. 以白糖和入, 妙甚.《遵生八牋》

46) 백출창포떡(신선부귀병) 만들기(신선부귀병방)

백출과 창포를 삶아서 볕에 말려 가루 낸다. 이 가루 1근마다 찐 마가루 3근과 졸인 꿀물을 섞고 밀가루를 넣어 떡을 만든다. 햇볕에 말렸다가 손님이 오면 쪄서 먹는다.

【案《준생팔전》에 "백출 1근, 창포 1근을 쌀뜨물에 담근 다음 검은 껍질을 깎아서 없애고 편으로 자른다. 작은 석회 1덩이를 더하여 같이 삶아서 쓴 물을 버리고 햇볕에 말린다. 마 4근을 더하여 함께 가루 내서 밀가루와 1대1로 섞고 떡을 만들어 쪄 먹는다. 혹 흰설탕을 더하여 함께 섞고 밀어서 얇은 떡을 만드는데, 찌거나 구워도 모두 좋다."121라 했다. 이 글을 보면 더욱 상세하다】

神仙富貴餠方

煮朮、菖蒲, 暴爲末. 每一斤, 用蒸山藥末三斤, 煉蜜水調, 入麪作餠. 暴乾, 候客至, 蒸食.

【案《遵生八牋》云:"白朮一斤, 菖蒲一斤, 米泔水浸, 刮去黑皮, 切作片子. 加石灰一小塊同煮, 去苦水, 曝乾. 加山藥四斤, 共爲末, 和麪對配, 作餠蒸食. 或加白糖同和, 捍作薄餠, 蒸焯皆可."視此加詳】

120《遵生八牋》卷13〈飮饌服食箋〉下"甜食類"'高麗栗糕方'(《遵生八牋校注》, 477쪽);《居家必用》庚集〈飮食類〉"女眞食品"'高麗栗糕'(《居家必用事類全集》, 276쪽).

121 백출……좋다:《遵生八牋》卷13〈飮饌服食箋〉下"甜食類"'神仙富貴餠'(《遵生八牋校注》, 475쪽).

[14] 二:《遵生八牋·飮饌服食箋·甜食類》에는"一".

장간공(章簡公) 원강(元絳)[122]의 시에 "백출은 '신선이 먹는 떡[神仙餠, 신선병]'이고, 창포는 '부귀한 사람의 꽃[富貴花, 부귀화]'이다."[123]라 했다. 《산가청공》[124]

章簡公詩云 : "尤薦神仙餠, 菖蒲富貴花."《山家清供》

47) 연잎귤잎떡(동정의) 만들기(동정의방)

연잎과 귤잎을 따서【안 우리나라는 제주도 외에는 귤잎을 쉽게 얻지 못하므로 당귀잎으로 대신하는 것이 좋다】찧고 즙을 낸 다음 꿀을 더하고 쌀가루를 섞어 동전크기의 의(饐)[125]를 만든다. 각각 귤잎으로 싸서 찌면 맑은 향이 가득해서 동정호(洞庭湖)[126] 변에 있는 듯하다. 《산가청공》[127]

洞庭饐方
采蓮與橘葉【案 我東耽羅外, 未易得橘葉, 宜用當歸葉代之】擣汁, 加蜜和米粉, 作饐如錢大. 各各以橘葉裹蒸之, 清香藹然, 如在洞庭左右.《山家清供》

사진38 연잎귤잎떡 만들기

---

122 원강(元絳) : 1009~1084. 북송의 관리·학자. 자는 후지(厚之), 시호가 장간공(章簡公)이다. 광동과 하북 등의 전운사(轉運使)와 여러 곳의 지사(知事)를 거친 뒤 태자 태보(太子太保)로 있다가 나이가 들어 사퇴했다.

123 백출은……꽃이다 : 출전 확인 안 됨.

124 《說郛》卷74 上《山家清供》"神仙富貴餠"(《文淵閣四庫全書》880, 168쪽).

125 의(饐) : 고대 중국에서 먹은 고점(糕點, 간식용 떡)의 일종.

126 동정호(洞庭湖) : 중국 호남성 북부에 있는 거대한 담수호. 양자강과 연결되어 있으며 풍광이 뛰어나 호변에 악양루(岳陽樓)라는 유명한 누각이 있다.

127 《山家清供》卷上〈神仙富貴餠〉(《叢書集成初編》1473, 12쪽);《說郛》卷74 上《山家清供》"洞庭饐"(《文淵閣四庫全書》880, 171쪽).

사진39 과증

48) 과증(댓잎에 싼 찰떡) 만들기(과증방)

찹쌀을 쪄서 부드럽게 익힌 뒤 설탕과 고르게 섞는다. 댓잎으로 싸고 작은 각아(角兒)로 만들어 다시 찐다.[128]《준생팔전》[129]

裹蒸方

糯米蒸軟熟, 和糖拌均.
用箬葉裹作小角兒, 再蒸.
《遵生八牋》

49) 황옥떡(황옥병) 만들기(황옥병방)

흰밀가루를 수십 번 체로 쳐서 매우 곱고 부드럽게 한 뒤 흰설탕과 1대1로 고르게 뒤섞어 시루에 얹고 쪄 익힌다. 식혀서 옥처럼 빛나고 윤기가 나면 칼로 썰어서 먹는데, 이는 일본방식이다.《옹치잡지》[130]

黃玉餅方

白麪飛羅數十匝, 令極細膩, 白糖對配拌[15]均, 上甑蒸熟. 冷定瑩潤如玉, 刀切供之, 日本方也.《饔饌雜志》

50) 양갱병 만들기(양갱병방)

붉은팥을 삶아 껍질을 벗긴 뒤 체질하여 가루 낸

羊羹餅方

煮赤小豆去皮, 篩取粉[16].

---

128 댓잎으로……찐다 : 찹쌀의 특성 때문에 싸지 않으면 모양이 유지되지 않고 변형된다.

129《山家淸供》卷下〈洞庭饐〉(《叢書集成初編》1473, 15쪽);《遵生八牋》卷13〈飲饌服食箋〉下"甜食類"'裹蒸方'(《遵生八牋校注》, 472쪽).

130 출전 확인 안 됨.

[15] 拌 : 저본에는 "作". 오사카본·규장각본에 근거하여 수정.

[16] 篩取粉 :《和漢三才圖會·造釀類·羊羹》에는 "絞水用粉".

사진40 양갱병   사진41 외랑병

다. 이를 밀가루와 섞고 설탕 졸인 즙으로 반죽하
여 시루에 찐다. 색을 검게 내고 싶으면 옥설탕[玉沙
糖]131을 쓰거나 노구솥바닥의 검댕을 넣는다. 대껍
질로 싸서 대접한다. 만약 여름에 하루를 경과하면
곰팡이가 핀다. 일반적으로 팥은 쉽게 쉬므로 신선
하지 않은 것은 먹으면 안 된다. 《화한삼재도회》132

和麪粉, 以沙糖煎汁搜之,
甑蒸. 要色黑者, 用玉沙糖
⑰, 或入鍋底炭也. 裹竹
籜饋之. 如夏月經日者殕
生. 凡小豆易饐, 不鮮者,
不可食.《和漢三才圖會》

51) 외랑병(外郞餠)133 만들기(외랑병방)

멥쌀 0.8승, 찹쌀 0.15승, 갈근 0.05승, 모두 1승
을 곱게 가루 내어 시루에 얹어 찐다. 따로 흑설탕
1.5근을 물 0.7승에 살짝 졸인 뒤 찌꺼기를 제거하
여 정제한 즙을 가지고 고(膏)처럼 되도록 곤다. 떡시
루 안에 김이 서리면 설탕고를 기울여 붓고 다시 찐

外郞餠方

粳米八合、糯米一合半、葛
根半合, 共一升細末, 上甑
蒸之. 別用黑沙糖一斤⑱
半, 以水七合略煎去渣, 取
精汁, 煉之如膏. 候甑內氣

---

131 옥설탕[玉沙糖] : 설탕의 일종. 입자가 고운 고급의 설탕으로 추정됨.
132《和漢三才圖會》卷105〈造釀類〉"羊羹"(《倭漢三才圖會》12, 332쪽).
133 외랑병(外郞餠) : 외랑(外郞)이라는 사람의 이름에서 유래한 일본 과자. 일본어로는 우이로우모찌(ういろうもち).
⑰ 糖 : 저본에는 "粉". 오사카본·규장각본·《和漢三才圖會·造釀類·羊羹》에 근거하여 수정.
⑱ 斤 : 오사카본·규장각본에는 "升".

다음 실로 자른다. 《화한삼재도회》[134]

餾, 傾灌糖膏[19]而再蒸之, 以絲切之.《和漢三才圖會》

52) 전병(煎餅) 만들기(전병방)

당밀(糖蜜)[135]로 밀가루를 반죽하되, 무르지도 딱딱하지도 않게 하여 시루에 담아 찐다. 이를 손가락으로 이기고 뭉쳐서 자두크기의 덩어리를 만든다. 죽관(竹管)으로 지름이 0.4척 정도 되도록 얇고 납작하게 민다. 볕에 말려 1개씩 쇠틀에 넣고 양면에서 불에 쐬어 말린다. 조금 말랐을 때 꺼내어 끝을 말아서 여린 연잎처럼 만드는데, 이를 '권전병(卷煎餅)'이라 부른다【안 이 떡은 기름에 지지지 않는데도 전병이라는 이름을 얻었다. 어찌 일본사람들은 위적(擘炙, 펴서 굽다)을 전(煎, 지지다)이라 하는가?】.《화한삼재도회》[136]

煎餅方

用糖蜜搜麪, 不柔不硬, 盛甑蒸之. 用指捏搏, 作團如李子大. 以竹管擘[20]之薄扁, 徑四寸許. 曬乾, 每一枚以鐵皿範, 從兩面焙之. 稍乾時, 取出卷端, 狀如蓮嫩葉, 呼曰"卷煎餅"【案 此餅不用油煎, 而得煎餅之名. 豈倭人指擘[21]炙爲煎耶?】.《和漢三才圖會》

어떤 종류는 반숙한 찹쌀가루를 날콩가루와 섞고 조청으로 반죽한 다음 참새알크기로 뭉쳐 죽관으로 매우 얇게 민다. 햇볕에 말려 구우면 크게 부풀어 올라 맛이 부드럽고 좋다.《화한삼재도회》[137]

一種用半熟糯粉和生豆粉, 以膠飴搜之, 搏作雀卵大, 而用竹管擘之甚薄. 日乾炙之, 則大擴脹起, 味脆美. 同上

134《和漢三才圖會》卷105〈造釀類〉"外郎餅"(《倭漢三才圖會》12, 333쪽).
135 당밀(糖蜜) : 설탕을 녹여 꿀처럼 만든 즙.
136《和漢三才圖會》卷105〈造釀類〉"煎餅"(《倭漢三才圖會》12, 337쪽).
137《和漢三才圖會》, 위와 같은 곳.
[19] 餾……膏 : 저본에는 없음. 오사카본·규장각본에 근거하여 보충.
[20] 擘 : 규장각본에는 "擧".
[21] 擘 : 규장각본에는 "擧".

53) 송풍병 만들기(송풍병방)

당밀로 밀가루를 반죽하여 판자처럼 얇고 납작하게 만든 뒤 양귀비씨를 뿌려서 굽는다. 일명 '앵속판(罌粟板)'이다.《화한삼재도회》[138]

54) 혼돈병 만들기(혼돈병방)

메밀을 가루 내 고운체로 친 뒤 꿀물을 타서 뻑뻑한 죽처럼 만든다. 질항아리 속에 넣고 항아리입구를 단단히 봉한다. 이를 쌀겨불 속에 묻어 꿀물이 저절로 마를 때까지 기다린 뒤에 꺼내어 먹는다. 혹 숟가락으로 썰어서 내면, 송편모양과 같다. 볶은 참깻가루를 뿌리면 더욱 좋다.《증보산림경제》[139]

【안 이상은 당궤류(餹饋類)이다】

松風餅方

用糖蜜搜麪, 薄扁如板, 而罌粟撒焙之. 一名"罌粟板".《和漢三才圖會》

渾沌餅方

蕎麥擣粉細羅過, 蜜水調如稠粥. 納陶缸中, 堅封缸口. 埋稻糠火內, 待蜜水自乾, 然後取出供之. 或以匙切出, 如松餅樣. 以炒芝麻屑糝[22]之, 尤佳.《增補山林經濟》

【案 已上餹饋類】

사진42 혼돈병 만들기1

138《和漢三才圖會》, 위와 같은 곳.
139《增補山林經濟》卷8〈治膳〉上〈餅麪諸品〉(《農書》4, 32쪽).
[22] 糝:《增補山林經濟·治膳·餅麪諸品》에는 "爲衣食".

사진43 혼돈병 만들기2

사진44 단자 만들기

55) 단자 만들기(단자방)

찹쌀을 찧고 가루 낸 뒤 물로 반죽하여 손바닥 만 한 편으로 만든다. 이 편에 손가락끝으로 어지 러이 구멍을 뚫고 끓는 물에 삶은 다음 건져서 깨끗 한 그릇에 담는다. 이어서 나무막대기로 힘껏 휘저 어 뻑뻑한 죽처럼 만든 뒤에 소를 넣고 단자를 만든 다. 그 소는 꿀 넣고 볶은 팥가루를 쓰거나 꿀 섞은 밤가루를 쓰기도 한다. 소를 넣어 둥글게 싸고 나면 단자를 다시 꿀에 적신 뒤 팥가루를 뿌리거나 잣가 루를 뿌리기도 한다.

그 안의 소와 밖의 고물을 모두 팥가루로 쓴 것 을 '팥단자[小豆團餈]'라 하고, 안의 소와 밖의 고물을 모두 밤가루를 쓴 것을 '밤단자[栗子團餈]'라 한다. 혹 당귀잎가루를 찹쌀가루에 넣어주면 색이 푸르고 냄 새가 향기롭다. 민간에서는 이를 '승검초단자[辛甘草

團餈方

糯米擣粉, 水搜作掌大片. 用指尖亂鑿孔, 滾湯內煮 過, 漉置淨器. 以木杖[23]痛 攪之, 令如稠糊, 裹餡子 爲團. 其餡或用蜜炒小豆 粉, 或用蜜和栗子屑. 裹餡 旣成, 復漬以蜜, 或糝小豆 屑, 或糝海松子屑.

其內餡外糝, 皆用小豆屑者 曰"小豆團餈"; 內餡外糝, 皆用栗子屑者曰"栗子團 餈". 或用當歸葉屑和糯粉, 則色綠[24]而氣香, 俗呼"辛

---

[23] 杖 : 저본에는 "枝". 오사카본·규장각본에 근거하여 수정.
[24] 綠 : 저본에는 "絲". 오사카본·규장각본에 근거하여 수정.

團餈'라 부른다【우리나라 사람들은 당귀순을 승검
초라 부른다】.《옹치잡지》140

甘草團餈”【東人呼當歸筍
爲辛甘草】.《饔饎雜志》

56) 경단 만들기(경단방)

경단(瓊團)은 떡의 모양을 나타낸 말이다. 찹쌀가
루를 물로 반죽하여 환으로 만드는데, 작게는 도토
리만 하고 크게는 밤만 하다. 끓는 물에 데쳐서 건
져내면 각각의 덩어리는 옥구슬처럼 둥글고 희게 된
다. 누런 콩가루를 입히고 졸인꿀생강즙을 끼얹고
계핏가루와 후춧가루를 뿌리는데, 이를 '콩경단[黃豆
瓊團]'이라 부른다. 개성 사람들은 팥가루를 입히고
이를 '팥경단[小豆瓊團]'이라 부른다.《옹치잡지》141

瓊團方

瓊團, 象形也. 糯粉水搜而
丸之, 小或如橡子大, 大或
如栗子大. 滾湯瀹之漉出,
則箇箇團團25白如瓊玉. 衣
之以黃豆屑, 澆之以煉蜜
生薑汁, 糝之以桂、椒之屑,
謂之“黃豆瓊團”. 開城人用
赤豆屑爲衣, 謂之“小豆瓊
團”.《饔饎雜志》

사진45 경단

140 출전 확인 안 됨.
141 출전 확인 안 됨.
25 團 : 오사카본에는 "圓". 규장각본에는 "圑".

57) 춘근혼돈(참죽나무뿌리혼돈) 만들기(춘근혼돈방)

유우석(劉禹錫)[142]이 가죽나무뿌리를 삶아 혼돈(餛飩)의 피를 만든 법 : 입추를 전후하여 민간에 설사와 요통 증상이 많이 돈다고 하면 가죽나무뿌리 1~2줌을 찧어서 체로 친다. 이를 밀가루와 섞어 쥐엄나무열매 크기[143]로 혼돈을 빚은 다음 맑은 물에 삶아 빈속에 10개를 먹으면 아무 거리낄 게 없다. 산가(山家)에서 새벽에 손님이 들어 우선 10여 개를 대접하면 유익할 뿐만 아니라 아침 식사를 약간 연기할 수 있다.

참죽나무는 실하고 향기롭지만, 가죽나무는 성기고 냄새가 나므로, 오직 참죽나무의 뿌리만 먹을 수 있다. 《산가청공》[144]

椿[26]根餛飩方

劉禹錫煮[27]樗根餛飩皮法 : 立秋前後, 謂世多痢及腰痛, 取樗根一兩握擣篩. 和麪捻餛飩, 如皂莢子大, 淸水煮, 空腹十枚, 竝無禁忌. 山家晨有客至, 先供之十數, 不惟有益, 亦可少延早食.

椿[28]實而香, 樗疏而臭, 惟椿[29]根可也. 《山家淸供》

58) 죽순고사리혼돈(순궐혼돈) 만들기(순궐혼돈방)

어린 죽순과 고사리를 따다가 각기 끓는 물에 데치고 기름에 볶는다. 그런 뒤 술과 간장, 향료를 섞어 소를 만든 다음 혼돈을 빚어 먹는다. 《산가청공》[145]

筍蕨餛飩方

采筍、蕨嫩者, 各用湯瀹, 炒以油, 和之酒、醬、香料, 作餛飩供. 《山家淸供》

---

142 유우석(劉禹錫) : 772~842. 중국 당나라의 관료이자 시인. 자는 몽득(夢得). 유종원(柳宗元)과 함께 793년에 진사가 되었고, 혁신파인 왕숙문당(王叔文黨)에 가담했다. 말년에는 백거이(白居易)와 시를 주고받았으며 그의 대표작 《죽지사(竹枝詞)》는 중국문학사에서 걸작으로 평가받는다. 저서로 《유빈객문집(劉賓客文集)》과 《외집(外集)》이 있다.

143 쥐엄나무열매크기 : 쥐엄나무열매는 길이 2~3cm, 지름 1~2cm의 원구형이다.

144 《山家淸供》 卷上 〈椿根餛飩〉 (《叢書集成初編》 1473, 6쪽).

145 《山家淸供》 卷下 〈笋蕨餛飩〉 (《叢書集成初編》 1473, 18쪽).

26 椿 : 저본에는 "春". 《山家淸供·椿根餛飩》에 근거하여 수정.

27 煮 : 저본에는 "著". 《山家淸供·椿根餛飩》에 근거하여 수정.

28 椿 : 저본에는 "春". 《山家淸供·椿根餛飩》에 근거하여 수정.

29 椿 : 저본에는 "春". 《山家淸供·椿根餛飩》에 근거하여 수정.

59) 대내고(생토란에 소를 넣은 떡) 만들기(대내고방)

상항설(向杭雪)[146]이 대내고(大耐糕)를 만든 법 : 큰 생토란의 껍질을 벗기고 심을 도려낸 뒤 백매감초탕(白梅甘草湯)에 데치고 꿀을 섞은 잣과 남인(欖仁, 올리브)【안 우리나라에서는 남인을 호두살로 대신한다】을 채운다. 작은 시루에 넣어 쪄 익히면 패종(孛宗)[147]이 되는데, 이때 제대로 익히지 않으면 비장이 상한다. 그 조상인 문간공(文簡公) 상민중(向敏中)[148]이 관직에 마음이 결코 흔들리지 않는다[大耐]는 뜻을 취하여 이름을 붙였다. 《산가청공》[149]

大耐糕方

向杭雪作大耐糕法 : 用大芋生者, 去皮剜心, 以白梅甘草湯煠, 用蜜和松子、欖仁【案 我東宜以胡桃仁代之】塡之. 入小甑蒸熟爲孛宗, 非熟則損脾. 取其先公文簡大耐官職之意, 名之. 《山家淸供》

사진46 대내고

---

146 상항설(向杭雪) : ?~?. 상민중(向敏中)의 후손.

147 패종(孛宗) : 패종(粺粽)과 같으며, 주악의 일종으로 보인다. 주악은 찹쌀에 대추 따위를 넣어 댓잎이나 갈잎에 싸서 쪄 먹는 단오날 음식이다.

148 상민중(向敏中) : 949~1020. 중국 북송(北宋)의 재상. 자는 상지(常之). 시호는 문간공(文簡公). 중서문하동평장사(中書門下同平章事)·좌복야(左僕射) 등을 역임했는데, 송의 진종이 우복야(右僕射)에 제수하였으나 기뻐하는 기색이 없고 연회도 베풀지 않았기 때문에, 황제로부터 "상민중은 관직에 마음이 결코 흔들리지 않는다(向敏中大耐官職)."는 평을 들었다.

149 《山家淸供》 卷下 〈大耐糕〉 (《叢書集成初編》 1473, 17쪽).

사진 47 자사단

60) 자사단(설탕과 함께 소를 만든 단자) 만들기(자사단방)

　팥이나 녹두에 설탕을 넣고 삶아 한덩어리를 만든다. 겉은 생찹쌀가루로 싸서 큰 덩어리를 만든 뒤 찌거나 끓는 물에 삶아도 된다. 《준생팔전》[150]

煮沙團方

沙糖入赤豆或綠豆, 煮成一團. 外以生糯米粉裹, 作大團, 蒸或滾湯內煮亦可. 《遵生八牋》

61) 수명송편(수명각아) 만들기(수명각아방)

　흰밀가루 1근을 끓는 물속에 조금씩 뿌려 넣으면서 손을 가만두지 말고 계속 저어 뻑뻑한 죽처럼 되면 10~20개의 덩어리로 나눈다. 이를 찬물에 담가 새하얗게 되면 탁상 위에 놓고 물을 짜낸다. 콩가루를 1대1로 넣고 반죽하여 얇은 피를 만든 뒤 그 안에 설탕에 졸인 과일을 소로 넣는다. 대그릇에 쪄서 먹으면 맛이 매우 오묘하다. 《준생팔전》[151]

水明角兒方

白麪一斤, 滾湯內逐漸撒下, 不住手攪成稠糊, 分作一二十塊. 冷水浸至雪白, 放卓上擁出水. 入豆粉對配, 搜作薄皮, 內加糖菓爲餡. 籠蒸[30]食之, 妙甚. 《遵生八牋》

150 《遵生八牋》 卷13 〈飮饌服食牋〉 下 "甛食類" '煮砂團方'(《遵生八牋校注》, 472쪽).
151 《遵生八牋》 卷13 〈飮饌服食牋〉 下 "甛食類" '水明角兒法'(《遵生八牋校注》, 475쪽).
[30] 加……蒸 : 저본에는 없음. 오사카본·규장각본에 근거하여 보충.

사진48 수명송편 만들기

【안 이상은 혼돈류(餛飩類)이다】 　　　　　【案 已上餛飩類】

62) 증편(증병) 만들기(증병방) 　　　　蒸餅方

멥쌀 5승을 빻아서 가루 낸 뒤 끓는 물을 넣고 뜨거울 때에 고루 섞어 휘젓되, 그 되기가 송편[松餅]을 만들 수 있는 정도의 반죽이 되게 한다. 다시 순주(醇酒)[152] 작은 주발 1잔을 넣은 다음 손으로 뒤섞고 반죽하여 작은 항아리에 넣고 따뜻한 온돌방에 둔다. 항아리 위를 솜이불로 덮고 하룻밤이 지나 열어보면 반드시 발효되어 부풀어오를 조짐이 있다.

그제야 '떡찌는 틀[蒸餅機]'【형태는 대나무체와 같아 둥글고 깊이는 몇 촌에 지나지 않는다】을 가져다가 그 안에 깨끗한 베수건을 펴고 숟가락으로 항아

粳米五升[31]擣爲粉, 滾湯乘熱拌均打攪, 其稠如可造松餅之劑. 更以醇酒一小碗漬之, 用手搜捼, 納小缸, 置煖堗[32]. 上用綿衾覆之, 經宿開見, 則必有沸動之意.

乃取蒸餅機【形如竹篩而匡圈, 深不過數寸】, 鋪淨布巾于其內, 以匙酌取缸中

---

152 순주(醇酒) : 물을 타지 않은 순수한 술. 전내기.
[31] 升 : 저본에는 "米". 오사카본·규장각본·《增補山林經濟·治膳·補遺》에 근거하여 수정.
[32] 堗 : 저본에는 "燧". 오사카본에 근거하여 수정.

사진49 증편

리 속의 쌀즙[153]을 떠내 고르게 베수건 위에 부어서 편다. 따로 껍질을 벗긴 팥가루를 꿀과 섞고 계핏가루·후춧가루를 넣고 볶아 익힌 뒤 이겨서 도토리크기의 소를 만든다. 이를 펴놓은 쌀즙 위에 열 지어 늘어놓는다. 다시 숟가락으로 항아리 속의 쌀즙을 떠내어 소 위에 기울여 부으면 소가 안에 들어가고 즙이 소의 곁에 입혀진다.

소의 열을 따라서 즙을 부은 후에 가늘게 자르고 붉은 대추·곶감·잣과 같은 종류로 그 위에 종횡으로 무늬를 놓는다. 큰 시루 하나마다 떡찌는 틀을 5~6층씩 설치해 넣고 시루덮개로 시루를 덮어서 찐다. 《증보산림경제》[154]

우리나라의 증병은 그 유래가 가장 오래되었다. 《제민요술》에서 칭한 부투(餢飳)가 바로 이것이다.[155] 촉(蜀) 지방 사람들은 증병을 '추(䭔)'라 부른다. 《본초강목》에서는 "비위와 삼초(三焦)[156]를 치료하는 약

米汁, 均均潑鋪於布巾上. 另用去皮小豆屑, 和蜜入桂、椒屑, 炒熟捏作橡子大餡. 排行布列于所鋪米汁之上. 更以匙酌取缸中米汁, 傾潑於餡上, 則餡在於內, 汁被於外.

逐行潑汁後, 細切、紅棗、乾柹、海松子之屬, 縱橫縷紋于其上. 每一大甑, 裝入餠機五六層, 用蓋蓋甑而蒸之. 《增補山林經濟》

我國蒸餠, 其來最古. 《齊民要術》所稱"餢飳"是也. 蜀人呼蒸餠爲䭔. 《本草綱目》云: "和脾胃及三焦藥[33], 甚

---

153 쌀즙 : 멥쌀가루에 끓는 물과 순주를 넣고 반죽한 뒤 항아리에 담아 온돌방에 두고 발효시켰을 때 어떤 형태가 될지는 검증이 필요하다.

154 《增補山林經濟》 卷9 〈治膳〉 下 "補遺" 造蒸餠法 (《農書》 4, 190~191쪽).

155 제민요술에서……이것이다 : 《齊民要術》 卷9 〈餠法〉 第82 (《齊民要術校釋》, 634~635쪽).

156 삼초(三焦) : 몸의 체간부(體幹部)를 상초(上焦)·중초(中焦)·하초(下焦)의 3부위로 나누는데, 이를 합하여 삼초라고 한다. 상초는 목구멍에서 위장의 분문(噴門), 식도에서 위장으로 음식물이 들어가는 입구)까지에 해당하는 부위로, 횡격막 위의 가슴 부위에 해당하는데 여기에는 폐(肺)·심장·심포락(心包絡) 등 3개의 장기가 속해 있다. 중초는 위장의 분문에서 위장의 유문(幽門, 위에서 십이지장까지의 연결 부분)까지로, 횡격막 아래에서 배꼽까지의 부위에 해당하는데 여기에는 비장·위장 2개의 장기가 속해 있다. 하초는 위의 유문에서 전음과 후음까지, 즉 배꼽 아래 하복부에 해당하는데, 여기에는 간·신장·방광·소장·대장 등 여러 장기가 속해 있다. 삼초는 몸에서 기와 혈액 순환을 촉진하며 음식물을 소화시켜 영양물질을 온몸에 운반하며, 수도(水道)가 잘 통하게 하는 기능을 한다.

33 藥 : 저본·오사카본·규장각본·《攷事十二集·餠餤造法·蒸餠》에는 없음. 《本草綱目·穀部·蒸餠》에 근거하여 보충.

과 섞으면 소화가 매우 잘된다."[157]라 했다【안 본초서 (本草書)에서 증병은 오로지 밀가루만 사용하므로[158] 우리나라의 상화병(霜花餅)과 서로 비슷하며 소가 없는 것만 약에 들어간다】.《고사십이집》[159]

易消化【案《本草》蒸餅專用 小麥麪, 與我國霜花餅相 似, 而無餡者入藥】.《攷事 十二集》

63) 밀가루발효떡(백숙병자) 만들기(백숙병자방)

白熟餅子方

두면(頭麪)[160] 3근 중에 1근은 효면(酵麪)[161]을 만들고, 1근은 탕면(盪麪)[162]을 만들고, 1근은 당밀(餳蜜) 탄 물과 섞는다. 이 3가지를 한곳에서 고르게 섞고 100~200주먹을 주무른 뒤, 다시 따뜻한 곳에 놓고 2시간 정도를 둔다. 밀가루가 본성에 따라 따뜻하게 부풀어오르면 다시 100~200주먹을 주무른다. 바로바로 이를 가져다가 한 덩이씩 만든 뒤 밀대로 밀어 펴서 붉은 화로에 넣고 구워 익힌다. 번철 위에 구워도 된다【떡을 밀 때 꿀을 조금 넣으면 부드럽지도 딱딱하지도 않게 된다】.《거가필용》[163]

頭麪三斤內, 一斤作酵麪, 一斤作盪麪, 一斤餳蜜水 和. 三件麪一處和均, 揉 一二百拳, 再放煖處, 停一 時許. 伺麪性行暄泛, 再揉 一二百拳. 逐旋取麪作劑, 用骨·魯槌捍開, 入紅爐煿 熟, 鏊上亦可【捍餅, 入 蜜少許, 不脆堅】.《居家必 用》

64) 옥수수떡(옥고량병) 만들기(옥고량병방)

玉高粱餅方

옥수수를 곱게 간 뒤 물에 가라앉혀 가루를 얻는다. 여기에 밀가루와 좋은 주배(酒醅, 거르지 않은 술)

玉蜀黍磨細, 水濾取粉, 少 入小麥麪、好酒醅作酵, 候

---

157 비위와……잘된다 :《本草綱目》卷25〈穀部〉"蒸餅", 1542쪽.

158 본초서(本草書)……사용하므로 : 예를 들어《본초강목(本草綱目)》권25〈곡부(穀部)〉"증병(蒸餅)", 1542 쪽에 밀가루만 사용한다고 했다.

159《攷事十二集》卷12〈餅餌造法〉"蒸餅"《保晚齋叢書》10, 459쪽).

160 두면(頭麪) : 제분 과정에서 가장 먼저 체에 걸러진 고운 밀가루. 설화병(雪花餅) 레시피에 두라설백면(頭 羅雪白麪)이, 수활면(水滑麪, 손국수) 레시피에 두면(頭麪)이, 경대면(經帶麪, 경대국수)과 탁장면(托掌 麪, 손바닥국수) 레시피에 두백면(頭白麪)이 나온다.

161 효면(酵麪) : 미상. 증편[蒸餅]의 경우처럼 밀가루반죽을 발효시킨 것으로 추정된다.

162 탕면(盪麪) : 미상. 제라각아[餫餺角兒]의 경우처럼 끓는 물에 가루를 넣어 반죽한 것으로 추정된다.

163《居家必用》庚集〈飮食類〉"從食品" '白熟餅子'《居家必用事類全集》, 280쪽).

를 조금 넣고 발효시킨다. 충분히 부풀어 오르면 주 물러 반죽하고 이를 밀어서 편다.

이로써 당과(糖菓, 설탕에 졸인 과일) 소를 싸서 떡을 만들되, 떡의 크기나 네모일지 둥글지는 뜻대로 하고 【호두살·말린 대추·잣·설탕가루를 함께 빻아서 소를 만든다】대그릇에 쪄서 먹는다. 기름에 살짝 튀기면 또한 오래 둘 수 있다. 연(燕)·계(薊) 지역164 시장에서 파는 떡은 태반이 옥수수가루를 쓴다고 한다. 《옹치잡지》165

【안 이상은 부투류(餢飳類)이다】

十分發起, 揉搜捍開.

包糖菓餡爲餅, 形大小方圓隨意【用核桃肉、乾棗、松子仁、沙糖屑, 同擣爲餡】, 籠蒸食之. 略用油煠, 則亦可久留. 燕、薊之間市賣餅, 太半用玉蜀黍粉云. 《饔餼雜志》

【案 已上餢飳類】

사진 50 옥수수떡 만들기

---

164 연(燕)·계(薊) 지역 : 중국 북경과 북경 서남쪽 지역을 말한다.
165 출전 확인 안 됨.

- II -

달이거나 고는 음식(전오지류)

煎熬之類

1 죽

2 조청과 엿(이당)

1. 죽(鬻)

鬻

1) 총론

總論

죽(鬻)이란 쌀을 물속에 넣고 끓여 흐물흐물해진 상태이다. 황제(黃帝)가 처음으로 곡식을 끓여서 죽을 만들었다【안주(顏籀)[1]의 《한서(漢書)》 주(註)에 보인다[2]】.

鬻, 米投水中, 粥粥然也. 黃帝始烹穀爲鬻【見顏師古《漢書》註】.

된 것을 '전(饘)'이라 하고, 묽은 것을 '죽(鬻)'이라 한다【공영달(孔穎達)[3]의 《예기(禮記)》〈단궁(檀弓)〉소(疏)에 보인다[4]】.

厚曰"饘", 希曰"鬻"【見孔穎達《禮·檀弓》疏】.

뻑뻑한 것을 '미(糜)'라 하고, 물이 많은 것을 '죽(鬻)'이라 한다【형병(邢昺)[5]의 《이아(爾雅)[6]》소에 보인다[7]】.

稠者曰"糜", 淖者曰"鬻"【見邢昺《爾雅》疏】.

---

1 안주(顏籀) : 581~645. 중국 당나라 학자. 자는 사고(師古). 《안씨가훈(顏氏家訓)》을 지은 안지추(顏之推, 531~591)의 손자로, 어렸을 때부터 가업을 충실히 이어 학문이 깊었다. 《대당의례(大唐儀禮)》, 《오경정의(五經正義)》 등의 작업에 참여하였으며, 만년에 문자학과 역사학을 바탕으로 구주(舊註)를 근거로 신주(新註)를 창안하여 《한서주(漢書註)》를 완성하였다. 저서로 《광류정속(匡謬正俗)》, 《급취장주(急就章註)》 등이 있다.
2 안주(顏籀)의……보인다 : 《漢書》 卷4〈文帝紀〉"三月"《二十四史》 38쪽).
3 공영달(孔穎達) : 574~648. 중국 당나라의 경학자. 자는 중달(仲達). 당 태종의 신임을 받아 국자박사(國子博士), 국자좨주(國子祭酒), 동궁시강(東宮侍講) 등을 역임했다. 황명을 받고 오경(五經) 해석의 통일을 시도하여 《오경정의(五經正義)》 170권을 편찬하였고, 《수서(隋書)》 편찬 작업에도 참여하였다.
4 공영달의……보인다 : 《禮記注疏》 卷6〈檀弓〉 上 "穆公之母卒"《十三經注疏整理本》 12, 210~211쪽).
5 형병(邢昺) : 932~1010. 중국 북송의 경학자. 자는 숙명(叔明). 국자박사, 국자좨주, 예부상서(禮部尙書)를 역임했다. 《논어정의(論語正義)》, 《이아정의(爾雅正義)》, 《효경정의(孝經正義)》를 지었는데, 모두 《십삼경주소(十三經注疏)》에 수록되었다. 《논어정의》에서 그가 논한 심성명리(心性命理)가 이학가들에게 수용되어 성리학 형성에 기여한 것으로 평가받는다.
6 이아(爾雅) : 중국에서 가장 오랜 자서(字書)로 유가(儒家)의 이른바 '13경(經)' 가운데 하나이다.
7 형병의……보인다 : 《爾雅注疏》 卷3〈釋言〉《十三經注疏整理本》 24, 99쪽).

죽 중에 맑은 부분을 '이(酏)'라 한다【가규(賈逵)[8]
는 "이(酏)는 죽의 맑은 부분이다. 맑은 부분은 죽에
서 쌀을 제거한 것이다."[9]라 했다】.

이(粊)【음이 이(俀)이다】와 호(餬)【음이 호이다】와
독(䭈)【음이 독(牘)이다】은 모두 죽의 별명이다.《옹
치잡지》[10]

饘之淸者曰酏【賈逵曰:
"酏爲粥淸. 淸者, 粥而去
米也"】.

粊【音佚】也, 餬【音胡】也,
䭈【音牘】也, 皆饘之別名
也.《饔饎雜志》

2) 갱미죽(粳米粥, 쌀죽) 쑤기(갱미죽방)

흰죽은 늦벼로 쑤어야 가장 좋다. 돌솥으로 쑤면
맛이 좋고, 무쇠솥이 다음이고, 노구솥이 가장 못
하다. 감천수를 쓰면 더 좋다. 샘이 나쁘면 죽의 색
이 누렇고 제대로 되지 않는다.

粳米粥方

白粥, 晚稻米爲上[1]. 用石
鼎煮則味佳, 水鐵鼎次之,
鍮鐺爲下. 用甘泉則尤佳.
泉劣則粥色黃而不成也.

사진 1 갱미죽

---

8 가규(賈逵):30~101. 중국 후한의 경학자·천문학자. 자는 경백(景伯). 가업을 이어 오경(五經)과 《좌씨전
   (左氏傳)》에 통달했다. 박사(博士)에 올라 낭(郎)과 위사령(衛士令)을 지냈으며, 시중(侍中)을 역임했다.
   금문(今文) 경학자 이육(李育)과의 논쟁을 통해 고문(古文) 경학의 지위를 높였다. 《춘추좌씨전해고(春秋
   左氏傳解詁)》, 《국어해고(國語解詁)》를 지었다.
9 가규는……것이다:《御定康熙字典》卷30〈酉集下〉"酉部" '酏'《文淵閣四庫全書》231, 301~302쪽).
10 출전 확인 안 됨.
① 上:저본에는 "水". 오사카본·규장각본에 근거하여 수정.

죽 쑤는 법:곱게 정미한 흰쌀을 여러 번 씻는다. 뜨거운 솥에 참기름을 떨어뜨리고 여기에 쌀을 살짝 볶아 쌀에 기름이 다 스며들기를 기다린다. 그런 다음에 물을 많이 붓고 섶나무불로 계속 끓이다가 반쯤 익어 즙이 탁해지려 하면 곧 놋국자로 그 즙을 깨끗한 그릇에 떠낸다.

또 놋국자 등으로 남아 있는 쌀을 아주 잘게 문질러서 알갱이 진 알이 남아 있지 않도록 한다. 여기에 다시 참기름을 넣고 고르게 저어가면서 조금도 눌어붙지 않도록 끓인다. 떠놓은 즙을 놋국자로 서서히 죽에 더하여 넣되, 그 즙이 졸아들면 바로 더 넣는다. 이런 식으로 계속 끓이다가 더할 즙이 없어야 그친다. 그러면 그 죽은 우유죽(牛乳粥)[11]처럼 충분히 진해진 상태이다. 맑은 새벽에 이 죽을 마시면 진액(津液)[12]이 생겨 노인에게 매우 좋다.《증보산림경제》[13]

죽을 쑬 때는 섶나무 혹은 콩대나 왕겨(벼의 겉껍질)를 사용해야 한다. 잔불을 많이 살렸다가 솥 밑에 모아서 오랜 시간 졸이면 쌀즙이 모두 물로 빠져

煮法:精鑿白米多洗下. 熱鼎滴香油略炒, 待油盡入. 然後多灌水, 用柴木火連連煎去, 至半熟汁欲渾, 便以鍮杓酌出其②汁於淨器.

又以鍮杓之背, 微微磨硏, 而勿令米粒成泥. 復入香油攪均, 無少住火, 滾煮之. 用鍮杓, 取酌出之汁, 次次添下於粥中, 其汁旋縮旋添, 煮到無汁可添乃止, 則其粥十分濃稠如牛乳粥. 淸晨啜之, 生津液, 甚宜老人.《增補山林經濟》

煮粥, 須用木柴或豆稭、粗糠. 因多存脚火, 聚於鍋底, 熬煮③多時, 米汁盡

---

11 우유죽(牛乳粥):죽을 끓이다가 반쯤 익으면 죽물을 덜어내고 그만큼의 우유를 부어 다 익으면 사발에 떠서 수유가루 0.5냥을 뿌려 먹는 죽으로, 아래의 죽 39)에 나온다.

12 진액(津液):몸 안의 체액을 통틀어서 일컬음. 진액에는 몸 안의 일정한 계통을 따라 순환하거나 필요에 따라 분비되는 분비물, 즉 피·임파액·조직액·정액·땀·콧물·눈물·침·가래 등 체액들은 다 진액에 속한다. 옛 의학서에는 진액을 진(津)과 액(液)으로 갈라서 설명했는데, 진은 양(陽)에 속하고 비교적 맑고 멀거며, 위기(衛氣)와 함께 피부·근육에 분포되어 피부와 근육을 온양(溫養)하고 촉촉하게 하는 역할을 한다. 액은 음(陰)에 속하고 비교적 탁하며 걸쭉하다. 영혈(營血)과 함께 관절·뇌수·눈·귀·코·입 등 칠규(七竅)에 분포되어 촉촉하게 하고 자양하는 역할을 한다고 했다.

13 《增補山林經濟》 卷8〈治膳〉上"飯粥諸品""藥飯"(《農書》4, 19~20쪽).

② 其:저본에는 "耳". 오사카본·규장각본·《增補山林經濟·治膳·飯粥諸品》에 근거하여 수정.

③ 煮:오사카본·규장각본에는 없음.

나와서 죽은 자연히 뻑뻑해지고 맛이 있다. 사람의 장부에 가장 유익하다. 《인사통》[14]

죽은 햅쌀이 적당하다. 묵은쌀은 찰지지 않고 매끄럽지도 않다. 또 쌀을 대충 찧고 체로 쳐서 가루를 버리고 쑨 죽을 '파죽(破粥)'이라 하는데, 환자에게 가장 유익하다. 《화한삼재도회》[15]

장뢰(張耒)[16]의 《장문잠죽기(張文潛粥記)》[17]에 "매일 아침 일찍 일어나서 큰 사발로 1그릇 죽을 먹으면, 공복에 위가 허한 상태에서 곡기가 바로 작용하여 보하는 바가 적지 않다. 또 죽은 매우 부드럽고 기름져서 장이나 위와 서로 맞으니, 가장 좋은 음식이다."라 했다.

묘제화상(妙齊和尙)[18]은 "산중의 승려가 매일 아침 죽을 한번 먹는 일은 건강과 깊은 관계가 있다. 만약 먹지 않으면 종일 장부가 마른 느낌을 받는다. 대개 죽은 위의 기운을 통하게 하고 진액이 생기게 한다."라 했다.[19]

出, 粥自稠而有味. 最益人
之臟腑.《人事通》

粥宜新米, 陳者不粘滑也.
又麤碎篩去粉者曰"破粥",
最益於病人.《和漢三才圖
會》

張耒[4]《粥記》云:"每晨
起, 食粥一大椀, 空腹胃
虛, 穀氣便作, 所補不細.
又極柔膩, 與腸胃相得, 最
爲飮食之良."

妙[5]齊和尙說:"山中僧,
每將朝一粥, 甚繫利害. 如
不食則終日覺臟腑燥涸.
蓋粥能暢胃氣, 生津液也."

14 《傳家寶》卷9〈人事通〉"木柴煮粥", 357쪽.

15 《和漢三才圖會》卷105〈造醸類〉"粥"(《倭漢三才圖會》12, 310쪽).

16 장뢰(張耒) : 1054~1114. 중국 북송의 문인. 자는 문잠(文潛), 호는 가산(柯山). 북송의 문인으로 소식(蘇軾, 1037~1101)에게서 시문을 배워서 황정견(黃庭堅, 1045~1105), 진관(秦觀, 1049~1100), 조보지(晁補之, 1053~1110)와 함께 소문사학사(蘇門四學士)라 불렸다.

17 장문잠죽기(張文潛粥記) : 중국 송나라 문인 장뢰(張耒)가 지은 죽 예찬기.

18 묘제화상(妙齊和尙) : ?~?. 승려로 추정된다.

19 장뢰의……했다.《柯山集》卷42〈記〉"粥記贈邠老".

[4] 耒 : 저본에는 "來".《本草綱目·穀部·粥》에 근거하여 수정.

[5] 良妙 : 저본에는 "妙訣".《本草綱目·穀部·粥》에 근거하여 수정.

또 《소식첩(蘇軾帖)》에 "밤에 허기가 심했다. 오복고(吳復古)[20]가 흰죽 먹기를 권하면서 '죽은 묵은 것을 밀어내고, 새로운 것을 이르게 할 수 있으며, 흉격에 이롭고, 위에 유익합니다.'라 했다. 죽은 먹을 때는 상쾌하고 맛이 있어서, 죽을 먹고 난 후에는 정신을 확 깨워주니, 오묘함을 말로 할 수 없다."[21]라 했다. 《본초강목》[22]

又《蘇軾帖》云 : "夜饑甚. <u>吳子野</u>勸食白粥, 云'能推陳致新, 利膈益胃', 粥既快美, 粥[6]後一覺, 妙不可言也."《本草綱目》

3) 양원죽(養元粥, 원기보양죽) 쑤기(양원죽방)

찹쌀 1승, 멥쌀 1승은 누렇게 되도록 볶고, 찹쌀 1승, 멥쌀 1승은 생으로 쓴다. 모두 4승이다. 위 재료를 한곳에서 골고루 섞은 뒤, 맷돌에 잘게 갈아 가루를 낸다. 이 가루를 포대에 저장해 두었다가, 쓸 때마다 조금씩 죽을 쑤고 꿀을 끼얹어 상에 올리면 원기[眞元]를 보양하는 효능이 있다. 《옹치잡지》[23]

養元粥方

糯米一升, 粳米一升, 炒黃; 糯米一升, 粳米一升, 生用, 共四升. 一處和均, 石磨磨細爲屑. 布帒收貯, 遇用時取少許, 煮爲粥, 澆蜜供之, 有補養眞元之功.《饔饎雜志》

4) 청량죽(靑粱粥, 차조죽) 쑤기(청량죽방)

《명의별록》에 "청량미(靑粱米)로 죽을 쑤어 먹으면 기를 더하고, 속을 보하며, 몸을 가볍게 하여 수명을 늘여준다."[24]고 했으나, 죽 쑤는 방법은 말하지 않았다. 요즘의 방법은 청량미를 백 번 씻어 노구솥

靑粱粥方

《名醫別錄》云"靑粱米煮粥食之, 益氣補中, 輕身長年", 而不言煮粥之法. 今法靑粱米百洗, 砂鍋內水淹

---

20 오복고(吳復古) : 1004~1101. 중국 송나라의 문인. 자는 자야(子野), 호는 원유(遠游). 한림원시강(翰林院侍講) 오종통(吳宗統)의 아들. 소식(蘇軾)과 교유했다.

21 《梁谿漫志》卷9〈張文潛粥記〉(《文淵閣四庫全書》864, 756쪽).

22 《本草綱目》卷25〈穀部〉"粥", 1537쪽.

23 출전 확인 안 됨.

24 청량미(靑粱米)로……늘여준다 : 《名醫別錄》〈中品〉卷2 "靑粱米", 206쪽. 다만 《명의별록》에는 "煮粥食之" 4자가 없다.(《본초강목》에서 《명의별록》을 인용한 부분에는 이 4자가 있다.)

[6] 粥 : 저본에는 "睡". 《本草綱目·穀部·粥》·《梁谿漫志·張文潛粥記》에 근거하여 수정.

안에 물과 함께 안치고 끓이면서 졸인다. 그러다 좁쌀이 아주 문드러지면 체로 걸러 즙을 깨끗한 그릇에 담는다. 식으면 죽이 고(膏)처럼 굳어서 뻑뻑해진다. 여기에 흰꿀·생강즙을 섞어 상에 올린다. 황량(黃粱)[25] 죽과 백량(白粱)[26]죽도 모두 이와 같다. 《옹치잡지》

煮熬, 待極糜爛, 篩取汁淨器, 放冷, 則凝稠如膏. 調白蜜, 生薑汁, 供之. 黃·白粱粥, 皆倣此. 《饔饎雜志》

5) 삼미죽(三米粥) 쑤기(삼미죽방)

좁쌀·멥쌀·율무 각 0.2승, 연육(蓮肉)·구기자·속황(粟黃)[27]·싱싱한 부추 각 1냥, 마 2냥, 돼지콩팥 2개, 파 1단, 소금 0.1냥, 화초(花椒, 산초)가루 0.02냥으로 함께 죽을 쑤어 먹으면 몸을 크게 보하고 북돋는다. 《군방보》[28]

三米粥方

粟米·粳米·薏苡米各二合、蓮肉·枸杞·粟黃·鮮韭各一兩、山藥二兩、猪腎二枚、蔥一撮、鹽一錢、花椒末二分, 共作粥, 大補益. 《群芳譜》

6) 녹두죽(綠豆粥) 쑤기(녹두죽방)

녹두를 질그릇에 흐물흐물하게 삶았다가 쌀죽이 조금 끓으면 녹두를 넣어서 같이 끓인다. 《산가청공》[29]

綠豆粥方

綠豆用瓦缾爛煮, 候粥少沸, 投之同煮. 《山家淸供》

다른 방법 : 먼저 생강을 넣고 달이다가 생강을 버린 다음 흰꿀을 섞는다. 또 녹두를 삶아 흐물흐물하게 익힌다. 다음으로 멥쌀을 찧어서 거칠게 가루 낸다. 이어서 찹쌀가루를 생강즙에 반죽하고 주물러서

一法 : 先用生薑煎湯, 去薑和白蜜, 煮綠豆爛熟. 次將粳米擣作麤末. 次將糯米粉薑汁溲之, 捏作小毬子.

---

25 황량(黃粱) : 찰기가 없는 메조. 번뇌와 갈증을 멈추게 하고, 기를 더하며, 토사곽란을 치료한다. 성질은 평하고 맛은 달다.
26 백량(白粱) : 흰 조. 청량·백량과 같이 좁쌀의 한 종류. 이삭이 크고 털이 많고 길다. 껍질이 거칠고 납작하고 길어서 둥근 조[粟]와 같지는 않다. 쌀알 또한 희고 크며, 향기가 좋다.
27 속황(粟黃) : 노란 조. 맛은 달고 성질은 평하며 비위에 작용한다.
28 출전 확인 안 됨.
29 《山家淸供》卷上〈豆粥〉(《叢書集成初編》1473, 4~5쪽) ;《說郛》卷74 上《山家淸供》"豆粥"(《文淵閣四庫全書》880, 161쪽).

사진2 녹두죽

새알심을 만든다. 이 새알심을 멥쌀가루와 함께 녹두즙에 넣고 고르게 섞은 다음 다시 죽을 쑨다. 완두죽이나 동부죽도 모두 이와 같다.《옹치잡지》[30]

同粳米屑入綠豆汁中攪均, 更煮爲粥. 豌豆、豇豆粥, 皆倣此.《饔饎雜志》

　　다른 방법 : 녹두를 물에 불려 곱게 간 다음 물에 가라앉혀 찌꺼기를 걸러낸 뒤, 가루를 취한다. 이어 가루를 햇볕에 말린 다음 저장해둔다. 쓸 때는 오미자를 물에 하룻밤 담갔다가 물색이 선홍빛을 띠면 오미자는 건져버린다. 그 물에 녹두가루를 타서 죽을 쑨 다음 흰꿀을 섞고 상에 올린다.《옹치잡지》[31]

一法 : 綠豆水泡磨細, 澄淸濾滓, 取粉, 曬乾收貯. 用時五味子水浸一宿, 待水色鮮紅, 去五味子. 以其水調綠豆粉, 煮爲粥, 和白蜜供之. 同上

7) 삼두음(三豆飮) 쑤기(삼두음방)

　　녹두(綠豆)·팥[赤小豆]·검정콩[黑大豆] 각 1승, 감초절(甘草節)[32] 2냥【안】어떤 방법에서는 감초가 없고 댓

三豆飮方

綠豆·赤小豆·黑大豆各一升, 甘草節二兩【案】一方無

---

30 출전 확인 안 됨.

31 출전 확인 안 됨.

32 감초절(甘草節) : 감초의 뿌리 혹은 뿌리줄기 속을 가득 채우고 있는 흑갈색의 수지(樹脂)처럼 생긴 물질의 일부분. 옹저(癰疽)와 창독(瘡毒), 목구멍이 붓고 아픈 증세를 치료하는 약재이다.

잎 1자밤을 넣는다】을 물 8승으로 끓여 푹 익혀 먹
으면 천연두를 치료한다【안 천연두를 치료할 뿐만
아니라 여름에도 쑤어서 상식할 수 있다】.

　다른 방법 : 삼두음에 황대두·백대두(白大豆)[33]를
더하여 죽을 쑤면 '오두음(五豆飮)'이라 한다.《본초강
목》[34]

甘草, 入竹葉一撮】, 以水
八升, 煮極熟食之, 治天行
痘瘡【案 不寧治痘, 暑月
可作常食】.
一方 : 加黃大豆, 白大豆,
名"五豆飮".《本草綱目》

8) 의이죽(薏苡粥, 율무죽) 쑤기 (의이죽방)

　율무를 물에 담갔다가 곱게 간 다음 물에 가라앉
히고 찌꺼기를 걸러낸 뒤 가루를 취한다. 이어 가루
를 햇볕에 말린 다음 저장한다. 매번 조금씩 꿀물로
죽을 쑨다. 이것이 내의원(內醫院)[35]의 약방에서 하는
방식이다. 혹 찧어서 가루 낸 것은 맛이 훨씬 뒤진
다.《옹치잡지》[36]

薏苡粥方

薏苡仁水浸磨細, 澄濾取
粉, 曬乾收貯. 每用少許,
以白蜜水煮之, 此內局方
也. 或擣作粉者, 味頗遜.
《饔饌雜志》

　율무를 가루 낸 다음 멥쌀과 함께 죽을 쑤어 매
일 먹는다. 그러면 오래된 풍과 습비(濕痺)[37]를 치료하
고, 바른 기운을 보하며, 장위를 잘 통하게 하고, 수
종(水腫)을 가시게 하며, 가슴 속의 사기(邪氣)를 제거
하고, 근맥의 구련(拘攣)[38]을 치료한다.《본초강목》[39]

薏苡仁爲末, 同粳米煮粥,
日日食之, 治久風濕痺, 補
正氣, 利腸胃, 消水腫, 除
胸中邪氣, 治筋脈拘攣.
《本草綱目》

---

33 백대두(白大豆) : 오해돼지콩. 껍데기와 알이 흰 콩.
34 《本草綱目》卷24〈穀部〉"綠豆", 1514쪽.
35 내의원(內醫院) : 조선 시대에 국왕 이하 왕족과 궁중에 쓰이는 약을 조제하던 관청.
36 출전 확인 안 됨.
37 습비(濕痺) : 뼈마디가 저리고 쑤시는 증세.
38 구련(拘攣) : 근육이 경련을 일으켜 펴지지 않는 증세.
39 《本草綱目》卷23〈穀部〉"薏苡", 1491쪽.

9) 어미죽(御米粥, 양귀비죽) 쑤기(어미죽방)

앵속미(罌粟米, 양귀비씨)를 죽력(竹瀝)[40]과 섞어 죽을 쑤면 단석(丹石)[41] 때문에 독이 발동하는 증상과 음식이 내려가지 않는 증상을 치료한다. 《개보본초》[42]

御米粥方

罌粟米和竹瀝, 煮作粥, 治丹石發動[7], 不下飲食. 《開寶本草》

10) 청모죽(靑穬粥, 푸른쌀보리죽) 쑤기(청모죽방)

쌀보리가 누렇게 익기 전 푸를 때에 수확한다. 낱알을 가려내서 절구에 넣고 물에 담근 다음 흐물흐물하게 찧은 뒤, 멥쌀가루와 섞어서 푹 끓인다. 소금 간을 해서 먹으면 색과 맛이 모두 좋다. 《증보산림경제》[43]

靑穬粥方

米穬未黃熟時, 帶靑收刈, 取粒臼中, 漬水擣爛, 和粳米粉煮熟, 調鹽食之, 色味俱佳.《增補山林經濟》

11) 거승죽(巨勝粥, 흑임자죽) 쑤기(거승죽방)

거승(巨勝)을 구증구포(九蒸九暴)한 다음 저장한다. 복용할 때마다 0.2승씩 끓는 물에 담갔다가 베로 싼 다음 주물러서 껍질을 벗기고 다시 간다. 물에 담그고 걸러서 즙을 낸 뒤 이를 달여 마신다. 또는 여기에 멥쌀을 섞고 삶아서 죽을 쑤어 먹기도 한다. 오장이 허손(虛損)[44]한 증상을 치료하고, 기력을 보태고, 근골을 튼튼하게 한다. 《본초강목》[45]

巨勝粥方

巨勝九蒸九暴, 收貯. 每服二合, 湯浸布裹, 挼去皮再研, 水濾汁煎飲, 和粳米煮粥食之. 治五臟虛損, 益氣力, 堅筋骨.《本草綱目》

---

40 죽력(竹瀝) : 벼과 솜대의 마디줄기를 태울 때 유출되는 즙액. 중풍·열담·번갈 등의 병을 치료한다.

41 단석(丹石) : 단약(丹藥). 단사로 만든 장생불사의 약.

42 《本草綱目》卷23〈穀部〉 "罌子粟", 1493~1494쪽.

43 출전 확인 안 됨.

44 허손(虛損) : 신체 내의 원기가 부족하거나 피로가 지나쳤을 때 따르는 증상으로, 장부와 기혈이 허약해진 증후를 통틀어 이름.

45 《本草綱目》卷22〈穀部〉 "胡麻", 1438쪽.

⑦ 動 : 저본에는 "動動". 오사카본·규장각본·《本草綱目·穀部·罌子粟》에 근거하여 수정.

12) 산우죽(山芋粥, 마죽) 쑤기(산우죽방)

【산우(山芋)는 곧 마[山藥]로, 산에서 난 것이 좋다】마의 껍질을 벗긴 다음 돌 위나 새 질그릇 위에서 진흙처럼 곱게 갈아 0.2승을 만들고, 여기에 꿀 2술을 넣는다【안 어떤 판본에는 '우유 2종지'가 있다】. 이를 뭉근한 불에 함께 볶다가 아주 뜨거워지고 나서야【아주 뜨겁지 않으면 먹을 때 목구멍이 맵다】흰죽 한 그릇에 넣고 잘 저어 먹는다.《구선신은서》46

다른 방법 : 마를 대나무칼로 깎아 껍질을 벗기고 물에 담근 다음 백반가루 약간을 물속에 뿌려 넣는다. 하룻밤을 묵혔다가 씻어서 점액을 없앤다. 음지에서 말리거나 불에 쬐어 말린 다음 빻고 체로 걸러 가루 낸 뒤, 꿀물에 죽을 쑨다.《옹치잡지》47

山芋粥方

【山芋, 卽山藥, 山生者佳】去皮, 於石上, 或新瓦上, 細磨如泥二合, 蜜二匕【案 一本⑧有'牛乳二鍾'】. 於慢火上同炒, 令極熱【不極熱則辣喉】, 乃投白粥一椀中, 攪均食.《臞仙神隱書》

一⑨法 : 山藥竹刀刮去皮, 以水浸之, 糝白礬末少⑩許入水中, 經宿洗淨去涎. 陰乾或焙乾, 擣羅爲粉, 白蜜水煮之.《饔饎雜志》

사진3 산우죽

---

46 《山林經濟》卷2〈治膳〉"粥飯" '山芋粥';《東醫寶鑑》〈雜病篇〉卷9 "雜方" '諸法'(《原本 東醫寶鑑》, 602쪽).
47 출전 확인 안 됨.
⑧ 本 : 저본에는 "法". 오사카본·규장각본에 근거하여 수정.
⑨ 一 : 저본에는 없음. 오사카본·규장각본에 근거하여 보충.
⑩ 少 : 저본에는 "小". 오사카본·규장각본에 근거하여 수정.

13) 복령죽(茯苓粥, 풍냉이죽) 쑤기(복령죽방)

복령(茯苓)을 따다가 검은 껍질을 제거하고 탄환 크기로 쪼갠다. 이를 물에 담가 붉은 즙을 우려서 제거한다. 이어 푹 쪄서 햇볕에 말리고 가루 낸 뒤 물에 타 죽을 쑤어 먹으면 심장과 신장을 보할 수 있다.《구선신은서》[48]

14) 백합죽(百合粥) 쑤기(백합죽방)

생백합[49]【꽃이 흰 백합이 좋다】1승을 썰어 꿀 1 냥과 같이 푹 끓인다【안《증보도주공서(增補陶朱公書)》에는 "생백합 1승을 잘게 잘라 꿀 1냥과 같이 땅속에 묻어 숙성시킨 뒤 죽을 쑨다. 묻어 놓은 백합이 숙성되어 끓어오르면 백합 0.3승을 더 넣은 뒤, 끓여 먹는다."[50]라 했다. 이것을 보면 설명이 더 자세하다】.《구선신은서》[51]

15) 조미죽(棗米粥, 대추죽) 쑤기(조미죽방)

대추를 흐물흐물하게 푹 삶는다. 조를 살짝 찧어 겨만 제거한 다음 대추와 한곳에 잘 섞는다. 이를 햇볕에 쬐어 7/10~8/10 정도 마르면 맷돌로 갈아 다시 햇볕에 바짝 말린 다음 저장해두고 쓰임에 대비한다. 쓸 때가 되면 맷돌로 곱게 갈아서 죽을

茯苓粥方

茯苓採去黑皮⑪, 剉如彈子大, 水浸去赤汁, 蒸熟曬乾作末, 水飛熬粥, 能補心腎.《臞仙神隱書》

百合粥方

生百合【花白者佳】一升切, 蜜一兩同煮熟【案《增補陶朱公書》云："生百合一升切碎, 同蜜一兩窨熟煮粥. 將起, 入百合三合, 煮食."視此加詳】.《臞仙神隱書》

棗米粥方

棗煮熟爛. 將穀微碾略去糠, 和棗均作一處. 曬七八分乾, 石碾碾過, 再曬極乾, 收貯聽用. 臨時, 石磨磨細, 作粥作點心. 任用純

---

48 《山林經濟》卷1〈攝生〉"服食"'茯苓'(《農書》2, 79~80쪽).

49 생백합:《山林經濟·攝生·服食》에서는 개나리뿌리라 했다.

50 생백합……먹는다:《遵生八牋》卷11〈飲饌服食牋〉上"粥糜類"'百合粥'(《遵生八牋校注》, 414쪽).

51 출전 확인 안 됨;《山林經濟》卷2〈治膳〉"粥飯"'百合粥'(《農書》2, 287쪽).

⑪ 黑皮 : 저본에는 "皮黑". 오사카본·규장각본·《山林經濟·攝生·服食》에 근거하여 수정.

쑤어 간식[點心]을 만들 수 있다. 순곡(純穀, 쌀)·기장 [黍稷]·수수[蜀秫]·밀가루로도 모두 죽을 쑬 수 있다. 《군방보》52

지금의 조죽(棗粥, 대추죽) 쑤는 법 : 말린 대추 1 승, 찹쌀 0.3승을 노구솥에 같이 넣은 뒤 끓이고 졸 여서 문드러지면 체로 대추씨와 쌀 찌꺼기를 제거하 고 상에 올린다. 《옹치잡지》53

16) 율자죽(栗子粥, 밤죽) 쑤기(율자죽방)

밤껍질을 벗기고 쌀알처럼 자른다. 멥쌀 1승마다 밤 0.2승을 함께 끓인다. 《구선신은서》54

다른 방법 : 말린 황율(黃栗)을 곱게 가루 낸 뒤 죽 을 쑤고 꿀을 타 먹는다. 혹은 생밤의 껍질을 벗기고 얇게 깎아 햇볕에 말리거나 불에 쬐어 말린 다음 곱 게 가루 내어 죽을 쑤기도 한다. 《증보산림경제》55

또 다른 방법 : 생밤을 푹 삶아 껍질을 벗긴 뒤 대 나무체로 쳐서 찹쌀즙이나 멥쌀즙과 함께 죽을 쑨 다. 《옹치잡지》56

穀⑫、黍稷、蜀秫、麥麵, 俱 可作. 《群芳譜》

今棗粥法 : 乾棗一升、糯米 三合, 同入鍋內, 煎熬待糜 爛, 篩去棗核、米滓, 供之. 《饔饎雜志》

栗子粥方

栗去殼, 切如米粒. 每粳 米一升, 栗肉二合同煮. 《臞仙神隱書》

一法 : 乾黃栗細末, 作粥 和蜜食. 或生栗去皮薄削, 日曬乾, 或火焙乾, 細末 作粥.《增補山林經濟》

又法 : 生栗烹熟, 去殼皮 竹篩篩下, 同糯米汁或粳 米汁, 煮粥. 《饔饎雜志》

---

52 《御定佩文齋廣群芳譜》卷58〈果譜〉"棗" '別錄', 1385쪽.

53 출전 확인 안 됨.

54 출전 확인 안 됨 ; 《山林經濟》卷2〈治膳〉"粥飯" '百合粥'(《農書》2, 287쪽).

55 《增補山林經濟》卷8〈治膳〉上 "飯粥諸品" '乾栗粥'(《農書》4, 25쪽).

56 출전 확인 안 됨.

⑫ 穀 : 저본에는 "殼". 오사카본·규장각본·《御定佩文齋廣群芳譜·果譜·棗》에 근거하여 수정.

17) 진군죽(眞君粥, 살구죽) 쑤기(진군죽방)

살구의 씨를 빼낸 다음 죽이 익으면 함께 끓인다. 동봉(董奉)[57]은 살구를 많이 심었다가 풍년이 들면 살구를 곡식과 바꾸었다. 그러다 흉년이 들면 사들였던 곡식을 싼 값에 팔아서 그 덕택으로 살아난 사람들이 매우 많았다. 후에 그는 대낮에 신선이 되어 승천했다. 이 때문에 살구죽을 동봉의 호를 붙여 '진군죽(眞君粥)'이라고 이름을 붙일 수 있었다. 《산가청공》[58]

행인죽 쑤는 법 : 행인(살구속씨)을 여러 번 물을 바꾸어가며 담갔다가 2~3일이 지나면 걸러낸다. 여기에 뜨거운 물을 부어 속껍질, 씨의 뾰족한 부분, 씨가 둘인 것은 제거한다. 나머지를 누렇게 볶고 곱게 갈아서 멥쌀가루와 함께 죽을 쑤어 먹는다. 《옹치잡지》[59]

18) 연자죽(蓮子粥, 연밥죽) 쑤기(연자죽방)

연실(연밥) 0.5냥의 껍질과 심을 제거하고 갈아서 가루 낸 뒤 물에 푹 끓인다. 멥쌀 0.3승으로 죽을 쑨 다음 연실가루를 넣고 고르게 저어 먹는다. 속을 보하고, 뜻을 강하게 하며, 귀와 눈의 총명함을 더한다. 《태평성혜방》[60]

眞君粥方

杏實去核, 候粥熟, 同煮. 董眞君多種杏, 歲稔則以杏易穀, 歲歉則以穀賤糶, 得活者甚衆. 後白日升仙. 此可名"眞君粥". 《山家淸供》

杏仁粥法 : 杏仁屢易水浸, 兩三日漉出, 湯泡去皮尖及雙仁者. 炒黃磨細, 同粳米粉煮粥食. 《饔饎雜志》

蓮子粥方

蓮實半兩去皮心, 硏末, 水煮熟. 以粳米三合作粥, 入末攪均食. 補中强志, 益耳目聰明. 《太平聖惠方》

---

57 동봉(董奉) : 220~280. 중국 삼국 시대 오나라의 의학가. 호는 진군(眞君). 당나라 원종(元宗) 때에 홍려경(鴻臚卿)에 제수되어 월국공에 봉해졌다. 사후에 도교의 신으로 받들어졌다.

58 《山家淸供》卷下〈眞君粥〉《叢書集成初編》1473, 18쪽);《說郛》卷74 上《山家淸供》"眞君粥"《文淵閣四庫全書》880, 174쪽.)

59 출전 확인 안 됨.

60 《本草綱目》卷33〈果部〉"蓮藕", 1895쪽.

19) 우분죽(藕粉粥, 연근가루죽) 쑤기(우분죽방)

거친 연뿌리를 취하여 깨끗하게 씻고 자른 다음 방아 속에서 흐물흐물하게 찧는다. 이를 베로 짜서 즙을 내고 고운베로 다시 거른 다음 물에 가라앉히고 위의 맑은 물을 제거한다. 만약 즙이 너무 뻑뻑하여 가루를 가라앉히기가 어려울 경우 물을 더한 다음 다시 저어주면 가라앉아 가루가 된다. 이를 먹으면【안 여기서는 단지 먹는다고만 했지 쑤는 법에 대해서는 언급하지 않았지만, 마땅히 꿀물에 죽을 쑤어야 한다】몸이 가벼워져서 수명이 늘어난다. 《거가필용》[61]

藕粉粥方

藕取麤者, 淨洗截斷, 碓中擣爛. 布絞取汁, 以細布再濾, 澄去上淸水. 如汁稠難澄, 添水更攪, 卽澄爲粉. 服之, 【案 此但云服之, 不及煮法, 當用蜜水煮爲粥.】輕身[13]延年.《居家必用》

20) 검인죽(芡仁粥, 가시연밥죽) 쑤기(검인죽방)

가시연밥 0.3승을 푹 끓여서 껍질을 벗긴다. 이것을 멥쌀 0.1승과 함께 죽을 쑨 뒤 매일 공복에 먹으면 정기(精氣)를 더하고, 뜻을 강하게 하며, 귀와 눈에 이롭다.《경험방》[62]

芡仁粥方

鷄頭三合, 煮熟去殼. 粳米一合煮粥, 日日空心食, 益精氣, 强志意, 利耳目. 《經驗方》

갓 익은 검인(芡仁)을 가져다가 푹 쪄서 강한 햇볕에 말리면 껍질이 곧 벌어진다. 알맹이를 빻아서 가루 내는 법은 앞의 우분죽 쑤는 방법에서와 같다. 《거가필용》[63]

芡仁取新熟者, 蒸熟烈日曬, 皮卽開, 舂作粉, 如藕粉法.《居家必用》

---

61 《居家必用》庚集〈飮食類〉"造諸粉品"'藕粉'(《居家必用事類全集》, 285쪽).

62 《本草綱目》卷33〈果部〉"芡實", 1904쪽.

63 《居家必用》庚集〈飮食類〉"造諸粉品"'蓮子粉·芡粉'(《居家必用事類全集》, 285쪽).

[13] 身 : 저본에는 "者". 오사카본·규장각본·《居家必用·飮食類·造諸粉品》에 근거하여 수정.

검인 껍질째 10승(1두)을 방풍(防風) 4냥 끓인 물에 담궈놓았다가 쓰면 매우 부드럽고 맛있으며, 오래 지나도 썩지 않는다. 진언화(陳彦和)[64]《가일기(暇日記)》[65]

芡仁[14]連殼一斗, 防風四兩煎湯浸用, 甚軟美, 經久不壞. 陳氏《暇日記》

21) 능실죽(菱實粥, 마름죽) 쑤기(능실죽방)

菱實粥方

마름[菱角]을 햇볕에 말린 다음 부순 쌀과 함께 죽을 쑤면 양식을 대신할 수 있다.《본초강목》[66]

菱角暴乾, 剉米爲粥, 可代糧.《本草綱目》

마름을 흐물흐물하도록 찧고 물에 걸러 가루를 낸 다음 먹으면 속을 보하고 수명을 늘여준다.《구선신은서》[67]

擣爛澄粉食, 補中延年.《臞仙神隱書》

마름의 껍질을 벗기고 가루 내는 법은 우분죽 쑤는 방법에서와 같다.《거가필용》[68]

菱角去皮作粉, 如藕粉法.《居家必用》

22) 육선죽(六仙粥, 여섯재료죽) 쑤기(육선죽방)

六仙粥方

마·복령·연밥·검인·마름·건율(말린 밤) 같은 양을 빻아서 가루 낸 다음 고운체로 치고 고르게 섞어서 저장해둔다. 쓸 때마다 조금씩 볶아 죽을 쑨 뒤, 흰꿀을 타서 먹으면 크게 보해주고 북돋아준다.《옹치잡지》[69]

山藥、茯苓、蓮子、芡仁、菱角、乾栗等分, 擣粉, 細羅過, 和均收貯. 每用少許熬粥, 調白蜜食, 大補益.《饔饎雜志》

---

64 진언화(陳彦和) : ?~?. 중국 북송시기에 활약했으나 자세한 사항은 미상.《가일기(暇日記)》는 유기(劉跂, ?~?)의 저작인데 진언화의 저작으로 잘못 알려진 것이다.
65 《本草綱目》卷33〈果部〉 "芡實", 1903쪽.
66 《本草綱目》卷33〈果部〉 "菱實", 1902쪽.
67 《山林經濟》卷2〈治膳〉 "粉麪餠飴" '菱角粉'(《農書》2, 283쪽).
68 《居家必用》庚集〈飮食類〉 "造諸粉品" '菱粉'(《居家必用事類全集》, 285쪽).
69 출전 확인 안 됨.
[14] 仁 : 저본에는 "實". 오사카본·규장각본에 근거하여 수정.

23) 해송자죽(海松子粥, 잣죽) 쑤기(해송자죽방)

곱게 정미한 멥쌀을 물에 담갔다가 맷돌에 간 다음 고운체로 걸러 즙을 취한다. 즙이 맑게 가라앉으면 윗물을 버린다. 죽을 쑬 때는 묽거나 된 정도가 적당하게 한다. 따로 잣을 누렇게 볶아서 사기그릇 안에 넣고 흐물흐물하게 간 다음 죽에 넣어 고르게 섞는다. 약간의 소금으로 간을 해서 먹는다.《증보산림경제》[70]

海松子粥方

精鑿粳米, 水浸石磨磨, 細篩取汁, 待澄去水. 作粥, 稀稠得所. 另將海松子炒黃, 入砂器內, 研爛後, 投粥中攪均, 少調鹽食.《增補山林經濟》

24) 매죽(梅粥, 매화죽) 쑤기(매죽방)

떨어진 매화를 깨끗하게 씻고 눈 녹은 물로 끓인다. 흰죽이 익으면 여기에 매화꽃잎을 넣고 함께 끓인다. 양만리(楊萬里)[71]의 시에서 다음과 같이 노래했다.
"납일(臘日) 후 봄의 풍요로움 겨우 보았는데,
수심 잠겨 바라보니, 바람결이 눈보라 만들었네.
떨어진 꽃술 거두어 죽 쑤어 먹고,
떨어진 꽃잎 좋아서 향 사르기 알맞네."
《산가청공》[72]

梅粥方

梅落英淨洗, 用雪水煮, 候白粥熟, 同煮. 楊誠齋詩云:
"纔看臘後得春饒,
愁見風前作雪飄.
脫蕊收將熬粥吃,
落英仍好當香燒."
《山家清供》

25) 도미죽(茶䕷粥, 궁궁이죽) 쑤기(도미죽방)

일찍이 영취산(靈鷲山)을 지나 빈주(蘋州)[73] 스님을 찾았는데, 낮에 보관해둔 죽이 매우 향기롭고 맛이

茶䕷粥方

曾過靈鷲, 訪僧蘋州, 午留粥甚香美. 詢之, 乃茶

---

70 《增補山林經濟》卷8〈治膳〉上 "飯粥諸品" '海松子粥'(《農書》4, 21쪽).

71 양만리(楊萬里) : 1127~1206. 중국 남송의 시인·학자. 호는 성재(誠齋) 남송 4대가 중의 한 사람으로 꼽힌다. 시는 속어를 섞어 썼으며, 경쾌한 필치와 기발한 발상에 의한 자유분방함과 활달함을 특색으로 한다.

72 《山家清供》卷下〈梅粥〉(《叢書集成初編》1473, 14쪽);《說郛》卷74 上《山家清供》"梅粥"(《文淵閣四庫全書》880, 170쪽).

73 빈주(蘋州) : 미상.

사진4 방풍죽

좋았다. 물어보니 바로 궁궁이꽃(도미화)이었다. 궁궁
이꽃잎을 따서 감초 끓인 물로 데친 다음 죽이 익으면
여기에 궁궁이꽃잎을 넣고 같이 쑨다. 《산가청공》[74]

蘼花也. 采花片, 用甘草湯
焯, 候粥熟, 同煮. 《山家
淸供》

26) 방풍죽(防風粥, 병풍나물죽) 쑤기(방풍죽방)

아침 이슬을 머금은 병풍나물의 첫 싹을 가져다
해를 보지 않게 둔다. 곱게 정미한 멥쌀로 죽을 쑤
다가 반쯤 익으면 병풍나물을 넣고, 끓어오르면 차
가운 오지그릇에 옮겨 담는다. 반쯤 식혀서 먹으면
달콤한 향기가 입안에 가득하여 3일이 지나도 사그
라들지 않는다. 《성소부부고(惺所覆瓿薰)[75]》[76]

防風粥方

乘露曉滴[15]初芽, 令不見
日. 精舂粳米作粥, 半熟投
之, 候其沸, 移盛於冷瓷
碗. 半溫而食之, 甘香滿
口, 三日不衰. 《許集》

---

74 《山家淸供》卷下〈茶蘼粥〉(《叢書集成初編》1473, 15쪽) ; 《說郛》卷74 上《山家淸供》"茶蘼粥"(《文淵閣四庫
全書》880, 171쪽).

75 성소부부고(惺所覆瓿薰) : 조선시대 허균(許筠, 1569~1618)의 문집. 원문의 《허집(許集)》은 '허균의 문집'
이란 의미로 보인다.

76 《惺所覆瓿薰》卷26〈說部〉"屠門大嚼"(한국고전종합DB) ; 《增補山林經濟》卷8〈治膳〉上 "飯粥諸品" "防
風粥"(《農書》4, 22쪽).

[15] 滴 : 《惺所覆瓿薰·屠門大嚼》에는 "摘".

27) 갈분죽(葛粉粥, 칡가루죽) 쑤기(갈분죽방)

갈근에서 가루 내는 법은 우분죽 쑤는 방법에서와 같다. 갈근가루를 멥쌀가루와 같이 죽을 쑨 뒤 꿀을 타서 먹으면 숙취를 해소할 수 있다.《증보산림경제》[77]

갈근가루는 간성(杆城)[78]에서 나는 것이 좋다【안 일본에서 온 갈근은 더욱 좋다】.《산림경제보》[79]

28) 상자죽(橡子粥, 도토리죽) 쑤기(상자죽방)

도토리를 15일간 물에 담가두는데, 자주 물을 갈아서 떫은맛을 제거한다. 속껍질을 제거한 도토리를 맷돌로 곱게 간 다음 깨끗한 동이에 물을 담아 맑게 가라앉힌 뒤, 찌꺼기를 제거하고 가루를 취한다. 이와 같이 5~6번을 하고 햇볕에 말려 고운체로 친다. 쓸 때마다 0.5승으로 죽을 쑤어 먹으면 4~6시간 동안 배고픔을 달랠 수 있다.《옹치잡지》[80]

29) 강분죽(薑粉粥, 생강가루죽) 쑤기(강분죽법)

햇생강을 깎아 껍질을 벗긴 다음 질그릇이나 돌 위에서 간 뒤 깨끗이 씻는다. 이를 동이 안의 물에 담그고 맑게 가라앉혀서 가루를 취한 뒤, 햇볕에 말려 저장해둔다. 쓸 때마다 0.5냥을 달여 죽을 쑤고,

葛粉粥方

葛根取粉, 如藕粉法. 同粳米粉作粥, 和蜜食, 能解醒.《增補山林經濟》

葛粉産杆城者佳【案 來自日本者尤佳】.《山林經濟補》

橡子粥方

橡子水浸十五日, 屢易水去澁味. 石磨磨細, 淨盆水淹澄淸, 去滓取粉. 如是五六次, 曬乾細羅. 每用半升, 熬粥食, 可住兩三時飢.《饔饎雜志》

薑粉粥法

新薑刮去皮, 瓦、石上磨洗淨. 盆內水浸, 澄淸取粉, 曬乾收貯. 每用半兩, 煎作粥, 調白蜜食之.

---

77 《增補山林經濟》卷8〈治膳〉上 "飯粥諸品" '葛粉粥'(《農書》4, 24쪽).
78 간성(杆城) : 강원도 고성 지역의 옛 지명.
79 《山林經濟》卷2〈治膳〉 "粉麪餅飴" '干城葛粉'(《農書》2, 283쪽).
80 출전 확인 안 됨.

여기에 흰꿀을 타서 먹는다.

《동파잡기(東坡雜記)》에서 후하게 평가하기를 "생강은 비장(脾臟)을 건강하게 하고, 신장(腎臟)을 따뜻하게 할 수 있고, 피를 활성화시키고, 기를 보탠다."라 했다.

또 가루 내는 방법에 대해서 다음과 같이 말했다. "생강 중에 심과 찌꺼기가 없는 것을 취한다. 그러나 새끼 생강을 섞어 쓰지는 않으며, 아울러 껍질을 벗겨내고 즙을 취한 뒤 그릇 속에 저장한다. 오래 두었다가 위쪽의 누렇고 맑은 부분을 걸러 제거하고, 아래의 희고 진한 것을 취한다. 이를 음지에서 말리면 단단한 덩어리가 되는데, 덩어리를 깎아서 얻은 가루를 '강유(薑乳)'라고 부른다."[81]라 했다.

《東坡雜記》盛稱 : "薑能健脾溫腎, 活血益氣."

且著取粉法云 : "取生薑之無筋滓者. 然不用子薑錯之, 幷皮裂取汁, 貯器中. 久之, 澄去其上黃而淸者, 取其下白而濃者. 陰乾刮取麨, 謂之'薑乳'." 與今全州取薑粉法, 大體相似.《饔餼雜志》

사진5 상자죽

---

81 생강은……부른다 : 출전 확인 안 됨;《廣群芳譜》卷13〈蔬譜〉"薑", 299쪽.

지금 전주(全州)에서의 생강가루 내는 방법과 대체로
비슷하다.[82] 《옹치잡지》[83]

30) 호도죽(胡桃粥, 호두죽) 쑤기(호도죽방)

호두살의 껍질을 벗기고 곱게 간 다음 멥쌀가루
와 같이 죽을 쑤어 먹으면 사람이 살찌고 건강해지
며 피부에서 윤기가 난다. 《옹치잡지》[84]

31) 진자죽(榛子粥, 개암죽) 쑤기(진자죽방)

개암을 멥쌀가루와 같이 죽을 쑤는데, 방법은 호
두죽 쑤는 법과 같다. 진자죽은 허기를 그치게 하고,
속을 조화롭게 하며, 위를 열어준다. 《옹치잡지》[85]

32) 황정죽(黃精粥, 죽대뿌리죽) 쑤기(황정죽방)

죽대의 뿌리를 흐르는 물을 떠다가 데쳐서 쓴 맛
을 제거한 다음 구증구포하고 빻아서 가루 낸 뒤,
고운체로 쳐서 저장해둔다. 쓸 때마다 0.3승으로 꿀
물에 죽을 쑨다. 이 죽을 먹으면 수명을 늘여준다.
죽대뿌리는 평안도 영변(寧邊)에서 나는 것이 좋다.
《옹치잡지》[86]

胡桃粥方

胡桃肉去皮磨細, 同粳米
粉煮粥食, 令人肥健潤肌.
《饔饎雜志》

榛子粥方

同粳米粉熬粥, 如胡桃粥
法. 止飢調中開胃. 《饔饎
雜志》

黃精粥方

黃精根用流水焯過, 去苦
味, 九蒸九曝, 擣粉, 細羅
過收貯. 每用三合, 蜜水煮
爲粥, 食之延年. 關西寧邊
産者佳. 《饔饎雜志》

---

82 지금……비슷하다 : 지금도 전주(全州) 인근에 있는 봉동(鳳東, 전라북도 완주군 봉동읍) 생강이 유명하
　나, 당시 그곳에서 생강가루 내는 방법이 어땠는지는 확실치 않다.

83 출전 확인 안 됨.

84 출전 확인 안 됨.

85 출전 확인 안 됨.

86 출전 확인 안 됨.

33) 지황죽(地黃[87]粥) 쑤기(지황죽방)

피를 잘 돌게 하고 정(精)을 생산하는 데 매우 좋다. 지황 썬 것 0.2승을 쌀과 같이 관(罐)[88]에 넣어 끓인다. 익으면 수유(酥油) 0.2승, 꿀 0.1승과 같이 향이 나도록 볶는다. 이를 죽속에 넣고 다시 푹 쑤어 먹는다. 《구선신은서》[89]

地黃粥方

大能利[16]血生精. 地黃切二合, 與米同入罐中煮之. 候熟, 以酥二合、蜜一合同炒香. 入粥內, 再煮熟食. 《臞仙神隱書》

34) 구기죽(枸杞粥, 구기자죽) 쑤기(구기죽방)

구기자를 생으로 갈아서 즙을 취한 다음 죽 1대접에 즙 1잔을 넣고, 졸인 꿀을 조금 더하여 같이 쑤어 먹는다. 《거가필용》[90]

枸杞粥方

枸杞子生研取汁, 粥一碗, 入汁一盞, 加熟蜜少許, 同煮食.《居家必用》

구기자잎을 채취하여 멥쌀과 같이 죽을 쑨 다음 파·된장·오미(五味, 갖은 양념)·소금을 넣어 섞은 뒤, 빈속에 먹으면 음의 허로(虛勞)를 보한다. 《산림경제보》[91]

枸杞葉採取, 同粳米煮粥, 入蔥、豉、五味、鹽和, 空心服, 補陰虛勞.《山林經濟補》

35) 계죽(鷄粥, 닭죽) 쑤기(계죽방)

늙고 살진 암탉을 푹 끓이고 살을 찢은 다음 체에 바쳐 기름을 제거한다. 멥쌀심가루[92]·파·후추·참기름·간장을 넣어 다시 끓인다. 익으면 계란 몇

鷄[17]粥方

陳肥雌鷄爛烹, 扯解篩下去脂. 下粳米心、蔥、椒、油、醬, 更煮之. 候熟, 下

---

87 지황(地黃) : 현삼과에 속한 여러해살이 초본식물인 지황의 뿌리. 맛은 달고 쓰며 차고 독이 없다. 번조, 갈증, 골증, 소갈증, 토혈, 코피 치료에 쓰이며 열로 인한 피부발진을 치료한다

88 관(罐) : 원통형의 용기. 흙이나 쇠로 만들어 음식을 끓이는 데 쓴다.

89 《山林經濟》 卷1〈攝生〉 "服食" '地黃'(《農書》2, 75쪽).

90 출전 확인 안 됨.

91 출전 확인 안 됨.

92 멥쌀심가루 : 쌀을 물에 담갔다가 가루 낸 뒤 이를 배롱에 말려 다시 빻고 비단체로 쳐서 얻은 고운 가루. 이를 넣어 죽의 묽기를 조절한다.

[16] 利 : 《山林經濟·攝生·服食》에는 "和".

[17] 鷄 : 저본에는 "雜". 오사카본·규장각본·《增補山林經濟·治膳上·飯粥諸品》에 근거하여 수정.

개를 넣고 한소끔 끓어오르면 꺼낸다. 《산림경제
보》93

鷄卵數箇, 一沸出. 《山林
經濟補》

36) 즉어죽(鯽魚粥, 붕어죽) 쑤기(즉어죽방)

큰 붕어의 내장과 비늘을 제거하고 푹 삶는다.
이를 대나무체로 쳐서 붕어의 껍질과 뼈를 제거하고
고기와 즙을 취한 뒤, 여기에 멥쌀을 넣어 죽을 쑨
다. 산초와 생강 등의 양념을 넣고 다시 한소끔 끓
인다. 《증보산림경제》94

鯽魚粥方

大鯽魚去肚蓮鱗煮爛, 竹
篩篩去皮骨, 取肉與汁, 下
粳米作粥. 加椒、薑等物
料, 再煮一沸. 《增補山林
經濟》

37) 담채죽(淡菜粥, 홍합죽) 쑤기(담채죽방)

홍합을 빻아 가루 낸 다음 멥쌀을 섞고 죽을 쑨
다. 소금이나 장으로 간을 맞춰 먹는다. 《증보산림
경제》95

淡菜粥方

紅蛤擣作屑, 和粳米熬粥.
或鹽或醬, 適鹹淡食之.
《增補山林經濟》

38) 하추죽(河樞粥, 말린생선죽) 쑤기(하추죽방)

건어를 취하여 물에 담갔다가 씻고 가늘게 썬 다
음 쌀과 같이 끓인다. 간장을 넣고 후추를 더하면
두풍(頭風)을 낫게 할 수 있다. 또 두부를 섞어 만든
죽도 있다. 《계척집(鷄跖集)96》에 "무이군(武夷君)97이
하추포(河樞脯)를 먹었는데, 이는 말린 생선이다."98

河樞粥方

取乾魚, 浸洗細截, 同米
煮. 入醬料, 加胡椒, 能愈
頭風. 亦有雜豆腐爲之者.
《鷄跖集》云"武夷君食河樞
脯, 乾魚也", 因名之【案

---

93 출전 확인 안 됨; 《增補山林經濟》卷8 〈治膳〉 上 "飯粥諸品" '鷄粥'(《農書》4, 22~23쪽).
94 《增補山林經濟》卷8 〈治膳〉 上 "飯粥諸品" '鯽魚粥'(《農書》4, 23쪽).
95 《增補山林經濟》卷8 〈治膳〉 上 "飯粥諸品" '全鰒紅蛤牛肉粥'(《農書》4, 25쪽).
96 계척집(鷄跖集) : 중국 송나라 왕자소(王子昭 또는 王子韶)가 쓴 필기잡록(筆記雜錄). 원서는 일실되고 《설
부(說郛)》에 일부가 남아서 전한다.
97 무이군(武夷君) : 중국 복건성(福建省) 숭안현(崇安縣)에 있는 무이산(武夷山)에 거주했고 전해지는 옛날
신인(神人).
98 무이군(武夷君)이……생선이다 : 출전 확인 안 됨.

라 했다. 하추죽은 이로 인해 유래한 이름이다【안 我東北薨魚、乾呑魚, 皆可
우리나라의 북흥어(北薨魚, 북어)·건화어(乾呑魚, 말린 대 作此粥】.《山家淸供》
구)는 모두 이 죽을 쑬 수 있다】.《산가청공》[99]

39) 우유죽(牛乳粥) 쑤기(우유죽방) 牛乳粥方

죽을 쑬 때 반쯤 익으면 죽물을 덜어내고 덜어낸 煮粥半熟, 去米湯, 下牛乳
만큼 우유를 넣어 끓인다. 익으면 사발에 떠서 담는 代米湯煮之. 候熟, 挹置碗
다. 사발마다 수유(酥油)가루 0.5냥을 섞는다. 수유 中. 每碗和眞酥末半兩, 置
를 죽 위에 얹으면 기름처럼 녹으므로, 죽 위를 골고 粥上溶如油, 遍覆粥上食,
루 덮어서 먹는다. 휘저어 섞어놓으면 감미로운 맛 旋攪甘味無比.《臞仙神隱
이 비할 데가 없다.《구선신은서》[100] 書》

내의원[內局]에서 우유죽 쑤는 법 : 우유 1승에 물 內局法 : 牛乳一升, 和水二
0.2승을 섞어 뭉근한 불에 3~4번 끓어오르면 위에 合, 慢火三四沸, 去浮漚.
뜬 거품을 제거한다. 다른 그릇에 약간의 물을 넣고 用他器, 以水少許, 調心末
심가루[心末] 0.2승을 탄다. 二合.

【심가루 만드는 법 : 곱게 정미한 쌀을 물에 담갔 【作心末法 : 取米精舂,
다가 걸러내어 가루 낸다. 배롱(焙籠)을 이용해 이를 浸水漉出作末, 用焙籠火
불에 말린 뒤, 다시 빻아 가루 낸다. 가루는 비단체 乾, 更擣作末. 以帛篩篩
로 3~4번 쳐서 쓴다. 오래 저장하면 쉽게 상하므로 下三四次, 用之. 久貯則易
5~6일마다 다시 만들어야 효과가 좋다. 혹 쌀을 물 敗, 每五六日改作爲妙. 或
에 담갔다가 맷돌로 간 다음 물에 거른 뒤 햇볕에 말 以米浸水, 用磨石磨之, 水
리면 더욱 좋다. 죽의 묽기를 보고 심가루를 가감 飛曬乾尤佳. 看粥滑燥,
한다】 加減心末】

---

99 《山家淸供》卷下〈河祇粥〉(《叢書集成初編》1473, 20쪽);《說郛》卷74 上《山家淸供》"河樞粥"(《文淵閣四庫
全書》880, 175쪽).
100 출전 확인 안 됨;《山林經濟》卷2〈治膳〉"粥飯"'牛乳粥'(《農書》2, 287쪽).

우유가 끓어오를 때 숟가락으로 심가루와 섞이도록 저어준다. 한번 끓어오른 후 염탕(鹽湯, 끓인 소금물)으로 조미한다【염탕 만드는 법 : 소금 1승과 물 2승을 같이 달였다가 0.7~0.8승이 되면 고운체로 거른다. 이를 깨끗한 그릇에 담아 찌꺼기가 가라앉으면 찌꺼기를 제거하고 쓴다】. 간을 맞춘 뒤 불에 말린 자기에 부어담는다. 《산림경제보》[101]

乘乳之沸, 以匙掉和心末. 一沸後, 用鹽湯調味【作鹽湯法 : 鹽一升, 水二升同煎, 至七八合, 用細篩篩之. 盛於淨器, 待其滓沈下, 去滓用之】. 適其鹹淡, 以磁器火乾而注盛之. 《山林經濟補》

40) 녹각죽(鹿角粥, 사슴뿔죽) 쑤기(녹각죽방)

뇌수를 보하고, 치아를 튼튼하게 하며, 정혈을 보태고, 원기를 굳게 하는 데 아주 좋다. 흰죽 1사발마다 녹각상분(鹿角霜粉, 고운 녹각가루) 0.5냥, 흰 소금 1술을 넣고 고르게 섞어 먹는다. 《활인심서》[102]

鹿角粥方

大能補髓腦, 牢牙齒, 益精血, 固元氣. 每白粥一椀, 入鹿角霜粉五錢、白鹽一匙, 攪均服. 《活人心書》

41) 부록 여러 죽의 효능(제죽식치)

옛날 요리법은 곡물, 채소, 약물로 죽을 쑤어 병을 치료하는 경우가 매우 많았다. 지금 그 중에서 상식(常食)할 수 있는 죽을 대략 취하여 아래의 처방에 모아놓았다.

附 諸粥食治

古方用穀菜、藥物作粥, 治病甚多. 今略取其可常食者, 集於下方.

41-1) 적소두죽(赤小豆粥, 팥죽)【소변을 잘 나오게 하고, 수종과 각기를 없애주고, 사려(邪厲)[103]를 쫓아낸다】

赤小豆粥【利小便, 消水腫、脚氣, 辟邪厲】

---

101 《增補山林經濟》卷8〈治膳〉上 "飯粥諸品" '牛乳粥'(《農書》4, 20~21쪽).
102 《東醫寶鑑》〈雜病篇〉卷9 "雜方" 諸法(《原本 東醫寶鑑》, 602쪽).
103 사려(邪厲) : 매서운 사기(邪氣) 혹은 사악한 악귀.

41-2) 녹두죽(綠豆粥)【열독을 풀어주고, 번갈증을 　綠豆粥【解熱毒, 止煩渴】
멈추게 한다】

41-3) 어미죽(御米粥)¹⁰⁴【반위(反胃)를 치료하고, 대　御米粥【治反胃, 利大腸.】
장을 잘 통하게 한다】

41-4) 의이인죽(薏苡仁粥, 율무죽)【습열(濕熱)을 제거　薏苡仁粥【除濕熱[18], 利腸
하고, 장위(腸胃)를 잘 통하게 한다】　　　　　　　胃】

41-5) 연자분죽(蓮子粉粥, 연밥가루죽)【비위를 건강　蓮子粉粥【健脾胃, 止洩
하게 하고, 설사를 멎게 한다】　　　　　　　　　痢】

41-6) 검실분죽(芡實粉粥, 가시연밥가루죽)【장위에 유　芡實粉粥【益腸胃, 解內熱
익하고, 속의 열을 풀어준다】　　　　　　　　　[19]】

41-7) 율자죽(栗子粥, 밤죽)【신장의 기운을 보하고,　栗子粥【補腎氣, 益腰脚】
허리와 다리를 북돋아준다】

41-8) 서여죽(薯蕷粥, 마죽)【신장의 정기를 보하고,　薯蕷粥【補腎精, 固腸胃】
장위를 단단하게 한다】

41-9) 우죽(芋粥, 토란죽)【장위를 이완시키고, 배고　芋粥【寬腸胃, 令人不飢】
프지 않게 한다】

──────────

104 어미죽(御米粥) : 앵자속(罌子粟, 병단지조)으로 쑨 죽. 앵자속은 열매의 형태가 병단지[缾罌]처럼 가운데
　　가 볼록해서 그 안에는 아주 가는 흰 알들이 들어있다.
[18] 熱 : 저본에는 "氣". 오사카본·규장각본·《本草綱目·穀部·粥》에 근거하여 수정.
[19] 熱 : 저본에는 "毒". 오사카본·규장각본·《本草綱目·穀部·粥》에 근거하여 수정.

41-10) 백합분죽(百合粉粥) 【폐를 윤택하게 하고,　百合粉粥【潤肺, 調中】
속을 조화롭게 한다】

41-11) 나복죽(蘿菖粥, 무죽) 【음식물을 소화시키　蘿菖粥【消食, 利膈】
고, 흉격을 잘 통하게 한다】

41-12) 호라복죽(胡蘿菖粥, 당근죽) 【속을 이완시키　胡蘿菖粥【寬中, 下氣】
고, 기를 내린다】

41-13) 마치현죽(馬齒莧粥, 쇠비름죽) 【마비를 치료하　馬齒莧粥【治痺, 消腫】
고, 종기를 없앤다】

41-14) 유채죽(油菜粥) 【속을 조화롭게 하고, 기를　油菜粥【調中, 下氣】
내린다】

41-15) 군달채죽(莙蓬菜粥, 근대죽) 【위장을 건강하　莙蓬菜粥【健胃, 益脾】
게 하고, 비장을 북돋아준다】

41-16) 파릉채죽(菠薐菜粥, 시금치죽) 【속을 조화롭　菠薐菜粥【和中, 潤燥】
게 하고, 마른 것을 윤택하게 한다】

41-17) 제채죽(薺菜粥, 냉이죽) 【눈을 밝게 하고, 간에　薺菜粥【明目, 利肝】
이롭다】

41-18) 근채죽(芹菜粥, 미나리죽) 【숨은 열을 제거하　芹菜粥【去伏熱, 利大小
고, 대소장을 잘 통하게 한다】　腸】

41-19) 개채죽(芥菜粥, 갓죽)【담을 뚫어주고, 나쁜 것을 쫓아낸다】　芥菜粥【豁痰, 辟惡】

41-20) 규채죽(葵菜粥, 아욱죽)【마른 것을 윤택하게 하고, 장을 이완시킨다】　葵菜粥【潤燥, 寬腸】

41-21) 구채죽(韭菜粥, 부추죽)【신장을 덥게 하고, 하초를 따뜻하게 한다】　韭菜粥【溫腎, 暖下】

41-22) 총시죽(蔥豉粥, 파된장죽)【땀나게 하고, 배고픔을 풀어준다】　蔥豉粥【發汗, 解肌】

41-23) 복령분죽(茯苓粉粥, 복령가루죽)【상초를 맑게 하고, 하초를 실하게 한다】　茯苓粉粥【清上, 實下】

41-24) 송자인죽(松子仁粥, 잣죽)【심장과 폐를 윤택하게 하고, 대장을 조화롭게 한다】　松子仁粥【潤心肺, 調大腸】

41-25) 산조인죽(酸棗仁粥, 멧대추죽)【번열을 치료하고, 담(膽)의 기운을 북돋운다】　酸棗仁粥【治煩熱, 益膽氣】

41-26) 구기자죽(枸杞子粥)【정(精)과 혈(血)을 보하고, 신장의 기운을 북돋운다】　枸杞子粥【補精血, 益腎氣】

41-27) 해백죽(薤白粥, 염교죽)【노인의 냉리(冷痢)를 치료한다】　薤白粥【治老人冷痢】

41-28) 생강죽(生薑粥)【속을 덥게 하고, 나쁜 것을   生薑粥【溫中, 辟惡】
쫓아낸다】

41-29) 화초죽(花椒粥, 산초죽)【장기(瘴氣, 산람장기)를   花椒粥【辟瘴, 禦寒】
쫓아내고, 추위를 막는다】

41-30) 회향죽(茴香粥)【위장을 편하게 하고, 산증   茴香粥【和胃, 治疝】
(疝症)¹⁰⁵을 치료한다】

41-31) 호초죽(胡椒粥, 후추죽)·수유죽(茱萸粥, 산수유   胡椒粥、茱萸粥、辣米粥
죽)·날미죽(辣米粥, 산갓죽)【모두 명치 부위의 동통(疼   【竝治心腹疼痛】
痛, 쑤시고 아픔)을 치료한다】

41-32) 마자죽(麻子粥, 삼씨죽)·호마죽(胡麻粥, 참깨   麻子粥、胡麻粥、郁李仁粥
죽)·욱리인죽(郁李仁粥, 이스라지씨죽)【모두 장을 윤택하   【竝潤腸, 治痺】
게 하고, 마비증을 치료한다】

41-33) 소자죽(蘇子粥, 차조기씨죽)【기를 내리고, 흉   蘇子粥【下氣, 利膈】
격을 잘 통하게 한다】

41-34) 죽엽탕죽(竹葉湯粥)【갈증을 멎게 하고, 마   竹葉湯粥【止渴, 淸心】
음을 맑게 한다】

41-35) 저신죽(猪腎粥, 돼지콩팥죽)·양신죽(羊腎粥, 양   猪腎粥、羊腎粥【竝補腎虛

---

105 산증(疝症) : 고환이나 음낭이 커지면서 아프거나 아랫배가 켕기며 아픈 병증. 한습사(寒濕邪)가 침입하거
나 내상(內傷)으로 기혈이 제대로 순환하지 못하여 생기는 증상.

콩팥죽)【모두 신장의 허증에 의한 여러 증상을 보한　諸症[20]】
다】

41-36) 양간죽(羊肝粥)·계간죽(鷄肝粥, 닭간죽)【모두　羊肝粥、鷄肝粥【竝補肝
간의 허증을 보하고, 눈을 밝게 한다】　虛, 明目】

41-37) 양즙죽(羊汁粥, 양죽)·계즙죽(鷄汁粥, 닭죽)　羊汁粥、鷄汁粥【竝治勞
【모두 노손(勞損, 허로와 허손)을 치료한다】　損】

41-38) 압즙죽(鴨汁粥, 오리죽)·이즙죽(鯉汁粥, 잉어죽)　鴨汁粥、鯉汁粥【竝消水
【모두 수종을 없앤다】　腫】

41-39) 우유죽(牛乳粥)【허하여 야윈 몸을 보한다】　牛乳粥【補虛羸】

41-40) 수밀죽(酥蜜粥, 수유꿀죽)【심장과 폐를 기른　酥蜜粥【養心肺】《本草綱
다】《본초강목》106　目》

106《本草綱目》卷25〈穀部〉"粥", 1537~1540쪽.
[20] 症 : 저본에는 "疝". 오사카본·규장각본에 근거하여 수정.

2. 조청과 엿(이당)

飴餳

1) 총론

總論

유희(劉熙)[1]의 《석명(釋名)》에 "엿 중에 묽은 것을 '조청[飴, 이]'이라 하는데, 이는 상태가 부드럽기[怡怡然] 때문이다. 뻑뻑한 것을 '엿[餳, 당]'이라 하는데, 딱딱한 상태가 당노[錫, 양][2]와 같기 때문이다. 엿과 같으면서도 불투명한 것을 '포(餔)'라 한다."[3]라 했다. 《방언(方言)》에서는 '장황(餦餭)【음이 장황이다】'이라 했다. 《초사(楚辭)》에 "거여(粔籹, 중배끼)[4]와 밀이(蜜餌, 산자)에 장황(餦餭, 엿)도 발라져 있네."[5]라 한 것이 바로 이것이다. 《본초강목》[6]

劉熙《釋名》云 : "餳之淸[1] 者曰'飴', 形怡怡然也. 稠者曰'餳', 强硬如錫也. 如餳而濁者曰[2]'餔'" 《方言》謂之"餦餭【音長皇】". 《楚辭》云 : "粔籹、蜜餌, 有餦餭些"是也. 《本草綱目》

자색이므로 호박(琥珀)[7] 빛깔과 비슷하고 의서에

因色紫類琥珀, 醫方謂之

---

1 유희(劉熙) : 160?~?. 중국 한(漢)나라 말기의 경학가·훈고학가. 자는 성국(成國). 남안태수(南安太守)를 지냈다. 저서로는 《석명(釋名)》·《맹자주(孟子注)》가 있다.

2 당노[錫, 양] : 말의 허리에 장식으로 다는 물건.

3 엿……한다 : 《釋名》卷4 "釋飮食"(《文淵閣四庫全書》221, 403쪽).

4 거여(粔籹) : 밀가루에 참기름과 꿀을 넣고 반죽하여 직사각형으로 큼직하게 썰어 기름에 지지는 유밀과의 일종. 중박계(中朴桂)·중배끼라고도 한다.

5 거여(粔籹)와……있네 : 《楚辭集注》卷7〈招魂〉9(《文淵閣四庫全書》1062, 365쪽).

6 《本草綱目》卷25〈穀部〉"飴糖", 1550쪽.

7 호박(琥珀) : 지질 시대 나무의 진 따위가 땅속에 묻혀서 탄소·수소·산소 따위와 화합하여 굳어진 누런색 광물. 장식품이나 절연재 따위로 쓴다.

① 淸 : 저본에는 "消". 《釋名·釋飮食》·《本草綱目·穀部·飴糖》에 근거하여 수정.

② 者曰 : 《釋名·釋飮食》에는 "可餔".

서는 '교이(膠飴)'라 한다.《본초몽전(本草蒙筌)8》9

우리나라 사람들은 조청을 '흑당(黑餹)'이라 하고, 엿을 '백당(白餹)'이라 한다.《옹치잡지》10

2) 조청[飴, 이] 고기(이방)

조청이나 엿은 맥얼(麥糵, 맥아·엿기름)이나 곡아(穀芽)11【안 이에 의하면 속얼(粟糵, 조싹)이나 도아(稻芽, 벼싹)는 모두 엿을 고을 수 있는데, 우리나라 사람들은 맥얼만 쓸 줄 안다】를 써서 여러 종류의 쌀과 함께 고아 완성한다.《촉본초》에서 "찹쌀·멥쌀·차조[秫粟米]·수수[蜀秫米]·삼씨·지구자(헛개나무열매)·황정(죽대뿌리)·백출은 모두 졸여 조청을 만들 수 있다. 이 중 오직 찹쌀로 만든 조청만이 약으로 쓸 수 있고, 좁쌀조청은 그 다음이고, 그 나머지는 식용으로만 괜찮다.12"라 했다.】《본초강목》13

찹쌀로 죽을 쑤어 식힌 뒤 맥아가루를 넣는다. 찹쌀이 삭으면 맑은 윗물만을 취하여 호박색이 날 때까지 다시 졸인다.《동의보감》14

"膠飴".《本草蒙筌》

東人呼飴爲"黑餹", 餳爲"白餹".《饔饎雜志》

飴方

飴餳用麥糵或穀芽【案 據此則粟糵、稻芽, 皆可熬餹, 而東人但知用麥糵也】, 同諸米煎熬而成.【《蜀本草》:"糯米、粳米、秫粟米、蜀秫米、大麻子、枳椇子、黃精、白朮, 竝堪熬造, 惟以糯米作者入藥, 粟米次之, 餘但可食耳."】《本草綱目》

糯米煮粥, 候冷, 入麥芽末 ③, 候熟取清, 再熬如琥珀色.《東醫寶鑑》

---

8 본초몽전(本草蒙筌) : 중국 명(明)나라의 진가모(陳嘉謨, 1486~1570)가 편찬한 의서(醫書). 12권. 1565년에 간행되었다.
9 《本草綱目》卷25〈穀部〉"飴糖", 1550쪽.
10 출전 확인 안 됨.
11 곡아(穀芽) : 곡물의 싹을 틔워 말린 것.
12 찹쌀……괜찮다 :《本草綱目》, 위와 같은 곳.
13 《本草綱目》, 위와 같은 곳.
14 《東醫寶鑑》〈雜病篇〉卷9 "雜方" '香譜', 599쪽.
③ 末 : 저본에는 없음.《東醫寶鑑·雜病篇·雜方》에 근거하여 보충.

사진 6 식혜

사진 7 조청

다른 방법 : 쌀로 밥을 지어 그대로 솥안에 두고 뜨거울 때 맥아가루와 따뜻한 물을 넣는다【대략 쌀 10승에 맥아 1.5승과 물 2병 정도를 넣는다】. 도로 솥뚜껑을 덮고 솥 밑에는 왕겨불을 남겨두어 식지 않게 한다. 한나절이 지나면 밥이 물이 되고 밥알찌 꺼기만 남는 식혜가 된다. 베로 걸러서 찌꺼기는 제 거하고 다시 즙을 솥에 넣고 재차 졸이면 완성된다. 졸일 때 솥아가리에 시루를 앉혀 끓어 넘치지 않도 록 한다. 《산림경제보》[15]

또 다른 방법 : 쌀 10승을 깨끗하게 씻고 푹 익도 록 밥을 짓는다. 밥이 뜨거울 때 질항아리에 밥을 담 고 나서 바로 솥안에 물 10사발을 붓고 여러 번 끓어 오르도록 끓여 항아리 안에 붓는다. 고운 맥아가루 2승을 냉수와 잘 섞어 항아리에 붓고 항아리를 두

一方 : 以米炊飯, 仍置鼎 內, 乘熱入麥芽末及溫水 【約米一斗, 入麥芽一升五 [4]合, 水二[5]瓶許】. 還覆 鼎蓋, 留稻糠火於鼎底, 使 不冷. 過半日, 飯化爲水, 只存米皮. 以布絞去滓, 復 以汁入鼎, 再熬之則成矣. 熬時, 安甑鼎口以防沸溢. 《山林經濟補》

又方 : 米一斗淨洗爛炊, 乘熱盛陶缸, 卽於鼎內注 水十鉢, 煎數沸, 傾入缸 中. 麥芽細末二升, 冷水調 和, 傾入缸中, 厚裹缸, 置

---

15 출전 확인 안 됨 ; 《山林經濟》卷2〈治膳〉(《農書》2, 286쪽).

[4] 五 : 《山林經濟·治膳》에는 "三".

[5] 二 : 《山林經濟·治膳》에는 "三".

텁게 싸서 따뜻한 온돌방에 둔다. 밥 한 번 지을 정
도의 시간이 지난 뒤에 그 맛을 봐서 달면 상품이고
시면 하품이다.

溫堗. 待一炊飯頃, 嘗其
味, 甘爲上, 酸爲下.

　너무 빨리 꺼내면 밥알이 삭지 않아 나오는 조청
이 적고, 너무 오래 두면 시므로, 시간을 잘 헤아려
맞추어야 한다. 이를 포대에 담고 짜서 거른 다음 그
즙을 뭉근한 불로 졸인다. 이때 나무주걱으로 쉬지
않고 저어주어 솥바닥에 눌어붙지 않게 한다. 즙이
거무스름하게 졸아 호박색이 되면 완성된 것이다.
오지항아리 안에 층층이 메주콩가루를 펴 발라 조
청을 저장한다. 후춧가루·생강가루·볶은 참깨 및
계핏가루를 더 넣으면 맛이 좋다.《산림경제보》[16]

若太速則米不爛, 飴出者
少, 太淹則酸, 須善斟酌.
以布袋絞取汁, 慢火熬之,
以木杖不住手攪之, 令不
貼鼎底. 焦黑待色如琥珀
則成矣. 瓷缸內, 層層鋪黃
豆屑而貯之. 更入胡椒屑、
生薑屑、炒芝麻及桂屑則味
佳. 同上

3) 엿[餳, 당] 만들기(당방)

　조청을 더 졸여 완성되고 나면 따뜻할 때 큰 공
모양을 만든 다음 두 사람이 마주잡고 당긴다. 이
엿은 당길수록 점점 길어지고 길어질수록 점점 하얗
게 된다. 반복하여 당기고 접기를 수백 번 하면 눈처
럼 하얘진다. 이를 칼로 잘라 파는데, 크기는 임의
대로 한다.

餳方

熬飴旣成, 乘溫作大毬子,
兩人對牽之, 漸牽漸長,
漸長漸白, 往復牽扯數百
匝, 則白如雪矣. 刀切貨
之, 大小隨意.

　일반적으로 옥산자(沃饊子)[17]나 강정(饊飣)[18]과 같은
종류가 모두 이 당(餳)의 종류이다. 그 중에서 후춧

凡沃饊子、饊飣之屬者, 皆
此餳也. 其入胡椒、乾薑

16　출전 확인 안 됨.

17　옥산자(沃饊子) : 미상. 산자의 일종으로 추정된다. 산자는 찹쌀가루를 반죽하여 납작하게 만든 다음 말려
　　서 기름에 튀기고 꿀을 바른 뒤, 그 앞뒤에 튀긴 밥풀이나 깨를 붙여 만든 유밀과의 하나이다.

18　강정(饊飣) : 쌀가루로 만든 과자. 물에 4~5일 불려 빻은 찹쌀가루를 청주와 설탕 물로 반죽한 다음 손가
　　락 마디만큼씩 썰어 말린 것을 기름에 튀긴 뒤, 꿀 또는 조청을 바르고 여기에 다시 깨·잣가루·콩가루·송
　　홧가루 따위를 묻혀 만든다.

가루·말린 생강가루를 넣고 잡아당겨서 가늘고 긴 가락으로 만든 다음 가위로 밤만 하게 자른 것을 '율당(栗餹)'이라 한다. 개성(開城) 엿은 도토리처럼 작고 납작하며, 광주(廣州) 엿은 크기가 왕밤만 하고 길쭉한데, 모두 상등의 엿이다. 《옹치잡지》[19]

屑, 牽作纖長條, 以剪刀切作栗子大者曰"栗餹". 開城者小如芋栗而扁, 廣州者大如板栗而長, 皆佳品也.《饔饎雜志》

4) 흑두당(黑豆餹, 검정콩엿) 만들기(흑두당방)

겨울 혹한기에 검정콩(서리태)을 물에 담가두었다가 시간이 조금 지난 뒤에 얼음이나 눈 위에 내놓고 하룻밤을 지내면 하나하나 언 채로 불어 있다. 이를 뜨거운 냄비(쟁개비)에 소금을 넣고 급히 볶아낸다. 흑당(黑餹)을 녹이고 손바닥만 한 편으로 만든다. 볶아낸 검정콩을 여기에 빽빽하게 박아 넣고 하룻밤을 밖에 놓았다가 거두면 맛이 매우 부드럽고 좋다. 《옹치잡지》[20]

黑豆餹方

冬月寒沍時, 取黑大豆水浸, 移時露置氷雪上, 經宿則箇箇凍脹. 熱銚內入鹽急手炒過. 將黑餹熔, 作掌大片, 以炒過黑豆密嵌, 露置一夜收之, 極脆美.《饔饎雜志》

5) 무술당(戊戌餹, 수수엿) 만들기(무술당방)

촉서미(蜀黍米, 수수)를 볶아 조청을 만든 다음 누런 수캐의 고기를 문드러지도록 삶은 뒤, 즙을 짜내어 조청과 한곳에 담아 녹인다. 여기에 백출가루·계핏가루·후춧가루를 넣어 먹으면 기를 크게 보하고 북돋운다. 《옹치잡지》[21]

戊戌餹方

蜀黍米熬作飴, 黃雄狗肉, 烹爛絞, 取汁, 同飴一處熔化. 入白朮、桂、椒屑食之, 大補益.《饔饎雜志》

---

19 출전 확인 안 됨.
20 출전 확인 안 됨.
21 출전 확인 안 됨.

- Ⅲ -

볶거나[糗] 가루 내어[麵] 만든 음식
(구면지류)

糗麵之類

1 미숫가루[糗·초]

2 면(麵)

3 만두(饅頭)

1. 미숫가루[麨, 초]

麨

1) 총론

미숫가루[麨]는 볶아서[炒] 만들기 때문에 글자에 소(少)자가 있다. 그 냄새가 향기로우므로 '구(糗)'라고도 한다. 《시경(詩經)》〈벌목(伐木)〉 시에 "백성들이 덕을 잃는 이유는 한낱 건구(乾糗, 미숫가루)와 같이 하찮은 음식을 아낀 탓이네."[1]라 했다. 대개 미숫가루는 음식 중에 보잘 것 없는 것이다. 그러나 부엌살림을 모두 지고 갈 수도 없고 식사 때에 불을 때는 수고를 하지 않아도 되므로 역시 산행이나 먼 길을 갈 때 이를 빼놓을 수 없다. 우리나라 풍속에는 초(麨)를 '미숫가루[糜食, 미식]'라 부른다. 《옹치잡지》[2]

總論

麨以炒而成, 故字從少. 其臭香, 故亦謂之"糗". 《伐木》之詩曰: "民之失德, 乾糗以愆." 蓋食之薄者, 然齎不盈擔, 食不勞爨, 亦山行遠適之不可闕者也. 東俗呼爲"糜食". 《饔饎雜志》

2) 나미초(糯米麨, 찹쌀미숫가루) 만들기(나미초방)

《본초습유》에 "미숫가루를 하동(河東, 황하 동쪽) 사람들은 보리로 만들고, 북쪽 사람들은 조로 만들고, 동쪽 사람들은 멥쌀로 만든다."[3]라 했다. 대개 각자가 선호하는 곡식으로 만드니, 또한 어느 곡식으로 만들어도 됨을 알 수 있다.

糯米麨方

《本草拾遺》云: "麨河東以麥, 北人以粟, 東人以粳." 蓋各從其尙, 而亦可見諸穀無所不宜也.

---

1 백성들이……탓이네 : 《毛詩正義》〈小雅〉 "伐木"(《十三經注疏整理本》5, 680쪽).
2 출전 확인 안 됨.
3 미숫가루를……만든다 : 《本草綱目》卷25〈穀部〉 "麨", 1540쪽.

우리나라에서는 찹쌀을 많이 쓴다. 그 방법은 다음과 같다. 찹쌀을 고소한 향이 나도록 볶아 빻고 체로 쳐서 가루 낸 뒤 포대에 저장해 둔다. 여름에 매번 2~3술을 꿀물에 타서 먹으면 갈증을 그치게 하고 허기를 없애주는 데 가장 좋다. 《옹치잡지》[4]

我東多用糯米, 其法糯米炒香, 擣羅爲屑, 布袋收貯. 暑月每用兩三匙, 調蜜水飮之, 最能止渴住飢. 《饔饌雜志》

3) 완두초(豌豆麨, 완두미숫가루) 만들기(완두초방)

완두는 함경도 갑산(甲山)[5] 등지에서 난다. 북쪽 사람들은 완두를 고소한 향이 나도록 볶은 다음 빻고 체로 쳐서 미숫가루를 만든 뒤, 냉수에 타서 마신다. 꿀을 넣지 않아도 달다고 이들은 자랑한다. 《옹치잡지》[6]

豌豆麨方

豌豆産關北 甲山等地. 北人用以炒香, 擣篩爲麨, 冷水調飮, 詫爲不假蜜而甜也. 《饔饌雜志》

4) 유초[乳麨, 유충(乳蟲)[7]미숫가루] 만들기(유초방)

《백달수(白獺髓)》[8]에 "광동성(廣東省)의 소양(韶陽)[9]에 속한 고을 중에는 유전(乳田)[10]이 있다. 유충미숫가루를 만드는 방법은 다음과 같다. 땅을 파고 움을 만들어 멥쌀가루를 움 안에 깐 다음 풀로 덮고 그 위를 거름으로 막는다. 비가 내린 뒤 습기가 증발하기를 기다렸다가 열어보면 쌀가루가 모두 변하여 유충이 되어 있는데, 마치 굼벵이[蠐螬]의 생김새와 같

乳麨方

《白獺髓》云："廣中韶陽屬邑鄕中有乳田. 其法：掘地成窖, 以粳米粉鋪入窖中, 蓋之以草, 壅之以糞. 候雨過氣蒸發, 開則米粉皆化成蛹, 如蠐螬狀. 取蛹作汁, 和粳粉蒸成乳食,

---

4 출전 확인 안 됨.

5 갑산(甲山) : 함경남도 갑산군.

6 출전 확인 안 됨.

7 유충(乳蟲) : 번데기처럼 생긴 벌레. 일명 토용(土蛹). 몸을 보하기 위해 굼벵이 대신 복용하였는데, 효능이 더 좋고 독이 없다고 한다.

8 백달수(白獺髓) : 중국 송(宋)나라 장중문(張仲文, ?~?)이 지은 책. 잡다한 이야기를 기록하였다.

9 소양(韶陽) : 중국 광동성(廣東省) 곡강현(曲江縣)에 해당되는 지역 이름.

10 유전(乳田) : 생 유충(乳蟲)을 배양하는 밭. 유충을 배양하기 때문에 붙여진 이름이다.

다. 유충을 취하여 즙을 내고 멥쌀가루와 섞어 쪄내
면 유식(乳食, 유충떡)이 되니, 맛이 매우 감미롭다."[11]
라 했다.

　지금 이 방법을 참고하여 유충즙을 취하고 멥쌀
가루와 섞어 푹 찐 다음 햇볕에 말린 뒤, 이를 다시
빻아 미숫가루를 만들 수 있다. 《본초강목》에 "유
충은 기가 허하여 야윈 몸을 보하고, 위장의 기운을
북돋우며, 속을 따뜻하게 하고 눈을 밝게 한다."[12]
라 했다. 《옹치잡지》[13]

味甚甘美."

今可按此法, 取蛹汁, 搜
粳米粉, 蒸熟曬乾, 更擣
爲麨. 《本草綱目》稱"其補
虛羸, 益胃氣, 溫中明目."
《饔饎雜志》

5) 육향초(六香麨, 6향미숫가루) 만들기(육향초방)

　복령·마·율무·연밥·검인(가시연씨)·마름 이 6가
지 재료를 빻고 체로 쳐서 가루 낸다. 여기에 다시
멥쌀가루·설탕가루를 넣고, 생강즙을 뒤섞고 반
죽하여 덩이를 만든 다음 손으로 비틀고 떼어 손바
닥만 한 얇은 떡을 만든다. 이 떡을 시루에 얹고 푹
쪄서 꺼낸 다음 화롯불 위에 쬐어 바싹 말린다. 이
를 다시 빻고 체로 쳐서 가루 내고 명주자루에 저장
해 둔다. 쓸 때마다 2~3술을 끓인 물에 타서 먹으
면 비장을 건강하게 하고 허약함을 보한다. 《옹치잡
지》[14]

六香麨方

茯苓、薯蕷、薏苡、蓮子、芡
仁、菱實六者, 擣羅爲粉.
更入粳米粉、沙糖屑, 以生
薑汁搜爲劑, 手捻作掌大
薄餠. 上甑蒸熟取出, 爐
火上焙乾, 令極燥. 復擣
羅爲屑, 絹袋收貯. 每用兩
三匙, 白湯點服, 健脾補
虛. 《饔饎雜志》

11　광동성(廣東省)의……감미롭다 : 《說郛》卷38上〈白獺髓〉(《文淵閣四庫全書》878, 93쪽) ; 《本草綱目》卷
　　41〈蟲部〉"乳蟲", 2300쪽 ; 《格致鏡原》卷100〈昆蟲類〉5 "諸蟲"(《文淵閣四庫全書》1032, 793쪽).
12　유충은……한다 : 《本草綱目》卷41〈蟲部〉"乳蟲", 2300쪽.
13　출전 확인 안 됨.
14　출전 확인 안 됨.

6) 백엽초(柏葉麨, 측백나뭇잎미숫가루) 만들기(백엽초방)

측백나무의 새로 난 여린 잎을 시루에 얹고 쪄서 뜸을 들인 다음 뜨거운 물을 뿌린다. 7~8번 정도 뿌린 다음 꺼내어 음지에서 말렸다가 빻아 가루 낸다. 보리쌀·검정콩을 모두 고소한 향이 나게 볶고 빻아 가루 낸다. 다시 조유(棗油)[15]·생강가루를 한곳에 넣고 고루 섞은 뒤 명주자루에 저장해둔다. 이른 아침에 길 떠나는 이가 큰 숟갈로 2~3술을 끓인 물에 타서 먹으면 30~40리를 가도 배고프지 않고, 또 안개나 이슬의 독에 손상되지 않게 해준다.《옹치잡지》[16]

柏葉麨方

取側柏新生嫩葉, 上甑蒸餾, 以熱湯淋之. 淋至七八次, 取出陰乾, 擣爲末. 大麥米、黑大豆竝炒香, 擣作屑. 更入棗油、薑粉一處和均, 絹袋收貯. 晨早行役者, 用兩三大匙, 白湯點服, 可行三四十里不飢, 亦可不犯霧露之毒.《饔饎雜志》

7) 천금초(千金麨, 천금미숫가루) 만들기(천금초방)

흰밀가루 6근, 꿀 2근, 향유(참기름) 2근, 백복령 4냥, 생강(껍질 벗긴 것) 4냥, 생강(구운 것) 2냥, 감초 2냥을 곱게 가루 낸다. 이를 고루 뒤섞고 빻아서 덩어리로 만든 다음 푹 쪘다가 음지에서 말려 가루 낸 뒤 명주자루에 담는다. 매번 1술을 냉수에 타서 먹으면 100일 정도는 배고프지 않게 지낼 수 있다【《농정전서(農政全書)[17]》에 "반드시 100일까지 쓸 수 있는 것은

千金麨方

用白麪六斤、蜜二斤、香油二斤、白茯苓四兩、生薑(去皮)四兩、乾薑(炮)二兩、甘草二兩, 爲細末. 拌均擣爲塊子, 蒸熟陰乾爲末, 絹袋盛. 每一匙, 冷水調下, 可經百日不飢【《農政

---

15 조유(棗油) : 찐 대추를 빻아서 볕에 말린 것.

16 출전 확인 안 됨.

17 농정전서(農政全書) : 중국 명(明)나라 서광계(徐光啓, 1562~1633)가 지은 중국 농학서(農學書)를 집대성한 책. 중국 한(漢)나라 이후 특히 발달하기 시작한 농학자의 여러 설을 총괄·분류하고 그 아래에 자기의 의견을 첨부하여 집대성한 것인데, 농본(農本)·전제(田制)·농사(農事)·수리(水利)·농기(農器)·수예(樹藝)·잠상(蠶桑) 등 12문(門)으로 되어 있다. 서광계가 죽은 뒤 1639년 진자룡(陳子龍)에 의해 소주(蘇州)에서 간행되었다.

아니다."라 했다]. 10년 동안 보관할 수 있다.《위생
보감(衛生寶鑑)18)》19

全書》:"未必然"]. 可留十
年.《衛生寶鑑》

8) 운영초(雲英麨, 운영미숫가루) 만들기(운영초방)

연근·연밥·마름·토란·검인[鷄頭]·발제(荸薺)20·
쇠귀나물[慈姑]·백합 모두 속살이 깨끗한 것을 택하
여 문드러지도록 찐다. 잠시 동안 바람을 쐬어 말린
다음 돌절구에서 매우 곱게 빻는다. 여기에 천당(川
糖)21과 졸인 꿀을 넣고 다시 빻아서 서로 잘 섞이게
한다. 꺼내어서 한 덩어리를 만든 뒤 식혀서 딱딱해
지면 깨끗한 칼로 원하는 크기로 잘라 먹는다. 천당
은 많으면 좋지만, 꿀은 적당량만 넣어야지 지나치
면 너무 묽어진다.《정문보방(鄭文寶方)22)》23

雲英麨方

藕、蓮、菱、芋、鷄頭、荸薺、
慈姑、百合, 竝擇淨肉, 爛
蒸之. 風前吹眼少時, 石臼
中擣極細. 入川糖、熟蜜,
再擣令相得. 取出作一團,
停冷性硬, 淨刀隨意切食,
糖多爲佳, 蜜須合宜, 過則
大稀.《鄭文寶方》

9) 내초(柰麨, 능금미숫가루) 만들기(내초방)

문드러진 내(柰, 능금의 일종)를 주워서 단지에 넣
고, 아가리를 닫아 파리가 들어가지 못하게 한다.
6~7일쯤 지나면 완전히 문드러질 것이니, 이를 술
에 담고 세게 휘저어 죽처럼 뒤섞이게 한다. 물을

柰麨①方

拾爛柰, 內甕中, 盆合口,
勿令蠅入. 六七日許, 當大
爛, 以酒淹, 痛拌之, 令如
粥狀. 下水更拌, 以羅②漉

---

18 위생보감(衛生寶鑑) : 중국 금말원초(金末元初)의 나천익(羅天益, 1220~1290)이 지은 의서(醫書). 24권,
   보유(補遺) 1권. 1281년에 간행되었다.

19 출전 확인 안 됨 :《農政全書》卷45〈荒政〉 "備荒考下"《農政全書校注》, 1325~1326쪽).

20 발제(荸薺) : 올방개의 덩이줄기. 오우(烏芋).

21 천당(川糖) : 중국 사천성(四川省)에서 나는 설탕.

22 정문보방(鄭文寶方) : 중국 남당(南唐)의 관리·문인 정문보(鄭文寶, 953~1013)가 지은 의서로 추정된다.
   그의 자는 중현(仲賢)·백옥(伯玉)이며, 교서랑(校書郞)·병부원외랑(兵部員外郞)을 역임했고 다방면에 재
   능이 있었다. 저서로《강표지(江表志)》·《남당근사(南唐近事)》등이 있다.

23 출전 확인 안 됨 ;《淸異錄》卷上〈菓〉"雲英麨"《文淵閣四庫全書》1047, 868쪽).

① 麨 : 저본에는 "麪". 오사카본·규장각본·《齊民要術·柰林檎·作柰麨法》에 근거하여 수정.

② 羅 : 저본에는 "蘿".《齊民要術·柰林檎·作柰麨法》에 근거하여 수정.

붓고 다시 뒤섞어준 다음 체로 걸러서 껍질과 씨를
제거한다.

 한참이 지나서 맑게 가라앉으면 즙을 따라내고
다시 물을 부어 처음처럼 다시 뒤섞기를 반복하다가
냄새가 나지 않아야 그친다. 즙을 따라낸 뒤 그 위
에 베를 놓고 재로 즙을 빨아들이게 하는데, 이는
쌀가루 내는 법과 같다. 즙이 다 빠져나가면 칼로
빗의 손잡이만 한 크기로 가르고, 한낮에 햇볕에 말
린 뒤 갈아서 가루 내면 달면서 신맛이 적당하고 향
기가 예사롭지 않다. 《제민요술》[24]

 내유(柰油)는 내(柰)를 찧고 여기에서 나온 즙을 비
단 위에 발라 말린 뒤에 이를 걷어낸 것이다. 그 상
태가 기름처럼 번들번들하다. 《석명(釋名)》[25]

 요즘 관서(關西)[26] 사람들은 빨간 내로 즙을 내고
그릇에 발라 햇볕에 말린다. 이를 '과단(果單)'이라 한
다. 맛은 달면서 셔서, 먼길에 양식으로 쓸 수 있다.
《본초강목》[27]

10) 행초(杏麨, 살구미숫가루) 만들기(행초방)

 살구가 익었을 때 문드러진 것을 많이 가져다가
동이 안에서 간다. 이를 생포에 넣고 짜서 진한 즙

之, 去皮子.

良久, 澄淸, 瀉去汁, 更下
水, 復拌如初, 看無臭氣乃
止. 瀉去汁, 置布於上, 以
灰飮汁, 如作米粉法. 汁
盡, 刀劙, 大如梳掌, 於日
中曝乾, 研作末, 便甜酸
得所, 芳香非常也. 《齊民
要術》

柰油擣柰實, 以汁塗繒上,
燥而發之, 形似油也. 《釋
名》

今關西人以赤柰取汁塗器
中, 曝乾, 名"果單". 味甘
酸, 可以饋遠. 《本草綱目》

杏麨方

杏熟時, 多取爛者, 盆中
研之. 生布絞取濃汁, 塗盆

24 《齊民要術》卷4〈柰林檎〉 "作柰麨法"(《齊民要術校釋》, 297~298쪽).
25 《釋名》卷4 "釋飮食"(《文淵閣四庫全書》221, 403쪽);《本草綱目》卷30〈果附〉 "柰", 1776쪽.
26 관서(關西): 중국 하남성(河南省) 신안현(新安縣) 동쪽에 있는 함곡관(函谷關)의 서쪽 지역.
27 《本草綱目》卷30〈果附〉 "柰", 1776쪽.

을 낸다. 즙을 동이 안에 바르고 햇볕에 말린 다음 손으로 문지르면서 벗겨내어 거둔다. 이를 물에 타서 음료를 만들거나 쌀미숫가루에 탄다. 넣는 양은 임의대로 한다. 《제민요술》[28]

中, 曝乾, 以手磨刮取之. 和水爲漿及和米麨, 所入任意. 《齊民要術》

11) 이초(李麨, 자두미숫가루) 만들기(이초방)

살구미숫가루 만드는 방법과 같다. 《왕정농서(王禎農書)[29]》[30]

李麨方

同杏麨法. 《王氏農書》

12) 임금초(林檎麨, 능금미숫가루) 만들기(임금초방)

능금이 빨갛게 익었을 때 잘라서 심(心)·씨·꼭지를 버리고 햇볕에 쬐어 말린다. 갈거나 빻아서 고운 명주체로 거르고, 거친 것은 다시 갈거나 빻되 모두 곱게 될 때까지 한다. 이를 1방촌시씩 물 1사발에 타면 맛좋은 음료가 된다【주 꼭지를 떼지 않으면 맛이 매우 쓰고, 씨까지 갈면 여름을 날 수 없고, 심을 섞어 갈면 매우 시다】. 만약 물에 타지 않고 가루인 채로 먹을 경우에는 능금미숫가루 1승에 쌀미숫가루 2승를 타면 맛이 조화롭게 딱 맞다. 《제민요술》[31]

林檎麨方

林檎赤熟時, 劈破, 去心、子、蒂, 日曬令乾. 或磨或擣, 下細絹篩, 麤者更磨擣, 以細盡爲度. 以方寸匕投於椀中, 卽成美漿【注 不去蒂則大苦, 合子則不度夏, 留心則大酸】. 若乾噉者, 以林檎麨一升和米麨[3]二升, 味正調適. 《齊民要術》

---

28 《齊民要術》卷4〈種梅杏〉“杏李麨”(《齊民要術校釋》, 281쪽).

29 왕정농서(王禎農書) : 중국 원(元)나라의 왕정(王禎, ?~?)이 지은 농서(農書). 37집(集).

30 《王禎農書》卷9〈百穀譜〉6 “果屬” ‘梅杏’130쪽.

31 《齊民要術》卷4〈㮈林檎〉“作林檎麨法”(《齊民要術校釋》, 298쪽).

③ 麨 : 저본에는 “麺”. 오사카본·규장각본·《齊民要術·㮈林檎·作林檎麨法》에 근거하여 수정.

13) 조유(棗油, 대추미숫가루) 만들기(조유방)

붉고 연한, 말린 대추를 솥에 넣고 대추가 거의 잠길 만큼 물을 부어 삶다가 끓으면 건져낸다. 이를 사기동이에서 곱게 간 다음 생포로 걸러 즙을 내고, 쟁반에 발라 햇볕에 말리면 그 상태가 기름처럼 번들번들하다.

【안】 일찍이 이 방법대로 시험해 보았다. 대추의 성질은 기름지고 차지므로 마르지 않은 대추는 시루에 담아 살짝 쪄서 체로 거른 다음 깨끗한 과육을 취해야 한다. 이를 유기쟁반에 바른 뒤 화롯불 위에 얹어 불에 쬐어 말린다】

이를 손으로 문질러서 벗긴 다음 가루 내서 보관한다. 1술씩을 끓인 물의 주발 속에 타서 먹으면 신맛과 단맛이 충분하여 맛좋은 음료가 된다. 쌀미숫가루와 함께 타먹으면 허기와 목마름을 멎게 하는데 딱 좋고 비위를 북돋운다. 노심(盧諶)[32]의 《제법(祭法)[33]》에 "봄 제사에 조유(棗油)를 쓴다."[34]라 했으니, 조유(棗油)가 곧 이것이다. 《식경(食經)》[35]

14) 복분자초(覆盆子麨, 복분자미숫가루) 만들기
(복분자초방)

복분자는 여러 종류가 있다. 검붉은 복분자로

棗油方

取紅軟乾棗入釜, 以水僅淹平, 煮沸漉出. 砂盆研細, 生布絞取汁, 塗盤上曬乾, 其形如油.

【案】 嘗依此方試之. 棗性膩粘, 若不乾燥, 當甑盛略蒸, 篩取淨肉, 塗鍮盤, 置爐火上焙乾】

以手磨刮爲末收之. 每以一匙, 投湯盌中, 酸甜味足, 卽成美漿, 用和米麨, 最止飢渴, 益脾胃也. 盧諶《祭法》云："春祀用棗油", 卽此. 《食經》

覆盆子麨方

覆盆子有數種. 以紫黯色

---

32 노심(盧諶) : 284~351. 중국 동진(東晉)의 문학가. 자는 자량(子諒). 노장사상에 심취하였고 문장에 능했다. 저서로는 《제법(祭法)》·《장자주(莊子注)》등이 있다.

33 제법(祭法) : 중국 동진(東晉)의 노심이 지은 책으로, 제사의식·제수 등 제사와 관련된 제반 사항들을 기술했다.

34 봄……쓴다 : 출전 확인 안 됨.

35 《農政全書》卷29〈樹藝〉"果部"《農政全書校注》, 765쪽).

사진 1 복분자초

만들면 좋고, 선홍빛 복분자는 효능이 매우 떨어진
다. 7/10~8/10이 익었을 때 따다가 빻아서 얇은 떡의
모양으로 만든 다음 햇볕에 말린다. 이를 다시 빻고
고운체로 쳐서 가루 낸 뒤 저장해둔다. 쓸 때마다
1~2술을 흰꿀물에 타서 마시면 기를 북돋우고 몸
을 가볍게 하며, 오장을 편안하고 조화롭게 한다.
혹 녹두를 가루 내는 법[36]처럼 복분자에 물을 넣
고 간 다음 가루를 가라앉혀서 만들면 더욱 좋다.
《옹치잡지》[37]

者爲佳, 其鮮紅者, 功殊劣
也. 七八分熟時採取, 擣
作薄餠曬乾, 更擣細羅爲
末收貯. 每用一兩匙, 調白
蜜水飮之, 益氣輕身, 安和
五臟. 或水磨澄粉如綠豆
粉法, 尤佳.《饔饎雜志》

---

36 녹두를……법 : 녹두를 물에 불려 곱게 간 다음 이를 가라앉혀 찌꺼기를 걸러내고 가루를 말려 얻는 법이다.
37 출전 확인 안 됨.

2. 면(麪)

1) 총론

맥류(麥類)[1]의 가루를 '면(麪)'이라 한다【《설문해자》에 "면은 맥류의 가루이다."[2]라 했다】. 곡물·채소·과일·콩의 가루도 '면'이라고 하는데, 이는 가차(假借)한 것이다.

일반적으로 가루를 반죽해서 만든 것을 모두 '병(餠)'이라고 부르지만【삭병(索餠)[3]·수인병(水引餠)[4]과 같은 종류는 모두 우리나라에서는 수면(水麪, 국수)의 종류이지만, 중국 사람들은 모두 '병'이라 부른다】 우리나라 풍속에는 마른 것을 '병'이라 하고 젖은 것을 '면'이라 하니【마른 병은 시루에 찌거나 대나무 찜기에 쪄 먹는 종류이고, 젖은 면은 물에 삶거나 수인(水引, 면을 떼어 끓이는 방법)하여 먹는 종류이다】, 방언(方言)이다.

麪

總論

麥屑曰"麪"【《說文》: "麪, 麥屑也"】, 而穀、菜、菓、荳之粉, 亦謂之"麪", 假借也.

凡搜麪而作者, 皆名爲"餠"【如索餠、水引餠之類, 皆我東水麪之屬, 而華人皆呼爲"餠"】, 而東俗則指乾者爲"餠", 指濕者爲"麪"【乾者甑蒸、籠蒸之類, 濕者湯煮、水引之類】, 方言也.

---

1 맥류(麥類) : 보리·밀 등의 총칭.
2 면은……가루이다 :《說文解字》5篇下〈麥部〉"麪"《說文解字注》, 232쪽).
3 삭병(索餠) : 국수의 일종으로, 밀가루를 소금물로 반죽한 뒤 늘여서 선형으로 잘라 볕에 말려 두었다가 찌거나 끓여 먹는 것이다. 중국은 초기에는 수제비 모양의 면을 먹다가 후한(後漢) 때에 가늘고 긴 삭병을 먹기 시작하였고, 이후 진나라 때에 수인병이라는 국수를 만들어 먹었다.
4 수인병(水引餠) : 손으로 반죽을 주물러 젓가락 굵기로 만든 다음 물 담은 쟁반에 담가 두었다가 솥 위에서 얇게 펴서 물이 끓어오를 때 떼어 넣는 방법이다. 삭병보다는 굵고 손으로 떼어 넣는 수제비보다는 긴 국수이다.《제민요술(齊民要術)》권9〈병법(餠法)〉에 자세히 보인다.

국수 누르는 모양(기산풍속도첩)

그러나 사마광(司馬光)5의 《속수제의(涑水祭儀)》6를 살펴보면 가루로 만든 음식으로 병·만두 같은 종류가 있고, 또 쌀로 만든 음식으로 자(養)·고(糕)와 같은 종류가 있다. 대개 중국 사람들도 가루로 만든 음식과 자·고를 구분하여 두 가지 종류로 여긴 것이다. 《옹치잡지》7

然考司馬涑水《祭儀》, 有麪食餅、饅頭之類, 又有米食養、糕之類. 蓋華人亦分麪食與養、糕, 爲二類矣. 《饔饎雜志》

2) 교맥면(蕎麥麪, 메밀국수) 만들기(교맥면방)

메밀을 빻고 가루 내어 수비(水飛)8한 뒤 베 위에

蕎麥麪方

蕎麥米擣爲粉, 水飛, 鋪

5　사마광(司馬光) : 1019~1086. 중국 북송(北宋) 때의 학자·정치가·문학가. 자는 군실(君實), 호는 우수(迂叟). 온공(溫公)·속수(涑水)선생이라 칭해진다. 《자치통감(資治通鑑)》의 저자이다.

6　속수제의(涑水祭儀) : 중국 송(宋)나라 사마광(司馬光, 1019~1086)이 지은 제사의절에 대한 책. 사마광이 지은 의주류(儀注類) 책인 《서의(書儀)》의 〈거상잡의(居喪雜儀)〉 및 〈영당잡의(影堂雜儀)〉(문연각사고전서 142, 522쪽)에서 《속수제의》의 내용을 확인할 수 있다. 현존본 《서의》는 모두 10권으로 되어 있는데, 《송사(宋史)·예문지(藝文志)》에는 사마광의 저작으로 《서의》8권, 《속수제의》1권, 《거가잡의(居家雜議)》1권, 《가범(家範)》1권이 있다고 기록되어 있다.

7　출전 확인 안 됨.

8　수비(水飛) : 곡식의 가루나 그릇을 만드는 흙 따위를 물속에 넣고 휘저어 잡물을 없애는 일.

퍼서 햇볕에 말린다. 10승마다 녹두가루 2승을 넣고 물에 풀어 풀처럼 반죽한 뒤 국수틀[麪榨]9【안 국수틀의 제도는 《섬용지》의 도보(圖譜)10에 자세하게 보인다】에 넣는다. 틀을 눌러 면발이 만들어지면 간장물에 끓여 먹는다. 혹은 메밀가루를 물과 뒤섞어 반죽을 만들고 나무밀판11 위에서 밀어 편 다음 칼로 가늘게 썰어 칼국수가락을 만든다. 《증보산림경제》12

布上曬乾. 每一斗入綠豆粉二升, 水浸如糊, 入麪榨【案 麪榨之制, 詳見《贍用》圖譜】. 壓榨成索, 醬水煮食. 或將蕎麥麪, 水搜爲劑, 木案上捍開, 以刀細切作絲. 《增補山林經濟》

3) 난면(卵麪, 계란국수) 만들기(난면방)

卵麪方

밀가루를 고운체로 치고 계란 흰자로 반죽한 다음 밀판 위에서 얇게 민다. 이를 칼로 썰어 국수가

小麥麪細羅過, 用鷄子淸搜和, 案上捍薄. 刀切爲

사진2 밀판

사진3 난면

---

9 국수틀[麪榨] : 《섬용지》권2〈불로 요리하는 도구[炊㸑之具]〉"짜거나 누르는 여러 도구[榨壓諸器]"에 국수틀[麪榨] 제작법이 자세히 보인다. 서유구 지음, 임원경제연구소 옮김, 《임원경제지 섬용지》1, 풍석문화재단, 2016, 393~394쪽.

10 《섬용지》의 도보(圖譜) : 서유구는 《섬용지》에도 '도보'를 넣으려 했으나, 구상 단계에서 더 이상 나아가지 못했다. 《섬용지》권2〈불로 요리하는 도구〉"짜거나 누르는 여러 도구" '기름틀'에 "각 기름틀의 모양과 만드는 방법은 모두〈이용도보(利用圖譜)〉에 자세히 나와 있다."라고 한 것으로 보아, 《섬용지》의 도보에 붙인 명칭은〈이용도보(利用圖譜)〉였던 것으로 보인다. 서유구 지음, 임원경제연구소 옮김, 위와 같은 책, 387쪽.

11 나무밀판 : 가루 반죽을 밀어서 얇고 넓게 펴는 데 쓰는 통나무판.

12 《增補山林經濟》卷8〈餠麪諸品〉"木麥麪法"(《農書》4, 30쪽).

락을 만든 뒤 간장물에 끓여 먹는다.《옹치잡지》[13]

絲, 醬水煮食.《饔饎雜志》

4) 사면(絲麪, 실국수) 만들기(사면방)

녹두가루를 냉수에 섞어 묽은 풀처럼 반죽한다. 박을 절반으로 쪼갠 다음 한 쪽의 박속을 긁어낸 뒤 송곳으로 박의 여기저기를 뚫어 가는 구멍을 자잘하게 낸다. 이를 끓는 물 위쪽에 들고서 급히 녹두가루풀을 박속에 부어 넣으면 구멍마다 바로 실처럼 가는 1개의 면발이 나와서 차례로 끓는 물속으로 서려 들어간다. 그러면 바로 꺼내서 냉수에 넣었다가 다시 건지고 널어서 물기를 말려놓는다. 사용할 때는 꿀을 탄 오미자즙에 넣어 상에 올린다. 면발을 내릴 때 박을 높이 들면 면발이 머리카락처럼 가늘어진다.《증보산림경제》[14]

오서(吳瑞)[15]의 《일용본초》에 "녹두는 살구씨와 가까이하면 점성이 없어져서 가락을 만들 수 없다."[16]라 했다. 이시진(李時珍)의 《본초강목》에 "녹두를 갈아서 가루 내고 이를 물에 가라앉혀 가루를 얻은 뒤 떡·경단을 만들거나 피를 밀거나 가락[索]을 만들 수 있다."[17]라 했다. 여기서 말한 '삭(索)'은 바로

絲麪方

綠豆粉冷水調如稀糊. 將剖瓢, 以錐亂穿, 作細孔細, 擧於熱湯上, 急以綠豆粉糊傾注於瓢[1]內, 則每一孔輒下一細絲, 次次盤入於熱湯中, 卽取出投冷水中, 復撈出控乾. 臨用以蜜調五味子汁供之. 擧瓢[2]高則麪細如髮.《增補山林經濟》

吳瑞《日用本草》云 : "綠豆近杏仁, 則壞不能作索." 李時珍《本草綱目》云 : "綠豆磨而爲麪, 澄濾取粉, 可以作餌頓糕, 盪皮搓索." 其所謂"索", 卽指引長如索

---

13 출전 확인 안 됨.

14 《增補山林經濟》卷8〈餠麪諸品〉"絲麪法"(《農書》4, 31쪽).

15 오서(吳瑞) : 중국 원(元)나라의 의학자. 천력(天曆) 연간(1328~1329)에 해령[海寧, 절강성 가흥(嘉興)시 일대] 지방의 의학교(醫學校) 교관(敎官)을 지냈다.

16 녹두는……없다 : 《本草綱目》卷24〈穀部〉"綠豆", 1515쪽.

17 녹두를……있다 : 《本草綱目》卷24〈穀部〉"綠豆", 1514쪽

[1] 瓢 : 저본에는 "飄". 오사카본·규장각본·《增補山林經濟·餠麪諸品·絲麪法》에 근거하여 수정.

[2] 瓢 : 저본에는 "飄". 오사카본·규장각본·《增補山林經濟·餠麪諸品·絲麪法》에 근거하여 수정.

새끼처럼 길게 늘인 가락을 가리킨다. 중국 사람들은 이를 '삭병(索餅)'이라 부르고, 우리나라 사람들은 '실국수[絲麪]'라 부른다. 《옹치잡지》[18]

也. 華人謂之"索餅", 東人謂之"絲麪".《饔饎雜志》

5) 갈분면(葛粉麪, 칡가루국수) 만들기(갈분면방)

갈분(葛粉)【칡뿌리는 모래자갈 중에서 나는 것이 좋다】을 녹두가루와 섞어 국수를 만들면 갈증을 해소할 수 있다. 《고사신서(攷事新書)[19]》[20]

葛粉麪方

葛粉【葛根生沙石中者佳】和綠豆粉, 作絲麪, 能解渴.《攷事新書》

6) 창면(暢麪, 녹두국수) 만들기(창면방)

밑이 넓은 유기(鍮)양푼을 솥안의 끓는 물 위에 띄우고, 양푼이 뜨거워지기를 기다린다. 녹두가루에 물을 섞어 묽은 풀처럼 만든 뒤 양푼 안에 부으면 붓는 대로 굳는다. 이를 숟가락으로 떠서 냉수에 던져 넣는다. 잠시 후 다시 꺼내 칼로 의복의 끈 너비로 썰면, 국수가락이 종이처럼 얇고 얼음처럼 투명해서 매우 좋다. 《삼산방(三山方)[21]》[22]

暢麪方

用廣底鍮盆, 浮鼎鍋內沸湯上, 俟盆方熱. 以綠豆粉和水如稀糊, 傾注盆內, 則隨注隨凝, 用匙提出, 投冷水中. 移時復取出, 刀切如衣纓大, 其薄如紙, 其澄如氷, 甚佳.《三山方》

곁들여 먹는 즙은 꿀을 탄 오미자즙이나 혹은 꿀을 탄 애장(藹杖)열매즙【애장은 함경도에서 나며, 민간에서는 '들쭉[豆乙竹]'[23]이라 한다】을 쓴다. 여름철

汁用蜜和五味子汁, 或蜜和藹杖實汁【藹[3]杖産關北, 俗呼"豆乙竹"】. 暑月最能

---

18 출전 확인 안 됨.

19 고사신서(攷事新書) : 조선 후기 문신·학자 서명응(徐命膺, 1716~1787)이 지은 책으로, 사대부로부터 관리 및 일반선비들에 이르기까지 항상 기억해 두어야 할 사항을 기록하였다.

20 《攷事新書》卷13〈日用門〉"造粉麪餠法"《攷事新書》6, 76쪽).

21 삼산방(三山方) : 미상.

22 출전 확인 안 됨.

23 들쭉[豆乙竹] : 고산 지대나 고원 지대에서 자라는 낙엽 관목.

③ 藹 : 저본에는 "蔼".《增補山林經濟·餠麪諸品·昌麪法》에 근거하여 수정.

에 갈증을 그치게 하고 답답함을 씻어주기에 가장 좋다. 《증보산림경제》[24]

7) 노분면(蘆粉麪, 갈대가루국수) 만들기(노분면방)

노근(蘆根, 갈대뿌리)을 껍질을 벗기고 빻아 가루를 얻은 뒤, '녹둣가루 얻는 법'과 같이 수비(水飛)한다. 녹둣가루·메밀가루와 함께 섞어 국수를 만들면 좋다. 《삼산방》[25]

8) 천화면(天花麪, 하눌타리국수) 만들기(천화면방)

9~10월에 하눌타리의 뿌리를 채취하여 깨끗이 씻고 껍질을 벗긴 다음 흐물흐물하게 빻아 가루를 얻는다. 이를 수비해서 맑게 가라앉힌 뒤, 윗물을 버리고 다시 새로 길어온 물을 붓는다. 이와 같이 5~6번 정도 하고 모시포대에 담아 바람이 통하는 곳에 매달아둔다. 물기가 다 날아간 뒤 가루가 저절로 덩이가 되면 덩이를 잘라서 기름종이 위에 펼치고 햇볕에 말린다. 여기에 메밀가루를 조금 섞어서 국수를 만들어 먹으면 가래와 기침을 치료할 수 있다. 《삼산방》[26]

손사막(孫思邈)의 방법 : 땅을 깊이 파서 하눌타리의 큰 뿌리를 캐낸 다음 흰 속이 보이도록 두껍

止渴滌煩. 《增補山林經濟》

蘆粉麪方

蘆根去皮擣取粉, 水飛如 "綠豆粉法". 同綠豆粉、蕎麥粉, 拌和作麪則佳. 《三山方》

天花麪方

九十月採瓜蔞根, 淨洗去皮, 擣爛取粉. 水淘澄淸, 去其上水, 復注新水. 如是五六度, 盛苧布帒, 懸當風處. 水氣旣盡, 粉自成塊, 切鋪油紙上, 日乾. 少和蕎麥末作麪, 治痰嗽. 《三山方》

孫思邈法 : 深掘大根, 厚[4]削至白. 寸切水浸, 每朝易

---

24 《增補山林經濟》卷8 〈餠麪諸品〉 "昌麪法"(《農書》4, 30쪽).
25 출전 확인 안 됨.
26 출전 확인 안 됨.
[4] 根厚 : 저본에는 "厚根". 규장각본·《山家淸供·栝樓粉》에 근거하여 수정.

게 깎아낸다. 이를 0.1척 정도의 크기로 잘라서 물에 담가놓고, 아침마다 물을 갈아준다. 5일째 되는 날 꺼내서 힘껏 빻는다. 명주주머니에 담아 즙을 거르면 옥액(玉液, 진액)이 되는데, 이 즙이 마르기를 기다린다. 가루로 먹어도 되고, 멥쌀을 섞어 죽을 끓이되 자주 저어서 수락(酥酪, 가공한 유즙)과 같이 눈[雪]색을 띠도록 한 뒤 먹으면 기를 보하고 북돋아준다.[27] 이것이 하눌타릿가루를 만드는 핵심이다. 《옹치잡지》[28]

之. 五日取出, 擣之以力. 貯以絹囊, 濾爲玉液, 候其乾矣. 可爲粉食, 雜以粳糜, 飜起雪色似乳酥酪, 食之補益. 此作瓜蔞粉三昧也. 《饔饎雜志》

9) 율면(栗麪, 밤국수) 만들기(율면방)

생밤을 가루 내어 녹둣가루 얻는 법과 같이 수비한 다음 명주포대에 담아둔다. 매번 같은 양의 녹둣가루와 함께 섞어 국수를 만든다. 《삼산방》[29]

栗麪方

生栗作末, 水飛如菉末法, 絹帒盛. 每同菉末等分, 作麪. 《三山方》

생밤을 곱게 간 뒤 물로 일고 맑게 가라앉혀 가루를 얻는다. 이 가루를 메밀가루와 섞어 국수를 만들면 좋다. 《산림경제보》[30]

生栗磨細, 水淘澄濾取粉. 和蕎麥粉作麪則佳. 《山林經濟補》

10) 나화(剌花, 나화국수) 만들기(나화방)

밀가루를 소금물에 뒤섞어 반죽을 만들고 밀판 위에서 종이처럼 얇게 민다. 이를 썰어서 가늘고 긴 가락을 만들었다가【너비는 0.05척 가량, 길이는

剌花方

剌麪以鹽水搜作劑, 案上捍薄如紙. 切作狹長條【廣可五分, 長可三寸】, 掛乾.

---

27 손사막(孫思邈)의……북돋아준다 : 《山家淸供》卷上〈括蔞粉〉(《叢書集成初編》1473, 7쪽).
28 출전 확인 안 됨.
29 출전 확인 안 됨.
30 출전 확인 안 됨.

0.3척 가량이다】걸어서 말린다. 쓸 때는 팔팔 끓는 물에 삶은 다음 꺼내서 다시 맑은 물에 넣어 씻은 뒤, 꿀을 탄 오미자물에 넣어서 상에 올린다. 혹 기름·간장·후추·파·고기를 넣고 삶아 먹는데, 이를 '토장(土醬)'이라 부른다. 반면 나화국수는 화갱(花羹)에 섞는다.[31]《삼산방》[32]

用時, 滾湯內瀹出, 復入淨水中洗之, 蜜調五味子水, 供之. 或用油醬、椒蔥、肉料煮食, 則謂之"土醬". 和花羹.《三山方》

11) 별작면(別作麪) 만들기(별작면방)

밀가루를 명주체에 쳐서 싱겁게 탄 간장물에 뒤섞어 반죽하고, 잠시 놔두었다가 다시 손으로 주무르고 이겨서 탄환크기의 구슬로 만든다. 여기에 참기름을 발라 밀판 위에 놓고 대나무밀대로 밀어 편다. 이를 기름종이에 펼쳐 햇볕에 말린 뒤 대광주리에 저장해 둔다. 쓸 때가 되면 꺼내서 끓는 물에 삶은 다음 건져서 냉수에 넣고 손으로 늘여 긴 국수가락을 만든다. 이 가락을 참깨즙장탕[芝麻汁醬湯][33]에 섞어 먹는데, 여기에 여러 가지의 고기와 채소를 더 넣어 먹으면 좋다.《삼산방》[34]

別作麪方

麪麫羅篩篩過, 以淡醬水搜爲劑, 放頓少頃, 復以手揉捻捏, 作彈丸大毬子. 擦以香油, 置俎案上, 以竹管擎之. 鋪油紙曬乾, 筐筥收貯. 臨用, 取出滾湯煮之, 撈出投冷水中, 手製作長條. 用芝麻汁醬湯和食, 更入諸色肉料、菜料則佳.《三山方》

---

31 혹……섞는다 : 조선 세종 연간(1450년경)에 어의 전순의(全循義, ?~?)가 지은 《산가요록(山家要錄)》을 살펴보면, 면을 마련한 뒤 "말유즙(末油汁, 참깨나 들깨 등을 간 즙으로 추정)에 향채(香菜, 파·마늘·생강 등의 향신채)와 고기 구운 것을 넣으면 토장(吐醬)이 되고, 화갱(花羹, 오미자 물 등의 맑은 국물)에 섞으면 나화[剌]가 된다(用末油汁, 和香菜, 肉炙則爲吐醬, 和花羹則爲剌也)."라 했다. 토장과 나화를 구분하는 기준을 제시한 이 대목을 토대로 본문을 풀었다. 전순의 찬(撰), 한복려 엮음, 《다시 보고 배우는 산가요록》, 궁중음식연구원, 2011, 137~139쪽 참고.
32 출전 확인 안 됨.
33 참깨즙장탕[芝麻汁醬湯] : 참깨즙에 간장을 탄 국물.
34 출전 확인 안 됨.

사진 4 꿩고기를 재료로 쓴 진주면

12) 진주면(眞珠麪) 만들기(진주면방)

꿩·닭·거위·오리 중에서 기름지고 연한 놈을 잡
아 잠깐 삶았다가 물기를 제거한 뒤 녹두나 메주콩
크기로 썬다. 이들을 녹둣가루에 넣고 고르게 섞어
서로 들러붙지 않게 한 다음 묽은 장국물로 삶는다.
참기름·계란·버섯·석이버섯 등을 넣어 고명으로 얹
어 먹는다. 《삼산방》[35]

眞珠麪方

雉鷄、鵝鴨中, 取膏而軟
者, 暫烹去水氣, 剉作綠豆
大或黃豆大. 拖綠豆粉中
拌均, 令不相粘着, 以淡醬
水烹之. 入芝麻油、鷄卵、
菌蕈、石耳等, 交胎用之.
《三山方》

13) 서면(黍麪, 기장국수) 만들기(서면방)

기장쌀을 삶아 익히고, 건져내서 깨끗이 씻은 다
음, 이를 밀가루에 넣어 겉에 가루가 묻도록 고르게
섞는다. 다시 삶고 건져내어 깨끗이 씻은 뒤 녹둣가
루에 넣어 기장쌀 표면에 가루가 묻도록 고르게 섞
는다. 또 삶고서 건져내어 냉수에 넣고 깨끗이 씻는

黍麪方

黍米烹熟, 漉出淨洗, 拖麥
麪中拌均. 更烹之, 漉出淨
洗, 拖綠豆粉中拌均. 又烹
之, 漉出投冷水中淨洗. 用
淸醬水或蜜調五味子湯,

---

35 출전 확인 안 됨.

다. 이를 간장물이나 꿀을 탄 오미자탕에 넣어 먹는 食之.《三山方》
다.《삼산방》³⁶

14) 과면(瓜麪, 오이국수) 만들기(과면방)

생 오이를 실처럼 가늘게 채 썬다. 이를 잠깐 데
쳤다가 건져내서 녹둣가루를 고르게 묻힌다. 묽은
소금물에 이것을 삶아 고명을 얹어 먹는다.《삼산
방》³⁷

瓜麪方

生瓜細切作絲. 暫瀹撈出,
均塗菉末. 烹于淡鹽水, 交
胎用之.《三山方》

15) 나단탕병(糯團湯餅, 찹쌀새알심국) 끓이기(나단
탕병방)

찹쌀을 빻고 가루 내어 고운체로 친 다음 물을
뒤섞어 반죽하고, 이를 주물러서 탄환크기의 작은
구슬(찹쌀새알심)로 만든다. 또는 채소·고기·생강·후
추로 소를 만들어 넣거나 소 없이 만들기도 한다.
먼저 솥안에다 간장물에 고기를 삶아 여러 번 끓으
면 찹쌀새알심을 넣고 다시 삶아 익힌다.《옹치잡
지》³⁸

糯團湯餅方

糯米擣粉細羅過, 水搜爲
劑, 捏作彈丸大小毬子. 或
以菜肉、薑椒爲餡, 或無
餡. 先將醬水肉料鍋內,
煮數沸, 卽以糯團投之, 更
煮熟.《饔饎雜志》

16) 화면(花麪, 진달래국수) 만들기(화면방)

진달래가 필 때 꽃을 따서 꽃받침과 꽃술을 제거
한다. 이를 꿀에 살짝 절였다가 녹둣가루에 넣어 고
르게 섞는다. 이를 끓는 물에 잠시 데친 다음 꺼내

花麪方

杜鵑花開時, 取花瓣去蔕
鬚. 略漬以蜜, 拖綠豆粉中
拌均, 沸湯內暫瀹之, 取出

사진 5 화면

서 꿀을 탄 오미자탕에 넣고 상에 올린다.《옹치잡지》39

以蜜調五味子湯, 供之⑤.《饔饎雜志》

17) 백합병(百合餠, 백합칼국수) 만들기(백합병방)

봄이나 가을의 중월(仲月)40에 백합의 뿌리를 캐다가 햇볕에 말린 다음 빻고 체질하여 가루를 얻는다. 이를 밀가루와 섞어 탕병을 만들어 먹으면 【안 중국 사람들이 말하는 탕병(湯餠)과 우리나라 사람들이 말하는 탕면(湯麪)은 서로 비슷하다. 즉, 밀가루를 뒤섞어 반죽하고 이를 얇게 민 다음 칼로 썰어 국수 가락을 만든 뒤, 끓는 물에 삶은 것이다. '박탁(餺飥)'이라고도 한다】기혈을 가장 잘 북돋아준다.《산가청공》41

百合餠方

春秋仲月采根暴乾, 擣篩, 和麪作湯餠【案 華人所謂"湯餠"與我東湯麪相似. 卽用麴麪搜劑捍薄, 刀切爲絲而湯煮者, 亦謂之"餺飥"】, 最益氣血.《山家清供》

18) 옥연삭병(玉延索餠, 마국수)42 만들기(옥연삭병방)

마는 중국 진(秦)나라와 초(楚)나라 때에는 '옥연(玉延)'이라 불렀다. 봄과 겨울에 캔 흰 마를 최고로 친다. 물에 백반을 약간 넣고 하룻밤이 지나면 마를 깨끗이 씻어서 점액을 제거한다. 불에 쬐어 말린 다음 갈고 체로 쳐서 가루 내면 이것으로 탕병을 끓일

玉延索餠方

山藥, 秦、楚間名"玉延". 春冬采根白者爲上. 以水入礬少許, 經宿洗淨去涎. 焙乾磨篩爲麪, 可作湯餠. 如用作索餠⑥, 硏⑦濾爲

---

39 출전 확인 안 됨.
40 중월(仲月) : 사계절의 각 3개월 중 가운데에 해당되는 달. 음력 2월·5월·8월·11월. 여기서는 2월이나 8월이다.
41 《山家清供》卷上〈百合麪〉(《叢書集成初編》1473, 6쪽).
42 옥연삭병(玉延索餠) : 마[玉延]로 면을 만들어 끓인 탕병. 삭병(索餠)은 탕병(湯餠)·온면(溫麪)·자병(煮餠)과 같다고도 하는데, 여기서는 대나무통의 가는 구멍으로 면을 빼서 면발의 굵기가 더 가는 데에 차이가 있는 것으로 보인다.
⑤ 之 : 저본에는 없음. 오사카본·규장각본에 근거하여 보충.
⑥ 餠 : 저본에는 없음.《山家清供·玉延索餠》에 근거하여 보충.
⑦ 硏 :《山家清供·玉延索餠》에는 "熟硏".

수 있다. 만약 삭병(索餅)을 만들려면, 마를 갈아서 물에 걸러 가루앙금을 내고 대나무통 속에 넣은 다음 식초가 얕게 담긴 동이에 조금씩 가늘게 떨어뜨린다. 이를 꺼내어 물에 담가 신맛을 제거한 뒤 탕병을 끓이는 방법과 같이 한다.《산가청공》[43]

粉, 入竹筒中, 溜于淺醋盆內, 出之于水浸去醋味, 如煮湯餅法.《山家淸供》

19) 석류분(石榴粉, 석류면) 만들기(석류분방)

연뿌리를 작은 조각으로 자른 뒤 사기그릇 안에 넣고 비벼 모난 부분이 점점 둥글어지게 만든다. 이를 매수(梅水)[44]에 연지(臙脂)[45]를 함께 섞은 물로 고르게 염색한다. 여기에 녹둣가루를 타서 섞은 뒤 청즙(淸汁, 맑은 즙)에 넣고 삶아서 상에 올리면【안 꿀을 탄 오미자 물에 넣고 상에 올리면 좋다】마치 석류와 같은 모양이 된다.《산가청공》[46]

石榴粉方

藕截細塊, 砂器內擦稍圓. 用梅水同臙脂染色. 調綠豆粉拌之, 入淸汁煮供【案宜用蜜調五味子水, 供之】, 宛如石榴子狀.《山家淸供》

20) 수활면(水滑麪, 손국수) 만들기(수활면방)

두면(頭麪)[47]을 이용할 때는 봄·여름·가을에는 새로 길은 물에 기름과 소금을 넣고 미리 저어서 밀가루를 푼 국처럼 엉기게 한다. 두면을 차츰차츰 이물에 부어가며 뒤섞어 반죽한 뒤, 손으로 떼어 작은 덩이를 만든다. 다시 기름물을 뿌려가며 섞어 주먹으로 100~200번 주무른다. 이와 같이 3~4차례 하

水滑麪方

用頭麪, 春夏秋用新汲水, 入油、鹽先攪[8], 作拌麪羹樣. 漸漸入水和搜成劑, 用手析開, 作小塊子. 再用油水灑和, 以拳揉一二百拳, 如此三四次, 微軟如

---

43 《山家淸供》卷下〈玉延索餠〉(《叢書集成初編》1473, 17쪽).
44 매수(梅水) : 매실이 익을 때 내린 빗물. 장마철의 빗물을 말한다.
45 연지(臙脂) : 화장할 때 볼에 바르는 붉은 빛깔의 안료.
46 《山家淸供》卷下〈石榴粉〉(《叢書集成初編》1473, 19쪽).
47 두면(頭麪) : 제분 과정에서 가장 먼저 체에 걸러진 고운 밀가루.
8 攪 : 저본에는 "覺". 규장각본·《居家必用·飮食類·濕麪食品》에 근거하여 수정.

면 떡반죽처럼 약간 연해진다.

　이 반죽을 밀대 위에 올려 1개의 밀대로 100여
번을 민다. 만약 밀대가 없으면 주먹으로만 수백 번
을 주물러 반죽이 숙성되고서야 손가락으로 비벼서
면발을 뽑을 수 있다. 이 면발을 새로 길은 찬물에
넣어 4시간 정도 담가둔 뒤 면이 숙성되고서야 솥에
넣되, 굵기는 임의대로 한다. 겨울에는 온수에 담근
다. 《거가필용》48

21) 삭면(索麪, 기름손국수) 만들기(삭면방)

　수활면(水滑麪)과 같은데, 기름만 2배 더한다. 기
름을 묻히며 대략 젓가락 굵기로 가늘게 만든다. 이
때 길이와 굵기가 일정해야 한다. 기름종이로 덮어
서 면의 표면이 갈라지지 않게 4시간 정도 놓아둔
뒤, 젓가락에 감았다가 살짝 펴서 햇볕에 마를 때까
지 둔다.

　혹 기름을 묻히지 않고 반죽을 비빌 경우에는 쌀
가루를 번가루로 묻히고 비비는데, 젓가락에 감았
다가 살짝 펼 때에도 다시 가루를 묻힌다. 비틀었다
펴기를 3~5번 하되 둥글고 길며 가늘게 될 때까지
한다. 길이와 굵기가 고르지 않은 것을 가려서 한곳
에 모아 두었다가 다시 비비고 편 다음 마르면 솥에
넣어서 삶는다. 《거가필용》49

餠劑.
就案上, 用一拗棒, 納百餘
拗. 如無拗棒, 只多揉數百
拳, 至麪性行, 方可搓爲麪
指頭. 入新涼水內, 浸兩時
許, 伺麪性行, 方下鍋, 闊
細任意做. 冬月用溫水浸.
《居家必用》

索麪方
與水滑麪同, 只加油陪. 用
油搓如麤筯細, 要一樣長
短麤細. 用油紙蓋, 勿令
皺停兩時許, 上筯杆⑨纏
展細, 曬乾爲度.

或不用油搓, 加米粣搓,
展細再入粉, 紐展三五次
至於圓長停細. 揀不均者,
撮在一處, 再搓展, 候乾下
鍋煮. 《居家必用》

---

48 《居家必用》庚集〈飮食類〉 "濕麪食品" '水滑麪', 《居家必用事類全集》, 276쪽).
49 《居家必用》庚集〈飮食類〉 "濕麪食品" '索麪'(《居家必用事類全集》, 276쪽).
⑨ 杆 : 저본에는 "杵". 《居家必用·飮食類·濕麪食品》에 근거하여 수정.

22) 경대면(經帶麪) 만들기(경대면방)

두백면(頭白麪, 두면) 2근에서 1냥 모자라는 양(즉 31 냥)에 소금 2냥을 곱게 갈아서 넣는다. 이를 새로 길어온 물에 풀어 잘 섞고 연속해서 밀어 면반죽을 약간 부드럽게 한다. 밀대로 100여 번 밀어서 2시간 정도 둔다. 다시 100여 번을 밀어서 매우 얇게 밀어 경대(經帶, 세로로 놓은 띠) 모양으로 자른다. 이를 끓는 물에 넣고 익으면 찬물에 넣었다가 꺼낸다. 면을 넣어 먹을 국물은 임의대로 한다. 《거가필용》[50]

23) 탁장면(托掌麪) 만들기(탁장면방)

두백면(頭白麪)에 찬물과 함께 정량보다 줄인 소금을 넣고 섞어서 반죽한다. 2시간 정도 두었다가 다시 뒤섞어 반죽이 숙성되면 손가락으로 주물러 탄환모양으로 만든다. 쌀가루를 번가루로 쓰면서 밀대[骨櫓槌]로 밀어 작은 잔주둥이크기로 만드는데, 얇을수록 좋다. 면을 삶아 익혀서 차가운 고기 육수에 넣어 담갔다가 꺼낸 뒤 육즙을 바꿔주고, 여기에 노각오이채·잘게 찢은 닭고기·마늘·진한 유즙을 넣어 먹는다. 《거가필용》[51]

經帶麪方

頭白麪二斤減一兩, 鹽二兩研細, 新汲水破開, 和搜比捍麪劑微軟. 以拗棒拗百餘下, 停一時間許. 再拗百餘下, 捍至極薄, 切如經帶樣. 滾湯下, 候熟, 入涼水抜[10], 汁任意.《居家必用》

托掌麪方

頭白麪涼水入鹽減和成劑. 停一時, 再搜和, 至麪性行, 搓成彈子. 米粉爲粖, 以骨櫓[11]槌碾如盞口大, 以薄爲妙. 煮熟入冷肉汁浸, 抜換汁, 加黃瓜絲·鷄絲·蒜·酪, 食之.《居家必用》

---

50 《居家必用》庚集〈飮食類〉"濕麪食品"'經帶麪'《居家必用事類全集》, 276쪽).
51 《居家必用》庚集〈飮食類〉"濕麪食品"'托掌麪'《居家必用事類全集》, 276쪽).
[10] 抜 : 저본에는 "投". 규장각본·《居家必用·飮食類·濕麪食品》에 근거하여 수정.
[11] 櫓 : 저본에는 "魯".《居家必用·飮食類·濕麪食品》에 근거하여 수정.

24) 산약면(山藥麵, 마칼국수) 만들기(산약면방)

번철 안에 곱게 간 생마를 넣고 기름을 조금 두른 뒤 펴서 전병(煎餅)[52]을 만든다. 2개까지 펴서 만든 이후로는 기름을 넣지 않고 바로 불에 지진다. 이를 국수처럼 가늘게 썰고, 훈채(葷菜, 맛과 향이 강한 채소)나 소채(素菜, 보통의 채소) 고명·국물은 임의대로 만들어 먹는다 【안 이는 《산가청공》에서 소개한 옥연삭병(玉延索餅)의 재료와 같으나 방법이 다르므로 2가지 방법을 모두 수록했다】.《거가필용》[53]

25) 구면(氿麵, 무칼국수) 만들기(구면방)

무 1근을 잘게 썰어 삶다가 2~3번 끓어오르면 소분(韶粉)[54] 1술을 그 위에 고르게 뿌린 뒤 골고루 저으며 흐물흐물해지도록 삶는다. 이를 걸러내어 간

山藥麵方

擂爛生山藥於煎盤內, 用少油攤作煎餅. 攤至第二箇後, 不用油, 逐旋爀之. 細切如麵, 葷素、汁任意食之【案 此與《山家清供》玉延索餅料同而方不同, 故並存兩方】.《居家必用》

句麵方

蘿蔔一斤切碎煮三兩沸, 入韶粉一匙頭, 均糝於上, 攪均, 煮至爛, 漉出擂, 布

사진6 구면

---

52 전병(煎餅) : 찹쌀가루나 밀가루를 둥그렇게 부친 음식.
53 《居家必用》庚集〈飮食類〉"濕麵食品" '山藥麵'(《居家必用事類全集》, 277쪽).
54 소분(韶粉) : 납을 가공하여 만든 염기성 탄산연. 백색 분말의 약재로 옛날에는 중국 소주(韶州)와 진주(辰州)에서만 만들었기 때문에 붙여진 이름. 연분(鉛粉)·백분(白粉)·호분(胡粉)·조분(朝粉)이라고도 한다. 적취(積聚)의 제거·살충(殺蟲)·해독(解毒) 등의 효능이 있다.

뒤, 면포에 걸러 찌꺼기를 제거한다. 여기에 나온 즙을 밀가루 1근과 섞고 반죽을 만들어 민다. 면을 썰 때 그 굵기는 임의대로 한다. 《거가필용》[55]

紐去滓. 和麪一斤捍, 切闊細任意.《居家必用》

26) 취루면(翠縷麪, 회화나무잎칼국수) 만들기(취루면방)

회화나무 어린 잎을 갈아서 자연즙을 내고, 보통의 방법대로 밀가루와 반죽한 다음 가늘게 썰어 끓는 물에 넣는다. 익으면 물에 헹궈 국물에 넣고 상에 올리는데, 훈채나 소채 고명은 임의대로 한다. 표고[蘑菇]를 얹으면 더욱 오묘하다. 맛은 달고 색은 비취색이다. 《거가필용》[56]

翠縷麪方

取槐葉嫩者, 硏自然汁, 依常法搜麪[12], 細切滾湯下. 候熟, 過水供汁, 葷素任意. 加蘑菇尤妙. 味甘色翠.《居家必用》

27) 홍사면(紅絲麪, 새우국수) 만들기(홍사면방)

신선한 새우 1냥을 깨끗이 씻고 흐물흐물하게 갈아 천초 30알, 소금 1냥, 물 5승을 한곳에서 삶아 익힌다. 천초를 골라내고 즙을 걸러 맑게 가라앉힌다. 여기에 흰밀가루 3근 2냥 , 녹둣가루 1승을 넣고 뒤섞어 반죽한 다음 2시간 정도 면포로 덮어둔다. 이어 다시 반죽하고 밀어서 편 뒤 쌀가루를 번가루로 묻힌다.

굵기는 임의대로 하여 썬 다음 삶아 익히면 면이

紅絲麪方

鮮蝦二斤, 淨洗擂爛, 用川椒三十粒, 鹽一兩, 水五升, 一處煮熟. 揀去椒, 濾汁澄淸. 入白麪三斤二兩[13], 綠豆粉一升[14], 搜和成劑, 布蓋一時許, 再搜捍開, 用米粉爲粆.

闊細任意切, 煮熟, 其麪自

55 《居家必用》庚集〈飮食類〉 “濕麪食品” ‘句麪’(《居家必用事類全集》, 277쪽).
56 《居家必用》庚集〈飮食類〉 “濕麪食品” ‘翠縷麪’(《居家必用事類全集》, 277쪽).
12 麪:《居家必用·飮食類·濕麪食品》에는 “和”.
13 二兩 : 저본에는 “□□二兩”. 규장각본·《居家必用·飮食類·濕麪食品》에 근거하여 삭제.
14 升:《居家必用·飮食類·濕麪食品》에는 “斤”.

사진 7 홍사면 만들기

자연스레 홍색을 띤다. 국물도 임의대로 만들어 쓴 다. 이때 돼지고기만은 넣지 말아야 한다. 풍기(風氣) 를 요동시킬까 걱정되기 때문이다.《거가필용》57

然紅色. 用汁任意, 只不犯 猪肉, 恐動風氣.《居家必 用》

28) 우박탁(芋餺飥)58 만들기(우박탁방)

芋餺飥方

【《세설신어(世說新語)》59의 주석에 "북방 사람들은 면을 먹는데,60 이를 '박탁(餺飥)'이라 한다."61라 했 다】

【《世說》註 : "北人食麪, 名 '餺飥'"】

산우(山芋)【안 산우는 곧 마의 다른 이름이다. 《군방보》에 이 면을 만드는 방법이 수록되어 있는 데, 거기에는 '우박탁(芋餺飥)'이라고만 하고 산(山)이

山芋【案 山芋, 卽山藥名. 《群芳譜》載此方, 但稱"芋 餺飥"而無山字, 當以《群芳

---

57 《居家必用》庚集〈飲食類〉"濕麪食品"'紅絲麪'(《居家必用事類全集》, 276~277쪽).

58 우박탁(芋餺飥) : 위에 있는 마칼국수와는 마를 재료로 한 점에서는 같지만, 면을 만드는 방법과 함께 섞는 가루가 다르다.

59 세설신어(世說新語) : 중국 남북조(南北朝) 시대에 송(宋)나라 출신의 유의경(劉義慶, 403~444)이 편찬한 책이다. 중국 후한 말부터 동진까지의 문인·학자·승려·부녀자·제왕 등의 일화를 모았다. 후대에 세설체 문학이라는 범주가 생길 정도로 큰 영향을 주었다.

60 북방……먹는데 : 중국 북방 지역의 기후는 온대나 난온대에 속하여 강수량이 적고 기온이 낮아 농지가 건 조하다. 그러므로 추위에 강한 밀·옥수수·수수 등이 많이 나서 이러한 곡물을 가루 내 만든 음식을 많이 먹었다.

61 북방……한다 : 출전 확인 안 됨 ; 《說郛》卷27 下〈猗覺寮雜記〉(《文淵閣四庫全書》877, 527쪽).

라는 글자가 없으니, 마땅히 우(芋)만 붙인《군방보》가 맞다]를 삶아 익혀 껍질을 벗기고 흐물흐물하게 간 다음 고운 면포에 짜고 걸러서 찌꺼기를 제거한다. 여기에 밀가루를 섞어 반죽하고 콩가루를 번가루로 하여 묻힌다. 이를 밀어 썰되 굵기는 임의대로 한다. 처음 익힐 때 20번 정도 끓어오르면 화살처럼 단단하지만 100번 정도 끓어오르면 연하고 부드러워진다. 여기에 국물을 부어 먹는다.《구선신은서》[62]

《臞仙神隱書》爲是】煮熟, 去皮擂爛, 細布絞去滓. 和麪, 豆粉爲餙, 捍切麤細任意. 初熟二十沸如鏃, 至百沸則軟滑, 汁食之.《臞仙神隱書》

29) 영롱박탁(玲瓏餺飥) 만들기(영롱박탁방)

냉수에 밀가루를 섞는다. 양의 콩팥·생지(生脂, 비계)를 다져 밀가루에 넣고 함께 고르게 반죽한 다음 이를 밀어서 굵은 면을 만든다. 이를 솥에 넣어 삶으면 자연히 생지가 면에서 빠져 나올 것이다.《거가필용》[63]

玲瓏餺飥方

冷水和麪, 羊腎、生脂剉碎入麪, 同搜拌均, 捍作闊麪. 下鍋煮, 自然漏塵矣.《居家必用》

30) 영롱발어(玲瓏撥魚)[64] 만들기(영롱발어방)

흰밀가루 1근을 된 풀처럼 반죽하고, 기름진 쇠고기나 양고기 0.5근을 콩알크기로 잘게 썬 뒤 반죽에 넣어 골고루 젓는다. 숟가락으로 떠서 팔팔 끓는 물에 넣으면 면은 끓으면서 불어나고 고기는 끓으면서 쪼그라든다. 다 익으면 면은 뜨고 고기는 반죽에

玲瓏撥魚方

白麪一斤調如稠糊, 以肥牛肉或羊肉半斤, 碎切如豆大, 入糊攪均. 用匙撥入滾湯, 則麪見湯開, 肉見湯縮. 候熟, 麪浮肉沈如玲

---

62 《臞仙神隱書》〈八月〉 "修撰" '山芋餺飥'(《四庫全書存目叢書》260, 65쪽).

63 《居家必用》庚集〈飮食類〉 "濕麪食品" '玲瓏餺飥'(《居家必用事類全集》, 277쪽).

64 영롱발어(玲瓏撥魚) : 영롱발어에서 발어는 국물에 뜬 면이 마치 물고기가 떠 있는 모양과 같아서 붙여진, 수제비의 딴 이름.

서 빠져나와서 가라앉기 때문에 고기가 빠져 나간 흔적이 있는 면의 모양이 영롱한 무늬와 같다. 소금·간장·후추·생강·식초 등으로 간을 하여 먹으면 매우 맛이 있다. 《거가필용》[65]

31) 산약발어(山藥撥魚) 만들기(산약발어방)

흰밀가루 1근과 콩가루 4냥을 물에 섞어 된 전병 반죽처럼 만든다. 여기에 흐물흐물하게 갈아 익힌 마를 넣고 위의 반죽과 함께 한곳에서 고르게 섞는다. 반죽을 숟가락으로 떠서 끓는 물에 넣었다가 익으면 조자즙(燥子汁)[66]에 넣어 먹는다. 《거가필용》[67]

瓏狀. 下鹽醬[15]、椒薑、醋等和食之, 極有味.《居家必用》

山藥撥魚方

白麪一斤、豆粉四兩, 水攪如稠煎餅麪, 入擂爛熟山藥, 同麪一處攪均. 用匙撥入滾湯, 候熟, 燥[16]子汁食之.《居家必用》

---

65 《居家必用》庚集〈飮食類〉"濕麪食品"'玲瓏撥魚'(《居家必用事類全集》, 277쪽).

66 조자즙(燥子汁):잘게 썬 고기나 다진 고기를 더한 국물.

67 《居家必用》庚集〈飮食類〉"濕麪食品"'山藥撥魚'(《居家必用事類全集》, 277쪽).

[15] 醬:저본에는 없음. 규장각본·《居家必用·飮食類·濕麪食品》에 근거하여 보충.

[16] 燥:저본에는 "松", 규장각본·《居家必用·飮食類·濕麪食品》에 근거하여 수정.

3. 만두(饅頭)

1) 총론

만두는 제갈량(諸葛亮)¹이 노수(瀘水)²의 신에게 제사지낸 일에서 시작되었다가³ 마침내 흔히 먹는 음식이 되어서 온 천하가 만두라고 일컫는다. 정말이다! 이는 참으로 사물이 사람으로 인해서 소중해진 사례였다.

중국 사람들은 만두를 병(餠)의 한 종류로 보지만 우리나라 사람들은 만두를 병이라고 하지 않는다. 만두는 손님을 접대하는 음식 중 밀가루음식으로는 최상의 자리를 차지한다. 훈채(葷菜)와 소채(素菜)를 쓰는지, 국물이 있는지 없는지에 따라 그 만드는 법이 같지 않다. 대체로 만두는 대부분 밀가루피로 싸서 만드는데, 또한 탕병(湯餠)이나 삭병(索餠)과 같은 종류이다. 《옹치잡지》

饅頭

總論

饅頭始自諸葛氏之祭瀘神, 遂爲日用食品, 溥天同稱. 信乎! 物以人重也.

華人視以餠品之一, 而東人則不謂之餠. 賓豆之羞, 另占麪食之上頭, 葷素、乾濕, 其制不一. 大抵多麪裹而成, 亦湯餠、索餠之朋儕也.《饔饎雜志》

---

1 제갈량(諸葛亮) : 181~234. 중국 삼국시대 촉한(蜀漢)의 정치가이자 전략가. 자는 공명(孔明). 촉한 유비(劉備, 161~223)의 책사로 활약해 유비가 촉의 황제가 되자 그 공을 인정받아 승상에 올랐다.
2 노수(瀘水) : 중국 청해성(靑海省) 서부 곤륜산맥(崑崙山脈)에서 발원해서 양자강으로 흘러들어가는 강. 현재의 금사강(金沙江)이다.
3 만두는……시작되었다가 : 225년 제갈량이 남만(南蠻)을 정벌하고 돌아오는 길에 노수(瀘水)에서 비바람과 폭풍을 만나 더이상 강을 건널 수 없게 되었는데, 이 폭풍은 노수의 신이 노하여 생긴 일로 49명의 머리를 제물로 바쳐야 강을 건널 수 있다는 전설을 듣게 되었다. 제갈량은 사람의 머리 대신 소와 양을 잡아 만두소를 만들고 이를 밀가루 반죽으로 싸서 사람머리 모양으로 빚은 다음 제사를 지내 강을 무사히 건넜다는 고사가 전해진다.

2) 숭채만두(菘菜饅頭, 절인배추만두) 빚기(숭채만두방)

절인 배추의 줄기·잎을 흐물흐물하게 다지고 두부·고기와 섞어 만두소를 만든다. 밀가루나 메밀가루를 물로 반죽하고 주물러 잔주둥이크기의 얇은 피를 만든 다음, 여기에 만두소를 싸서 송편지짐떡[糙角餅]⁴ 모양으로 만든다. 장국에 참기름·후추 등의 양념을 넣고 삶는다.《옹치잡지》

菘菜饅頭方

醃葅菘菜莖、葉擣爛, 和豆腐、肉料爲餡. 麳麪或蕎麥粉, 水搜捻作杯口大薄皮, 包餡作糙角餅樣. 醬湯下油、椒等物料, 烹之.《饔饎雜志》

3) 변씨만두(卞氏饅頭) 빚기(변씨만두방)

메밀가루를 소금물과 뒤섞어 반죽한 다음 밀대로 밀어 사방 0.1척 크기의 매우 얇은 피를 만든다. 2개의 피로 하나의 만두소를 싼 다음 가위로 삼각형으로 자른다【만두소는 돼지고기·미나리·파·후추 등의 재료를 쓴다】. 장국에 참기름·후추 등의 양념을 넣고 삶는다. 옛날에 변씨(卞氏)가 이 만두의 맛을 잘 내어 변씨만두라고 이름 붙였다. 이는 또한 필라(饆饠)⁵가 그러한 이름을 얻게 된 이유와 같다.⁶《옹치잡지》

卞氏饅頭方

蕎麥粉鹽水搜作劑, 捍開作薄薄方寸皮. 兩皮包一餡, 以剪刀裁作三角形【餡用猪肉、芹菜、蔥、椒等料】. 醬湯下油、椒等物料, 烹之. 古有卞氏, 善爲此味, 因以名之. 亦猶饆饠之得名也.《饔饎雜志》

---

4 송편지짐떡[糙角餅] : 찹쌀반죽피에 팥가루로 만든 소를 넣은 다음 기름에 튀긴 떡. 찹쌀[糙]로 만든 떡의 배 부분이 불룩하고 양쪽 머리 부분이 뾰족하여[角] 조각병(糙角餅)이라고 한다. 자세한 내용은《정조지》권2〈익히거나 찌는 음식(취류지류)〉 "떡(병이)"에 나온다.

5 필라(饆饠) : 고기나 야채, 대추 등을 소로 넣어 작은 떡을 만들고, 이 작은 떡을 편편한 밀가루에 다시 싸서 크게 떡을 만든 음식. 당나라 때 처음 만들어 먹기 시작했는데, 필라(畢羅)라고도 부른다.

6 이는⋯⋯같다 : 토번(吐蕃, 지금의 티베트)에 사는 필씨(畢氏)와 라씨(羅氏)가 이 음식을 잘 만들었기 때문에 필라(畢羅)라는 이름이 붙었다는 설이 있다.

4) 치만두(雉饅頭, 꿩만두) 빚기(치만두방)

꿩의 뼈를 제거하고 살코기만 물에 삶았다가 건져 도마 위에 놓고 칼로 죽처럼 흐물흐물하게 다진다. 손으로 밀가루반죽을 주물러 얇은 피를 만든 다음 만두소를 싸서 송편지짐떡[糙角餅]모양으로 만든다【소는 두부·꿩고기·채소·파·후추 등의 재료를 쓴다】. 겉에 메밀가루를 묻힌 뒤 맹물에 삶아 꺼내고 초간장으로 조미하여 상에 올린다. 《옹치잡지》

雉饅頭方

雉去骨, 取淨肉, 水煮, 撈起置俎案上, 以刀爛擣如糜, 手捻作薄皮, 包餡作糙角餅樣【餡用豆腐、肉、菜、蔥、椒等料】. 拌蕎麥粉, 白水煮出, 調醋醬供之. 《饔饎雜志》

5) 어만두(魚饅頭, 생선만두) 빚기(어만두방)

소고기·돼지고기·꿩고기·닭고기에 상관없이 아무 고기나 삶아 익혀서 잘게 저미고, 여기에 생강·후추·버섯·석이버섯 등의 양념을 곱게 다져서 섞는다. 적당량을 헤아려 기름과 간장을 넣은 다음 볶아내고 이를 주물러 이겨서 밤크기의 구슬을 만든다.

큰 숭어를 얇게 떠서 손바닥크기의 편을 내고, 앞서 만든 구슬을 숭어편으로 싸서 송편모양으로 만든다. 겉에 녹둣가루를 입히고 조심스럽게 손으로 끓는 물속에 넣는다. 익으면 건져내 식히고, 초간장을 끼얹고 잣가루를 뿌려 상에 올린다. 다른 생선으로도 모두 만들 수 있으나 숭어로 만들 때의 맛만 못하다. 《증보산림경제》[7]

魚饅頭方

不論牛、猪、雉、鷄肉, 烹熟剁爛, 薑、椒[1]、菌蕈、石耳等物料, 擣細和合. 量宜入油、醬, 炒出揉捻, 作栗子大毬子.

將大鯔魚拖刀薄削作掌大片, 包毬子, 成松餅樣. 衣以綠豆粉, 愼手下滾湯中, 待熟, 取出放冷, 澆以醋醬, 糝海松子屑, 供之. 他魚皆可作, 而不如鯔魚之美也. 《增補山林經濟》

---

7 《增補山林經濟》卷9〈治膳〉下 "鯔魚"(《農書》4, 135~136쪽).

[1] 椒:《增補山林經濟·治膳·鯔魚》에는 "椒蔥".

6) 평좌대만두(平坐大饅頭, 발효만두) 빚기(평좌대만두방)

전체 분량마다 흰밀가루 2.5근을 쓴다. 먼저 술밑[酵][8] 1잔 정도를 넣는데, 밀가루 안에 작은 구덩이를 만들어 여기에 술밑을 붓고 1덩이의 부드러운 밀가루반죽을 만든다. 그 다음 마른 밀가루로 반죽을 덮어 따뜻한 곳에 둔다. 반죽이 부풀어오르면 반죽 주변 사방의 마른 밀가루에 따뜻한 물을 더하여 반죽과 섞고서 다시 마른 밀가루로 덮어둔다.

또 반죽이 부풀어오르면 다시 마른 밀가루에 따뜻한 물을 더하여 반죽과 섞는다. 겨울에는 뜨거운 물로 섞는다. 이때 반죽을 많이 주무를 필요는 없고 다시 잠깐 두었다가 주물러 반죽덩이가 되면 그쳐야 한다. 만약 너무 많이 주무르면 잘 부풀어오르지 않는다. 그 반죽덩이가 부드러워지도록 두었다가 부드러워지면 반죽을 밀어 만두피를 만들고 여기에 만두소를 싼다.

이어서 이들을 바람이 통하지 않는 곳에 늘어놓고 보자기로 덮어둔다. 덮어둔 만두의 밀가루가 제대로 숙성이 된 뒤에 대그릇 찜통에 넣고 익을 때까지 푹 찐다.

【고르게 치댄 만두소 : 전체 분량마다 양고기 2.5근(얇게 썰어 끓는 물에 넣고 살짝 데친 것), 실처럼 길게 썬 비계덩이[番脂] 0.5근, 생강 4냥, 진피 0.2냥

平坐大饅頭方

每十分, 用白麪二斤半. 先以酵一盞許, 於麪內跑一小窠, 傾入酵汁, 就和一塊軟麪, 乾麪覆之, 放溫煖處. 伺泛起, 將四邊乾麪加溫湯和, 就再覆之.

又伺泛起, 再添乾麪溫水和, 冬用熱湯和, 就不須多揉, 再放片時, 揉成劑則已②, 若揉搔則不肥泛. 其劑放軟, 捍作皮包餡子.

排在無風處, 以袱蓋. 伺麪性來, 然後入籠床上, 蒸熟爲度.

【打拌餡 : 每十分, 用羊肉二斤半(薄切, 入滾湯略淖③過)、縷切番脂半斤、生薑

---

8 술밑[酵] : 술을 빚기 위해서 미리 만들어둔 발효제.
② 已 : 저본에는 "包". 규장각본·《居家必用·飮食類·乾麪食品》에 근거하여 수정.
③ 淖 : 저본에는 "焯". 《居家必用·飮食類·乾麪食品》에 근거하여 수정.

(가늘게 썬 것), 소금 0.1승, 파 40줄기(가늘게 썰어 참기름에 볶은 것), 삶아 익힌 행인(살구속씨) 50개, 잣 2줌(잘게 부순 것)을 사용한다.

이상의 재료들을 고르게 섞어 싸는데, 큰 만두는 전체 분량의 1/10에 2개를 상에 올리고, 작은 만두는 전체 분량의 1/10에 4개를 상에 올린다.

돼지고기 만두소 : 돼지고기 1근마다 실처럼 길게 썰고, 여기에 양 비계 4냥(깍둑썰기 한 것), 귤피(말린 귤껍질) 1개(잘게 썬 것), 행인 10알, 산촛가루 0.1냥, 회향가루 0.05냥, 파 10줄기(가늘게 썬 것), 참기름 2냥, 간장 1냥을 넣고 간다.

먼저 솥에 기름을 두르고 달군 다음 파와 간장을 넣어 볶는다. 따로 식초 0.2승을 넣고 밀가루 1술을 섞어 면견(麪牽)⁹을 만들고 솥안에 부어 함께 푹 볶는다. 만들어 놓은 생만두소를 이곳에 밀가루와 함께 적당히 섞어 앞의 방법대로 피에다 싼다.

익힌 고운 만두소 : 껍질을 벗겨 익힌 돼지고기(실처럼 길게 썬 것), 익힌 죽순(실처럼 길게 썬 것)에 천촛가루 등의 양념을 더하여 앞의 방법대로 만든다. 고르게 치대서 맛이 적당해지면 눌러서 작은 덩어리를 만들어 만두피에 싼다.

四兩、陳皮二錢(細切)、鹽一合、蔥四十莖(細切香油炒)、煮熟杏仁五十箇、松仁二握(剉碎).

右④拌均包，大者每分供二隻，小者每分供四隻.

猪肉餡 : 每斤縷切，入羊脂四兩(骰塊切)、橘皮一箇(碎切)、杏仁十粒、椒末一錢、茴末半錢、蔥十莖(細切)、香油二兩、醬一兩擂.
先將油煉熟，下蔥、醬炒. 另入醋二合調麪一匙，作牽，傾鍋內同炒熟. 與生餡調麪和得所，依上包.

熟細餡 : 去皮熟猪肉(縷切細)、熟筍(縷切細)，加川椒末物料同前製. 打拌⑤滋味得⑥所，搦作小團包.

---

9 면견(麪牽) : 소에 들어간 재료들이 잘 엉길 수 있도록 넣는 일종의 밀가루 반죽물로 추정된다.

④ 右 : 저본에는 없음. 규장각본·《居家必用·飮食類·乾麪食品》에 근거하여 보충.

⑤ 拌 : 저본에는 "拌拌". 규장각본·《居家必用·飮食類·乾麪食品》에 근거하여 삭제.

⑥ 得 : 저본에는 없음. 규장각본·《居家必用·飮食類·乾麪食品》에 근거하여 보충.

양위(胃) 만두소 : 양의 연한 위(胃) 3개, 연한 폐 1
개, 양의 익힌 혀 5개(뜨거울 때 실처럼 길게 썬 것),
양생살코기 0.5근, 양비계 4냥(아주 가늘게 썬 것)에
파 15줄기, 식초 0.3승, 생강 4냥, 진피 2개, 산초·
회향 각 0.1냥을 준비한다.

솥에 기름을 두르고 달구어 파를 볶다가 면견(麪
牽)과 소금을 조금 넣는다. 위의 재료를 여기에 고르
게 치대서 맛이 적당해지면 만두소로 사용한다.

평좌소만두(平坐小饅頭)(생만두소를 쓴다)·
연첨만두(撚尖饅頭)(생만두소를 쓴다)·
와만두(臥饅頭)(생만두소를 쓴다. 봄 이전에 상에
올린다)·
날화만두(捺花饅頭)(익힌 만두소를 쓴다)·
수대구(壽帶龜)(익힌 만두소를 쓴다. 환갑잔치 때
상에 올린다)·
구련만두(龜蓮饅頭)(위의 수대구와 같다)·
춘견(春繭)(익힌 만두소를 쓴다. 봄 이전에 상에 올
린다)·
하화만두(荷花饅頭)(익힌 만두소를 쓴다. 여름에 상
에 올린다)·
규화만두(葵花饅頭)(혼례나 여름에 상에 올린다)·
구루만두(毬漏饅頭)(와만두를 만든 뒤 무늬를 찍는
다)】

羊肚餡 : 羊軟肚三[7]箇、軟
肺一箇、羊舌熟者五箇(乘
熱縷切)、精生羊肉半斤、脂
四兩(縷切)、用蔥十五莖、
醋三合、生薑四兩、陳皮二
片、椒·茴香各一錢.
煉熟油打炒蔥, 入麪牽、鹽
少許, 打拌滋味得所, 作餡
用.

平坐小饅頭(生餡)、
撚尖饅頭(生餡)、
臥饅頭(生餡, 春前供)、

捺花饅頭(熟餡)、
壽帶龜(熟餡, 壽筵供)、

龜蓮饅頭(同上)、
春繭(熟餡, 春前供)、

荷花饅頭(熟餡, 夏月供)、

葵花饅頭(喜筵、夏供)、
毬漏饅頭(臥饅頭後, 用脫
子印)】

---

[7] 三 :《居家必用·飲食類·乾麪食品》에는 "二".

【안】 이상의 여러 종류의 만두는 모두 비슷한 형태에 따라 이름을 얻었으나, 만드는 방법은 모두 평좌대만두와 같다】《거가필용》[10]

【案】諸色饅頭皆以形似得名, 製法竝同】《居家必用》

7) 박만두(薄饅頭, 피가 얇은 만두) 빚기(박만두방)

일반적으로 박만두를 만들 경우, 수정각아(水晶角兒, 피가 투명하면서 각진 모양의 만두)·포자(包子, 둥근 모양의 만두) 등의 피는 모두 흰밀가루 1.5근을 끓는 물에 조금씩 뿌려 넣으면서 쉬지 않고 휘저어 반죽이 걸쭉한 풀처럼 되도록 우선 만든다. 이 반죽을 10~20개의 덩이로 떼어내고 눈처럼 흰 색깔이 될 때까지 냉수 속에 담가두었다가 꺼내어 밀판 위에 펴서 물기를 뺀다.

여기에 고운 콩가루 13냥(13/16근)을 뒤섞어 반죽한다. 다시 콩가루를 번가루로 한 다음 치대서 피를 만든 뒤 만두소를 싼다. 이를 대그릇에 얹어 센 불로 푹 찌면서 물을 두 차례 끼얹고서야 부뚜막에서 내려놓는다. 상에 올릴 때는 다시 여기에 물을 조금 뿌린 다음 바로 상에 올린다. 만두소는 일반적인 만두의 생만두소와 같다.《거가필용》[11]

薄饅頭方

凡作薄饅頭, 水晶角兒、包子等皮, 皆用白麪斤半, 滾湯逐旋糝下麪, 不住手攪作稠糊. 挑作一二十塊, 於冷水內浸至雪白, 取在案上攤去水.

以細豆粉十三兩和搜作劑, 再以豆粉作䊏, 打作皮包餡. 上籠緊火蒸熟, 灑兩次水, 方可下籠, 臨供時, 再灑些[8]水便供. 餡與饅頭生餡同.《居家必用》

8) 어포자(魚包子, 생선포자) 빚기(어포자방)

전체 분량마다 생선살 5근【잉어·쏘가리 모두 괜찮다】(버들잎모양으로 썬 것), 양비계 10냥(깍둑썰

魚包子方

每十分, 淨魚五斤【鯉、鱖皆可】(柳葉切.)、羊脂十兩

---

10 《居家必用》庚集〈飲食類〉"乾麪食品"'平坐大饅頭', '打拌餡', '猪肉餡', '熟細餡', '羊肚餡'(《居家必用事類全集》, 278~279쪽).

11 《居家必用》庚集〈飲食類〉"乾麪食品"'薄饅頭水晶角兒包子等皮'(《居家必用事類全集》, 279쪽).

⑧ 些 : 저본에는 없음. 규장각본·《居家必用·飲食類·乾麪食品》에 근거하여 보충.

기 한 것), 돼지허구리살 8냥(버들잎모양으로 썬 것), 소금·간장 각 2냥, 귤피 2개(가늘게 썬 것), 파채 15줄기(참기름에 파를 볶은 것), 익힌 생강채 1냥, 천촛가루 0.5냥, 세료물(細料物)[12] 1냥, 후추 0.5냥, 행인 30알(곱게 간 것), 식초 0.1승을 준비한다. 면견(麪牽)은 다른 만두와 같다.《거가필용》[13]

（骰塊切）、猪膃八兩（柳葉切）、鹽·醬各二兩、橘皮二箇（細切）、蔥絲十五莖（香油炒）、熟薑絲一兩、川椒末半兩、細料物一兩、胡椒半兩、杏仁三十粒（研細）、醋一合. 麪牽同.《居家必用》

9) 아두자(鵝兜子, 거위고기만두) 빚기(아두자방)

야생오리·야생닭도 모두 괜찮다. 만두 10개당 거위의 익힌 살코기 5냥(실처럼 길게 썬 것), 돼지허구리살 1냥(실처럼 길게 썬 것), 양비계 2냥(깍둑썰기 한 것), 파채·생강채·귤피채 각 1냥, 천초·행인·세료물 조금, 소금·간장 각 0.2냥, 술·식초 각 0.1승을 준비한다. 면견(麪牽)은 다른 만두와 같다.《거가필용》[14]

鵝兜子方

野鴨、野鷄皆可[9]. 每十隻, 用熟鵝淨肉半斤（縷切）、猪膃一兩（縷切）、羊脂二兩（骰塊切）、蔥·薑·橘絲共一兩、川椒·杏仁·細料物少許、鹽·醬各二錢、酒·醋一合. 麪牽同.《居家必用》

10) 잡함두자(雜餡兜子, 양의 부속물만두) 빚기(잡함두방)

만두 10개당 양의 익힌 폐 2냥, 양의 익힌 위 5냥, 익힌 대장(大腸) 2냥(뜨거운 채로 실처럼 길게 썬 것), 양비계 1냥(깍둑썰기 한 것), 돼지허구리살 2냥(실처럼 길게 썬 것), 참기름에 볶은 파채 1냥, 세료

雜餡兜子方

每十隻, 熟羊肺二兩、熟羊肚五兩、熟白腸二兩（乘熱縷切）、羊脂一兩（骰塊切）、猪膃二兩（縷切）、香油炒蔥

---

12 세료물(細料物) : 천연 식물 향신료를 곱게 갈아 놓은 조미료. 권4에서 채상(菜蔴)을 만들 때는 진피(陳皮)·사인(砂仁)·홍두(紅豆)·행인(杏仁)·감초(甘草)·시라(蒔蘿)·회향(茴香)·화초(花椒) 등의 재료를 곱게 갈아서 썼다.

13 《居家必用》庚集〈飮食類〉"乾麪食品" '魚包子'(《居家必用事類全集》, 279쪽).

14 《居家必用》庚集〈飮食類〉"乾麪食品" '鵞兜子'(《居家必用事類全集》, 279쪽).

⑨ 野鴨……皆可 : 저본에는 없음. 규장각본·《居家必用·飮食類·乾麪食品》에 근거하여 보충.

물 0.2냥, 행인·천초 각각 조금, 소금·간장 0.4냥, 술 0.05승, 식초 1홉, 생강채·귤피채 조금을 준비한다. 면견(麪牽)은 다른 만두와 같다.《거가필용》[15]

絲[10]一兩、細料物二錢、杏仁·川椒各少許、鹽·醬四錢、酒半合、醋一合, 薑·橘絲少許. 麪牽同.《居家必用》

11) 해황두자(蟹黃兜子, 게살만두) 빚기(해황두자방)

익힌 게 큰 것 30마리를 쪼개어 살을 발라낸다. 생돼지고기 1.5근(가늘게 썬 것), 참기름에 볶고 다진 오리알 5개에 세료물가루 1냥, 천초·후추 각 0.5냥(간 것), 생강채·귤피채 조금, 참기름에 볶아 다진 파 15줄기, 면장(麪醬)[16] 2냥, 소금 1냥을 준비한다. 면견(麪牽)은 다른 만두와 같다.

만두소 재료를 고르게 치대서 간을 보고 싱거우면 다시 소금을 더 넣는다. 분피(粉皮)[17] 1개마다 잘라서 4조각으로 만든다. 접시마다 먼저 조각낸 분피 1조각을 펴고 그 위에 만두소를 놓고 분피를 접듯이 오므려 싼다. 이를 대그릇 안에 넣은 다음 뚜껑을 덮고 푹 쪄서 상에 올린다.《거가필용》[18]

蟹黃兜子方

熟蟹大者三十隻, 斫開取淨肉. 生猪肉斤半(細切)、香油炒碎[11]鴨卵五箇, 用[12]細料末一兩、川椒·胡椒共半兩(擂)、薑絲·橘絲少許、油炒碎蔥十五莖、麪醬二兩、鹽一兩. 麪牽同. 打拌均, 嘗味醎淡, 再添鹽. 每粉皮一箇, 切作四片. 每盞先鋪一片, 放餡折掩, 蓋定籠內, 蒸熟供.《居家必用》

---

15 《居家必用》庚集〈飮食類〉"乾麪食品"'雜餡兜子'(《居家必用事類全集》, 279쪽).

16 면장(麪醬): 맥류(麥類)로 담근 장. 대맥장(大麥醬)·소맥장(小麥醬)·첨장(甛醬)·부장(麩醬) 등이 있다. 자세한 제조법은《정조지》권6〈조미료(미료지류)〉"장(醬)"에 나온다.

17 분피(粉皮): 녹말가루로 얇고 둥글게 만든 묵의 일종.

18 《居家必用》庚集〈飮食類〉"乾麪食品"'蟹黃兜子'(《居家必用事類全集》, 279쪽).

[10] 絲: 저본에는 "蒜". 규장각본·《居家必用·飮食類·乾麪食品》에 근거하여 수정.

[11] 碎: 저본에는 없음. 규장각본·《居家必用·飮食類·乾麪食品》에 근거하여 보충.

[12] 用: 저본에는 "碎用". 규장각본·《居家必用·飮食類·乾麪食品》에 근거하여 삭제.

12) 산해두(山海兜, 산나물생선만두) 빚기(산해두방)

봄에 어린 죽순이나 고사리를 가져다가 끓는 물에 데친다. 여기에 신선한 물고기나 새우를 함께 다져 덩이를 만든다. 이를 펄펄 끓는 물로 찌다가 숙유(熟油)와 간장을 넣고 후추를 갈아 잘 섞는다. 이를 분피(粉皮)에 올린 뒤 다른 분피로 덮은 다음 각각은 잔 2개 안에서 눌러 분피를 합한 뒤, 푹 찐다. 지금도 궁중의 후원(後苑)에 이것을 바치는데, 이를 '하어순두(鰕魚筍兜)'라 한다.《산가청공》[19]

山海兜方

春采笋、蕨之嫩者, 以湯瀹之. 取魚鰕之鮮者, 同切作塊子. 用湯泡滾蒸, 入熟油、醬、硏胡椒拌和, 以粉皮乘覆, 各合于二盞內, 蒸熟. 今後苑進此, 名"鰕魚筍兜[13]".《山家淸供》

13) 황작만두(黃雀饅頭, 참새고기만두) 빚기(황작만두방)

참새의 뇌·날개는 파·후추·소금과 함께 잘게 다진다. 이를 참새뱃속에 담아넣고, 발효시킨 밀가루 반죽으로 참새를 싸서 작고 기다랗게 만다. 이때 양쪽 끝을 납작하고 둥글게 만든다. 이를 대나무찜기에 놓고 찌거나, 혹은 찐 후에, 바로 뒤에 소개한 조만두(糟饅頭) 만드는 방법처럼 술지게미에 묻어두었다가 참기름에 튀기면 맛이 더욱 오묘하다.《운림유사(雲林遺事)[20]》[21]

黃雀饅頭方

用黃雀以腦及翅, 蔥、椒、鹽同剁碎, 釀腹中, 以發酵麪裹之, 作小長卷, 兩頭令平圓. 上籠蒸[14]之, 或蒸後, 如糟饅頭法糟過, 香油煠之, 尤妙.《雲林遺事》

14) 조만두(糟饅頭, 술지게미만두) 빚기(조만두방)

고운 만두소를 넣어 빚은 만두를 하나하나 고운

糟饅頭方

用細餡饅頭, 逐箇用細黃

---

19 《山家淸供》上卷〈山海兜〉(《叢書集成初編》1473, 11쪽).
20 운림유사(雲林遺事) : 중국 원나라 화가이자 시인인 예찬(倪瓚, 1301~1374)의 여러 일화 및 행적을 기록한 서적. 《청비각전집(淸閟閣全集)》에 전한다.
21 《雲林遺事》〈飮食〉(《叢書集成初編》3447, 5쪽).
[13] 鰕魚筍兜:《山家淸供·山海兜》에는 "鰕魚筍蕨兜".
[14] 蒸 : 저본에는 "腹". 오사카본·규장각본·《雲林遺事·飮食》에 근거하여 수정.

황초포(黃草布, 조개풀로 짠 면포)로 싼다. 또는 하나하나 싸지 않고 큰 폭으로 한꺼번에 싸기도 한다. 먼저 술지게미를 큰 쟁반 안에 깔고 면포를 그 위에 편 다음 만두를 그 위에 드문드문 배열한다. 다시 면포를 덮고 술지게미를 그 위에 두껍게 덮는다. 만두를 술지게미에 묻어두고 하룻밤을 지낸 다음 꺼내어 참기름에 튀긴다. 이렇게 하면 겨울에는 15일 동안 보관할 수 있다. 차가우면 다시 불에 굽는다.《운림유사》[22]

草布包裹, 或用全幅布. 先鋪糟在大盤內, 用布攤上, 稀排饅頭布上. 再以布覆之, 用糟厚蓋布上. 糟一宿, 取出, 香油煤之. 冬月可留半月, 冷則旋火炙之.《雲林遺事》

15) 하연두자(荷蓮兜子, 연만두) 빚기(하연두자방)

양고기 2근(데쳐서 핏물을 제거하고 가늘게 썬 것), 멥쌀밥 0.5근, 참기름 2냥, 볶은 파 1줌, 육수 3잔에 밀가루 3냥을 섞어 면발을 만든 것, 귤피 1개(실처럼 길게 썬 것), 생강가루 1냥, 후춧가루 조금. 이상의 재료들을 한곳에서 고르게 섞은 뒤, 분피 1개마다 잘라서 4개로 만든다.

술잔마다 안에 먼저 분피 1조각을 펴서 햇연육(蓮肉)(심을 제거한 것)·가시연밥·잣·호두·양매인(楊梅仁, 소귀나무속씨)·유병(乳餠, 치즈)·표고버섯·목이버섯·압병자(鴨餠子, 밀전병)를 쟁여놓고 그 위에 고기소를 놓은 다음 분피를 접듯이 오무려 싸고 푹 찐다. 이를 숟가락으로 뒤집어서 접시 안에 담고 상에 올

荷蓮兜子方

羊肉二斤(淖[15]去[16]血水細切)、粳米飯半斤、香油二兩、炒蔥一握、肉湯三盞調麪三兩作絲、橘皮一箇(細切)、薑末一兩、椒末少許. 已上一處拌均, 每粉皮一箇, 切作四片.

每盞內, 先鋪一片, 裝新蓮肉(去心)、鷄頭肉、松仁、胡桃仁、楊梅仁、乳餠、蘑菰、木耳、鴨餠子, 却放[17]肉餡, 掩折定蒸熟. 匙翻在楪內供, 用濃麻泥汁和酪澆之.

22《雲林遺事》, 위와 같은 곳.
⑮ 淖 : 저본에는 "焯".《居家必用·飮食類·乾麪食品》에 근거하여 수정.
⑯ 去 : 저본에는 "上". 오사카본·규장각본·《居家必用·飮食類·乾麪食品》에 근거하여 수정.
⑰ 放 : 저본에는 "故". 오사카본·규장각본·《居家必用·飮食類·乾麪食品》에 근거하여 수정.

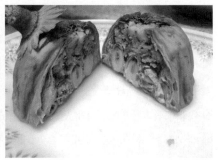

사진8 연방어포

리는데, 진한 참깨즙[麻泥汁]에 진한 유즙[酪]을 섞어 끼얹는다. 《거가필용》[23]

《居家必用》

16) 연방어포(蓮房魚包, 연밥생선만두) 빚기(연방어포방)

연꽃 속 어린 연방에서 그 밑부분을 자르고 속을 도려내되 구멍은 남겨둔다. 술·간장·향료를 생선 덩어리와 섞어 구멍 안에 채운다. 시루 안에 연방의 밑부분이 아래로 가도록 안쳐서 푹 찐다. 혹은 안팎으로 꿀을 발라 접시에 내는데, 어부삼선(漁夫三鮮)[24]과 함께 상에 올린다. 《산가청공》[25]

蓮房魚包方

蓮花中嫩房, 去截底剜瓤, 留其孔, 以酒、醬、香料和魚塊, 實其內, 仍以底坐甑內, 蒸熟. 或中外塗以蜜, 出楪, 用漁夫三鮮供之. 《山家淸供》

정조지 권제2 끝

鼎俎志卷第二

---

23 《居家必用》庚集〈飮食類〉"乾麵食品"'荷蓮兜子'(《居家必用事類全集》, 279~280쪽).

24 어부삼선(漁夫三鮮) : 연밥·국화꽃·마름, 또는 연밥·연근·마름을 말한다.

25 《山家淸供》上卷〈蓮房魚包〉(《叢書集成初編》1473, 12쪽).

《정조지》1권 사진 출처 및 재연자

익히거나 찌는 음식(취류지류)

사진1 냄비밥(임원경제연구소, 정정기)

사진2 돌솥밥(임원경제연구소, 정정기)

사진3 무쇠솥밥(임원경제연구소, 정정기)

사진4 조리(국립민속박물관)

사진5 밥 쉬지 않게 하기(풍석문화재단 음식연구소)

사진6 보리밥(《풍석 서유구 선생의 생명밥상》 촬영, 문성희)

사진7 연잎밥(임원경제연구소 관연절 행사, 최시남)

사진8 혼돈반(임원경제연구소 점심, 최시남)

사진9 저반(《풍석 서유구 선생의 생명밥상》 촬영, 문성희)

사진10 시루떡 쉽게 찌는 법(풍석문화재단 음식연구소)

사진11 과일떡(풍석문화재단 음식연구소)

사진12 무떡(평화가 깃든 밥상 정조지 수업, 문성희 대표)

사진13 차고 만들기(아름다운우리맛연구원 정조지 떡연구, 탁준영 원장)

사진14 복숭아떡(풍석문화재단 음식연구소)

사진15 불떡 만들기(풍석문화재단 음식연구소)

사진16 인절미 굽기(풍석문화재단 음식연구소)

사진17 과일찰떡 만들기(정조지 떡연구, 탁준영)

사진18 소나무껍질떡 만들기(풍석문화재단 음식연구소)

사진19 지짐떡 만들기(월란국, 손현숙 대표)

사진20 송편지짐떡(정조지 떡연구, 탁준영)

사진21 풍소병 만들기(풍석문화재단 음식연구소)

사진22 동물성기름떡(풍석문화재단 음식연구소)

사진23 식물성기름떡(풍석문화재단 음식연구소)

사진24 진감병 만들기(정조지 떡연구, 탁준영)

사진25 토란떡(풍석문화재단 음식연구소)

사진3 산우죽(임원경제연구소, 정정기)

사진4 방풍죽(임원경제연구소, 정정기)

사진5 상자죽(풍석문화재단 음식연구소)

사진6 식혜(임원경제연구소, 정정기)

사진7 조청(임원경제연구소, 정정기)

볶거나[糗] 가루 내어[麪] 만든 음식(구면지류)

사진1 복분자초(임원경제연구소, 정정기)

사진2 밀판(국립민속박물관)

사진3 난면(임원경제연구소, 김현진)

사진4 꿩고기를 재료로 쓴 진주면(풍석문화재단 음식연구소)

사진5 화면(풍석문화재단 음식연구소)

사진6 구면(풍석문화재단 음식연구소)

사진7 홍사면 만들기(임원경제연구소, 김현진)

사진8 연방어포 (임원경제연구소, 최시남)

🌿 임원경제연구소

임원경제연구소는 고전 연구와 번역, 출판을 주요 목적으로 하는 사단법인이다. 문사철수(文史哲數)와 의농공상(醫農工商) 등 다양한 전공 분야의 소장학자 40여 명이 회원 및 번역자로 참여하여, 풍석 서유구의 《임원경제지》를 완역하고 있다. 또한 번역 사업을 진행하면서 축적한 노하우와 번역 결과물을 대중과 공유하기 위해 관련 전문가 및 단체들과 교류하고 있다. 연구소에서는 번역 과정과 결과를 통하여 '임원경제학'을 정립하고 우리 문명의 수준을 제고하여 우리 학문과 우리의 삶을 소통시키고자 노력한다. 임원경제학은 시골 살림의 규모와 운영에 관한 모든 것의 학문이며, 경국제세(經國濟世)의 실천적 방책이다.

번역, 교열, 교감, 표점, 감수자 소개

번역
정정기(鄭炡基)
경상북도 장기 출신. 서울대 가정대학 소비자아동학과에서 공부했고, 도올서원과 한림대 태동고전연구소에서 한학을 익혔다. 서울대 대학원에서 〈성리학적 부부관에 대한 연구〉로 석사를, 〈조선시대 가족의 식색교육 연구〉로 박사를 마쳤다. 음식백과인 《정조지》의 역자로서 강의와 원고 작업을 통해 그에 수록된 음식에 대한 소개에 힘쓰며, 부의주를 빚고 가르쳐 집집마다 항아리마다 술이 익어가는 꿈을 실천하고 있다. 임원경제연구소 교열팀장과 번역팀장을 역임했고, 현재는 연구원으로 재직하며, 《섬용지》를 교열했고, 《유예지》·《상택지》·《예규지》·《이운지》를 공역했다.

최시남(崔時南)

강원도 횡성 출신. 성균관대 유학과(儒學科) 학사 및 석사를 마쳤으며 동 대학원 박사과정을 수료했다. 성균관(成均館) 한림원(翰林院)과 도올서원(檮杌書院)에서 한학을 공부했다. 석사논문은 〈유가정치사상연구:《예기》의 예론을 중심으로〉이며 호서대학교에서 강의를 했다. IT회사에서 조선시대 왕실 자료와 문집·지리지 등의 고문헌 디지털화 작업을 했다. 현재 임원경제연구소 팀장으로 근무하며《섬용지》·《유예지》·《상택지》·《예규지》·《이운지》를 공역했다.

정명현(鄭明炫)

광주광역시 출신. 고려대 유전공학과를 졸업하고, 도올서원과 한림대 태동고전연구소에서 한학을 공부했다. 서울대 대학원 '과학사 및 과학철학 협동과정'에서 전통 과학기술사를 전공하여 석사와 박사를 마쳤다. 석사와 박사논문은 각각 〈정약전의《자산어보》에 담긴 해양박물학의 성격〉과 〈서유구의 선진농법 제도화를 통한 국부창출론〉이다.《임원경제지》중《본리지》·《섬용지》·《유예지》·《상택지》·《예규지》·《이운지》를 공역했다. 또 다른 역주서로 《자산어보 : 우리나라 최초의 해양생물 백과사전》이 있고,《임원경제지 : 조선 최대의 실용백과사전》을 민철기 등과 옮기고 썼다. 현재 임원경제연구소 소장으로《임원경제지》번역 사업에 참여하고 있다.

민철기(閔喆基)

서울 출신. 연세대 철학과를 졸업하고 도올서원에서 한학을 공부했다. 연세대 대학원 철학과에서 학위논문으로 〈세친(世親)의 훈습개념 연구〉를 써서 석사과정을 마쳤다. 임원경제연구소 번역팀장과 공동소장을 역임했고, 현재는 선임연구원으로 재직하며《섬용지》를 교감 및 표점했고,《유예지》·《상택지》·《예규지》·《이운지》를 공역했다.

김현진(金賢珍)

경기도 평택 출신. 공주대 한문교육과를 졸업하고 한림대 태동고전연구소와 한국고전번역원에서 한학을 공부하였으며 성균관대 대학원 한문학과에서 석사과정을 수료했다. 현재 임원경제연구소 연구원으로 근무하며 《섬용지》를 교열했고, 《유예지》·《상택지》·《예규지》·《이운지》를 공역했다.

김수연(金秀娟)

서울 출신. 한국전통문화대 전통조경학과를 졸업하고 한림대 태동고전연구소에서 한학을 공부했다. 현재 임원경제연구소 팀장으로 근무하며 《섬용지》를 교감 및 표점했고, 《유예지》·《상택지》·《예규지》·《이운지》를 공역했다.

강민우(姜玟佑)

서울 출신. 한남대 사학과를 졸업하고 한림대 태동고전연구소에서 한학을 공부했다. 성균관대 대학원 사학과에서 석사과정을 마쳤고, 박사과정 재학 중이다. 현재 임원경제연구소 연구보조원이다. 《섬용지》를 교열했고, 《유예지》·《상택지》·《예규지》·《이운지》를 공역했다.

김광명(金光明)

전라북도 정읍 출신. 전주대학교 한문교육과를 졸업하고 한국고전번역원에서 한학을 공부했으며, 성균관대 대학원 고전번역 협동과정에서 석박사통합과정을 수료했다. 현재 임원경제연구소 연구원으로 근무하며, 《유예지》·《상택지》·《예규지》·《이운지》를 공역했다.

김용미(金容美)

전라북도 순창 출신. 동국대 철학과를 졸업하고, 한국고전번역원 국역연수원과 일반연구과정에서 한문 번역을 공부했다. 한국고전번역원에서 추진하는 고전 전산화사업에 교정교열위원으로 참여했고, 《정원고사(政院故事)》 공동번역에 참여했으며, 전통문화연구회에서 추진하고 있는 《모시정의(毛詩正義)》 공동번역에 참여하고 있으며, 현재 임원경제연구소 연구원으로 근무하며 《유예지》·《이운지》를 공역했다.

자료정리

고윤주(高允珠)(푸르덴셜 라이프 플래너)

감수

전종욱(전북대 한국과학문명학연구소 교수)(권1 음식재료 요점 정리)

교감·표점·교열·자료조사

임원경제연구소

🌏 풍석문화재단

(재)풍석문화재단은 《임원경제지》 등 풍석 서유구 선생의 저술을 번역 출판하는 것을 토대로 전통문화 콘텐츠의 복원 및 창조적 현대화를 통해 한국의 학술 및 문화 발전에 기여함을 목적으로 설립되었다.

재단은 ①《임원경제지》의 완역 지원 및 간행, ②《풍석고협집》, 《금화지비집》, 《금화경독기》, 《번계시고》, 《완영일록》, 《화영일록》 등 선생의 기타 저술의 번역 및 간행, ③풍석학술대회 개최, ④《임원경제지》 기반 대중문화 콘텐츠 공모전, ⑤풍석디지털자료관 운영, ⑥《임원경제지》 등 고조리서 기반 전통음식문화의 복원 및 현대화 사업 등을 진행 중이다.

재단은 향후 풍석 서유구 선생의 생애와 사상을 널리 알리기 위한 출판·드라마·웹툰·영화 등 다양한 문화 콘텐츠 개발 사업, 《임원경제지》 기반 전통문화 콘텐츠의 전시 및 체험교육 등을 목적으로 하는 서유구 기념관 건립 등을 추진 중이다.

풍석문화재단 웹사이트 및 주요 연락처

웹사이트

풍석문화재단 홈페이지 : www.pungseok.net

출판브랜드 자연경실 블로그 : https://blog.naver.com/pungseok

풍석디지털자료관 : www.pungseok.com

풍석문화재단 음식연구소 홈페이지 : www.chosunchef.com

주요 연락처

풍석문화재단 사무국

주   소 : 서울 서초구 방배로19길 18, 남강빌딩 301호

연락처 : 전화 02)6959-9921 팩스 070-7500-2050 이메일 pungseok@naver.com

풍석문화재단 전북지부

연락처 : 전화 063)290-1807 팩스 063)290-1808 이메일 pungseokjb@naver.com

풍석문화재단 음식연구소

주　소 : 전북 전주시 완산구 향교길 104

연락처 : 전화 010-8983-0658 이메일 zunpung@naver.com

조선셰프 서유구(음식연구소 부설 쿠킹클래스)

주　소 : 전북 전주시 완산구 향교길 104

연락처 : 전화 010-8983-0658 이메일 zunpung@naver.com

서유구의 서재 자이열재(풍석 서유구 홍보관)

주　소 : 전북 전주시 완산구 향교길 104

연락처 : 전화 010-3010-2057 이메일 pungseok@naver.com

풍석학술진흥연구조성위원회

(재)풍석문화재단은 《임원경제지》의 완역완간 사업 등의 추진을 총괄하고 예산
집행의 투명성을 기하기 위해 풍석학술진흥연구조성위원회를 두고 있습니다.
풍석학술진흥연구조성위원회는 사업 및 예산계획의 수립 및 연도별 관리, 지출
관리, 사업 수익 관리 등을 담당하며 위원은 아래와 같습니다.

위원장 : 신정수(풍석문화재단 이사장)

위　원 : 서정문(한국고전번역원 고전번역연구소장), 진병춘(풍석문화재단 사무총장)
　　　　 안대회(성균관대학교 한문학과 교수), 유대기(활기찬인생 2막 이사장)
　　　　 정명현(임원경제연구소장)

풍석문화재단 사람들

이사장	신정수 ((前) 주택에너지진단사협회 이사장)
이사진	김윤태 (우석대학교 평생교육원장) 김형호 (한라대학교 이사) 모철민 ((前) 주 프랑스대사) 박현출 ((前) 서울시농수산식품공사 사장) 백노현 (우일계전공업그룹 회장) 서창석 (대구서씨대종회 총무이사) 서창훈 (우석재단 이사장 겸 전북일보 회장) 안대회 (성균관대학교 한문학과 교수) 유대기 (활기찬인생 2막 이사장) 이영진 (AMSI Asia 대표) 정명현 (임원경제연구소 소장) 진병춘 (상임이사, 풍석문화재단 사무총장) 채정석 (법무법인 웅빈 대표) 홍윤오 ((前) 국회사무처 홍보기획관)
감사	홍기택 (대일합동회계사무소 대표)
음식연구소장	곽미경 (《조선셰프 서유구》 저자)
재단 전북지부장	서창훈 (우석재단 이사장 겸 전북일보 회장)
사무국	박정진, 박소해
고문단	이억순 (상임고문) 고행일 (인제학원 이사) 김영일 (한국ABC협회 고문) 김유혁 (단국대 종신명예교수) 문병호 (사랑의 일기재단 이사장) 신경식 (헌정회 회장) 신중식 ((前) 국정홍보처 처장) 신현덕 ((前) 경인방송 사장) 오택섭 ((前) 언론학회 회장) 이영일 (한중 정치외교포럼 회장) 이석배 (공학박사, 퀀텀연구소 소장) 이수재 ((前) 중앙일보 관리국장) 이준석 (원광대학교 한국어문화학과 교수) 이형균 (한국기자협회 고문) 조창현 ((前) 중앙인사위원회 위원장) 한남규 ((前) 중앙일보 부사장)

《임원경제지·정조지》 완역 출판을 후원해 주신 분들